国家哲学社会科学成果文库
NATIONAL ACHIEVEMENTS LIBRARY
OF PHILOSOPHY AND SOCIAL SCIENCES

国家哲学社会科学成果文库概要
(2015)

全国哲学社会科学规划办公室 编

中国人民大学出版社

《国家哲学社会科学成果文库概要》
出版说明

为充分发挥哲学社会科学研究优秀成果和优秀人才的示范带动作用，促进我国哲学社会科学繁荣发展，全国哲学社会科学规划领导小组决定自2010年始，设立《国家哲学社会科学成果文库》，每年评审一次。全国哲学社会科学规划办公室同时编辑出版《国家哲学社会科学成果文库概要》，由入选成果作者撰写，重点介绍入选成果内容。

全国哲学社会科学规划办公室

2011年3月

目 录

马克思主义·科学社会主义

哲 学

理论经济

应用经济

统计学

国际问题研究

社会学

法　学

中国历史

考古学

世界历史

民族问题研究

中国文学

外国文学

语言学

图书馆·情报与文献学

体育学

管理学

艺术学

军事学

马克思主义·科学社会主义

《文化生产力与人类文明的跃迁》概要

李春华*

本成果以马克思唯物史观为指导，运用理论与实践相结合的研究方法，系统研究文化生产力的基本理论，揭示文化生产力与未来文明发展的关系；提出人类文明将从“物质时代”转向“精神时代”的观点，认为“文化生产力”由于其自身的特点和价值，成为实现人类文明这次转换的一种直接现实力量。

当今时代，人类文明依然处在“物质时代”。“物质时代”为人类文明的发展奠定了基础，但也带来了诸多的困惑与问题。“物质时代”的弊端，迫切呼唤人类文明的转换。而人类文明的这次转换，是由以物质需求为主的时代向以精神需求为主的时代——“精神时代”的转换。因而，生产满足人的精神文化需求的精神文化产品的力量——文化生产力，必然成为这次文明转换的一种直接现实力量。实现人类文明的这次转换，需要物质条件、主体条件和制度条件的保障。社会主义制度为实现人类文明的转换开辟了广阔道路。

·、研究的日的和意义

“文化生产力”是中国共产党和中国学术界的一个原创性概念。西方学术界没有这个概念，当然也就没有以此概念为核心而展开的研究。但是，与之相关的研究却早已展开并取得了很多有价值的成果。目前国内外与文化生

* 李春华，中国社会科学院马克思主义研究院研究员，硕士生导师。

产力相关的研究取得了丰硕的成果。文化生产力涉及社会的经济、文化、科技、传媒等诸多领域，因而形成了众多学科关注和研究的新领域，自然也就呈现出研究视角的多元化、研究方法的多样性、研究内容的丰富性的特点。其中，不乏论述充分、思想深刻的研究成果，对于本研究具有重要的启发和借鉴意义，成为本成果极为重要的思想资源。

然而，这些资源，有的是在特定的历史条件下产生的，与当时的社会、经济发展相一致，难免出现时代的局限性；有的则是由于研究视角、研究方法的问题，对于全面理解和把握文化生产力，也存在问题域上的局限性。从总体上看，目前对文化生产力作用的研究存在的问题概括起来主要有：

一是缺乏系统性和深刻性：注重对经济发展作用的研究而忽视对“化人”作用的研究，从哲学高度和深度的研究不够。目前的研究主要集中在经济领域，对文化生产力作用的研究尚未提升到人类社会整体发展的层面上。文化生产力是文化生产方式上的革命，是文化进步的一个重要表征，而文化上的每一进步，都是迈向自由的一步。文化的进步是人自身的进步、人类文明的进步这一点，要比单纯的经济增长更有意义，更充满人文关怀和终极价值。但这方面的深入研究还尚未展开。

二是缺乏对文化生产力的制度分析：注重不同社会制度（生产关系）下共性的研究而对特殊性的研究不够。对资本主义和社会主义条件下文化生产力的特点还需要深入研究，正如不能抽象谈文化的作用一样，也不能离开社会制度抽象地谈文化生产力，文化生产力显然离不开文化生产关系。

三是缺乏预见性和前瞻性：注重对当下作用的研究而对其未来作用的研究不够。过多关注文化生产力的当下研究，注重对文化生产力在当代社会经济发展中作用的研究，重视从我国文化生产力发展的操作层面进行研究，而对文化生产力与未来文明发展的关系、对人类未来发展的影响研究不够。

解决上述问题固然要从多方面着手，但是首先是要在研究中真正做到坚持马克思主义的立场、观点和方法，坚持以唯物史观、辩证法为指导。理论的价值在于解释世界和改造世界，理论的生命力在于随着实践的发展不断与时俱进。增强理论自觉，深入研究文化生产力问题，是学术研究的责任和使命。面对当代文化生产力的发展，马克思主义理论应做出正确的解释并引导实践沿着正确的方向发展。进一步深化对这一问题的研究，可以加固社会主义文化大发展大繁荣的理论支撑，进一步增进社会主义国家文化软实力的理论自觉，深化对文化生产力与人类文明发展关系的认识，进一步拓展丰富和发展马克思主义理论的新领域。这既为推动中国文化生产力的现实发展提供指导，又为阐释文化生产力在人类文明中的作用提供有益帮助，也为丰富马克思主义理论有所贡献，无疑具有重大的理论意义、现实意义和深远的历史意义。

二、成果的主要内容和重要观点

20 世纪中叶以来，人类创造了巨大的物质财富，但也遭遇了前所未有的复杂难题和严峻挑战。自然—人—社会（关系）的链条不断发生缺损，导致人与自然的关系、人与人之间的关系以及人与自身关系的失衡、紧张甚至冲突。如何走出“物质时代”的困境？人们从经济、政治、文化、科技等多方面寻求途径。本成果认为，导致“物质时代”困境与危机的原因是多方面的，走出困境与危机也必然需要多种途径。但经济第一、物质至上、单纯追求经济的无限增长的“物质主义”的膨胀，是造成当下人类文明危机的一个重要原因。因此，人类要转向的新文明，应该是由“物本位”向“人本位”的转换，其具体内容是由满足“物质需求”到满足“精神需求”的转变，是人类文明由“物质时代”向“精神时代”的转换。这一转换的内容和要求，决定了作为创造和生产精神文化产品的现实力量的文化生产力，必然在这次文明转换中发挥重要作用，成为新文明转换的一种直接现实力量。文化生产力为解决人类文明的危机与困惑提供了一种新思路和新途径。这恰似一种偶然与巧合，而实则人类文明发展之必然。正如马克思在谈到资本主义产生阶级对抗的同时也创造了解决对抗的条件时曾说的那样：“在资产阶级社会的胎胞里发展的生产力，同时又创造着解决这种对抗的物质条件。”[1] 本成果同时提出，新文明的转换不能自然而然实现，而是需要诸多条件作为保障。其基本条件可以归结为物质条件、主体条件、制度条件。社会主义制度是迄今为止人类文明发展的最先进制度，为人类文明走向新文明开辟了广阔道路。

---

① 《马克思恩格斯全集》第 13 卷，人民出版社 1962 年版，第 9 页。

1. 对文化生产力基本理论进行系统考察

对文化生产力的产生、内涵、特征、作用、发展等一系列基本理论问题进行了系统研究，回答了文化生产力何以可能的问题。

(1) 分析文化生产力的内涵。文化生产力是创造和生产精神文化产品的能力，是满足人的精神文化需求的现实力量。文化生产力是一个经济与文化高度融合的当代范畴。文化生产虽有其历史发展的连续性，但严格意义的文化生产是近代社会才出现的。在社会化大生产和市场经济高度发展、科学技术广泛应用以及经济全球化的背景下，人类社会系统的各个要素和环节的发展都被纳入其中，作为社会系统重要组成部分的文化当然也不能游离于其外而孤立发展。因此，文化生产力是指当代社会以社会化大生产和市场经济为依托，以现代科学技术为手段，以文化产业的兴起为标志和典型形态，生产满足人们精神文化需求的文化产品的现实力量。本成果把“文化生产力”的内涵规定为：为满足人的精神文化需要而生产文化产品和提供文化服务的现实力量、能力和水平，是创造和生产精神文化产品的能力。

(2) 分析文化生产力的基本特征。认为文化生产力作为经济与文化高度融合的产物，具有物质属性（客观现实性）与精神属性（意识形态性）的双重特征，是物质性与精神性的统一。它具有一切生产力所具有的客观性，但其本质特征是精神性或意识形态性。从生产力的一般特征上看，文化生产力也是一种物质力量，但从文化产品的特殊性上理解，它更是一种精神力量。物质属性是文化生产力与物质生产力的共性、普遍性或一般性，也是生产力的根本属性；精神属性则是指文化生产力与物质生产力相区别的特殊性，即文化生产力能够成为其自身的特殊性。文化生产力作为一种生产力形态，必然具有生产力的一般特征，即客观现实性，因而，它是一种物质力量，主要表现为采取物质生产的方式创造经济价值。文化生产力固然具有客观现实性，但精神属性是其本质属性。文化生产力的根本价值或终极价值，在于创造和生产丰富而健康的精神文化产品，满足人的精神文化需求，其目标和宗旨是以“真、善、美”来提升人和发展人。因此，文化生产力是通过物质力量来释放和发挥精神力量的一种生产力形态，因而，它在本质上是一种精神力量。当然，只有在先进的社会主义制度下，文化生产才能真正做到生产健康的精神食粮，在满足人的精神文化需求中，提高人的精神境界，提升人的文化品位，塑造人的灵魂。

2. 对文明的基本理论提出新阐释

(1) 对文明发展本质内涵进行新的解析。在梳理和分析中西方文明观的基础上，以马克思文明观为指导，对文明内涵进行新的解析，认为人类文明的内核应是人自身的发展状况和生存状态，人类文明演进的本质是人的存在状态的优化与人的发展状态的提升。以往对文明的理解为“标志人类社会进步和开化的状态”，而实际上，社会进步与人的发展在本质上是相统一的，即社会的发展与人的发展在总趋势上具有一致性。无论以哪些因素作为文明进步的尺度，这些因素都紧紧围绕着一个核心，即人自身的发展状况和生存状态。人自身的发展状况和生存状态，具体体现在三个层面的关系上，即人与自然的关系、人与人之间的关系以及人与自身的关系，文明的其他一切层面都不过是这一核心内容的组合与展开。文明发展的本质是人自身能力的发展，是人自身能力的不断累积与提升。人类文明发展的实质，是人类自身摆脱初始的野蛮状态走向文明状态，并不断推动文明向更高层次演化的过程。文明的发展，实际上是人的进步、人的发展。

(2) 对人类文明时代的划分问题进行了分析，提出人类文明可以划分为“物质时代”和“精神时代”。以马克思文明观为指导，对文明本质及其时代划分提出新的认识。从马克思社会形态理论的“二分法”出发，把人类文明划分为“物质时代”和“精神时代”。“物质时代”就是马克思所讲的“史前时期”，迄今为止人类依然处于“物质时代”。真正的“精神时代”是共产主义社会。尽管这一时代离我们还相当遥远，但人类每前进一步都是向它的迈进。“物质时代”是以物质生产力为主的时代，是一个以“物”为本的时代，基本物质生活资料的谋求是压倒一切的活动，人只不过是“依赖于物”的奴隶，是获取物质财富的手段。“精神时代”则是追求精神充实、情感体验、自由个性的时代。在物质生产力高度发达的基础上，人类社会将告别物质的绝对匮乏，摆脱“物质的纠缠”，超越“物的困扰”，人类一切生产活动都将充满人文关怀，人的生存方式将呈现出“生产性”和“生活性”高度结合的特点，将由“生存”转为“优存”，由“谋生”走向“乐生”。真正的“精神时代”就是共产主义，是建立在物质生产力高度发达、物质财富极大丰富的前提和基础上，实现了生产资料社会公有、生活资料按需分配。社会全体成员的基本物质生活资料无须以强制劳动为代价获取，人便在一定意义上最终脱离了动物界，从动物的生存条件进到了真正的人的生存条件。

（3）以数学建模的方法对人类文明发展的加速度现象进行了分析。从整个人类文明发展过程可以明显看出，人类文明呈现加速度发展的特点。这种加速度发展现象主要表现为：文明形态的历史周期越来越短，社会经济发展速度越来越快，社会上层建筑领域的变化越来越快，科学技术的进步越来越快，人自身的发展和解放程度迅速提高。人类文明发展的速度越来越快，其中蕴含着内在的规律。一旦把握了这一规律，便可预测人类文明发展的趋势，从而增进自觉、争取主动，避免和减少失误，引导人类文明向合理的方向发展。在借鉴有限的研究资源的基础上，对人类文明发展的加速度现象的表现、原因、规律进行了尝试性分析与初步探索，以数学建模的方式创造性地提出了人类文明加速度发展的“模型”，并指出促使人类文明加速度发展的“加速力”主要是科技、知识、思想等文化因素。其中，文化生产力就是一种重要的“加速力”。

（4）提出文化生产力是解决当代人类文明困惑的一条重要途径。当代人类文明正面临着自然危机、社会危机、人自身的危机。人们从经济、政治、文化、科技等多方面寻求解决困境的途径。但值得注意的是，人们在反思人类生存困境及其根源时，更多地注重哲学观念或思维方式指导上的失误（如对“人类中心主义”的批判）、科学技术发展的片面性以及社会制度的不合理性等等，却忽视了导致人类困境的最直接、最现实的根源——人类实践活动自身的问题。实际上，仅仅从价值观层面变革是远远不够的，从社会制度、科学技术等多方面努力也是有限的。文化生产力的产生，为解决人类文明的危机与困惑提供了一种现实路径。人类文明的这次转换，是由以物质需求和物质利益为主的时代向以人的精神需求和精神利益为主的时代的转换，即由“物质时代”向“精神时代”的转换，因而决定了作为创造和生产精神文化产品的现实力量的文化生产力，必然在这次文明转换中发挥重要作用，成为新文明转换的一种直接现实力量。

3. 深入分析了文化生产力在人类文明发展中的作用

走出“物质时代”发展的危机与困境，仅仅从价值观层面变革是远远不够的，还需要从政治制度、经济发展、人类自身等多方面做出努力，但最终要靠社会生产力的发展。马克思曾经指出，解决一切问题，最终要靠实践。由于这次文明转换是由“物本位”向“人本位”的转换，其具体内容是由满足“物质需求”到满足“精神需求”的转变，其实质则是人类告别物质纠缠回归人的意义本性，因此，决定了作为创造和生产精神文化产品的现实力量的文化生产力，必然在这次文明转换中发挥重要作用，成为新文明转换的直接现实力量。当今时代，随着物质生产力的发展和科学技术的进步，人类从总体上已经摆脱了物质绝对匮乏的时代，正在为人类由“物质时代”向“精神时代”转换创造条件，因而，自觉地推进这一转换成为摆在人类面前的重要任务。在先进社会制度的前提下，通过大力发展文化生产力，社会生产方式将更加充满人文关怀，人的生活方式将由“谋生”走向“乐生”，人自身将成为智力高超、情感丰富、兴趣广泛的新型人类，人类文明将成为“利、真、善、美”和谐统一的新文明。

（1）文化生产力使人类的生产活动“人文化”。首先，文化生产力使物质生产活动充满了“人文关怀”，物质生产和物质产品出现明显的“泛文化”特征。由于人类从总体上告别了物质绝对匮乏时代，精神性需求成为人的主导性需求，因此，物质生产和物质生活过程愈来愈多地渗透精神文化内容，物质生产与物质产品更加充满人文关怀。同时，直接满足人的精神文化需求的文化生产活动成为越来越重要的生产活动。文化生产将跃升为社会的主要生产活动，追求经济效益将退居次要地位，满足人的精神文化需求真正成为生产的目的。文化生产将真正实现以“文化的逻辑”为主导，并将逐步摆脱“资本的逻辑”的支配。

（2）文化生产力使人类的生活方式走向休闲化。物质生产力的发展和科学技术的进步，使人不再为解决生存的基本需求而终日劳作，休闲将成为人的一种基本生活样态。但有了休闲时间还要有休闲的内容，因为休闲不是在寂寞无聊中消磨和打发时间。休闲的本质在于丰富人的精神家园、情感世界和生命感受。因而，它是一种健康的生活态度和崭新的生活方式，是对自由境界和生命意义的追求。休闲成为人类生活方式的基本样态，人类的生活方式将由“生存”走向“优存”，由“谋生”走向“乐生”。以娱乐产业、旅游产业、体育产业、游戏产业等为主要业态的休闲产业，为人的休闲生活提供丰富的休闲产品，成为人类走向休闲时代的直接现实力量。

（3）文化生产力为人的自由而全面发展提供现实条件。人类社会告别物质的绝对匮乏，摆脱“物质的纠缠”，超越“物的困扰”，为人类在更大程度上摆脱肉体需要而从事创造性活动提供了物质基础，而文化生产力的高度发展则成为人走向自由而全面的直接现实力量。只有在先进的社会制度保障下，通过大力发展文化生产力，创作和生产出先进的精神文化产品，才能塑造出具有渊博知识、高尚道德情操和多才多艺的新人，才能使人的认知才能、创造才能、审美才能等得到充分发展。人自身的各种需要、潜能素质、创造力以及人的个性将获得充分的发展，人类将真正走向自由全面的发展。

4. 对文化生产力进行制度分析

对文化生产力发展的社会制度因素进行分析，可以避免那种离开生产关系和社会历史条件抽象研究文化生产力的偏颇。“文化生产力”可理解为文化与经济高度融合的当代范畴，是指按照资本的逻辑进行文化生产活动的现实力量。从人类文明发展来看，资本也是人类文明发展的必然结果，由资本逻辑推动的工业文明是人类文明的巨大进步。但资本从其诞生之时起，就蕴含着其自身无法克服的内在矛盾。由于中国处在社会主义初级阶段，决定了在相当长的时期内中国将存在多种所有制共同发展和市场经济。因此，中国特色的社会主义文化生产，必然要借助资本的力量，运用市场经济手段来进行，但同时，由于社会主义制度具有先进性，所以能够超越资本的局限性，以文化的逻辑引导、协调乃至节制资本逻辑，保证文化发展的先进性方向，避免市场经济的自发性和盲目性，实现经济效益和社会效益的统一。这是中国特色社会主义为世界社会主义文化发展乃至整个人类的文化发展做出的重要贡献。社会主义制度作为迄今为止人类文明发展的最先进制度，无疑为解决这一矛盾提供了制度保障。在中国特色社会主义实践中，文化生产既利用资本又超越资本的局限性，从而实现文化生产的经济效益和社会效益的统一，文化生产力发展中展示出生机活力，为人类新文明的飞跃开辟了广阔的前景。

5. 分析了实现新文明跃迁的保障条件

文化生产力只是新文明转换的一种直接现实条件。人类文明从“物质时代”跃升到“精神时代”，不可能是自然而然实现的，而是需要诸多条件作为保障。其基本条件可以归结为物质条件、主体条件和制度条件。

一是物质条件。社会物质生产的高度发展是最基本的条件。虽然“物质主义”导致了人类的困境，但我们从不否认物质生产对人类文明的基础和决定作用。马克思早就指出：“物质生活的生产方式制约着整个社会生活、政治生活和精神生活的过程。”① 列宁强调：“要成为有文化的人，就要有相当发达的物质生产资料的生产，要有相当的物质基础”②。人类文明创造出极其丰富的物质财富，人类告别物质匮乏的困扰，人自身摆脱物质困扰和纠缠——这是人类文明由“物质时代”向“精神时代”跃进的物质保障和前提基础。

二是主体条件。新文明的实现，既是人们通过社会生产自觉干预社会历史发展的产物，也是人们内在精神素质不断提高的必然结果。只有当社会物质生产通过不断发展达到能无偿供给所有社会成员基本物质生活资料，并且随着这一进程人自身也得到高度发展的时候，人类社会才能真正由“物质时代”进入到“精神时代”。因此，文明的转换不仅要创造强大的物质基础，还必须有高素质的实践主体。生产和消费都是由人类进行的，人是生产和消费的主体。生产主体与消费主体自身的状况如何，不仅直接影响着社会生产和再生产过程及其结果，也直接影响到人自身的生产和再生产过程及其结果。精神文化生产的特殊性对生产主体和消费主体的素质提出了很高的要求。塑造文明的文化生产主体与文化消费主体，使文化生产力能够持续健康地发展，成为人类新文明转换的主体保障。

三是制度条件。物质条件和主体条件需要先进社会制度的保障。对文明转换的考察不能离开一定的历史条件和社会制度。马克思指出：“要研究精神生产和物质生产之间的联系，首先必须把这种物质生产本身不是当作一般范畴来考察，而是从**一定的历史的**形式来考察。……如果物质生产本身不从**它的特殊的历史的**形式来看，那就不可能理解与它相适应的精神生产的特征以及这两种生产的相互作用。”③ 事实已经证明，即使具备了高度发展的物质生产力这一基础条件，也具有高度发达的文化生产的现实条件，人类也并

---

① 《马克思恩格斯全集》第13卷，人民出版社1962年版，第8页。

② 《列宁选集》第4卷，人民出版社1995年版，第774页。

③ 《马克思恩格斯全集》第26卷第1册，人民出版社1972年版，第296页。

不能自然而然地走出自身面临的困境。因此，要实现文明的转换，还需要先进的社会制度作保障。社会主义制度是迄今为止人类文明发展的最先进制度，社会主义通过大力发展物质生产和文化生产，为人的自觉能动性和创造性的充分发挥提供广阔的舞台，为人的自由而全面发展提供有利条件，为人类文明走向新文明开辟广阔道路。

三、成果的学术价值和应用价值

本成果属于基础理论研究项目，具有较大的学术价值：既立足当下文化生产力的发展，又探讨文化生产力的未来作用，体现了学术研究的预见性和前瞻性；既肯定文化生产力的经济功能，又强调文化生产力的文化功能和“化人”的根本价值；并且研究了文化生产力发展的社会制度条件（文化生产关系）问题，突出了社会主义先进制度对文化生产力发展的保障作用。这对于弥补当前研究中存在的“偏重于文化生产力的当下研究、片面强调文化生产力的经济功能、忽视对文化生产关系的研究”等不足，具有重要意义。

目前，对于文化生产力尚未见到从解决当下人类发展遇到的困惑与危机角度来研究的。本成果对文化生产力与人类文明的关系进行了尝试性探索，提出了一些新的认识和观点，做了一些新的论证阐发，拓展了马克思主义理论研究的视野。对文明内核和文明时代划分维度的新阐述、用数学建模方法对文明发展加速度现象的分析、对文化生产的制度分析和对未来文明走向的预见等，都是对唯物史观生产力理论的深化，也体现了学术研究的前瞻性。对文化生产力发展的社会制度因素进行分析，可以避免那种离开生产关系和社会历史条件抽象研究文化生产力的偏颇。文化生产要同时遵循“文化的逻辑”与“资本的逻辑”。社会主义制度作为迄今为止人类文明发展的最先进制度，为解决这一矛盾提供了制度保障。中国特色社会主义既利用资本又能够超越资本的局限性，从而为文化生产力的发展开辟了广阔前景。本成果虽然很难直接带来经济效益，但对于文化产业实践具有重要指导意义：为全面落实科学发展观，转变发展方式提供了参考；对于纠正文化产业实践中重视经济功能忽视文化功能的现象具有启发意义。

哲　学

《哲学：思想的前提批判》概要

孙正聿*

一、研究的目的、意义及方法

本成果的主要目的是阐述哲学的特殊的理论性质和独特的活动方式，并通过具体论证哲学对构成思想的基本信念、基本逻辑、基本方式、基本观念、哲学理念的前提批判，展现哲学发展自我批判的活力和永不枯竭的理论空间。

本成果的重要意义是为理解哲学提供"思想的前提批判"的解释原则，并以这种解释原则重新阐述哲学的"重大的基本问题"以及哲学的理论性质、思维方式、存在方式和工作方式，重新阐述哲学的存在论、本体论和世界观，推进哲学在当代的发展。

本成果的主要研究方法是史论结合、历史与逻辑相统一、反思与分析相融合的方法。

二、成果的主要内容和重要观点

本成果的主要内容包括阐释何谓"思想的前提批判"的"导论"和论述"思想的前提批判"的"五章"：第一章，构成思想的基本信念的前提批判；第二章，构成思想的基本逻辑的前提批判；第三章，构成思想的基本方式的前提批判；第四章，构成思想的基本观念的前提批判；第五章，构成思想的

* 孙正聿，吉林大学教授，博士生导师。

哲学理念的前提批判。

“导论”部分以阐释“思想的前提批判”为主旨，论述了哲学的理论性质、思维方式、存在方式、工作方式和理论自觉。

关于哲学的理论性质，“导论”提出，哲学的基本问题与思想的前提批判是相互规定的：只有在思想的前提批判中，才把理论思维的“不自觉的和无条件的前提”——“思维和存在的关系”——作为哲学的基本问题；只有作为哲学基本问题的“思维和存在的关系问题”，才决定哲学的本质是对“理论思维的前提批判”。哲学的基本问题与思想的前提批判二者之间的相互规定，既决定了哲学的特殊理论性质，又决定了哲学在人类的全部活动中的特殊的社会意义。

关于哲学的思维方式，“导论”提出，思维和存在之间具有无限丰富的矛盾关系，但是，从人类思想的维度上看，“思维和存在的关系”却可以归结为两个最基本的维度：一是“构成思想”的维度，也就是思维以人的认识活动和实践活动为中介而实现思维与存在相统一的维度；二是“反思思想”的维度，也就是思维把“思维和存在的关系”当作“问题”而予以“反思”的维度。“反思思想”是把“构成思想”中不予追问的“思维和存在的关系”当作了“问题”，也就是把“理论思维的不自觉的和无条件的前提”当作了“问题”，由此便构成了人类思想的“反思”的哲学维度。

关于哲学的存在方式，“导论”提出，哲学的前提批判不仅意味着哲学具有自己的特殊的理论性质和特殊的思维方式，而且意味着哲学具有自己的特殊的存在方式。真正的哲学作为马克思所说的“时代精神的精华”和“文明的活的灵魂”，既不是“表述”时代状况和人类文明的经验事实，也不是“表达”个人对时代状况和人类文明的情感和意愿，而是以自己的“表征”方式构成时代精神的“精华”和文明的活的“灵魂”。哲学的“表征”，主要是以自己提出的问题、自己的提问方式以及对问题的求索而实现的。

关于哲学的工作方式，“导论”提出，总体上可以把哲学的工作方式概括为时代精神主题化、现实存在间距化、流行观念陌生化和基本理念概念化，其中，最为重要的是流行观念陌生化，也就是具体地展开对思想的前提批判。流行观念陌生化，不仅需要揭示体现时代精神的流行观念，而且需要澄清它所具有的思想前提的意义，并且在前提批判中构成新的思想，因此流行观念陌生化必须实现为基本理念概念化。

关于哲学的理论自觉，“导论”提出，哲学作为社会的自我意识，它在自己的前提批判中，总是以历史的大尺度去关照和反省人类的思想和行为，从而在价值排序中选择某种历史的大尺度作为人的思想和行为的标准，引导人类不断地在自己的实践活动中把理想变为现实。正因为如此，真正的哲学总是不仅反映和表达时代精神，而且塑造和引导新的时代精神。

本成果的主体部分，是具体地展开对思想的前提批判。

构成思想的前提主要包括构成思想的基本信念、基本逻辑、基本方式、基本观念和哲学理念，因此，对思想的前提批判主要表现在下述五个方面：一是对构成思想的基本信念的前提批判，即对“思维和存在的同一性”的前提批判；二是对构成思想的基本逻辑的前提批判，即对思想的外延逻辑、内涵逻辑及其实践基础的前提批判；三是对构成思想的基本方式的前提批判，即对常识、宗教、艺术和科学等人类把握世界的基本方式的前提批判；四是对构成思想的基本观念的前提批判，即对存在、世界、历史、真理、价值等基本观念的前提批判；五是对构成思想的哲学理念的前提批判，即对哲学本身的前提批判。这五个方面的前提批判，从总体上体现了哲学对思想的前提批判，并构成了本成果的基本内容。

第一章，构成思想的基本信念的前提批判。

承诺“我们的主观的思维和客观的世界服从于同样的规律”，这是构成思想的基本信念，因此，对构成思想的基本信念的前提批判，直接地就是对“理论思维的不自觉的和无条件的前提”的批判。对构成思想的基本信念的前提批判，也就是对哲学自身的基本问题——思维和存在的关系问题——的前提批判。哲学对构成思想的基本方式、基本观念和基本逻辑的前提批判，都蕴含着对构成思想的基本信念的前提批判，从而使“思维和存在的关系问题”成为哲学自身的“重大的基本问题”。因此，对思想的前提批判，首要的是对构成思想的基本信念的前提批判，也就是对“思维和存在的同一性”的前提批判。

在对思维和存在的关系的理解中，思维和存在的抽象同一与思维和存在的抽象对立，既是对立的两极，又是两极相通的。在思维和存在的抽象同一中，就隐含着思维和存在的抽象对立。这具体表现为：在感觉层面上，映象与对象的抽象同一，就隐含着不同主体的映象与对象的抽象对立；在理性层面上，表象与思想的抽象同一，就隐含着不同主体的表象与思想的抽象对立；在价值层面上，实然与应然的抽象同一，就隐含着不同主体价值判断的抽象对立；在规律层面上，思维和存在的抽象同一，就隐含着思维规律与存在规律的抽象对立。抽象的同一与抽象的对立，是思维中的对立着的“正题”和“反题”。由对“正题”的前提批判而进入对“反题”的前提批判，就是对“思维和存在的抽象对立”的前提批判。正是在对思维和存在的“抽象同一”和“抽象对立”的前提批判中，由“思维和存在的逻辑同一”而进展为“思维和存在的历史同一”，不断地深化了对构成思想的基本信念的前提批判。

第二章，构成思想的基本逻辑的前提批判。

思维和存在的关系问题，从根本上说，是思维规律与存在规律的关系问题，也就是思维和存在是否“服从于同样的规律”的问题。因此，哲学对思想的前提批判，不仅指向对“思维和存在的同一性”的基本信念的前提批判，而且必然指向对构成思想的基本逻辑即思维规律的前提批判，并具体地表现为对思维的外延逻辑和内涵逻辑的前提批判。

在人类的思想活动中，概念不仅是思维的“细胞”，而且是列宁所说的认识的“阶梯”和“支撑点”。由概念的外延所构成的外延逻辑或形式逻辑，由概念的内涵所构成的内涵逻辑或辩证逻辑，以及由概念的实践基础所构成的实践逻辑或生活逻辑，是构成思想的基本逻辑。对构成思想的基本逻辑的前提批判，主要是对形式逻辑、辩证逻辑和实践逻辑的前提批判。

第三章，构成思想的基本方式的前提批判。

人的思想活动不仅遵循思维规律，而且是以自己把握世界的各种基本方式构成关于世界的思想。常识、宗教、艺术、科学和哲学等等，就是人类在实践活动的基础上所形成的与世界发生真实关系的“中介”，也就是人类把握世界的基本方式。人类的全部思想，都是由人类把握世界的各种基本方式所构成的，因此，哲学对思想的前提批判必然包括对构成思想的各种基本方式的前提批判。

人类把握世界的各种基本方式，在其直接性上，首先是为人类提供了丰富多彩的世界图景。而它们之所以能够提供各种各样的世界图景，则在于它们本身是人类把握世界的不同方式，这些基本方式不仅为人们提供各种各样的世界图景，而且为人们的思想和行为提供各自的思维方式和价值规范，这样，人类把握世界的各种基本方式，就以世界图景、思维方式和价值规范的三重内涵而构成哲学反思的对象。在对思想的前提批判的意义上，哲学对人类把握世界的基本方式的前提批判，特别重要的是对常识、科学和哲学的三个层次的概念框架的前提批判。在对这三个不同层次的概念框架的前提批判中，构建了人类文明史上的新的“阶梯”和“支撑点”，实现了人的世界图景、思维方式和价值规范的历史性变革。

第四章，构成思想的基本观念的前提批判。

构成思想的前提，不仅包括构成思想的基本信念、基本逻辑和基本方式，而且更为普遍地表现为构成思想的基本观念即人们用以构筑思想的存在、世界、历史、真理和价值等基本观念。对构成思想的基本观念的前提批判，展现了哲学的思想的前提批判的开阔的和开放的思想空间。

在思想的前提批判的理论空间中，具有直接的生成性和历史性的思想前提，是构成思想的各种基本观念。但是，对构成思想的基本观念的前提批判有三个方面的局限性：一是具有选择性，即局限于对某些构成思想的基本观念的前提批判；二是具有历史性，即局限于我们时代所达到的对这些基本观念的前提批判；三是具有意见性，即局限于发问者所把握的我们时代对这些基本观念的前提批判。这表明对思想的前提批判是行进中的哲学活动，而不是完成了的哲学理论。

第五章，构成思想的哲学理念的前提批判。

每个时代的思想，都隐匿着构成其自身的基本观念，并深层地表现为该时代的哲学理念。因此，哲学对思想的前提批判，就不仅仅是对构成思想的基本信念、基本逻辑、基本方式和基本观念的前提批判，也是深层地指向对构成思想的哲学理念的前提批判。

对构成思想的哲学理念的前提批判，直接指向的是对哲学本身的前提批判，主要包括对哲学与哲学的基本问题、哲学与形而上学、哲学与哲学史、哲学与时代精神等重大问题的反思。尤其重要的是，哲学对自身构成思想的基本理念的前提批判，就是追究生活信念的前提、探寻经验常识的根据、反省历史进步的尺度、询问评价真善美的标准，从而变革人的世界图景、思维方式、价值观念、审美情趣和整个生存方式，塑造和引导新的时代精神。哲学的前提批判，是对思想构成自己的根据和原则的批判，因而必然指向对规范人的思想和行为的核心观念即世界观的前提批判。对世界观的前提批判是阐释哲学理论性质最为直接的切入点，也是展开哲学前提批判最为恰当的切入点。

本成果有四篇重要附录文章，分别阐述了思想的前提批判与哲学的基本问题，思想的前提批判与哲学的活动方式，哲学意义的存在论、本体论和世界观，以及作者的思想历程和研究心得。

《思想的前提批判与哲学的基本问题》一文提出：揭示"隐匿"于思想之中并"强制"性地规范人的全部活动的"不自觉的和无条件的前提"，就是"思想的前提批判"；自觉地展开思想的前提批判，从而历史地变革构成思想的诸种"前提"，就是哲学的思想的前提批判的活动方式；通过变革构成思想的诸种"前提"而塑造和引导新的时代精神，就是哲学的思想的前提批判的社会功能；具体地展开对构成思想的基本信念、基本逻辑、基本方式、基本观念和哲学理念的前提批判，为哲学提供了开阔的和开放的理论空间。

《思想的前提批判与哲学的活动方式》一文，主要是回应三个问题：一是如何从"出场学"定位"思想的前提批判"；二是如何从"思想的前提批判"阐述哲学的活动方式；三是如何理解"思想的前提批判"所指向的是"不自觉的和无条件的前提"。文章提出，只有从实践的观点去理解"理论思维的不自觉的和无条件的前提"，才能合理地展开对思想的前提批判。

《存在论、本体论和世界观》一文，以"思维和存在的关系问题"为聚焦点，重新阐述了哲学的存在论、本体论、世界观及其相互关系。文章提出，"世界"不仅是作为思维所把握到的"在者"而存在，而且是作为思维目的性要求的"非存在"而存在，这是思维的现实性与可能性的对立统一。因此，"世界观"不只是反思存在的"存在论"，而且是反思思想前提的"本体论"。它的根本性的社会功能是引导人们"在对现存事物的肯定理解中同时包含否定的理解"，为人类的理想性追求敞开广阔的空间。这就是以"思维和存在的关系问题"为聚焦点的存在论、本体论和世界观"三者一致"的辩证法。

《说说我的七十年》这篇长文，在阐述作者思想历程的过程中讲述了“思想的前提批判”这一哲学观的形成和深化过程，讲述了作者的生命体验与理论想象在这个形成和深化过程中的作用，讲述了作者哲学探索的研究心得，与读者一同探讨“思想的前提批判”的哲学观。

本成果的主要观点是提出了一种理解哲学的解释原则，即哲学是对思想的前提批判。对思想的前提批判，既体现了哲学的特殊的理论性质和独特的社会功能，又展现了哲学发展的自我批判的活力和永不枯竭的理论空间。

本成果所展开的对思想的前提批判，有五个被赋予新内涵的范畴具有支撑点的意义，这就是“世界观”“本体”“反思”“表征”和“批判”。它们的相互规定所构成的概念框架，形成了本成果的总体性解释原则和叙述逻辑。具体言之：“世界观”并不是人站在世界之外而形成的关于整个世界的思想，而是人生在世和人在途中的人的目光；“本体”并不是构成世界的“本原”，而是人的思想和行为的根据、标准和尺度，因而是世界观理论的灵魂；“反思”并不是一般意义的反复思考，而是揭示作为本体的思想和行为的诸种前提，因而是辨析思想或思想辨析的哲学的思维方式；“表征”既不是“表述”经验事实，也不是“表达”情感意愿，而是呈现自己时代的时代精神和文明的活的灵魂，因而是体现存在论、真理论和价值论三者一致的哲学的存在方式；“批判”既不是徒然的否定，也不是玄思的内省，而是以概念批判和术语革命所实现的对人类文明史的反省，因而是构成思想的前提批判的哲学的工作方式。在批判的活动中展开对本体的反思和表征，就构成人生在世和人在途中的人的目光——世界观。被赋予新的内涵的“世界观”“本体”“反思”“表征”和“批判”所支撑的对思想的前提批判，构成了本成果所展现的前提批判的哲学理论。

本成果所展开的对思想的前提批判，就是思想以自身为对象反过来而思之的反思；但是，把哲学的“反思”定位为对思想的“前提批判”，并不是一般含义的“对思想的思想”，而是把构成思想的根据作为批判的对象。由于把哲学的反思定位为对思想的前提批判，就不仅从理论性质、研究对象和社会功能上把哲学与人类把握世界的其他基本方式区分开来，而且从根本上改变了对哲学意义的世界观、本体论等基本理念的理解。哲学意义的“本体”，既不是构成万物的“始基”“基质”或“本原”，也不是规定万物的

“理念”或“逻辑”，而是规范人的思想和行为的根据、标准和尺度。“本体”既具有历史的、时代的规定性，又具有无限的、终极的指向性，因而既不是绝对之绝对，也不是绝对之相对，而是相对之绝对——历史意义的相对而时代意义的绝对。以“本体”观念为灵魂的“世界观”，就不是自然而然的、无始无终的非人的目光，而是人生在世和人在途中的人的目光。对思想的前提批判，就是批判地反思人生在世和人在途中的人的目光——对世界观的前提批判。

本成果所展开的对思想的前提批判，直接地源于对恩格斯的一个论断的理解。这个论断是：“我们的主观的思维和客观的世界服从于同样的规律，因而两者在自己的结果中不能互相矛盾，而必须彼此一致，这个事实绝对地统治着我们的整个理论思维。它是我们的理论思维的不自觉的和无条件的前提。”① 哲学以外的人类全部活动，都是以承诺这个“前提”而构成关于世界的全部思想；哲学则是以反思这个“前提”为使命而批判地考察关于世界的全部思想。马克思就是以其“批判的和革命的”辩证法而展开对“抽象理性”和“抽象存在”的双重批判，乃至“对现存的一切进行无情的批判”，使马克思主义哲学真正成为“时代精神的精华”和“文明的活的灵魂”。在这个意义上，马克思主义哲学既是“思想的前提批判”的典范，也是深化“思想的前提批判”的理论源泉。因此，本成果在探讨对构成思想的基本信念、基本逻辑、基本方式、基本观念、哲学理念的前提批判的过程中，具体地展现和深入地阐述了马克思主义哲学对思想的前提批判。

本成果所展开的对思想的前提批判，是行进中的哲学活动，而不是某种完成了的哲学理论。因此，本成果的主要工作是：论证哲学活动何以是思想的前提批判；阐发哲学对思想的前提批判的理论空间；对构成思想的基本观念进行选择性的或案例性的前提批判。其中，本成果着力探索和论述的首要问题是：哲学活动何以是思想的前提批判，或者反过来说，为何思想的前提批判才是真正的哲学活动。着力探索和论证这个首要问题的原因很简单：古往今来，人们对哲学的理解是大不相同的；把哲学理解为思想的前提批判，必须做出系统的深入的阐释和论证。有说服力和有启发性地展现一种哲学的

① 《马克思恩格斯全集》第20卷，人民出版社1971年版，第610页。

可能的活动方式，是对这部著作的最大的期待。

三、成果的学术创新、应用价值以及社会影响和效益

本成果的学术创新，主要体现在四个方面：

一是把哲学定位为对思想的前提批判，为理解和阐释哲学提供了一种解释原则，从而把“反思”的哲学界定为“对思想的前提批判”；

二是从“思维和存在的关系问题”与“对思想的前提批判”的相互规定中阐释哲学的“重大的基本问题”，推进了对哲学及其基本问题的理解；

三是具体地展开对构成思想的基本信念、基本逻辑、基本方式、基本观念和哲学理念的前提批判，展现了对思想的前提批判的理论空间；

四是赋予“世界观”“本体”“反思”“表征”和“批判”等基本范畴新的哲学内涵，为思想的前提批判提供了理论的支撑点。

本成果的应用价值主要是为深化哲学研究、推进哲学学科和哲学教育改革提供了新的基础性的研究成果。

本成果的部分内容先后发表于《中国社会科学》《哲学研究》《中国高校社会科学》《人民日报》《光明日报》《中国社会科学报》等报刊，并被《新华文摘》《中国社会科学文摘》《高等学校文科学术文摘》等全文转载。《哲学分析》杂志组织专家召开“哲学：思想的前提批判”专题研讨会，法学、政治学、社会学、文学等人文社会科学学者运用“思想的前提批判”的理论和方法探索该学科的学术问题，在学界产生了广泛影响。

《先秦诸子与楚国诸子学》概要

高华平*

一、研究的目的、意义及方法

从地域文化的视角——具体来说，即是以“楚国诸子学”的视角，研究先秦诸子学，或者说通过考察先秦各诸子学派思想在楚地的传播、接受、发展和演变，创新先秦诸子学研究的方法和途径，发现中国先秦学术思想某些新的特点和规律，覆盖先秦诸子研究领域的某些学术盲点，填补我国学术界先秦诸子学研究中关于“区域诸子学”的一项研究空白，为学术界研究先秦哲学思想文化乃至整个中国哲学思想探索出某些新的经验，是本成果的意义和价值所在。

在本成果的研究过程中，始终坚持历史与逻辑统一的方法。即一方面，研究“必须从最顽强的事实出发”；另一方面，由于“历史上的那些哲学系统的次序，与理念里那些概念规定的逻辑推演的次序是相同的”（黑格尔《哲学史讲演录》），需要借哲学思想中逻辑概念自身的发展规律，以认识先秦诸子学及楚国诸子学的某些发展特点。由于楚国诸子学是远离今天的先秦思想材料，故本成果的研究十分注意依据历史材料的固有特点来展开。同时，将出土简帛文献与传世文献相结合的“二重证据法”，将文字、音韵、训诂、目录、版本、校勘与文本解读相结合的传统研究方法，以及文、史、哲多学科相结合的综合研究方法，都是本成果在研究过程中采用的重要研究

* 高华平，华中师范大学教授，博士生导师。

方法。

二、成果的主要内容和重要观点

在本成果的各章节中，对先秦诸子“九流十家”（儒、道、墨、法、名、阴阳、纵横、农、杂、小说）的思想特点及流变和楚国诸子学的思想特点及发展演变进行了全面和系统的研究。通过这些分析和研究，不仅可以看到先秦诸子的思想及演变具有某些与刘《略》班《志》所概括的不同的思想特点，也可以发现它某些不为前代学者所知的历史特点，呈现出中国学术史上从未出现过的一幅关于先秦区域诸子学——楚国诸子学的历史画卷。先秦时期的“诸子”概念其实只代表了官职或爵位，“百家”才是当时众多学术流派的名称。先秦儒家孔子的哲学思想实以“游楚”为界存在前后期的差别，儒家思想在楚国的传播明显带有楚文化的特征。先秦道家至少存在三个不同发展演变时期，楚国道家的老子、庚桑楚、蜎渊、庄子、环渊、詹何、鹖冠子等，就是先秦道家不同时期在楚国的代表。先秦墨家在三个不同时期演变出的不同墨学就是“三墨”，楚国亲承墨子说教的鲁阳文君等人、死于楚国阳城君之难的墨者孟胜及其弟子、《庄子·天下》篇中的“相里勤之弟子五侯之徒”和“苦获、已齿、邓陵子之属”，即是楚国不同时期墨学的代表。吴起在楚国的“变法”即是先秦法家的“开山祖”，由楚到秦的李斯则是先秦法家思想的总结者。老子的“道可道，非常道；名可名，非常名”乃是先秦名家思想的真正源头，惠施、宋钘与楚国墨家的“辩者相乐”，则是标志先秦名家学术发展的高潮。先秦阴阳家与诸子百家思想都有一定的联系，邹衍的“阴阳五行说”应是结合了儒家思孟的“五行说”后阴阳家学说的流变。先秦纵横家思想与楚国道家思想有一定的关系，但其纵横“权变之术”却与楚国的道家思想存在根本冲突。先秦农家思想反映了楚人继承的原始社会“君臣并耕”的遗风，故先秦农家思想主要兴盛于楚国。先秦杂家思想应该源于楚国，但楚国并没有真正的杂家思想家。先秦的“小说家”与其他诸子学派主要是在传播“经义”或“大道”的形式上存在差异，楚国是先秦诸子百家中现存“小说”最多的地域。因此本成果认为，先秦诸子与楚国诸子学的研究实际是互为表里、密不可分的。对先秦诸子的研究，同时即包含了对楚国诸子学的研究；而对楚国诸子学的研究，则是对先秦诸子研究的具体化和深化。

在“绪论”部分，通过对现存先秦文献的广泛考索，发现先秦实只有“百家”而无“诸子”概念。“诸子”概念起自汉代的刘《略》班《志》。而且，刘《略》班《志》中《诸子略》之“九流十家”，虽也具有一定哲学思想史的意义，但更主要的却只是一种目录学的意义，或至多可以说，它同时具有哲学与目录学的双重含义。这就为此后之“诸子”逐渐流为纯目录学概念奠定了基础。“楚国诸子学”可以说是先秦诸子学的一种特殊形态。它既可以说是先秦诸子学在楚国传播、发展和演变的历史，也可以说是楚国接受、吸收和发展改造先秦诸子学的历史。虽然近年楚地陆续出土了不少先秦文献，但这并未从根本上改变研究先秦诸子特别是楚国诸子学之文献不足的现状，这也是迄今为止这一领域基本属于学术空白的原因。故今天我们研究先秦诸子和楚国诸子学，在研究方法上仍必须坚持历史与逻辑相统一的基本原则。

在“先秦儒家与楚国学术”一章，主要呈现儒家与楚国发生关系，应始于孔子南游楚国。虽然从传世文献中找不到孔子曾经到过楚国腹地的确切记载，但孔子曾长期滞留于当时已为楚国附庸的陈、蔡之地，而且孔子的天命观、《易》学思想、仁学思想及对道家的态度都曾因这一经历而发生了根本性的转变。孔子之后，“七十子”及其后学，特别是其中的馯臂子弓、吴起、陈良、荀卿等都曾在楚地传播儒家学说，为楚国儒学的发展发挥了重要作用。楚地出土了大量的简帛文献，这些出土的文献资料，可更清晰地描绘出先秦儒家思想特别是儒家“六经”之学在楚地传承的历史面貌——当时楚地传播的《易》学应该确属馯臂子弓这一派所传承的、与孔子所定《周易》略有变化的《易》学；楚国人所传习的《诗经》，多数可能并非完全同于孔子所删定的《诗三百》，它的来源和其中的《诗》学思想也并非与孔子完全相同；《尚书》之学在楚国虽有传播，但详情不明；《礼》经文献则几乎没有出现；郭店楚简《性自命出》（上博简作《性情论》）前半的“乐论”，其根本思想与《礼记·乐记》相一致；楚地出土的简帛文献中有很多《春秋》性质的史料，与《汉志》“春秋”类中的《铎氏微》十分相似，可见《春秋经》在楚地的传播轨迹。这些充分说明了先秦楚国儒学的发展具有不同于中原文化的鲜明的地域特色。

在“楚国道家思想的发展”一章，通过对老子、庄子、环渊、詹何、鹖冠子等先秦不同历史时期楚国道家代表人物及其思想的研究，发现先秦道家的发展实存在以老庄为代表的南方道家、以杨朱为代表的新道家和以《管子》为代表的稷下黄老道家三派。南方道家形成于老聃，兴盛于庄周，战国中期已呈现式微趋势，故楚人环渊、詹何等人分别至中原和稷下学习杨朱哲学和稷下黄老道家。战国后期楚国道家的代表则是楚人鹖冠子其人其书。老、庄的籍贯虽在陈、宋之地，但其思想却具鲜明的楚文化属性，因而确属楚学无疑；环渊是游学稷下的楚国道家学者，新出郭店楚简中的《性自命出》一篇，应该即是史书上所说环渊所著“上、下篇”；詹何及其思想则有明显杨朱学的思想特点；鹖冠子其人其书则反映出战国后期楚国道家思想中的“杂家”痕迹。对环渊、詹何、鹖冠子等被历史尘封的楚国道家人物及其思想进行深入考辨，可解决某些先秦诸子学的疑难问题，填补先秦道家思想研究的个别空白。

在“‘三墨’学说与楚国墨学”一章，通过细致考察先秦墨学的发展历程，可以发现，先秦墨家的发展过程中，其实并不存在固定不变的所谓“三墨”，在不同历史时期只有不同的墨学。墨子时代、庄子时代和韩非子时代，墨学发展的不同阶段存在着不同的时代特点，这就是所谓“三墨”。同样，不同时期的墨学在楚国的传播，也存在不同的特点。墨子本人曾多次至楚，楚国第一代墨者应是亲承墨子说教的鲁阳文君等人，第二代为死于楚国阳城君之难的墨者孟胜及其弟子，第三代则为《庄子·天下》篇所谓“相里勤之弟子五侯之徒”和“苦获、已齿、邓陵子之属”。楚国第一代墨者并无什么独立的思想建树；楚国第二代墨者的思想特点是宣传和实践墨子之“义”；楚国第三代墨者的思想特点，也可用《庄子·天下》篇中“俱诵《墨经》而倍谲不同，相谓别墨；以坚白、同异之辩相訾，以觭偶不仵之辞相应，以巨子为圣人，皆愿为之尸，冀得为其后世，至今不决”诸语加以概括。先秦时期的楚国，可谓“东方之墨”和“秦之墨”的交融点，为中国墨学的发展和交流起着重要的融合管道作用。

在“先秦法家的历史发展与楚国法家的思想脉络”一章，通过对先秦法家的创始人及先秦法家思想特点、法家的形成历史及吴起其人的思想特征、楚国法家思想的历史演变及其影响等问题进行专题研讨，可以发现，先秦法家实是战国时期一个源于孔门儒家的诸子学派。司马谈《论六家之要指》一文中所谓“不别亲疏，不殊贵贱，一断于法”，即是法家根本的思想特点；先秦法家的真正“开山祖”是楚悼王时期在楚国率先实行“变法”的吴起。吴起其人受业于儒家的曾参、子夏，但他发展了其中的“法治”思想，他在楚国实现的“变法”——“明法审令，捐不急之官，废公族疏远者，以抚养战斗之士”——最能反映其法家思想的根本特点。吴起之后，楚国法家思想的发展不绝如缕，最后由任秦丞相的楚人李斯做了思想总结。李斯的法家思想吸收了商鞅、申不害、韩非的法术之学，但更多源于慎到的“势”论；而李斯对慎到“势”论的接受应该是以荀子为中介的。可以说，商鞅以后六国再无纯粹之法家。

在“先秦名家及楚国的名辩思潮”一章，本成果对汉代以来学者关于名家的各种成说进行了全面清理。结论是，作为先秦诸子学派之一的名家，是兴盛于战国中后期的一个学术流派，其思想特点是所谓“苛察缴绕”和“专决于名”，即要求循名责实，或者说强调以名学或逻辑学的方法来观察和处理事物；但名家过于纠缠于“名”，只精严于事物的概念而忽视了事物之“实”，故有“使人俭而善失真”之弊。先秦名家学派的代表人物应是倪（兒）说、田巴、桓团、公孙龙等一班诸侯的“清客”，而邓析、惠施、宋钘、尹文等则因为他们多是当时最活跃的政治活动人物而不在其列。名家学派的思想主张除了“坚白离、合异同”等名学命题之外，还持有“非六王、罪五伯（霸）”之论。楚国的名辩思潮虽然可远溯于老子，但真正的兴盛，应在宋钘、惠施游楚之后；除了“南方之墨者”的名辩“相应”之外，在屈原、宋玉的辞赋中也可见名家学说的影响；而荀子的由稷下至楚，则从儒家的立场对楚国和整个先秦的名辩思潮做出了批判性的总结。

在“阴阳家学说及其在楚国的传播”一章，通过对阴阳家发展演变历史的全面考察，可以发现阴阳家不仅与《兵书略》中的“兵阴阳”、《数术略》中的“五行家”有着密切的关系，而且与儒家的“顺阴阳，助教化”、道家老庄的“万物负阴而抱阳，冲气以为和”、墨家的“顺四时而行”、农家和法家的“举事慎阴阳之和，种树节四时之适”等思想，都具有一些相同点或相通之处。竹帛《五行篇》的出土，使人们终于明白了儒家思孟的“五行说”乃指仁、义、礼、智、圣五个德目，而非金、土、水、火、土“五材”；但思孟“五行说”的提出，则应该是受《尚书·洪范》自然“五行说”（即“五材”说）影响的结果。邹衍的“阴阳五行说”不仅有以五行相生为理论基础的四时教令思想，同时也应该包括礼仪制度方面的内容，甚至还应该包含对仁、义、礼、智、圣等道德德目的论述。这是阴阳五行家与儒家既有联系又存在根本差别的地方。由《尚书·洪范》的自然“五行说”，到思孟的道德“五行说”，正反映了战国阴阳家学说发展演变的历程。阴阳家学说的兴起与楚人也密切相关，阴阳观念可能产生于楚人的枚卜，从老庄到屈原作品中皆有阴阳家思想的痕迹，都证明了这一点。但由楚地近年新出土的文献来看，战国时期楚国的学界似乎对属于儒家思孟的“五行说”怀有更大的热情，而民间则对阴阳数术颇感兴趣。

在“纵横家及其与楚国的关系”一章，本成果认为，纵横家的源头应追溯至鬼谷先生，而鬼谷先生的活动地点与楚国、秦晋及齐国均密切相关，其形成与楚国的老庄道家、三晋的法家权变思想以及齐国的稷下黄老思想都有一定的渊源关系。纵横家的学术思想性很弱，其行为之最大的特点是“用术”。所谓“术”，指纵横家擅长于“权变”。其手段一是威胁，二是利诱，三是欺诈。“三晋多权变之士”，说明纵横家多起于三晋。但由于楚国是战国时举足轻重的大国，纵横家不论“合纵”还是“连横”，都必然离不开楚国。所以楚国虽没有出现真正本土的纵横家，但却是战国纵横家重要的活动舞台。当时最著名的纵横家苏秦、张仪都曾频繁出入楚国，进行过穿梭外交。楚国虽未产生真正本土的纵横家，但却是战国纵横家重要的活动舞台，其深层原因应该在于楚国固有的道家文化中反对智巧诈伪、提倡清静无为和“不争”的文化品性。

在“农家源流与楚国的农家学者”一章，本成果提出，农家学说虽然与墨、道、法各家思想有相近之处，也与儒家“劝农桑，以足衣食”和阴阳家“敬顺昊天”“敬授民时”的思想主张有相同点，但这并不能否定农家是先秦时期一个源远流长、有着自己学术思想的独立的学术派别。农家思想的基本内容，一是强调农业的重要性，力倡耕织；二是有关农田耕作之法和如何调剂丰歉（农业保障制度）；三是主张“君臣并耕”。农家的这一基本思想，实际乃是原始农业社会部落首领与全体氏族成员共同劳动的遗风。春秋战国时期，礼崩乐坏，学术下落民间，原始“君臣并耕”的遗风和“耕籍田”“祀先农”的礼仪主要为原居于楚地的神农氏后代所传承，故先秦的农家学说主要形成、传播和兴盛于神农氏后代所居的楚地。先秦农家的先驱者可追溯于春秋末期的楚人长沮、桀溺、荷蒸丈人等“隐士”，战国中期的楚人许行、陈相师徒的学术和社会实践活动，则代表着先秦农家学派发展进入到了其鼎盛期。

在“先秦杂家思想及其与楚国的关系”一章，通过全面深入地考察先秦杂家源头和历史演变，本成果提出先秦杂家思想的根本特点并不是兼采“百家”却“漫羡而无所归心”，而在它同时以儒家道家或其他两种以上的学派为主导而整合先秦诸子百家的学术理路。先秦杂家与黄老学派不同。黄老道家是要把“阴阳之大顺”“儒墨之善”和“名法之要”最后统一到“大道之要”上来，故属道家；杂家则要同时以两家或两家以上的思想来统合诸子百家。先秦杂家应兴起于仕秦的楚人甘茂师事的下蔡史举先生之“学百家之术”，从一开始即与楚国有着极为密切的关系。而吕不韦的杂家思想亦应传自楚国下蔡的史举先生。《汉书·艺文志》中著录的“杂家类”著作，有不少就属于楚人的著作；楚国著名诗人屈原的诗篇和春申君黄歇的思想中，也都有着杂家的重要影响。儒家的荀子既曾被春申君黄歇任用为兰陵令，却又曾被听信说客说辞的黄歇疏远而“去之赵”，这正可说明黄歇的思想与荀卿的思想有同有异。

在“先秦的小说家与楚国的小说”一章，本成果先通过考察先秦诸子之一的小说家，明确了先秦时期“小说”概念的内涵；然后对楚国“小说家”之“小说”作品的内容和形式特点进行深入探讨。本成果认为，先秦的“小说”，乃是与“经说”或“大说”相对的一个概念。从价值评判的角度来看，它是不解说“经义”的“小道”和“小知（智）”；从形式上看，它不同于那种“琢之盘盂，镂之金石”，或“加笔墨之迹”“书之竹帛”的“经说”或“大说”，而是属于民间口头传播的、篇制短小的“说”。由此可见，“小说家”并不是从学术思想上对先秦诸子学术流派的划分，而只是侧重于学术思想传播形式上的一个定义。先秦楚国的“墨辩”学者曾最早从逻辑分析的角度对“小说”的形式特点进行了理论探讨，凸显了“小说”之非“经说”或“大说”那种民间口耳传闻的特点。现存于《韩非子》《说林》上下、《内外储说》和刘向《说苑》中有关楚人的“说”，就是先秦楚国的小说，它们体现了先秦楚国小说的多言楚人楚事、题材内容广泛和反映出楚国民间特有的价值观念等特点和成就。

三、成果的学术创新、应用价值以及社会影响和效益

本成果的学术创新主要体现于三个方面：

一是本成果的研究以问题为导向，具有强烈的问题意识。本成果力求把对先秦诸子各个学派思想及其在楚国传播、发展和演变的研究，皆集约化为若干个学术专题问题的讨论，这样就既使整个研究的内容相对集中，也增加了研究的深度和力度。如本成果对先秦儒家及其与楚国学术关系的研究，就将其提炼成“孔子与楚国”“七十子及其后学与楚国”“楚地出土简帛与儒家思想的传播”等几个基本问题，围绕这几个问题开展；对先秦道家及楚国道家思想的研究，也并不是重复以往学术界对道家面面俱到或对道家老庄叠床架屋式的研究，而是从中选取“老庄的楚文化属性”和环渊、詹何、鹖冠子其人其书及其思想研究等几个学术界长期不够重视或存在争议的问题作为突破口，在学术问题的专题性探讨中展开对先秦道家的深入研究；对先秦墨家及楚国墨学的研究，又将其归约为“‘三墨’的形成及其特点”“墨学在楚地的传播与楚国的墨家学者”“楚国墨学的基本特点及其历史地位”三个基本问题进行探讨；对先秦法家思想及其在楚国的历史演变的研究，则重点针对吴起法家思想的特点及其历史地位、楚国法家思想的演变与历史地位等几个学术疑难问题展开；等等。通过这种以学术问题的探讨为中心的研究，使本成果的研究显得既全面而丰富，又突出了研究重点，增加了研究的深度和力度。

二是学术观点的创新。本成果认为必须寻找地域文化这个新的切入点，才能真正全面、深入和准确地认识先秦诸子百家思想及其传播的时代特点。如通过考察儒家孔了及其后学在楚地的学术活动，认识先秦儒家思想的历史演变及其对中国古代的哲学思想的具体影响；道家除老庄之外，还有北方杨朱道家和齐国稷下道家，以环渊、詹何为代表的楚道家的“游学”经历反映了道家思想的历史演变和南北道家的思想交融；吴起由魏至楚的变法，反映了起于“三晋”的先秦法家，其思想和学派的确立经历了一个十分曲折的过程；由吕不韦的学术渊源可以看出，先秦杂家的最根本的特点并不是其

“杂”——“漫羡而无所归心”，而在其同时以儒道或其他两家以上的思想为主导而整合先秦诸子百家的理路；先秦农家思想的源头其实是原始社会部落首领与民众共同劳动——“君臣并耕”及后来“耕籍田”“祀先农”的礼仪在春秋战国时期礼崩乐坏、学术下落民间时期的遗风，这一遗风此时主要为原居于楚地的神农氏后代所传承，故先秦的农家学说主要形成、传播和兴盛于神农氏后代所居的楚地；先秦的“小说家”主要并不是从学术思想上对诸子学术流派的划分，而只是侧重于学术思想传播形式上的一个定义，故先秦的“小说”乃是与“经说”或“大说”相对的一个概念，楚国“小说”具有鲜明的楚文化特征；等等。因此，可以说，本成果完全改变了以往学术界对先秦诸子的看法，认为由楚国这个地域文化窗口所看到的先秦诸子学，乃是一个真正全面、丰富和动态的先秦诸子学。或者说，中国先秦时期只存在具体的先秦诸子学，并无抽象的先秦诸子学；楚国诸子学就是它的一个典型个案。

三是研究方法的创新。本成果成功实现了先秦诸子学研究中三个方面的结合：（1）历史与逻辑的结合与统一。凡是有历史文献依据的，皆详加考索，力争做到巨细无遗；凡历史文献不足的环节，必从思想史发展的逻辑上加以严密推论，以期使二者互相补充，圆满无间。（2）出土文献与传世文献的结合。既力求将传世文献网罗殆尽，又充分利用新出土的简帛文献，以使二者互相补充。（3）文、史、哲的结合。如在讨论儒家经典在楚国的传播时，既对文学性较强的《诗》有较充分的研究，也对史学性较强的《春秋》和哲学性较强的《周易》有较深入的探讨；对道家詹何等人的研究，借助对历史文献的细致入微的考辨，把哲学思想的演变与历史文献的研究紧密结合起来；在楚国名辩思潮的研究中，首次发掘出楚辞作家屈原、宋玉诗赋中的名辩因素。另外，从《墨经》中考察到先秦诸子对“小说”形式的理论贡献，也是使用文、史、哲结合的方法。

本成果的应用价值及社会影响和效益主要在于：一是为先秦诸子研究开辟了新的研究方向。在本课题立项之后，近年先后有“楚国黄老学研究”与“楚国易学研究”等国家社科基金项目和教育部人文社科基金项目立项，起到了示范作用。相信今后将会有更多的以某一地域诸子学或思想史为研究对象的选题出现。二是将大大促进楚国思想文化的研究。“楚学”研究中原来只有“楚文化史”和“楚国哲学思想史”研究，楚国诸子学既丰富了“楚国思想文化”研究的内涵，填补了“楚学”研究中的一项空白，也为“楚学”研究开辟了新的方向。

本成果的大部分内容，先后以论文形式在《哲学研究》、《中国哲学史》、《文史哲》、《文学遗产》、《中山大学学报》（哲学社会科学版）、《江汉论坛》、《中州学刊》、《船山学刊》、《华中学术》、《诸子学刊》等刊物上发表。其中《农家源流与楚国的农家学者》一文，被中国人民大学复印报刊资料《中国哲学》2013 年第 10 期全文转载；《“三墨”学说与楚国墨学》一文，被《高等学校文科学术文摘》2013 年第 6 期摘约 3 000 字、《新华文摘》2014 年第 3 期论点摘编、中国人民大学复印报刊资料《中国哲学》2014 年第 1 期全文转载；《杂家思想及其与楚国的关系》一文，被《中国社会科学文摘》2014 年第 3 期摘约 3 000 字；《论先秦法家及楚国法家思想的历史演变》一文，被中国人民大学复印报刊资料《中国哲学》2014 年第 3 期全文转载，产生了较大的学术影响。

《〈心体与性体〉解读》概要

杨泽波*

一、研究的目的和意义

牟宗三最好的作品是《心体与性体》（《从陆象山到刘蕺山》实为该书之第四册），而不是学界普遍认为的《智的直觉与中国哲学》和《现象与物自身》。但是，如同牟宗三其他作品一样，《心体与性体》同样以难以理解著称。现在学界急需一部解读性的著作，帮助读者理解和消化牟宗三的这一代表作。本成果即是为此所做的努力。相信随着这一成果的面世，阅读牟宗三《心体与性体》将不再是一件难事，相关研究也会进入到一个新的阶段。

本成果除引论和结语外，辟为十六章，逻辑上划分为两个部分。第一章至第十三章为分论，分别分析牟宗三关于宋明理学重要人物的评论，目的是帮助读者读懂《心体与性体》。第十四章到第十六章为综述，对《心体与性体》的三个核心问题，即活动论、形著论、存有论进行总的评述，一方面表明笔者的理解，另一方面也希望能够站在更高的层面，消化牟宗三相关思想，将其向前推进一步。

二、成果的主要内容

1.“十力学派”概念的提出

中国人做学问特别讲师承。天地君亲师，其中一条就是师。自上世纪中

* 杨泽波，复旦大学教授，博士生导师。

叶之后，中国台湾、香港地区还能够讲师承，但受政治、文化各个方面的冲击，大陆的师承则几近中断。随着中国传统文化的逐渐复兴，近年来大陆师承现象又有所回归。有意思的是，这种回归往往有一种回溯现象，即学者在对学问有了一定的成绩之后，反省来源，从而将自己的学问归到某个派系之下。在这个过程之中，笔者十分重视由熊十力到牟宗三一脉相传的“十力学派”，并将自己视为牟宗三的私淑弟子。笔者非常重视“十力学派”，主要有两个原因。

首先，“十力学派”的理论有很高的学术价值。一个学派是不是强大，能不能维持长久，很重要的一点是看其学理有没有学术价值，能不能提出一些有意义的学理问题。“十力学派”在这个方面做得比较好，足以满足这方面的要求。如何总结“十力学派”的思想，学界做法不一。根据笔者的体会，“十力学派”的思想内核可以用“一体两现”加以概括。所谓“一体”就是“吾学贵在见体”的那个“体”。熊十力反复强调，他的学说的最大特点是“吾学贵在见体”，而这也是他脱佛入儒的一个重要基础。儒学是一个实，佛学是一个虚，这是熊十力挂在嘴边上的话，常讲不断。儒学之所以是实，是因为儒学重体。这个体就是道德的本体，也就是儒学讲的良心本心，或牟宗三讲的本心仁体。因为重体，所以熊十力不同意冯友兰的看法，批评其把良知当作假说，强调“良知是真真实实的”，“良知是呈现”。良知为什么是真实？为什么是呈现？这是需要以十二分的热情加以关注的大问题。根据笔者现在的理解，熊十力所谓的重体，是指每个人生下来并不是一片空白，都有“伦理心境”，而这种“伦理心境”就是每个人的道德根据，是人成德成善的大根大法。熊十力所谓的呈现，可细分为两层意义，一是道德践行意义的呈现，一是道德存有意义的呈现。道德践行意义的呈现是指在特定的道德境遇中，道德本心一定会跳将出来，表现自己，给人一个指导，告诉人应该如何去做。道德存有意义的呈现是指面对宇宙万物，道德之心同样一定会跳将出来，表现自己，将自己的价值和意义赋予其上，使原本没有任何色彩的对象染上道德的价值和意义。这两种意义的呈现缺一不可。

其次，“十力学派”的学理有生命的力量，能为人提供精神的支撑。笔者最初接触“十力学派”是上世纪80年代。那时改革开放刚开始，脑子还很禁锢，都是那套僵化的东西，虽然感觉那套东西不适合中国哲学研究，但一时还摸索不出新的方法，一直在痛苦中挣扎。自从接触了现代新儒家的著作后，笔者才有了新的方向。其中牟宗三的影响最大。笔者之所以特别关注牟宗三，是因为读他的著作内心常常有一种感动的情绪，于心有戚戚然，感觉它不是死学问，其间有一个活泼泼的道德生命，好像上面有一个东西在拎着你，让你不敢往下堕落。读其他人的书很少有这种感觉，即使有，其程度也不这样明显。这种经历不光表现在笔者身上，其他学者也有。李明辉写过一篇回忆性的文章，说的也是这种情况。在上世纪五六十年代，唐君毅和徐复观在台湾地区有一定影响，到了 70 年代，由于到香港任教，在台湾渐渐没有了影响，好多学生甚至不知道有这两个人。后来，李明辉偶尔看到香港出版的唐君毅和牟宗三的著作，拿来一读，发现与台湾当时其他学者的著作大不一样，于是私下组成读书小组，读唐君毅的书，读牟宗三的书。一开始他最重视的是唐君毅的书，认为他的书逻辑清楚，概念明白，部头儿也大，读起来过瘾。后来读来读去，还是更倾向于牟宗三。熟读牟宗三著作的人或许都有这样的体会：他的书的确不好读，但只要过了文字关，熟悉了他的表述方式，真正读进去了，你就放不了手，你的境界就会大为提升，你的生命就会变得更有意义。牟宗三著作的魅力就在这里。

2.《心体与性体》的问题意识

作为“十力学派”的传人，牟宗三著作宏富，而他写得最好的作品就是《心体与性体》。为了更好地阅读这部著作，笔者首先从中提炼出牟宗三的三个问题意识。首先是如何解决朱子学理内在困难的问题。朱子在历史上占据很高地位，但其理论内部也有缺陷，不然无法解释朱陆之争的现实。如何准确评价朱子学理的历史地位，找到朱子学理中存在的问题，是牟宗三一直在思考的问题。其次是如何克服心学流弊的问题。心学在历史上发挥了重要作用，意义重大，但后来也出现了弊端，情况很严重。如何杜绝这些流弊，使心学走上正确的轨道，也是牟宗三非常关注的话题。第三是如何建构和阐发存有论的问题。牟宗三从熊十力那里懂得了道德理性有强大的创生性，不仅可以决定道德善行，而且可以创生道德存有。阐发这两个方面的道理都不易，后者更为困难。如何充分说明个中道理，将熊十力这一思想发扬光大，同样是牟宗三十分重视的问题。

围绕这三个问题意识，牟宗三提出了自己的解决办法，分别成为三论，这就是活动论、形著论、存有论。活动论来自第一个问题意识。为了说明朱子学理中存在的问题，牟宗三提出了“即存有即活动”和“只存有不活动”这对重要概念，强调在心体与性体的关系中，只有确保了心体的地位，才能使道德理性具有活动性，不至沦为死理。形著论来自第二个问题意识。为了解决心学流弊问题，牟宗三区分了心体与性体，提出心体是主观性原则，性体是客观性原则，希望以性体来保障心体的客观性，使其不走向流弊。存有论来自第三个问题意识。为了将熊十力的新唯识论推广开来，牟宗三反复强调道德之心是一个活物，有“充其极”的特性，“涵盖乾坤”而后已，将整个宇宙万物统统笼罩在自己的视野之下，而这也就是道德之心创生存有。在这三论中，活动论、形著论构成道德实践的主线，存有论构成道德存有的辅线。牢牢抓住这一主一辅两条线索，是读懂这部重要著作的必经之路。

3.《心体与性体》的理论意义

牟宗三上述努力有着重要的理论意义。在历史上陆王心学与程朱理学的争论，是儒学研究必不可少的题目。批评朱子支离，是象山有名的说法。站在今天的角度，如何将这个问题提升一步，进行清晰的理论说明，是牟宗三面临的任务。为此他特意从理论是否有活动性这个角度加以讨论，使问题的眉目一下子变得清晰起来。时至明末，心学出现了严重的问题。猖狂者参之以情识，一味胡叫乱喊，将感性之杂介入其中，闹得不可收拾；超洁者虽对良知有一些体会，但喜欢将其说得很高很玄，远离人伦日用，使一般人无法掌握。这些问题虽然到清代由于思想重点有所转移，不像明末那样突出了，但仍然是心学发展必须要解决的问题。牟宗三接续上蕺山的话头，提交了自己以性体保障心体客观性的方案，做出了巨大的努力。熊十力对儒学发展的一个重要贡献，是借鉴并改造了佛教唯识宗的思想，提出了新唯识论，在新的意义上强调境不离心。熊十力这一思想自提出之后，面临着两个方面的挑战。其一来自佛教内部的反弹。佛教界一般不认可熊十力的这一思想，批评其所说与佛教基本义理不合。其二来自佛教外部。受西方唯物主义的影响，人们一般并不了解也不认可熊十力这一理论的意义。牟宗三继承其师的思想，自觉传他的道，才使这一思想的影响日渐广大。不管牟宗三上述做法有多少需要商榷的地方，仅就其鲜明的问题意识以及为解决问题所付出的巨大努力，都理当而且必须予以积极肯定和高度评价。近年来，因为笔者对牟宗三时有批评，引起台湾一些学者的反批评，认为笔者不尊重牟宗三。其实他们并不了解，笔者这样做恰恰是因为非常看重牟宗三，认为在现代新儒学各个学派中，十力学派是最有潜力的一支。而笔者为自己规定的任务，就是尽最大的努力继承这一血脉，为将其发扬光大付出自己的绵薄之力。

4.《心体与性体》的思想缺陷

尽管《心体与性体》具有丰富的理论意义，不可低估，但笔者同时也认为，牟宗三解决这些问题的具体做法还存在着一些不足，有待讨论。牟宗三看到朱子学理没有活动性，很是不满，提出批评，这当然有其意义。不过一旦他把问题套在康德道德自律和道德他律的框架中，情况就立即变得异常复杂起来。牟宗三看到朱子理论重于认知，将思想的重点放在认知上，以知识讲道德，从而将其判为道德他律的做法有很大的争议性。且不说朱子讲道德同儒学其他学派一样，并不以利欲为目的，即使他重视格物致知，也只能说明这一思路由于忽视了道德本心的作用，使其道德无力而已，而不能轻易断其为道德他律。牟宗三这一误判造成了极大的负面影响，使其有极高价值的“即存有即活动”这一思想的真正意义完全淹没在他律还是自律的争论之中。另外，牟宗三尽管清楚看到，一个理论要有其活动性，必须确保其中有“心义”，但对于为什么一个理论中有了“心义”就能活动起来，这个“心义”在什么意义上起作用，其运行机理何在等问题，并没有能够给出令人满意的说明。

形著论、存有论与上面说的活动论虽属于不同领域，但其性质却有一致性。明末，蕺山面对心学重重流弊，以划分心宗和性宗的办法加以克治，在当时起到了一定作用，出现学门独盛的局面。牟宗三受此启发，顺着这一方面，也将心体与性体划分开来，规定性体是客观之主，心体是主观之主，希望以性体保障心体的客观性。牟宗三这种做法从学理上分析，源于其对儒家天道的理解。在历史上，儒家一贯将道德的根据与上天联系在一起，强调性体来自天道（道体）。天道是客观的，性体来自天道，所以也是客观的。但历史上儒家将道德与上天联系在一起，以天说性，真的是要说明性体是客观的，以此可以杜绝心学之流弊吗？这显然是一个必须认真思考的大问题，一旦这一环有所松动，形著论的合理性便会受到质疑。存有论的情况同样如此。牟宗三认为，儒家讲道德一定要讲天，天高高在上，是一形上创生实体。这种创生包含两方面的意义：对人的创生是使人有心性，对物的创生是使物有存在。但问题在于，尽管将道德与上天联系在一起是儒家的思想传统，但创生存有的真正主体究竟是天呢，还是道德之心？虽然牟宗三借助明道的一本论做出解答，强调天人本无间隔，原本为一，但天人毕竟有所区别，笼统讲一本并无助于问题的解决。

牟宗三《心体与性体》存在这些问题，原因很多，但其中有一点需要特别强调，这就是其研究方法是传统式的，过于陈旧。牟宗三对良心的看法是传统式的。牟宗三从熊十力那里懂得了良知是真实，是当下呈现的道理之后，反复申说，而这也成了其学理的重要基础。但他只是沿用传统的说法，大讲“天之所与我者”，坚持由道体到性体到心体的思路，没有对良心究竟来自何处的问题进行理论的分析。牟宗三对天的看法也是传统式的。牟宗三十分看重天道、道体，不仅直接将解决心学流弊的重担压在了性体身上，而且直接以天作为形上创生实体，以完成超越存有论的建构。但是，在这个过程中，牟宗三对良心的起源没有一个合理的交代，对儒家学说的天论传统也缺乏一个准确的定性。这是《心体与性体》在理论层面上最大的不足。

三、成果的创新点和应用价值

因为看到了牟宗三思想中存在的问题，本研究没有接受牟宗三的方法，而是坚持使用自己的方法，这也成了本成果最大的创新之点。

这种新方法是在长年孟子研究中形成的，并逐渐有了理论的自觉。其逻辑起点，是以“伦理心境”为基础对良心进行理论诠释。本成果认为，作为儒家心学立论根基的良心其实是社会生活和智性思维在内心结晶而成的一种境界和境况，简称“伦理心境”。当然，“伦理心境”不能凭空而成，还必须以“人性中的自然生长倾向”为基础。一个是“伦理心境”，一个是“人性中的自然生长倾向”，这两个方面结合起来，可以对人何以有善性有一个合理的说明。

以“伦理心境”和“人性中的自然生长倾向”为基础解说性善，只是一个逻辑起点，由此可以引申出很多问题。比如，按照这种解释，人们可以对道德理性自身何以有动能的问题做出有力的解说。如上所说，去除在道德自律和他律问题上的混乱，活动论有着极高的理论价值，它向人们提出了这样一个重要话题：一种道德理论必须保障其自身有实践性，否则没有任何实际的意义。朱子学理的缺陷就在这里。尽管朱子学理规模庞大，但他没有办法解决理性自身是实践的问题，没有办法保障其理论有“兴发力”。牟宗三敏锐地抓住这个问题不放，强调在一种道德理论中必须确保有孟子的“心义”，才能使其动起来，这是极有价值的观察。可惜他只是到此为止，没有对其中的原理进行进一步的分析。在笔者看来，良心之所以有活动性是因为良心是建基于“人性中的自然生长倾向”之上的“伦理心境”，这两者同时决定人原本即是一个道德的存在，有道德的要求。这种道德的存在，有道德的要求，是人有道德动力，见到是必须去行，见到非必须去止的最根本原因。更为重要的是，尽管牟宗三讲了道德理性要有活动性必须确保有“心义”，但对其运行机理并没有予以令人信服的说明。研究者在孟子研究的过程中注意到，自孔子创立儒学之始，其思想方法就不是感性、理性的两分格局，而是欲性、仁性、智性的三分模式。以孔子为代表的儒家学派，其思想最为特殊的地方是在大致相当于西方感性和理性两个部分之间，多了仁性这个部分。仁性就是孔子讲的仁、孟子讲的良心。由于多了仁性这个部分，欲性和智性之间就多了一个桥梁，智性认识到正确的事物，仁性会充当发动机，决定其必然去行。这样一来，本成果就找到了牟宗三以心体保障性体活动性的内在原因和运行机理，在其基础上往前移动了一步。

另外，顺着这个路子继续往前走，本研究对儒家的天论传统也有了新的认识：先秦天论发展有一个由“以德论天”到“以天论德”的理路。周人将德与天联系在一起，以是否有德作为政权合法性的依据，这叫“以德论天”。随着西周末年怨天疑天思潮的日渐强盛，这一思想受到了极大的挑战。但后来当儒家面临必须解决仁究竟来自何处的难题时，不得不借助先前将德与天联系在一起的习惯，重新以天作为道德的终极根据，这叫“以天论德”。明确儒家这种“以天论德”做法的特殊思想背景，可以明白儒家将道德的根源上推给天，不过是借用先前天论的思维习惯，给道德寻找一个形上根据，即所谓“借天为说”罢了；究其实，天不可能是良心的真正来源，良心的真正来源只能从社会生活和智性思维中去寻找（“人性中的自然生长倾向”虽然可以在广义上归于自然意义的天，但它并不是性善论最关键的部分）。以此为依据，本成果对牟宗三的形著论得出了完全不同的结论。牟宗三讲形著，将五峰、蕺山立为一系，高居于象山、阳明之上，根本目的是借用天道、性体的作用以克服心学的流弊。在他的理论模型中，性体来自天道，是客观性的代表，一旦心体出了毛病，性体可以利用自己的客观性，对其加以克治。但根据本成果以“借天为说”对儒家天论的理解，天既不是良心的真实的根源，也不是客观性的全权代表，不可能从根本上克治心学的流弊。要从根本上杜绝心学的流弊，一个可行的办法是借助三分方法，在仁性与智性的关系方面想办法。虽然在这方面人们还只能看到一个模糊的远景，细节尚不十分清楚，但其总的方向不会有大的偏误。

这个道理对于解决超越存有论的内在问题也有助益。牟宗三之所以将自己的存有论标以超越的名号，核心的理由是要凸显儒家的超越性，以反对西方学者关于儒学不具有超越性、层面不高的批评。这一用心并不为错。然而牟宗三对于先秦天论发展的内在理路缺乏细致分析，沿用传统的说法，将天视为一个形上实体，规定为“创造性自己”，直接将天作为道德存有的创生主体。虽然牟宗三在诠释一本论的时候，也强调在一定意义上，天只是“虚说”，心才是“实说”，但他毕竟保留了天是“实体”的判断，从而为其学理埋下了失误的伏笔。面对他的这种说法，人们完全有理由提出这种疑问：天是如何成为“实体”，具体参与创生道德存有的实际过程的？这个问题在牟宗三儒学思想系统内很难得到合理的解答。如果依据“借天为说”的思路，这个问题可以说得比较清楚。在儒家学理系统中，天只是良心的形上根据，虽然这个形上根据通过“认其为真”也有其意义，甚至可以成为一个类似信仰的东西，但它并不是一个实体，不可能成为创生道德存有的真正主体。创生道德存有的主体只能是人的道德之心。道德之心在完成创生道德存有的任务之后，由于受到天论思想传统的影响，不自觉地将自己的这个功劳归给了上天，好像上天在创生宇宙万物的同时便使其具有了道德的意义似的。创生道德存有的主体只能是人，不能是天，这才是对一本论的最为合理的解说。

由此不难看出，在解读《心体与性体》的过程中，本成果对牟宗三“心性”和“性体”这两个核心环节的理解都与其不尽一致，而这又源于本成果的思想方法与其有所不同。本成果在研究牟宗三儒学思想的时候，始终注意提醒自己不要囿于某个具体观点的争论，而是尽可能将相关问题置于一个整体，从方法上来一个根本性的解决。“结语”取题为“儒学研究范式现代转化的一种尝试”，就是想凸显这个用意。此处所说的“现代”是泛指的，意即与传统相对，并不涉及近代、现代的区别，也不涉及西方对现代文明的反思与批评。自孔子创立儒学已经两千五百年了，大致经历了三个时期。一是先秦时期，其主要任务是创立儒学，发展儒学。二是宋明时期，其主要使命是面对佛教、道教的挑战，做出理论的回应。这两个时期虽有不同，但其思维方式并没有原则区别，可以说都是传统的。现在人们正面临着儒学的第三期发展。第三期发展与前两期相比，人们的思想能力有了很大的进步，足以有力量在研究方法上有所改进。但恰恰是在这个环节上，牟宗三没有跟上。虽然他在《心体与性体》中提出了非常重要的任务，同时也注意借鉴西方哲学资源来思考问题，但在一些关键点上，尤其是在对良心和天道的理解方面，其思想方式仍然是传统的，从而使他的思维方式无法与其自觉承担的任务相匹配。他希望以加入“心义”来解决朱子学理的问题，希望以性体保障心体的客观性以克治心学流弊，将超越之天作为创生实体建构超越存有论，都是这种不匹配的具体表现。当发现了这些问题之后，本成果试着以自己的方法建构一种新的格局，就是希望打破这种局面，解决牟宗三提出而没有能够很好解决的问题。

当然，本成果从来不认为自己的这种解说是唯一合理的，也从来不反对其他学者可以而且应该有自己的解说，但强调：第一，这个问题必须解决，再不能简单重复传统的说法，否则不可能有根本性的进步；第二，不管提出什么样的解说，都应该尽可能全面地解决儒学研究的难题，能够解决的问题越多越全越好。本成果试图以自己的方法解决牟宗三的问题，就是以此为指导思想的。这种努力至少在一定程度上达到了目的，而且相信它的意义还远不止于此。这里可以举两个例子加以说明。首先，如上所说，本成果一直非常重视牟宗三的活动论，不仅将其置于理学与心学的关系中处理，更将其视为休谟伦理难题的中国版。在西方，自从休谟提出“是”与“应该”的难题之后，不断有人试图来解决，其中麦金太尔借助亚里士多德的目的论体系的解决方案最值得留意。麦金太尔认为，亚里士多德伦理学是一个目的论体系，只有坚持这个体系，才能保证不出现事实与价值分离的问题。而本成果提出的儒家思维方式不是两分，而是欲性、仁性、智性三分，仁性可以为智性提供动能，其实也包含了这个因素。一旦这个观点可以立住脚，就可以为解决这个困扰西方哲学界三百年的难题提供一个有价值的、相当可行的方案。其次，在三分方法的视域下，心学与理学的关系也会得到较好的安排，不至于再为何为正宗、何为旁出而争来争去。牟宗三写作《心体与性体》划分三系，一个重要目的是判定朱子为旁出。这种做法看似立场坚定、态度鲜明，其实是以孟子为标准的，不足为取。自孔子创立儒学之始，就既重仁，又重礼。重仁为仁性，重礼为智性。孟子的贡献是创立性善论，直接将仁落实在性上，使仁得到了落实。但他不重视孔子在成德过程中关于学习的思想，不自觉丢掉了智性，使原本欲性、仁性、智性三者齐备的模式，窄化为欲性、仁性两分的局面。正是看到了孟子的这个不足，荀子才创立性恶论，希望以重礼重学的方式克服孟子的不足。宋代之后，孟荀之争这出戏又以象山与朱子之争的方式重演了一遍。从这个角度可以看得非常明白，孟子和荀子、象山和朱子，其学理都有所据，这就是孔子思想中的仁性和智性。既然如此，便不应像牟宗三那样简单判断何者为旁出，何者为正宗。真正的正宗只有一个，那就是欲性、仁性、智性三者齐备的孔子，回到孔子才是人们的希望所在。

总之，牟宗三的思想范式是传统的，就这种范式而言，他已经达到了高峰，后人已经很难在这个范围内超过他了。但牟宗三也明显受到了这方面的局限，未能从根本上完成为自己提出的任务。只有打破他的方法，建构一种新的模式，才能突破这一局限，解决他留下的问题。儒学研究思想范式的现代转化虽然是一个老生常谈的话题，但通过《心体与性体》解读，看到牟宗三对“心体”和“性体”这两个核心问题花了那么大精力仍无法达到目的，人们从来没有像今天这样感受到这个问题的紧迫性。本成果希望通过自己的方法解决牟宗三没有完全解决的问题，就是在这方面做出的一种新尝试。谁能尽早看到这一点，尽早在这方面有所突破，那么他就会早得益；反之，他今后最多只能是以不同形式重复牟宗三而已，甚至远远达不到他的高度，难望其项背。这样说绝没有一星半点的夸张，历史一定会验证这个判断。

《实体与形式：亚里士多德〈形而上学〉Z卷研究（Z 10—17）》概要

聂敏里*

一、研究的目的、意义及方法

亚里士多德《形而上学》Z卷是《形而上学》一书中从古至今被研究者研究最多的一卷，研究者称其为亚里士多德《形而上学》研究中的“珠穆朗玛峰”，所形成的研究文献汗牛充栋，甚至由此构成了一门独立的学科，即所谓的“Zeta学”（Zetaology）。围绕这一卷，它的结构、它的论证、它的主要思想及观点，等等，研究者们一直存在着广泛的争论。主流的观点甚至认为这一卷是由若干个独立的论文片断所构成的，自身不具有思路、逻辑甚至观点上的完整性和系统性。尤其是针对其中的第10—17章，研究者们甚至将这短短的8章划分成为5个相互独立的片断，即10—11章、12章、13—15章、16章、17章，认为它们具有各不相同的主题。鉴于国际亚里士多德研究界在研究上的这一现状，而且基于之前所积累的各项研究成果，本成果聚焦于Z 10—17，集中给予它一个基于整体论和文本学的研究，目的就是要就国际研究界的这一现状提出自己的有独特见解和科学探究的应答和解决思路，促进亚里士多德形而上学研究的进一步深化。

由此，在研究方法上，本成果的一个独特之处就在于，一以贯之地坚持了整体论的研究方法。整体论的研究方法是近年来国际亚里士多德研究界研

* 聂敏里，中国人民大学教授，博士生导师。

究亚里士多德的主流方法，它已经逐渐取代了20世纪初由耶格尔所开创的发展论的研究方法。

以耶格尔为发端的发展论的研究方法，其重点在于将亚里士多德的思想解释成为一个发生、发展的谱系，从而，对于遗留至今的亚里士多德的著作全集，发展论会将它们安排成为一个从属于不同思想时期的思想作品。但是，发展论在方法论上面对的困难就是，不同的发展论者对于亚里士多德的思想分期和演进路线会有不同的看法，并且由此会将同一部亚里士多德的著作安排到不同的思想发展阶段中去。同时，发展论也不能避免虚构亚里士多德的思想逻辑发展线索的方法论问题。正是针对从20世纪初到20世纪中叶盛行一时的发展论的这些内在理论难题，从上世纪80年代起，国际亚里士多德研究界重新复兴了古代的整体论的研究思路。这就是，将遗留至今的亚里士多德的著作全集视作一个逻辑融贯的思想整体，研究的重点即在于寻求亚里士多德思想的这种内在融贯性。从而，在遇到亚里士多德著作中存在着思想上的表面矛盾的地方，区别于发展论者于此总是乐于建立一个思想演进的线索来化解这一矛盾的做法，整体论则更倾向于从对文本的深入分析和思考出发，寻求从更有利于文本整体和著作系统的角度来解决这些矛盾的途径。同时，和传统的整体论的方法不同，上世纪80年代重新复兴的整体论的研究方法更注重对文本本身的细致解读，不贸然去建立关于亚里士多德思想整体的体系性构造，从而，在研究方法上就更务实和更审慎。因此，整体论的研究方法自上世纪80年代兴起以来，就逐渐成为国际亚里士多德研究界的主流研究方法。现在，持有亚里士多德思想发展的观点的学者越来越少，而更多的学者则不断尝试从思想整体的角度来解读亚里士多德的多方面的哲学文本。

但是，在《形而上学》Z卷的研究中，由于其文本及论证本身的特殊困难，整体论的方法并没有得到严格的贯彻，不仅有学者试图在其中同样建立起亚里士多德思想前后期发展的脉络，而且更多的学者倾向于认为这一卷实际上是一部论文合集，是由亚里士多德不同主题的论文缺少一个思想整体的线索编辑而成的。显然，正是从针对亚里士多德《形而上学》Z卷研究的这一国际研究现状出发，如何深入地贯彻整体论的方法，就成为本成果着重予以考虑和研究的问题。由此，从一种整体论的立场出发，本成果贯彻了文本细读的研究方法，深入到亚里士多德《形而上学》Z 10—17 的文本当中去，在细致地分析其中的逻辑脉络、思想主题、论证观点的基础上，来寻求各章之间的内在联系。

这样，经过细致的文本分析和梳理，和国际研究界有关这一部分的主流看法形成鲜明的对照，本成果不但揭示出了 Z 10—17 的文本的内在统一性，也揭示出了它与之前的 Z 1—9 和之后的 H 卷与 Θ 卷之间的内在逻辑关联。这就是，继 Z 1—3 提出“什么是实体”的问题、Z 4—6 区分了“是其所是”与偶性合成物、Z 7—9 讨论了形式与生成的关系问题后，Z 10—17 却着力于探讨实体的整体与部分的关系问题，从而明确了形式实体在实体整体中的首要地位，以及形式实体自身的不可再分性，由此将 Z 卷所开启的实体的研究牢牢锁定在形式实体上，并且最终通过 Z 17 对“形式作为原因”这一原理的阐明，将对实体的本质论的研究引向对实体的原因—目的论的研究，也就是 Z 卷之后的《形而上学》H 卷和 Θ 卷的研究。

这样，整体论与文本分析的方法就是本成果在整个研究过程中所坚持的最具特色的方法，由此对《形而上学》Z 10—17 的解读相应地也与之前所存在的国际学者的各种相关研究形成了在研究方法、研究思路、研究结论上的明显的不同，构成了本成果自身的鲜明的立场和特色。

二、成果的主要内容和重要观点

亚里士多德的《形而上学》Z 10—17 共有 8 章，传统上，对于这一部分的研究主题和逻辑结构存在着广泛的分歧和争论，以至于绝大多数研究者不认为这 8 章是一个统一的单元，而认为它们是由多组论文拼合而成，不具有内在统一的主题和融贯一致的逻辑。本成果在全面吸收了国际最新研究成果（这主要是 Stephen Menn 的研究成果）的基础上，提出这 8 章具有一个融贯一致的主题，即在讨论完实体与偶性（Z 4—6）、实体与生成（Z 7—9）的主题后，亚里士多德在 Z 10—17 中主要是就实体的整体与部分的关系进行讨论。从而，Z 10—11 是揭示实体的整体与其各个部分的关系，并且明确实体的形式的部分在实体整体中的首要的地位，而 Z 12 则从定义的统一性的角度引入了形式实体不可分的思路，由此过渡到 Z 13—16 对形式实体的统一性、同一性和单一性的论证，这主要是借助 Z 13 对“普遍者不是实体”

的论证、Z 14 对“柏拉图式的普遍者理念不是实体”的论证以及 Z 15 和 Z 16 进一步从本体论的角度对形式实体的基础地位的奠定来实现的，Z 17 则是在此基础上提出“形式作为原因”的理论，以为整个研究过渡到《形而上学》H 卷和 Θ 卷的研究提供前提。

在对 Z 10—17 这一整体结构和思路把握的基础上，本成果分成三个大的部分、共 19 章的篇幅对 Z 10—17 这 8 章进行了深入细致的、基于文本本身分析的、整体论的研究。

第一部分是针对 Z 10—12 的研究。在这个部分，由于 Z 10 作为 Z 10—16 这个论证单元的主题开端的特殊地位，也由于它自身篇幅的原因（它是整个 Z 10—17 中篇幅最长的一章），本成果花了三章的篇幅来对它加以研究。第一章“问题的提出及其理论意义”，即是对 Z 10 一开始所提出的问题的全局意义的阐明，在这里，本成果表明了它不仅是对于 Z 10 有效的一个问题，而且是对于整个 Z 10—16 有效的问题，它涉及实体研究的一个根本困难的理论难题，即实体的整体与部分的关系问题。第二章“部分的多种意义和质料部分的被排除”以及第三章“‘形式先于整体’原理的阐明”，则是针对 Z 10 本身论证主题的具体分析和说明，表明了亚里士多德在这里通过针对实体定义与其各部分的描述之间的关系的研究所根本企图说明的主题，这就是确立形式实体在可感实体整体之中的优先性。这样，这三章的研究便构成了第一部分的研究的第一篇，即“Z 10 研究”。

“Z 11—12 研究”构成了第一部分的研究的第二篇。在这里，本成果分别以两章的篇幅来说明 Z 11 的论证主题，并对其中相关的一些学术难题提出了自己明确的解决方案，而以另外两章的篇幅来说明 Z 12 作为由 Z 10—12的研究向 Z 13—16 的研究的过渡的特殊地位及其研究主题。这样，第四章“作为形式的实体和作为质形合成物的实体之区别与联系的再阐明”，即是对 Z 11 的论证主题的一个深入的分析和说明。而如果我们了解到亚里士多德在 Z 11 中前后部分看似矛盾的论述对于研究者们曾经构成了多大的困扰，那么，我们也就能够认识到正确把握 Z 11 的论证主题将是多么重要的一个理论工作。第五章“余论”，则是对同样引起研究者们极大困扰的 Z 11，1037a11—1037b7 的一个研究。因为，在这段话中，亚里士多德似乎对之前进行的研究进行了一个回顾，因此，研究者们便往往企图利用这段话所暗示的线索来把握Z卷的论证结构，特别是用来支持他们去除了Z 7—9之后对Z 3—11的论证结构的把握。但是，本成果在这一章里的一个与众不同之处却是深刻论证了这段话根本不是对从Z 3迄至Z 11的全部论证的一个概述，而仅仅是对Z 11本身论证主题的概述，它是被严格限制在Z 11自身当中的，从而，它也就不能被用来证明Z 7—9的插入，由此，本成果也就等于是为反驳Z 7—9的插入论提供了一个间接的证据和论证。

第六章“Z 12的插入问题”当然是对Z 12在Z 10—17中的特殊地位的阐明。在这一章里，本成果驳斥了以伯恩耶特为代表的主张Z 12是插入到Z卷中、游离于Z卷自身研究主题的一章的看法，对它所起到的沟通Z 10—11与Z 13—16的研究主题的关键作用做了清楚的说明。第七章“对定义的统一性的形而上学阐明”，则是对Z 12自身研究主题的说明。它指出了Z 12是对亚里士多德在《后分析篇》第二卷第6章中所提出的那个有关定义的统一性的逻辑学问题的形而上学的回答，他从形而上学的角度，亦即从实体的统一性的角度，解答了实体的定义的统一性问题。而这也就当然表明了Z 12这一章出现在讨论实体的整体和部分的关系问题的Z 10—16这个相对独立的论证单元中的合理性。

第二部分是针对Z 13—16的研究。这个部分同样分成两篇来进行，即第一篇“Z 13研究”和第二篇“Z 14—16研究”。这样的划分当然首先是因为Z 13在整个这一相对独立的论证单元之中的独特地位和重要性，其次才是由于Z 13本身所需要探究的问题复杂和论述的篇幅庞大的原因。因此，在具体的研究中，本成果以四章的篇幅来处理Z 13的问题。首先，第八章“一些预先的问题的说明和澄清”，是对整个Z 13—16在Z卷中的地位和意义的说明。因为，按照对Z 3的提纲的解释，人们习惯于将Z 13—16看成是对亚里士多德在Z 3中所提出的实体的四个候选项之一“普遍者”的研究，但是因此却在对Z 13—16各章主题之间逻辑关联的把握上产生了种种困难。本成果在这一章中驳斥了这种看法，并诉诸Menn有关Z 10—16的论证结构的文章中的观点表明，Z 13—16根本不是对实体的其中一个候选项的研究，而是致力于对形式实体是否在实体上可以被分析为它的构成部分的研究。在阐明了这一点之后，本成果便以三章的篇幅深入到Z 13自身的论证当中去。由于Z 13本身的论证核心是“普遍者不是实体”这个主题，因此，这一部分研究的第九章、第十章、第十一章，便是以上、中、下三个分部对亚里士多德的这个论证的一个细致的研究和探讨。在这几章中，本成果阐明了亚里士多德这一章的具体论证结构，对困扰研究者们的许多理解上的难题提供了具有独创意义的解决方案。

第二篇“Z 14—16 研究”分别以三章的篇幅对这三章各自的主题做了具体的分析和探讨。第十二章“柏拉图式的普遍者理念不是实体”，是对 Z 14 的研究，因为，亚里士多德在这一章里正是基于 Z 13 对“普遍者不是实体”的论证，进一步对柏拉图式的普遍者理念是否是实体进行了探讨。第十三章“在本体论上对定义知识的阐明”，是对 Z 15 的研究。因为，在这一章里，亚里士多德对之前的讨论所一再涉及的实体定义的问题从本体论的角度做了一个根本的说明，表明可感实体因其涉及变化和生灭实际上是意见的对象，而恰恰不是定义知识的对象，而形式实体作为个体形式，它自身也是不可以定义的，因为定义知识是关于普遍的。显然，这些论证都根本地触及了亚里士多德的知识观的主题，因此，本成果在这方面对亚里士多德的知识观也相应地做了集中的论述。第十四章“对实体的质料的部分和形式的逻辑的部分的存在论的地位的确定”，是对 Z 16 的研究。因为，在这一章里，亚里士多德实际上总结了他在整个 Z 13—16 这个相对独立的论证单元中的主题思想，表明实体既不可以在实体上被分析为它的质料，也不可以被分析为它的那些形式的逻辑的部分，而这自然也就表明了形式实体是终极意义上的实体，它不再可以被分析为更进一步的实体。

第三个部分是针对 Z 17 的研究，它是专门为了阐明 Z 17 的“新开端”的意义所进行的一个研究。但是，恰恰是在如何正确地把握这个意义，特别是在正确地理解亚里士多德在 Z 17 中所特别论证的实体是原因的主题上，需要特殊地引入亚里士多德在《后分析篇》第二卷第 1—10 章中从逻辑学的角度就这个主题所进行的一番深入的探讨。许多研究者由于不知道或者轻视 Z 17 同《后分析篇》第二卷第 1—10 章在思想主题上的内在关联，因此也就不能够正确地理解亚里士多德在 Z 17 中所进行的工作的全部理论意义。正是基于对这一点的考虑，本成果在“Z 17 研究”这个部分，是以对《后分析篇》第二卷第 1—10 章的一个深入的、详尽的研究开始的，而这也就构成了“Z 17 研究”的第一篇——“预备的研究”。

在这一篇里，本成果用了三章的篇幅来分别对《后分析篇》第二卷第1—2章、第3—7章、第8—10章的论证主题进行说明。第十五章，“τὶἐστιν和τὶδιότι内在一致性的揭示”，阐明了亚里士多德在《后分析篇》第二卷第1—2章所提出来的一个基本思想，即本质和原因的同一性，显然，这对于理解Z 17的主题是至关重要的。第十六章“定义知识和证明知识区别与联系的阐明”则是对《后分析篇》第二卷第3—7章论证主题的分析和说明。但是，它同样通过这个研究表明了本质如何能够作为一个事物的原因呈现，而这恰恰是通过定义知识和证明知识之间的关系的分析才能够予以揭示的。第十七章“‘是什么’作为原因的阐明”，则不仅涉及了《后分析篇》第二卷第8—10章的根本思想主旨，而且由此表明了“是什么”所指向的本质究竟是如何作为原因存在的。这样，有关《后分析篇》第二卷第1—10章的这三个研究，就为我们正确地把握Z 17的理论做好了铺垫。

第二篇“正式的研究”，是针对Z 17本身的一个研究。在第十八章“将《后分析篇》第二卷第1—10章的理论引入Z 17中的必要性”中，本成果论证了为什么需要将《后分析篇》第二卷第1—10章的理论引入到对Z 17的研究中，表明了这样做的合理性，并借此分析了许多研究者在这一方面思想观念上的种种误区，而这当然同时也构成了对Z 17本身的论证主题和论证结构的一个预先的说明。第十九章“对实体如何作为原因的阐明”则是对亚里士多德在这一章里有关实体是原因的论证的具体分析和阐明，本成果通过这一具体的分析也相应地澄清了许多研究者在对Z 17的具体论证上的种种错误的理解。

以上就是本成果的主要研究内容和章节安排，本成果力图通过这样的一个深入的分析和严密的章节安排，来彰显Z 10—17内在的整体性，揭示亚里士多德在这一部分的研究主题。

而就本成果所提出的一些重要观点来看，值得特别指出的是这样一些观点：

首先，长期以来，造成研究者对Z 10—17的理解破碎的一个关键原因在于，绝大多数研究者都试图按照亚里士多德在Z 3中对“什么是实体”这个问题的最初探讨的思路来理解之后各章的研究，认为Z 3是之后各章的一个思想提纲。从而，按此思路出发，研究者们普遍认为Z 10—11只是接续了Z 4—6的研究主题，即仍旧是对“是其所是”的一个从定义出发的研究，只不过是被所谓的“插入的”Z 7—9打断了而已；而Z 13—16才是这个部分的研究的主体，它是对Z 3中所提出的实体的第四个候选项也就是“普遍者”的专题研究，它否认了普遍者是实体这一命题；而Z 17则转向了另一个主题，即对形式是实体的一个重新的确认。显然，按此思路，从根本上，研究者就不可能将Z 10—17作为一个思想整体来把握。我们可以注意到，在整个国际亚里士多德研究界，几乎没有一个研究者敢于跳出这一思路，即否认Z 3作为Z卷的研究提纲这一观点。而本成果则明确地指出，Z 3有它自己的特殊的研究主题，这就是通过一个迅速而简洁的讨论来明确“什么是实体”，而这就是“是其所是”。所以，对实体的四个候选项的讨论在Z 3中就已经完成了，从而，它不可能对之后各章中的讨论有任何支配意义。显然，一旦跳出了有关Z 3是Z卷的研究提纲的这一传统观点的束缚之后，不仅Z 3之后各章内在的逻辑连贯性得到了把握，而且关键是，由于不再受Z 3的影响认为Z 13—16是对“普遍者”这一实体候选项的讨论，人们便可以把握Z 10—17这个部分的内在的整体性。和对这个部分的主流研究的观点不同，本成果便认为Z 10—17是对实体的整体与部分的关系问题的讨论，尤其是对形式实体在实体整体中的地位的讨论。从这一整体思路出发，Z 13—16就去掉了以往的研究所覆盖给它的那个错误的主题，即是对“普遍者是否是实体”的讨论，而显示出了它内在真正的主题，这就是，它是对形式实体不可再被分析为它的部分的讨论，尤其是不可再被分析为作为它的内在部分的种、属这些普遍者的讨论，亚里士多德在这部分对“普遍者不是实体”的论证正是服务于这个论题的。这样，对Z 3的提纲地位的否定，对Z 13—16的真正研究主题的揭示，就构成了本成果的一个与众不同的观点，同时也是一个重要的研究成果。

其次，对于Z 12，研究者普遍认为它是插入的一章，它和整个Z 10—17的研究主题是不协调的。有一些研究者甚至为这种“插入论”的看法提供了一些想象性的解释，其中著名的就是当代西方亚里士多德研究专家博斯托克和伯恩耶特的观点。本成果在这个问题上的一个值得重视的研究就是，对这两个人的研究进行了基于文本的批评，对Z 12协调于整个Z 10—17的内在逻辑主题进行了深刻的揭示和论证。本成果指出，Z 12看似在研究一个在

《后分析篇》中提出的有关定义统一性的难题，但实际上这个研究却是契合于Z 10—17的整体研究主题的。因为，一旦Z 10—11揭示出了形式实体在实体整体中的优先地位之后，对形式实体本身是否还可以再被分析为它的各个部分的研究就提上了议程。正是基于这一考虑，亚里士多德在Z 12中，才以定义的统一性这一问题为研究的突破口，来切入这一研究主题。因为，定义所关涉的恰恰就是形式实体，从而，研究定义的统一性也就是研究形式实体的统一性。只是在解决了这个问题之后，亚里士多德才可以在Z 13—16中进一步分析作为形式实体的逻辑构成部分的种、属这些普遍者是否还具有实体性，而在否定了它们的实体性之后，形式实体的自身的统一性、同一性、单一性和完整性显然也就清楚呈现出来，而它作为真正严格意义上的第一实体的地位也就自然得到了揭示。因此，对Z 12的这一全新的解释构成了本成果的另一个值得重视的观点。

第三，Z 17向来被视为从Z卷向H卷和Θ卷过渡的一个转换性的章节，研究者们将其统称为“新开端”。但是，对于这个“新开端”的意义，研究者们却莫衷一是。本成果的一个重要观点就是指出了这一“新开端”的意义在于将对实体的本质论意义上的研究导向原因—目的论性质的研究，而其中的枢纽就是要证明“形式作为原因”这一命题。所以，Z 17就构成了亚里士多德对这一命题的一个核心的论证。但由此一来，本成果的另外一个重要观点就是，自觉而明确地将亚里士多德的这一思想同他在《后分析篇》第二卷第1—10章中的研究关联在了一起。因为，关于形式即是原因的思想，亚里士多德真正全面而深入的研究并不是在Z 17中，而是在《后分析篇》第二卷第1—10章中，Z 17只是针对Z卷中所进行的研究对这一主题做了讨论。从前已经有学者指出了Z 17中的思想同《后分析篇》第二卷第1—10章思想的关联，但是，从来没有学者就此来切实地展开对二者之间联系的研究。本成果的一个研究突出之处就在于，用了三章的篇幅来对《后分析篇》第二卷第1—10章的思想做了深入的研究，阐发了其中亚里士多德有关“本质就是原因”的思想，从而为Z 17的研究的顺利展开做了理论上的铺垫。

最后，当然还是需要特别提出的就是，除了整体论的研究方法构成了本成果的一个方法论上的显著之处外，关于亚里士多德的实体是个体形式的观点，也构成了本成果在亚里士多德实体问题上的一个始终一贯的新观点。因为，长期以来，尤其是在国内学术界，人们普遍认为亚里士多德的实体是普遍形式。但是，同样是在上世纪80年代，国际亚里士多德研究界的一个重大变化就是，开始逐渐有数量越来越多的学者认为，亚里士多德的形式实体应当是个体，而不是普遍的种、属。本成果接续了它的姊妹篇《存在与实体——亚里士多德〈形而上学〉Z卷研究（Z 1—9）》所坚持的这种个体实体的观点，通过对Z 10—17的文本的深入的分析和论证，为这一观点提供了进一步的理论支持和佐证，等于是深化了这一观点。它对于扭转国内学术界在这个问题上的长期以来的传统观点，促发在这个问题上国内研究的更进一步的深入思考和发展，显然是有着重要的理论意义的。

三、成果的学术创新、应用价值以及社会影响和效益

本成果以三大部分、19章的篇幅对《形而上学》Z 10—17进行了深入、细致的探讨，由此，不仅Z 10—17的相对独立的整体性及其丰富的思想内容得到了充分的彰显，而且关于Z卷的连贯的、整体的论证结构，它的各个大的相对独立的单元（Z 4—6、Z 7—9、Z 10—16和Z 17）各自相对的论证主题，实体是个体、形式和质料不分离的观点，等等，本成果都做了更加清晰和明确的阐述，因而与国际研究界在这些问题上的观点的混乱和问题重重形成了鲜明的对比。从这个角度来看，本成果即便是在当代的国际亚里士多德研究界也是一部观点新颖独到、见解精辟深刻、论证全面有力的著作，足以彰显国内亚里士多德研究的前沿性质和国际水准。

《形而上学》Z卷被称作亚里士多德《形而上学》研究中的“珠穆朗玛峰”，对它的研究在国际亚里士多德研究界构成了一个专门的学科，即所谓的“Zeta学”(Zetalogy)。国际学者对于它有大量的研究和著述，而专门对它的文本及论证进行深入研究的并不多见，其中最著名的是Frede & Pazig的*Aristoteles, Metaphysics Z: Text, Übersetzung und Kommentar*，这本书出版于1988年，迄今仍然是这一领域的经典文献。相比于此，国内对《形而上学》Z卷的这样一种从对文本的深入分析出发、逐章加以专论以显明其核心论证主旨的专题性质的研究，本成果是第一部。因此，本成果的完成和出版，有助于推动国内对古典哲学的研究朝着一个更深入的方向发展，即依托于文本和大量的专门二手文献，在充分借鉴、吸收国际研究成果的基

础上，对经典作家的经典著作加以深入地解析和论证。这个方向已经被证明为是目前国际古典哲学研究的主要方向，而且也被证明为是最行之有效的研究方式，取得了丰硕的研究成果。本成果通过自身的深入研究实践这一研究方向，向国内的古典哲学研究展示了经典文本的最基本的研究方式，使国内学术研究能够向更具专业性质和学术价值的领域推进。

《反基础公理的逻辑研究》概要

李　娜*

一、研究的目的、意义及方法

在经典的公理集合论系统 ZFC 中，由于基础公理 FA（也称良基公理或者正则公理）的存在，所以，这样的集合论，也称为良基集合论，它所描述的集合也称为良基集合。在 ZFC 中，由于基础公理 FA 是独立于 ZFC^-（$=$ ZFC$-$FA）的其他公理的，所以，如果用反基础公理（或称非良基公理）代替基础公理 FA，那么 ZFC^- 中所有不依赖于 FA 的结果在非良基集合论中都成立。而这样的集合论，也称为非良基集合论，它的论域中既包含良基集合，又包含被基础公理排除掉的具有无穷 $\in$ 递降链或循环性质的非良基集合。而具有循环性质的非良基集合（也称超集或奇异集合）的最大特点是具有性质 $\Omega\in\Omega$，即包含其自身作元素，如 $\Omega=\{\Omega\}$。

然而，由于在哲学、逻辑学、数学、计算机科学、语言学、情境语义学、人工智能领域和认知科学中，存在着许许多多各种各样的循环现象和问题，而非良基集合恰恰可以以一种明显的方式来刻画循环的现象和问题，因此，在集合论的发展中，用反基础公理替换基础公理也成为必然。反基础公理最早是由福蒂（M. Forti）和洪塞尔（F. Honsel）在他们 1983 年的一篇论文中给出的。现在这条公理被阿克采尔（P. Aczel）称作 AFA，并且阿克采尔还给出了一套建立各种各样循环现象模型的方法。

---

* 李娜，南开大学教授，博士生导师。

20 世纪 70 年代前后，互模拟（也称双仿）的概念几乎同时并且独立地在集合论、模态逻辑和计算机科学等领域中提出。在此之前，两个结构之间的关系只能用同态或者同构来衡量。然而，两个同态的结构其中一个一定能嵌入到另一个之中，因此，它们形式上一个包含另一个，本质上是相同的。同构的结构不论是形式上还是本质上都被认为是相同的。于是人们希望有一个比同态或同构弱的概念。而互模拟不仅是一个比同态或同构弱的概念，同时还能保证两个结构之间相互模仿对方。特别地，“互模拟也是非良基集合论的核心概念。当人们把集合论的论域由良基集合扩充到非良基集合时，经典的外延公理在判断非良基集合之间的相等时无能为力。运用基于互模拟概念的强外延公理可以很好地解决这一问题”①。今天，互模拟理论因为各种各样的目的被广泛地用在并发系统、函数语言、对象定位语言、类型论、数据类型、域论、数据库、编辑最优化、程序分析、证明工具等中。

然而，为公理集合论的 ZFC 系统建立模型，一直是公理集合论研究中的一个重要问题。20 世纪 90 年代以后，为集合论的含有各种反基础公理的公理系统建立模型，是公理集合论研究中的一个热点问题。因此，反基础公理的逻辑研究从理论上丰富了数理逻辑的重要分支——公理集合论刻画集合论模型的理论；丰富了巴威斯（J. Barwise）等人关于用方程组研究反基础公理的理论，为现代逻辑的研究提供了证明论的工具，促进了逻辑学的发展。同时，用非良基集合重新刻画模态逻辑，建立模态系统之间的互模拟关系，必将进一步促进数理逻辑与逻辑、哲学之间的相互渗透、相互融合。因此，这些工作都可能在基础理论的层面上促进数学、逻辑学和哲学的发展。与此同时，这些工作对于我国这样一个对逻辑研究还比较薄弱的状况来说，无疑具有十分积极的意义。

本成果所采用的主要方法是数理逻辑中构建模型的方法和代数的方法。

二、成果的主要内容

本成果分为三编。第Ⅰ编，它是笔者承担的 2008 年度国家社会科学基金项目“超集、双仿以及在模态逻辑、计算机科学中的作用研究”（项目批

① 李娜、姚从军：《互模拟的一些基本性质》，《云南师范大学学报》（哲学社会科学版），2010 年第 5 期，第 69 页。

准号：08BZX049）的最终研究成果的部分内容；第Ⅱ编，它是笔者承担的2011年度天津市社会科学基金项目“基于方程组的反基础公理AFA以及应用研究”（项目批准号：TJZX11-007）的最终研究成果的部分内容；第Ⅲ编即附录，它也是笔者承担的2008年度国家社会科学基金项目“超集、双仿以及在模态逻辑、计算机科学中的作用研究”的最终研究成果的部分内容。

第Ⅰ编：为用图刻画的各种反基础公理系统（ZFC^- + AFA（或者SAFA、FAFA以及反基础公理家族AFA~））建立不同的集论模型，从而证明各种反基础公理与ZFC^-的相对协调性。

第Ⅱ编：修正、完善并丰富了巴威斯等人用代数方法（方程组）刻画的反基础公理——解引理的理论。

第Ⅲ编：包括两个附录。附录1——给出了结构之间的互模拟理论。附录2——给出了项目研究期间发表的四篇论文。

第Ⅰ编的主要内容如下：

为集合论的公理系统建立模型是公理集合论研究的一个重要问题。由于人们已经为经典的公理集合论系统ZFC建立了自然模型、可构成模型、布尔值模型以及含有原子的模型，因此，本成果在第Ⅰ编中为用图的方法刻画的反基础公理AFA（或者SAFA、FAFA以及反基础公理家族AFA~）所构成的非良基集合论系统ZFC^-+AFA（或者SAFA、FAFA以及反基础公理家族AFA~）建立了以下三种模型：

（1）以ZFC的布尔值模型V^B（B是一个完全的布尔代数）为基础，采用阿克采尔的方法，构建了阿克采尔的非良基集合论公理系统ZFC^-+AFA的一种模型。在此基础上，构建了由反基础公理家族AFA~所构成非良基集合论公理系统ZFC^-+AFA~的模型，并由此构建了斯科特（D. Scott）的非良基集合论公理系统ZFC^-+SAFA和费斯勒（P. Finsler）的非良基集合论公理系统ZFC^-+FAFA的模型。

（2）在可构成公理V=L的假设下，利用ZFC的可构成模型L，采用阿克采尔的方法，构建了阿克采尔的非良基集合论公理系统ZFC^-+AFA的一种模型。在此基础上，构建了由反基础公理家族AFA~所构成非良基集合论公理系统ZFC^-+AFA~的模型，并由此构建了斯科特的非良基集合论公理系统V=L+ZFC^-+SAFA和费斯勒的非良基集合论公理系统V=L+ZFC^-+

FAFA 的模型。

（3）利用 ZFC＋A（A 断言：存在原子的集合）含有原子的集合 A 的模型 V（A），采用阿克采尔的方法，构建了阿克采尔的非良基集合论公理系统 ZFC^-＋A＋AFA 的一种模型。在此基础上，构建了由反基础公理家族 $AFA^\sim$所构成非良基集合论公理系统 ZFC^-＋A＋$AFA^\sim$的模型，并由此构建了斯科特的非良基集合论公理系统 ZFC^-＋A＋SAFA 和费斯勒的非良基集合论公理系统 ZFC^-＋A＋FAFA 的模型。

第Ⅱ编的主要内容如下：

巴威斯等人用代数方法（方程组）所刻画的反基础公理——解引理 AFA 断言：平坦方程组有唯一解。然而，当平坦方程组是 x＝｛x｝时，Ω＝｛｛｛｛…｛｛∅｝｝…｝｝｝｝（这里省略号表示有无穷多层括号）和Ω′＝｛｛｛｛…｛｛∅，｛∅｝｝｝…｝｝｝｝（这里省略号表示有无穷多层括号）都满足Ω＝｛Ω｝并且Ω′＝｛Ω′｝。也就是说，Ω和Ω′都是集合方程组 x＝｛x｝的解，但是，Ω≠Ω′。这与巴威斯的假设平坦方程组有唯一解不一致。

为了使巴威斯等人的解引理 AFA 更符合直观，本成果基于线性方程组及解结构的思想，将巴威斯等人的平坦方程组划分为齐次平坦方程组和（巴威斯型的）平坦方程组，并假设齐次平坦方程组有解，假设（巴威斯型的）平坦方程组有唯一解。这样一来，x＝｛x｝是齐次平坦方程组，根据假设，x＝｛x｝有解而不是唯一解。因此，本篇利用齐次线性方程组和方程组之间的关系以及它们解之间的关系，完成了下面的工作：

（1）定义了齐次平坦方程组并给出了它的解引理 LAFA：每个齐次平坦方程组都有一个解。然后，在齐次平坦方程组的基础上，定义了（巴威斯型的）平坦方程组，并给出了它的解引理 AFA：A（原子的集合）上的每个（巴威斯型的）平坦方程组都有一个唯一解。最后，给出平坦方程组的一种推广形式——一种广义的平坦方程组。

（2）定义了两个齐次平坦方程组之间的互模拟；给出并证明如果两个或两个以上的齐次平坦方程组有相同解，那么这两个或两个以上的齐次平坦方程组是互模拟的；在此基础上证明了（巴威斯型的）平坦方程组有相同解的充分必要条件；给出并证明了以 A 为相同原子集的两个广义方程组之间互模拟的一些基本性质；利用方程组之间互模拟的这些基本性质（不用解引理）证明了广义平坦方程组上的极大互模拟是一个等价关系。

（3）定义了一种广义的齐次方程组；在此基础上，定义了广义的方程组并给出了相应的解引理；最后证明了：在 ZFC^- 中，AFA 等价于每个广义方程组有一个唯一的解。

（4）证明了基于方程组的反基础公理——解引理 AFA 与 ZFC^- 的相对协调性。

（5）证明了每个图有一个装饰等价于每个齐次平坦方程组有一个解。

（6）证明了（巴威斯型的）平坦方程组有唯一的解等价于 A 上的每个图有唯一的装饰。

（7）定义费斯勒齐次平坦方程组；同时给出了费斯勒齐次平坦方程组的解引理 LFAFA；证明了费斯勒齐次平坦方程组的解引理与费斯勒图的反基础公理的等价性。

（8）证明了费斯勒平坦方程组的解引理与 A 上的每个费斯勒图的反基础公理的等价性。

（9）定义一种不依赖于代入规则的齐次崎岖方程组以及崎岖方程组，给出了它们的解引理，并表明：不用代入，用集合的累积层也能使我们处理一些较复杂的方程组。

第Ⅲ编的主要内容如下：

本成果在附录 1 中完成了下面的工作：

（1）在两个框架之间，给出一种比同态弱的概念——满模拟，并在这种定义下证明了两个结构之间的一些保持性。

（2）在两个框架之间，给出一种比同构弱的概念——互模拟，并在这种定义下证明了两个结构之间的一些不变性。

在附录 2 中给出四篇已发表的论文，其中：

（1）论文《集合论的反基础公理》（《哲学动态》，2009 年第 1 期）和《论基础公理与反基础公理》（《逻辑学研究》，2013 年第 2 期）主要讨论了基础公理与反基础公理。

（2）论文《互模拟的一些基本性质》（《云南师范大学学报》（哲学社会科学版），2010 年第 5 期）给出了能够刻画计算机科学、模态逻辑和集合论中互模拟概念的一个统一定义，并在这种定义下证明了互模拟的一些基本性质。

（3）论文《解悖方法研究近况》（《哲学动态》，2011年第11期）主要介绍了用解引理AFA解悖的方法。

三、成果的学术创新和应用价值

1. 学术创新

第Ⅰ编的学术创新如下：

本编为阿克采尔用图的方法刻画的反基础公理AFA（或者SAFA、FAFA以及反基础公理家族AFA~）所构成的非良基集合论系统ZFC^-＋AFA（或者SAFA、FAFA以及反基础公理家族AFA~）建立了以下三种模型：

首先，基于ZFC的布尔值模型V^B构建了阿克采尔的非良基集合论公理系统ZFC^-＋AFA的一种模型。在此基础上，构建了由反基础公理家族AFA~所构成的非良基集合论公理系统ZFC^-＋AFA~的模型，并由此构建了斯科特的非良基集合论公理系统ZFC^-＋SAFA和费斯勒的非良基集合论公理系统ZFC^-＋FAFA的模型。

其次，假设可构成公理V＝L成立，利用ZFC的可构成模型L，构建了阿克采尔的非良基集合论公理系统ZFC^-＋AFA的一种模型。在此基础上，构建了由反基础公理家族AFA~所构成的非良基集合论公理系统ZFC^-＋AFA~的模型，并由此构建了斯科特的非良基集合论公理系统V＝L＋ZFC^-＋SAFA和费斯勒的非良基集合论公理系统V＝L＋ZFC^-＋FAFA的模型。

最后，利用ZFC＋A（A断言：存在原子的集合）含有原子的集合A的模型V（A），构建了阿克采尔的非良基集合论公理系统ZFC^-＋A＋AFA的一种模型。在此基础上，构建了由反基础公理家族AFA~所构成的非良基集合论公理系统ZFC^-＋A＋AFA~的模型，并由此构建了斯科特的非良基集合论公理系统ZFC^-＋A＋SAFA和费斯勒的非良基集合论公理系统ZFC^-＋A＋FAFA的模型。

第Ⅱ编的学术创新如下：

为了使巴威斯等人用代数的方法（方程组）所刻画的解引理AFA更符合直观，本编基于线性方程组及解结构的思想和方法，将巴威斯等人的平坦方程组划分为齐次平坦方程组和（巴威斯型的）平坦方程组。在此基础上，完成了下面的工作：

首先，定义了齐次平坦方程组并给出了它的解引理 LAFA：每个齐次平坦方程组都有一个解。然后，在齐次平坦方程组的基础上，定义了（巴威斯型的）平坦方程组，并给出了它的解引理 AFA：A（原子的集合）上的每个（巴威斯型的）平坦方程组都有一个唯一解。最后，给出平坦方程组的一种推广形式——一种广义的平坦方程组。

第二，定义了两个齐次平坦方程组之间的互模拟；提出并证明了如果两个或两个以上的齐次平坦方程组有相同解，那么这两个或两个以上的齐次平坦方程组是互模拟的；在此基础上证明了（巴威斯型的）平坦方程组有相同解的充分必要条件；提出并证明了以 A 为相同原子集的两个广义方程组之间互模拟的一些基本性质；利用方程组之间互模拟的这些基本性质（不用解引理）证明了以 A 为原子的广义平坦方程组上的极大互模拟是一个等价关系。

第三，定义了一种广义的齐次方程组；在此基础上，定义了广义的方程组并给出了相应的解引理；最后证明了在 ZFC^- 中，AFA 等价于每个广义方程组有一个唯一的解。此外，还证明了基于方程组的反基础公理——解引理 AFA 与 ZFC^- 的相对协调性。

第四，证明了每个图有一个装饰等价于每个齐次平坦方程组有一个解以及证明了（巴威斯型的）平坦方程组有唯一的解等价于 A 上的每个图有唯一的装饰。

第五，定义费斯勒齐次平坦方程组；同时给出了费斯勒齐次平坦方程组的解引理 LFAFA；证明了费斯勒齐次平坦方程组的解引理与费斯勒图的反基础公理的等价性。此外，还证明了费斯勒平坦方程组的解引理与 A 上的每个费斯勒图的反基础公理的等价性。

最后，定义一种不依赖于代入规则的齐次崎岖方程组以及崎岖方程组，给出了它们的解引理，并表明：不用代入，用集合的累积层也能使我们处理一些较复杂的方程组。

第Ⅲ编的学术创新如下：

首先，在两个框架之间，给出了一种比同态弱的概念——满模拟，并在这种定义下证明了两个结构之间的一些保持性。

第二，在两个框架之间，给出了一种比同构弱的概念——互模拟，并在这种定义下证明了两个结构之间的一些不变性。

第三，给出能够刻画计算机科学、模态逻辑和集合论中互模拟概念的一个统一定义，并在这种定义下证明了互模拟的一些基本性质。

最后，基于“循环并不可恶”的思想，指出了基础公理的局限性；分析反基础公理导致集合论域在 V＝WF 上不断扩张的方法，并指出这种扩张的方法与数系扩张的方法相同；同时得出结论：良基集合理论（ZFC）与非良基集合理论（ZFC^- ＋AFA（或者 ZFC 和 ZFC^- ＋FAFA 或者 ZFC 和 ZFC^- ＋SAFA））之间的关系类似于欧几里得几何学与非欧几何学之间的关系。

2. 应用价值

（1）进一步完善和丰富了逻辑学理论。

集合论是一种为带结构的对象构造模型的最灵活的工具。20 世纪初，罗素用康托尔集合论中的基本概念“∈”构造了类 $T=\{x \mid x \notin x\}$，而 T 中的元素具有自己不属于自身的性质，由此导致了矛盾，这个矛盾被称为罗素悖论。罗素悖论的出现引起了许多数学家的震惊，也由此引起了数学的第三次危机。为了排除悖论，集合论学者们用公理化的方法对康托尔的集合论进行了修正，建立了许多严谨的集合论系统，在整个 20 世纪中应用最广泛的就是 ZFC 公理集合论。由于 ZFC 公理集合论中存在基础公理（或称正则公理或称良基公理），基础公理断言，ZFC 公理集合论中的集合都是良基的（即非循环的和非无穷递降的），由此直接排除了循环的类，也排除了所有非良基集合。而非良基集合论是在 ZFC 的基础上，去掉基础公理，引入反基础公理得到的。它的方法是扩大 ZFC 公理集合论的论域，将$\Omega=\{\Omega\}$等视为集合，即将那些具有循环性质和具有无穷∈递降链的对象也作为集合，从而为循环的理论建立了集合论模型。1988 年阿克采尔利用图来刻画非良基集合并研究了反基础公理 AFA。1989 年巴威斯等人利用方程组来刻画非良基集合并研究了反基础公理 AFA。本成果的工作无疑丰富和完善了非良基集合理论。

（2）促进了集合论与模态逻辑、计算机科学理论之间的相互渗透和相互融合。

20 世纪 70 年代，互模拟的概念几乎同时出现在集合论、模态逻辑和计算机科学中。本成果给出一种能够刻画集合论、模态逻辑和计算机科学中互模拟概念的统一定义，并在这种定义下证明了互模拟的一些基本性质。另外，借助代数结构的思想，在两个框架之间，给出一种比同态弱的概念——满模拟，并在这种定义下证明了两个结构之间的一些保持性；在两个框架之间，给出一种比同构弱的概念——互模拟，并在这种定义下证明了两个结构之间的一些不变性。这些工作不仅促进了逻辑学各分支理论相互渗透和相互融合，并可能是在最基础的层面上，促进逻辑学、数学、哲学以及计算机科学的发展。

（3）为哲学、人工智能理论、计算机科学、认知科学、语言学和哲学等领域的研究提供工具。

近 30 年来，循环现象已经引起了哲学、人工智能理论、计算机科学、认知科学、语言学和哲学等领域中研究者的广泛重视。在这些领域中，非良基集合的模型可以很方便地为循环现象建立模型。如，应用平坦方程组的解引理 AFA 消解悖论；应用用图刻画的反基础公理建立了程序语言语义的一种数学方法，即计算程序进程的终结共代数语义。因此，本成果的研究为人工智能理论、计算机科学、认知科学、语言学和哲学等领域的研究提供了更方便、更简捷的工具。

《敌人论》概要

左高山*

一、研究的目的、意义及方法

1. 研究目的

第一，从观念史的角度考察“敌人”观念的起源与演变，从而厘清“敌人”问题的本质；第二，从国际和国内政治两个维度论证“敌人意象”是如何建构的；第三，初步形成一种有关敌人问题的意象理论，并探讨化敌为友的可能性。

2. 研究意义

2015 年是世界反法西斯战争胜利和我国抗日战争胜利 70 周年，“敌人”观念对人类社会所产生的重大影响需要我们对其进行全面的反思。我们既要反思历史已经提供的“敌人”观念，也要反思现代政治所“界定”的敌人的边界。更为重要的是，我们要从过去只关注“敌人”的否定性价值转向关注“敌人”的积极价值。

现实意义：第一，国家需要敌人来界定自己的身份。对敌人的想象在辨识国家的特性、强化国家利益与塑造国家命运的过程中起着重要的作用。因此，研究敌人问题有助于“我们”识别我们的目的、我们的空间、我们的存在，也有助于强化我们的思想和价值观，提供“我们”的国家存在之意义。第二，寻求或树立外部敌人有利于群体的内部团结。一个国家如果没有外部

* 左高山，中南大学教授，博士生导师。

敌人，其社会凝聚力往往会有所削弱，当国民面对共同的敌人的威胁时，国家的权威和资源都会得到加强，国家的团结也会得到加强。第三，政治家需要从敌人那里获得积极价值。政治家可以从敌人那里学到我们尚未意识到的东西，在与敌人的竞争中更加小心谨慎，不断反省自己，避免敌人的缺陷和错误，借鉴和吸取敌人的教训，从而从敌人那里获益。

理论意义：国内目前尚未有学者专门就敌人问题进行过深入而系统的研究，本研究具有某种理论开拓性和原创性，初步形成了一种较为系统的有关敌人的理论。

3. 研究方法

规范分析法。主要从政治哲学和伦理学的规范视角建构一种系统的敌人理论。

案例研究法。通过重大历史事件验证有关敌人理论的合理性和解释力。

文献研究法。分析古今中外的经典文献，了解敌人观念的起源和演变。

比较研究法。比较中外敌人观念的异同和敌人意象的建构，了解敌人问题的本质。

二、成果的主要内容、重要观点及对策建议

1. 主要内容

在对敌人观念的起源、发展进行简要的梳理和分析的基础上，论证敌人意象是如何在国际关系和国内政治中建构的。“敌人”既是人们建构的一种观念，也是一种真实的存在。但当我们判断某个具体的敌人时，敌人并不在场。经历了多年的意识形态冲突之后，人们似乎完全丧失了对“敌人”一词的同一性认同。事实上，敌人不可定义，敌人只能被感知、建构和发现。“敌人”是对对抗性他者的一种政治判断，而敌人论则是一种有关敌人意象的政治哲学。无论西方还是东方最初都通过把“野蛮人”化约为易于把握的空间单位来建构敌人，具有强烈的族类认同和排他意识。“野蛮人”和“夷”作为敌人观念的原初想象，具有生存论的意义。西方人倾向于将敌人类别化，而东方人则倾向于将敌人关系化。近代以来，“敌人”是基于国家利益和理性计算之后得出的政治判断，必须在民族—国家的理论框架中获得诠释。内部敌人和外部敌人延续和再造着民族—国家的观念。外部敌人是典型

的“外部他者”，而内部敌人则是将国民对象化为“内部他者”，是外部敌人扩展的产物。在历史上，总有一些人投靠和支持敌人，与敌人发展成某种“共谋”关系，从而成为敌人的“帮凶”。在大多数情况下，寻求或树立外部敌人有利于内部团结。通常，政治领袖以国家的名义来界定敌人，并通过意识形态强化国民的敌意和仇恨，完成对敌人的建构。惩罚敌人是一个纯粹的合目的性问题。这种合目的性要求惩罚目的本身的正当性。当我们将“敌人”等同于“野蛮”和“邪恶”时，“敌人”实际上成了一个价值判断词。将敌人非人化在于寻求惩罚敌人的正当性。在古典意义上，死亡是伸张正义的一种方式。杀死敌人具有理所当然的正当性和先验性，即使人类文明程度提高也没有改变这种倾向。把敌人从你死我活的冲突中解放出来其实是在解放我们自己。在本体论层次上，化敌为友意味着“我们”和“敌人”彼此开放。化敌为友就是要将绝对的敌人转变为相对的敌人，将对敌人惩罚的无限性转变为有限性。化敌为友需要人们由冲突世界理念转向和谐世界理念。化敌为友的可能性存在于自我之中，不仅要有化敌为友的意愿，而且要有化敌为友的能力和行动。

本成果的主要内容如下：

第一章“绪论：敌人与敌人理论”。本章主要研究敌人的概念、敌人的研究价值、有关敌人问题的理论。（1）“敌人”概念在不同的语言和语系中具有不同的逻辑结构。“敌人”是与“我们”对抗的他者，不仅指称战争状态中的敌对双方，而且指称对立的社会阶层、政治集团或国家。（2）敌存灭祸，敌去召过。国家需要敌人来界定身份；树立外部敌人有利于内部的团结；政治家需要从敌人那里获得积极价值。（3）三种代表性的敌人理论。生存论的敌人理论认为朋友和敌人的区分是为国家的生存服务的，并且出于生存的目的，国家需要不断地调整有关敌人的理论。意象论的敌人理论是生存论的延伸，但将有关敌人的认知置于政治的核心位置。敌人意象是人为建构的，其形成与人类的认知密切相关。敌人理论作为一种意象理论，把认知心理学的核心概念与国际关系理论相结合，将“战略意象”界定为政治情境中的另一个国家行为体的表象，主要关注我们对敌对国家的意象与作为其结果的行为之间的联系。价值论的敌人理论认为敌人理论也是包含了某种价值判断的价值理论。

第二章“敌人观念的原初想象”。本章主要从政治观念史的视角对“野蛮人”和“夷”进行考察和比较分析。东西方文明最初都是通过把“野蛮人”或“外族”化约为易于把握的空间单位来建构敌人的，都体现了某种种族中心主义的世界幻想和文化中心主义的优越感，具有强烈的族类认同和排他意识。西方人倾向于将敌人类别化，而东方人则倾向于将敌人关系化。古希腊的敌人观念模式体现在“文明人”和“野蛮人”的区分之中，而古代中国的敌人观念模式则体现在“夷夏之辨”中。“野蛮人”和“夷”是“敌人”观念的原初想象。对敌人的想象赋予国家或城邦意义并确保其构成的长远性。古代的敌人观念整体上是从地理和文化或文明的意义上确立的，奠定了现代敌人观念的基础，而近代的敌人观念则主要是在政治和伦理的意义上确立的。(1) 野蛮人与类型化的敌人。古希腊人的“敌人”观念既与其内部政治结构有关，也与外部的“野蛮人”相关，在很大程度上是由希腊人和“野蛮人”之间的战争所决定的。从词源学上看，“野蛮人”(barbarian) 一词源于希腊语，最初指称希腊之外的民族。罗马兴起后也称罗马和希腊以外各族为“野蛮人”。“文明人”和“野蛮人”在人类文明的进程中并没有固定的位置，在不同的历史阶段，二者通常可以相互换位。野蛮人的存在有助于“文明人”共同体内部和共同体边界的政治行动合法化。而蛮族论制造了一种政治上的非对称性，它将一部分人描述为政治的主体，而另一部分人则被认为是政治的客体，并且赋予他们截然不同或完全对立的政治身份。“野蛮人”的比喻意味着对目标群体的排斥和非人化，将野蛮人当作不共戴天的“敌人”体现了这种非人化的特征。“友友敌敌”是古希腊一项毋庸置疑的伦理原则，即人们应当善待并帮助自己的朋友，对抗并伤害自己的敌人。这一原则是基于对人类本性的深刻理解，把对等报复从具体的正义观扩展到了最广泛意义上的道德行为规范。(2) 夷夏之辨与关系化的敌人。古代中国人的敌人观念与“夷夏之辨”有着密切的关系。“夷夏之辨”后来发展成“人禽之辨”“华夷之辨”。“夷”这一概念在中国历史上，始终是国家统治的中心如何处理与周边他国、其他民族的关系的重要隐喻。我们可以从地理、政治和文化三个层面了解古代中国人是如何想象和建构“敌人”的。从地理或空间意义上，“夷夏之辨”即东西之分。在政治意义上，“夷夏之辨”则体现为阶级之分与族际冲突。在文化隐喻上，“夷夏之辨”即文野之别。(3)“夷”与野蛮人的互镜。“夷”与“野蛮人”二者的互镜性和公度性在近代中国与世界的政治和文化冲突中开始建立并纠缠不清，可以通过东方主义和西方主义即“敌人”眼中的东方和“敌人”眼中的西方的相互比较来发现二者的异同。“野蛮人”和“夷”的观念，都是对外部世界他者形象的认知、想象和建构，同时也折射出复杂的民族自我意识、思维习惯和文化心理。

第三章“敌人的政治性”。本章主要从政治认同、敌对关系和权力关系三个方面分析敌人的政治特性。(1) 敌人与集体身份。敌人作为一种政治观念或政治意象根源于我们的自我认识并服务于这种自我认识。敌人是一种具有极强政治性的集体身份。(2) 敌人与敌对关系。敌人是国家与国家比较和冲突的产物。国家与国家之所以成为敌人，既可能基于某种根本的矛盾，也可能基于一种政治上的比较和分离。(3) 敌人与权力关系。敌人作为话语政治的一个重要的语言符号，既体现了国内政治中复杂的权力关系，也说明了国际政治为何以及如何成为国家之间争夺话语权的重要场所。

第四章“人民公敌及其问题”。当一个国家的外部敌人消失或者与外部敌人的对抗不那么激烈时，内部的纷争随之出现，人们就需要寻找或树立“内部敌人”，而有关外部敌人的认知和理论将会投射或扩展到内部敌人之上。“人民公敌”就是将国民对象化为“内部他者”，是外部敌人扩展的产物。(1) 人民及其政治内涵。“人民/敌人”的区分是认识敌我矛盾和人民内部矛盾的根本性的前提。人民和敌人一样都是一种政治判断，“人民”是近代以来决定政治共同体能否获得政治合法性的关键因素。在我国独特的政治文化语境中，“人民”一词尤其显示出强烈的意识形态色彩和情绪化的特征。(2) 人民公敌及其确立。“人民公敌”作为内部敌人，和外部敌人一起构成了完整的敌人体系。“人民公敌”在不同时期也具有特定的政治内涵，是将外部敌人观念向内部“扩展”的结果。根据马克思的阶级理论，个人在阶级结构中的位置决定着他的政治倾向。因此，人民公敌、阶级敌人涉及社会结构和政治认同等主要变量。在 20 世纪，“人民公敌”也是政治控制的一种重要形式。(3) 我国宪法中的敌人观念。国家可以通过制度来树立“内部敌人”，宪法作为国家的形式化表达，是对特定人民之集体认同的确认，并以此来反对其敌人。由于内部敌人存在于我们的生活世界之中，因而比外部敌人更加真实和具体，对内部敌人的恐惧更甚于外部敌人，因此，对内部敌人的斗争和惩罚甚至比外部敌人更为残酷。

第五章“敌人的意识形态化”。本章主要从敌意、仇恨、国家意识形态等几个方面分析敌人观念在现代社会是如何建构的。对敌人的建构既与我们的外部世界或他者密切相关，同时也出自我们内在的心理需要。国家总是要通过强化某种机制来维护和支持民众对敌人的评价，以及满足国家对此的解释和需要。(1) 敌意是撒旦的阿基里斯之踵。人类历史是一部充满敌意的历史，世界因此也是一个充满敌意的世界。敌意不仅是人类具有的本性，也是人的情感在社会发展中的一种模式。根据存在等级或程度的不同，敌意可以分为个人的、家庭的、家族或部族的、种族的、国家的、国际的甚至全球的敌意。敌意产生的原因与角色关系、恐惧、想象或者同情有关。群体性或集体性敌意的呈现常常是自上而下而不是自下而上构成的。就国家与国家之间的敌对关系而言，这种敌意往往是由政治领袖所左右的。国家内部的敌意则是由社会加以控制的。建构敌人，需要发现和利用敌意的积极功能。(2) 仇恨及其本质。仇恨是原始敌意固化后最强烈、最持久、最复杂的一种情感形式，它既含有认知的成分，也带有非理性的内容。它最突出的特点就是使仇恨者丧失对被仇恨者的情感领受力。仇恨作为一种政治控制的方式由政治组织系统地实施，可以投射到不同的对象之上。对敌人的仇恨按照复杂化程度的差异分为初级仇恨、理性化仇恨和意识形态化的仇恨三个层次。像敌意一样，仇恨也有其积极的价值。(3) 敌人的意识形态化。无论建构外部敌人还是树立内部敌人，意识形态都在其中起着非常重要的作用，其中与敌人有关的政治话语对于敌人意象的建构尤为关键。随着国家意识形态在建构敌人意象时主导地位的确立，大众文化也成了附和并塑造国家认同的工具，这种认同随即被政治化以便赢得支持。极权政体常常通过意识形态话语控制其国民的思想并形成敌人意识。经过对国民思想上的训练、宣传或者洗脑，统治者把对敌人的强烈憎恨和厌恶灌输给国民，对敌人的敌意、恐惧和仇恨固化成了国民的一种思维方式和思维模式。在战争期间，战争组织机构充分利用在危机中积累的高度攻击情绪，并通过放大敌人的威胁来激发我们对敌人的报复性冲动情绪。

第六章“‘通敌’与‘敌人认同’悖论”。在任何一场侵略与反侵略的战争中，总有某些人置国家利益和民族利益于不顾，投靠敌人、支持敌人，

“为敌人服务”，与敌人发展成某种“共谋”关系，从而成为敌人的“帮凶”，最终也成了“我们”的敌人。通敌者的行为面临着严峻的政治合法性和道德正当性的考验，其行为是与民族忠诚或国家忠诚的目标相悖的。(1) 通敌行为的复杂性。就人类的战争史而言，通敌是一种常见的复杂政治现象。随着政治制度、政治空间、时间和通敌者个体等因素的变化，通敌行为所体现的政治意涵也在变化。通敌者通敌的原因极为复杂，既有深刻的政治、经济方面的原因，也与通敌者的文化传统、宗教观念甚至个人人格有着密切的关系，往往是各种因素相互影响、共同作用。通敌者面临生存与适应、忠诚与背叛、审判与惩罚等问题。(2) 汉奸：单一民族国家话语中的敌人。在现代中国的政治话语中，“汉奸”无疑是一种典型的通敌者。传统意义上的“汉奸”问题仍然是“华夷”或“夷夏”观念的延续，“汉奸”一词指称的演变，反映了中华民族观念认同的确立和近代民族—国家观念的兴起，同时也反映了中国社会政治结构的变迁。只有在现代民族—国家话语体系中，汉奸问题才涉及爱国和卖国的是非界限，涉及我们应该如何对待爱国和卖国这两类敌对群体及其言行的政治哲学问题。(3) 敌人认同悖论。“敌人认同”一般都经历恐惧、害怕、同情和合作四大历程，结果是配合和帮助敌人，“为敌人效力”或“为敌人服务”。

第七章“敌人的非人化”。敌人在相互毁灭之前往往会将对方“非人化”，从而寻求消灭敌人的正当性。“非人化”作为人类特有的社会心理现象，不仅普遍存在于群体暴力中施暴者与受暴者的相互贬损之中，也充斥于我们的日常生活世界，而国家层面的“非人化”常常出现在该国意识形态对敌人进行道德排斥的宣传中。(1) 敌人与价值判断。敌人的非人化与“人性”这一古老问题直接相关。将敌人非人化就是通过赋予敌人动物性或机械性来否定其人性，将“敌人”和“野蛮”“邪恶”“非正义”等同起来，“敌人”就成了一个否定性的价值判断词。(2) 非人化的心理学解释。“非人化”是人类社会的一种普遍的社会心理现象。关于非人化的心理学解释常常借助“社会认知”“去正当化”“道德排斥”等来进行。(3) 将敌人非人化的路径。“非人化”通常出现在敌对国家或敌对双方的宣传动员中，不仅出现在敌对的国家与国家、民族与民族、种族与种族、教派与教派之间，也出现在阶级与阶级、政党与政党之间。将敌人动物化是非人化最主要的一种方式，通常发生在不同种族和人种之间的冲突中。将敌人符号化也是把敌人非人化的一种重要方式，冷战期间西方大国的领导人对于敌人的依附者持有无赖意象，他们认为被敌人控制的依附国无论在能力和文化上都很低劣。将敌人去人格化是敌人非人化的第三条路径。

第八章“惩罚敌人的合目的性”。惩罚敌人的目的不仅在于清算敌人的罪行，还在于保护自我和伸张正义。因此，惩罚敌人是一个纯粹的合目的性问题。这种合目的性要求惩罚的目的本身是正当的。（1）惩罚敌人的合目的性问题。惩罚敌人总有一个“最终的目的”，而惩罚只是实现这个最终目的之手段。持补偿论、报应论或报复论的惩罚观都是以目的论为基础的，而且是一种典型的道德目的论。对敌人的惩罚是一个道德合目的性问题，而非自然合目的性问题。（2）“敌人刑法”及其超越。“敌人刑法”指的是对敌人惩罚的前置化问题。“敌人刑法”混淆了政治领域和法律领域的问题，有可能变成消灭异己和进行政治控制的工具。（3）武器的纯洁性问题。武器在对敌人的攻击和惩罚中充当了致命的“角色”，其目标就是制造痛苦和伤害，武器成了死亡的工具和标志。正是因为武器使得敌人不再只是一种观念或意象，也正是因为暴力使得敌人具有了实际的攻击意义。在战争中，武器这一特定的暴力载体使得敌人的权利空洞化和虚无化。

第九章“战俘——放下武器的敌人”。战俘是一种特殊类型的战败者，是放下武器的敌人。在战胜者眼中，战俘仍然是敌人或敌人身份的延续。在某些特定时期，战俘问题是用作继续战争的必不可少的手段，是国内开展抵制反战运动的强有力的工具，同时也是国家之间进行和谈的重要筹码。（1）酷刑将战俘物化。在政治哲学的意义上，酷刑主要涉及信仰与主权两个方面的问题。酷刑作为一种极端暴力侵害了受刑者的身体、自我和世界。在施刑者的残忍暴力中，受刑者的身体变成了暴力的客体。（2）战俘权利的有限性。战俘的基本权利包括生命权、财产权、人格权和自由遣返权四个方面。生命权是战俘一切权利的基础，人格权是指战俘应免受侮辱，财产权是战俘生命权的延伸，自由遣返权是战俘的自由与尊严的保障，只有彻底遣返才能实现战俘的自由。（3）战俘权利保障的国家责任。战俘权利的保障既取决于敌国是否愿意履行国际法的有关义务，也取决于战俘所在祖国政府的努力，而前者尤为重要。

第十章“敌人之死”。“敌人之死”，是敌人的罪有应得，是正义终于得到了最好的伸张，是所有相互关系的终结。而在现代意义上，“敌人之死”作为一种无可逃避的命运，则是现代性的产物。敌人的物化、敌人的客体化和敌人的功能化，使得敌人的生命变成了一种物质力量，这种力量不仅可以摧毁其他物质力量，也可以被其他物质力量所摧毁。(1) 消灭敌人是一种战争权利。“消灭敌人”是战争中征服敌人意志最简单、最直接和最彻底的方式，因而它不仅是赢得战争的手段，而且常常成为战争的目的。(2) 敌人在社会上死亡。所谓敌人“在社会上死亡”，最初是德国纳粹针对犹太人的任何重大政策的中心目标，后来演变成一个社会内部的压迫者对内部敌人或者异己分子实行暴力统治的一种方式。敌人“在社会上死亡”的核心内容就是要把内部敌人变成在社会关系中已经死亡的人，即割断内部敌人和人民之间的一切社会关系，甚至包括和他们的亲属之间的一切关系。(3) 牺牲优先于任何目的。牺牲作为理解战争阵亡者的一种积极的政治道德话语并没有随着战争中大规模机械化的杀戮而消失，相反得到了战争机器的不断强化。牺牲作为政治领导人使用的道德修辞和国家进行战争动员的意识形态，需要在国家层面获得正当性辩护。“牺牲”对于国家的自由和安全具有重要的价值，但是我们要避免落入“牺牲陷阱”。

第十一章“化敌为友”。“任何一种解放都是把人的世界和人的关系还给人自己。”[①] 同样，把敌人从你死我活的冲突中解放出来其实也是在解放我们自己。正是基于这种理解，敌人也和我们一样拥有生存的权利，化敌为友才具有意义。化敌为友是一个复杂的过程，要经历“敌人”—“非敌人”—“朋友”的过程。在现实政治中，化敌为友不仅是一个美好的观念或目标，也是一种必要的政治努力。(1) 化敌为友及其可能性。化敌为友的现实性与人们的世界观有关。持现实主义世界观的人认为，我们身处于一个充满敌意和危险的世界，因而需要时刻准备防御或攻击敌人，甚至认为先发制人是对敌人最好的防御。而持理想主义世界观的人并不否认世界存在冲突和矛盾，但他们认为这些冲突或矛盾可以通过外交谈判和政治协商来解决。无论人们持何种世界观，化敌为友需要人们改变传统的非此即彼、非友即敌的对立观

① 《马克思恩格斯全集》第1卷，人民出版社1956年版，第443页。

念，实现从冲突的世界观向和谐的世界观的转变。化敌为友的可能性存在于自我之中，也取决于敌人是否具有“化敌为友”的愿望和行动。(2) 没有永远的敌人。国家之间没有永远的盟友，也没有永远的敌人，只有永远的利益。(3) 爱你们的敌人。“爱你们的敌人”作为《圣经》中的一条诫命，首先要解决的问题是“谁是我们的敌人”。对敌人的爱是超越了自然的、情感的爱，出于义务或责任的爱，出于意志和理性的爱，只有这种爱才是可以被命令的。(4) 宽恕敌人。在神学意义上，宽恕敌人的论证与爱敌人的论证是相似的，都是带有强制性的绝对诫命。在大多数情况下，“宽恕敌人”则是出于民族或国家利益的政治考虑而需要解决的现实性很强的政治伦理问题。宽恕敌人涉及加害者、受害者和社会三方的关系，其中加害者和受害者的互动关系是关键因素。在现实政治意义上，受害者可以根据加害者的宽恕请求、道歉和谢罪等因素来决定是否宽恕敌人。如果受害者决定宽恕敌人，这种宽恕就是一种有条件的宽恕。敌人谢罪属于受害者有条件宽恕的一个前提，至少包括请求宽恕、政治道歉和主动谢罪三个方面的问题。

结语“没有敌人的世界”。要实现敌我双方真正的和解只依靠政治权力和政治策略是远远不够的，还需要借助人类的道德资源与政治智慧。与敌人和解的核心的问题是如何与曾经的敌人一起创建人类的未来。一个没有敌人的世界，需要由施米特意义上的敌友区分的世界走向德里达意义上的“友爱的”政治世界。

2. 重要观点

(1)“敌人”本身不可定义，敌人只能被感知、被建构、被发现。

(2)“Barbarian/野蛮人/夷”是敌人观念的原初想象。

(3) 敌人理论是以生存为基础而建构的一种意象理论。

(4) 国家意识形态在敌人意象的建构中起着关键的作用。

(5)“人民公敌”和外部敌人一起构成了完整的敌人体系，是外部敌人观念向内部扩展的结果。

(6) 敌人意象的建构既与外部世界密切相关，也出自我们内在的心理需要。

(7)“敌人刑法”混淆了政治领域和法律领域的问题，有可能变成政治控制的工具。

（8）将敌人“非人化”具有相互性，目的在于为消灭敌人提供某种正当性。

（9）惩罚敌人是一个纯粹的合目的性问题，是一种典型的道德目的论。

（10）武器在对敌人的攻击和惩罚中充当了致命的“角色”。

（11）“敌人之死”是现代性的产物。

（12）化敌为友不仅要有意愿，更需要有化敌为友的能力和行动。

（13）与敌人和解的核心的问题是如何与曾经的敌人一起面向未来。

3. 对策建议

（1）现阶段要认识敌友区分的意义，但是不要将敌人问题扩大化和绝对化。尤其在国内政治冲突中，如何对待敌人问题需要政治智慧。

（2）政治家应借鉴和吸取敌人的教训并从敌人那里获取积极价值。

（3）既要认清敌人问题的本质，也要有化敌为友的策略。

三、成果的学术创新、应用价值以及社会影响和效益

1. 学术创新

（1）本成果初步建构了一种以意象理论为基础的敌人理论，与生存论意义上对敌人的传统解释有着根本区别，敌人作为一种人为建构的政治意象，是与我们相对抗的他者。本成果具有一定的理论开拓性和原创性。

（2）本成果系统论证并比较了外部敌人和内部敌人的建构机制，澄清了人们对敌人问题的误用。

（3）本成果系统深入地论述了化敌为友的本质、可能性及其路径问题。

2. 应用价值

（1）可以为政治家区分敌友、进行政治决策提供参考。

（2）可以运用本成果所建构的敌人理论分析和区分外部敌人和内部敌人问题。

（3）可以为外交关系和国家安全提供理论参考。

3. 社会影响和效益

《新华文摘》全文转载了相关文章3篇。近期国际国内复杂的政治形势引起了学术界和政界对敌人问题的高度关注，本成果的研究有较强的前瞻性和预见性。

理论经济

《经济增长与结构演进：中国新时期以来的经验》概要

刘 伟*

一、研究的目的、意义及方法

改革开放30多年来，中国经济实现了创纪录的持续高速增长，这是不争的事实。但对于这一持续高速增长中具有何种规律性的特征，特别是在增长的同时有无结构上的深刻变化，结构变化与数量扩张之间具有怎样的联系等等，均要做出深入的研究。本成果的目的，是通过对改革开放30多年来我国经济增长及增长过程中产业结构变化的分析，探讨经济增长中经济总量与产业结构之间的相互联系和数量关系，研究体制改革与政府宏观决策对我国经济增长和产业结构升级的影响，并在这些分析的基础上得到我们的研究结论和政策建议。改革开放之后，我国的高速经济增长已经保持了30多年，党的十八大提出，要在2010—2020年期间，实现经济总量和居民收入再翻一番，在建党100年时全面建成小康社会。这意味着我国已经进入和经历着全面建成现代化国家的关键时期。但与此同时，随着我国经济发展水平的提高（已经成为上中等收入国家）以及进入工业化后期，我国的产业结构正在发生转折性的变化，第三产业在比重和增长率上都超过第二产业成为国民经济的主导产业，这种产业结构的变化对中国经济增长和经济发展（就业、收入分配、国际收支、区域经济发展等）将产生一系列深远影响，深刻地认识

* 刘伟，北京大学教授，博士生导师。

产业演进在中国经济增长和经济发展中的作用，不仅对于我们探索建设中国特色社会主义的道路具有理论意义，同时有助于我国深化经济改革和科学地制定宏观经济政策，具有积极的现实意义。本成果使用的研究方法包括国际比较方法、统计研究方法和理论研究方法。国际比较方法主要是通过对关键指标的国际比较，分析研究中国与其他国家经济发展中的差异、共同规律并通过这种研究探索中国经济的发展道路。统计研究方法主要是通过对大量宏观经济数据尤其是国民经济核算、就业等数据的研究（包括比较研究和建立数量模型），总结和归纳它们的数量特征、数量规律及相互间的联系，研究中国的经济增长和产业演进。理论研究方法则是通过科学地应用经济理论，对所进行的各项研究进行理论概括，发展和丰富中国特色的经济增长和产业结构理论。

二、成果的主要内容和重要观点

本成果共分为六章，分别为“经济增长水平和发展阶段的判断”“新常态下的新变化、新失衡、新政策”“经济增长的失衡与宏观调控”“经济增长中的产业结构变化”“产业结构变化与经济增长效率”“产业结构失衡与初次分配扭曲”。

在第一章“经济增长水平和发展阶段的判断”中，我们通过应用中国国民经济核算和世界银行的各国国民收入统计数据，在纵向上，对改革开放30多年中国经济增长所取得的成就、达到的水平以及未来的发展目标进行了长期趋势的研究；在横向上，则通过与世界各国的对比分析了中国的国际地位发生了哪些变化和如何发生变化的。经过改革开放后30多年的高速经济增长，从经济总量上看，2013年已经相当于改革开放初期的28倍，年均增长率为9.7%，为这一时期世界上最快的经济增长，GDP占世界的份额已经由1.8%提高到12.2%，超过日本成为世界第二大经济体；从人均国民收入水平上看，中国已经由低收入国家发展成为下中等收入国家（1998年），又进入了上中等收入国家的行列（2010年），现在正处于向高收入国家发展阶段（2013年中国的人均国民总收入为6 560美元，而世界银行的高收入国家的标准为12 746美元）。虽然我们在现代化进程中已经取得了很大成就，但与世界先进水平相比，经济发展上仍然存在着一定的差距，而从国内改善人民生活、增强综合国力的要求看，也仍然需要一个比较长时间的高速或中高速增长。因此，经济增长仍然是我国现阶段最重要的经济发展目标之一。而从国际比较的观点看，一个国家经济发展水平（以汇率法反映的人均国民总收入 GNI）的变化，主要取决于三个重要因素，即经济增长、价格总水平的变化和汇率变动的影响，而经济增长是决定性因素。通过影响经济增长的主要因素的分析，我们认为只要能够处理好经济增长和经济发展中的各种失衡与矛盾（尤其是各种结构失衡与矛盾），中国完全有可能在未来保持较快的经济增长，从而跨越“中等收入陷阱”，实现全面建成小康社会的目标，并进入高收入国家的行列。

在第二章“新常态下的新变化、新失衡、新政策”中，讨论了在中国经济增长新的起点上，如何实现可持续的增长。我国 GDP 总量、人均 GDP、经济结构的变化表明我国无论是在经济数量水平上，还是在经济质态结构上，都已进入上中等收入阶段和工业化后期加速完成阶段，这标志着我国经济开始了一个新的起点并面临新的机遇和挑战。新的失衡则表现为由于通货膨胀、成本变化、国际收支、投资和消费增长乏力、收入分配等方面原因引起的总量失衡及各种结构失衡。而解决这些失衡需要新政策、新方法和新制度。

在宏观经济政策上，重要的是协调财政政策与货币政策松紧搭配的力度，根据双重风险的矛盾运动变化状态调整松紧力度，包括财政政策与货币政策之间的松紧力度，也包括财政政策相互间，比如财政支出与财政收入政策之间的松紧力度，货币政策相互间，比如货币政策的数量工具和价格工具之间的松紧力度等，合理地确定宏观调控松紧力度的上下限。

在克服失衡所采用的方法上，根本在于缓解结构上的失衡，而要缓解结构性失衡，在宏观调控方式上必须在关注需求管理的同时，关注供给管理，因为只有供给管理才能真正直接影响企业行为进而影响结构变化。结构失衡的再平衡本身属于供给方面（生产）的变化，需求管理调节的是市场购买者的行为，供给管理则影响生产者的行为，需求管理直接调整的是总量，供给管理直接影响的是结构，产业结构升级提升企业创新力，降低企业成本，提高企业效率，去相对过剩的低水平产能，等等，都属于供给管理范畴。这就要求在短期里运用宏观经济政策时，既要注重其需求效应，也要注重其供给效应，运用扩张性的财政支出政策刺激需求，同时也需运用扩张性的财政收入政策降低企业成本，运用紧缩性的货币政策抑制通胀，同时也需注意因此而形成的对企业融资成本上升的压力，等等。在长期里追求总量均衡目标时，需关注产业结构、区域结构、技术结构、分配结构等一系列结构政策目标。在处理供给管理与需求管理的关系时，应当以需求扩张作为调整供给结构的前提，努力刺激需求，为供给有效实现创造市场条件，在需求不断被扩张的背景下，为优质产能实现创造空间，以需求拉动供给总量扩张和结构演变；在调整供给结构和效率时，应当以创造和引领需求为引导，改善产品结构，完善供给质量，提升供给安全水平，创造新的高质量产品和服务，降低产品成本，等等。

要有效地实现宏观政策目标和宏观调控方式的转变，根本在于制度创新。首先是技术创新，没有技术创新能力的提升，便不可能有产业结构的升级，不可能有经济增长方式从数量扩张为主向效率拉动为主的转变，不可能有企业竞争力的提高和经济长期可持续发展的能力。但制度重于技术，制度创新尤为重要，特别是全面深化改革和全面依法治国，即完善社会主义市场经济体制和民主法治秩序。如果不能全面深化经济体制改革，社会主义市场经济体制不健全，秩序不完善，市场机制难以对资源配置起决定性作用，市场严重失灵，资源配置决策权集中在政府官员手中，而同时法治化滞后，民主与法制建设严重落后于社会发展要求，对政府官员权力在制度上缺乏真正的民主基础和严格的法制约束，不仅破坏公平，而且瓦解效率。因此，制度创新是推动我国转变发展方式、跨越“中等收入陷阱”、实现现代化宏伟目标的关键。

在第三章“经济增长的失衡与宏观调控”中，对如何通过宏观调控改善中国经济增长中的失衡进行了更加深入的分析。首先研究了中国经济增长中不同阶段失衡的特点及其演变的过程，揭示了中国的经济增长失衡和市场化改革、经济发展阶段以及经济结构的变化之间的联系，在此基础上，分别从财政政策与货币政策的松紧搭配组合、现阶段货币政策选择面临的特殊条件及其应对、现阶段财政支出与财政收入政策间的结构特征分析及其应对三个主要方面，研究了改善我国宏观调控的思路。分析指出：首先，我国现阶段财政政策与货币政策的松紧搭配反方向组合的根本原因，在于现阶段宏观经济失衡的特殊性，即通货膨胀的压力和经济下行的威胁同时存在。其次，我国现阶段财政政策与货币政策调整为松紧搭配反方向组合有自身鲜明的特点，尤其是与当代欧美国家应对金融危机冲击下的宏观政策选择有所不同。其三，从财政政策与货币政策松紧搭配取得有效的政策效应所要求的条件来看，在存在“滞胀”威胁的条件下，财政政策与货币政策反方向组合的选择，一般在短期里应对危机冲击以扩张性的财政政策和适度从紧的货币政策组合为宜，在危机后从刺激经济的政策退出过程中，以适度紧缩的财政政策和相对宽松的货币政策组合为宜。但要实现这种组合及方向的转换，在体制上要求投融资机制必须以有效的市场机制为基础，而不是以政府投资为主体。现阶段“择机退出”且存在一定的“滞胀”威胁（可能性）条件下，要实现我国经济可持续均衡增长，以下几方面的工作十分重要：(1) 在财政政策与货币政策的组合上，宏观经济政策应尽可能避免长时期较强烈的扩张性的财政政策，同时尽可能采取适度宽松的货币政策，而不是相反。(2) 在宏观调控方式上，在强调需求管理的同时，必须重视供给管理，宏观经济政策有需求效应，同时也有供给效应，我国现阶段的失衡克服，不结合供给管理，不提高企业效率和劳动生产率，不调整产业结构和提高创新力，不可能取得根本进展。(3) 在宏观政策方向的调整上，应根据宏观经济失衡方向的变化，特别是根据国民经济正常运行的主要矛盾的转变，及时加以微调；在宏观决策方式上，应加大民主和法制化、程序化程度，使中央与地方、政府与企业、财政与金融、银行与企业、国有与民营等多方面的利益得以尊重和协调。(4) 在体制创新上，应当坚持深化社会主义市场经济体制改革，尤其是加快推进要素市场化进程，包括土地、劳动、资本、外汇等要素的市场化，完善市场竞争秩序。

在第四章“经济增长中的产业结构变化”中，首先对我国改革开放后不同阶段产业结构变化的特点进行了研究，在此基础上，对世界主要国家产业结构的演进进行了分析，指出中国的产业结构变化（包括增加值结构和就业结构）遵循着与世界各国共同的规律，即在不同的经济发展水平上将会伴随着相对的产业结构，但在另外一方面又有中国自身的特点，这就是中国的经济增长是在由计划体制向市场经济转轨的过程中发生的，由于市场化进程的滞后，相比较于世界其他国家的工业化进程，第三产业的发展也是相对滞后的。本章通过研究指出，第一，改革开放以来，第二产业始终是我国经济增长中的主导行业，带动了其他产业的发展，而且为改善就业尤其是农业剩余劳动力向非农产业的转移做出了重要贡献。第二，随着我国工业化进程进入中后期并成为上中等收入国家，经济增长中的主导产业在发生改变。2013年，我国第三产业增加值在GDP中的占比首次超过第二产业，形成第三产业最大、第二产业次之、第一产业最小的现代经济产业结构。从发展趋势看，在2015年前后，随着第二产业就业超过第一产业，在就业结构上也会呈现这样的格局。中国正处于一个产业结构的升级和转换时期，这种转换可能使我国经济增长中的主导产业由第二产业转变为第三产业，并对我国经济增长和就业发生一系列深刻影响。第三，2010年前后，我国的制造业和第二产业的规模已经超过美国居世界第一，但仍然保持着较快的增长和对新增劳动力较大的需求，但从发展趋势上看，由于需求、规模、能源环境及生产要素等方面条件的制约，第二产业的发展正在放缓；与之相对应，我国的第三产业仍然保持着持续的增长，具有更大的潜力。第四，由于人口自然增长率降低、人口年龄结构变化等原因，我国劳动力总供给的增长在2014年前后会明显减缓并有可能在此之后进一步发展为负增长。经济增长中的劳动力供需变化主要体现为就业结构的变化，即非农产业就业的增加和第一产业就业的减少。在6%～8%的经济增长率下，劳动力的供需之间可以达到均衡。

在第五章“产业结构变化与经济增长效率”中，首先通过计算中国及世界各个地区“产业结构高度”指标（对劳动生产率以各个产业的占比加权计算），对中国现阶段的产业结构高度进行了测度及国际比较，指出我国截止到2010年的产业结构高度H值为0.666，表明到2010年，按当代国际标准意义上的工业化完成水平，我国已实现了2/3以上，2020年基本实现工业化（新型）的结构升级目标，以现在的工业化水平和进展速度，是完全可能的。本章通过研究，得出以下重要结论：(1）我国经济高速增长不仅是GDP规模的迅速扩张，同时伴有产业结构演进，即不是单纯的增长，同时实现了质态的发展。(2）在这一过程中，我国产业结构演进的速度和达到的高度，相对滞后于经济增长的速度和达到的水平。(3）我国经济增长并非单纯依靠要素投入量的扩张，同时具有产业结构演进带来的效率上升的支持，进而不同于克鲁格曼等所批评的东亚泡沫。(4）无论在劳动生产率的增长率上还是在全要素生产率的增长率上，我国都具有产业结构变迁效应和净技术进步效应，但在进入新世纪之前，结构变迁效应作用程度超过净技术进步效应，进入新世纪之后，结构变迁效应作用程度逐渐降低，净技术进步效应作用程度相应提升，但近年又出现交替性的波动。（5）我国产业结构存在的突出矛盾根源在于效率水平低，产业内的技术进步和产业间的要素配置性效率都亟待提高，否则无以克服一系列结构性矛盾，而这些深层次的结构性矛盾是造成我国宏观经济失衡（现阶段的通胀与经济“下行”并存的双重风险）的根本原因。（6）转变发展方式是克服失衡实现可持续发展的关键，发展方式转变主要在于结构调整，结构战略性调整首先要依靠技术创新，技术创新形成产业效率上升，其累积性效应形成产业间效率落差增大，即产业结构升级动力增强，空间扩大，推动结构演进，提升结构变迁效应。（7）无论是产业内的技术进步还是产业间的结构变迁，尤其是要素市场的培育，在制度上都需要构建具有公平竞争性的市场机制，都需要完善市场竞争秩序，包括主体秩序（企业制度）、交易秩序（价格制度）等，当然，完善市场秩序的关键在于协调政府与市场的关系，正因为如此，深化以建立和完善社会主义市场经济体制为目标的改革开放，是我国现阶段实现转变发展方式的根本。

在第六章“产业结构失衡与初次分配扭曲”中，从产业部门的角度，研究了三大产业部门的成本结构即初次分配结构对于我国整个国民收入分配所产生的影响，指出这种失衡不仅影响经济增长的均衡目标，而且影响经济发展的可持续性，不仅影响收入分配公平目标，而且影响经济增长效率目标。本章应用国民经济核算与投入产出数据，对我国改革开放以来增加值结构与就业结构的演进过程进行了研究，结果表明，改革开放以来，我国增加值结构和就业结构的高度都有显著提升，但就业结构高度提升滞后于增加值结构高度演进，这种产业结构上的发展失衡所导致的国民收入初次分配上的失衡是城乡居民收入水平差距形成的重要原因。这种初次分配上的失衡是经济发展失衡的重要体现，一般而言，产业产值比与就业比应逐渐趋于一致，因为产业间劳动生产率水平存在趋于均衡的趋势，也是产业间发展趋于均衡的重要体现。但我国三大产业的产值比和就业比长期里虽然呈接近趋势，但进展缓慢。这种结构失衡形成的初次分配结构决定了我国的劳动报酬分配结构以及宏观收入分配结构，并对国民经济最终需求产生了一系列影响。本章通过对三次产业人均增加值、劳动报酬占增加值的比重以及人均劳动报酬的进一步分析，指出了我国的初次分配结构存在的“要素反效率配置”倾向：在第二产业中资本相对挤出劳动，在第三产业中劳动相对挤出资本，而第二产业中的劳动生产率绝对水平和增长速度均高于第三产业，同时，第三产业资本边际报酬增速又高于第二产业，表明第三产业亟待提升资本和技术密集度（尽管资本边际报酬的绝对水平仍低于第二产业）。这种要素反效率配置结构，一方面会导致劳动生产率结构性下降，另一方面会导致资本效率提升的结构性损失。这种要素效率结构性损失，不仅深刻影响经济增长的均衡和可持续性，而且深刻影响国民收入的初次分配及最终使用，尤其是对劳动报酬的增长产生结构性效率损失的深刻影响和重要约束。

三、成果的学术创新和应用价值

本成果力图将总量分析与结构分析相结合，将长期趋势分析与静态比较分析相结合，在探索中国经济增长及产业结构演进的发展规律的基础上，对中国经济增长所取得的成就和发展过程中存在的总量和结构失衡及其影响因素进行了深入研究，得出了一系列重要的研究结论。在此基础上，探索了如何通过深化经济改革与宏观调控来改善中国的经济增长，从而实现我国全面建成小康社会的战略目标。本成果的特点在于通过对经济结构尤其是产业结构的深入分析来探索中国经济增长的数量特征、数量关系和数量规律，由此探索在我国现阶段经济增长进入新常态后，如何根据经济形势与经济环境的新变化，通过新政策、新方法和新制度来改善我国的经济增长和经济发展，具有很强的应用价值。我国正处于全面建成小康社会的最后阶段，经济增长面临着新的挑战和机遇，这一成果不但有助于人们深刻认识我国目前经济发展所处的阶段、所面临的挑战以及解决矛盾的途径，也有助于人们增强建设现代化强国的信心，将产生较好的社会影响和效益。

《资源枯竭型地区经济转型政策研究》概要

宋冬林*

一、研究的目的、意义及方法

1. 研究目的

建国以来，国家根据工业化发展战略和区域经济发展整体布局建设了大量资源型城市，其成为我国经济发展的重要支撑。但由于在长期传统的计划经济体制和粗放型经济增长方式下，自然资源被不断消耗，资源型地区面临衰退期的威胁，实现资源枯竭型地区的经济转型已迫在眉睫。资源枯竭型地区的转型发展不仅要面对资源枯竭和经济结构单一的困境，还要承受来自经济、社会、环境等方面的沉重负担。因此，研究我国资源枯竭型地区经济转型问题须立足于本地区经济发展的实际情况，在借鉴国外成功经验基础上，进行深入思考和探索性研究。基于此，本成果试图找出促进资源枯竭型地区实现健康顺利转型的路径与方法，以保障国民经济持续健康协调发展。

2. 研究意义

我国资源枯竭型地区主要分布在东北、西北和西南等经济欠发达地区，随着不可再生资源的日趋枯竭，资源产业逐渐衰退，企业生产经营难以维系，大量下岗工人形成新的贫困群体，这些现象严重影响当地经济发展和社会安定，已经成为影响国家经济社会发展的重大现实问题。因此，如何有效实现资源枯竭型地区经济转型是区域经济振兴和国民经济健康发展的关键，

* 宋冬林，吉林财经大学教授，吉林大学博士生导师。

并已经引起党和政府的高度关注。尽管发达国家在资源枯竭型地区经济转型中积累了许多成功经验，但因受到不同制度环境和发展条件的影响，这些经验借鉴到我国仍有一定的局限性。因此，深入研究资源枯竭型地区经济转型政策能够为进一步完善相关扶持政策体系提供依据，为推进资源枯竭型地区实现更加健康和顺利的转型、促进资源枯竭型地区的科学发展、保障国家能源资源供给、保持国民经济持续健康协调发展提供重要保障，同时也是深入贯彻落实科学发展观、构建社会主义和谐社会的要求。

3. 研究方法

本成果坚持以科学发展观为指导，坚持历史与现实、理论与实践相结合的方法，综合运用区域经济学、产业经济学、制度经济学和发展经济学等相关理论，采取典型案例与专项调研相结合、整体研究与个案研究相结合、国内研究与国际比较研究相结合、定性研究与定量研究相结合、理论研究与对策研究相结合等方式进行政策研究。

二、成果的主要内容、重要观点及对策建议

1. 主要内容

为深入研究资源枯竭型地区的转型发展问题，本成果将其能够承担转型成本的综合能力定义为地区综合承载力。同时，针对资源枯竭型地区经济转型过程中经济性、社会性、生态性共生的问题，把综合承载力划分为三个维度，即经济创造力、社会支撑力和环境承载力。目前，资源枯竭型地区综合承载力存在的问题主要有：一是资源枯竭型地区的经济创造力不足；二是资源枯竭型地区的社会支撑力脆弱；三是资源枯竭型地区的环境承载力薄弱。因此，需要中央和地方政府通盘考虑、综合协调、全面部署、多管齐下，以提升综合承载力为核心，促进资源枯竭型地区的转型发展。基于此，本成果试图基于分析框架提出相应的解决方案：一是以大力发展中小企业和民营经济、深化体制机制改革、加快市场经济基础设施建设、改善地区产业结构等措施，提升资源枯竭型地区的经济创造力；二是以提高人力资源开发力度和就业创业水平、加强社会保障建设、强化政府的公共管理和社会服务能力等措施，提升资源枯竭型地区的社会支撑力；三是以加强资源枯竭型地区环境治理，合理规划新建的企业和项目，推广先进适用的开采技术、工艺和设备

等措施，提升资源枯竭型地区的环境承载力。具体来说：

（1）经济创造力。本成果采用偏离—份额分析法（SSA）、数据包络法（DEA）、面板数据回归分析法、AHP分析法等多种方法对资源枯竭型地区的产业结构、要素投入和制度环境因素进行深入全面分析，并据此对其经济创造力进行了综合评价。

首先，近二十年来资源型地区三次产业结构变化不大，过度依赖于资源型产业，使得第二产业比重较高，第一和第三产业比重偏低，且资源型产业作为其主导产业与其他产业的前向和后向联系较弱，产业链较短。利用偏离—份额分析法分析产业结构对地区经济增长的影响，发现所有资源型城市总产业效应得到提高，与全国平均水平相比产业结构效应和产业竞争力效应均有不同程度增长，且多数煤炭资源型城市第三产业效应都在提高。采用灰色关联方法（GRA）分析代表性城市辽源市产业关联度，发现辽源市依托既有的煤炭资源产业发展了煤炼焦等接续产业，同时又开发了新材料、生物健康等替代产业，产业结构逐步趋于合理，经济转型初见成效。

其次，多数资源枯竭型地区人力资本投资低于全国平均水平，产业发展对人力资本形成挤出效应，而人力资本对资源型地区经济发展形成锁住效应。采用数据包络法计算各地区Malmquist生产率指数，结果显示"九五"时期是资源枯竭型城市生产率快速增长的时期，且生产率的增长主要源于技术进步率的提高，特别是中性技术进步的作用最大。而"十五"期间资源枯竭型城市资源配置效率最高，技术进步率与其他时期相比较低，但非中性技术进步率在此时段增长较快，明显高于中性技术进步。而"十一五"期间多数城市的资源配置效率呈下降趋势，但所有城市的非中性技术进步率都有不同程度的增长，表明在"十一五"期间我国资源枯竭型城市实行经济转型，调整产业结构和发展接续替代产业，引入重大项目时投入使用先进机械设备，因而与设备投资相融合的非中性技术进步对生产率增长起到决定性作用。

再次，采用面板数据的回归分析方法，从政府对市场的控制程度、非国有经济的发展、外资的利用程度和劳动力市场的流动性方面分析资源枯竭型地区的制度因素对经济增长的影响。检验结果显示，资源枯竭型地区的资本投入对于推进资源枯竭型地区经济增长有着重要作用，而人力资本投资对地区的经济发展没有起到显著的促进作用，这印证了资源枯竭地区产业发展对人力资本发展存在挤出效应，人力资本对资源型地区经济发展存在锁住效应。资源枯竭型地区政府对市场的控制程度越高，越不利于地区资源配置，从而抑制地区经济增长。煤炭资源枯竭型地区非国有经济的发展对地区经济增长有一定的促进作用，而其他资源枯竭型地区没有得出相应的结论。外资的利用程度对资源枯竭型地区经济增长的影响为正且具有稳定性，劳动力市场的流动性也有助于资源枯竭型地区的经济发展。

最后，采用 AHP 分析法，从资源枯竭型地区的经济发展水平、居民生活、基础设施、经济协调度、微观经济活力、经济外向度、经济效率和经济潜力八个方面及下设的 23 个指标来衡量资源枯竭地区经济创造力。参照经济创造力评价尺度，发现 17 个资源枯竭型城市中只有枣庄市经济创造力较强，主要在于其微观经济活力在各个城市中最高，且其经济外向度、经济效率、经济潜力也明显高于其他城市，而其他城市都处于经济创造力较弱和缺乏经济创造力的评价区间。

（2）社会支撑力。我们把资源枯竭型地区能够承担转型成本的社会能力定义为转型的社会支撑力，社会支撑力是资源枯竭型地区转型的重要保障资源，而提升社会支撑力也是实现转型的难点之一。针对资源枯竭型地区转型的具体现状，我们把社会支撑力划分为就业创业能力、人才集聚能力、社会保障能力及社会管理和公共服务能力，以期能够更清晰地把握资源枯竭型地区转型中社会问题的存在形式和影响，并给出相应的对策。

首先，资源型地区在其发展过程中忽略了接续产业发展、充分就业、社会保障等需要长期谋划的经济社会问题，致使这些地区资源枯竭、产业衰竭后形成的就业问题成为难以破解的“老大难”问题，已经对我国社会发展和国民经济建设提出了严峻挑战。本成果针对此等情况提出如下解决对策：一是加速发展接续替代产业，创造新的就业岗位。二是加大对适龄就业人口的培训力度。三是营造良好的社会氛围。四是加强配套并落实再就业优惠政策。

其次，资源枯竭型地区在转型过程中，投入了大量物质资本，然而转型更需要周期长、收效慢的人力资本投入。但由于区域经济发展的不平衡性等原因，人力资本的接续、更新以及供给结构的调整和重构，对于资源枯竭型地区的经济社会发展来说是一个长期、系统的工程。因而本成果认为人力资本的聚集效应需要政府和个人两方面共同努力。一方面，下岗失业人员要主动参与职业培训，寻求新的发展出路。另一方面，政府部门也要切实制定和实施各项优惠政策，在人力聚集效应的产生过程中发挥好科学规划、适时引导和积极推动的作用。

再次，资源枯竭型地区在体制转轨过程中面临着经济衰退与失业人员增多的问题，使资源枯竭型地区社会保障制度难以发挥其内在的稳定机制作用，严重影响资源枯竭型地区的社会稳定。因此，本成果提出加大中央财政的扶持力度、扩大社会保险的覆盖范围、扩大社保基金的筹资渠道、加强对社保基金的管理力度等措施以完善资源枯竭型地区的社会保障制度，使该地区的社会保障步入正常的发展轨道。

最后，在长期的传统计划经济体制和粗放式经济增长方式下，包括资源型地区从一开始就存在着功能单一、城市社会服务及基础设施建设先天性不足等问题。基于此，本成果提出如下措施以提高资源枯竭型地区社会管理和公共服务能力：一是依靠市场机制，正确发挥政府作用。二是营造优良的转型“软环境”。三是提高政府的公共服务能力。

（3）环境承载力。本成果以煤炭、石油、森林资源为例进行深入分析，发现三类资源型城市都面临严峻的环境问题，难以维系长期可持续的经济增长。

首先，基于生态足迹模型对资源枯竭型地区的环境承载力进行评价，即采用区域生物生产性土地的需求量与供给量之差可以反映区域社会经济活动的可持续性。本成果以辽宁、吉林、黑龙江三省为代表，计算 2003 年至 2012 年的十年时间内资源枯竭型地区的环境承载力。分析结果表明，辽宁省各种土地利用类型的可用人均环境承载力均无太大变化；吉林省的草地与建设用地变化不大，林地呈逐年减小之势，耕地则逐年上涨；黑龙江省的渔业用地、建设用地和草地变化不大，耕地呈上升趋势，林地则呈下降趋势。与此同时，综合来看，东北不同类型土地的人均生态赤字情况差别很大：一是耕地和林地的生态盈余较多，但耕地人均生态盈余并不十分突出；二是东北地区的人均生态赤字主要来自草地，水域的人均生态赤字较少；三是东北地区的人均生态赤字受能源用地赤字影响较大，大量的资源消耗扩大了东北地区的人均生态足迹，也严重削弱了东北地区可持续发展的能力。

其次，鉴于资源枯竭型地区长时间以来对资源的过度开采所导致的环境破坏早已突破了环境系统自我修复能力的范围，所以，建立一个适当的环境修复补偿机制既是现实条件的要求，又有其内在的理论依据，同时也是转变经济发展方式、坚持以人为本、落实科学发展观的重要体现。而且，资源枯竭型地区出现的环境危机成为当地环境修复机制建立的现实原因，生态经济学、环境经济学与资源经济学理论，特别是生态环境价值论、外部性理论和公共物品理论等为环境修复补偿机制的研究提供了理论基础，加之政府也认识到了环境保护的重要性，相继出台有关的政策和规章来保护环境，因而必须建立相应的机制以调节相关利益各方和地区之间的关系，推动实现地区经济和社会的良好、稳定、可持续发展。

最后，应该在环境修复补偿机制的建立过程中坚持破坏者付费、使用者付费、受益者付费与保护者得到补偿等原则，将政府与市场结合起来，推动环境修复补偿机制的顺利建立和作用的有效发挥。一是充分发挥财政转移支付的作用，加强横向与纵向转移支付。二是采取税收、收费和罚款等形式，诸如征收庇古税、加大对环境破坏行为的处罚力度等。三是建立相应的行政补偿制度，国家对于资源枯竭型地区的个人进行有效补偿。四是加快产业结构的优化升级，提高经济发展水平。同时，用 BOT 融资方式、发行环境彩票、建立环境修复补偿基金制度等市场调节手段加以配合。

2. 重要观点及对策建议

本成果在资源枯竭型地区转型方面的重要观点如下：首先，我国资源枯竭型地区经济转型的政策制定不能采取一刀切式的统一的转型发展模式。各个资源枯竭型地区资源初始条件、所处地理位置、产业发展状况和基础设施各不相同，因此不必也不可能采取一种模式，应该从各地区的实际出发，充分发挥各自的比较优势。其次，我国资源枯竭型地区经济转型要与区域经济发展规划、国家产业布局结合起来。由于历史的原因，我国资源枯竭型地区大多位置偏远，其未来发展必然从属、服务于整个区域和国家经济发展的需要，因此有必要统筹兼顾地谋划其经济转型的政策设计。最后，我国资源枯竭型地区经济转型涉及领域较广，依靠单一政策推动很难起到预期效果，应该建立全方位、多层次的政策体系，并注重各级政府政策之间的协调与配合，避免政策的碎片化和重叠化，加强政策实施的有效性。基于此，本成果提出如下五点对策建议：

（1）重构资源价格体系。在自然资源的开采和使用过程中应当始终贯彻“代际公平、合理补偿”的原则，只有这样才能够从根本上转变资源枯竭型地区不可持续发展的现状。为此，我们需要从市场完善角度加强生态环境沉淀成本补偿，需要做到：首先，加强对生态与环境的保护，合理开发和永续利用资源。其次，要坚持发挥市场机制的决定性作用，促进资源的高效利用，矫正资源价格的扭曲，注重价值补偿。再次，不仅需要市场价格制度实现价值补偿，也需要其他非市场价格制度实现实物补偿，需要处理好简单再生产和扩大再生产之间的关系，特别是内涵扩大再生产与外延扩大再生产之间的关系。最后，充分发挥政府经济和政策杠杆作用，合理使用再生和不可再生资源。总之，完善自然资源价格体系、健全自然资源市场可以减少生态性沉淀成本，有助于生态资源投资成本回收，体现了科学发展观的要求，符合社会主义初级阶段的基本国情。同时，由于资源市场价格的实现往往受到诸多因素的影响，需要从我国经济社会发展实践出发，借鉴国外有益经验，以科学发展观为指导研究自然资源定价，自然资源定价要考虑资源开发利用的成本和供求关系，也要考虑企业和社会的承受能力，还要考虑资源的代际分配和可持续利用。

（2）加速产业结构优化升级。首先，实施优化升级结构的产业政策。在产业政策和政府监管政策方面构建有利于资源枯竭型地区接续产业集约与可持续的发展机制十分重要。坚持以产业结构政策作为产业组织政策的实践方向，来构建资源枯竭型地区产业组织结构的发展模式。国家以及各级地方政府必须从宏观经济布局的角度，因地制宜地规划各地的产业组织结构，避免各地重复建设问题的发生。这就要求一方面要将资源枯竭型地区所发展的接续替代产业与本地区的独特优势结合起来，另一方面要用产业组织的发展带动资源枯竭型地区产业结构向复杂化、高级化升级。其次，实施有差别化的产业政策。本成果认为，必须根据各地区不同的资源禀赋和接续替代产业的特点，来制定具有针对性的产业政策，搞好各个地区的不同的接续替代产业：一方面，竞争性产业领域中的政策重点应是继续反对行政垄断，大力促进市场竞争。另一方面，准竞争性产业领域中的政策重点是将产业保护政策付诸实施。对重要支柱产业，依据反垄断法，实行有效的监管和控制。对涉及国计民生和对国家安全具有重要意义和战略性影响的行业，应在扶植原有产业的基础上，尽可能为其竞争能力成长创造条件。同时，资源型地区应调整引进外资的优惠政策，积极利用外资促进产业结构优化和升级、促进可持续发展。

（3）加强生态技术创新。资源枯竭型地区可持续发展的实现要求我们利用生态技术创新来改造资源枯竭型地区的相关产业。首先是传统工业的生态化改造。我们要认识到对于改造资源枯竭型地区的传统工业，新的技术战略不能简单建筑在单个技术最优的基础上，不能简单地局限于某个环节的技术革新和发展的视野内，而应从整个生产过程技术系统的角度进行统筹规划和选择。一是对废弃物末端治理的生态技术改造。二是对工业生产过程的生态技术改造。三是对工业生产源头的生态技术改造。随着世界经济一体化和区域经济合作的发展，考虑到我国人均资源短缺的状况，政府应该鼓励企业走出国门和跨地区合作发展。其次是服务业的生态化改造。资源型城市是典型的以初级资源产品的采掘和加工为特征的城市，资源型城市的服务业就是为了适应该地区生产需要而建立起来的。近年来服务业的快速增长使其在国民经济中所占的比重不断提高，导致资源型地区的污染等生态环境问题也日益突出。因此，对传统服务业进行生态化改造势在必行。鉴于服务业的范围广泛，本成果对两个具有代表性的传统服务业部门的生态化改造进行研究。一是对资源枯竭型地区的旅游业进行生态化改造，大力发展生态旅游。二是促进绿色物流业发展。最后是高技术产业的生态化发展。高技术产业是建立在现代高技术基础上的新兴产业，代表着现代科技和产业发展的未来，是资源型地区发展替代产业的选择之一。但是，资源枯竭型地区在发展高技术产业的同时，也产生了生态环境问题，如果不及时控制，所造成的生态和环境灾害有可能比其他产业更为严重。因此，必须规范高技术产业的发展，以循环经济的 3R 原则为指导，形成有利于保护生态环境的产业链条，实现区内最少使用资源、最少产生废物、最佳保护生态的可持续发展目标。

（4）培育和发展创业经济。首先，改善创业环境。这是一个系统化的工程，要优化创业环境，需要社会多方面、全方位的共同努力，以发展的观点、系统的视角从文化、人才、技术、融资、政策等多个方面加大投入和改善，以补偿其历史性负债（也是一种经济性沉淀成本），并取代救助性和福利性资金发放。一是营造浓厚的创业氛围，改善文化环境。二是大力发展第三产业及资源节约型产业，改善产业环境。三是强化人才意识，吸引创业人才，发展创业教育和培训。四是扩大融资渠道，完善融资机制，改善融资环境。五是加大科研力度，改善技术环境。其次，培育创业精神。在资源枯竭型地区要素和资产不完全条件下，沉淀成本十分显著，这本身为企业家获得超额利润创造了机会，也是偏离瓦尔拉斯一般均衡条件下企业家存在的客观条件。因此，创业精神是追求超额利润的直接表现。因而必须培育企业家的创新精神、冒险精神、合作精神、进取精神、诚信精神、敬业精种，发挥出企业家最大的潜能。最后，构建企业家精神的培育机制。在资源枯竭型地区转型过程中，培育企业家精神是十分重要的。一是改变传统思想，大力提倡和宣扬企业家精神。二是建立标准的企业家人才市场，制定合理的企业家聘用及考核机制。三是营造自由、公平的市场竞争环境。四是建立薪酬激励机制。五是降低创业壁垒，鼓励企业家创业。六是保护企业家的创新创业成果和财产所有权。七是为企业家创业提供金融支持和政策优惠。

（5）创建良好的转型环境。首先，促进下岗职工再就业。一方面要加强再就业培训工作，另一方面要进一步培育和完善劳动力市场，同时政府应加强配套措施，在税收、财政、户籍、场地、信贷等方面出台并落实一些加强再就业的优惠政策。其次，完善社会保障制度。针对资源枯竭型地区来说，完善社会保障体系包含两个方面：一方面是改革传统的社会保障方式本身；另一方面是为全面的经济改革创造一个良好的保障环境。再次，加快自然资源产权制度改革。我国政府在资源领域的主要任务是继续推进不可再生资源产权改革，建立以市场决定资源配置和更好发挥政府作用的矿产资源管理体制，提高不可再生资源利用的效率。一是明晰产权关系，使自然资源的所有权与经营权相分离，建立明晰的自然资源产权关系。二是建立两权流转的矿业权市场。三是为自然资源产权制度改革提供法律保障。又次，遵循“谁受益，谁补偿”原则和“谁污染，谁补偿”原则，建立资源开发补偿机制。同时，建议修订《矿产资源法》中关于探矿权、采矿权流转的限制不当，对资源税和资源补偿费认识模糊的方面，并建议制定《矿地复垦法》，将复垦计划融入采矿许可审批程序，并制定详细的复垦标准，实行预先缴纳复垦保证金制度。最后，构建衰退企业援助机制。衰退企业援助的最低目标是衰退企业职工都能达到最低生活水平保障线，最高目标是衰退企业职工都能充分就业，衰退企业盈利或迁移，环境质量达到国家法定标准。因此，政府对衰退企业进行资金、就业、政策、法律等方面的援助，具体方法有“买断工龄”、促进下岗人员再就业、建立社会保障制度、构建援助政策体系、健全法规等。

三、成果的学术创新、应用价值以及社会影响和效益

1. 学术创新

本成果在资源枯竭型地区经济转型问题的研究中，在参考相关研究成果基础上，跳出局限于煤炭、石油等单一产业进行研究的旧框架，转而立足资源枯竭型地区全局，以综合承载力为视角，从整体产业角度对其经济转型进行深入探讨，在综合承载力理论框架下，分别从经济创造力、社会支撑力、环境承载力角度在理论上探索资源型地区可持续发展的客观规律与实现条件，对资源枯竭型地区经济转型发展问题进行理论与实践、历史与现实、国内与国际比较等研究，为资源型地区转型提供新的解决思路，丰富资源经济学、发展经济学现有的理论研究，完善社会主义市场经济理论。

2. 应用价值

本成果以资源枯竭型地区的综合承载力为切入点，总结国内辽宁阜新、黑龙江大庆等地区以及国外德国鲁尔、日本九州等地区的转型经验，以新型城镇化建设为指导，通过案例比较分析、定性与定量分析相结合等方式针对资源枯竭型地区进行转型设计，对资源枯竭型地区成功实现经济转型有重要的借鉴意义。

3. 社会影响和效益

一方面，有助于指导资源枯竭型地区实现产业转型，实现经济健康稳定发展。以有针对性的政策设计推动不同地区发展各具特色的接续替代产业，激发竞争性行业的发展活力，加强重点行业的监管与保护，实现产业结构的多元化，形成有利于保护生态环境与保障下岗失业人员再就业的产业结构和发展模式，形成资源枯竭地区新的经济增长点，在转型发展路径上探索新型城镇化与资源型城市转型有机结合的新路子。另一方面，研究成果对各级政

府研究新一轮东北振兴政策措施尤其是资源枯竭型地区转型发展政策有重要的借鉴意义和参考价值，吉林省发展生物质经济、编制产业发展“十三五”规划，国家发改委研究出台新的资源型城市可持续发展、独立工矿区转型发展政策等，都参考并采用了课题组的相关研究成果。

《加快推进中国对外经济发展方式转变研究》概要

李 翀*

一、研究的目的、意义及方法

1. 研究目的

本成果的研究目的，是系统地提出加快推进我国对外经济发展方式转变的国家战略以及实施这些国家战略的政策和措施，以实现我国对外经济健康和持续发展。

2. 研究意义

我国经济发展取得了举世瞩目的成就，但是我国对内和对外经济发展方式是粗放型的，这样的发展方式已经越来越难以持续了。“加快转变经济发展方式是我国经济社会领域的一场深刻变革”，它的成功与否关系到我国经济能否实现持续发展，关系到中华民族能否真正走向繁荣昌盛。本成果正是研究如何加快推进我国对外经济发展方式的转变，因此本成果具有重要的意义。

3. 研究方法

本成果采用下述研究方法：

第一，定性分析与定量分析相结合。本成果在充分利用国内外现有国际经济理论研究成果的基础上，以科学严密的逻辑推理分析为基础，将定性分析与定量分析相结合，去分析相关经济问题。

* 李翀，北京师范大学教授，博士生导师。

第二，规范研究与实证研究相结合。本成果的规范研究以实证分析为基础，使价值判断建立在事实根据的基础上；同时，实证研究在规范研究的指导下进行，在实证研究中发展和完善规范研究。本成果既有经验分析，又有理论创新和发展。

第三，调查研究的方法。本成果是以各种方式对我国企业和行业进行调查研究所得到的研究成果。本成果尽量搜集第一手的资料和数据，并对我国企业和行业对外经济活动的成功经验和失败教训进行深入的研究和总结，提出切合我国实际经济的发展战略和应对策略。

二、成果的主要内容

1. 主要研究内容

对内经济发展方式与对外经济发展方式是互相联系的：对内经济发展方式决定了对外经济发展方式，但对外经济发展方式会反作用于对内经济发展方式。本成果侧重于研究对外经济发展方式的转变。因此，本成果首先从对内和对外经济发展方式相互作用的角度提出了加快我国经济发展方式转变的总体发展战略，为后续的专门研究对外经济发展方式转变奠定基础。

考虑到一个国家的对外经济活动主要包括国际贸易、国际金融和直接投资三大部分，本成果接着从对外货物贸易、对外服务贸易、对外直接投资、引进外商直接投资、人民币国际化、防范外部金融风险六个方面，分别提出加快推进我国对外经济发展方式转变的发展战略。

本成果的基本结构如下：

第一章　加快推进我国经济发展方式转变的总体发展战略

第二章　构建以超比较优势为核心的对外货物贸易发展战略

第三章　构建基于动态比较优势的对外服务贸易发展战略

第四章　构建超所有权优势范式下的对外直接投资发展战略

第五章　构建以提高质量为主的引进外商直接投资发展战略

第六章　构建渐进式的人民币国际化发展战略

第七章　构建以防范风险为目的的宏观审慎金融监管体系

2. 主要计量成果

本成果搜集了大量的数据，分析和测度了我国对外经济活动中的比较优势状况，为制定相应领域的发展战略奠定了分析基础。计量分析的成果如下：

（1）我国对外货物贸易的比较优势状况。

本成果根据沙加亚·劳尔（Sanjaya Lall）的制成品分类方法，把144种制成品按技术含量分为五大类、九小类，采用了显示性比较优势指数（RCA）的计算方法，计量了我国出口货物贸易的比较优势现状以及比较优势变化情况，得出了下述结论：

第一，在我国2008年出口的144种制成品中，具有比较优势的产品共87种，占全部产品的60.42%；具有较强比较优势的产品有18种，占全部产品的12.50%；具有显著比较优势的产品有29种，占全部产品的20.14%。

第二，我国2008年出口商品的比较优势状况发生了较大的变化。具有比较优势的产品种类比2002年增加了25种，达到87种，增加了40.32%；具有较强比较优势的产品种类比2002年增加了5种，达到18种，增加了38.46%；具有显著比较优势的产品种类比2002年增加了11种，达到29种，增加了61.11%。

（2）我国对外服务贸易的比较优势状况。

本成果利用竞争优势指数（TC）、显示性比较优势指数、显示性竞争优势指数（CA）、净出口显示性比较优势指数（NRCA）对我国对外服务贸易的比较优势状况进行了计量分析，得到了下述结论：

第一，我国运输业和旅游业这两个传统服务业整体国际竞争力较弱，但具有一定的比较优势。

第二，我国建筑业开始从没有比较优势转变为具有比较优势，而且比较优势地位在不断加强。

第三，在生产性服务业中，我国金融业比较优势不明显，保险业、通信业、计算机服务业比较优势微弱，但近期计算机服务业竞争力有所提高。

第四，在新兴服务业中，虽然我国的电影、音像服务业处于比较劣势的地位，但近年来有所改善。我国的专利权和环境服务业则处于比较劣势地位。

（3）我国对外直接投资的比较优势状况。

本成果利用对外直接投资竞争优势指数（ODI-TC）、对外直接投资显性比较优势指数（ODI-RCA）、对外直接投资显性竞争优势指数（ODI-CA）、对外直接投资对称性调整指数（ODI-SRCA）对我国对外直接投资的比较优势状况进行了计量分析，得到了下述结论：

第一，我国采矿业和金融业这两大行业的竞争优势指数均为正。采矿业的竞争优势指数呈上升趋势，显示出我国经济对获取海外矿产资源的渴望程度。但是，金融业竞争优势指数近几年呈现下降趋势。

第二，我国批发与零售业、租赁和商务服务业是对外直接投资的两大支柱行业，竞争优势指数基本为正，但表现趋势却有较大差异，其中批发与零售业自 2007 年以来呈现下降趋势，租赁和商务服务业则从 2006 年以来不断上升。

第三，我国建筑业和教育行业的竞争优势指数近两年转为正数，其余行业对外直接投资的竞争优势指数为负值，表明我国尚有相当多的行业对外直接投资竞争力不足。

第四，从竞争优势指数发展趋势看，有些行业竞争优势指数正逐步上升，表明这些行业的竞争力在不断提高，如农、林、牧、渔业，制造业，电力、煤气及水的生产和供应业，以及信息传输、计算机服务和软件业。

3. 主要理论贡献

本成果提出了超比较优势的国际贸易思想和超所有权优势的对外直接投资思想，为制定相应的发展战略提供了理论根据和指导。

（1）提出“超比较优势”国际贸易学说。

李嘉图（David Ricardo）的比较优势理论是国际贸易理论中的核心理论。实际上，比较优势有静态比较优势和动态比较优势之分。静态比较优势是由要素禀赋所决定的现行的比较优势，各个国家只能按照这种比较优势格局参与国际分工。但是，即使在短期内，静态比较优势也不是一成不变的。一个国家还可以通过将具有比较优势的产品与不具有比较优势的产品组合起来，形成一种组合的静态比较优势产品。

动态比较优势是指从目前来看某个国家在某个产业不存在比较优势，但是这个产业具有发展潜力，经过一段时间的培育可能会形成比较优势。如果发展中国家不去主动培育具有动态比较优势的产业，那么它们只能永远地在后面跟随着发达国家，等着去发展那些被发达国家淘汰的产业。

另外，在国际贸易中，不仅存在静态或者动态的比较优势，而且存在超比较优势。超比较优势是指一个国家与另一个国家进行对方没有的商品的贸易时所具有的优势。假定存在 A、B 两个国家，某种商品只有 A 国能够生产而 B 国不能生产，那么在这两个国家这种商品的贸易中 A 国具有不可比拟的优势，这种优势就是“超比较优势”。“超比较优势”产生的主要源泉是科学技术的创新。

从短期和静态来看，我国应该按照静态比较优势的原则参与国际分工；从长期和动态来看，我国应该按照动态比较优势的原则参与国际分工，也就是我国政府应该培育某些目前没有比较优势但未来对我国经济具有主导意义的产业，以使这些产业在未来形成比较优势；从培养核心竞争力、可持续发展的角度来看，我国还应该按照超比较优势的原则参与国际分工，推动科学技术的自主创新，支持某些与发达国家同时起步的产业的发展，使之成为具有超比较优势的产业。

这样，本成果不仅通过静态比较优势、组合静态比较优势、动态比较优势的划分，大大丰富了比较优势国际贸易理论，还提出了超比较优势的范畴，发展了比较优势国际贸易理论。

(2) 提出了“超所有权优势”的对外直接投资理论。

超所有权优势是指在我国企业对外直接投资活动过程中，针对“常效风险”与“失效风险”的不同情形，可以通过不同治理模式与手段进行动态匹配与整合，进而形成一种新的所有权优势。在这里，所谓“常效风险”是指企业在对外直接投资过程中可能面临各种外部壁垒，但是企业可以通过自身行动予以有效克服。所谓“失效风险”则是指企业在对外直接投资过程中可能面临各种外部壁垒，但是企业无法通过自身行动予以有效克服。

具体地说，在我国企业对外直接投资活动过程中，可以从三个层面的治理结构来研究对应的超所有权优势：第一，针对所有权特征的不同，我国国有企业可以与民营企业或外资企业进行所有权的重新组合，以突破一些国家设置的所有制壁垒。第二，针对所有权结构的不同，特别是面对本国企业“失效风险”时，政府可以用市场等其他治理结构对本国企业进行替代与支持。第三，针对区位与制度优势的不同，通过重新组合包括投资国和东道国在内的国家/区位制度、文化因素，以增强企业对外直接投资的竞争力。另外，还可以通过分析如何应对“常效风险”与“失效风险”这两类对外直接投资的风险，来揭示上述三个层面的关系。也就是说，如何在“常效风险”与“失效风险”下组合各种所有权因素并且做出相应治理安排。

4. 主要发展战略

本成果提出如下加快推进我国对外经济发展方式转变的发展战略：

（1）推进对内和对外经济发展方式转变的“一点两翼”总体发展战略。

要加快我国对内和对外经济发展方式转变，必须实施“一点两翼”的总体发展战略。所谓“一点两翼”是指将突破点选择在核心技术自主创新上，同时在人力资本形成和产业结构调整两翼同时推进。

显然，加快我国对内和对外经济发展方式转变的关键因素是技术进步。对于不可能从外国获得的核心技术，必须依靠自己的力量实现技术创新。对于可能从外国获得的先进技术，必须加强引进、消化和吸收。但是，在不可能从外国获得的技术与可能从外国获得的技术之间，还存在处于不能以常规手段获得但又不是不可能获得的交叉地带的技术。“以市场换技术”就是引进处于这个交叉地带的外国先进技术的一种重要手段。我国拥有巨大的市场，对外国厂商具有很大的吸引力，我国是有可能做到“以市场换技术”的。虽然我国汽车工业没有做到“以市场换技术”，但是我国的水电设备制造产业和高速铁路设备制造产业做到了“以市场换技术”。我国能否以市场换来技术，如何将我国市场整合起来为外商设立博弈条件是关键问题，因此政府的统筹协调是决定“以市场换技术”成功与失败的重要因素。

另外，我国政府要实现自主技术创新的突破，仅仅制定科学技术发展规划并且给予政策支持是不够的，还必须在人力资本形成和产业结构调整两翼同时推进。这就是说，政府还要通过加快人才培养来促进核心技术的研究和开发，通过企业家培育来促进核心技术的开发和产业化，通过产业结构调整的政策来扶持新兴产业与促进核心技术的开发，从而加快核心技术的产业化。

如果能够成功地实施“一点两翼”总体发展战略，在科学技术进步、人力资本积累、产业结构升级上不断地取得进展，我国一定的投入将可以得到更大的产出，从而就可以逐步摆脱粗放型的经济发展方式，实现我国对内和对外经济发展方式的转变。

（2）以“超比较优势”为核心的对外货物贸易发展战略。

以“超比较优势”为核心的对外货物贸易发展战略包括三个方面的

内容：

第一，巩固具有静态比较优势的产业。目前我国在劳动密集型产业如服装和纺织品，资本和劳动密集型产业如造船，中低技术密集型产业如通信及电子设备、仪器仪表、办公机械等方面都具有比较优势，正是这些产业支撑着我国对外货物贸易的发展。对于这些具有静态比较优势的产业，我国政府的任务不是更多地投入资源去支持它们，而是更多地交由市场去调节它们，特别需要为这些产业提供一个合适的制度环境和健全的市场环境，使这些产业能够在一个公平的制度环境和健康的市场环境中竞争和发展。

第二，支持具有动态比较优势的行业。在短期内按照比较优势的原则参与静态的国际分工的前提下，我国政府还要支持那些目前没有比较优势但具有比较优势前景的产业来创建动态比较优势格局。我国政府提出的重点支持的新兴产业如节能环保产业、新一代信息技术产业、生物产业、高端装备制造业、新能源产业、新材料产业、新能源汽车产业，就是可能具有动态比较优势的产业。

第三，培育可能具有“超比较优势”的产业。首先，要扶持初步具有超比较优势的产业，如高速铁路、核电站、航天等，这些产品在世界范围内只有少数几个国家能够提供，而我国已经具有一定的优势。另外，培育未来可能具有超比较优势的产业，如生物技术产业。目前各个国家都在积极从事生物技术的研究，我国不要错过这新的一次技术革命的机会。

（3）基于动态比较优势的对外服务贸易发展战略。

基于动态比较优势的对外服务贸易发展战略包括下述三个方面的内容：

第一，巩固具有静态比较优势的传统服务业。目前，我国运输、旅游、建筑等传统服务业是具有静态比较优势的服务业。我国服务业的地位与我国服务业的发展水平是相适应的，而且在未来一段时间里这种状况不会有很大的变化。因此，我国政府应该巩固这些具有静态比较优势的服务业的发展态势，继续发挥这些服务业的对外服务贸易对我国经济发展所起的促进作用。

第二，创建可能具有动态比较优势的服务业。动态比较优势服务业应该从生产性服务业中去选择。生产性服务业通常是以资本、知识和技术密集型为特征的服务业，它是当今各国对外服务贸易竞争的主要领域。在这个方面，我国政府需要关注和培植通信服务业、计算机与信息服务业、金融服务业，我国有可能在这些服务业创建动态比较优势。

第三，培育可能具有超比较优势的服务业。从我国目前的科学技术和产业发展情况来看，我国有可能培育成具有超比较优势的服务业是与高速铁路相关的服务、卫星发射服务和卫星导航服务。这些产业是在世界上只有少数几个国家能提供，而我国已经具有一定竞争力的服务业。

（4）在“超所有权优势”范式下的对外直接投资发展战略。

在“超所有权优势”范式下的对外直接投资发展战略包括下述内容：

第一，获取自然资源型的对外直接投资策略。首先，我国政府应该重视海外投资企业商业运营的独立性，在国内政策制定的过程中致力于建立一个公平的机制。其次，我国政府应该建立内部替代自然资源，尽可能摆脱外部资源的约束，使对外直接投资企业处于更为主动的地位。再次，我国国有企业需要与民营企业合作进行对外直接投资，以摆脱东道国在所有制上对我国对外直接投资企业的限制。

第二，获取技术与市场型的对外直接投资策略。我国政府鼓励我国企业特别是民营企业通过海外兼并与收购来“引进资金、引进智力、引进技术”。目前最为迫切的方法是简化我国企业海外兼并收购审批程序。鼓励企业利用我国制造业实际运作中所创造的新模式推动对外直接投资的发展，这种新模式是：迅速占据产业高端，借助当地的力量共同生产，实现融会贯通的本土化。

第三，当我国企业对外直接投资面临东道国的“天花板”效应时，我国政府可以适时启动市场等其他治理结构对我国企业进行策略性替代与支持，以减缓东道国对我国对外直接投资企业的压力。

（5）以提高质量为主的引进外商直接投资发展战略。

随着我国经济的持续发展，我国资金短缺的时代已经过去了，我国引进外商直接投资必须注重提高质量。以提高质量为主的引进外商直接投资发展战略包括下述内容：第一，我国政府需要进一步改善外商直接投资的环境，主要是法律环境和市场环境，引导技术密集型外商对我国直接投资，以提高引进外商直接投资的质量。第二，我国政府需要通过各种政策和措施，引导外商投资的产业方向：增加对农业和服务业的投资，相对减少对工业的投资；增加对技术密集型产业的投资，相对减少对一般加工工业的投资；增加对中、西部地区的投资，相对减少对东部的投资。

（6）渐进式的人民币国际化的发展战略。

我国被动地接受美元主宰的地位严重影响了我国对外经济活动的质量，因而需要加快推进人民币的国际化。在人民币渐进式国际化的指导思想下，境内需要保持有干预的汇率形成机制以及一定的资本与金融项目管制，以保证相关经济主体的利益和宏观经济不因改革而受到强烈冲击。同时，允许贸易商等交易主体选择有利于自身的浮动汇率机制参与跨境交易。另外，为优化人民币国际化的渐进式路径，在维持境内汇率及经济稳定的前提下，可以主要通过人民币对外直接投资、商业性与援助性银行对外贷款等方式输出本币，通过经常项目实现本币的部分回流。同时，为了增强境外人民币的流动性及投资性，要积极发展人民币离岸金融市场、促进人民币“体外循环”，以弥补我国资本与金融项目开放不足的缺陷。随着我国金融体制的完善和金融实力的增强，我国进一步推进人民币在资本与金融项目下的可兑换，适时取消参考一篮子货币定价的汇率制度，实行管理浮动的人民币汇率制度，使人民币走向更高程度的国际化。

（7）强化宏观审慎金融监管体系的措施和方法。

随着人民币的国际化，我国金融体系和经济体系将暴露在国际资本投机性冲击的风险之下，我国政府应该从建立逆周期监管框架、重视系统性风险防范、拓宽监管业务范围、强化中央银行监管职能、深化国际协作五个方面强化宏观审慎金融监管体系。另外，对外部金融风险防范的重点应该提前到消除国际资本投机性冲击的诱导因素上，避免我国出现泡沫经济、严重的经常项目逆差、过重的对外债务负担等问题。

三、成果的学术创新和应用价值

本成果主要的学术创新是提出了“超比较优势”的国际贸易学说和“超所有权优势”的直接投资思想。这些都是原创性的研究成果，对于国际经济学的研究具有重要的学术价值。

比较优势理论是国际贸易最为经典的理论。但是，本成果经过深入细致的分析发现，比较优势可以进一步分为静态比较优势、组合静态比较优势、动态比较优势、超比较优势。本成果不仅通过对各种比较优势的分析，完善了现有的比较优势理论，而且通过创立超比较优势学说，发展了现有的比较优势理论。

尽管经济学家们对发达国家和发展中国家对外直接投资已进行了大量研究，但我国作为一个发展中大国，对外直接投资具有许多独特之处。本成果通过对我国对外直接投资过程中出现的问题和矛盾的分析，发现通过对各种所有权因素进行重新组合和安排，可以形成不同于一般所有权优势的超所有权优势，从而提出了超所有权优势的思想。

另外，加快推进我国对外经济发展方式转变的研究是一项实践性很强的研究。本成果不仅解释了“为什么”这样的问题，而且回答了“怎么做”这样的问题。尽管我国的对外经济发展方式是由我国经济发展水平所决定的，不以人的主观意志为转移，但是，一个国家的对外经济发展方式又是动态的、变化的。我国政府可以通过实行某些战略或策略，来促进我国对外经济发展方式的转变。本成果提出了七个加快我国对外经济发展方式转变的发展战略以及实现这些发展战略的路径和手段。因此，本成果具有重要的应用价值。

《中国通货膨胀动态形成机制的多重逻辑》概要

张成思*

一、研究的目的、意义及方法

1. 研究目的和意义

本成果的研究目的是基于多重视角获得中国通货膨胀的动态形成机制，在理论层面推进通货膨胀动态机制的理论前沿发展，在实践层面为货币政策分析框架提供更丰富的经验依据。

本成果的研究意义在于：通货膨胀是关系到国民经济和谐健康发展、货币政策有效施行的核心变量，更是宏观经济与金融政策调控的重要参考指标。由于任何国家的宏观政策从制定、实施到对通货膨胀形成影响都存在一定的时滞，所以理解通货膨胀的动态形成机制对宏观政策制定的时效性和有效性同样具有重要意义。

2. 研究方法

经典理论与现实逻辑相结合：本成果在传统通货膨胀动态机制理论基础上，结合中国价格形成机制的基本特征，提出从多个维度拓展传统的通货膨胀动态机制理论模型体系。

微观分析与宏观分析相结合：在基本理论的构建中，既研究微观层面的定价机制，又分析宏观层面通货膨胀的驱动因素与驱动机理问题。

理论分析与经验研究相结合：依托宏观经济学、货币银行学、价格学、

* 张成思，中国人民大学教授，博士生导师。

时序分析及相关理论，既运用经济理论模型来概括现实发生的复杂情况，运用符合学术规范的语言刻画相关理论与事实的逻辑，又强调运用动态时序数据对设立的经济理论模型进行实证检验并进行修正。

二、成果的主要内容和重要观点

1. 主要内容

通货膨胀是关系到国民经济和谐健康发展、货币政策有效施行的核心要素，更是宏观经济与金融政策调控的重要参考指标。由于任何国家的宏观政策从制定、实施到对通货膨胀形成影响都存在一定的时滞，所以理解通货膨胀的动态形成机制对宏观政策制定的时效性和有效性具有重要意义，由此通货膨胀动态机制也逐渐成为宏观金融特别是现代货币政策分析中的一个重要研究议题。

虽然在 20 世纪 90 年代之后，世界各国通胀率的水平都呈现出平稳走低的态势，但通货膨胀的惯性或者说持久性依然很高。例如，针对美国以及欧洲的一系列研究显示，美国及欧洲的大部分国家通胀率仍然存在较高的持久性或者说惯性特征。针对中国通货膨胀持久性问题的研究表明，中国的通货膨胀指标也同样存在着很高的持久性。根据定义，通胀持久性是指通货膨胀在受到随机扰动因素冲击后偏离其均衡状态的趋势所持续的时间。持续的时间越久，通胀持久性就越强，货币政策的滞后效应就会越明显。

通货膨胀率动态走势的这些特点吸引了诸多经济学家和货币政策研究专家对其动态机制理论进行不断更新和完善。相关理论已经从早期的完全基于宏观视角建立的动态模型发展到新凯恩斯学派的具有微观基础的现代短期通货膨胀动态机制理论。最近 20 年来，中国许多优秀的货币政策问题专家对现阶段中国通胀率的动态机制在货币政策分析中的重要性也进行了不断的研究和探索，但是已有研究主要以早期的传统宏观通货膨胀动态模式为理论基础，而对基于微观基础的现代通货膨胀动态机制理论却鲜有研究，而且较少联系中国通货膨胀动态变化的多种现实情况对这一理论进行拓展。

同时值得注意的是，在上世纪 80 年代之后，中国通货膨胀的动态走势似乎显现出与西方主要国家类似的时序轨迹，即在经历了上世纪 80 年代中后期至 90 年代中后期的高物价波动之后，在最近的十几年内呈现出平稳较低的态势。但是，由于相当程度的通胀持久性依然存在，所以通货膨胀（或者通货紧缩）的治理成本并没有显著下降，货币政策决策部门对通货膨胀指标的动态走势依然非常关注。在这样的背景下，科学准确地刻画中国通货膨胀的动态形成机制，具有重要的现实意义。同时，在已有通货膨胀动态机制理论的基础上，通过合理拓展、细致刻画和科学建模的研究方式，有利于推动相关理论的完善和发展。

有鉴于此，本成果尝试在已有理论的基础上，结合中国改革开放以来价格变化的动态轨迹及其背后隐含的经济运行特征，对通货膨胀的动态形成机制进行多角度的深入研究，以期形成理解中国通货膨胀动态形成机制的多重逻辑。

本成果对基于微观基础发展起来的宏观通货膨胀动态机制理论框架进行梳理，明确其在现代货币政策分析框架中的重要地位，并总结围绕该理论而展开的最新研究，为研究中国通货膨胀的动态形成机制提供研究基础。值得强调的是，通货膨胀的动态形成机制研究对宏观政策特别是货币政策的科学制定与实施具有重要意义。通货膨胀的动态演化特征涉及对未来通货膨胀的预测问题，也关系到通货膨胀或者通货紧缩的治理与调控问题。特别是在当前全球金融局势风云变幻、世界经济格局快速盘整的形势下，对这一课题的研究显得尤为重要。近年来，中国经济发展的壮阔波澜与全球金融海啸的惊涛骇浪交汇到一起，将通货膨胀动态形成机制问题的研究推向了一个高潮。

值得注意的是，对于通货膨胀形成机制问题的研究，已有文献大多是从通货膨胀的驱动因素角度区分不同类型的通货膨胀进行分析，例如“成本推动型”“需求拉动型”以及“混合型”通货膨胀形成机制等等。虽然这些理论对理解一个国家特定时期价格变化的原因非常重要，但近年来的前沿研究表明，将影响通货膨胀的各种经济变量纳入动态联动的系统内进行分析，从动态视角研究价格变化的驱动因素，更符合经济发展的现实规律。虽然不同情况下的动态系统在表述形式上与传统的理论系统可能会有交叉和重叠，例如不同模型系统的自变量与因变量的名称可能相同，但由于动态机制的存在，使得通胀动态机制的经济含义比静态意义上的通胀理论更加丰富。

有鉴于此，本成果以动态分析为基本主线，通过13个不同视角研究中国通货膨胀的动态形成机制问题。归纳起来，这些视角包括通货膨胀周期论视角、价格指标的内部子成分传导视角、上中下游价格链条传导视角、行业潮涌视角、商品金融化视角、资产市场均衡论视角、货币主义与新凯恩斯主义的折中视角、通货膨胀的目标错配视角、预期推动视角、外生冲击与动态特征的结构性转变视角、开放环境下的流动过剩视角、汇率平价关系转变视角以及全球化视角。基于这些不同视角对通货膨胀的动态形成机制进行深入研究，极大地丰富了通货膨胀动态机制理论的内涵，同时也扩大了调控通货膨胀的宏观决策视野。

基于以上不同角度进行分析，本成果形成了通货膨胀动态形成机制的多重逻辑：既有价格指标的自身内部循环驱动逻辑，又有不同价格指标彼此之间的动态互动逻辑；既有侧重现实中出现的资本轮动模式下的行业潮涌和商品金融化逻辑，又有从传统理论入手的货币驱动逻辑；既有本国封闭环境下的通胀目标错配问题研究，又有开放条件下的流动性过剩和全球化驱动逻辑。

如果对通货膨胀动态形成机制的多个逻辑进一步深入比较，可以发现不同逻辑彼此之间既存在分歧又存在一致性。多重逻辑的分歧（或者更准确地说是不同逻辑的区别）在于以下两点：第一，单向驱动与向量互动的逻辑分歧。所谓单向驱动逻辑，是指分析框架和分析思路集中于相关因素如何单向影响通货膨胀，而不考虑通货膨胀对各类驱动因素的反向作用。在这样的逻辑思路下，对应的分析框架是一维空间内的模型，如本成果的第二章、第五章、第六章、第七章、第十章、第十二章、第十三章和第十四章。这些章的分析框架都是以通货膨胀为因变量，以其他指标（无论是实体还是货币指标）为自变量，通过一维模型对通货膨胀的动态形成机制进行分析。与单向驱动的逻辑不通，向量互动的分析逻辑则是考虑通货膨胀与其他相关变量可能存在双向互动机制。因此，本成果的第三章、第四章、第八章、第九章和第十一章基于多维向量系统对通货膨胀的动态形成机制进行分析，既考察了相关因素对通货膨胀的影响，同时又考虑了通货膨胀的反向作用。

多重逻辑的第二点分歧是各章分析框架的大环境设定存在差别，即封闭环境与开放环境的分歧。从这个角度来看，本成果的第一章至第十一章属于封闭环境下的分析逻辑，第十二章至第十四章则属于开放环境下的分析思路。在封闭经济环境的设定下，暂时忽略国际性或全球性要素的影响。此时的分析框架内不考虑国际资本流动、汇率变动以及全球化进程等要素对国内通货膨胀动态形成机制的影响。反过来，当我们将封闭环境改为开放环境时，上述要素则明确出现在分析框架或者模型设定内。那么，这两种逻辑对应的分析框架哪种更合理呢？事实上，两种分析逻辑都具有合理性，只不过侧重点有所区别，或者理解为国内外要素的权重在两种环境下的设定不同，而各自分析结果为人们理解通货膨胀的动态形成机制提供了不同的信息。而且，即使没有明确设定开放环境，部分基于封闭环境下的分析框架也在分析过程中考虑了汇率等因素可能对分析结果带来的敏感性影响。

虽然通货膨胀动态形成机制的多重逻辑存在以上两点分歧或者说区别，但只是分析框架的设定角度存在差异，彼此之间并非排他关系。事实上，多重逻辑彼此之间的一致性才是引领本成果的主线。多重逻辑的一致性在于分析框架的动态性、通货膨胀的内生性和基本理论的一致性。

首先，不同逻辑的分析框架都表现为动态特征，即所有模型设定中都含有通货膨胀的滞后项。通过纳入通货膨胀滞后项，各个分析逻辑中都认同通货膨胀的持久性特征。所谓通货膨胀的持久性，也可以称为通货膨胀的黏性或者惯性，是指通货膨胀在受到随机扰动因素冲击后偏离其均衡状态的趋势所持续的时间。持续的时间越久，通胀持久性就越强，货币政策的滞后效应就会越明显。因此，通货膨胀持久性水平的高低，客观地决定了通货膨胀对政策变化的反应速度。已有研究（如 Fuhrer，1995）还表明，在通胀持久性很高的时期，当通胀率受到冲击偏离央行的预期目标之后，其返回到预期水平一般需要几个季度甚至几年的时间。在这种情况下，货币政策的效果必然存在着极大的滞后效应。反之，如果通货膨胀的持久性较弱，那么货币政策的滞后效果就会相对减小。因此，在分析货币政策效果的过程中，如果没有准确反映通胀持久性的真实特征，很可能会给出失当甚至是错误的政策建议。

本成果之所以在不同的分析逻辑框架下都承认通货膨胀模型设立的动态性，主要是考虑现实中通货膨胀存在着较高的持久性特征。根据定义，通胀持久性水平可以通过通胀率时序变量的自相关函数（ACF）来反映。我们通过计算中国主要的通货膨胀指标对应的自相关函数可以发现，中国通胀指标的自相关函数无一例外地缓慢趋近于零点水平，并且一般都要经过一年以上

（大于4个滞后期）的时间才慢慢减弱到零。与具有中等水平持久性指标的仿真数据的自相关函数相比，我国通胀率的自相关函数趋零的态势都明显慢于持久性系数为0.5的仿真数据的自相关函数。

以上事实说明，中国的通货膨胀指标在受到一个随机冲击（如一个抑制通胀的紧缩货币政策冲击）偏离预期的水平后返回预期值所用的时间要超过1年以上。在这种情况下，任何通货膨胀形成机制的分析框架都应该建立在动态模型的基础上。

多重逻辑的第二个一致性是通货膨胀的内生性。无论是单变量模型还是多变量向量模型，无论是封闭环境还是开放环境下，均以通货膨胀的内生性为前提。对于单向模型系统，通货膨胀变量一般均为因变量，因此其内生性特征显而易见。对于向量模型系统，通货膨胀的内生性也比较直观，因为在考察各变量的动态互动过程中，已经设定了通货膨胀受其他因素影响的机制。因此，本成果的所有分析逻辑，对于通货膨胀的内生性认识是一致的。

多重逻辑的第三个一致性是基本理论的一致性。所谓基本理论的一致性，是指分析框架主要是基于新凯恩斯主义经济学的理论框架，特别是近年来发展起来的具有微观基础的宏观动态模型。即使是基于货币主义理论框架的现实分析，也首先厘清其与新凯恩斯理论的内在逻辑联系，然后再进行进一步的实证分析。因此，基于微观基础的宏观理论框架是贯穿本成果多重逻辑间的重要主线。不过需要说明的是，本成果并未在微观基础层面进行深入分析，主要内容仍然集中于宏观分析。未来的研究需要在微观层面进行更多的深入探索。

特别是近年来随着中国经济逐步走向"新常态"，人们可以清晰地观察到若干典型事实：一是货币和金融两层次的"流动性过剩"。在货币领域，似乎各方对M2/GDP的持续高企已经不再具备往日的分析兴趣；在银行领域，相对高的差额准备金率无疑意味着金融体系并不缺乏流动性。二是金融和实体经济的关系日益微妙，经济金融化格局正在加速形成。无论是价格型还是数量型工具，货币当局在金融根据自身风险与收益权衡所做出的资源配置抉择上最多具有"间接"影响力，即使如发达经济体通过QE所实现的长端利率降低，由此引致的研发热潮亦是建立在前一轮资产价格崩溃的基础上，否则很难说是否仍然会再度形成金融资源脱离实体追逐资产的局面。这或许是熊彼特创造性破坏学说的现实体现，不过更可能是本成果第六章探讨的经济金融化格局的必然特征。三是货币政策框架和工具改革的顺序并非如教科书所说的那样亦步亦趋、有条不紊。至少我们观察到的并非“一价定理”：随着人民币贸易结算放开，人民币逐步走向境外，境内外形成了两种利率水平，升值前景和更高的无风险收益率正在推动本币成为国际货币；反过来看，中国的外汇储备及由此形成的外汇占款将很可能不再是今后基础货币的主要投放形式。与此同时，各国普遍实施的“利率走廊”显然仍然是具有价格平准性质的政策行为。

以上典型事实说明，所有基于小型开放经济体的理论假说都无法构成解释中国问题的理论基石。同样，基于均衡论的传统宏观分析框架可能过于僵化，难以捕捉现实中微观个体的行为逻辑。因此，我们在接下来的研究中可能需要更加关注这样一个基本问题：中国的宏观决策到底在跟谁打交道？而由此形成的基本分析范式则是建立在微观基础上的宏观决策机制。

总之，本成果从不同逻辑视角研究了通货膨胀的动态形成机制问题，提出了一些新的观点、思路与启示。归纳来看，本成果的内容共分为十五章，循序渐进地从通货膨胀周期论、价格指标的内部子成分传导机制、价格指标链条传导机制、资本轮动与行业潮涌下的通货膨胀形成机制等 13 个不同视角对中国通货膨胀的动态形成机制进行分层和深入地探索性研究，综合起来形成理解中国通货膨胀动态形成机制的多重逻辑。最后，本成果在第十五章对通货膨胀动态形成机制多重逻辑的分歧与一致进行了归纳性评述。

2. 重要观点

（1）中国上中下游价格指数通胀率之间存在稳定的动态驱动关系，上中游价格对下游价格具有显著的动态传导效应，而下游价格只对中游价格存在反向传导效果，与上游价格之间不具有双向传递性。

（2）中国的通货膨胀动态机制理论模型可以从资本轮动下的行业潮涌视角构建。在竞争性均衡基础上，可以将国民经济行业划分为真实资本品行业与一般消费品行业，并将行业潮涌要素引入两部门均衡模型，最终可以获得行业潮涌模式下的通货膨胀驱动机制理论模型。

（3）内生性货币供应机制下的货币主义理论模型，本质上与新凯恩斯现代宏观模型存在紧密的内在联系，通过这两种不同的理论框架可以推导出相同形式的动态模型系统，用以涵盖通货膨胀、经济增长与货币供应之间的联动机制。

(4) 评估国内通货膨胀动态走势、选择防范通胀政策的制定时机以及实施力度，亟须将 GDP 平减指数通胀率指标纳入到决策信息库中。CPI 反映的只是消费品的价格涨跌情况，并不能完全涵盖房地产等更广泛领域的价格变化情况，因此制定货币政策时不能仅以 CPI 的变化来判断总体通货膨胀的走势，更要关注 GDP 平减指数通胀率的动态变化情况。

(5) 要实现通货膨胀有效管理的理想效果，除了需要正确认识当前的通胀目标错配问题，还需要进一步做好许多基础性工作，如建设全面科学的经济预测系统，在宏观政策分析框架中更多地引入科学分析机制等。在预测系统建立的实际工作中，广义价格指标的统计核算、货币驱动下的价格传导机制以及我国上中下游价格的动态传导规律等，为预测总体价格的动态走势提供了有益的信息渠道。

(6) 媒体舆论对公众预期具有显著正向驱动效应，媒体对于通货膨胀等相关内容的报道越多，公众对未来通胀率上升的预期就会越强烈。而公众预期对现实通胀率又具有显著的正向影响。因此，通货膨胀的调控工作需要关注媒体舆论导向。

(7) 现代通货膨胀动态机制理论的构建，需要纳入全球化要素。加入全球化要素的通货膨胀动态机制模型为传统的货币政策分析框架提供了更丰富的信息。

(8) 基于微观定价机制的通货膨胀动态机制理论模型，在动态机制的丰富程度上存在改进空间，以新凯恩斯主义菲利普斯曲线理论为基础的通货膨胀动态机制模型需要在动态机制设计上进行扩展，从而能够更好地捕捉通胀持久性特征。

三、成果的学术创新、应用价值以及社会影响和效益

已有研究对通货膨胀的动态形成机制进行了长期持续的深入研究，但是研究视角仍然多局限于传统的需求端模型，即使近年来的研究在理论模型的微观机制方面有了一定进展，但微观机制本质上仍然停留在企业的定价决策

方面，而对宏观层面的经济格局以及全球化进程等要素没有进行系统的研究。更重要的是，对于中国而言，通货膨胀动态路径的演进，还蕴含了大量具有鲜明中国特色的典型事实，诸如中国经济转型前后的结构性变化、内部动因与外生冲击并存、行业潮涌和商品金融化对通胀动态机制的影响等。因此，基于既有理论对中国通货膨胀动态机制理论进行拓展研究，基于上述多个维度获得通货膨胀动态形成机制的多重逻辑，是本成果的主要创新所在。

基于本成果的政策建议，收录于全国哲学社会科学规划办的《成果要报》，上报到有关政策制定部门，作为宏观政策制定的重要参考依据。基于成果的转化内容还被《中国社会科学文摘》和《21 世纪经济报道》等转载。另外，关于我国上中下游价格传导机制的研究成果，获得中国价格研究领域最高奖“薛暮桥价格研究奖”（2014 年第六届）。

《中国城市发展空间格局优化理论与方法》概要

方创琳*

中国城市发展的空间格局是基于国家资源环境格局、经济社会发展格局和生态安全格局而在国土空间上形成的等级规模有序、职能分工合理、辐射带动作用明显的城市空间配置形态及特定秩序，科学合理的城市发展空间格局对推动国家城镇化健康发展，提升城镇化发展质量，加快国家现代化进程都具有十分重要的战略意义。俗话说，定位决定地位，格局决定布局，布局决定结局。正由于如此，党的十八大报告、中央经济工作会议、中央城镇化工作会议等党和国家重要文件及重大会议都多次提出要构建科学合理的城市化格局和城市发展空间格局。

一、研究的目的、意义及方法

1. 研究目的

开展中国城市发展空间格局研究就是为优化国土开发空间格局、城市化格局、农业发展格局和生态安全格局提供坚实的理论支撑和技术方法支撑。这是因为：2010 年 12 月国务院批准实施的《全国主体功能区规划》（国发〔2010〕46 号）提出构建"两横三纵"为主体的城市化战略格局；2011 年 3 月国家批准实施的《中华人民共和国国民经济和社会发展第十二个五年规划纲要》提出构筑区域经济优势互补、主体功能定位清晰、国土空间高效利用、人与自然和谐相处的区域发展格局，形成高效、协调、可持续的国土空

* 方创琳，中国科学院特聘研究员，教授，博士生导师。

间开发格局；2012 年 11 月党的十八大报告明确提出构建科学合理的城市化格局、农业发展格局和生态安全格局；2013 年 12 月 12 日召开的中央城镇化工作会议首次提出优化城镇化布局；2012 年 12 月和 2013 年 12 月召开的中央经济工作会议连续两年提出要构建科学合理的城市格局；2014 年 3 月国务院发布实施的《国家新型城镇化规划（2014—2020 年）》提出构建以陆桥通道、沿长江通道为两条横轴，以沿海、京哈京广、包昆通道为三条纵轴，以轴线上城市群和节点城市为依托、其他城镇化地区为重要组成部分，大中小城市和小城镇协调发展的“两横三纵”城镇化战略格局。

2. 研究意义

在全球化和新型城镇化大背景下，科学合理的城市发展空间格局是建设美丽中国和美丽城乡的空间载体，优化中国城市发展的空间格局，对促进国土空间可持续利用，形成高效协同的空间开发秩序，提高国土空间运行效率，确保国家国土安全等，都具有十分重要的战略意义。优化城市发展的空间格局是对我国新型城镇化战略和国家主体功能区战略的进一步落实和体现，是推进国家新型城镇化规划实施的战略需求；是逐步治理日益严重的城市病的现实需求；是顺应第三次工业革命与能源互联网时代背景下倒逼中国城市发展空间格局优化的国际诉求；是研制基于国土空间优化的中国城市发展空间格局科学方案的建设需求；也是深化中国城市发展空间格局调整优化研究的科学需求。

3. 研究方法

本成果从经济全球化与特色新型城镇化相结合、国土三生空间优化与资源环境承载力相结合、GIS 空间分析与软件开发相结合以及社会科学与自然科学交叉互补的四大研究视角，先后采用了实地调研分析法、GIS 技术分析法、自主开发软件算法和计量模型模拟法四种研究方法。

（1）实地调研分析法。本成果在研究过程中先后对上海、深圳、武汉、贵阳、乌鲁木齐、哈尔滨、厦门、成都、拉萨、兰州、长沙、广州、庆阳、大庆、石家庄、沧州、长春、珲春、南通、盐城、东莞等 30 多个不同类型的城市进行了实地调研，通过调研，总结出了中国城市发展空间格局存在的主要问题及优化思路。

（2）GIS 技术分析法。本成果利用 1∶25 万矢量化数字地图为工作底图，综合运用 GIS、RS、DM 技术和数学建模等方法，在高精度提取中国城市空间现状格局和全国主体功能分区空间格局的基础上，确定了不同类型区域的城市空间增长阈值和资源承载阈值，并依此建立了中国城市空间格局合理性诊断综合模型，对中国城市现状空间格局的合理性进行评价。

（3）自主开发软件算法。本成果先后开发了中国城市发展空间格局合理性诊断系统 V1.0 软件（著作权登记证书号 2015SR005051）和中国城市发展空间格局优化情景模拟系统 V1.0 软件（证书号 2015SR053172）两大计算机软件，采用软件系统的海量计算模拟得到了中国城市发展空间格局优化的科学方案。

（4）计量模型模拟法。本成果建立了中国城市规模结构合理性诊断模型、中国城市职能结构合理性诊断模型、中国城市空间结构合理性诊断模型和中国城市发展空间格局合理性综合诊断模型，对中国城市发展空间格局合理性进行综合评价。通过计算城市不同行业的职能强度，并结合韦伯专门化指数和乌尔曼-迪西专门化指数对城市职能性质进行辨识，辨识全国城市的基本职能；借助 SPSS 的聚类分析方法，根据不同的距离把我国城市分为 6 个职能大类、9 个职能亚类和 16 个职能组。采用有序加权回归法、经济和人口空间分异算法、经济要素吸引力模型、就业导向预测模型、交通可达性最短路径算法和数据标准化模型等多模型集成方法，设置了城镇扩张、现状维持和风险控制三种情景对中国城市发展空间格局优化情景进行模拟，得到了中国城市发展空间格局优化的科学方案。

二、成果的主要内容和重要观点

本成果通过大量的实地调研和典型案例分析，提出了中国城市发展空间格局优化理论及框架体系，采用 GIS 技术和计量模型定量诊断了中国城市发展空间格局的合理性，提出了中国城市发展空间格局优化的目标与模式，开发了中国城市空间格局合理性诊断与优化模拟系统软件，研制出了中国城市发展空间格局分层级优化的科学组织方案，提出了中国城市空间格局优化的对策措施和政策建议，取得了以下相对于本领域已有研究成果而言独到的原创性学术贡献：

1. 提出了中国城市发展空间格局优化理论及框架体系

（1）提出了中国城市发展空间格局优化的公平正义与均衡网络理论和国

土三生空间优组理论。把较高的城市资源环境承载能力、较大的城市人口吸纳能力、较高的城市综合效益能力、较好的城市安全保障能力作为中国城市发展空间格局优化的评判标准。

（2）构建了由宏观层次、中观层次和微观层次三大层次、15 个格局组成的中国城市发展空间格局优化的框架体系。宏观层次的优化包括城市发展的生态—生产—生活格局优化和城乡格局优化；中观层次的优化包括城市等级规模格局、职能产业格局、空间组织格局、人口流动格局、国际化格局、就业保障格局、创新网络格局和对称分布格局等的优化；微观层次的优化包括大中小城市规模格局等的具体优化。

（3）揭示了影响中国城市发展空间格局形成与演变的主要全球性因素和本土性因素。其中全球性因素包括经济全球化因素、全球生产网络因素（跨国公司）、外商直接投资因素、全球信息化因素、全球气候与环境变化因素和全球高新技术引进驱动因素等；本土性因素包括国土开发与区域发展政策因素、交通因素、地方网络与国内投资因素、文化与地缘因素、自然条件与生态环境因素等。本土性因素不会因为高度的全球化影响而失去重要地位。

（4）揭示了中国城市发展空间格局的演变轨迹。采用文献梳理、数据统计和 GIS 空间分级等方法，分析了建国 60 余年来中国城市发展空间格局的演变轨迹，认为中国城市发展空间格局在近 60 年来变化不大，表现出一定程度的合理性；而城市发展的重心不断发生变化，“由北向南”移动的特征最为明显；城市空间分布形态主要表现为原有城市的不断扩张以及新设置城市的逐渐形成，进而促进“以点串线，以线带面”的空间格局不断完善，城市间网络联系增强，城市群不断发育；城市职能结构总体上随社会经济发展水平的提高而不断优化，在空间布局上更为科学合理。在此基础上，将我国城市发展空间格局演变划分为三个阶段，即 1949—1978 年的分散式布局与低水平均衡发展阶段，1979—2000 年的集中式布局与非均衡发展阶段，2000 年以来“两横三纵”城市网络体系的形成及高水平均衡发展阶段。

2. 采用 GIS 技术和计量模型定量诊断了中国城市发展空间格局的合理性

通过分析中国城市发展空间格局合理性影响机制，结合国内外相关研究基础构建了中国城市发展空间格局合理性综合诊断指标体系，采用 GIS 和计量模型建立了中国城市规模结构合理性诊断模型、中国城市职能结构合理性诊断模型、中国城市空间结构合理性诊断模型和中国城市发展空间格局合理性综合诊断模型，对中国城市发展空间格局合理性进行综合评价。

评价结果表明，从全国城市发展空间格局总体合理性分析，处在中等合理性以上的城市达到465个，占全国城市总数的70.78%，体现出中国城市现状空间格局总体上是合理的，这种合理性受制于历史演变、区划调整、自然条件等的影响，在今后很长一段时期内不会发生大的改变。从全国城市规模结构格局合理性分析，处在中等合理性以上的城市达到447个，占全国城市总数的68.03%，体现出中国城市规模结构格局总体上是合理的，随着城市人口的不断增长、城市空间的不断拓展、生产要素的不断集聚，城市规模会不断扩大，城市规模结构的合理性会因规划调控、政策调整等影响逐步向新的合理性格局方向演变。从全国城市空间结构格局合理性分析，处在中等合理性以上的城市达到456个，占全国城市总数的69.41%，体现出中国城市发展空间格局总体上是合理的。从全国城市职能结构格局合理性分析，处在中等合理性以上的城市达到454个，占全国城市总数的69.11%，体现出中国城市职能结构格局总体上是合理的，这种合理性随着城市职能结构调整、产业升级转型会不断向着新的合理性方向发展。

3. 提出了中国城市发展空间格局优化的目标与模式

（1）按照公平正义、适度集聚、协同发展、创新驱动和持续发展五大原则，确定了中国城市发展空间格局优化的总目标：形成合理的行政设市格局、公平的城市空间组织格局、多样性强的城市职能结构格局、协同性强的大中小城市协同发展的新金字塔形格局、主体性强的城市群格局、驱动性强的城市创新格局和智慧城市建设格局。到2020年，全国城市总数达到720个左右，常住人口城镇化率达到60%左右，户籍人口城镇化率达到45%左右，城镇化发展质量逐步得到提升，城镇化发展告别中期的快速成长阶段，进入后期的成熟稳定发展阶段，大城市病和小城镇病的问题逐步缓解，以人为本的城镇化发展质量得到稳步提升；到2030年，全国城市总数达到770个左右，常住人口城镇化率达到65%～70%，户籍人口城镇化率达到55%～60%，以人为本的城镇化发展质量得到显著提升，城镇化发展长期处在后期的成熟稳定发展阶段。

（2）按照交通通道引导模式、产业集聚关联模式、城乡一体融合模式、均衡网络发展模式和生态文明导向模式五大模式，提出了中国城市发展空间格局优化的重点：履行节约集约发展，形成紧凑集约与精明增长的城市发展空间格局；提高城市运行效率，形成便捷高效与有机通畅的城市发展空间格局；加快城市产业升级转型，构建现代产业支撑的城市发展空间格局；优化城市体系结构，形成规模有序与分工合理的城市发展空间格局；营造绿色低碳的人居环境，形成以人为本与和谐宜居的城市发展空间格局。

4. 开发出了中国城市空间格局合理性诊断与优化模拟系统软件

（1）开发了中国城市发展空间格局合理性诊断系统 V1.0。采用定性分析与定量评估模拟有机结合的系统集成方法，利用 1∶25 万矢量化数字地图为工作底图，综合运用 GIS、RS、DM 技术和数学建模等方法，在高精度提取中国城市空间现状格局和全国主体功能分区空间格局的基础上，确定了不同类型区域的城市空间增长阈值和资源承载阈值，并依此建立了中国城市空间格局合理性诊断综合模型，开发了中国城市发展空间格局合理性诊断系统 V1.0 软件，得出中国城市现状空间格局总体上合理的定量结论。

（2）开发了中国城市发展空间格局优化情景模拟系统 V1.0。通过分析中国城市发展空间格局优化的驱动因素（道格拉斯生产函数中的劳动力、资本、创新、交通可达性、信息化和互联网及产业转移）和约束因素（包括交通约束、地形复杂度约束、水资源约束和主体性功能区划约束等），构建了中国城市发展空间格局优化的驱动指标和约束指标体系，采用有序加权回归法、经济和人口空间分异算法、经济要素吸引力模型、就业导向预测模型、交通可达性最短路径算法和数据标准化模型等多模型集成和 GIS 技术方法，设置了城镇扩张、现状维持和风险控制三种情景进行优化模拟，开发了中国城市发展空间格局优化情景模拟系统 V1.0 软件，得到了中国城市发展空间格局优化的科学方案。

5. 研制出了中国城市发展空间格局分层级优化的科学组织方案

（1）研制出了中国城市发展的行政设市格局。针对我国行政设市格局存在的现行设市标准过时、新设城市集中在东部发达地区、西部设市城市数量增长缓慢、设市数量总体偏少、与新型城镇化发展要求存在较大差距、民族自治县改市存在体制障碍等一系列亟待解决的现实问题，借鉴世界各国设市的经验，采用不同增选标准和综合指数计算方法，提出了未来行政设市格局方案。到 2020 年，全国设市城市数量达到 720 个，比 2013 年增加 60 个新设市城市，其中直辖市保持在 4 个，地级市数量由 2013 年的 286 个增加到 300 个，县级市由 370 个增加到 416 个左右。到 2030 年，全国设市城市数量达到 770 个，比 2013 年增加 110 个新设市城市，其中直辖市保持在 4 个，地级市数量由 2013 年的 286 个增加到 318 个，县级市由 370 个增加到 448 个左右。基本形成由 4 个直辖市、318 个地级市、448 个县级市组成的 770 个行政设市城市新格局。

（2）研制出了中国城市发展的分层级空间组织格局。包括轴线组织格局、分区组织格局、城市群组织格局、一体化组织格局、大中小城市协同发展的新金字塔组织格局和新城新区的空间组织格局共 6 个不同空间尺度的组织格局，这些格局形成由点、线、面、网共同组成的中国城市发展的空间组织总格局。其中，中国城镇化发展的轴线组织格局由 5 条国家城镇化主轴线组成；分区组织格局由城市群地区城镇化发展区（Ⅰ）、粮食主产区城镇化发展区（Ⅱ）、农林牧地区城镇化发展区（Ⅲ）、连片扶贫区城镇化发展区（Ⅳ）、民族自治区城镇化发展区（Ⅴ）共 5 大类型区和 47 个亚区组成；城市群组织格局由 20 个大小不同、发育程度不一、规模不等的城市群组成“5＋9＋6”的空间格局；一体化组织格局由 37 个紧密程度不同、规模不等的城市一体化地区组成；大中小城市协同发展的新金字塔组织格局由 770 个城市（其中包括 10 个市区常住人口超过 1 000 万人的超大城市、20 个 500 万～1 000 万人的特大城市、150 个 100 万～500 万人的大城市、240 个 50 万～100 万人的中等城市、350 个 10 万～50 万人的小城市）和 19 000 个小城镇组成。

（3）研制出了中国城市发展的职能结构优化格局。提出未来我国城市职能结构格局优化的方向与重点为：推动城市由单一职能城市转变为综合职能城市，由中低端传统工业转变为中高端战略新型产业，由资源型城市转变为资本密集型城市和知识密集型城市，由传统城市转向智慧城市和低碳生态城市。到 2030 年，根据不同职能类型城市发展目标，重点建设一批在全国和国际上具有重要影响力和综合竞争力的综合型城市、资源型城市、交通枢纽城市、工业城市、物流城市、旅游城市和智慧城市，形成由 31 个资源型城市、47 个交通枢纽城市、212 个智慧城市、34 个国家级工业城市、148 个地区级工业城市、42 个县级工业城市、21 个全国物流节点城市、17 个区域性物流节点城市、161 个地区性物流城市、20 个国家级旅游城市、173 个地区级旅游城市和 144 个县级旅游城市组成的城市职能结构优化格局。

（4）研制出了中国城乡人口流动格局的优化方案。流动人口是推动中国城镇人口规模快速增长的主力军。数量上仅占全国总数 5.6%的超大城市和特大城市已经占据了全国过半的流动人口，成为流动人口的集聚主体。外来人口在不同等级规模城市的集疏态势与分布格局存在显著差异，外来人口更加偏好流向大城市、特大城市和城市群，呈现出显著的“马太效应”，大城市和特大城市对外来人口的集聚能力越来越强，其城市人口规模越来越大，而小城市对外来人口的集聚能力越来越弱，人口规模增长缓慢甚至出现负增长。依据流动人口对城市人口规模增长的贡献，将我国城市划分为流动人口弱势型、增长主导型、强势型、强势衰退型和规模收缩型五种类型。在未来的发展中，城乡差异和市场力量将推动我国农村人口进一步向特大城市、大城市和城市群地区集聚。按照市场化情景分析，超大城市、特大城市、大城市将继续成为城市流动人口的集聚区；按政策调控情景分析，流动人口向各地中小城镇集聚的速度将显著提升；按照综合协调情景分析，城市群地区人口增长较快，其内中小城镇的人口集聚能力将显著提升。未来要严格控制超大和特大城市人口增量，保障城市高密度集聚的综合服务能力；提升大城市对流动人口的吸纳水平，分散特大城市的人口集聚压力；加快中小城市和小城镇就近就地城镇化水平，提升流动人口吸纳能力。

（5）研制出了中国城市发展的对称分布格局。依据对称性原理，把城市对称性分为平移对称、轴对称、中心对称、旋转对称、反对称、色对称、曲线对称和拓扑对称等类型，分析了城市对称分布的影响因素和表现形式，提出了不同等级城市空间分布的分型结构，总结出了中国自秦朝以来大城市的格网状对称分布格局和民国以来中国地级市的格网状对称分布格局，发现了中国 5 片“大城市空洞区”、33 座缺位的大城市和几十个“地级市空洞区”。其中，5 片大城市空洞区包括 A 区（成都—北京—包头—兰州—成都构成的一个面积为 56 万平方公里的区域）、B 区（大同—齐齐哈尔—哈尔滨—长春—唐山—天津—北京—大同构成的一个面积为 42 万平方公里的区域）、C

区（齐齐哈尔—牡丹江以北、牡丹江—佳木斯以西区域）、D区（鹤岗—吉林—大连一线以东面积大约为18万平方公里的地区）和E区（宁波—汕头—佛山（广州）—贵阳—怀化—长沙—南昌—宁波面积为55万平方公里的区域）；33座缺位的大城市理论上分布在胡焕庸线以东地区，包括赣州、韶关、贺州、桂林、牡丹江、佳木斯、丹东、赤峰、通辽、延安、天水、榆林、保定、济宁、菏泽、商丘、南阳、信阳、阜阳、淮安、南通、金华、衡阳、永州、常德、怀化、广元、汉中、安康、百色、大理、六盘水和遵义，这些城市未来可建设成为大城市。基于中国城市两套格网结点的总和为800个，判断出中国未来城市的数量不超过800个。提出了在胡焕庸线以东地区新建百万人口以上的大城市的可能性大，而在胡焕庸线以西地区新建百万人口以上的大城市的可能性很小的结论。充分肯定了地级市在改革开放30多年来对国家新型城镇化的发展起到的重要推动作用，对国家新型城镇化、新型工业化和城乡发展一体化等做出的重要贡献。在新的历史条件下，未来地级市的行政管理功能、交通枢纽功能和市场带动功能不但不可削弱，反而应该加强，在需要设立新地级市的地方创造条件设立新的地级市。

6. 提出了中国城市空间格局优化的对策措施与政策建议

（1）提出了中国城市发展空间格局优化的保障措施。包括：实施创新驱动发展战略，建设创新型城市，形成创新网络格局；实施国际化战略，建设国际化大都市，形成国际化发展新格局；实施生态优先战略，建设生态城市，形成城市发展安全生态格局；大力发展智慧产业，建设智慧城市，形成城市发展智慧网络格局；有序发展低碳产业，建设低碳城市，形成低碳城市建设格局；实施文化传承战略，建设历史文化名城，形成城市文化大发展大繁荣格局。

（2）提出了中国城市空间格局优化的政策建议。制定合理的城乡人口流动政策，优化城市等级规模结构，提升中小城市和小城镇的人口集中度和规模水平；制定有序的城市产业转移政策，优化城市职能结构，提升中小城市和小城镇的产业集中度和就业水平；制定差异化的城市发展政策，优化城市空间结构，提升中西部地区城市的产城融合度和城镇化水平；引进民间资本，确保城市发展空间格局优化的合理投入，降低城市负债风险；推进行政区划有序调整和设市试点，确保新设城市支撑国家城市空间发展的新格局；

正确处理好城市发展空间格局优化的多元关系，形成公平均衡、包容发展的城市空间新格局。

三、成果的学术创新、应用价值以及社会影响和效益

1. 学术创新

本成果综合城市地理学、城市经济学、城市社会学和城市生态学等多学科的交叉研究，从“过程—格局”的匹配联动关系入手，揭示了中国城市发展“过程”与城市发展“格局”之间的交互响应与联动关系，揭示了中国城市空间格局形成与演变的动力机制，创建了中国城市空间格局优化的公平正义与均衡网络理论、分层级框架体系、多模型集成优化方法和软件算法，丰富和完善了城市空间结构理论。本成果属原创性学术成果，创新性强，把中国城市发展空间格局的理论研究推向了一个全新的发展阶段，学术水平高，理论价值大，代表了我国同领域研究的领先水平，填补了我国在城市空间格局优化理论与方法方面的空白，具有重要的学术价值和理论、方法的创新性。

2. 应用价值

本成果采用 GIS 技术构建了中国城市空间格局优化模拟模型，研发了中国城市空间格局合理性诊断与优化模拟系统软件，提出了中国城市发展空间格局优化的目标与模式，研制出了中国城市发展空间格局分层级优化的科学组织方案，提出了中国城市空间格局优化的对策措施和政策建议。这些定量模型、系统软件和对策建议为优化我国国土空间开发格局、城市化格局、农业发展格局和生态安全格局提供了坚实的理论支撑和技术方法支撑，提出的 16 份重要咨询报告先后被中央办公厅、国务院办公厅等国家相关部门采纳。

3. 社会影响和效益

本研究成果共提交了重要咨询建议报告 16 份，被中央有关部门采用，被《光明日报》、新华社《瞭望》、国家发改委《中国经济导报》、国土资源部《中国国土资源报》、国务院发展研究中心《中国经济时报》、中国科学院《中国科学报》、中国社会科学院《中国社会科学报》等中央主流媒体整版专报 10 份，在学术界和社会各界产生了重大影响。

《近代中国经济学的发展：以留学生博士论文为中心的考察》概要

邹进文*

一、研究的目的、意义及方法

1. 研究目的

中国近代经济思想史学科已有的学术研究主要是运用中文文献资料，外文文献资料少有运用，存在极大的文献收罗不足的问题，导致中国近现代经济思想特别是民国经济思想没有得到充分挖掘，许多辉煌的经济思想没有系统加以研究。比如民国时期的刘大中（著名的《新帕尔格雷夫经济学大辞典》收录的唯一有传记的中国经济学家）、蒋硕杰、林霖（中国最早在《美国经济评论》上发表论文的经济学家）、何廉、方显廷等的经济思想都没有列入《中国大百科全书》，甚至没有列入中国近代经济思想史教科书。再如学术界仅知道张培刚 1945 年写了《农业与工业化》，为发展经济学做出了贡献，而不知道与张培刚同时代的中国留学生撰写了 10 余篇发展经济学方面的经济学博士论文。

中国近代经济思想史研究的新进展既要有研究方法、研究思路的创新，也要有史料的新发现。本成果主要利用英文、法文及德文文献资料研究中国近代经济思想史的变迁，绝大多数史料是第一手资料且第一次运用，将填补中国经济思想史研究的空白。

* 邹进文，中南财经政法大学教授，博士生导师。

2. 研究意义

现实意义：本成果从根本上说是源于对构建具有中国特色的中国经济学及中国经济发展道路的关注。当下中国的海外留学生在中国经济和经济学的发展中仍然扮演着十分重要的角色，他们吸纳现代经济学的成败得失不仅关乎中国经济学发展的命运，而且关乎中国经济发展的命运。本成果从历史考察入手，追踪民国时期海外留学生经济思想的发展与演变，考察其在经济学西学东渐中的成就与不足，可以为构建具有中国特色的当代中国经济学提供历史借鉴。

理论意义：本研究可以丰富中国近代经济思想史的内容，具有学术创新价值。由于多种因素的影响，中国经济思想史学界缺乏对近代海外留学生群体经济思想的系统深入研究，海外留学生经济学学术成就迄今没有得到足够重视。本成果可以深化中国传统经济思想向现代经济思想转型的研究，丰富中国近代经济思想史的内容，填补学术空白。

3. 研究方法

比较分析。既注意比较分析不同国别留学生对中国经济学发展的贡献，又注意比较不同历史时期的留学生对中国经济学发展的作用，还比较分析中外经济思想以说明中国近代留学生对于世界经济思想文明发展的贡献。

多学科综合分析。本学科涉及经济思想、新闻出版、文化教育、中外交流、翻译传播诸方面，具有交叉性、综合性的跨学科性质。

实证研究。由于本课题是一项涉及内容非常广泛的开创性研究，许多问题都需要对一手文献资料进行发掘和考证，做到“言之有据”。

个案研究与整体研究。在研究中特别注意整体研究下的个案分析与个案研究基础上的整体分析的紧密结合。

二、成果的主要内容和重要观点

1. 主要内容

本成果的内容除“绪论”及“参考文献”外，正文分两大部分：第一部分为中国近代留学生经济思想变迁的纵向考察；第二部分按专题研究留学生经济思想特别是留学生经济学博士论文代表作的经济思想。

“绪论”部分包括三个方面内容：研究中国近代留学生经济思想的意义；

从群体、专题、个案的维度及文献资料的整理的维度对有关中国近代留学生经济思想研究文献做了综述；说明了本成果的结构。

第一部分分为2章，按时序从总体上介绍清末留学生经济思想的变迁。

第一章“清末留学生经济思想变迁”分别介绍清末留学欧洲、日本及美国留学生的经济思想。关于留欧学生的经济思想，分别介绍了清代中叶中国留学生高类思、杨德望与法国重农学派学者的接触情况及晚清留欧学生的经济思想；留日学生的经济思想主要从引进大量的经济学名词、翻译大量的日文经济学著作、发表大量开创性的自撰经济学著作及促成中国近代经济思想由自由主义向干预主义的早期转向的贡献等方面做了介绍；留美学生的经济思想重点介绍了清末三批庚款生中经济学留学生的经济思想成就及清末经济学博士陈锦涛、陈焕章的博士论文的学术价值与经济思想。

第二章“民国时期留学生经济思想变迁”分民国初年（1912—1926年）、南京国民政府前期（1927—1937年）、南京国民政府中后期（1938—1949年）三个历史时期介绍留学生的博士论文的经济思想。民国初年留学生经济学博士论文具有以下几个特点：（1）从国别和大学看，留学国英语国家经济学博士全部集中在美国，特别是哥伦比亚大学，欧洲大陆则集中在法国和德国，在作为现代经济学重要起源地的英国没有一名中国留学生获得经济学博士学位；（2）从博士论文的内容来看，以应用经济学居多，理论经济学甚少，而应用经济学又以研究中国的财政、金融问题为主；（3）部分论文达到国际前沿水平，如杨汝梅的《无形资产论》的许多观点成为现代会计学的定论。

南京国民政府前期是中国经济现代化的黄金时期，中国经济学留学教育获得空前的发展，经济学博士论文数量较多，经济学留学运动由日本转向经济学的原产地欧美。这一时期留学生博士论文内容集中在中国货币改革、合作制度、财政改革、农业经济发展等中国经济发展的紧迫问题方面。此外，经济思想史及运输经济学方面的博士论文亦不少，特别是几部经济思想史方面的博士论文水平较高。

南京国民政府中后期受战争的影响，留学生获得经济学博士学位的人数有所减少，但由于中外经济学学术交流的加深及前一个时期中国经济学发展的积淀，这一时期留学生经济学博士论文的质量较高。其中，经济学博士论文的一个亮点是出现了张培刚的《农业与工业化》等10余篇发展经济学方面的博士论文，成为发展经济学奠基时代的重要学术文献。此外，刘大中、蒋硕杰、费孝通等的博士论文亦取得了卓越的经济学学术成就。

第二部分分为10章，按专题介绍留学生代表性博士论文及其他重要学术论著的经济思想。

第一章为“近代留学生与理论经济学研究”，分别介绍樊弘留学剑桥大学期间在英国《经济研究季刊》上发表的《评马克思和凯恩斯的资本蓄积、货币和利息的理论》（1939）一文及哈佛大学张培刚的博士论文《农业与工业化》（1945）、伊利诺伊大学潘玉璞的博士论文《国际资本流动和资本形成》（1948）、哈佛大学浦山的博士论文《技术进步与就业》（1949）的经济思想。其中，《农业与工业化》一书为发展经济学的首创著作，是中国近代留学生取得跻身世纪经济学学术之林的最重要的代表性学术成果之一。

第二章为“近代留学生与财政学研究”。财政学是中国近代留学生博士论文研究最集中的领域之一，本章介绍了清朝末年留日学生和留日使节以及哥伦比亚大学马寅初的博士论文《纽约市的财政》（1914）、哥伦比亚大学朱进的博士论文《中国关税问题》（1916）、哥伦比亚大学李权时的博士论文《中国中央和地方财政：中央、省、地方政府财政关系研究》（1922）、哥伦比亚大学寿景伟的博士论文《中国的民主政治和财政：财政制度与思想发展研究》（1926）、哈佛大学陈岱孙的博士论文《麻萨诸塞州地方政府开支和人口密度的关系》（1926）、巴黎大学尹文敬的博士论文《中国税制》（1929）、伊利诺伊大学朱炳南的博士论文《经济剩余与税收》（1933）、哥伦比亚大学陈友松的博士论文《中国教育财政之改进》（1935）、伊利诺伊大学田炯锦的博士论文《英美地方财政的国家监督研究》（1930）、巴黎大学刘炳业的博士论文《德国、意大利、奥地利、捷克斯洛伐克和波兰的资本税》（1924）和哥伦比亚大学周舜莘的博士论文《资本税》（1945）的经济思想。以上博士论文中，《纽约市的财政》《中国关税问题》《中国的民主政治和财政：财政制度与思想发展研究》受到西方学者的较多关注，《美国经济评论》《政治经济学杂志》等著名经济学期刊发表了这三篇博士论文的评论文章。

第三章为“近代留学生与金融理论研究”。金融理论亦是中国近现代留学生博士论文研究最集中的领域之一，本章介绍晚清留日学生及驻日使节的金融思想、留美学生章宗元的货币思想及哥伦比亚大学魏文彬的博士论文《中国的货币问题》（1914）、南锡大学梅远谋的博士论文《中国的货币危机——论1935年11月4日的货币政策》(1936)、哥伦比亚大学林维英的博士论文《中国之新货币制度》(1936)、俄亥俄州立大学博士林霖在《美国经济评论》上发表的论文《定期存款是货币吗》(1937)、康奈尔大学博士刘大中在《美国经济评论》上发表的论文《中国的外汇问题：一个建议性解决方案》(1941)、伊利诺伊大学胡先进的博士论文《中国的通货膨胀及其治理(1937—1947)》（1948）的经济思想。其中，林霖的《定期存款是货币吗》一文是中国人在《美国经济评论》上发表的首篇博士论文，第一次全面论证了定期存款属于货币，在世界货币理论发展史上做出了开创性贡献，受到西方学术界的广泛关注。《中国的货币问题》一文亦受到西方学者的关注，《美国经济评论》《美国政治与社会学年刊》等刊物发表了该文评论文章。

第四章为"近代留学生与国际贸易理论研究"。中国近代留学生是对中国国际贸易理论与实务进行系统研究的最早开拓者。本章介绍哥伦比亚大学施宗树的博士论文《中国对外贸易》(1919)、哥伦比亚大学潘序伦的博士论文《美国对华贸易史（1784—1923)》（1924)、加利福尼亚大学李卓敏将博士论文理论部分整理成文的《银汇兑下国际贸易理论之研究》（载《经济学季刊》，1939年)、伦敦政治经济学院伍启元的博士论文《国际贸易价格关系理论：一个历史的研究》(1937）及何思源1926年在巴黎完成的《国际经济政策》一书的经济思想。其中，《国际贸易价格关系理论：一个历史的研究》一文被西方学者称为对重商主义价格理论分析的"古典著作"，《银汇兑下国际贸易理论之研究》一文对西方经典的银汇兑理论提出挑战。潘序伦的博士论文《美国对华贸易史（1784—1923)》出版时，哥伦比亚大学教授塞利格曼、纽约大学教授精琪（J. W. Jenks）同时作序，高度评价论文的学术贡献。美国约翰·霍普金斯大学的威罗贝（W. W. Willoughby）1920年在《美国国际法杂志》、美国威斯康星大学的西奥多·麦克林（Theodore Macklin）1920年在《国际关系杂志》上发表了哥伦比亚大学施宗树1919年完成的博士论文《中国对外贸易》的评论文章。

第五章为"近代留学生与农业经济理论研究"。中国近代工业化过程中引发了一系列农业、农村和农民问题。农业、农村和农民问题成为政府和学术界比较关注的领域。受此影响，中国在欧美的留学生选择农业经济作为博士论文选题的也不少，内容涉及农业规划、土地税、农村金融、租佃关系、农民生活、粮食问题、水利建设、农业合作以及国外农业发展等诸多方面，有些论文达到了很高的研究水准。本章介绍哥伦比亚大学黄汉樑的博士论文《中国的地租》（1918）、伊利诺伊大学李庆麐的博士论文《伊利诺伊的农业抵押贷款与农业土地转移关系（1910—1932）》（1933）、伦敦政治经济学院费孝通的博士论文《江村经济》（1938）、哈佛大学硕士巫宝三在德国柏林大学进修期间完成的论文《农业与经济变动》（1941）及伊利诺伊大学孟庆彭的博士论文《中国农业进步研究：要素分析》（1949）的经济思想。1920年，温斯顿（A. P. Winston）在《美国经济评论》上发表了黄汉樑的博士论文《中国的地租》的评论文章。费孝通的《江村经济》被西方学者认为是“人类学实地调查和理论工作发展中的一个里程碑”。

第六章为“近代留学生与工商管理理论研究”。中国近代工商组织的出现改变了中国古代轻视商业与商学的情况，西方的工商管理理论开始在中国传播，民国时期留学海外的中国留学生也开始关注工商管理问题。本章介绍西方科学管理思想在中国的传播、运用与发展及留日学生谢霖、孟森留日期间合著的《银行学簿记》（1907）、密歇根大学杨汝梅的博士论文《无形资产论》（1926）、里昂大学曾同春的博士论文《中国丝业》（1929）、宾夕法尼亚大学吴绍曾的博士论文《铁路价值与合理回报：美国铁路合理回报基础、费率及相关问题研究》（1930）、伊利诺伊大学周贻囷的博士论文《收益费用的会计理论》（1943）的经济思想。其中，《无形资产论》全面论述了无形资产的性质及其会计处理原则和方法，在西方世界产生了广泛而深远的影响，西方著名会计学家在《会计评论》等刊物上发表了该文的评论文章。《收益费用的会计理论》一文是国际上最早的会计学博士论文之一。《铁路价值与合理回报：美国铁路合理回报基础、费率及相关问题研究》出版时，国际运输学泰斗爱默里·R·约翰逊教授亲自为该书撰写导论，介绍该博士论文的写作背景及主要内容。

第七章为“近代留学生与经济思想史研究”。中国经济思想史学科萌芽于20世纪初，初步成熟于20世纪20—30年代。海外留学生无论是在中国经济思想史学科萌芽期还是成熟期都撰写了杰出的经济思想史方面的博士论文，在中国经济思想史、外国经济思想史及中外经济思想史比较研究三个方面都做出了非凡的学术贡献。本章介绍了哥伦比亚大学陈焕章的博士论文《孔门理财学》（1911）、哥伦比亚大学段茂澜的博士论文《作为古典经济学家的西斯蒙第》（1928）、纽约大学袁贤能的博士论文《道家及相关哲学对中国经济思想的影响》（1929）、哥伦比亚大学赵迺抟的博士论文《理查·琼斯：一位早期英国制度经济学家》（1930）及第戎大学李肇义的博士论文《中国公元前 3 世纪的主流经济思想及其对重农学说的影响》（1936）的经济思想。其中，《孔门理财学》被哥伦比亚大学列为法政专业的重要参考文献，西方著名学者凯恩斯、罗斯等在《美国经济评论》《经济学杂志》《历史评论》等刊物发表了该文的评论文章。《理查·琼斯：一位早期英国制度经济学家》是琼斯研究的集大成之作，被美国《社会科学大百科全书》列为研究琼斯的第一部参考书。英国剑桥大学的讲师莫里斯·多布 1929 年在英国《经济学杂志》、美国俄亥俄州立大学的贝特曼 1929 年在《政治经济学杂志》、法国学者贝勒吉利亚 1928 年在意大利《经济学家统计杂志》上发表了有关段茂澜博士论文《作为古典经济学家的西斯蒙第》的评论文章。李肇义的《中国公元前 3 世纪的主流经济思想及其对重农学说的影响》第一次从中学西渐的角度研究经济思想史，开拓了中国经济思想史研究的新领域，熊彼特在其名著《经济分析史》中将其列为了解中国经济思想史的三本参考书之一。

第八章为“近代留学生与经济史研究”。经济史特别是中国经济史是中国近代留学生博士论文重点选择的学术领域，许多研究中国现实经济问题的博士论文中也大量罗列中国经济史的内容。其原因一方面是留学生中不少具有良好的国学基础，经济史是他们比较熟悉的领域；另一方面是外国导师对于中国经济史不熟悉，博士论文容易通过。本章介绍哥伦比亚大学李美步的博士论文《中国经济史：关于农业》（1921）、哥伦比亚大学冀朝鼎的博士论文《中国历史上的基本经济区与水利事业的发展》（1936）、日本留学生吴兆莘留日期间所著的《中国税制史》（1937）、哈佛大学陈振汉的博士论文《美国棉纺织工业的区位，1880—1910》（1940）的经济思想。其中《中国历史上的基本经济区与水利事业的发展》引起国际学术界广泛关注，1939 年被译成日文出版。德裔美国历史学家汉学家卡尔·魏特夫 1936 年在《太平洋事务》、英国著名地质学家汉学家巴伯 1936 年在《国际事务》、荷兰汉学家莱顿大学教授戴闻达 1937 年在《美国历史评论》、美国卡内基和平基金会的康德利夫 1937 年在英国《经济学杂志》、美国罗格斯州立大学西德尼·克莱恩 1964 年在《亚洲研究季刊》、Edilberto de Jesus 1966 年在《菲律宾研究》上发表了冀朝鼎博士论文的评论文章。

第九章为“近代留学生与马克思主义经济学在中国近代的早期传播”。近代留学生不仅在早期传入西方资产阶级经济学方面居功至伟，而且在早期传入马克思主义经济学方面也贡献良多。本章分西线（欧洲、美国）、东线（日本）及北线（苏俄）分别介绍留学生与早期马克思主义在中国的传入。

第十章为“近代留学生与中国近代经济知识体系的转型”。与西方近代知识体系是由西方社会文化历史自然发生出来的诱致性变迁方式不同，中国近代知识体系的变迁路径是一种典型的移植性变迁，是中外冲突融合的产物，是由外部世界移植到本土的产物，是中国一步步被拖入世界体系的结果。作为近代学术思想体系的一个分支的经济学在清朝末年也经历了这样一个转型的历程。本章在全面分析留学生与中国近代经济知识体系转型的作用的基础上以 economy 和 economics 的早期汉译为例深入分析了留学生对于中国近代经济知识体系转型的作用。

2. 重要观点

在中华传统经济思想文明与西方近代经济思想文明的早期碰撞与交融中，近代留学生一直引领中国经济学发展的潮流，起了关键的作用。

不同国家和地区的留学生在中国经济学现代化进程中发挥了不同的历史作用。20 世纪初年留日学生充当了传播西方经济学的主力；民国以后留学欧美学习经济学的学生开始增多并取代留日学生成为传播西方经济学的主力。

近代海外留学生一方面运用现代经济理论分析中国经济问题，促进经济学的中国化、本土化，为解决中国经济问题寻求答案；另一方面敏锐把握经济学发展的时代脉络，勇于理论创新，有些经济学学术成果跻身世界经济学学术之林。

近代海外留学生的经济学研究以应用经济学为主，特别关注中国现实经济问题尤其是财政金融问题的研究。

三、成果的学术创新、应用价值以及社会影响和效益

1. 学术创新

本成果是中国近代经济思想史研究的新领域。中国近代留学生经济思想虽然在以往的中国近代经济思想史论著中偶有涉及，特别是个别近代留学生经济思想有个案研究，但由于没有利用第一手外文资料，有关研究成果大多语焉不详，甚至存在错误。

本成果大量运用了从欧美各国收集到的中外学术界大多很少运用的第一手的英文、德文、法文文献资料，论述了大量前人从未系统研究的学术课题，开拓了中国近代经济思想史研究的新领域。比如笔者考证了中国近代第一位经济学博士、第一位在《美国经济评论》上发表学术论文的留学生、第一位会计学博士等等。本成果还通过查阅当时英美著名的经济学刊物发表的对中国近代留学生博士论文的评论文章，多角度评析留学生博士论文，拓展了研究中国近代留学生经济思想的新视野。

以往学术界包括中国经济思想史领域的著名学者如胡寄窗教授都认为，中国近代留学生经济学博士论文没有多少理论上的创见，不值得纳入中国经济思想史的论述之中。本成果从经济学的各个分支学科全面阐述了中国近代经济学留学生博士论文的学术成就，认为许多成果不仅在中国经济思想史上占有重要地位，有些成果对于世界经济学的发展亦做出了贡献。

比如在货币理论方面，20 世纪二三十年代由于凯恩斯主义的崛起，货币政策成为国家干预的主要手段，要实行货币政策首先必须明确货币的定义及货币供应量的确定，当时国际学术界对此进行了理论争鸣，占主流地位的观点是定期存款不是货币，中国当年留学美国的经济学博士林霖 1937 年在《美国经济评论》第 27 卷第 1 期上破天荒地发表两篇论文，全面阐述了定期存款是货币的观点，他的这一结论后来成为货币理论的定论。1940 年代留学英国的蒋硕杰博士在留学期间对凯恩斯的流动偏好理论提出质疑，他在英国的《经济学刊》上发表论文进行了深入分析，在国际上产生了广泛影响。

在会计理论方面，杨汝梅 1926 年完成的博士论文《无形资产论》详细分析、归纳了当时西方学术界关于无形资产的各种见解，全面、系统地论述

了无形资产的性质，提出了无形资产的会计处理方法，对当时西方学术界尚无定论的许多问题提出了自己独到的见解，受到西方学术界的高度重视，以至在美国会计学界享有盛誉的《会计师手册》在 1933 年出版第 2 版时，关于无形资产部分全面接受了杨汝梅的观点而重新改写。

在经济思想史方面，赵迺抟教授研究琼斯经济思想的博士论文《理查·琼斯：一位早期英国制度经济学家》在当时国际上是研究琼斯经济思想最全面的学术成果，比马克思研究琼斯所运用的材料都丰富，而且在研究的深度上超越前人，成为琼斯经济思想研究的力作，被国际上有名的《社会科学大百科全书》列为研究琼斯的第一部参考书。

在发展经济学方面，中国学术界一般都肯定了张培刚博士论文《农业与工业化》的贡献，但对于与张培刚同时代的中国留学生在发展经济学领域的学术贡献知之甚少，本成果全面分析了 20 世纪四五十年代中国留学生博士论文中研究发展经济学的博士论文的成就，说明在发展经济学的奠基时代中国留学生群体做出了杰出的贡献。

至于中国近代留学生在中国传统经济思想向近代经济思想转型方面的贡献更是比比皆是，本成果所涉及的内容大多在中国近代经济思想史上具有开创性贡献。

学术研究的最重要使命是创新，本成果不仅在研究的领域上拓展了新的学术空间，而且在资料的收集上竭尽全力，运用了大量前人未曾利用的资料，从而保证了研究的原创性。

2. 应用价值以及社会影响和效益

本成果为人文社会科学基础研究成果，其主要价值在于推动本学科研究的深入。中国经济思想史学科产生一百多年来，学者研究本学科基本上是利用中文经济思想文献，外文经济思想文献资料少有运用，本成果的研究将极大地丰富中国近代经济思想史史料，扩展中国近代经济思想史研究的学术视野。这一工作的新进展，在一定意义上将改写中国近代经济思想史特别是学术思想史。

经济学的中国化、本土化是当代中国经济学的重要使命，中国近代留学生怀抱救国救民之志求学西方，他们既理解中国，又了解西方，运用西方经济理论探索中国经济发展道路，试图创建“中国经济学”，他们是经济学中国化、本土化的先驱，系统研究他们的经济思想对于当下中国经济学界坚持经济理论自信、道路自信、制度自信，开创有中国气派、中国风格的中国经济学，探索有中国特色的经济发展道路，具有十分重要的意义。

应用经济

《中国海洋经济周期波动监测预警研究》概要

殷克东*

一、研究的目的、意义及方法

1. 研究目的

21 世纪是海洋的世纪，未来 10～20 年是我国经济社会发展的加速转型期，是我国海洋经济跨越式发展的关键提升期，也是我国海洋强国建设的重要战略机遇期，为海洋经济实现重大基础性突破创造了良好条件。海洋经济监测预警，是海洋经济运行的晴雨表和警报器，具有实时反映、验证和评价海洋经济政策实施效果、准确预测判断海洋经济运行的转折点、科学把握海洋经济周期运行规律和趋势的重大意义。

中国海洋经济周期波动监测预警研究，是贯彻落实《中共中央关于制定国民经济和社会发展第十二个五年规划的建议》《国家海洋事业发展规划纲要》以及党和国家领导人有关发展海洋经济重要讲话精神、实践科学发展观、科学制定海洋经济规划的现实需要。具体来说，本成果有五大研究目的：

(1) 摸清海洋经济"家底"，构建海洋经济数据库。进行中国海洋经济监测预警云平台设计，以期大规模处理、存储中国海洋经济监测预警体系的相关数据资料，为个人、企业、政府以及相关研究机构等，提供系统科学、安全稳定、持续及时、准确可靠的中国海洋经济监测预警实情。

* 殷克东，中国海洋大学教授，博士生导师。

（2）科学把握海洋经济周期运行规律和趋势。准确预测判断海洋经济运行的转折点，实时反映、验证和评价海洋经济政策实施的效果，提高宏观调控决策的科学性、前瞻性和时效性；解决海洋经济景气预警指标体系、景气预警指数以及涉海产品价格指数的有无问题，科学创新预警指数临界值、周期波动转折点的确定方法，推进海洋经济周期波动监测预警的定量化研究，完善海洋经济发展的理论体系、方法体系和实证体系。

（3）揭示海洋经济系统反馈机制，探明海洋经济随机变量结构关系。设计我国主要海洋产业链，明晰我国海洋经济系统因果关系回路及其内在传导关系机理；设计中国海洋经济计量模型群结构，构建贝叶斯向量自回归（BVAR）模型，进行中国海洋经济运行的动态模拟预测。

（4）厘清海洋经济投入产出结构，设计海洋主导产业选择标准。进行中国海洋经济投入产出模型结构设计，测算中国主要海洋产业间的系数关系，厘清中国海洋产业的前后关联效应、波及效应和产业群类型划分标准，回答中国海洋经济领域长期以来最为关心的技术进步贡献率问题和海洋主导产业的评价标准问题。

（5）编制海洋经济景气预警指数，进行转折点判断和周期阶段划分。进行景气指标的筛选、分类、综合、设计与检验，编制海洋经济景气指数和预警指数，设计预警指数临界值区间。编制中国海洋经济景气年表，进行周期阶段划分、转折点判断和预警信号灯设计，模拟预测预警指数，进行景气关联效应分解。

2. 研究意义

自法国经济学家 C. Juglar 于 1862 年首次提出经济周期（business cycle）以来，国际学术界从没有停止过对经济周期波动的研究。150 多年来，从经济周期波动测定、经济活动指数发布，到监测预警模型、季节调整模型的完善，再到周期转折点判断、周期波动特征辨析，以及传导机制、脉冲响应、非对称性等等，有关宏观经济周期波动的监测预警研究已经比较成熟。然而，由于海洋经济发展的特殊性，在海洋经济周期波动监测预警研究方面，国外还未见到公开的资料，国内也很鲜见、很薄弱、很欠缺。中国海洋经济周期波动监测预警研究，是根据国家海洋经济发展战略规划的需要，在借鉴国内外宏观经济周期波动研究成熟经验的基础上，通过对“海洋经济—周期波动—监测预警”复合系统的递阶分解，利用云平台数据库技术、随机数量关系分析方法、系统仿真技术，以及状态空间模型、卡尔曼滤波、Probit 模型、Markov 模型等，探明了中国海洋经济随机变量间的时空演变关系，揭示了海洋产业波及效果和产业波动传导机制，进行了中国海洋经济周期波动景气指标设计、预警指数编制、转折点判断、周期阶段划分和景气关联效应分解。本成果首次深入剖析并基本摸清了我国海洋经济周期波动的成因、特征、趋势和规律，填补了国内外相关领域对于海洋经济投入产出模型、海洋经济主导产业选择标准、海洋产业波及效果和产业波动传导机制、海洋经济景气基准日期确定等研究的空白，对于科学把握中国海洋经济周期运行规律和趋势，准确预测判断海洋经济运行的转折点，科学测度、实时监测、早期预警中国海洋经济的景气动态，动态辨析中国海洋经济周期波动的内外关联机制和冲击效应，实时反映、验证和评价海洋经济政策实施的效果，提高宏观调控决策的科学性、前瞻性和时效性，推进中国海洋经济周期波动监测预警的定量化研究，完善中国海洋经济发展的理论体系、方法体系和实证体系，具有重要的理论意义、现实意义和科学实用价值。

3. 研究方法

中国海洋经济周期波动监测预警研究，主要利用数据库技术、系统仿真技术、投入产出模型、计量经济学模型等方法，以及时差相关分析、K-L 信息量法、状态空间模型、卡尔曼滤波、3δ 方法、Probit 模型、Markov 模型、VAR 模型等经济周期波动监测预警、传统与现代、主观与客观的方法，对中国海洋经济周期波动特征和监测预警体系，进行了系统、规范、科学的研究。

（1）计量经济学研究方法。利用 MySQL 工具和数据挖掘等技术，向量自回归（VAR）模型、误差修正（VEC）模型、贝叶斯向量自回归（BVAR）模型等方法，基于 Hadoop 分布式技术首次设计了中国海洋经济监测预警数据库和监测预警云平台结构，组建了单方程和联立方程的中国海洋经济计量模型群，对中国海洋经济进行了动态模拟预测。

（2）投入产出模型研究方法。采用投入产出模型方法、数据剥离方法、中间需求率投入率、直接消耗系数、影响力系数和感应度系数、生产诱发系数和最终依赖度系数等方法，设计构建了中国海洋经济投入产出表，计算了中国海洋产业的前后关联效应、波及效应和中国海洋产业群的类型划分。

（3）经济周期波动监测预警方法。通过借鉴 NBER、OECD 等经典经验，利用熵值法、灰色关联、AHP 等权重设计方法以及 3δ 法、落点概率法、专家经验法等，设计编制了中国海洋经济周期波动预警指数及其临界值区间，进行了中国海洋经济周期波动转折点确定和周期波动区间划分。利用多变量 Probit 离散选择模型和灰色系统预测模型，进行中国海洋经济周期波动转折点界定、监测预警指数模拟和周期波动区间划分。同时，通过 HP、BP 滤波分解技术以及 VAR 模型方差分解与脉冲响应分析等方法，分析了中国海洋经济与中国宏观经济及美国宏观经济间的景气关联效应。

二、成果的主要内容和重要观点

1. 主要内容

中国“海洋经济—周期波动—监测预警”复合系统，在借鉴国内外宏观经济周期波动研究成熟的理论方法体系基础上，结合课题组已有的前期研究成果，咨询国内外相关专家学者，通过实地调研考察和数据资料收集整理，以“数据库—系统仿真—计量模型—投入产出—景气指标—预警指数—监测预警”为主线，围绕中国海洋经济周期波动景气指标设计、景气指数编制、预警区间设计和监测预警模拟等，完整揭示了中国海洋经济周期波动的规律和趋势。具体开展并完成了 7 项主要研究内容。

（1）基于经济增长理论、经济周期波动理论以及经济景气监测预警理论，界定海洋经济周期波动相关概念，通过海洋生产总值辨析我国海洋经济周期波动的状态和趋势，重点分析海洋经济周期波动的影响因素、海洋周期波动形成机理、政府导向机制以及冲击传导机制等中国海洋经济周期波动的典型特征。以上海、天津、广东、山东、福建为典型案例，剖析了中国海洋经济周期波动和地区海洋经济周期波动的特点、规律与趋势。

（2）通过借鉴国际国内有关监测预警通行做法和经验，根据中国海洋经济系统仿真、计量模型群构建、投入产出模型分析、周期波动分解，以及中国海洋经济监测预警系统长效化运行机制的需求，采用 MySQL 技术、数据挖掘技术和 Hadoop 分布式技术，首次建立了中国海洋经济监测预警数据库，包括 15 个数据库表，1 278 条数据记录，12 600 条信息。同时，根据未来中国海洋经济监测预警系统长效化运行机制的需求，以及高效、海量数据处理和信息资源共享的特点，基于 Hadoop 分布式技术，首次设计了中国海洋经济监测预警云平台框架。

（3）通过海洋产业相关性分析、产业链构建和变量统计关系检验，设计了海洋经济、科技、资源和环境等组成的中国海洋经济复合系统，构建中国海洋经济系统因果关系回路和系统动力学流图，利用 Vensim PLE 软件，进行了中国海洋经济复合系统内在传导机制的系统动力学仿真。根据宏观经济理论和国内外成熟的计量模型群构建经验，设计了财政金融、投资与固定资产、海洋经济生产、涉海贸易进出口和涉海产品价格 5 个海洋经济结构模块，首次组建了 80 个单方程计量模型群和包含 38 个方程的联立方程计量模型群，并首次将贝叶斯向量自回归（BVAR）模型成功应用到中国海洋经济的动态模拟预测分析中。

（4）通过对海洋经济结构的动态演化分析，根据投入产出模型及其部门分类的应用特点，进行了中国海洋经济投入产出模型的条件设计，细化了中国海洋经济投入产出表的产业内容和范围分类，首次进行了中国海洋经济投入产出表实用结构分析设计和中国海洋经济投入产出表 19 个部门的数据剥离算法设计。编制了 2002 年与 2007 年中国海洋经济投入产出表。首次系统测算了中国主要海洋产业间的分配系数、消耗系数、影响力系数、感应度系数、诱发系数、依赖度系数和技术进步等 18 类海洋产业相关系数。首次厘清了中国海洋产业的前后关联效应、产业波及效果和中国海洋产业群的类型划分标准。首次设计了产业关联度、产业规模、技术进步和产业经济效益 4 个方面、9 个指标的主导产业选择标准指标体系，进行了中国海洋经济基础产业、先行产业、支柱产业和主导产业选择的标准界定和系统设计。

（5）随着信息数据资源的大规模出现和宏观经济景气研究的不断进展，国内外有关经济周期的统计方法及统计体系不断得到完善，由此也形成了分门别类的庞大经济指标体系。现代经济景气指标的设计，是一项十分复杂的系统性工作，不仅数据资料庞大、影响因素复杂，而且分析方法手段多样。如：美国的先行、一致、滞后景气指标就是从近千个经济指标中筛选出来的；我国宏观经济景气指标的筛选与确定过程也是如此。针对中国海洋经济的波动特点和规律，根据宏观经济周期波动的分析技术方法，通过指标变量的相关统计检验分析，运用时序相关分析、K-L 信息量法、时差相关分析、灰色关联分析、神经网络技术，以及协整检验、格兰杰检验、多元逐步回归等传统与现代、主观与客观的计量方法，对景气指标进行筛选、分类、综合、设计与检验，系统设计构建了中国海洋经济周期波动景气指标分类体系。

（6）海洋经济周期波动监测预警，是海洋经济运行的晴雨表和警报器。它是通过对海洋经济统计数据的系统、规范与科学化整理，运用经济景气监测预警技术，结合投入产出、系统仿真、计量经济学等模型方法，对海洋经济活动过程中的一系列指标变化进行实时动态的监测、预测和仿真，及时对未来海洋经济波动进行科学、准确判断预警的复合系统。根据宏观经济景气监测预警技术方法体系，结合系统仿真、投入产出、计量经济学等模型方法，编制海洋经济扩散指数、合成指数、景气指数等指数体系，基于多变量时间序列方差分解模型、状态空间和卡尔曼滤波模型，编制了动态 Markov 转移因子的中国海洋经济景气指数。同时，通过借鉴 NBER、OECD 等经典经验，利用熵值法、灰色关联、AHP 等权重设计方法以及 3δ 法、落点概率法、专家经验法等，设计编制了中国海洋经济周期波动预警指数及其临界值区间，进行了海洋经济周期波动转折点确定和周期波动区间划分。

（7）根据扩散指数、合成指数、景气指数、预警指数及其临界值区间等指数体系，编制了中国海洋经济景气年表，设计建立了中国海洋经济波动预警信号系统。利用灰色系统预测模型和多变量 Probit 离散选择模型，进行了中国海洋经济周期波动转折点界定、中国海洋经济监测预警指数模拟和周期波动区间划分。通过 HP、BP 滤波分解技术以及 VAR 模型方差分解与脉冲响应分析等方法，发现并证明了中国海洋经济总量（生产总值）具有明显的现代经济周期波动特点和库兹涅茨周期特征；分析了中国海洋经济景气波动与我国宏观经济景气的关联效应，测算了美国宏观经济景气波动对中国海洋经济景气波动的冲击效应。发现中国海洋经济自身的可持续发展能力较弱，还缺乏自身内在动力的长期影响机制，海洋经济政策的短期影响效果明显，但长期效果较差，海洋经济运行相对安全稳定。

2. 重要观点

为了加快推进我国海洋强国建设进程，大力提升海洋强省（市）建设水平，实时反映、验证和评价海洋经济政策实施的效果，提高宏观调控决策的科学性、前瞻性和时效性，推进海洋经济周期波动监测预警的定量化研究，必须首先摸清我国海洋经济的“家底”。但是，通过对国内外海洋经济研究文献的系统梳理发现，目前对海洋经济周期波动监测预警的研究几乎还是空白。相对而言，对宏观经济周期波动的研究比较成熟，涉及海洋经济的研究比较零散，概括起来：前者没有涉及海洋，在一致指数和基准循环的确定上认识不统一，对滞后指标的认识、对预警指数临界值的设计、对预警评分灯号的划分还存在差异，因海洋经济的特殊性不能套用到本课题的研究中；后者虽然涉海但只是简单的分析，数量较少、深度不够，几乎没有涉及海洋经济周期波动监测预警的研究。两方面的研究相对独立分散，非全方位的系统研究，国内海洋经济周期的研究很薄弱也很欠缺。因此，本研究以“数据库—统计分析—系统仿真—投入产出—组合预测—指标设计—指数编制—周期划分”为轴线，通过全方位的实地调研，收集掌握海洋经济周期波动的第一手数据资料，通过设计构建系统、科学的监测预警指标体系和景气分析模型，通过 HP、BP 滤波分解技术以及 VAR 模型方差分解与脉冲响应分析等方法，进行了中国海洋经济景气关联效应分解，对我国海洋经济周期波动首次进行了全方位、多尺度、系统性、科学性的监测预警，填补了我国海洋经济周期波动监测预警研究的空白，基本摸清了我国海洋经济时空演变的成因、特征、趋势和规律等。具体来说中国海洋经济周期波动监测预警研究共总结发现了 5 个方面的重要观点和结论。

（1）中国海洋经济监测预警系统的长效化运行机制，高效、海量、大规模数据处理和信息资源共享的特点，需要利用 Hadoop 分布式技术，设计建立中国海洋经济监测预警数据库及其云平台架构。目前，课题组基于 Hadoop 分布式技术，首次进行了中国海洋经济监测预警云平台的结构设计。随着大规模海量数据的爆发式增长和计算机存储、共享技术的发展，未来应逐步完善中国海洋经济监测预警数据库功能，未来能够真正建立中国海洋经济的监测预警云平台，实现中国海洋经济监测预警的常态化、动态化和网络化等信息发布机制。

（2）根据中国海洋经济计量模型群的结构，贝叶斯向量自回归（BVAR）模型可以成功应用到中国海洋经济模拟预测研究领域。随着中国海洋经济监测预警数据库的完善，未来应不断扩展中国海洋经济计量模型群结构模块，增加构建海洋经济动态面板模型、涉海收入模块、涉海劳动力模块和沿海地区模块、沿海城市模块，希望未来能够建立中国海洋经济和中国宏观经济的联结模型。

（3）根据中国海洋经济投入产出表的计算结果，发现海洋产业的技术进步系数和技术进步贡献率还较小，对国民经济发展的影响不大。海洋产业的后向关联效应十分明显，而前向关联效应不显著。海洋产业对资本和净出口依赖程度呈增加趋势，而对最终消费依赖度有下降趋势。目前的海洋渔业、海洋交通运输业、滨海旅游业，既是海洋主导产业，又是海洋支柱产业。

（4）利用基准波动系数确定了中国海洋经济周期波动的基准日期：2000年。选择中国海洋生产总值增速作为基准指标。筛选出中国海洋经济景气指标28个，先行指标12个，同步指标7个，滞后指标9个。目前，由于受到中国海洋经济统计数据的限制，中国海洋经济投入产出表只涉及了19个产业部门。随着中国海洋经济统计数据的不断规范、完善、统一，未来应继续开展2012年中国海洋经济投入产出表的编制。同时，希望能够不断细化海洋产业的划分，逐步编制28个产业部门、35个产业部门的中国海洋经济投入产出表，逐步建立起完善的中国涉海产品价格指数、涉海企业家信心指数和涉海企业景气指数。同时，继续深化中国海洋经济监测预警模拟仿真技术，拓展中国海洋经济景气关联效应和脉冲响应分解维度。

（5）中国海洋经济景气指数与中国宏观经济景气指数的波动曲线具有高度的相似性。发现并证明了中国海洋经济总量（生产总值）具有明显的现代经济周期波动特点和库兹涅茨周期特征。2000—2011年中国海洋经济具有三个明显的周期波动区间。中国海洋经济自身可持续发展能力较弱，还缺乏自身内在动力的长期影响机制，海洋经济政策的短期影响效果明显，但长期效果较差。

三、成果的学术创新、应用价值以及社会影响和效益

1. 学术创新

海洋经济周期波动监测预警研究，在国内外的理论界与应用界尚属尝试，课题研究从时空两个维度，采用动态分析和结构分析的方法，通过系统

仿真技术、数量经济随机分析方法、投入产出模型、景气分析等监测预警技术，深入研究并揭示了中国海洋经济周期波动的成因、特征、趋势和规律，填补了国内外相关领域的研究空白。具体来说，从理论、应用、模型和测评等方面做了5个方面的学术创新性贡献。

一是首次运用MySQL和数据挖掘等技术，建立了中国海洋经济监测预警专业数据库；首次提出并基于Hadoop技术进行了中国海洋经济监测预警云平台架构设计。中国海洋经济监测预警系统的长效化运行机制，高效、海量、大规模数据处理和信息资源共享的特点，需要利用Hadoop分布式技术，设计建立中国海洋经济监测预警数据库及其云平台架构。

二是首次组建了80个单方程和5个联立方程模型（包含38个方程）的中国海洋经济计量模型群。首次将贝叶斯向量自回归（BVAR）模型成功应用到中国海洋经济模拟预测研究领域。

三是首次编制了2002年、2007年19个产业部门的中国海洋经济投入产出表。首次系统测算了中国海洋产业中间需求率和中间投入率、直接分配系数和直接消耗系数、影响力系数和感应度系数、生产诱发系数和最终依赖度系数。首次通过中国海洋经济投入产出表计算了中国海洋产业12个产业部门的技术进步系数和技术进步贡献率。首次设计了海洋主导产业选择标准评价的指标体系和技术体系。发现海洋产业的技术进步系数和技术进步贡献率还较小，对国民经济发展的影响不大。海洋产业的后向关联效应十分明显，而前向关联效应不显著。海洋产业对资本和净出口依赖程度呈增加趋势，而对最终消费依赖度有下降趋势。目前的海洋渔业、海洋交通运输业、滨海旅游业，既是海洋主导产业，又是海洋支柱产业。

四是首次系统、规范、全新设计了中国海洋经济景气指标体系的筛选与分类方法。首次利用多变量时间序列方差分解模型（MTV模型）、状态空间模型和卡尔曼滤波模型，编制了基于多变量动态Markov转移因子模型的中国海洋经济景气指数。首次利用基准波动系数确定了中国海洋经济周期波动的基准日期（2000年）。选择中国海洋生产总值增速作为基准指标，筛选出中国海洋经济景气指标28个，先行指标12个，同步指标7个，滞后指标9个。

五是首次利用多变量Probit离散选择模型和灰色系统预测模型，进行了中国海洋经济周期波动转折点判断、周期波动区间划分和监测预警指数模拟。首次通过 HP、BP 滤波分解技术以及 VAR 模型方差分解与脉冲响应分析等方法，进行了中国海洋经济景气关联效应分解。发现中国海洋经济景气指数与中国宏观经济景气指数的波动曲线具有高度的相似性。发现中国海洋经济总量（生产总值）具有明显的现代经济周期波动特点和库兹涅茨周期特征。2000—2011 年中国海洋经济具有三个明显的周期波动区间。中国海洋经济自身的可持续发展能力较弱，还缺乏自身内在动力的长期影响机制，海洋经济政策的短期影响效果明显，但长期效果较差。

2. 应用价值以及社会影响和效益

中国海洋经济周期波动监测预警，通过编制海洋经济扩散指数、合成指数、景气指数等指数体系，设计编制了中国海洋经济周期波动预警指数及其临界值区间，进行了海洋经济周期波动转折点确定和周期波动区间划分。对于系统、准确、实时地把握中国海洋经济周期波动规律和趋势，科学揭示中国海洋经济景气波动特征，制定海洋经济发展战略，检验海洋经济政策效果，具有重要的现实指导意义和重要的参考价值。研究结果对于系统、科学、准确地把握中国海洋经济周期运行规律和趋势，动态辨析中国海洋经济周期波动的内外关联机制和冲击效应，实时监测预警中国海洋经济周期波动的景气变化，具有重要的理论和实践意义。

通过我国海洋支柱产业选择及其上下游产业链条设计，以及中国海洋经济投入产出模型的设计，用投入产出表将海洋产业部门之间的相互依存关系清晰地展现出来，为系统辨识海洋产业结构的演化、产业依存度大小、产业波及效果等提供了科学的依据。中国海洋经济投入产出表的分析数据，为中国海洋经济主导产业选择评价标准的制定提供了系统、规范的科学依据，回答了中国海洋经济领域长期以来最为人们所关心的技术进步贡献率问题和海洋主导产业的评价标准问题。对于深入揭示中国海洋经济景气波动中的产业波及效果和产业波动传导机制等，具有重要的现实意义、科学意义和实用价值。

在建立中国海洋经济计量模型、中国海洋经济投入产出模型的基础上，利用 MySQL 技术，构建了中国海洋经济监测预警数据库系统，对于系统、准确地把握中国海洋经济周期波动规律，科学测度、实时监测、早期预警中国海洋经济的景气动态，具有重要的现实意义和科学意义。并且，还进行了中国海洋经济监测预警云平台设计，以期能够大规模地处理和存储中国海洋经济监测预警体系的相关数据，为个人、企业、政府以及相关研究机构等，提供系统科学、安全稳定、持续及时、准确可靠的中国海洋经济监测预警实情。

本成果是国内外关于海洋经济波动监测预警的“首部研究专著”。本成果从国际国内经济演变的大背景入手，对海洋经济的发展变化、周期波动进行了较为全面、系统的动态论述。本成果提出的诸多创新、见解与观点，如中国海洋经济波动监测预警的云数据平台、海洋经济投入产出表、海洋经济计量模型群、海洋经济景气指标筛选分类方法、基准日期与基准指标、海洋经济周期划分、周期波动的库兹涅茨特征，认为中国海洋经济的长短期影响效果存在明显差异，其自身内在发展动力的长期影响机制欠缺等看法，皆为“能发前人之所未发”的新见，足以“弥补中国海洋经济周期波动研究的不足和空白”。

与成果相关的部分内容作为单篇论文，已经在《中国软科学》《统计与信息论坛》等国际国内学术期刊上发表 20 多篇，课题组成员出版相关内容学术著作 5 部。学术成果已被下载 6 500 多次，转载引用 160 多次，得到了海洋经济学界专家学者的好评和肯定，在海洋强国（省）建设和中国海洋经济的数量化研究领域产生了重要影响。

课题组经过多年系统、科学、规范、全面的研究、修改和完善，先后调研走访了沿海地区 11 个省市的许多部门，并数次往返于北京、天津、上海、广州与青岛之间，拜访咨询相关专家 50 余人次，发放专家调查问卷 300 多份，设计构建了 15 个专用数据库表，分析处理图表 290 多张，撰写了 30 多万字的研究报告。研究调研、咨询过程得到了国家海洋局、地方发改委、地方海洋渔业局等相关部门以及许多专家、学者的热情支持和帮助，他们同时也对本成果给予了高度评价，认为本成果对于科学把握海洋经济周期运行规律和趋势，准确预测判断海洋经济运行的转折点，实时反映、验证和评价政策实施的效果，提高宏观调控决策的科学性、前瞻性和时效性，加快推进海洋强国建设进程，大力提升海洋强省（市）建设水平，具有重要而深远的理论意义和现实意义。

《区域协调发展中政府与市场的作用研究》概要

钟昌标*

一、研究的目的、意义及方法

传统经济增长理论将研究重点放在对经济增长机制、源泉与动力的讨论上。经济增长理论、国际经济学和区域经济学这些经济学分支学科，对于如何制定一个良好的政策体系来促进一个国家及其地区经济和谐发展，目前并没有一个有效的分析框架。其原因之一在于，西方发达国家的市场经济体系比较完善成熟，因而对政府政策干预的需求远远小于市场发展不完善的发展中国家。追求公平往往要牺牲效率，而追求效率又往往要牺牲公平，似乎效率和公平是鱼和熊掌而不可兼得。本研究的目的就在于梳理并提出中国把握政府和市场在区域协调发展中的“度”，实现公平与效率兼顾的区域发展模式。

本成果的意义主要表现在两个方面：

（1）理论意义。从理论发展的角度讲，传统经济学基本上不考虑公平而只求效率最大化，就是缘于“鱼”和“熊掌”（公平和效率）兼得不是一件容易的事情。经济学理论多以优化效率为基础，优化公平的很少，而把二者都考虑进来的更少。显然，兼顾公平与效率的经济学研究所面对的严峻挑战，是创建科学的理论和研究框架。

（2）现实意义。毋庸置疑，理论滞后与制度创新不足是阻碍我国区域经

* 钟昌标，云南财经大学教授，博士生导师。

济协调发展的两个主要因子。尤其是，区域经济协调发展的成功与否将影响我国产业结构的积极调整、经济效率的切实提高、中等收入陷阱的有效避免，总之，直接关系到中国梦的最终实现。可见，结合我国实践的这类研究，更具有重大的现实意义。

本成果的研究方法主要有：

第一，逻辑演绎和归纳的方法。本成果在基础理论研究范式上，基本采取的是以逻辑演绎为主的方法，通过逻辑演绎，提出我国区域经济协调发展需要政府和市场共同作用的基本命题、理论框架，分析政府和市场发挥作用的基本维度。

第二，比较分析法。比较分析世界部分大国在区域协调方面曾经出台过的政策，分析其政策出台的背景、政策内容以及政策实施的效果。

第三，历史分析法。主要用于考察中国历史上如何兼顾地区发展的公平与效率，分析历史上地区矛盾是如何处理的，哪些做法值得我们参考。

第四，计量方法。主要用于评估我国区域协调发展指数，如评价我国1995—2012年地区协调发展指数变化、分析我国产业结构的变化等方面。在实证数据分析中将基于空间计量模型、运用包含各层次区域划分的最后更新的面板数据库，并运用E-G检验、面板协整、GMM估计等计量方法。

第五，数理建模、模拟估算方法。具体运用了动态优化理论、最优均衡分析、分散竞争均衡、比较静态分析与稳定性分析等方法，用于政府与市场资源配置最优选择等抽象分析中。

二、成果的主要内容、重要观点及政策建议

1. 主要内容

成果围绕“公平与效率”这个主旨，深入探讨了区域协调发展中的市场与政府的作用问题。全书共14章，大致而言，本成果为此所做的学术努力可以简述如下：

（1）尝试建立一个公平与效率的理论分析框架，研究区域经济协调发展问题。

我们总结的区域经济学的理论基石，一是资源禀赋理论。资源禀赋的差异是区域经济多样性、互补性和区域分工的基础。二是规模经济理论。规模

经济的存在反映了区域经济的聚集要求，经济的聚集带来人口的增加，形成城市和经济中心。三是交易成本理论。经济活动必须克服空间的距离限制并支付距离成本。本成果在经济学理论的框架内，完善了区域经济学的已有理论结构，并实现了创新，在区域分工理论、比较优势理论、区域资源配置理论、区域相互依存理论、区域产业发展和转移理论、区域空间格局演变理论和区域政府干预理论等方面进行了一定的探索。

作为一个地域大国，中国不得不实行分级管理，这就会产生中央利益和地方利益、地方之间利益的矛盾与摩擦。中国引人注目的资源优势及巨大的国内市场决定了其经济发展轨迹的独特性，如可以组织力量完成小国难以期冀的大事，可以在一国范围内实现几乎所有产业的规模经济，可以抵御各种较大的灾害，等等。但是，区域经济之间如何协调发展常常可能是大国经济的“一根软肋”。

值得一提的是，国际经济学和区域经济学这两门经济学分支学科，对于如何制定一个良好的政策体系来促进一个国家及其地区经济和谐发展，目前并没有一个有效的分析框架。其原因之一在于，西方发达国家的市场经济体系比较完善成熟，因而对政府政策干预的需求远远小于市场发展不完善的发展中国家。在这种情势下，围绕区域协调发展问题的理论研究，显然具有积极的学术价值。

（2）资源禀赋的差异是区域经济多样性、互补性和区域分工的基础。成果强调中国区域发展的多尺度性和多机制性，对于以往区域发展研究混淆地理尺度、强调单一机制的方法提出了修正。

区域经济发展阶段和区域协调发展阶段具有耦合性，区域协调发展可以分为初级、中级和高级阶段。未来一定时期内我国仍处于社会经济的转型期，必然伴随着深刻的、巨大的社会制度变革，只有经济发展和社会进步在各个区域都达到相当高的水平，全国绝大多数人才能享受现代文明和科技进步带来的福音。很多发展中的问题都有赖于政府的干预。

（3）努力追求区域协调发展的效率和公平。

“效率与公平”是人类经济生活中的一对基本矛盾。这是因为：社会经济资源的配置效率是人类经济活动追求的目标，而经济主体在社会生产中的起点、机会、过程和结果的公平，也是人类经济活动追求的目标，这两大目标之间的内在关联和制度安排，就成为诸多经济学派别解答不尽的两难选择。

效率与公平的关系，二者既有对立的一面，也有统一的一面，但不是一种简单的对立统一关系，而是一种建立在多层面基础上的对立统一与交错互动的关系，且在不同的层面，这种互动关系具有不同的特征。似乎效率和公平是鱼和熊掌而不可兼得，这就是为什么经济学基本上不考虑公平而只求效率最大化。显然，兼顾效率与公平的经济学研究所面对的严峻挑战，是创建科学的理论和研究框架。毋庸置疑，理论滞后与制度创新不足是阻碍我国区域经济协调发展的两个主要因子。

(4) 正确看待区域协调发展中的市场与政府。

市场机制是目前为止所发现的最具效率和活力的经济运行机制和资源配置手段。自市场经济产生以来，市场机制广泛地发挥作用，给资本主义带来了空前的经济繁荣和社会进步。但同时，有关政府与市场关系的争论从来就没有停止过。政府到底是“守夜人”还是有效的调控者，曾经是西方学界反复争论的重要问题。事实上，人们对政府作用的认识也正是在市场经济不断发展变化中逐渐得到深化和充实的。在市场经济体系下的区域协调发展，自然同样离不开市场机制的调节、推动和呵护。

必须看到，中国是一个强政府的国家，政府的决策自然对区域经济发展起着相当重要的作用。具体而言，政府对于区域发展的直接干预程度及其实际效果，既与政府对缩小区域差距的意愿的强弱有关，也与政府影响要素流动的实际能力的高下有关。显然，政府在其中的作用是绝对不可忽视的。

从公平或公正的立场看，市场和以政府为代表的非市场体制均有严重的缺陷。虽然市场体制有时讲求公平，但它却无法保证公平（即机会均等意义上的公平）。例如，拥有富裕的父母和幸福稳定的家庭生活；从具有挑战性和有效的教育中受益，上名牌学校；结交有才能和有影响力的朋友；获得健康和平衡的营养；等等。这些对个人在市场中的竞争都会起着有利的作用，而市场并不保证这些天赋条件是均等的或是随机分布的。但是，从公平的角度看，政府这类非市场体制也具有严重的缺陷。官僚政治决策中的武断、褊狭、偏袒和拖拉作风，与市场组织相比，非市场组织表现得更显著。总之，非市场有意识地纠正由市场而产生的不公平的努力，自身常常又涉及另一些类型和范围的不公平。

（5）深入剖析区域协调发展中政府与市场的最优选择问题。

本成果在理论建模上进行了比较深入的探索和发挥，力图从一个特定的理论视角来阐述政府与市场的最优选择问题。一方面，它借鉴了一些现有的研究成果。这主要表现为借用了 Acemoglu 的分析框架，以对比政府配置资源和市场配置资源的差异，来说明政府配置资源可能改善社会福利的机制。另一方面，它也有着自己的创新之处，集中在两个问题上。一是应用机制设计的理论分析了不同区域之间资源调配的实现机制，用以说明区域之间资源的转移数量决定问题。这对现实经济中的区域之间资源再配置的决定机制有着较强的解释力。二是以传统新经济地理学框架内分析经济增长与区域协调发展的研究成果为基础，并将它们作为经济增长与区域均衡发展的约束条件，在一个最大化社会效用水平的函数下，分析了政府的最优资源再配置的模式。显然，这是对现有研究的进一步理论拓展，并且较具说服力地阐述了如何解决区域协调发展资源配置中政府与市场的最优选择问题。

（6）积极夯实我国区域协调发展的产业分工基础。

促进区域协调发展的因素很多，但从市场机制的角度分析，产业分工是其最为坚实的基础。一个国家，尤其是像中国这样的大国，由于国内要素供给丰富、市场需求巨大和出于安全的考虑，必须建立相对完整的产业体系。反之，一国的某个具体区域则不同，由于受要素供给规模、种类等方面的限制，不仅不可能而且完全没有必要建立这种完整的产业体系。一个地区只能在某些产业上形成专业化和规模化优势，参与全国统一大市场的产业分工。同样，产业转移是企业的自发行为，受市场规律的支配，政府只能科学地运用产业转移的规律，吸取国际产业转移的经验和教训，采取有效措施，引导产业有序转移，促进区域产业协调发展。

（7）正确认识我国不同区域协调发展的实际水平。

过去十多年，我国采取了一系列旨在促进区域协调发展的措施，努力推进西部大开发建设、中部经济崛起、振兴东北老工业基地等战略，取得了积极成效。如何对我国区域协调发展现状进行科学的判断，并据此形成恰当有据的分析思路和发展愿景，是进一步促进我国区域协调发展的一项基础性工作。

必须指出，在衡量区域协调发展效果时，应该综合考虑经济、公共服务与生态环境三个系统层面。据此，本成果综合选取了 12 个相关指标，分别计算出 1995—2012 年全国（除重庆、西藏外）经济协调度、公共服务协调度、生态环境协调度和总体协调度，同时也进一步对东、中、西与东北四个地区的各项协调度进行了考察。

（8）高度重视区域协调发展中地方政府间博弈的两重性。

从我国长三角发展来看，这类区域协调发展中存在着错综复杂的地方政府间博弈，它们起着积极和消极的两重效应。

地方政府对区域协调发展的积极作用主要有：第一，地方政府竞争有利于加快该区域的经济转型。当自上而下的改革面临障碍时，可分享剩余索取权和拥有资源配置权的地方政府在一定阶段扮演制度变迁“第一行动集团”的角色，从而引发需求诱致性制度变迁，这对于推进我国市场化改革具有特殊作用。例如，长三角两省一市的制度变迁，尤其是温州模式的形成和苏南模式的转变，地方政府的作用不容忽视。第二，地方政府竞争机制能有效解决政府中存在的“委托—代理问题”。行政竞争机制通过公共权力主体之间的竞争，达到减少公共代理成本和防止代理机会主义的目的。实践证明，保持行政竞争机制，是抑制公共部门代理人机会主义的最佳途径。例如，上海加快行政管理体制改革，着力降低商务运行成本，并使得江浙两省纷纷仿效。第三，地方政府竞争迫使地方政府对本地企业加以引导和扶持，努力扩大就业和增加地方财政收入，这就十分有利于企业技术进步和提升产业层次。总之，地方政府竞争具有刺激经济上、制度上和行政上创造性作为的重要作用，从而有利于经济增长。

不过，地方政府也会对区域协调发展产生负面影响。第一，企业竞争会渗透强烈的地方政府色彩。这是由于，地方政府多从自身利益出发来强烈干预企业行为，易于产生不公平性，并难以实现企业在市场竞争下的规模经济。第二，生产要素难以跨行政区自由流动。地方政府从自身的利益出发，对本地市场实行保护政策，致使生产要素难以自由流动。近几年来，虽然工业消费品和农产品市场发育较快，但资金、人才和劳动力市场仍受较多的行政干预，难以自由流动。第三，“行政区经济”呈稳定结构态势。这样，目前的改革难以从根本上打破各地区原有的自成体系的发展格局，难以在短时期内消除重复建设、重复布局的现象。第四，制度存在差异甚至差异进一步扩大。

这意味着，如何恰当处置这类地方政府间的经济博弈以抑弊扬利，既是中央政府必须高度重视的一大协调职责，又是这些地方政府本身运作需要十分警戒的重要课题。

（9）需要关注区域协调发展中政府的事权财权。

地方的财政体制既是激活地方活力之源，也是导致地方之间无序竞争等诸多问题之源。事实上，中央政府和地方政府的很多矛盾或不一致都源于当前的财税政策。因此，必须研究政府的事权财权对于区域协调发展的重要作用。

财政制度对区域协调促进作用的发挥，必须以各级政府之间的事权财权得到明确的划分为基础，以事权与财权的匹配为保障。我国政府间事权财权严重不匹配，突出表现在政府间税权的划分没有建立在政府间事权和支出责任明确划分的基础上。中央政府的事权比重逐年下降而财权逐年上升，地方政府的事权比重逐年增加而财权逐年下降；税收权限高度集中于中央，地方收入自主权较弱。

事权财权严重不匹配，直接导致以下后果：政府事权范围过宽，损害区域经济效率，影响区域经济一体化进程；事权模糊影响公共产品供给的热情，产能过剩与公共服务供给不足并存，加剧区域发展差距；基层政府财权不足影响公共产品供给能力，放任区域经济差距的扩大；支出责任与财力分配不匹配，影响财政资金使用效率和区域发展的公平性；地方政府对“土地财政”的依赖和宏观调控的失效；地方债务问题日益严重，区域可持续发展问题堪忧；衍生“跑部钱进”与腐败问题。

建立在中央事权财权基础上的财政转移支付制度对区域协调发展起着重要的作用，可我国的转移支付制度很不完善，主要存在以下问题：我国财政转移支付体系不够健全；财政转移支付制度偏离目标定位，扩大了区域发展差距；转移支付结构不合理，促进地区均衡发展作用不明显；“一般性转移支付”肯定了地方的既得利益，加剧了各地经济发展不平衡；专项拨款不规范，难以体现中央政府的政策意图。

财政转移支付制度改革的目标，就是要建立起以纵向转移支付和横向转移支付相交叉的十字形转移支付框架，以一般性转移支付为主体、专项转移支付为副主体、均等化转移支付和特殊性转移支付为辅助的，结构多样化、多功能、复合型的转移支付体系。改革内容包括：完善转移支付体系；强化转移支付的法制管理；取消税收返还、原体制补助和年终结算补助，并入一般性转移支付；缩减专项转移支付规模；扩大一般性转移支付总量。

（10）不可忽略中央地方关系对区域协调性影响的历史轨迹。

历史的经验一再表明，只有存在一个强大的中央政府并且存在地方间良好的协调机制的情况下，才会有良好的区域协调性出现。中央政府代表的是国家的整体利益和社会的普遍利益，地方政府代表的是国家的局部利益和地方的特殊利益。

本成果梳理了中国历史上中央地方关系与区域协调性之间关系的大致轨迹，并按照中央政府的强弱程度与协调机制的强弱程度，分别归纳出“弱中央—弱协调”“弱中央—强协调”“强中央—弱协调”“强中央—强协调”四种有代表性的中央地方关系模式。应当看到，中央地方关系主要由中央与地方间权力本位下的权力利益分配关系以及地方与地方间的竞争与合作关系所决定。

（11）应当借鉴外国区域协调发展的成功经验。

应该看到，区域协调发展是市场经济体系成熟的一个重要标志。作为一个大国，地区间的不平衡是经济成长中的必然现象。可怕的并不在于这种不平衡的差异有多大，而在于地区间的人为分割做法。这是因为，商品经济的高度发达已要求统一的国内市场成为经济和社会发展的基本条件。可是，构建统一大市场往往是新兴市场发育中的一个大难题。

从西方发达国家比较成熟的市场经济制度来看，促进区域协调的宏观政策和市场手段，具体包括市场整合、区域分工与合作、区域一体化、社会合作等方面。其中，特别是一些疆域大且存在显著地区发展差异的国家，它们处理地区垄断行为的一些政策措施值得中国借鉴。

2. 重要观点

基于上述的理论认识，再结合我国改革的具体历程，本成果有六个重要观点。

（1）中国新一轮改革开放的一个核心问题就是妥善处置全社会效率与公平之间的关系。

（2）地区间经济协调发展的核心问题实际上就是协调效率和公平之间关系的问题。过去经济发展战略的核心是强调各地区效率。事实上，国家整体上的效率不等于地区效率之和；效率亦不应仅仅等于经济效率，它应该体现经济社会和环境的协调发展；更重要的是，实现中国梦就是要逐步建立一种效率与公平兼得的良性循环机制，来推进全社会的共同富裕和经济、政治、文化的可持续发展。况且，从改革的连续性看，下一步改革不是另起炉灶，而是从前30年单纯“追求效率”转到追求“效率和公平兼顾”，即改革目标由单目标转到双目标。

（3）必须防止区域经济协调发展的出发点和根本宗旨被片面化。这就是说，区域经济协调发展并非片面追求欠发达地区的经济增长，也不是单纯为了缩小地区间经济发展水平的差距。多年来为促进地区间的协调，中央政府做了很多努力，包括实施西部大开发、东北老工业基地振兴、中部崛起以及近年的包容性增长战略等，可地区间不协调性仍在扩展。这意味着，要么没有找到问题的症结，要么相关政策没有对症下药。对于我国这样一个国土面积广袤、发展差异巨大的国家，区域之间经济发展的差距在短期内难以缩小，但为各地区居民提供均等的基本公共服务水平则是有可能、有条件实现的。如果把宏观政策调整仅仅定位于缩小地区经济发展差距，即使短期得到缓和，长期看还将逆转。

（4）促进区域经济协调发展的宏观政策同样旨在处理好地区层面上效率与公平的关系。效率和公平有国家维度和地区维度的区分。过去我国主要讲国家整体效率，可是国家效率不等于地区效率的加总，因而过去的研究立足于国家层面却无法解决地区层面问题。所以，区域经济协调政策必须具体化到不同类型地区（比如四类主体功能区）的关系上，否则将会大打折扣，重复“上有政策，下有对策”的顽症。国家已经出台了主体功能区规划，事实上中央政府多年前就要求不同地区按照其资源禀赋优势去发展经济，但由于没有切实有用的效率与公平评价考核体系，这类宏观政策事实上并没有得到很好贯彻。

（5）必要时应当凸显公平问题的紧迫性。这是因为，区域经济协调发展具有明显的阶段性，在收入分配不公或许成为阻碍中华民族振兴的主要障碍时，就尤其需要研究如何在兼顾公平和效率的框架下实现我国区域经济协调发展。

(6) 需要适当调整现有的相关政策。我国规划的主体功能区战略是推进区域经济协调发展的很好载体，只是必须立足于科学的测定分析，且辅之以落地有效的推进政策。2010年国务院发布了《全国主体功能区规划》，是我国国土空间开发的战略性、基础性和约束性规划。《规划》发布后各地反响不一，更看不出地方政府在行动上的支持。究其原因，还是没有协调好地区内和地区间的公平和效率，没有把公平与效率落实到地区层面，导致所有地区都去追求经济效率。如果这类政策设计能够使限制开发地区得到合适的补偿，能够像发达国家那样对经济效率各异的地区提供均等的公共服务，那么，那些经济效率相对低下，而在环境、生态、文化多样性保护方面做出贡献的地区，就未必会绞尽脑汁去挖山建造工业园区。

3. 政策建议

我国的区域协调发展应从建立有效的区域协调规划体系、创建可行的区域协调机构和实施创新的区域协调政策等方面构建政策体系。

(1) 出台合理的区域政策体系。

我国是一个大国，地区问题由来已久，不同时期为某些特定目的制定了不少政策。对这些各具特色的区域政策需要体系化。要充分发挥区域政策在宏观调控中的作用，就必须解决好突出地区特色与避免各自为政的问题，从国家区域协调发展的全局出发，加强相关政策的协调和机制建设，形成既各具特色又有机统一的区域政策体系。要出台一系列的区域政策来实现我国的区域间协调发展，主要包括区域财政政策、区域税收政策、区域金融政策。积极加大区域财政政策的实施力度，如增加财政转移支付的投入和完善转移支付制度、加快基础设施的建设。通过减免企业所得税、减少全部或部分进出口关税和完善现行的区域税收制度来实现税收政策的联合。从金融机构放宽对欠发达区域的贷款条件、国债基金的适当倾斜和支持不同区域相互合作等方面实施区域金融政策。与此同时，国家也应该在政府投资、产业、土地、人口和环境等方面出台有利于辖区内相对不发达区域稳健发展的区域政策。

（2）建立有效的区域协调规划体系。

实行差异化的功能定位，实现区域发展扬长避短，明确利益分配格局，是跨行政区规划协调成败的关键。政府在制定区域协调规划时，应该明确协作区内的不同区域的总体规划，在不与地方政府规划产生重大冲突的前提下，提出优化协作区的规划方案，尤其是要明确主体功能区的位置。对于优先开发、重点开发、限制开发和禁止开发四类区域的重新划分会打破原有的辖区管制，这就要求实施分类管理的区域政策。要根据各地方的主体功能区规划调整完善协作区的城市规划、土地利用规划以及人口、环境保护、交通等专项规划，并且要对相关的主体功能区规划进行事前调查和事后评估。

（3）创建可行的区域协调机构。

行政经济区产生的根本原因在于经济体制转型与行政体制变革的不匹配，为在开放条件下纳入国际分工体系进而充分获取比较优势，强化不同行政区的联合是政治权力机构和经济发展机构的主动要求，而没有一套完善的运行与管理体制则是当今我国区域协调政策相对失败的主要原因。因此，谋求行政联合进而确定区域政策中的管谁和谁管这两大核心问题的权责归属，是实现我国区域协调发展的必经途径。对于如何设置协调机构，应该解决机构职能、机构级别和协调机构与现有机构之间的关系三方面的问题，即实现跨越边界协调合作走复合行政的道路。

（4）实施创新的区域协调政策。

我国目前没有真正意义上的区域政策，这是区域协调难以有效达成的主要根源。为打破我国区域协调政策的瓶颈，就应该在政策模式、法制基础和政策工具等方面实施相应的创新。在政策模式上，要打破行政区对辖区的垄断管理以破除行政区内部政策，构建合理的政府间合作治理机制以实现向区域公共政策的转变。在法治基础上，要实现从人治到法治的转变，即应该出台更多的法律法规来协调区域间的发展，推进协调政策的法制化和规范化。在政策工具上，要建立起一套规范化的激励工具、协调工具、监督工具和评价工具，构建多元化的区域政策工具体系，完善与市场经济体制相适应的区域政策框架体系，实现区域政策工具从简单化管理走向综合治理。

（5）出台保障区际基本公共服务均等化的法规。

我国宪法明确规定，社会保障、医疗保险、社会救助、基础教育和就业是每个公民的基本权利。以此为依据整合现有部门和地方法规，明确各地区民众享受基本公共服务的范畴和标准，构建区际基本公共服务均等化的法制基础。

三、成果的学术创新、应用价值以及社会影响和效益

在理论发展方面，整合了区域经济学与公平效率理论，建立了一个新的分析视角；将效率与公平从国家层面扩展到区域层面；把公平效率概念引入到区域协调发展的理论框架中；拓展了效率的内涵，已有研究仅考虑经济效率，本成果把它拓展到非经济层面，而且区分了短期效率与长期效率，已有研究考虑的实质上是短期效率，本成果强调如果只重视短期效率会失去长期效率；通过把效率与公平落实到地区层面，拓展了效率与公平在宏观层面政策上的可操作性。

在应用价值方面，通过对中国区域协调发展的评价，研究了发展中大国兼顾公平与效率的必要性和可行性。理论结合实践，提出具有可操作性的路径选择，将问题分析最终落在实处，为中国经济未来发展谋求区域协调献言献策。

在社会影响和效益方面，本研究关于大国区域协调发展的前期研究成果引起了学界的关注，获得了广泛好评和肯定。在国内的很多学术会议上，笔者被邀请做了大量学术报告，而且得到一些社会媒体的采访。可以说，区域协调发展的理论研究得到了社会各界的广泛回应，区域协调发展已经从理论探索上升为一种新的国家发展观。

《政府竞争视角下的企业并购与产业整合研究》概要

王凤荣*

一、研究的目的、意义及方法

1. 研究目的和意义

本成果旨在从地方政府竞争视角重新审视转型期企业并购的产业整合本质，创新性构建地方政府竞争范式下企业并购的产业整合理论模型和分析框架，揭示政府行为介入企业并购对产业经济与区域经济演进的作用机理与效应。

自20世纪90年代以来，伴随着中国经济从“增量改革”过渡到“存量改革”，企业并购成为持续的社会经济热点。尤其是2009年以来政府推动下的“产业集中”导向成为新一轮中国企业并购的重要特征。但与此相关的一个不争事实是，我国转型期政府竞争导致地方保护、市场分割，使得企业并购出现地域“同属化”、产业“逆集中化”现象。那么，经济转型背景下，政府行为尤其是政府竞争介入企业并购的发生动因和过程机制是怎样的，其产业整合路径及其在市场结构与产业结构调整中的作用机理与效应如何？如何才能实现资源配置的合理化甚至最优化？用现代经济学的视角梳理与思考这些问题的理论脉络与逻辑演进，是对“转型经济”理论和“中国经济学”研究命题的丰富与深化，也是中国经济学进入主流的必由之路。同样重要的

* 王凤荣，山东大学教授，博士生导师。

是，对这些问题的经验实证探索，对于深入理解政府与市场在资源配置过程中的作用机制与效应，匡正地方政府的竞争行为具有现实意义，也可以为现有制度条件下转变经济增长方式提供实证参考。

2. 研究方法

（1）本成果采用理论分析、计量分析和多重调研相结合的方法，多视角考察国内外企业并购的市场结构特点与影响因素，构建了转型期政府竞争条件下企业并购的产业整合理论分析框架和研究方法体系。

（2）本成果采用理论模型与定量分析相结合的研究方法，使项目的研究更具系统性、科学性和真实性，以得到完备的理论体系和准确的估计结果。如对于政府竞争下的企业并购发生机制，本成果基于古诺模型，运用合作博弈方法，建立引入政府行为的并购模型。进一步地，构建加入地方政府竞争的国有企业内生并购模型，阐释地方政府行为对地方国有企业并购发生的影响机制。在此基础上，构建地方政府竞争范式下的外生并购模型，分别从税收竞争、支出竞争以及规制竞争角度，运用实证计量方法对影响并购发生的因素进行定量识别与检验。

（3）本成果运用理论与实际相结合的方法，用研究的初步结论指导实践，再以实践丰富和修正理论，从而使本成果所提出的理论模型、分析框架、研究结论与政策建议更加科学、更具操作性。

二、成果的主要内容、重要观点及对策建议

1. 主要内容

（1）构建地方政府竞争范式下企业并购与产业整合的一般分析框架。以企业并购浪潮的存在性—政府竞争下的企业并购发生机制—政府竞争下的产业整合过程—企业并购的微观绩效与宏观绩效为逻辑主线，揭示政府竞争范式下企业并购对产业经济结构与区域经济结构演进的作用机理与效应。同时以政府竞争动因—政府竞争行为—政府竞争效应为隐线，考量政府竞争的变迁路径及其影响机制。政府竞争的相关分析体现于企业并购与产业整合的逻辑框架中。

（2）从政府行为视角阐述我国企业并购浪潮的存在性。从逻辑路径和经验路径探索政府行为与企业并购浪潮的内在关系，并进行解构性实证检验。

在此基础上，探索政府行为对企业并购浪潮中的典型现象——地方国企民营化、地方国企对接央企、壳资源交易的支持效应与约束效应，或者说是企业并购的政府行为动因研究。

（3）对企业并购发生机制进行理论模型与实证分析。首先，基于古诺模型，运用合作博弈方法，建立引入政府行为的并购模型。在此基础上，进一步构建加入地方政府竞争的国有企业内生并购模型，阐释地方政府行为对地方国有企业并购发生的影响机制。其次，构建地方政府竞争范式下的外生并购模型，分别从税收竞争、支出竞争以及规制竞争角度，运用实证计量方法对影响并购发生的因素进行定量识别与检验。

（4）对地方政府竞争下的并购整合机理进行了重点探索。在区域经济维度，基于扩展的标尺竞争模型考察政府竞争与区域产业结构的关系，阐释政府竞争对地区专业化的影响机制，进而以制造业为例实证研究企业并购与产业集聚的关系。在产业经济维度，将产业集聚问题内生化，研究政府竞争行为与相关并购的宏观绩效；引入生命周期理论，实证探索政府干预与企业并购绩效和产业结构优化升级的关系，并以战略性新兴产业为例进行了实证分析。

（5）对政府竞争下的并购微观绩效与宏观绩效度量进行了考察。立足企业角度，将产业市场结构作为外生变量，考察相关产业既有市场结构条件下的企业并购绩效及其影响因素；立足政府角度，将产业市场结构作为内生变量，考察企业并购对产业市场结构演进的影响。此外，基于进入壁垒与产业效应，研究了混合并购对产业结构优化的影响机制。

2. 重要观点及对策建议

（1）中国经济转型的制度变迁逻辑内生决定了地方政府竞争及其对企业并购和产业整合的作用机制。在中国转轨经济背景下，由财政激励和政治激励共同驱动的地方政府，具有市场上厂商的诸多特征，其追求自身利益最大化和区域利益最大化的目标取向内生决定了彼此之间的竞争关系。地方政府竞争的基本着力点是资本流动的区域性分割——吸引资本流入和限制资本流出。而企业并购与产业整合作为存量资源的配置机制，取决于市场因素和政府行为因素的共同作用。一方面，政府竞争是企业并购和产业整合发生的宏观动因；另一方面，地方政府竞争与市场环境因素相互耦合，共同决定企业并购行为与产业整合机制，进而影响企业并购与产业整合绩效。政府竞争的产业整合效应因政府竞争方式和路径不同而呈现差异性。

（2）中国企业并购浪潮是由市场因素、经济因素和制度因素共同驱动生成的周期性经济现象。中国是否存在并购浪潮？哪些因素会影响并购浪潮的发生与运行特征？政府行为在中国企业并购事件背后扮演着什么样的角色？理清这些问题是本研究的事实和逻辑起点。遗憾的是，经典并购理论不能完全解释中国企业并购浪潮的存在性。基于实证解构，本成果发现，“新兴”加“转轨”的资本市场为中国企业并购浪潮提供了市场基础，宏观经济周期是并购浪潮出现的经济基础，而体制环境和政府行为则是中国企业并购浪潮存在的特有制度基础。

（3）国有企业民营化过程中，地方政府控制权转移呈现二元动因，并出现由经济动因向政治动因过渡的趋势。自上世纪 90 年代以来，中国开始推行“抓大放小”和“战略调整”的国有企业改革策略，涌现出了大批国有企业民营化现象。基于 logit 回归模型和异方差多元回归，本成果发现，我国地方政府参与地方国企控制权转移的动因呈现二元性。出于经济动因，地方政府倾向于将经营业绩较差的国企转移出去或者民营化；出于政治动因，地方政府则更倾向于保留对规模较大、处于管制性行业的企业的控制权。进一步以股权分置改革为节点的两阶段实证检验显示，我国地方政府控制权转移动因呈现出由经济动因向政治动因过渡的趋势。表明我国地方政府不再一味追求高经济增长率，而更多地转向以政治目标和社会目标为重，体现了我国地方政府角色定位的转变。

（4）地方政府税收竞争总体上显著影响企业异地并购行为，不同竞争手段呈现不同资本流动效应。长期以来，税收竞争的资本流动效应是公共经济学和投资理论研究的热点问题，在中国式分权背景下尤其受到近期研究关注。企业异地并购作为资本跨区流动的方式，也是地方政府招商引资的重要渠道。立足于企业角度，发生异地并购主要基于两类动因：旨在获取节税效应的成本动因与旨在获取环境效应的成长动因。本成果发现，基于节税效应的成本动因没有得到实证支持，而环境效应已成为企业异地并购的成长动因。上述发现对于地方政府匡正竞争行为具有启示意义。地方政府通过财政支出改善区域环境，比仅仅依靠税收优惠手段更为有效。在引资竞争方面，相对于税收优惠手段，财政支出手段对企业成长和引资的效果更加明显，操作方式也更为灵活。因此地方政府应加强运用财政支出手段改善区域环境，促进当地企业成长和经济发展。此外，应适当调整引资方式，从注重绿地引资转向绿地引资和并购引资并重。

（5）地方政府基于经济激励和政治激励驱动的标尺竞争引致了地区产业结构趋同。我国地方政府“标尺竞争”的动因既来自“自下而上”的经济驱动，又有“自上而下”的政治激励。标尺竞争的本质是地方政府在相互竞争中产生模仿行为。本成果实证分析表明，标尺竞争对产业结构的作用可能遵循U形曲线规律，不同竞争变量所处竞争强度不同，对产业同构现象的作用力度和方向也不同，吸引外商投资这一竞争方式有助于缓解产业结构趋同现象。可见，地方政府之间的标尺竞争，是导致区域经济同构、产业“逆集中化”现象的制度根源。在中国式分权制度框架下，设置更为科学的地方政府绩效衡量体系是优化政府竞争秩序、提升经济运行质量的顶层制度安排。依据本研究构建的政府竞争力指标体系，建议从制度创新效率、技术创新效率、公共品供给效率、政府行政效率四个维度度量地方政府（官员）实现自身持续发展的综合素质或能力，对其任职期间的边际贡献进行科学测度。

（6）地方政府竞争对地区专业化和区域间的市场整合具有双刃效应。基于财政分权和政治集权驱动的我国地方政府，通过税收竞争或者开发区建设等手段对流动要素展开争夺会硬化国有企业的预算约束，耗尽地方政府的寻租所得，推动地区的专业化进程；相反，如果地方政府间采取“以邻为壑”的手段进行恶性竞争，处于相对封闭环境中的各地区将形成一种大而全的工业体系，进而阻碍市场一体化和地区专业化的发展。本成果经由实证发现，地方政府的引资竞争对地区专业化的影响显著为正，而地方保护主义则显著为负。可见，地方政府竞争对区域间的市场整合具有双刃效应。上述发现的政策启示是，在中国式分权改革路径下，地方政府应着力于自身的专业化优势，弱化并摒弃地方保护主义举措，通过技术和制度创新等吸引要素流入，维持良好的竞争秩序，努力与周边地区形成竞争合作关系，提升地区专业化水平，实现区域经济可持续发展。

（7）政府干预下的企业并购及其产业整合绩效呈现生命周期差异。从企业生命周期看，当地方国有企业处于成长期时，较高的政府干预会导致并购绩效的下降；处于成熟期的地方国有企业，在较高政府干预情形下，并购后绩效得到显著改善。从产业生命周期来看，处于产出扩张阶段即成长产业、集中产业内的地方国有企业，其并购绩效容易受到政府干预的负面影响，政府干预成为其产业发展的“掠夺之手”；处于产出收缩阶段即技术变迁产业、衰退产业内的地方国有企业，政府干预对其并购绩效产生积极影响，成为“援助之手”。进一步选择代表性产业进行考察。对于制造业，总体实证研究发现，并购有助于提高产业收益绩效，但没有提升结构绩效；分行业来看，并购提高了C1（纺织、服装、皮毛）行业的结构绩效，制造业其他子行业则相反。对于战略性新兴产业，基于混合并购发生数量及绩效考察，发现尽管其微观绩效尚未显现，但混合并购作为产业结构调整的有效手段，其宏观绩效开始凸显。上述发现的政策含义在于，政府干预应尊重生命周期规律，提升产业经济动态成长绩效。政府在产业发展中的基本定位应是克服市场失灵。对于处于幼稚阶段的新兴产业来说，政府应通过激励性制度安排将外部性内在化，孵化新兴企业与促进新兴产业的成长。随着产业发展，政府的干预力度应该逐渐减弱，倚重市场主导及产业内部竞争，企业的研发能力和创新能力得以提升并满足产业演进的需要，新兴产业进而成长为支柱型产业。

三、成果的学术创新、应用价值以及社会影响和效益

1. 学术创新和应用价值

（1）基于转型期政府竞争视角构建了企业并购的产业整合理论分析新框架，研究视角和框架新颖。

既有的关于企业并购与产业整合研究，在理论上大都基于主流经济学的理论框架，遵从完全市场假设。在实证研究方面，对企业并购效应分析多是局限于微观层面。有关产业市场结构角度的并购研究多是将产业和市场结构作为外生的变量，来分析其对企业并购行为及时机的影响，鲜有从政府竞争视角研究企业并购与产业市场结构演进的国内外文献。而经济转型期政府是经济发展的重要行为主体，因此我们构建了转型期政府竞争条件下企业并购的产业整合理论分析框架。基于地方政府竞争视角，从转型期我国企业并购的本质问题切入，以企业并购浪潮的存在性—政府竞争下的企业并购发生机制—政府竞争下的产业整合过程—企业并购的微观绩效与宏观绩效为逻辑主

线，揭示政府竞争范式下企业并购对产业经济结构与区域经济结构演进的作用机理与效应。同时以政府竞争动因—政府竞争行为—政府竞争效应为隐线，考量政府竞争的变迁路径及其影响机制。政府竞争的相关分析体现于企业并购与产业整合的逻辑框架中。

（2）构建了引入政府行为的并购博弈模型，进行了研究方法创新。

企业并购行为本质上是并购双方以定价和并购策略为中心的博弈。本成果基于古诺模型，运用合作博弈方法，构建加入地方政府竞争的内生并购模型，研究市场达到预期均衡时的市场结构。在此基础上，构建地方政府竞争范式下的外生并购模型，分别从税收竞争、支出竞争以及规制竞争角度，运用实证计量方法对影响并购发生的因素进行定量识别与检验。此外，不同于已有文献关于"政府掠夺之手理论"和"政府支持之手理论"的截面分析，本成果从生命周期角度探索的时序分析方法丰富和拓展了法与金融理论框架下的政府干预理论。

（3）推进或拓展了既有研究，提出并论证了一些新的观点。

本成果的核心观点是，中国经济转型的制度变迁逻辑内生决定了地方政府竞争及其对企业并购和产业整合的作用机制。由财政激励和政治激励共同驱动的地方政府，具有市场上厂商的诸多特征，其追求自身利益最大化和区域利益最大化的目标取向决定了彼此之间的竞争关系。地方政府竞争的基本着力点是资本流动的区域性分割——吸引资本流入和限制资本流出。而企业并购与产业整合作为存量资源的配置机制，取决于市场因素和政府行为因素的共同作用。首先，政府竞争作为中国市场化发展路径的必然构件，是企业并购和产业整合发生的宏观动因；其次，地方政府竞争作为渐进式改革的关键性制度因素，与市场环境因素相互耦合，共同决定企业并购行为与产业整合机制，进而影响企业并购与产业整合绩效。

另外，提出了如"中国企业并购浪潮是由市场因素、经济因素和制度因素共同驱动生成的周期性经济现象"，"国有企业民营化过程中，地方政府控制权转移呈现二元动因，并出现由经济动因向政治动因过渡的趋势"，"地方政府竞争对地区专业化和区域间的市场整合具有双刃效应"，"政府干预下的企业并购及其产业整合绩效呈现生命周期差异"等观点，并采用理论实证与经验实证方法验证了上述命题。

（4）基于大样本实证研究，度量政府产业政策的实施绩效，具有现实参考价值。

2009年中央和各地方政府将企业并购作为产业整合、优化市场结构的手段，出台了十大产业调整振兴规划。为实证检验这一政策的产业绩效，本成果从两个角度着手：一是立足制造业，从国有企业并购视角，考察了并购对产业集聚和产业绩效质量两个方面的影响；二是立足战略新兴产业，从混合并购视角，考察比较发展规划出台前后，进入新兴产业的社会资源配置变化。这些扎实、系统的实证研究，对于政府部门和微观企业具有现实参考价值。

2. 社会影响和效益

本成果是申请人主持完成的国家社科基金面上项目的结题成果。项目结题后，课题组在既定研究框架基础上对相关核心问题进行不断的深入挖掘，以期能够对其进行进一步的开拓性或补充式研究。事实上，本成果也是申请人和主要合作者长期专注于公司金融与产业组织、企业并购与资本市场、转型经济与政府行为研究领域的集成式成果。申请人完成的直接与本成果相关的学术论文近30篇，已发表在《经济研究》《金融研究》《经济学动态》《经济管理》《当代财经》《南开经济研究》《经济评论》等核心期刊上。出版了与本成果相关的专（合）著5部。上述成果被多次引用和检索，在专业研究领域产生了一定的学术影响。相关政策建议被政府部门和企业采纳参考，取得了良好的经济社会效益。

统计学

《中国政府统计数据质量管理问题研究》概要

曾五一*

一、研究的目的、意义及特色

政府统计数据是政府和社会公众了解宏观经济运行态势和社会发展状况的基本信息来源。在现行体制下，统计数据常被作为对部门、地区和单位进行业绩考核的标准以及配置资源的依据。如果统计数据质量不高，就很可能误导政府和社会公众的行为，不仅可能得出错误的结论，而且无法实现社会资源的优化配置。因此，统计数据的质量是政府统计工作的生命线。如何进一步提高我国政府统计数据的质量是当前统计理论与实践部门亟待研究解决的重要课题。对我国政府统计数据的质量问题进行全面、系统和深入的研究，具有重大的现实和理论意义。

本研究的目的在于揭示我国政府统计数据质量管理中存在的问题，分析其产生的原因，并在此基础上提出相应的对策建议。同时，通过研究，总结和整理一套对我国政府统计数据进行全面质量管理的理论与方法，促进统计学自身的发展。

本研究采用了定性分析与定量分析相结合、理论研究与实证分析相结合的方法。其主要特色有以下三点：

(1) 研究内容比较全面、系统和深入。课题研究的内容涉及统计数据质量的方方面面，既包括数据质量管理、数据质量评价与诊断的一般理论与方

* 曾五一，上海对外经贸大学特聘教授，原厦门大学教授、博士生导师。

法，也包括对具体宏观经济指标的数据质量诊断，以及引起统计数据质量问题的具体原因分析，等等；既包括进一步改进与完善有关统计制度方法的建议，也包括对影响统计数据质量的外部条件——统计生态环境进行改造的思考。

（2）在总结与借鉴国内外相关研究成果的基础上，进行创新性研究，提出了一些新观点、新思路与新方法。

（3）注重理论联系实际，研究成果比较“接地气”。研究结论比较符合我国的实际情况，所提的对策建议具有较强的可行性。

二、成果的主要内容和重要观点

本成果共有 13 章，约 32 万字，由五部分组成：第一部分为导论，即第 1 章。扼要介绍本研究的背景、理论和现实意义以及课题所要研究的主要内容。第二部分包括第 2 章和第 3 章，是关于数据质量管理的基本理论以及构建统计数据质量全面管理基本框架的研究。第三部分从第 4 章到第 7 章，是对统计数据质量的诊断、评价和数据修订一般方法的研究。第四部分从第 8 章到第 12 章，根据前面论述的一般理论和方法，对我国主要宏观经济指标数据的质量进行评价和诊断，并结合统计实践，探讨如何解决存在的具体问题。第五部分为第 13 章，就所有影响统计工作的各种外部因素和条件的总和即统计生态环境的问题进行探讨。

各章的主要内容和具有新意的重要观点如下：

第 1 章“导论”。

本章主要包括两方面的内容：一是讨论了本研究的背景与意义；二是论述了研究应包含的基本内容。

关于研究背景和意义。本章指出：与改革开放前相比，我国的政府统计数据无论在数量上还是质量上都有很大的飞跃。但是应看到，随着经济全球化进程的加快和信息时代的到来，一方面，统计数据的用户越来越多，政府与社会公众对统计数据的要求越来越高；另一方面，统计工作面对的形势越来越复杂，统计数据质量控制与管理的难度不断加大。因此，我国政府统计数据的质量离政府和社会公众的要求还有一定差距。近年来，我国的一些官方统计数据常常受到国内外媒体和一些学者的质疑。这些质疑集中体现为以下两个方面：一是不协调，即官方公布的数据相互之间存在矛盾；二是不相符，即官方公布的统计数据与人们的感觉有较大差距。

在上述背景下，对我国官方统计数据的质量问题进行全面、系统和深入的研究，具有重大的现实和理论意义。首先，政府统计数据是政府和公众了解宏观经济运行态势和社会发展状况的基本信息来源，也是其行为决策的主要依据。通过这一研究，发现我国政府统计数据存在的问题，找出影响统计数据质量的具体原因，提出相应的对策，将大大提高我国政府统计数据的质量，从而可以使统计更好地为政府和社会公众服务。其次，对我国政府统计数据的质量进行全面科学的诊断并在此基础上加强管理，将提高我国统计数据的公信力和权威性，对塑造国家统计部门的良好形象具有深远意义。最后，探讨和总结一套科学的统计数据质量理论、统计数据质量诊断方法以及对统计数据进行全面质量管理的方法，对于统计学自身的发展也将起到非常重要的促进作用。

关于研究的基本内容。本章指出，本研究应主要包括以下四个方面的内容：一是对数据质量管理的基本理论进行研究，系统地总结一套比较科学同时又能很好地与我国国情相结合的统计数据质量管理的基本理论，为本成果的研究提供坚实的理论框架；二是对统计数据质量诊断、评价方法和修订方法进行研究，为判断统计数据的质量提供技术支撑；三是对各主要的社会经济指标从各个维度逐项进行全面系统的诊断与分析，并在此基础上进一步分析影响各种指标统计数据质量的具体原因，为寻求具体的解决办法提供依据；四是对影响统计数据质量的外部条件及统计生态环境进行分析和研究。

第 2 章“统计数据质量管理的基本理论研究”。

本章着重讨论了以下基本问题：

一是统计数据质量基本概念研究。本章将数据质量管理基本概念的演变归纳成三个阶段：以“准确性”为核心的统计数据质量管理阶段；以“用户需求为中心”的统计数据质量管理阶段；“从源头到终端”的统计数据全面质量管理阶段。在系统梳理国内外有关研究成果的基础上，进一步把统计数据质量概念归纳为三个层次：第一层是统计数据质量的基本属性，指的是统计数据的准确性，也就是统计数据能够真实地反映客观事物的数量特征和数量规律的程度。这是统计数据质量最核心、最基本的要求。本章提出，要从真实与可靠两个维度来理解数据的准确性。早期的数据质量评估和质量控制，主要集中在对调查方法的选择和调查误差的评价与控制上，这无疑是必要的，但仍不够充分，今后还必须更加注意统计指标自身的正确设计。第二层是统计数据质量内涵的拓展属性，这是从用户的角度考察统计数据质量的属性，包括：时效性，即统计数据能够及时满足用户需要的程度；可比性，即同一指标的数据在时间和空间上的可比程度；适用性，即统计数据能够满足用户分析和应用需要的程度；可获得性，即用户获取统计数据及相关辅助信息的难易程度。第三层是从全面质量管理角度考察统计数据质量的内涵，即从统计数据的各生成环节来界定统计数据质量的内涵，包括统计生态环境的质量，统计设计的质量，统计调查与统计处理的质量，统计数据的发布、修订与评估的质量。

二是统计数据质量评价标准研究。本章对统计数据准确性的评价标准、数据发布的标准和国际上常用的几种统计数据质量评估框架（包括国际货币基金组织的DQAF框架、欧洲统计局（ESS）的统计质量保证框架、经济合作与发展组织（OECD）的统计活动质量框架）进行了详细的探讨和分析。并在此基础上提出了制定我国政府统计数据质量评价体系的基本思路。

第3章“统计数据全面质量管理体系框架研究”。

本章将我国政府统计数据的整体生成流程划分为三个阶段：统计设计（事前阶段）—统计数据的收集与处理（事中阶段）—统计数据的评估、修订与发布（事后阶段）。本章指出，为了使统计数据能够达到一定的质量标准，需要从进一步改革与完善统计管理体制、健全与完善统计方法与制度、改进统计的实践操作等方面入手。从流程管理的角度看，就是要对数据生产的事前阶段、事中阶段和事后阶段进行全面控制与管理，通过对数据生成全过程的质量控制，去实现提高政府统计数据质量的目标。

本章特别强调，事前阶段的质量控制对于政府统计数据的质量有着关键性的影响。在一个质量不高的统计设计基础上去生产统计数据，无论其统计实践操作水平有多高，也不可能生产出高质量的统计数据。在优化我国的统计设计时，应当尽可能地与国际接轨。这是因为：第一，所有的现代化大生产和现代国民经济的运行都具有相当多的共性，定量把握社会经济现象的主要统计指标的基本测度方法对世界各国都是适用的。当然，世界各国都会有自己的特色，但这些特色主要不是表现在统计指标的计算口径与方法不一样，而是表现在同样的指标可能有不同的数量表现。第二，联合国等国际组织制定的各种国际准则和规范文本，凝聚了各国专家的智慧，是人类共同的宝贵财富。根据这些准则去健全和完善我国的统计方法制度，可以起到事半功倍的作用。第三，按照国际准则健全规范统计方法制度，有利于加强我国统计与国际统计的可比性，有利于我国适应经济全球化的进程，加强国际竞争力。

第 4 章“统计数据质量检验和评估的基本方法”。

为了切实地解决统计数据存在的质量问题，必须有一套既比较科学又便于操作的数据质量检验与评估方法。本章将数据质量评估的基本方法归纳为基于平衡关系和相关关系的传统评估方法、调查误差评估法、统计分布法、经济计量模型法和综合评价法，介绍了各种方法的基本思路和具体步骤。

本章指出，现有的各种质量评估方法都有其长处和局限性，在具体应用时，要着重分析其适用的前提、适用的场合，在此基础上还要研究与开发一些新的方法，特别是如何综合利用各种方法对统计数据的质量进行检验与评价的组合方法。

第 5 章“Benford 法则在数据质量检验中的应用研究”。

Benford 法则是由美国的 Frank Benford 所发现的大量自然数据的首位数字出现的频率应符合的分布规律。根据该法则，如果一组统计数据的首位数字的概率分布与 Benford 法则下的首位数字概率分布存在显著差异时，该数据的准确性就值得怀疑。Benford 法则作为检测数据质量的一种简单易行的方法，已经在社会经济领域得到了广泛应用。但该方法也存在一定的局限性，并不是所有的数据样本都一定服从 Benford 法则。同时该方法只适用于规模较大的数据。另外，在现实中，人们更希望了解的不仅是何类统计数据可能存在质量问题，而且是哪一个单位、哪一个时间的数据可能存在问题。利用 Benford 法则进行检验，只能提供一个存在数据质量问题的候选样本池，无法确定其中存在数据质量问题的具体样本。

针对上述问题，本章提出了一种将 Benford 法则与面板模型、异常值探测、数据挖掘技术等方法相结合，对数据质量进行评价的新的组合方法。这一方法不仅可以解决单纯的 Benford 法则检验无法判断具体样本点的数据是否存在质量问题的难题，而且可以弥补其他数据质量诊断方法的不足，使诊断的结论更为可靠。

第 6 章“稳健统计方法在数据质量检验中的应用研究”。

本章指出，以往的数据质量检验方法存在如下不足：(1) 这些传统方法多是不稳健的，容易受到少数异常值的影响。(2) 往往未考虑所利用的其他相关统计数据的质量，如果这些指标本身存在异常值或者质量问题，那么，经典的统计方法得到的估计结果也将是不可靠的。因此，在对统计数据质量进行检验时，应尽可能使用稳健统计方法。本章探讨了两种稳健统计方法：基于稳健 MM 回归的异常值诊断方法和基于稳健主成分回归的异常值诊断方法，并首次将这些方法应用于我国 GDP 数据的质量检验。

第 7 章“统计数据修订方法研究”。

及时进行修订是提高政府统计数据质量的重要途径。本章讨论了统计数据修订的基本概念、种类及其标准。在此基础上，重点对数据修订的调查数据法与模型修订法进行探讨。

所谓调查数据法，就是针对某一统计指标数据存在的问题，通过进一步调查去获得更全面、更详尽、更准确的原始资料，并进而利用这些新信息对原有数据进行修订的一类方法的总称。本章指出了以往研究中的一些误解，分析了等差内插法、趋势离差法和最小二乘法具体使用的场合和条件。本章提出，随着计算机技术的进步，今后应尽可能地在统计实践中运用最小二乘法去进行历史数据的修订。

所谓模型修订法，就是在利用统计模型对统计数据质量进行检验的基础上，依据一定的经济理论框架和假设条件，并利用其他比较可靠的相关指标的数据和统计模型对受怀疑的、被认为质量较差的统计数据进行修订的一类方法。对此类方法，本章主要探讨了物量投入法和灰色系统法的具体应用。

第 8 章“我国 GDP 数据质量问题研究”。

本章利用经济普查数据和各相关指标的数据，从多个角度对我国 GDP 核算中存在的相关数据可衔接性较差的问题进行了深入细致的分析，得出了以下结论：(1) 近 10 年来，我国 GDP 核算的国家值与地区汇总值的差距呈现明显扩大趋势，两者之间已存在明显的系统误差。从生产角度看，第二产业增加值的地区汇总值明显大于国家值。从支出角度看，固定资产形成的地区汇总值明显大于国家值。GDP 国家层面的数据在第三产业增加值核算方面可能存在较为严重的漏算，而大多数地区的第二产业增加值则有被高估的倾向。（2）我国经济普查年度的 GDP 核算与常规年度的 GDP 核算在核算范围、资料来源与具体估算方法上都存在不同，因此，根据两种方案计算的 GDP 数据产生了较大的差异。（3）我国按生产法计算的 GDP 与按支出法计算的 GDP 之间也存在一定的误差，主要表现为前者往往小于后者，但近年来这一误差有缩小的趋势。

本章指出，我国 GDP 相关数据之所以产生不衔接的问题，既有经济管理体制方面的原因，也有统计制度方法方面的原因。为了解决这些存在的问题，首先要坚持用科学的政绩观评价、任用干部，用科学的发展观全面评价地方经济的发展。其次，要进一步推进统计管理体制的改革，完善统计法规建设，为统计工作提供健全的法律支持。最后，还要进一步完善 GDP 核算制度与方法。具体建议有：（1）对于 GDP 核算所包含的各项指标，不仅要给出明确的定义，还要规定统一、明确的具体资料来源与计算方法，并且要向全社会公布，接受社会的监督和专家的质疑。（2）进一步完善统计调查制度，特别是要尽快开展 GDP 核算所需要而目前尚不完备的调查。（3）进一步明确 GDP 计算的属地原则，研究避免跨地区企业增加值重复计算的具体方法和操作细则。（4）采用"自上而下"与"自下而上"结合的衔接方法。对于基础数据便于相互衔接的行业的数据（如规模以上工业企业的增加值等），在核实的基础上，采用自下而上的方法核算，以地区汇总数作为国家数；对于两类数据不便衔接的数据（如规模以下工业企业的增加值等）或者国家层面比较容易计算的数据（如用支出法计算的 GDP 各项指标等）则采用自上而下的方法核算，即以国家数据为准，利用各地区相关指标的比重分解给各地区。（5）进一步建立与完善 GDP 下算一级的制度。

第 9 章"我国 CPI 数据质量的评价与分析"。

CPI 即居民消费价格指数是最重要的宏观经济指标之一。本章评介了我国 CPI 编制的基本原理和所采用的方法，在此基础上从多个角度包括居民对消费指数的满意程度、CPI 与货币供应量和企业批发物价指数的可衔接性、CPI 与恩格尔系数的可衔接性、城镇居民 CPI 与乡村居民 CPI 以及总 CPI 之间的可衔接性等方面，对我国 CPI 数据的质量进行检验。同时，还根据国际货币基金组织提出的 CPI 评估框架，对照美国 CPI 编制的实践，对我国的 CPI 编制质量进行评估。评估结果表明，自 2001 年 CPI 统计方法调整以来，我国 CPI 统计数据的质量得到了明显的改善，但在指数权重的及时调整、根据不同的目的编制多种价格指数方面与国际先进水平对比仍有一定差距。

第 10 章“我国 CPI 数据质量问题研究”。

本章对 CPI 生成各主要环节包括指数设计、源数据调查、权重设定、商品质量调整、季节变动调整、指数发布与修订等环节有可能影响我国 CPI 数据的质量的主要问题进行分析，并在此基础上针对存在的问题提出相关的对策建议。例如，在统计设计优化方面，本章提出要进一步明确我国的消费价格指数理论框架，在此基础上去研究与改进 CPI 的编制方法。有必要根据经济调控和宏观分析等的需要，有选择性地编制适用于不同政策目标的价格指数，包括针对不同收入人群的分层消费价格指数、更能反映通货膨胀情况的核心消费价格指数等等。在 CPI 权重的设定方面，应根据我国近年来商品房价格迅速上涨，导致居民住房消费支出比重上升的情况，及时调整编制指数所采用的权重。

第 11 章“关于改进 CPI 编制方法若干问题的研究”。

本章对我国 CPI 编制中亟待解决的若干问题开展定量实证研究。研究的主要内容包括 CPI 分类权重计算与重估、核心 CPI 测算、CPI 月度指数的季节调整三个部分。

对于 CPI 分类权重的计算与重估，本章利用多种方法估算了我国居民自有住房的支出，并在此基础上，进一步估算了由于采用方法不同而引起的居民住房消费支出在总消费中所占比重的差异，以及权重变动对 CPI 的影响。研究结果表明，采用不同的住房消费评估价格对居民住房消费所占的比重有明显的影响。

对于核心 CPI 的测算，本章利用剔除法和截尾平均法测算了我国的核心 CPI。分析的结果表明，核心 CPI 与我国目前编制的 CPI 之间有明显的差异。从核心 CPI 的走势来看，在上涨过程中，核心 CPI 的上涨幅度远低于 CPI 指数，而在止涨回落过程中，核心 CPI 又明显滞后于 CPI 指数。

对于季节调整，本章利用国际上常用的 X-12-ARIMA 方法和 Tramo

Seats 方法，同时考虑我国节假日（如春节等传统节日）与国外的差别，对我国 CPI 月度数据进行了季节调整。测算结果表明，对我国 CPI 月度数据进行季节调整具有必要性和可行性。

第 12 章“我国房地产价格指数质量问题研究”。

近年来，我国房地产价格指数的质量问题成为社会公众关心的一个热点问题。本章首先介绍中国房地产价格指数编制的实践，分析其存在的问题。其次，对中美两国房地产价格指数编制的现状进行对比分析，寻找可供借鉴的有益经验。在此基础上，根据房地产主管部门交易价格数据，建立对房地产价格指数质量的评估模型。

本章指出，目前我国房地产价格指数存在的主要问题是：(1) 房地产价格指数编制目的不够明确；(2) 房地产价格指数的基础数据来源需要改善；(3) 房地产价格指数的编制方法需要改进；(4) 房地产价格年度指数编制和汇总方法需要向公众做进一步说明。

针对房地产价格编制过程中较难解决的同质性问题，本章还利用实际的新建住房交易网签数据和重复售出模型对住房价格指数的编制方法进行研究，得出一些有参考价值的结果。

第 13 章“统计生态环境问题研究”。

所谓统计生态环境，是指所有影响统计工作的各种外部因素和条件的总称。统计生态环境的好坏，会对统计数据的质量产生很大影响。本章在对以往统计生态环境的概念进行归纳梳理的基础上，提炼出统计生态环境的核心内涵，给出统计生态环境的明确定义。同时，围绕统计活动参与主体的行为和利益诉求，从社会经济环境、政治法律环境、体制环境、软硬件技术环境、舆论观念环境以及国际统计环境等不同角度，就构成我国统计生态环境的主要因素及其对统计数据质量的影响进行分析，阐明各主要因素对统计数据质量的影响方式与作用机制。在此基础上，探索有利于提高统计数据质量的统计生态环境的建设路径。

本章指出，从根本上改善统计数据质量的关键在于建设良好的统计生态环境。为此，需要采取的措施包括：优化政绩考核机制，加强统计法制建设，提高统计的独立性和中立性；加强统计教育与宣传，增强对统计的投入，加强与国际统计机构的联系；等等。

三、成果的社会影响和效益

本成果得到了有关专家的好评和社会的承认。在研究过程中，作为阶段性成果，课题组成员在学术刊物上公开发表论文 20 篇（含外文 2 篇），其中发表在《统计研究》和《数量经济技术研究》等一类核心刊物上的 7 篇，发表在 CSSCI 以上级别核心刊物（含外文刊物）上的 17 篇，2 篇被中国人民大学书报资料中心出版的《统计与精算》全文转载，1 篇被全国高校《经济学报》全文转载，2 项阶段性成果分别被评为第 11 届全国统计优秀科研成果二、三等奖（2013 年）。根据中国知网检索，至 2015 年 5 月 21 日，已发表的中文论文中有 14 篇被引用，总被引次数为 101 次。

国家统计局副局长许宪春在为本成果所写的序言中对本成果做了高度的评价。他在序中写道："曾五一教授主持的课题，对我国政府统计数据质量问题进行了比较全面和系统的研究，揭示了存在的问题，探索了成因，提出了相应的对策，对于提高我国政府统计数据质量，使政府统计更好地服务于各级党委政府、企业和社会公众将会起到积极的促进作用。同时，这一课题研究所探讨的统计数据质量管理的理论和方法，对于统计学的发展也将会起到有效的推动作用。因此，这项课题研究不仅具有十分重要的现实意义，还具有非常重要的理论价值。"

国际问题研究

《中华文化国际影响力调查研究》概要

关世杰*

一、研究的目的、意义及方法

1. 研究目的

创建中华文化国际影响力评估体系，用新评估体系设计出调查问卷，利用科学的问卷调查方法，调查世界主要国家民众对中华文化的认知、态度和行为，以调查数据计算出中华文化国际影响力指数。针对调查中出现的问题，为更好地使中华文化走出去提出对策建议。

2. 研究意义

学术上，提供了科学评估中华文化国际影响力的评估体系，推进这一领域的发展。实践上，利用实证的方法，用调查数据展现中华文化在美、德、俄、印度、日、韩、越、印尼的影响力现状，为我国各相关部门进行决策提供了参考，服务中华文化走出去的国家战略。

3. 研究方法

运用文献法、问卷调查法、比较研究法、访谈法和建立传播模式法等多种方法，将理论研究与实证调查相结合，将国内研究与国外研究相比较，采用传播学、社会学、国际关系学、心理学等相关学科的方法和原理，重点从跨文化传播学的视角对提高中华文化国际影响力进行深入系统的研究。本研究突出的研究方法是使用了大样本的问卷调查法，调查了中华文化在 8 个国家的影响力情况。

---

* 关世杰，北京大学教授，博士生导师。

二、成果的主要内容、重要观点及对策建议

本成果共分为上下两编，上编为“格局与理论”，共 4 章。下编为“调查与思考”，共 13 章。

上编主要分成两部分：第一部分探讨了冷战结束以来世界文化交流的格局，指出了中华文化在世界文化交流格局中的历史地位。第二部分是为评估中华文化在世界上的影响力所进行的理论探讨。这些理论主要包括：文化要素的珍珠链模型，国际跨文化传播的“八何”传播模式，价值观范畴的共享价值观理论，中华文化国际影响力的评估体系。

下编依照中华文化国际影响力评估体系的二级指标顺序，即中华文化的物化形式、中华文化的精神内核、中华文化的传播渠道、我国的整体形象、中华文化国际影响力的顺序，通过问卷设计、各国调查数据描述性分析、各国调查数据横向对比和调查后的思考四个方面，叙述了对各国两次问卷调查的研究结果。

上编：格局与理论。

第一章“冷战结束以来的世界文化格局”。展示了实施中华文化走出去战略的国际背景。具体包括四个方面：冷战结束后出现的“一超多强”的世界新格局；信息传播新技术和文化产业化的影响；《保护和促进文化表现形式多样性公约》的问世；进入 21 世纪后美国的相对衰落和中国的和平复兴。

第二章“国际跨文化传播语境中的文化”。本章回顾了文化词义的演变及国际社会和各国政府对文化的定义，区分了文化、文明与意识形态的异同，简述了文化与政治和经济的关系。分析文化要素的组成部分时，指出了霍夫斯泰德文化“葱头模型”在国际跨文化传播语境下的局限性，笔者提出了针对国际跨文化传播语境的文化要素构成理论——珍珠链理论：在国际跨文化传播中，文化主要有 8 个要素：文化符号、文化产品、杰出人物/平民百姓、文化团体/组织、大众传媒、价值观、思维方式、信仰。从其可见性来分类，文化符号、文化产品、杰出人物/平民百姓、文化团体/组织、大众传媒五要素为显现性成分，价值观、思维方式、信仰三要素为隐性成分。用个形象的比喻，在国际传播语境中，文化成分是一串珍珠（见图 1）。文化符号、文化产品、杰出人物/平民百姓、文化团体/组织、大众传媒，这五部分都是显现部分。把这五部分串在一起的是信仰、价值观、思维方式三要素，它们是文化的核心、文化的隐性部分，它们像三股拧在一起的线，把各粒珍珠串在一起。人

们看到一串珍珠时，往往不注意或看不见把每粒珍珠连在一起的线，只有用心才能发现它。从文化的传播过程来看，可分成文化的物化形式（包括文化符号、文化产品）、文化的精神内核（价值观、思维方式、信仰）、文化的传播渠道（杰出人物/平民百姓、文化团体/组织、大众传媒）三大部分。

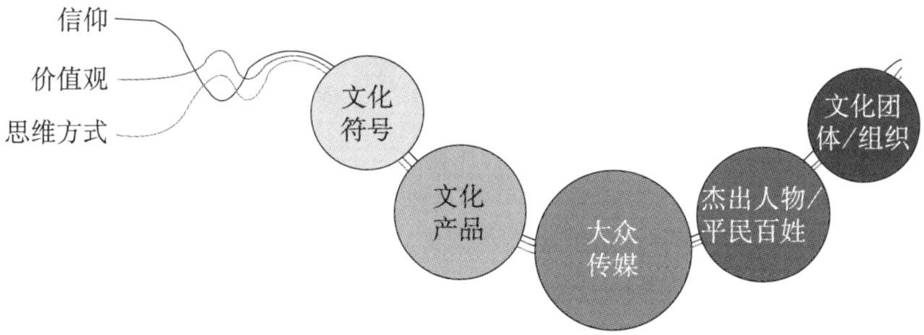

图 1　珍珠链模型

第三章“国际传播学视角中的文化软实力”。本章论述了四个方面的问题。首先是关于软实力，论述了软实力概念的发展、硬实力和软实力之间的关系、软实力的成分、文化在软实力中的地位。其次是关于文化软实力，论述了文化软实力的构成、文化软实力跨国传播过程、中美国际跨文化传播的异同。第三论述了文化影响力，说明了什么是文化影响力，文化为什么有影响力，文化影响力的关键是共享价值观。最后论述了新世界格局中的中华文化问题，认为中华文化应对世界有新贡献，应进行对外文化交流，搞好交流的前提是对世界民众有深入的了解。在本章中，笔者借鉴跨文化交流学和国际传播学理论，提出“文化软实力”包含了整个动态传递过程，它既与本国的基础国力和文化实力（基础变量）有关，也与本国文化的传递能力（传导变量）有关，还与本国文化在他国所产生的影响力大小（结果变量）有关。我国文化国际影响力是我国文化软实力的一个组成部分。“文化软实力”这一动态过程，由“文化资源力”（基础变量）、“文化传播力”（传导变量）、“文化影响力”（结果变量）构成。三者的关系如图 2 所示。

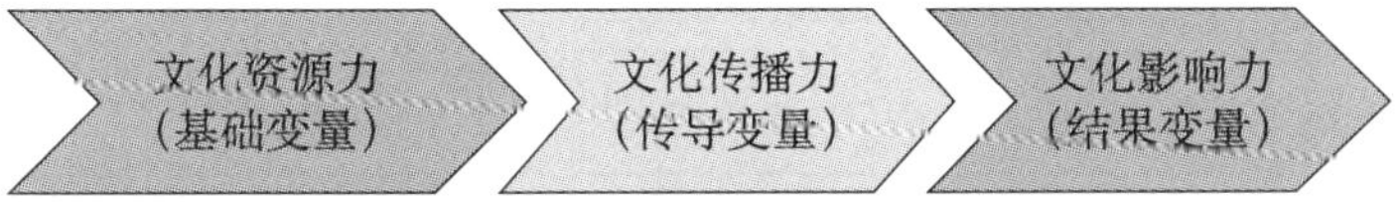

图 2　文化软实力结构图

本成果借鉴传播学中拉斯韦尔的五 W 传播模式，将文化软实力的传播过程细化为国际跨文化传播的“八何”模式（见图 3）。

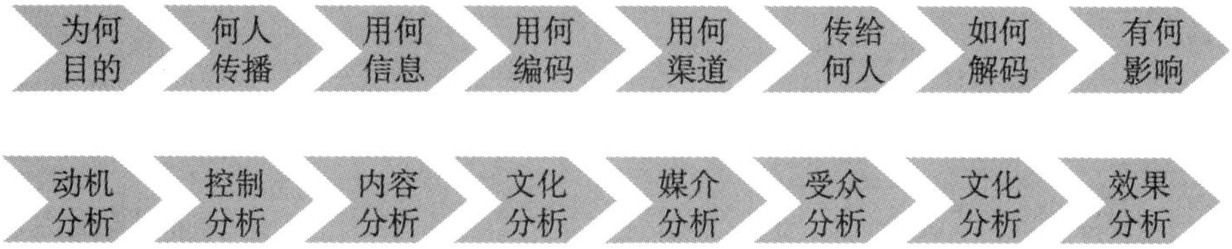

图 3　国际跨文化传播的“八何”模式

本成果认为文化影响力是文化软实力的重要组成部分。文化之所以有影响力，信息传播者和信息接收者双方之间存在共享价值观是关键因素。共享价值观和中华特色共享价值观是本成果提出的重要观点。要点为：(1) 在对比两种文化或两个国家价值观时，可将价值观分为两大类（见图 4）：共享性价值观（共享价值观和基本共享价值观）和不共享性价值观（基本不共享价值观和不共享价值观）。从共享性到不共享性可以依次为：共享价值观→基本共享价值观→基本不共享价值观→不共享价值观。(2) 共享性价值观可细分为三种：共同价值观、外来共享价值观、共享性中华核心价值观。(3) 在对外传播中，共同价值观、外来共享价值观、共享性中华核心价值观的作用不同。(4) 共享性中华核心价值观是对外弘扬中华文化的核心。在新世界格局中，中华文化对世界做出新贡献的关键是具有共享性的中华核心价值观在海外的传播和弘扬。

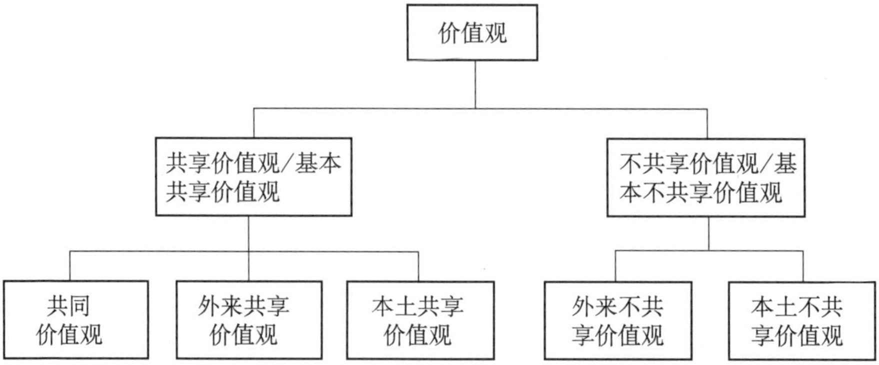

图 4　跨国传播中的价值观分类

第四章“中华文化国际影响力评估体系及评估实践”。本章叙述了评估体系的研发过程及评估实践，具体包括五个方面：

第一，回顾了中外文献中关于文化影响力评估指标。

第二，介绍了本成果创建的中华文化国际影响力评估体系及其形成过程和评估体系的内容。评估体系是本成果的创新之处和阅读本成果的关键。本成果根据“珍珠链理论”，创建了中华文化国际影响力评估体系。这个体系包括 4 个一级指标（文化的物化形式、文化的精神内核、文化的传播渠道、国家的发展状况）、13 个二级指标、49 个三级指标（见表 1）。同时，本成果也创建了影响力的测量方法（见表 2）。该体系较全面地涵盖了国际跨文化传播语境下的中华文化的方方面面。依据这个体系，参照中华文化的特点设计出了包括 50 多个问题（包括 150 多个测量点）的“中华文化印象”调查问卷（共 14 页）。

表 1　　中华文化国际影响力评估体系

目标	中华文化国际影响力要素				影响力		
	概念的分解				认知	态度	行为
	一级指标	二级指标	三级指标	测量点	知道吗	好感度	有无/程度/次数
中华文化国际影响力	一、文化的物化形式	1. 文化符号	（1）象征性符号	长城	√	√	—
				龙	√	√	—
				大熊猫	√	√	—
				北京故宫	√	√	—
				国家体育馆（鸟巢）	√	√	—
				兵马俑	√	√	—
				北京天坛	√	√	—
			（2）艺术符号	书法	√	√	—
				京剧	√	√	—
				中国画	√	√	—
				中国园林	√	√	—
				青花瓷	√	√	—
				民歌《茉莉花》	√	√	—
			（3）生活符号	中国烹饪	√	√	√
				中国功夫	√	√	√
				中华医药	√	√	√

续前表

目标	中华文化国际影响力要素				影响力		
	概念的分解				认知	态度	行为
	一级指标	二级指标	三级指标	测量点	知道吗	好感度	有无/程度/次数
中华文化国际影响力	一、文化的物化形式	1. 文化符号	(3) 生活符号	春节	√	√	√
				清明节	√	√	—
				端午节	√	√	—
				风水	√	√	—
				中国丝绸	√	√	—
				旗袍/唐装	√	√	—
			(4) 哲学思想符号	儒家思想	√	√	√
				道教	√	√	√
				太极阴阳图	√	√	—
			(5) 教育符号	北京大学	√	√	—
				清华大学	√	√	—
			(6) 语言文学符号	汉字/汉语	√	√	—
				诗词	√	√	√
		2. 文化产品	(7) 艺术商品	时尚设计产品	√	√	√
				书法作品	√	√	√
				绘画作品	√	√	√
				手工艺品	√	√	√
			(8) 娱乐商品	电子游戏	√	√	√
				音像制品	√	√	√
			(9) 书刊商品	图书	√	√	√
				期刊	√	√	√
			(10) 影视商品	电影	√	√	√
				纪录片	√	√	√
				动漫	√	√	√
				电视剧	√	√	√
			(11) 文化品牌	欢乐春节	√	√	√
				中国文化年/月/周	√	√	—
				少林雄风	√	√	—
				云南印象	√	√	—
				北京故宫	√	√	—
				京剧	√	√	—

续前表

目标	中华文化国际影响力要素				影响力		
	概念的分解				认知	态度	行为
	一级指标	二级指标	三级指标	测量点	知道吗	好感度	有无/程度/次数
中华文化国际影响力	一、文化的物化形式	2. 文化产品	（11）文化品牌	北京全聚德烤鸭	√	√	—
				茅台酒	√	√	—
				北京同仁堂	—	—	—
	二、文化的精神内核	3. 价值观	（12）中华核心价值观	仁	—	√	—
				恕	—	√	—
				孝	—	√	—
				礼	—	√	—
				义	—	√	—
				和而不同	—	√	—
				天人合一	—	√	—
				共同富裕	—	√	—
				和谐世界	—	√	—
				集体主义	—	√	—
				以人为本	—	√	—
				人类责任	—	√	—
			（13）中国社会主义核心价值观	富强	—	√	—
				民主	—	√	—
				文明	—	√	—
				和谐	—	√	—
				自由	—	√	—
				平等	—	√	—
				公正	—	√	—
				法制	—	√	—
				爱国	—	√	—
				敬业	—	√	—
				诚信	—	√	—
				友善	—	√	—
			（14）中国梦	国家富强	—	√	—
				民族振兴	—	√	—
				人民幸福	—	√	—

续前表

目标	中华文化国际影响力要素				影响力		
	概念的分解				认知	态度	行为
	一级指标	二级指标	三级指标	测量点	知道吗	好感度	有无/程度/次数
中华文化国际影响力	二、文化的精神内核	4. 思维方式	（15）辩证思维	—	—	√	—
			（16）综合思维	—	—	√	—
		5. 信仰	（17）儒家	—	√	√	√
			（18）道家	—	√	√	√
			（19）佛教	—	—	—	√
			（20）中国式社会主义	—	√	√	—
	三、文化的传播渠道	6. 中国人	杰出人物				
			（21）当今明星	成龙	√	√	—
				章子怡	√	√	—
				姚明	√	√	—
			（22）当今文学艺术家	莫言	√	√	√
				郎朗	√	√	—
				宋祖英	√	√	—
				梅兰芳	√	√	—
			（23）古代文学家	李白	√	√	—
				罗贯中	√	√	√
			（24）当今科学家	袁隆平	√	√	—
			（25）当今航天员	杨利伟	√	√	—
			（26）古代医学家	张仲景	√	√	√
			（27）古代哲学家	孔子	√	√	√
				老子	√	√	√
			（28）当代政治家	毛泽东	√	√	√
				邓小平	√	√	√
				孙中山	√	√	√
			（29）当今企业家	李嘉诚	√	√	—

续前表

目标	中华文化国际影响力要素				影响力		
	概念的分解				认知	态度	行为
	一级指标	二级指标	三级指标	测量点	知道吗	好感度	有无/程度/次数
中华文化国际影响力	三、文化的传播渠道	6. 中国人	普通人				
			(30) 对中国人持中华传统价值观的看法	仁	—	√	—
				恕	—	√	—
				孝	—	√	—
				礼	—	√	—
				义	—	√	—
				和而不同	—	√	—
				天人合一	—	√	—
				共同富裕	—	√	—
				和谐世界	—	√	—
				集体主义	—	√	—
				以人为本	—	√	—
				人类责任	—	√	—
			(31) 对中国人思维方式的看法	辩证思维	—	√	—
				综合思维	—	√	—
			(32) 对中国人的亲近感	博加德斯量表	—	√	—
			(33) 与中国人的接触	中国朋友个数	—	—	√
				来过中国的情况	—	—	√
		7. 文化团体/组织	(34) 文化团体	文化交流活动	√	√	√
				文化演出	√	√	√
				文化主题展览	√	√	√
			(35) 对外文化机构	中国文化中心	√	√	—
			(36) 教育团体	孔子学院	√	√	—
			(37) 体育团体	体育表现	—	√	—

续前表

目标	中华文化国际影响力要素				影响力		
	概念的分解				认知	态度	行为
	一级指标	二级指标	三级指标	测量点	知道吗	好感度	有无/程度/次数
中华文化国际影响力	三、文化的传播渠道	7. 文化团体/组织	(38) 企业	中国企业	√	√	√
				中国制造产品	√	√	√
				中国产品广告	√	√	√
		8. 大众传媒	(39) 传统大众传媒体	图书	—	√	√
				电影	—	√	√
				电视台节目	—	√	√
				广播节目	—	√	√
				广告	—	√	√
			(40) 网络媒介	百度	—	√	√
				中国网	—	√	√
				新华网	—	√	√
				人民网	—	√	√
				中国日报网	—	√	√
				CCTVnews	—	√	√
				中国文化产业网	—	√	√
				中国文化网	—	√	√
				针对各国的其他网络	—	√	√
			(41) 对中国媒介的信任度	新闻出版业	—	√	—
				电视台	—	√	—
				互联网	—	√	—
				政府媒体	—	√	—
				公共媒体	—	√	—
				商业媒体	—	√	—
	四、国家的发展状况	9. 经济	(42) 中国经济影响力	经济发展道路	√	√	—
				经济发展前景	—	√	—
		10. 政治	(43) 中国政治影响力	中国政治制度	√	√	—

续前表

目标	中华文化国际影响力要素				影响力		
	概念的分解				认知	态度	行为
	一级指标	二级指标	三级指标	测量点	知道吗	好感度	有无/程度/次数
中华文化国际影响力	四、国家的发展状况	11. 外交	(44) 中国外交影响力	对世界和平发展的影响	—	√	—
			(45) 两国整体关系好坏	对与本国关系的判断	—	√	—
		12. 国家形象	(46) 对中国的整体评价	对中国可靠可信、令人愉悦、有领导力、充满活力、颇具魅力、坚定不移、不断发展和有创新力8方面的整体评价	—	√	—
				在14国中的排名	—	√	—
				喜欢中国的原因	—	√	—
			(47) 对中国的亲近度	对是否愿意到中国旅游、经商、学习、工作、移民的态度进行测量	—	√	—
		13. 文化形象	(48) 对中华文化的总体评价	对有吸引力、包容、有活力、灿烂、多元、爱好和平、有价值、创新性、和谐性9方面的评价	—	√	—
			(49) 全球排名	在14国中的排名	—	√	—

说明：√表示测量，—表示未测量。

表 2　　影响力的测量方法表

影响力的三个维度	变量类型	测量方法	表示含义	测量值
认知	定类变量	知道与否	不知道	0
			知道	1
态度	定序变量	十一/七/五/四/三级态度等级量表	很不喜欢	1
			较不喜欢	2
			中立	3
			较喜欢	4
			很喜欢	5
行为	定类变量	有无行为	无行为	0
			有行为	1
	定序变量	行为频率	从不	1
			偶尔/很少	2
			经常	3
	近似定比变量（需转化为定序变量处理）	行为次数	1、2、3、4、5……次	1、2、3、4、5……
			次数段（例如，1 代表 1～5 次、2 代表 6～10 次、3 代表 11～20 次、4 代表 21～30 次、5 代表 31 次及以上）	1、2、3、4、5

第三，介绍了中华文化在八国的影响力调查过程。包括选择八国作为调查对象的原因，记述了课题组运用“中华文化印象”调查问卷，于 2011 年 11 月、12 月和 2013 年 12 月，通过国际专业调查公司“国际抽样调查公司”（SSI）利用“在线可访问样本库”的调查方法，对美、德、俄、印度、日、韩、越、印尼就中华文化影响力进行了大样本（每个国家的有效样本超过 1 000份）问卷调查的过程。

第四，探讨了“在线可访问样本库”调查方法的信度、效度和可比性。

第五，就调查研究结果的呈现，讲述了呈现的意义和呈现的方法。

下编：调查与思考。

本成果根据问卷调查数据，依照中华文化影响力评估体系的 13 个二级指标在八国的影响力比照，进行定量的对比分析。这部分一共有 13 章（第五至第十七章），是调查研究结果的呈现和针对调查情况提出的应对建议。

第五章“中华文化符号在海外”。本章对比分析了八国受访者对中华文化符号的认知和态度，重点报告了受访者对龙、汉语、中餐、中医、武术、春节的认知和态度。针对调查结果，提出对策建议如下：（1）拓深长城、熊猫等符号的中华核心价值观内涵。（2）修改龙误译西文 dragon 的工作应列入国家议程。（3）开发和扩展中餐馆在对外文化交流中的作用。（4）大力开发海外中医药产业。（5）代表中国文化的音乐符号需要加强。

第六章“中华文化产品的影响”。本章报告了美、德、俄、印度受访者对哪些中华文化产品感兴趣及其观看中国电影和阅览中国图书的情况。在日、韩、越、印尼，调查了受访者对中华文化产品感兴趣和接触概况、购买中华文化产品数量、购买渠道、购买意愿、对中国文化产品品牌的认知和态度。针对调查结果，提出对策建议如下：（1）绘画、手工艺品、电影三项受到受访者的关注度最高，应成为将来对外文化交流的重点。（2）“一国一策”地推广宣传不同的文化产品。（3）“外内有别”地对待不同的人群组。（4）“内外有别”地向外推广我国的文化品牌。

第七章“中华价值观在海外的共享性”。在美、德、俄、印度调查了中华核心价值观、“八荣八耻”的共享性；在日、韩、越、印尼调查了中华核心价值观、中国社会主义核心价值观、中国梦的共享性。调查结果显示，多数上述价值在海外具有不同程度的共享性。针对调查结果，提出建议如下：（1）共享价值观的问题值得深入探讨。（2）有必要在全球调查中华核心价值观的共享性。（3）对外文化传播中实施传播“共享”价值观的策略。（4）将中华核心价值观置于国际文化软实力的核心。（5）对外传播中建议使用“中华核心价值观”。（6）中华核心价值观翻译应遵循“异化”而不是“归化”的原则。

第八章“对中华思维方式的态度”。本章展现了八国受访者对辩证思维和综合思维的态度。辩证思维和综合思维方式在各国得到不同程度的赞同。本成果认为，中华思维方式是中华文化的基因之一，体现于中华文化的所有领域，今后在对外文化传播中，宜有意识地在传播内容中加入辩证思维和综合思维的元素，从深层次传播中华文化。☯是中华思维方式的形象的精辟的体现，目前在八个国家得到广泛的认知，并且有较高的喜好度，我们应该充分利用这个文化资源，至少在中医等领域广泛使用这种代表中华特色的思维方式。

第九章“中华传统信仰在海外”。本章展现了儒家、道家和佛教在八国的影响。数据显示，作为宗教，儒、释、道在西方影响甚小。本成果建议：我国对外传播中，宜将儒家的主张称为儒家思想不宜称为儒教。调查显示，儒家思想中的一些价值观在八国受访者中得到广泛的认同，但是把儒家思想作为一种宗教信仰，信仰的受访者很少。宗教是一个很敏感的问题，特别是对已有宗教信仰的人来说，皈依另一种宗教非常困难。我们在对外传播中，不称儒教而称儒家思想，可以在传播儒家思想时减少外国信教群众的抵触情绪，便于中华核心价值观中儒家价值观的对外传播。目前，在越、日、韩有较多佛教信徒，是我们可以用的文化交流渠道。

第十章“中国媒体海外传播状况”。本章对比分析了八国受访者了解中国的主要信源、使用中国传统大众媒体的情况和影响因素、使用中国对外互联网新媒体的情况、对中国媒体的信任度。数据显示：八国受访者对我国传统外文大众传媒使用率普遍偏低，对中国对外传统媒体还没有形成习惯性的接触，黏度不高。中国外文媒体的门户网站形式相较于传统媒体形式未表现出优势。对中国媒体的信任度偏低。针对这种状况，本成果建议：（1）使用好所在国网络、电视和报纸三大媒体。（2）进一步做好各国各大媒体驻华记者的工作。（3）充分发挥电影在传播中国文化中的作用。（4）加强我国媒体渠道与内容两方面的建设。（5）深入研究并充分发挥中餐馆的信息传播功能。（6）提高我国对外媒体的信任度。

第十一章“中国文化团体与组织对外影响力”。在美、德、俄、印度调查了参与文化交流活动、观看中国演出、参观展览的情况和对孔子学院的态度。在日、韩、越、印尼调查了观看文艺演出、展览和欢乐春节的情况，中国企业在外的影响，对海外中国文化中心、孔子学院和体育代表团的认知和态度。调查数据显示，受访者未观看中国艺术家文化艺术演出的 10 个原因中，“未获得演出信息”在四国平均值中位居第一（53.3%），远高于其他原因。此外，我国的海外跨国公司和中国产品的形象欠佳。因而建议：（1）加大对文化交流活动的前期宣传力度。（2）提高我国跨国公司在海外的好感度。（3）改进中国产品的形象。

第十二章“外国人眼里的中国民众与杰出人物”。调查了八国受访者对中国民众的认知和心理距离以及对中国名人的知晓度和美誉度。调查的数据显示：中国民众的海外形象欠佳。本成果建议：（1）采取措施改进中国民众在海外的形象。(2) 充分利用影视等名人的作用。(3) 孔子和老子在各国民众心中的知名度和美誉度较高，充分发挥孔子和老子传播中华核心价值观的作用。(4) 改进关于中国人民政治领袖的对外宣传。(5) 加大介绍中国科技精英的力度。

第十三章“对我国经济发展的看法”。展示了八国受访者对 30 多年来中国经济发展的认知和态度。八国的调查显示，只有约五成的受访者了解 30 多年来中国的经济发展。了解中国经济发展的受访者中，除了日本受访者外，其他七国大多数受访者对中国经济发展道路给予肯定。折合成百分制，对中国社会和经济发展道路的赞赏度，由高到低为：印尼 (86.6 分)、俄 (80.6 分)、越 (75.6 分)、德 (74.5 分)、美 (72.6 分)、韩 (72.2 分)、印度 (72.0 分)、日 (51.2 分)。针对调查结果，本成果建议：(1) 加大传播我国改革开放 30 多年来经济成就的力度。(2) 我们的调查和皮尤调查中心的调查都显示，日本民众对中国经济的发展有误判，就我国对日的经济宣传进行研究，采取相应的对策。

第十四章“对我国政治制度的印象”。本章展现了八国受访者对中国政治制度的认知和评价。调查显示，八国对中国政治制度的认知不清晰：一是对中国的社会制度不清楚；二是将社会主义与共产主义相混淆。在态度方面，受访者在回答“中国政治制度促进还是制约了中国的经济发展”时，以百分制计算，八国由高到低为：印尼 (82.4 分)、越 (69.8 分)、印度 (64.8 分)、俄 (64.4 分)、韩 (63.8 分)、德 (58.8 分)、美 (58.6 分)、日 (2011 年 55.0 分，2013 年 49.6 分)。发展中国家及韩国六成以上受访者，德和美五成以上受访者都持中国政治制度促进了中国的经济发展。这说明，我们的政治制度在促进经济发展方面得到了广泛的肯定。因而，在传播中国政治制度促进中国经济发展方面应有信心。建议今后的对外宣传中注意准确清晰地表述中国的政治制度。

第十五章“对我国外交的评价”。2011 年在美、德、俄、印度、日和 2013 年在日、韩、越、印尼调查了受访者对近 5 年我国外交实践的评价和对双边关系的态度。两次调查显示，对我国外交评价由高到低的排序为：印尼、德、俄、印度、美、韩、越、日。这个次序与我们调查前的主观想象有较大的差别。对日本的两次调查显示，受访者的态度两年内发生较大下滑。

这说明，了解各国民众对中国外交的看法，应根据形势变化和经过一段时间后的连续性调查，以发现舆情的变化。面对调查结果，本成果认为：(1) 受访者对我国外交政策的态度与对我国文化的态度是否相关值得研究。外国民众对中国外交的评价和对“中国威胁论”的态度是否影响了他们对中华文化的认知、态度和行为，值得进一步探讨。(2) 在中日关系恶化的形势下如何开展文化交流值得研究。

第十六章“我国的整体国家形象”。在八国主要调查了两个问题：一是对我国整体形象，从可靠可信、令人愉悦、有领导力、充满活力、颇具魅力、坚定不移、不断发展、有创新力 8 个维度进行评价；二是调查受访者喜欢中国的人数在喜欢其他世界大国人数中的排名及喜欢中国的原因。调查的结果和建议综述如下：(1) 中国国家形象的“可靠可信”形象不佳，需要采取应对措施。对美、德、俄、印度、日五国的调查显示，“中国可信可靠”在俄、印度、德的得分在 8 个中国形象维度方面都被列为最后一名。在日、韩、越、印尼的调查中，最喜欢中国的为印尼，有 27.0%的印尼受访者喜欢中国，以下依次是越南（12.0%）、韩国（5.8%）、日本（1.7%）。中国在越南、韩国，尤其是日本的国家形象不佳。8 项评价指标，以百分制计算，四国平均分中倒数第一的是“可靠可信”。值得注意的是：喜欢日本的比例在越南（32.5%）、印尼（33.2%）和韩国（7.2%）均高于我国（相应的比例为 12.0%、27.0%、5.8%）。要改善中国在四国的国家形象，宜从在使四国认为中国“可靠可信”上多做工作。(2) 在树立中国形象上，宜充分发挥文化灿烂和经济发展迅速的优势。2011 年调查显示，中国文化对中国形象良好贡献率在美、俄、德位居 8 个因素之首，在印度居第二。2013 年在日、韩、越、印尼的调查中，四国选择最喜欢中国的 8 种原因（可多选）中，灿烂文化（60.9%）、经济发达（56.6%）排名前二。在经济较发达的日本和韩国，喜欢中国的第一原因是灿烂文化；在经济欠发达的越南和印尼，喜欢中国的第一原因是经济发达。因而我们在塑造中国文化软实力方面，宜充分发挥中国文化和经济发展迅速两大优势。(3) 青年对中国国家形象的态度不乐观，宜采取应对措施。2013 年调查结果显示，从整体上看，四国对中国整体形象的 8 个指标评价程度从高到低均为：精英、整体、青年、高中生。喜欢中国的情况四国从高到低均为：精英、整体、青年、高中生。与中国的亲近度四国从高到低也是均为：精英、整体、青年、高中生。这种状况应引起注意，采取相应的措施。

第十七章“中华文化国际影响力”。本章有三项内容：展示了八国受访者对我国文化的整体评价；呈现了受访者心目中中国文化在世界主要文化中的排名；利用在日、韩、越、印尼的调查数据，创建中华文化影响力指数。调查的结果和建议综述如下：（1）对中华文化充满自信。用多种方法测量受访者对中华文化的态度，均显示中华文化在受访者眼中富有魅力。在2011年的调查中，提供的用来形容中华文化的10对形容词（每对包括一正一反两个形容词）中，得分最高的形容词为“有吸引力的”。在2013年对日、韩、越、印尼的调查中，以五级量表测量，对中华文化是“有活力的”“有吸引力的”“多元的”“灿烂的”“有价值的”的得分都超过了中间值3。在与15国文化的横向对比中，中华文化在日、韩、越、印尼四国受访者中平均名列第四，超过了美国文化。这些都验证了中国文化的影响力，使我们对中华文化充满自信，也增强了我们进一步发展文化软实力的信心。（2）加大中国文化是“爱好和平的”和“具有包容性”的传播力度。在2011年对美、德、俄、印度、日的调查中，在本国文化之外，中华文化被美、俄、印度三国受访者所最爱，并在五国平均数中名列第一。在10对形容词中，只有一对其贬义的“排外的”（31.3%）比褒义的“包容的”（20.2%）高。在2013年对日、韩、越、印尼的调查中，四国受访者对9个形容词打分的平均值中，得分倒数第一和第二的是“爱好和平的”（2.67）和“具有包容性”（2.86），介于较不同意和中立之间，倾向于中立。这应引起我们足够的注意。“中国威胁论”已经渗透到四国民众的头脑中，我们今后的对外传播中，要针对消除四国民众中的“中国威胁论”开展工作，在对外文化传播中，要注意重点传播中国文化“爱好和平”和“包容”的特点。（3）创建了中华文化国际影响力指数的计算方法。根据2013年在日、韩、越和印尼的调查数据，探讨了计算中华文化国际影响力指数的两种方法。方法之一是运用主客观相结合的修改后的“二次分类选典法”，即“指标初选＋聚类分析＋复相关性系数挑选＋标准差挑选”的指标体系的建立方法，并以此建立了“中国文化影响力指标体系”。方法之二是三维度计算法。以中国文化的资源力、传播力、影响力为评估中国文化影响力的模型，以2013年在日、韩、越和印尼的调查数据确定“中国文化影响力指数”综合评价体系中的具体指标及每个指标的具体计算方法，并确定缺失数据的插补方法。具体步骤为：第一，确定指标体系。在确定指标时，遵循了四个主要原则：相关性、全面性、单一指标的准确性、整个指标体系及其每个子体系的可靠性。最终建立了包括 3 个一级指标，10 个二级指标和 42 个三级指标在内的指标体系。第二，检验指标体系。通过因子分析、变量聚类分析和内部信度分析三种多元统计分析方法，对“中华文化影响力指数”指标体系的合理性进行了探索。第三，计算指数。这一步包括无量纲化、确定权重、合成指数。合成指数采取加法合成的方式，除了该方法计算最为简单之外，主要是因为这种方法突出了较大评价值且权数较大者的作用，其方法原则属于主因素突出型。对于每位受访者，可以按下面的公式合成其在“中华文化影响力指数”总指标上的得分：$CCII=\sum_{q=1}^{42} w_q X_q$ 。其中 X_q 代表受访者在第 q 个三级指标上的值，w_q 代表该指标的权重。与之类似，可以计算出每位受访者在各个二级指标和一级指标上的得分。为了便于理解和比较，均将其转化为百分制。最后得出日、韩、越、印尼的中华文化影响力的得分分别为 38.27 分、42.92 分、55.26 分、61.85 分（百分制）。上述两种计算方法得出的中华文化在四国的影响力指数类似，四国指数大小的排名均为：印尼＞越南＞韩国＞日本。第一种方法显示，在中华文化四大要素（文化的物化形式、文化的精神内核、文化的传播渠道、国家的整体发展状况）的影响力比较方面，文化的精神内核对日、韩、越、印尼四国的影响力最大，其后由大到小分别是文化的物化形式的影响力、国家的整体发展状况的影响力和文化的传播渠道的影响力。第二种方法显示，四国受访者的得分都是中华文化资源力最高、中华文化吸引力次之、中华文化传播力最低。

“结语”。中华文化国际影响力调查研究今后宜重点做好以下几项工作：建立高层平台，增强跨学科跨部门的合作完善评估体系；优化国际文化影响力指数计算方法；扩大中国文化影响力的调查范围；开展动态研究，建立全面反映中华文化国际影响力的数据库。

三、成果的学术创新、应用价值以及社会影响和效益

（1）根据国际社会对文化的理解和我国的国情，提出了适合国际文化传

播的语境中关于文化成分的“珍珠链理论”。应用价值：给全面理解国际跨文化传播的文化成分提供了分析框架。

（2）在传播学理论上，借鉴拉斯韦尔提出的五W理论，针对国际跨文化传播特点，增添了3个W，提出了八W模式，并将之中国化为“八何”模式。虽然，S. 霍尔曾经提出过在大众传播过程中存在编码（encoding）和解码（decoding）的问题，解码依赖于文化、政治倾向和权力框架的影响，但没有与5W模式结合起来考虑。尽管W. 施拉姆提出过编码和解码的概念，但是主要用于人际传播，并没有提出甲文化码本和乙文化码本的区分。因而“八何”模式是学术上的创新。应用价值：给全面理解国际跨文化传播提供了分析框架。

（3）提出并证实了共享性中华核心价值观的理论，提出了弘扬共享性中华核心价值观为提高中华文化国际影响力的核心战略。利用“中华文化印象”调查问卷在八国范围的抽样调查的大型实证调查研究显示了共享性中华核心价值观的存在。应用价值：给向国外传播中华核心价值观、社会主义核心价值观和中国梦的可行性提供了理论支撑和可行性验证。社会影响：在2011年10月27—28日国务院新闻办举办的“全国第二届对外传播理论研讨会”分论坛大会发言中宣读了关于共享性中华价值观的论文。发表了《试论对外传播中的共享价值观问题》《美、德、俄、印民众眼中的中国国家形象——问卷调查分析》等三篇论文，上报全国哲学社会科学规划办公室《成果要报》4份，其中《美国民众了解中国的信息源特点及对策建议》被《成果要报》收录。

（4）研发了中华文化国际影响力评估体系。应用价值：评估体系给全面评估中华文化国际影响力提供了理论框架，“中华文化印象”调查问卷使这种评估具有可操作性。利用该评估体系和调查问卷可以广泛地对中华文化在世界各国进行评估。

（5）运用自己研发的“中华文化印象”调查问卷，依照中华文化影响力评估体系的13个二级指标在八国的影响力比照，进行定量的对比分析。针对调查情况，提出了增强我国文化对外影响力的对策建议。应用价值：数据对中宣部、文化部、外交部、新闻出版广电总局等涉及对外文化交流的各部门具有参考价值。社会影响：2011年12月给文化部做的《新时期中国文化海外影响力评估报告》在 2012 年 8 月 2 日得到刘延东同志的批示："开展中国文化海外影响力评估很有必要，望不断深化和完善，更加扎实有效地推进中华文化'走出去'。"根据这个批示，2013 年我们对日、韩、越、印尼进行了中华文化影响力调查，调查结果受到了文化部的好评。同时针对日本调查数据给中宣部写过内部报告。印尼调查报告曾经上报中央对外联络部。

（6）创建了计算中华文化国际影响力指数的方法，利用上述方法综合评价了中华文化在日、韩、越、印尼四国的影响力大小。应用价值：利用中华文化国际影响力指数可以对中华文化在世界各国的影响力进行多国家的横向对比；可以对一国的影响力进行历时性的纵向对比。

《日本平成时期经济增长与周期波动研究》概要

崔 岩*

一、选题背景及研究的目的和意义

日本作为非西方文化圈的东方国家，较早地走上资本主义道路并成为后发国家成功追赶发达国家的典范。日本发动的对外侵略战争及战败，使其赶超进程受到了挫折，二战结束时日本经济一度跌落为世界三流国家的水平。经过战后四分之一世纪的恢复和重新追赶，在20世纪70年代日本再度成为世界经济强国。日本经济的重新崛起，奠定了20世纪70年代以来美、日、欧三强鼎立的世界经济格局。20世纪50年代初到70年代初，日本实现了长期的高速经济增长，从战后三流国家水平一跃步入了仅次于美国的世界第二经济大国，这一快速成功发展被称为“日本奇迹”。美国政治学者查默斯·约翰逊从政府与企业之间关系的角度，对战后日本政治经济体制即经济发展机制进行了深入的研究。① 70年代中期以后世界经济出现了结构性的变化，西方国家的经济增长受到了很大的影响，一段时期陷入了“滞胀”的局面。日本尽管也出现了类似的情况，但是很快就摆脱了经济困境，一直是西方集体中增长绩效的“优等生”，在80年代甚至一度出现了要赶超美国成为世界第一经济大国的苗头。对这一时期日本经济良好绩效原因的解析一度成为国际学术界研究的对象，如傅高义的著作《日本第一》就在国际上引起了巨大影响。

---

* 崔岩，辽宁大学教授，硕士生导师。

① 参见［美］查默斯·约翰逊：《通产省与日本奇迹：产业政策的成长（1925—1975）》，吉林出版集团有限公司2010年版。

但是，以20世纪90年代初为节点，日本经济发生了重大的转折。在80年代中后期，日本所处的国际政治经济环境和其自身结构发生了很大的变化。来自国外的冲击是金融自由化和规制改革等自由化浪潮，这一冲击迫使日本开放国内市场和推进规制改革；日本成为世界经济大国和西方国家经济增长面临的困境，使得日本又成为国际政策协调的对象。在诸多复杂因素的作用下，日本在80年代后期发生了严重的泡沫经济。以泡沫经济破灭为契机，日本在90年代初开始陷入了长期经济停滞和通货紧缩状态。与日本经济出现重要转折相巧合的，恰是日本天皇年号的变化，1989年1月8日日本结束了自1926年12月25日以来使用的持续时间最长的天皇年号“昭和”，改为“平成”，从此日本进入了所谓的“平成时代”。

中国实施改革开放政策以来，日本经济成为我国外国经济研究中的热点研究对象，战后日本实现经济现代化的成功经验是我国推进经济改革和经济建设学习和借鉴的重要内容，加之中日两国经济关系的快速发展，中国的日本经济研究在上世纪80年代取得了很多的研究成果。但是随着日本泡沫经济破灭、经济陷入长期停滞，日本经济原来具有的魅力逐渐消失，日本经济作为我国外国经济研究的主要对象的地位出现了下滑，日本经济增长的乏力和面临的一系列严峻问题，使其丧失了中国从其身上寻找成功发展经验的吸引力。

诚然，20世纪90年代的日本经济被称为“失去的十年”，常常用“大萧条”等词语来表述，但是实际上，日本经济研究的意义非但不能因为其经济增长乏力乃至长期停滞而有所下降，相反却因为日本经济出现了非常复杂的现象和经济运行机制，成为当今世界经济极具典型的“萧条经济”的研究样板，使得日本经济研究无论是从学术角度还是现实应用的角度都具有更加重要的意义。对平成时期日本宏观经济进行较为全面的研究，解读日本经济长期停滞现象及其成因，分析泡沫经济、金融危机、通货紧缩等经济现象的产生机制和经济影响，以及在此期间日本政府实施的宏观经济政策及其效果，既可以弥补经济学理论中对一些重要经济现象研究不足的问题，为完善经济学理论体系做出贡献，又可以得出很多对现实经济运行和政策调控具有重要应用价值或政策含义的结论。

上述选题的重要意义，在2008年国际金融危机发生后越发地凸显出来。

20 世纪 90 年代在日本陷入通货紧缩难以自拔时，美国则以其自我标榜的金融创新和新经济为基础，实现了良好的经济增长绩效。但是一段时期相对良好的增长状况和新产业发展，并不能掩盖在新自由主义政策主导下过度的金融自由化带来的问题，这正是金融危机的根源。以美国为中心的国际金融危机的爆发，将世界经济带入了迟迟难以自拔的萧条状态，以致治理萧条成为经济政策的主要任务。上世纪 90 年代日本经济发生的问题，可以说是今天世界经济变化的前兆。世界并没有对此给予必要的重视，因此扩展为世界性的问题。在经济学说史上，经济理论发生的每一次革命，都是以重大经济结构变化为背景的。对深刻经济问题的研究其意义也正是如此。

二、成果的主要内容、重要观点及对策建议

正是着眼于上述的研究目的，本成果对 20 世纪 80 年代末期到 21 世纪初期的日本宏观经济进行了系统和全面的分析，包括 8 章，约 30 万字。按照最初的构想，试图用经济增长和周期波动来总括平成时期最初的十几年来日本宏观经济发展的情况，从泡沫经济时期的平成景气到泡沫破灭引发的平成萧条这一经济周期波动开始，分析之后十几年间日本经济增长和周期波动的特点，并扩展到此期间的主要经济问题的产生、经济影响和主要宏观政策调控的内容及效果。日本经济存在着很多值得研究的问题，从大的方面可以分为结构问题和需求及周期运动问题。本研究将重点放在后一个方面。下面按照篇章安排和主要结构构成，简要介绍各部分的主要内容和重要观点。

第一部分为整个课题的总论性研究，包括序章“平成时期日本经济分析纲要”和第一章“日本经济长期停滞的成因之争”。在总论性分析的第一部分，曾发表了名为《平成日本经济论析——经济增长与周期波动变异的影响因素》的论文，即从经济增长和周期波动这两大宏观经济研究主题出发，来对本课题的研究对象加以总括。从泡沫景气到泡沫萧条，从实体经济的高涨到急速衰退，再到停滞的长期化，20 世纪 90 年代的日本经济可以用长期停滞或超低速增长和微弱化的波动加以概括。而造成这一特点的原因包括泡沫经济、不良债权与金融危机、通货紧缩等。关于日本经济长期停滞的原因，日本国内外学者进行了大量的研究，但是由于研究的侧重点和依据的理论基础不同，不但没有形成一致的意见，甚至还存在着很大的争论。在总论性研

究的第二部分，参考了大量日本学者的研究成果，对“需求主导派”和“结构主导派”这两大派别关于经济停滞成因的争论进行梳理和评析。最终得出的结论是，日本的长期经济停滞存在着结构和需求两方面的原因。深层次的结构因素对增长的影响是不可否认的，但是在运行层面上仍然是需求因素主导的。促使日本经济摆脱萧条、步入正常发展的轨道还是应该从需求调节上努力。

“结构派”人士认为日本经济存在的结构问题，导致了潜在经济增长率的下降，是导致长期经济停滞的主要原因。而“需求派”则是站在凯恩斯主义或货币学派的立场上，认为需求不足是经济长期低迷的主要原因，主张用积极的宏观经济政策扩大总需求，摆脱长期停滞局面，使日本经济进入健康发展的轨道。从上面对两大派别的论证和争论，可以看出双方各自都存在着合理性，而且很难从经济学的学术分析上完全否定对方的分析及主张。由此还可以看出，极端否定对方观点而坚持自己观点的认识，显然是不全面的。因此，可以说 20 世纪 90 年代日本经济出现的长期停滞，是纠合了包括结构因素和需求因素在内的综合因素的影响下出现的。只不过不同因素的作用和表现是存在差异的。毋庸讳言，90 年代以来不论是日本经济自身，还是日本面临的外部国际经济环境，都发生了重大的结构性变化，这种结构性变化以及由此引发的经济结构问题，对日本经济产生了重要的影响。这是不可否定的。但是，这些结构问题的出现和影响，是长期的而非短期的，是对长期经济增长趋势变化的影响，并不能将其看作造成经济低迷的直接原因。相反，这期间影响日本经济的特殊的经济现象，大多表现为需求因素或由需求不足决定的，如通货紧缩、总需求不足等。应该说，需求因素是影响经济运行和增长的主要因素。但是结构因素和需求因素两者之间并非不相关的，而是相互间存在着密切的联系的。结构因素起着基础性作用，而需求因素则是在既定的结构基础之上，决定经济运行的实际状况。

第二部分为主要经济问题的研究，包括四章：第二章“日本泡沫经济分析”，第三章“日本平成时期的经济周期波动”，第四章“金融危机与不良债权”，第五章“通货紧缩问题的发生及其经济影响”。

平成时期始于 1989 年，但是平成经济分析必须上推到昭和末期，即日本泡沫经济形成及泡沫景气时期。日本泡沫经济作为非常重要的经济现象，是理解平成时期以来日本经济发展不可缺少的关键词之一，其发生背景和基本原因已经有了非常多的研究。第二章在系统地分析了泡沫经济形成背景和评析以往研究的基础上，从“泡沫经济形成原因的再思考”这一题目出发，提出了更深入的分析视角和观点：必须重视日本崛起为经济大国对国际经济结构及秩序的影响，以及发生转变的日本经济受到的外部制约因素增强等，这是一个没有受到足够重视的分析视角。从国际政策协调开始到日元升值、宽松的金融货币政策的持续实施，以及金融自由化改革和日本金融市场资金供求结构的变化等导致的金融机构行为的变化，这些造成资产泡沫形成的直接或间接因素，都是以上述新视角描述的变化为基础产生的。

第三章首先介绍日本经济周期的测定方法，并分析了第二次世界大战结束以来日本经济在不同发展阶段经历的经济周期的主要特征。在此基础上重点分析了20世纪80年代中期以来，在泡沫经济影响下日本经济周期波动出现的新形态，并尝试分析了资产泡沫形成和破灭对经济周期波动的影响机制。80年代中后期，在日本国内外经济制度和经济结构发生重大变化的条件下，日本经济在多种因素的综合作用下，出现了严重的泡沫现象。资产价格的大起大落，也增大了经济周期的波动幅度和经济衰退的深刻程度。关于资产价格泡沫对宏观经济波动的影响方面，本章借鉴了日本学者相关的研究成果，仅就资产价格的财富效应、对企业投资的影响等进行了初步的实证分析。结果表明，两种影响在现实中在一定程度上是存在的，但是其影响并不是特别重大，仅仅局限于此的分析还不能充分说明资产泡沫对宏观经济波动产生的深刻影响。从20世纪90年代初泡沫经济破灭后日本开始陷入长期经济衰退，后来又引发了深刻的金融危机及衰退深化，到东亚金融危机，再到由美国次贷危机引发的全球金融危机，其一个共同的特点是金融动荡导致了深刻的经济衰退。因此，以泡沫经济为起点，经由金融危机再到经济深刻衰退这一过程，应该是近二三十年来世界经济周期波动出现的新现象。

深刻的金融问题贯穿于日本平成时期最初的十余年，对日本经济产生了重要的影响。有人甚至将90年代初泡沫经济破灭后直至21世纪初期的长期经济停滞称为“平成金融危机”。

第四章研究了日本金融危机和不良债权问题，包括以下五个部分：第一节分析了在20世纪90年代初期泡沫经济破灭后日本出现的金融体系的不稳定局面及其不断的深刻化，并最终演变为深刻的金融危机的过程。第二节和第三节研究了不良债权问题的产生、处理和不良债权问题对金融机能产生的影响。不良债权和金融危机之间存在着因果关系，但是不良债权发生和处理的拖延，存在着更为复杂的原因。日本不良债权问题的产生可以追溯至泡沫景气时期金融机构的不当经营行为和泡沫经济的破灭，其处理的拖延也与政府的政策和金融机构的经营决策相关，同时也受到经济停滞长期化的影响。第四节从金融危机的经济影响角度，研究了两次金融危机（20 世纪 90 年代末期日本金融危机和 2008 年爆发的以美国为源头的国际金融危机）对日本经济产生的影响。两次金融危机都引发了日本经济的深刻衰退，前一次是以本国出现深刻的金融危机为背景的，经济下滑受到了信贷紧缩较大的影响；后一次是在国内金融体系较为稳定的情况下，由外需即出口加速减少为先导的。日本经济存在的“过度依赖出口体质”，使得日本尽管没有像欧洲那样出现急剧的金融动荡，但是日本经济仍然受到了远超过预期的冲击。第五节比较分析了日本和美国治理金融危机所采取的对策。两国的金融危机在各个方面都存在着很大的差异，但是在治理金融危机的对策方面，却存在着很大的相似性。美国并没有因为是自由主义经济国家而放任危机的蔓延，反而在很多方面采取了比日本更为激进的对策。这或许因为危机的深刻程度和影响范围之大，或许是借鉴了日本的经验教训。美国政府积极努力尽快摆脱金融危机的影响，避免重蹈日本出现的长期经济停滞和通货紧缩的覆辙。

第四章分析了日本通货紧缩的发生及其经济影响。通货紧缩是日本长期经济停滞期间的又一难以克服的痼疾。无论是从经济学理论角度，还是从日本经济的实际分析，都表明通货紧缩作为一种货币现象，同货币供给之间存在着密切的关系。在这方面日本的货币政策应该承担着一定的责任，但是也不能全部归咎于日本银行，金融体系的长期不稳定所形成的货币供应紧缩可能是重要原因。通货紧缩的经济影响是非常深刻的，步入通货紧缩螺旋式下降通道的经济，会发生物价与总需求相互作用循环缩减的恶性循环。所以制止通货紧缩是日本经济政策的重要课题。

第三部分为宏观经济政策研究，包括两章：第六章“财政政策调控及其政策效果”，第七章“货币政策调控及其政策效果”。

财政政策作为现代经济中的主要宏观经济政策，在政府的宏观经济调控中发挥着重要的作用。第六章研究了日本自 20 世纪 90 年代初期以来实施的财政政策及其政策效果。在 90 年代初期泡沫经济破灭之后，日本经济出现了急速的下滑，于是，政府开始实施扩张性的财政政策，频繁使用规模不断扩大的公共投资对策，以图阻止经济下滑和实现景气复苏。在整个 90 年代，除了桥本内阁时期试图推进财政改革实施了紧缩政策之外，基本上是以扩张性政策为基调的。可以说，在 90 年代日本经济长期停滞时期，日本政府坚持用凯恩斯主义的财政政策作为调控宏观经济的主要政策手段。但是，由于受到各种因素的制约，财政政策的宏观调控没有达到预期的政策目标。财政政策的效果是本章分析的又一个重点内容。以往很多的实证研究基本上认为 90 年代财政政策的效果降低了，所以导致该政策未能实现经济调控的目标。本章使用向量自回归（VAR）模型对上世纪 80 年末至 2009 年日本财政政策的效果进行了实证分析，分析结果也是支持上述观点的。虽然不能说 90 年代财政政策完全失效，但是其效果是很弱的。

日本财政政策效果的下降，存在很多结构性的原因。如公共投资效率下降，对民间投资和民间消费的拉动减少，甚至有人认为公共支出对民间投资产生了挤出效应。更主要的是，扩张性财政支出的不断扩大和经济低迷导致的税收减少，使得日本财政愈发不健全并形成潜在的财政危机。这不仅会导致由于赤字，财政政策无法改善人们的未来预期，从而降低了财政政策的宏观调控效果，还会使财政政策的实施受到严重的制约。

第七章首先分析了日本金融及货币体系和政策的一般性问题及其历史演变，然后进入到研究的重点部分，即对货币政策从传统的短期利率调控到量化宽松货币政策的政策转型的研究。

在二战后的经济发展过程中，日本的货币政策随着经济发展阶段的演进发生了很大的变化。在五六十年代的赶超发展时期，货币金融政策是为经济增长和产业结构的升级服务的，尽管它在一定程度上也发挥着稳定经济的作用，但是更主要的是通过利率限制、贷款管制等手段影响资源配置，从而为产业结构的加速升级服务。70 年代中期特别是 80 年代，随着金融自由化的大幅度推进，日本金融市场不断放宽管制，货币政策的发挥余地也不断地扩大，政策的实施得到了很大程度的规范。

直到上世纪 90 年代末期，日本银行一直实施以短期利率作为调控对象的货币政策。这一政策由于存在着多种较长的传递路径，其效果受到多种因素的影响。对 80 年代和 90 年代货币政策效果的实证分析结果表明，两个时期的货币政策由于存在结构性的变化，使得后一时期的政策效果出现了减弱或失效的可能。这同由于金融系统的不稳定导致的信用紧缩、通货紧缩条件下长期利率难以下降等现实情况是相吻合的。

在金融危机爆发、经济衰退深刻化的情况下，日本银行实施了零利率政策、量化宽松政策等非传统的货币政策。量化宽松货币政策即以商业银行在日本银行的准备金账户存款金额取代了传统政策的拆借市场利率作为操作目标，日本银行公布增加日银账户存款金额的目标值，通过购买长期国债的市场操作手段实现该操作目标，以此增加货币供给，并约定该政策的实施将一直持续到消费者物价指数变化稳定为正的情况出现。它是一种在非常时期实施的强力实现货币扩张的政策。在理论上，量化宽松政策的效果被归纳为几个方面：（1）增加日本银行准备金账户存款余额与投资组合的再调整效果；（2）购买特定的资产及市场操作期间的长期化产生的降低长期利率的效果；（3）政策公约与“时间轴效果”；（4）量化宽松货币政策的日元贬值效果；等等。关于该政策的实际实施效果，在政策实施过程中存在着不同的意见，随着政策实施的结束，各种实证研究进一步使该政策的实际效果明朗化。在借鉴其他研究成果的基础上，本成果构建了向量自回归（VAR）模型，对日本量化宽松货币政策整个实施过程的经济效果进行了分析，结果表明，尽管该政策以调控总需求实现经济景气复苏和抑制通货紧缩作为主要目标，但是，实际的政策效果更多地表现在前一个方面，即对日本经济摆脱长期停滞发挥了积极作用，但是对抑制物价的下降和影响日元汇率的效果并不明显。总的来说，非传统的货币政策的实施，对日本经济摆脱深刻的经济金融萧条还是起到了积极的作用。正是在该政策的实施期间，日本告别了长期经济停滞，回归了正常的经济增长轨道。日本在 20 世纪 90 年代末金融危机发生之际就实施了量化宽松的货币政策，对今天美国在爆发严重的金融危机、经济急速衰退的情况下，采取积极的危机治理对策和非传统的宏观政策调控经济，可以说极具启示意义。

三、成果的学术创新、应用价值以及社会影响和效益

为了使大家更易于了解本成果，下面对研究内容及方法的创新、特点等

做以下几方面的简要总结：

第一，研究分析的全面性与综合性。应该说，上世纪 90 年代日本经济发生了持续十余年之久的长期停滞，存在着复杂、深刻的原因和机制。唯有对其前因后果、整个过程和各种经济现象之间的联系进行全面分析，才能达到全面把握研究对象和通过深入研究获得科学准确的研究成果的目的。首先，研究期限上溯至 20 世纪 80 年代中期，并将日美金融危机的比较分析纳入到了研究范围之中，通过比较分析更加全面地认识日本经济及现代经济体制、结构及运行的实质。其次，本成果从经济现象之间存在的逻辑结构和相互关系的角度，对主题进行了综合研究。仅就研究内容而言，涉及如此长的时期和从宏观角度对诸多重要课题展开深入研究的相关研究成果，在国内近二十年来是很少见的。

第二，达到了相当的研究深度。20 世纪 90 年代的日本经济发生了二战后半个世纪以来几乎从来没有经历过的诸多重要经济现象，包括泡沫经济、金融危机和通货紧缩等，从而导致了较大幅度的经济波动和长期经济停滞。本成果在对这些经济现象进行全面和综合研究的同时，努力对每个重要经济现象进行深入的分析，力图更深入地揭示这些经济现象产生的原因和经济机理。如关于日本泡沫经济问题，首先分析了泡沫经济形成的经济背景、表现，力图把握在特定社会经济条件下出现的泡沫经济现象的本质；其次从理论和实证角度重点研究了严重的资产泡沫影响实体经济变化的机理和表现。

第三，力图从更高的高度和更宏观的视角上，从本质上把握 20 世纪 90 年代日本的宏观经济运行和诸多独特的经济现象的发生。20 世纪 80 年代是日本经济发生重要转折的时期，一方面是日本经济自身从原来的后发赶超经济进入了成熟化发展阶段，另一方面日本经济也面临了金融自由化、经济自由化、国际化等发展环境的变化，日本作为一个新崛起的经济大国，其发展机制进入了受制于国际经济环境的阶段。80 年代末期日本泡沫经济现象的产生，和此前的美日贸易摩擦及美国施压日元升值、要求日本开放国内市场和推进经济结构改革之间存在着密切的关系。如果仅仅从金融角度或政策角度来解释泡沫经济现象，是不充分的。

第四，研究成果追求前瞻性。日本出现的长达十余年的长期经济停滞，对于世界各国都具有非常重要的警示作用，而且其治理金融危机的政策也为世界金融危机爆发后各国采取对策提供了参考。以美国为源头的国际金融危机的发生，说明自由化的金融市场具有内在的不稳定性，金融机构具有的道德风险和对金融机构的监管放松是使其不稳定性演变为金融危机的重要条件。这一点，无论是在以间接金融为主的日本还是在以直接金融为主的美国，都是一样的。本成果对日本的泡沫经济、金融危机的研究，注意到了这一点，提出了今后世界经济可能进入金融不稳定阶段的观点。而且，日本在金融危机深化时期采取了投入公共资金实现金融机构国有化、稳定金融秩序和宽松的货币政策等特殊的政策措施，对日本金融危机对策的研究可以说为认识美国金融危机对策提供了基础。

第五，方法论方面，在坚持马克思主义理论的基础上，着重应用现代经济学的相关理论和实证分析方法，力求透过经济现象把握事物本质，通过实证分析为研究结论提供坚实的论据基础，并使分析结论达到数量化的水平，而不是仅仅停留在质的分析层面上。在数量分析方面使用了在国际上也可以说是较为前沿的时间序列计量分析方法。方法论的这一特点或者创新贯穿于整个研究成果之中。关于力争把握分析对象的本质的实例，在前面已经论及。在数量分析方面，如对金融危机对经济周期波动影响的分析，对财政政策和货币政策的宏观调控效果的分析，都采用了向量自回归（VAR）模型。

作为一项兼具理论和现实研究双重特性的立项课题的研究成果，学术价值和应用价值是本成果所追求的最高目标。在学术价值方面，力图通过对日本案例的研究，揭示后发国家在自身经济结构、经济发展阶段和国际经济环境与制度都发生重大转变的时期，经济发展和宏观经济运行所具有的特征和面临的考验。日本的经验表明，在成为经济大国后和经济全球化的高度开放条件下，宏观经济的运行和政策调节必须考虑到上述因素的制约。在应用价值方面，则将重点落脚于研究成果对与日本的崛起过程具有诸多相似之处的中国经济发展所具有的启示和借鉴意义上。希望本成果能够具有较大的社会影响，能够有助于我国解决目前乃至今后相当长一段时间内宏观经济面临的诸多重要问题。

社会学

《西方社会建构论思潮研究》概要

林聚任*

一、研究的目的、意义及方法

近年来，社会建构论作为跟后现代主义密切相关的一种新的学术思潮，其兴起，对传统的思维观念提出了极大挑战，引发了人文社会科学多个学科研究范式的变革，也正在重塑我们关于社会的认识以及各学科知识本身的认识。社会建构论已在社会科学的多个领域产生了重大影响，广泛涉及不同学科、各种新的社会研究领域，如科学知识社会学（SSK）、社会问题研究、常人方法论、话语分析与科学修辞研究、社会性别研究等。它已导致了新的社会科学方法论或认识论危机，成为学术讨论的热点问题之一。因此值得我们重视和深入探讨。

本成果试图在全面回顾西方社会建构论思潮以及社会理论新发展趋势的基础上，重点考察社会建构论的理论本质、流派、主张及其对传统理论观点的挑战，探讨其新发展及对未来社会学发展的影响。本成果将重点从三个维度分析社会建构论的理论立场与应用，分别为“表征危机与社会建构论”“话语研究与社会建构论”“实践转向与社会建构论”。这三个维度的内容既相对独立，又互相关联，它们构成了我们研究当前社会建构机制与过程的重要内容。

本成果通过对当代西方社会学中社会建构论思潮发展的全面梳理研究，

* 林聚任，山东大学教授，博士生导师。

不仅对认识整个社会学学科的新发展具有重要的理论意义，而且对中国社会学的“理论自觉”和“学术创新性”的提升也有突出的现实意义。

具体言之，本成果的主要意义体现在：首先从理论上说，理论的创新与发展是任何一个有生命力的学科发展所必需的。当代西方社会学理论已发展到了一个重要的转折时期，甚至有人提出了“传统理论终结”的观点。社会学理论具有了许多新的生长点，社会建构论就是其中的一个重要方面。因此，通过对这些新的理论发展趋势的研究，将有助于我们把握西方社会理论发展的新动向，深入认识理论发展的潮流，促进学术发展。通过对西方社会学理论中隐含的社会建构论传统的挖掘及其在当代的发展的分析，在深入探究社会建构论与传统实证主义、人文主义、批判主义关系的基础上，拓展社会学的思维空间，开拓出新的话语体系，从而为社会学理论的创新与发展寻求新的生长点。

其次，从现实意义来说，对西方社会学中社会建构论思潮的研究可以为中国社会学本土化、实现理论自觉和学术创新提供重要借鉴和契机。我们要发展中国学派的社会学，应首先批判吸收西方最新的优秀研究成果。通过批判性借鉴，再结合本土社会文化资源，才有可能发展出自己的理论学派。因此，通过对当代西方社会理论最新发展趋势的梳理，系统深入研究社会建构论观点，批判吸收其有价值的成分，一方面可弥补我们理论研究的不足，这对提升我国社会学理论水平、把握社会学理论发展的新动向具有重要的作用。另一方面，在对西方社会建构论社会思潮研究基础上，我们可探寻如何从西方主导的社会理论话语中解放出来，提高社会学自身研究的反思性，加强学科发展的自主性，以最终实现真正的“学术突围”。

为此，在这一研究中，我们运用知识社会学的方法或“元理论”法，系统考察西方社会建构论的主要理论来源、流派和观点，分析社会建构的机制及其与话语和实践之间的关系，探讨社会建构论对当前西方社会学发展的影响等。在研究理路上，首先厘清社会建构论发展的学术语境和社会脉络，对其提供一个整体性的认识。在梳理社会建构论的社会学思想谱系基础上，为突出研究重点，并使本研究尽可能地贴近学术前沿，我们将在社会建构论视域观照下重新审视“知识与社会关系”这一社会学经典的研究论域，以此作为整个研究的理论突破点。这一“元理论”的分析方法，既是理论反思的过程，也是理论建构的过程。

二、成果的主要内容和重要观点

20 世纪 80—90 年代以来，西方社会学理论呈现出了许多新的发展趋势。特别是受后现代主义、后人文主义等观点的影响，西方社会理论在基本观点、理论取向以及特征等方面都跟传统理论形成了明显对立，各式各样所谓的“新—”理论或“后—”理论层出不穷。其中，社会建构论就是最有影响的新思潮之一。近年来，建构论作为一种试图超越传统社会理论的新观念得到了广泛流行，各种形式的建构主义观点从不同层面颠覆传统理论的基本观点和形式，而且这一新思潮已在社会科学的多个领域产生了广泛影响。

尽管早在 20 世纪 60 年代之前，受哲学中的直觉主义、认知理论以及某些艺术流派的影响，特别是受俄国“立方主义”艺术流派的影响，在认知心理学等领域出现了所谓的“构成主义”（constructivism）观点，但这实际上是一种结构主义观，强调各种形式结构要素的组合。例如，著名认知心理学家皮亚杰（J. Piaget）所主张的“建构主义”观点，具有突出的结构主义色彩。而后来兴起的社会建构论显然跟以上的“构成主义”或结构主义观点存在着很大的不同。可以说，它们属于不同的学术传统，社会建构论很大程度上受到了新康德主义或现象学传统的影响。正是在现象学社会学家阿尔弗雷德·舒茨（Alfred Schutz）的观点基础上，美国社会学家彼得·伯格（Peter L. Berger）和托马斯·卢克曼（Thomas Luckmann）于 1966 年出版了《现实的社会构建：知识社会学论》一书，此书被看作具有里程碑意义的社会建构论经典之作。此后，“社会建构”概念在社会学等学科中得到广泛传播，建构论观点开始流行起来。

到 20 世纪 70 年代末，建构论观点已经在社会学研究的四个领域被大量采用了。这四个领域分别是关于新闻、科学、越轨行为和社会问题的研究。例如，社会学家一直关注社会问题研究，并提出了各种不同的理论解释，如冲突论、社会解组论、社会病理论、失范论、标签论等。其中，关于社会问题的定义就存在很大的争议。而一些主张建构论的学者，后来明确提出了社会问题是社会建构的观点。最有代表性的一项成果是马尔科姆·斯佩克特（Malcolm Spector）和约翰·基特修斯（John I. Kitsuse）1977 年出版的《建构社会问题》。在此书中，他们对传统的关于社会问题的界定和理论提出了挑战。他们提出，所谓“社会问题”可以看作个人或群体做出宣称（claims-making）的活动，即他们认为某种社会状况是不公正的、不道德的或有害的，因此应予以关注。按其观点，社会问题产生于社会互动过程，并且是社会中的事实；社会问题的形成不在于其自然事实性，而在于人们通过宣称过程从而建构性地生成的。《建构社会问题》一书所提出的关于社会问题的建构论研究范式后来产生了广泛影响。如有的学者指出，该书代表了社会问题理论研究的重要突破，是社会问题理论发展的一次重要转折。而在该书出版25周年之际，社会学家乔尔·贝斯特（Joel Best）则撰文指出：《建构社会问题》一书开创了研究社会问题的建构论这一新路径。他说，正是由于斯佩克特和基特修斯所做出的实质性贡献，一个具有内在一致性的社会问题社会学出现了。此后，有更多的社会学家开始从社会建构的角度去研究各种社会问题，如贫困、疾病、犯罪等。还有些学者尝试进一步拓展关于社会问题的建构论解释。

此外，在西方社会学理论的发展中，社会建构论更为活跃、影响更大的一个领域是科学知识社会学。传统的以罗伯特·默顿（Robert K. Merton）为代表的科学社会学家赋予了科学特殊的认识论地位，主张科学知识与其他知识形态（如宗教、意识形态等）有着本质的区别。认为后者明显地受社会历史和环境因素的影响，具有突出的相对性和局限性；而科学知识根本不受社会因素的影响，故具有客观性和普适性。因此，传统的知识社会学家没有把科学知识列入其研究对象的范围之内。然而，20世纪70年代之后，一批深受科学哲学家托马斯·库恩（Thomas Kuhn）观点影响的学者，其研究中心转向了对科学知识的研究。他们提出，科学知识也是社会建构物，必然受社会文化因素的影响，故这种观点又被称为“建构主义”。例如，布鲁诺·拉图尔（Bruno Latour）、史蒂夫·伍尔加（Steve Woolgar）和卡林·诺尔-塞蒂纳（Karin Knorr-Cetina）等人在对科学进行社会学研究中，普遍地把社会建构观点扩展到了科学事实的分析，进而对科学实践活动的微观建构过程进行深入分析，以揭示所谓“黑箱”问题。这些建构主义者对科学知识建构性的“革命性”解释，已在整个学术界引起了极为强烈和广泛的反响。

社会建构论新思潮之所以于20世纪80年代之后迅速在人文社会科学各

领域中勃兴，还有一个重要的因素是受到了后现代主义潮流的巨大推动。正如有的学者所指出的，社会建构论的出现是后现代主义发展的一种结果：“社会理论在20世纪末所遇到的主要挑战来自于后现代主义和后结构主义。在21世纪，至少后现代主义死了。然而社会理论仍然承袭着其遗产……或许这一过程中最广泛和富有成果的产物是社会建构论，它自20世纪80年代后兴盛起来了。”后现代主义是20世纪80年代之后在西方兴起的一股强大思潮，表现在艺术、电影、建筑、哲学及社会思想的多方面。尽管其流派众多，观点纷杂，但它们有某些共同之处，比如强调反理性、反主流文化，倡导多元主义和非正统观点，等等。社会建构论者在很多方面汲取了后现代主义者的某些思想，他们有明显的共同之处。例如，最典型和有广泛影响的法国思想家米歇尔·福柯（Michel Foucault），他既是后现代主义者，也被看作建构论思想的重要代表人物。

实际上，社会建构论是在后现代主义、解构主义、女性主义以及新科学社会学等各种流派的共同影响下形成的一种新思潮。它体现了西方社会理论的重要发展或转向，同时也表明了当前的社会理论遇到了前所未有的危机。

当前社会理论危机的出现，要求我们从元理论的层面去重新审视或反思某些基本问题。在这些问题之中，首要的一个是对实证主义科学观和知识观的质疑与挑战。实证主义主张科学知识的外在客观性、统一性和普遍有效性，科学知识是关于自然世界的客观反映，其内容本身不受社会因素的影响，但这种科学实在论观点目前受到了社会建构论的强大挑战。因此，这场危机的一个根本性问题是对科学及实证主义方法论合理性的质疑。因此，这一危机首先是科学合法性危机问题。当然，一些科学知识社会学家和建构主义者也指出，他们质疑传统科学观，并不意味着他们是反科学的，而是要求重新审视我们传统的科学认识论。

新的科学认识论主张把科学知识跟其他知识同等看待，它们作为人类实践活动的产物，都具有社会文化构成性。这是“对称性”原理的基本主张，要求我们去重新认识知识的属性与特征。通过科学知识社会学家和建构主义者的研究，人们开始关注到了包括科学知识在内的一切知识的社会属性，它们作为人类实践活动或磋商的产物，受社会文化情境因素的影响。因此，社会建构论者重视知识的社会建构性，强调知识的社会性、反思性、多元性等特征；他们主张我们对社会事物的认识，主要的不是取决于经验客观性，而是取决于社会行动过程（沟通、磋商、话语等）。

社会建构论作为一种新的理论思潮，所提倡的是一种新的多元的方法论或认识论。它试图解构传统的经验解释模式，主张我们所获得的一切知识并不是对客观“实在”的反映，而是与社会和文化因素密切相关，认为我们人类的一切社会现实包括目标物、知识以及行为准则等都是社会建构的产物，例如“社会性别”“社会问题”“同性恋文化”“身体与疾病问题”“科学知识”等等都是社会建构物。重要的是，建构论试图颠覆我们传统上所认识的社会世界的根本属性、认识方式和解释方式，以确立起新的社会认识论与方法论，它倡导知识的社会性、实践性、反思性、多元性等，认为人们对事物的认识，不是取决于经验有效性，而是取决于社会行动过程（沟通、磋商、话语等）。因此，建构论从根本上有别于本质主义和实证主义，它特别重视社会过程、话语体系和社会建构的文化与历史因素。当然，由于西方建构论思潮有不同的学科背景或来源，因此关于建构论的研究也存在着诸多争论与问题，有人把建构论看作方法论的相对主义，也有人把它看作反本质主义、反实证主义、反客观主义等等，另外还有“强建构论”与“弱建构论”等不同的划分。

社会建构论实际上是后现代社会理论、知识社会学、后现代哲学、科学知识社会学等新的学术思潮汇流的结果。但是，我们不可能对其进行面面俱到的分析，而是力图将建构论纳入西方社会学理论的发展脉络之中，结合建构论研究的重要研究领域，去分析它给社会学研究所带来的理论变革及其产生的影响。

本成果的主要内容和重要观点如下：

第一章研究社会建构论思潮兴起的学术根源及其社会背景，通过厘清其发展的学术和社会脉络，试图对社会建构论提供一个整体性的认识。内容包括关于社会建构论的界定、与建构论相关的争论、建构论思潮兴起的学术语境及社会语境。

第二章梳理社会学思想谱系中的建构论源流及其发展脉络。内容包括经典社会学家的建构思想、符号互动论与意义的建构、现象学社会学与多重实在的建构、常人方法论与日常生活的建构、知识社会学与现实的社会建构。

第三章研究表征危机与社会建构论，从有关“表征”思想的渊源及其发展入手，深入探究“表征”与科学的关系，在此基础上考察其在社会学研究中的表现及面临的困境，最后结合社会学研究的实践转向将表征与建构纳入实践视域，提出研究过程中表征与建构阶跃整合的实践机制。内容包括表征方法论与科学、表征危机及其当代发展、社会学研究方法论的表征取向及其困境、社会学研究的建构论转向及其风险、表征与建构的整合：社会学研究的实践转向。

第四章研究话语建构论，指出自20世纪70年代之后，西方人文社会科学研究出现了所谓的“语言学转向”，话语问题越来越受到人们的关注。话语研究随之兴起，话语分析和会话分析就是这一学术发展的主要成果，而话语建构论作为建构论的重要一派，是话语研究的理论基础。内容包括话语研究的兴起、话语建构论主要观点、话语分析与社会研究范式变革。

第五章研究实践建构论，指出实践建构论尤为重视对人类实践性建构行动的研究，这为我们理解社会建构问题提供了新视角。但由于研究者关注领域、研究视角和旨趣等方面的不同，他们对实践建构的分析各有侧重，观点不一。本章将主要讨论部分有代表性的观点，内容包括社会研究的实践转向、实验室研究与秩序重构、后分析的常人方法论、科学的操作性与“实践冲撞”、场域与实践建构论。

第六章是关于时空研究与社会建构论。时空是构成社会生活的重要范畴，一切社会现象与活动都发生在一定的社会时空之中。但在以往主流的社会学研究中，时空分析视角在一定程度上是缺位的，没有得到足够的重视。近年来随着后现代主义社会理论的兴起，人们关于时空的观念发生了重要变化，时空的社会建构意义越来越受到关注。在本章中，首先讨论了时间的社会建构意义，说明时间是社会建构的产物。然后讨论空间的社会性问题，结合某些后现代主义者的观点，试图通过对社会空间概念的辨析，从社会理论上提出深入探讨空间的社会性问题的一些议题。

最后是结语部分，探讨建构论与社会学的未来走向。指出社会建构论对传统的思维观念提出了挑战，引发了人文社会科学多个学科研究范式的变革，并在重塑我们关于社会的认识以及社会学学科本身的认识。但这是一场重要的社会认识论危机，还是反映了知识的进步？目前学术界对此尚存争议。本成果主要从元理论的变革、知识生产与社会学研究的转向几个方面分析了建构论产生的影响。最后结合“反思性”主题，探讨了社会学的未来走向，分析了中国社会学实现学术突破和创新发展的前景。

为突出研究主题，我们把社会建构论放在“知识与社会关系”这一社会学经典研究论域之中展开分析，以寻求理论研究的突破。具体说，就是从“表征与建构”“话语与建构”“实践与建构”三个维度系统深入地探究“知识是社会建构的产物，而社会又是知识建构的结果”这一建构论的知识社会观，从而为把握建构论对社会学理论、方法和应用的影响提供具体的逻辑与思维通道。

本成果研究得出：社会建构论这一新学术思潮的发展，既反映了西方社会理论变化的新趋势，同时也反映出整个社会科学研究当前正面临着重大危机。新的社会建构论极大地改变了人们对社会实在及知识的认识。按此观点，知识（包括科学知识）既不是关于外部事物与现象的简单反映或表征，也不是一成不变、普遍认可的认知之物。知识作为人类活动的产物，其生产过程跟知识生产者、其社会文化环境或特定情境密切相关，是人们社会建构的结果。重视这种知识生产过程意味着，应把知识看作某种社会实践的结果，而不是单纯关于实在的表征。在这种实践过程中，表征与社会建构相结合，主体与客体相联系，自然因素与社会因素相一致，从而使知识不再是纯粹“再现”某些东西，话语建构在其中发挥极为重要的作用。因此，从社会实践的动态角度去认识知识的建构属性、机制与过程，是当代知识观的重大进步。随着这种知识观的变革，社会科学研究也相应地发生了一系列重大改变。此外，社会建构论及其实践表明，一个学科或知识的创新发展是多元的，通过反思性研究，将有助于我们做出新的理论解释，开拓新的研究领域。

三、成果的学术创新、应用价值以及社会影响和效益

无论是作为分析工具还是作为学科范式，社会建构论都显现出其极具颠覆性的解释效力，甚至可以说它掀起了一场新的“认识论革命”。在建构主义视角下，社会性别、疾病、越轨、民族、情感、社会问题、环境问题、国际关系，甚至像夸克等这类科学概念，都成了“社会建构物”。通过对社会

建构及其机制的剖析，将有助于对其理论本质及意义有更深刻的认识。

本成果的主要创新之处在于：第一，试图在新的知识社会学框架下，从元理论的层面上系统考察社会建构论的理论实质与内容。特别是把它放在社会学理论解释的脉络之下，对之做系统的探讨。研究旨在说明，新的社会建构论观点提供了许多新的理论思维，是一种新的理论解释取向，它将会改变人们对人类知识属性及社会理论的传统认识，改变对社会实在的认识。

第二，本成果系统说明了由社会建构论所带来的关于社会实在及知识观的变革，并概括指出了由于人们对知识生产过程认识的改变，社会学研究发生了一系列明显的转向。这些转向突出地表现在如下几个方面：（1）社会研究由重表征到重社会建构的转变；（2）社会研究由重经验描述到重话语建构的转变；（3）社会研究由重知识本身到重实践建构的转变；（4）社会研究由寻找一般规律到重多元文化意义的转变。

本成果的应用价值体现在：社会建构论以及后现代主义思潮的兴起，已对西方主流社会学带来了极大影响，从而出现了一系列研究的新转向。中国社会学一方面作为世界社会学体系的一部分，必然受到这些新思潮的影响；另一方面，立足于中国本土社会的社会学，也应该有自己的特色和发展方向，这是学术发展与创新所必需的。然而，我们也清楚地认识到，中国社会学自改革开放后恢复以来，许多社会学家虽为了学术独立与创新做了不懈努力，开展了大量本土化的经验研究，但理论创新与发展并不理想，大多数研究仍然对西方社会学亦步亦趋，难以摆脱西方话语体系的羁绊。在当前越来越突出的全球化背景下，西方话语的霸权性地位更加凸显，中国社会学要实现学术“突围”或创新，似乎显得更为艰难。不过，社会建构论和后现代主义观点可能为我们提供了一种希望，指出了理论创新与发展的可能性。即从这一观点来说，学科知识的发展也是一种社会建构，而这种建构具有多种可能性，而不是只有唯一的模式或选择。实际上，中国本土的学术资源和社会学家的某些学术实践也表明，突破西方话语体系，建构自己的学术话语是可行的。

当今中国正处于快速的社会转型之中，经济实力在全球的影响也越来越大，这也为中国社会学的创新发展提供了极大空间。因此，在了解和借鉴西方社会学最新研究成果的同时，加强自身的理论自觉是极为必要的。总之，理论重建和学术创新是无穷的，中国社会科学的话语体系建构具有理论和现实的可能性。只要立足于本土社会，发掘可利用的社会文化资源，就有可能实现中国学术的创新性发展。

本成果的社会影响体现在：本成果是在国家社会科学基金项目研究基础上完成的，结合课题研究，已在国内核心期刊发表相关研究论文近十篇，其中多篇已被中国人民大学复印报刊资料等转载，在学术界引起了较大反响。当前，中国学术界越来越重视理论创新和学术话语地位的提升。本成果对中国社会学的未来发展所提出的建设性观点，无疑将对学术界的理论创新和理论建构具有重要的参考意义。

法　学

《私法的自然法方法》概要

陈永强*

一、研究的目的、意义及方法

本成果旨在构建一个一般的私法的自然法方法论，以此来重启私法的伦理观念，复兴私法的人文主义思想。通过梳理和借鉴经典的自然法理论，将其思想和方法嫁接到私法之诚信原则的分析中来，为私法理论和规则体系构建一个统一的伦理结构，为矫正个人主义方法论的缺陷提供理论依据。

本成果的意义在于推进民法学方法论理论知识的更新，促进民法学知识与伦理学知识、哲学知识的互动，从而加深对民法学哲学根基的研究。通过揭示私法的核心道德价值体系，为私法内部建立统一的、无矛盾的价值判断体系提供依据。在实践层面，私法核心价值原则的提炼有助于指导中国民法典基本原则的立法，并为诚信原则的司法裁判规则提供参考。

在研究方法上，本成果采用历史与比较法方法及体系化方法。从希腊哲学、罗马法、中世纪和近代人文主义私法学家等历史与比较视野中阐述私法的自然法传统及诚信理论的变迁。采用体系化的方法，将私法视为一个价值一致的整体，从权利义务对应的体系视角构建诚信义务一般理论，通过类型化研究将诚信概念的价值判断统一适用于合同法、物权法与侵权法。

二、成果的主要内容和重要观点

本成果的主要内容包括导论、总论与分论。总论为“私法的自然法原理

* 陈永强，中国计量学院教授，硕士生导师。

总论”，共4章；分论为“自然法方法的应用：以诚信为对象”，共4章。

导论“为什么是自然法”。阐述了私法理解的两种视角：外部视角与内部视角。外部视角的经典理论为功利主义理论与分配正义理论。内部视角的经典理论是形式主义方法与自然法方法。功利主义因缺乏对个体权利的尊重而不足为取；分配正义则不适合私法，私法是自治的，而非政治的。形式主义法学主张应从私法的结构、性状等特征来理解私法，其旨在剥离私法的伦理特征。自然法理论呈现了一种法与道德的紧密联系，它是法的理想维度或批判维度。形式主义方法力图将法律与政治区隔开来，按照形式主义者的观点，私法的中心问题不是既定的国家权力运作是否可以按照它的价值被期待，而是支撑它的正当理由考量是否与支撑关系的其他特征的考虑相互连贯。连贯的论证不确认任何法律关系特征的善德，它只是确认这个特征与其他特征之间的联系。与之相反，私法的自然法方法明确宣称道德在私法中发挥着普遍性作用，它是内在统一的理解私法的基础。所谓自然（拉丁文natura，英文nature），原初意义是指物质宇宙。在斯多葛哲学中，人被要求按照自然而生活，因为这是人类生存的目的，它“是解脱粗俗人民的混乱习惯和粗野放纵而达到较高级的行为规律，这些规律只有有志者通过克己和自制才能加以遵守”。根据西塞罗的经典看法，“法律是根植于自然的、命令应然行为并禁止相反行为的最高理性（reason），那么看来他们是正确的。这一理性，当它在人类的意识中牢固确定并完全展开后，就是法律”。自然法方法为我们建立了私法之爱，以便在自利与利他之间保持均衡。爱意味着协作，协作的理想要求一个人从来不能在不考虑其行为可能对他人造成损害的前提下，利用法律权利来追求个人自己的目的。私法之爱要求从事市场交易的人们在施展才华获取利益时应考虑他人利益，它要求对待他人的错误行为应给予适当的宽容。当我们以他者为立足点时，自我与人性才能够被认识与理解，私法也才能建立正确的规则。

第一章“形式主义法学批驳”。归纳了形式主义法学方法的三个命题，即法律的完备性命题、形式平等的普遍性命题、道德与法律的分离命题。法律的完备性命题意味着法已经一劳永逸地制定，在价值判断上不须做出价值选择，也不必进一步考量法外之情事，尤其是政治伦理与道德伦理，由此导向法律与道德的分离命题。但反过来，分离命题却导不出完备性命题，因为即便法律与道德是分离的，法律也未必一定是完备的。法律的完备性命题与平等的普遍性命题均在于实现一种版本的法治理想：法应不分贵贱、不分性别、不分贫富地一体地适用于全部人，以此实现相同的事物应予相同对待之正义原则。法律越完备，概念越精确，规则越明确，平等的普遍性实现程度会越高，但并不是说完备的法律本身是平等的，一种不平等的法律也可能被制定。完备性命题、平等的普遍性命题与分离命题在立法意义上均是弱相关的，一种完备的、普遍平等的法律可能是合道德的，也可能是不合道德的。但在司法意义上，它们之间却是强相关的，法律越完备，道德权衡的必要性越小，完备性命题支撑着分离命题。分离命题与平等的普遍性命题是强相关的，形式平等的普遍性命题倾向技术层面的法的普遍适用，从而减弱了道德权衡的必要性，因形式平等排斥了实质平等的追求。形式主义法学的哲学渊源来自奥斯丁—凯尔森—哈特等实证主义法学派的理论主张，这些法哲学理论或多或少地体现了形式主义法学的若干个面相。现实主义法学和新自然法学则对形式主义法学提出了严厉的批判，认为要撇开道德语境去独立地分析法律是不可能的。形式主义由于其在法的逻辑一致性、确定性与可预期性方面具有的优势，在温里布的理论中被重新提出，温里布确信法律形式主义是私法的基础，认为通过性状、种类和统一的观念的联合，法律形式主义能够导向私法的内在理解。但是，统一的形式规则也同样具有不容忽视的缺点，即存在“包容过度”（over-inclusive），形式规则不区分具体情况，不可避免地会使那些本不应受到保护的人获得了保护。在此，引入德沃金所称的道德考量或权利理论等外在因素似乎不可避免。私法自治固然是一种重要的价值，但人的理性是有限的，人们并不能准确预测将来会怎样，人们甚至不知道自己真正想要的是什么，因而，完全的自治只能是一种理想。法律的发展还是一个动态的过程，我们应当将符合时代要求的新的价值适时填充到法律之中，自然法理论由此而成为必要。

第二章“私法的自然法传统”。论述了自然法传统的希腊渊源，分析了斯多葛哲学、亚里士多德、西塞罗、阿奎那、霍布斯、普芬道夫、格劳秀斯等学派及人的自然法思想。希腊哲学中，每一种生物都有自己的本性和目的，而人的目的在于获得有理性的生活。亚里士多德说，有理性的生活就是有德性的生活，是至善。公正则是德性之首，有公正的德性的人不仅能对他自身运用德性，而且还能对邻人运用其德性。亚里士多德由此建立了矫正正义与分配正义的经典区分，矫正正义也被认为是私法结构最一般的表述形式。亚里士多德还区分了自然正义与实在法正义，当两者发生冲突时，亚里士多德用“衡平”（公道）来对实在法进行矫正。罗马法中，自然法思想日臻成熟与完善，西塞罗建立了自然法的一般思想与经典理论，自然法被认为是普世的，任何法律如果与自然法相违背，都不能称为法律。法律与正义永久相关，它必定是最大的善。西塞罗把法律描述为包含正义的“正确理性”，这意味着人间制定的法律必须符合正确理性、正义和自然规则，永恒法成为一项标准，永恒法的目的是正义，人间制定的法律可以依据永恒法而被区分为善法与恶法。法律的强力乃是一种附带性因素，唯有国家需要用强力来实现正当和正义诸原则的时候，强力才能被证明是正当的。在中世纪，自然法象征着人类价值与基督教价值的基本和谐，象征着人达到完美境地的可能性以及他的理性能力。依据阿奎那的自然法理论，自然法是神之理性在造物中的反映，按理性办事是人所特有的，人类也只有按理性办事才是正当的和正确的。自然法的首要原则是“行善避恶”，该基本原则是永久不变的，一切其他的自然法诫命均以此为基础。阿奎那对“善”的定义是“可欲的存在的性质”，即是说凡理智认作值得追求的目标都有“善”的性质，当其运用于上帝时，其意义是“最高的善”“终极的善”；当其运用于被造物时，其意义是“共有的善”。近代以降，自然法成为私法人文主义的思想基础。

第三章“私法之善”。阐述“私法是善的”这一基本命题。善是伦理学的基本概念，亚里士多德将善界定为某人或某物的目的，称某物为善，即是说它是在一定条件下被人所追求的和人的目的之所在。亚里士多德区分了具体的善和最终的善，最终的善是幸福，幸福是完善的和自足的，是所有活动的目的。伦理学家罗斯提出了四种终极的善：德性、快乐、正义与知识。菲尼斯的自然法理论认为，人类基本善的各种形式就是基本价值，是普遍形式的善，菲尼斯的自然法学说提出了人类善的基本形式，即人类的基本价值：生命、知识、游戏、审美经验、社交或友谊、实践理性、宗教。这七项基本价值中，正义与法律是实践理性的一项原则。自然法理论主张善是多元的，我们所要做的是在善目之间寻找平衡，对一个个人或社会来说，幸福的诀窍在于找到一个最佳的混合状态。在善与妥当之间，善优先于妥当性，因为假如目的本身毫无价值的话，即使是手段对于目的最高程度的妥当性也没有任何价值。善为法的内在正确性提供了基础，当“扬善避恶”成为法的第一原则后，法必然要提出“正确性宣称”，正确性命题是支撑整个法理论的基石。实证主义法学强调法的正当制定性与社会实效，自然法学则强调法的正确性命题，正确性命题源自自然法学所主张的法与道德的联系命题。如果说制定性与实效构成了法的现实性的维度，那么，正确性命题则构成了法的理想维度。

第四章“私法的自然法方法”。提出了一个以原则理论为核心的私法的自然法方法论。法律应当包含原则，原则理论预示着法律与道德之间的密切关系。德沃金认为我们只有承认法律既包括法律规则也包括法律原则才能解释我们对于法律的特别尊敬，原则是法律体系中有拘束力的重要部分。原则是最佳化命令，规则是确定性命令。原则要求某事在相对于法律上与事实上可能的范围内尽最大可能被实现。规则在某种程度上具有“全有全无”特征，其几乎没有灵活解释的度向空间。原则具有分量和重要性的深度，当各个原则互相交叉时，就需要考虑原则分量的强弱，原则需要通过权衡来确定分量。而规则在事实上和法律上可能的空间内拥有确定性，它的适用是一种全有全无的状态，它既不能被权衡，也不需要被权衡。规则适用的典型方式是涵摄。原则之间有位阶与协作的关系。原则的位阶一方面由原则所处的法律位阶决定，另一方面则由原则本身所蕴含的价值高低而确定。法律位阶的高低只是一项判断原则位阶的形式论据，如宪法位阶的法律原则一般在分量上要高于普通法法律原则，上位法律原则的分量要高于下位法律原则的分量。原则要求私法内在伦理价值的一致与无矛盾。按照自然法理论，私法可以理解为各种正义原则的总和。这些道德原则是从社会生活的某些特定的、反复出现的基本境况和基本事实方面的法的理念以及事物本质的社会道德的各种价值中引申出来的。自然法扎根于社会道德，是社会道德的呈现。自然法原则具有抽象性，经典原则如“当为公正，当弃不公”“避恶行善”“各得其所”“己所不欲，勿施于人”。比德林斯基、贝勒斯等学者均构建了整个私法的原则体系，亨利·马瑟则建立了合同法的道德原则体系。比德林斯基认为，所有法律的基本原则有十二项：（1）保护基本的善（诸如生命与尊严）；（2）最大限度的平等的自由（equal freedom）；（3）确保分配正义；（4）提供最基本的生存条件（minimum subsistence）；（5）保护弱势群体；（6）提供矫正正义；（7）确保法律之下的安全与和平；（8）保护既得权利（acquired rights）；（9）通过国家机关确保法律之下的安全；（10）以充分反思性目标为目的；（11）以功利（utility）为目的；（12）以经济效率为目的。亨利·马瑟将合同法原则体系区分为两种基本类型：公共道德原则（common decency）与司法回应原则（responsive adjudication）。前者是合同法的基本道德原则，用以指导行动，后者则是法官的实践针对公共道德原则所做的回应而建立的原则。这两者构成了亨利·马瑟的合同法的自然法理论的精髓。"权衡"是原则的特定属性，这个属性要求我们必须对相互可能冲突的原则进行协调，通过由法律原则所保障的目的（如自由和安全）进行比较和权衡，实现不同利益之间达成公正的妥协，并以此实现利益的最大化（Optimierungsgebot）。法益衡量需要遵循三项原则：比例适当原则（Grundsatz der Verältnismäßigkeit）、过度禁止原则（Übermaßverbot）和让路原则（Ausweichprinzip）。

第五章"诚信的私法史"。阐述诚信概念的比较法历史以及变迁。诚信概念在罗马法、法国法、德国法、日本法、荷兰法、英国法、美国法中有着不同的内涵。诚信概念源自罗马法，罗马私法中，诚信概念被用来为交易行为阐述诉讼说明理由，其功能在于确定由这些法律关系产生的个别义务的标准。法国、德国、日本、荷兰等大陆法系国家均将诚信原则作为一般原则规定于民法典之中。美国合同法确立了一般诚信义务，所有合同的履行与执行均负有诚信义务。在中国传统文化中，诚与信基本上是同义等值的概念，《说文解字》云："诚，信也"，"信，诚也"。诚信是儒家传统所主张的基本价值，是儒家伦理的核心观念之一，原意为"既不欺人，也不自欺"。传统文化之"诚"首先更多着意"宇宙本体""性之实体"。传子思所作之《中庸》云：诚者，天之道也，诚之者，人之道也。诚乃万物本原，亦为性之实体。信，五常之一。"仁、义、礼、智、信"是传统儒家所主张的基本价值，是儒家伦理的核心所在。信，诚也，就是"不欺"，就是"使人不疑"，其内涵包括信守诺言、言行一致和诚实不欺。所谓信守诺言，即不食其言；言行一致，即专一不移；诚实不欺，即无伪也。信是儒家传统主张的人与人之关系的基本准则，在儒家看来，守信是君子的必备品德。中国近代继受法律过程中，《大清民律草案》乃是将诚信原则作为“要旨宏纲”而规定于民法总则。但在随后的《中华民国民法典》中，诚信原则被移至债编。我国台湾地区 1982 年修订“民法典”时，复将其恢复为民法总则之一般条款，规定于总则第 148 条第 2 款，行使权利、履行义务，应依诚实及信用方法。

第六章“诚信的私法学说”。阐述了诚信界定的诸学说。《中华民国民法典》以来，对于诚实信用的解释，有五种学说：语义说、不可定义说、衡平规范说、利益衡量说和特别关系说。《民法通则》以来，对诚实信用的解释有语义说、一般条款说、两种诚信说等，基本上遵循传统的五种学说。语义说强调市场活动中的信用、恪守诺言和诚实不欺，诚信要求不得在损害他人利益的前提下追求自己的利益。“诚实信用原则为一切市场参加者树立了一个‘诚实商人’的道德标准，隐约地反映了市场经济客观规律的要求。”一般条款说则旨在说明诚信原则的一般条款地位，并强调一方当事人与他方当事人之间的利益平衡，以及当事人利益和社会利益的平衡。美国学者萨默斯提出了“排除器理论”，其认为，诚信是一个排除器式的概念，诚信条款并不意图说明什么，而是指称诚信不是什么。诚信排除了合同履行中的许多类型，如违背交易精神、缺乏谨慎、只履行主要义务、不协助对方履行等，排除器理论为诚信的适用提供了一种可供操作的技术。在诚信立法中，《民法通则》仅规定了诚信原则而没有同时规定权利滥用之禁止原则。本成果认为，这一模式是可行的，禁止权利滥用原则可以为诚信原则所吸收，其属于诚信原则的一项子原则，无独立意义，将来我国的民法总则的立法中只要规定了诚信原则即无再规定禁止权利滥用之必要。诚信具有补充解释、矫正法律与创设法律的功能。方法论上，诚信正义的论证方法强调法益权衡，基本的论证原则有禁止自相矛盾、禁止违约或违法来主张权利、不执行不可期待之义务、比例原则等。这些原则构成诚信正义的法律论证方法。前后矛盾的行为是诚信原则所禁止的，“如果某人行使自己的权利与自己以前的行为相矛盾（venire contra factum proprium），而他人又一直信赖他以前的行为，这种对权利的行使是违反诚实信用的”。

第七章“诚信的正义伦理”。研究了自然法传统中的诚信正义理论的构成。在希腊哲学看来，诚信是主观的善，是正义的伦理基础。诚信之所以成为正义的伦理基础，其根本缘由在于人的社会性。亚里士多德提出了人的社会性这一命题，他说："人是政治动物，天生要共同生活。"个人无法离开社会而孤立存在，其总是处于普遍的、复杂的社会关系网络中。在这个社会关系网络中，人以他人的存在为依据，人的行为在共同体中相互影响、相互评价。罗马人将法看作善良与公正的艺术，罗马法学家乌尔比安为法建立了一条著名的准则："诚实生活、不害他人、各得其所"。在这一准则中，诚实生活乃是法的一个内在的道德基础。西塞罗提出了公正的两个基础：信诚、各得其所。前者涉及正义的内在伦理，后者涉及外在公正。西塞罗认为，"诚信"（fide bona）这一词语使用非常广泛，它用于监护、合伙、信用、委托、购买、出售、承包、租赁以及社会生活涉及的其他各个方面。西塞罗的诚信理论要求一种利他主义，要求把他人的利益视为与自己的利益一样，"因为正派之人永远是高尚的，因此也永远是有利的"。康德的法哲学理论则将诚信看作一种内在的伦理义务，这一义务的根本在于与他人的关系中维护自己作为一个人的价值。在康德看来，"诚实生活"是一种内在的义务，它"在于与别人的关系中维护自己作为一个人的价值"，因为，人是目的，而不是供别人使用的手段。一个理性的人是自决的，他可以自由决定任何目的。"诚实生活"这项义务在第二个公式"不害他人"中被解释为一种责任，它产生于我们自身的人性的权利。"诚实生活"的外在表现即是"不害他人"，"不害他人"是依据"诚实生活"这一内在义务而衍生的外在义务。在这个外在义务中，实践理性的外在运作得以实现，在两个自由意志的行为中，必须受权利法则的束缚，一个人的自由意志必须与另一个人的自由意志相协调。诚信伦理存在个人主义解释和利他主义解释两种维度，诚信伦理需要恰当地在两者之间取得平衡。本成果提出了诚信的伦理原则的四条子原则：诚实不欺、信守诺言、不害他人、关爱他人。在这四项自然法的基本伦理原则中，诚实不欺是信守诺言的基础，允诺只有在诚实不欺的基础上才可以被期待信守。而如果信守诺言将给一方带来不可预期的损害，则需适用不害他人这一原则。关爱他人则是在不害他人原则基础上的进一步行为要求，它要求为他人利益采取合理的行动。在某种程度上，关爱他人原则是不害他人原则的例外，当将该原则应用于特定案件中时仍需要提供足够充分的理由及论证。

第八章"诚信义务的体系"。提出了一般诚信义务的概念及界定方式。

按照义务说，诚实信用被认为是一组义务，即一个合理的人在社会交往中所负有的一般行为义务，这些义务属于一个合理的人在特定情形下应该做并能够做到的。诚信一方面反映了一个人应负担的积极行为义务，如合同中的瑕疵告知义务、通知义务、协助义务、勤勉义务、信息披露义务等；另一方面也反映了一个人应承担的消极行为义务，如禁止权利滥用、禁止自相矛盾、禁止滥用谈判优势、禁止欺诈、保守秘密义务、损害防免义务、容忍义务等。诚信的内涵既包括诚实，又包括信赖。信赖是对生活的合理期待，人们可以合理地期待他人是诚信的，他人的行为不会给自己带来无辜的伤害。信赖保护思想产生了损害防免义务，人们必须合理地行动，在行动中以应有的注意不给他人造成不合理的危险与损害。诚信本身即是一个人的内在道德品质，义务说实际上将一个权利主体与外在行为义务链接起来，义务构成了诚信正义与具体私法关系的内在链接的桥梁。一般诚信义务的理论基础在于正义理论，其要件有：忠实于共同目的并满足对方当事人的合理预期以及遵守共同体的礼仪、公平和理性的标准。一般诚信义务的理论基础具有显著的道义论性质，与主张经济理性作为一般诚信义务的理论基础之观点明显不同，后者认为诚信的构成要件应通过减少交易成本来实现经济目的。本成果认为以经济原则来证立诚信义务是与诚信伦理所坚守的道德原则相悖的，道义论之诚信比经济论之诚信更符合诚信的原初意义。一般诚信义务可以划分为积极诚信义务与消极诚信义务、可强制执行的诚信义务与不可强制执行的诚信义务、损害赔偿型诚信义务与权利效力减损型诚信义务。诚信义务可以依据诚信的四项伦理原则而具体化，是对法官造法的一种提醒，即法官可以根据他所觉察到的其所处时代的需要来适时地发展法律。本成果最后使用诚信的自然法方法来说明物权法、合同法及侵权法中的三个具体化的诚信义务，即信息披露义务、合理调查义务与积极救助义务。

本成果的重要观点有：

（1）私法就像是爱，私法平等地爱每一个个体。自然法方法彰显了私法之爱，它可以矫正形式主义法学所带来的过度利己主义的弊端，能对他人利益的关注予以平衡，从而能够更好地实现实质正义。

（2）私法理论和规则体系存在一个统一的伦理结构，私法伦理是多元的，私法伦理是一种相对的位阶关系，并且是伦理交叉、互动关系，应然意义上，私法应当成为一个伦理有序、价值无矛盾的法律体系。

（3）自然法方法论以伦理原则理论为基础，强调法益权衡之方法，伦理原则之间存在协作、退让与优先关系。

（4）私法之诚信伦理可以细化为四项子原则——诚实不欺、信守诺言、不害他人、关爱他人，这些显见的伦理原则是私法整个诚信义务体系的基石。

三、成果的学术创新、应用价值以及社会影响

理论创新：通过汲取希腊哲学、罗马法、中世纪神学自然法、近代人文主义等经典自然法理论的思想精华，创新地构建了私法的自然法方法论，揭示了私法的核心道德原则体系，以推进私法学理论与哲学理论、伦理学理论的知识互动和思想沟通，为私法人文主义思想的复兴开辟新基。

方法创新：研究方法上，法学二级学科之间的交叉研究方法得到了创新性的运用。本成果从自然法原理出发，以处理规则与原则的原则理论为连接点，架设了私法上的诚信原则与自然法之间的桥梁，并以此为基点，从崭新的视角对诚信原则做出了深入研究。

学说创新：提出了诚信界定的“义务说”之学说，建立了一般诚信义务的概念，对诚信原则的内涵做了更为详细的阐述，特别是诚信义务的类型化、体系化和具体化，在现有研究的基础上得到了较大的提升，取得了较大突破。

应用价值与社会影响：为私法方法论的理论研究提供进一步的理论根据；为中国民法典诚信原则之一般条款的立法以及诚信原则的民事司法审判实践提供参考与借鉴。本成果的部分观点已体现于发表的相关学术论文中，这些论文受到学界和司法实务界的关注，具有一定的影响力。

《国有股权行使和监管法律制度研究》概要

徐晓松*

一、研究的目的、意义及方法

在借助公司制度处理政企关系、提高国有企业经营管理效益的过程中，作为与自然人及一般法人不同的主体，国家股东如何行使股权是一个世界性的难题。伴随着中国国有企业公司制改制的进程，中国学术界对这一问题展开了长期的探讨，但改革的不断深入也暴露出既有研究存在的不足。首先，由于国有股权在权利属性上与私人股权的本质区别，仅在公司法股权制度基础上展开的研究不能满足国有股权行使和监管制度构建的要求；其次，学界既往研究中比较系统深入的部分主要以国有独资公司为对象展开，但这不能满足当下以及未来中国国有公司股权多元化改革的需要。因此，在肯定国有企业公司制改革重要意义的前提下，改革者应当重新思考这样的问题：首先，主体的特殊性对国有股权行使究竟具有什么样的影响？其次，面对国有企业改革以及国有股权行使和监管的现状，如何使未来的制度改革进一步走向深入？

2013年11月中共十八届三中全会审议通过了《中共中央关于全面深化改革若干重大问题的决定》，明确指出国有资本、集体资本、非公有资本等交叉持股、相互融合的混合所有制经济是基本经济制度的重要实现形式，要积极发展混合所有制经济，以管资本为主加强国有资产监管，推动国有企业

* 徐晓松，中国政法大学教授，博士生导师。

完善现代企业制度。这无疑为本成果研究思路的确定提供了指引。基于此，结合我国现阶段国有股权行使的实践，改变研究思路，拓宽研究范围，将国有股权行使和监管制度的构建与中国国有股权行使和监管的具体实践相结合，以当下国有控股股东重大事项决定权、国有股东股份转让权以及股利分配权行使实践为基础，以国有股权主体的特殊性及其对国有股权行使和监管制度构建的影响为基本线索，展开对国有股权行使和监管法律制度的研究，使研究在理论上更加深入的同时，最大限度地增强系统性和针对性，以期在提升研究理论水平的同时，对中国当下及未来的国有企业制度改革提供应有的支持，是本成果研究的目的和意义所在。

为实现上述研究目的，本成果运用了以下研究方法：首先，理论分析与实践分析相结合作为基本研究方法贯穿始终。基于预定的研究内容、思路和目的，本成果的理论观点和制度设计的提出和论证，不仅以相关领域国内外研究文献的收集整理和分析为基础，而且落脚到对中国国有企业以及国有资产管理体制改革的历史与现状的分析，并将二者紧密结合。其次，比较研究和实证研究方法的运用。为加强研究结论的科学性，最终奠定制度设计的理论和实践基础，本成果将横向和纵向比较、中外比较研究方法运用于对改革历史、国内外相关理论以及相关具体法律制度的分析，同时，通过对诸多案例以及法律规范的实证分析，总结国有股权行使在不同经济制度环境下的特征、存在的问题以及域外经验借鉴的可能性。再次，为使观点和立法建议的论证更具说服力，本成果相关部分涉及了法社会学、法经济学、历史学等学科的研究方法的运用。例如，在国有控股公司股权结构及其股权主体构成、国有企业股利分配现状的分析中运用了数据分析与图表分析方法；通过“未来效用模型”来说明委托代理理论；在所有对国有企业改革背景的分析中运用了历史资料分析的方法。

二、成果的主要内容和重要观点

1. 研究的突破口与总体思路

自 2005 年以后，随着改革的不断深入，国有股权各项权能的行使渐次展开，其中最值得关注的，一是股权多元化改革中国有股东重大事项决定权的行使，二是相关经济领域向民营企业开放背景下国有股份转让权的行使，三是在国有企业盈利背景下国有股股利分配权的行使。笔者认为，上述制度改革位居现阶段国有股权行使和监管制度建设实践的核心环节，正在进行的制度构建集中体现了国有股权的基本属性及其不同于私人股权的鲜明特色，以此为突破口展开研究，将使本研究处于国有股权行使和监管制度构建理论与实践的最前沿，实现将国有股权行使和监管制度的理论与实践向前推进的研究目标。

笔者认为，首先，本成果应当在公司股权制度基础上，紧紧围绕国有股权的公共权利属性及其对国有股权行使和监管制度构建的影响展开研究；其次，国有股权行使和监管不仅涉及企业制度改革，而且涉及国有资产管理体制改革，这决定了国有股权行使和监管制度只能在改革实践中建立和完善，因此，本成果还应当立足于当下国有股权行使和监管及其制度建设实践展开研究。具体而言，不仅要结合现行体制对股权行使主体框架做出具有前瞻性的制度设计，还应当结合国家股东在重大事项决定、股权转让以及股利分配三个方面行使权利的实践进行制度建设；不仅要研究国有独资情况下的国有股权的行使和监管，还要研究国有资本控股情况下的国有股权的行使和监管。

综上，本成果的研究思路是：将国有股权行使和监管制度的构建与当下国有股权行使和监管的实践相结合，在对国有股权制度基本理论进行系统论述的基础上，围绕国有控股股东重大事项决定权、国有股东股份转让权以及股利分配权行使的实践，展开对国有股权行使和监管制度的研究，在使理论研究更加深入的同时，最大限度地增强研究的针对性和实用性，以期对正在进行的改革做出应有的贡献。

2. 主要内容和重要观点

本成果的核心观点是：基于对国家所有权公共权利属性的承继，国家股东行使股权的行为只能依靠法律对国有股权主体及其行为的拟制，在这一过程中，与私人股权完全不同的财产来源、设置目标以及权利行使方式将对国家股东重大事项决定权、股份转让权以及股利分配权的行使和监管产生重大影响，最终形成国有股权与私人股权在制度层面上的根本区别。

本成果分五个部分展开论证上述命题。

第一部分，国有股权行使和监管法律制度的基本理论与研究重点。本成果从国有股权行使和监管制度的公司治理价值、国有股权的公共权利属性及其对国有股权行使和监管制度构建的影响三个方面构建了国有股权行使和监管法律制度研究的基本理论平台，提出了以下主要观点：(1) 从国家所有权与国有股权之间关系的角度，基于对国家所有权公共权利属性的承继，国有股权具有与私人股权完全不同的设置目标和权利行使方式，国家股东行使股权的行为仍然只能依靠国有股权主体及其行为的法律拟制，而起源于私人股权的公司法并无这样的制度资源，因此不能为国家股东行使股权提供直接的制度支持，这意味着在国有企业公司制改革中，立法者的一个重要任务是必须在公司法原则基础上构建起符合国有股东需求的新制度，即国有股权制度。(2) 国有股权的公共权利属性是其与私人股权区别的基本点，这对国有股权行使和监督制度的构建具有重要影响。首先，如果国家股东行使股权的行为仍然只能依靠法律对国有股权主体及其行为的拟制，那么国有股权行使和监管的制度构建就将是整个国有股权制度的核心范畴；其次，在国有股权行使主体体系构建的过程中，特殊“代理问题”将成为该体系中诸主体之间关系处理的难点并贯穿始终；再次，在国家股东行使股权的具体过程中，国有股权的公共属性将在重大事项决定、股权转让、股利分配等方面得到充分体现，形成国有股权区别于私人股权的制度特色。具体而言，在股东重大事项决定权制度构建方面，国有股权行使方式的公权属性意味着一个良好的国有股权行使机制的形成不仅依靠股权主体的成功拟制，而且有赖于监督机制的形成；在股权转让制度方面，国有股权设置目标的公共属性可能导致国有资本在某一领域退出或丧失控制地位，因此对股权设置公共利益目标变化的考量将成为决定国有股转让权行使的重要因素，与此同时，由于国有股权行使方式的特殊性及其所涉及利益的复杂性，为保障股权转让的公平有序，相关制度构建将更加注重权利（力）平衡和程序控制；在股利分配方面，基于财产来源的公共性，在国有股权控制的公司中，不仅全民利益层面上的公共利益成为国家股东的根本利益追求，而且全体人民有权分享国有股权的收益，因此，国有股股利分配不是纯粹的公司与股东之间关系问题，同时也是国家财政预算问题，国家股东在行使股利分配权的过程中，在权利行使主体、分红政策制定、股利分配限制等问题上将面临与私人股东完全不同的问题。综上所述，尽管国有股权在国家所有权行使方式中注入了私权因素，但在其公共权利属性的影响下，整个国有股权制度构建都将在出发点和最终结果上表现出与既有公司股权制度的不同。

第二部分，国有控股股东重大事项决定权行使法律制度研究。本成果认为，首先，当采用控股方式对公司投资时，重大事项决定权是国家股东参与公司治理、通过控制权行使进而维护国家股东权益的最直接途径。其次，也是更为重要的，在国有资本控股条件下，股东重大事项决定权在国家（政府）与国有企业之间关系的调整和改革中担负着历史重任。通过国有控股股东重大事项决定权的行使，立法者将关注：由于国家（政府）股东的介入，公司经营将受到怎样的影响？这又将在多大程度上改变公司运行的规则，并对相关法律制度构建产生影响？为降低这种影响的负面作用，国有股权行使机构应当采用什么组织形态，其行使权利的具体方式应当做出什么样的变革？所有这些问题的研究与实践结果，将直接决定改革者预定的国有企业股份制改革目标能够在多大程度上被实现。因此，国有控股股东重大事项决定权行使制度构建是国有企业与政府之间关系的调整和改革的最关键环节。在当下国有公司股权多元化改革以及相关经济领域向民营企业开放的背景下，考虑到既有研究已经对国有独资公司投入了较多的资源，本成果将国有资本控股公司中国有股东重大事项决定权的行使作为研究重点。认为：（1）国有资本控股公司的典型特性在于国有股权控制，其控制权行使区别于国有独资公司以及其他资本控股公司的典型特征是：由“一股独大”及“双重身份”结合所形成的国有控股股东“超控股东特权”，进而导致国有控股股东行使重大事项决定权时的“过控”与“失控”现象。也即在国有资本控股条件下，一方面，公司中的国有股权比重较高，有利于发挥国有股东在收集信息和对代理人的监督方面的优势，克服广大中小股东在监督企业经理人员方面的激励与成本障碍，并减少股权分散情况下众多中小股东的“搭便车”行为，从而能够提高企业治理效率，保证国有资本收益；另一方面，由于国有股权“一股独大”，容易产生国有股东“专断”，公司不能建立有效的股东会、董事会、监事会制衡机制，也不能选择合格的经理人员并实施有效的激励约束措施，从而可能导致国有股东失去对股东代表继而失去对公司的控制权，出现严重的“内部人控制”，降低公司治理效率。（2）国有控股权行使中诸主体之间法律关系的定位和分析表明，国有股权行使过程涉及的各主体之间的法律关系不是纯粹的私权关系，而是包括代表、信托与特殊代理等法律关系在内的复合关系体系。这是我们展开相关制度构建、形成国有控股股东理性行使权利机制、最大限度地杜绝国有控股权“过控”和“失控”的基础。本成果提出：由于股权主体的特殊性，国有控股股东重大事项决定权行使制度设计的结果，必须使国有控股股东在具备维护自身利益的冲动的同时，又避免因国有股权主体的特性而形成对公司的过度控制，因此，国有股权行使主体制度体系以及各主体权利、义务、责任制度的设计将是整个主体制度构建的核心。基于此，在具体制度构建方面，本成果建议：建立以国有控股公司为核心的国有股权行使主体制度体系，实现股权主体的商业化、专业化和私法化；为彻底避免国有资本控股公司中国有股权主体的“超控”，防止国有资本控股公司成为变相的国有独资公司，国有控股权的行使方式应当更加灵活。在这方面，可以借鉴其他国家的成功经验，按照国家对不同类型的国有资本控股公司的控制需求，在保持国有股控制力的前提下，采用诸如“黄金股”“特别股”等不同的股权行使方式。

第三部分，国有股转让权行使法律制度研究。本成果认为，首先，2013年11月党的十八届三中全会审议通过的《中共中央关于全面深化改革若干重大问题的决定》明确指出要积极发展混合所有制经济，基于此，站在国有企业改革的立场，在推动混合所有制经济发展、推动国有企业改革方面，国有股份的转让为多种所有制主体提供了一个参与国企经营管理、分享改革成果、优化市场结构的良好契机，这将为我国经济体制的进一步改革，为统一开放、竞争有序的市场体系的建立打下良好的基础。其次，对国有股权转让的基础及其所承载的利益冲突关系的系统分析表明，不同时期社会公共利益内涵的变化是国有股转让权行使的现实基础；基于其来源的公共属性，国有股份转让的过程和结果将对包括全民在内的所有利益相关者产生重要影响，并有可能导致公司法中股东重大事项决定权规则在一定程度上失效，这必然对相关法律的协调平衡功能提出独特的要求，即主体权利、义务和责任的统一以及对股份转让权行使的程序控制，将成为保障国有股权公平和有序转让的关键，进而成为国有股转让权行使制度构建的核心。基于此，本成果在具体制度构建方面提出：（1）基于国有股权设置目标的公共属性，在当下国有公司股权多元化改革以及相关经济领域向民营企业开放的背景下，为保证国有股权转让服务于公共目标，最大限度地减少国有资产流失，保证国有股权公共属性的实现，国有股转让权行使制度构建必须极大地关注相关主体权利、义务和责任的统一。(2）针对我国现行国有产权转让规则存在的主要问题，应当通过正当程序的设计，构建对政府及国资监管机构国有股转让决策权的制约和监督机制，建议加强人大对政府重大国有股权转让决策权的监督，以专门立法对特别重大的国有股权转让实行规制，加强人大对国资监管机构的监督，建立充分有效的信息披露制度。（3）结合行业特点，对受让方、转让场所、转让方式的选择、转让收益的使用方式等进行监管，并通过完善现行转让办法，加强未来制度与现行规定的衔接。

第四部分，国有股股利分配权行使法律制度研究。本成果认为，首先，由于国有股权的公共财产性质以及国有股权存在的公共利益目的，国家股东股利分配权的行使不是单纯的股东行使权利和公司利润分配行为，而是一种国家财政预算行为，国有股股利分配权行使制度不是单纯的公司法问题，而是一个既涉及财政预算制度改革又涉及经营性国有资产管理体制改革的复杂问题。因此，国有股股利分配权行使和监管制度构成了国有资本经营预算制度的重要内容，是国家预算法律制度的重要组成部分。其次，在公司制背景下，国有股股利分配权行使过程不仅体现了企业与国家股东之间的利益分配关系，而且由于国有资本来源的公共财产性质，财政部门要站在国家和人民利益的高度，使国有资本收益的使用不仅惠及国有企业，而且惠及全民。因此，国有股股利分配权行使也体现了国有企业与全民之间的利益分配关系。再次，基于国家财政预算监督管理制度的功能，对国有资本收益与支出进行监管的过程，也是对国有企业经营者行为约束的过程，在这个意义上，国有股利分配权行使与国有公司治理水平的提升具有密切联系。以上述结论为基础，本成果提出，当下制度建设最急需解决的问题是：(1）紧密结合中国经营性国有资产管理体制改革和财政管理体制改革的实际，针对现行国有企业利润分配制度在利润基数确定、利润分配比例确定等方面存在的缺陷，围绕科学准确地界定利润构成，保证利润分配制度的完整性和灵活性等问题，完善国有企业利润分配制度，以协调平衡国有企业与国家股东在企业利润分配中的利益冲突关系。(2）在国有股股利分配所得以及支出纳入国家预算管理的前提下，为确保国家股东收益权的顺利实现，相关制度构建必须关注现行国有资产管理体制下国资监管机构与政府财政部门的关系问题。（3）在上述基础上，通过预算监督制度的进一步完善，实现国有股股利分配权行使的监督。

第五部分，国有股权监管法律制度研究。本成果认为，鉴于国有股权主体及其权利行使的特殊性，国有股权良性行使机制的形成不仅依赖法律对股权主体及其行为的制度构建，更有赖于法律对股权行使主体履行职责行为的监管。在这个意义上，国有股权监管是整个国有股权行使制度中不可或缺的内容。以此为基础，针对我国目前国有股权监管制度及其实践中存在的问题，本成果提出：（1）应当完善现行国有股权监管制度体系。根据权利（力）来源的不同，国有股权监管分为公司外部监管和内部监管，前者指各级人大、政府及政府审计机关以及社会公众等对国资监管机构履行出资人职责的监督管理，后者指各级国资监管机构从出资人角度对股东代表以及国有公司董事、监事以及高管实施的监督。结合我国的实际情况，改革者应当在国有股权行使的具体实践中，从其公共权利属性出发，注重对人大和公众监督及其相应制度的具体设计。（2）针对我国国有企业过于看重行政责任或刑事责任，对民事赔偿责任鲜有涉及，大量国有资产流失无法得到弥补和挽回，国有股权主体权责不对等的实际情况，应当完善股权行使主体责任制度，尤其应当以信托责任为基础完善国有股权行使主体的民事责任制度，以公益诉讼原告制度的改革为重点，完善国有股权行使主体民事责任的追究机制。

三、成果的学术创新、应用价值以及社会影响和效益

较之同类研究，本成果有以下主要创新：

首先，研究思路的创新。本成果在整体上没有将公司股权制度框架直接套用于国有股权行使和监管制度构建的研究，而是将国有股权视为与私人股权并列的一类特殊股权，紧紧围绕国有股权的公共权利属性及其对国有股权行使和监管制度构建的影响展开研究，从而增强了研究的科学性和系统性。

其次，由思路创新所决定的研究内容和论证体系的创新。从国有股权的公共权利属性出发，本成果将国有股权行使和监管的重点和难点归纳为国有控股股东重大事项决定权行使、国有股转让权行使、国有股股利分配权行使

以及国有股权行使主体民事责任追究机制构建。与同类研究成果相比，上述研究不仅使研究更加深入，而且自成体系，具有明显的开拓性和创新性。

再次，分析样本选择的创新。根据国有企业改革的进程，本成果分析样本的选择不局限于国有独资公司，而是立足当下国有股权行使和监管实践，将眼界扩展到以国有资本控股公司为主的国有公司整体，将主要篇幅用于国有控股股东重大事项决定权、国家股东股份转让权以及股利分配权行使和监管的理论与实践研究，从而不仅对学界既往研究做了系统全面的扩展，而且更加符合当前以及未来相关制度改革的实际需要。

又次，本成果的以下理论观点具有创新性。(1) 尽管国有股权在国家所有权行使方式中注入了私权因素，但公共权利属性仍然是其区别于私人股权的主要特征，正是由于其公共权利属性的影响，整个国有股权制度构建在出发点和最终结果上都表现出与既有公司股权制度的不同，股权行使主体制度的构建及其权利行使的监管将成为核心范畴，克服特殊“代理问题”将贯穿整个制度构建始终。(2) 对国有股转让的基础及其所承载的利益冲突关系的系统分析表明，不同时期公共利益内涵的变化是国有股转让权行使的现实基础，而国有股转让对包括全民在内的所有利益相关者产生的重大影响必然对相关法律的协调平衡功能提出独特的要求，使得主体权利、义务和责任的统一以及对股份转让权行使的程序控制，成为保障国有股权有序和公平转让的关键，进而成为国有股转让权行使制度构建的核心。(3) 较之股权的其他内容，股利分配权行使最典型地体现了国有股权与私人股权在本质属性上的不同：它不是一个单纯的股权行使问题，而是一个涉及财政预算制度改革以及经营性国有资产管理制度改革的复杂问题。因此，紧密结合中国经营性国有资产管理体制改革和财政管理体制改革的实际，展开对国有股股利分配权行使制度的研究，对协调平衡国有企业与国家股东之间就企业利润分享产生的利益关系、协调平衡国家（政府）在使用国有资本经营所得的过程中产生的全民与政府之间的利益关系、提升国有企业的治理水平具有重要的理论与实践意义。

最后，在具体法律制度构建方面，本成果提出了以下具有新意的观点和立法建议：(1) 主张以国有控股公司为载体、以建立健全国有股东代表制度为核心、以设立特别股和创设国有股权信托制度为配套，改进国有控股股东重大事项决定权的行使与监督。（2）在国有股转让权行使制度方面，主张以构建正当程序制约政府决策权为重心，根据国家安全、经济战略、自然垄断、完全竞争等不同行业设置特殊的监管目标和审批权限，并对资产评估、管理层收购、职工持股、黄金股设计做配套性改革。（3）在国有股股利分配权行使法律制度研究方面，主张以协调平衡国有企业、国家股东以及全民之间的利益冲突为目标，将国有股股利分配与收益纳入国家预算监督体系，以国有企业利润上缴制度以及国资监管机构与财政部门在国有资本经营预算中职责的合理划分为重点，建立健全国有资本经营预算监督制度。（4）在国有股权监管法律制度研究方面，提出主体民事责任制度及其追究机制的欠缺是当前国有股权行使监管中存在的主要法律问题，建议以信托责任为基础完善国有股权行使主体的民事责任制度，并以公益诉讼原告制度改革为重点完善国有股权行使主体民事责任的追究机制。

党的十八届三中全会审议通过的《中共中央关于全面深化改革若干重大问题的决定》明确指出：积极发展混合所有制经济、完善国有资产管理体制、准确界定国有企业的功能、强化国有企业经营投资责任追究。2015 年 8 月《中共中央、国务院关于深化国有企业改革的指导意见》明确提出，分类推进国有企业改革、完善现代企业制度、完善国有资产管理体制、发展混合所有制经济以及强化监督防止国有资产流失是深化国有企业改革的重点任务。以此为基础，要推进公司制股份制改革，健全公司法人治理结构，建立企业领导人员分类分层管理制度，实行与社会主义市场经济相适应的企业薪酬分配制度，深化企业内部用人制度改革；要引入非国有资本参与国有企业改革，鼓励国有资本以多种方式入股非国有企业，探索实行混合所有制企业员工持股；要以管资本为主推进国有资产监管机构职能转变，改革国有资本授权经营体制，推动国有资本合理流动优化配置，推进经营性国有资产集中统一监管；要强化企业内部监督，建立健全高效协同的外部监督机制，实施信息公开，加强社会监督，严格责任追究。

应当说，本成果不仅在研究内容、主要观点以及具体制度构建上的创新和开拓完全符合《决定》对未来国有企业制度以及国有资产管理体制改革方向的表述，具体法律制度构建以及相关立法建议与《指导意见》所提出的诸多具体措施相吻合，而且一些制度研究和立法建议细化和超越了《指导意见》的内容。基于此，本成果对国有股权行使和监管制度理论与实践的研究处于国内相关研究领域的最前沿，具有很强的前瞻性，不仅在理论上提升了我国国有股权制度理论研究，而且对正在深入的国有企业改革以及国有资产管理体制改革具有重要的实用价值。本成果所提出的理论观点和立法建议，不仅将推进国有股权行使和监管制度的理论研究，更重要的是还将为当下以及未来的改革和立法实践提供强有力的支持。

《遗传资源知识产权法律问题研究》概要

钭晓东

一、研究的目的、意义及方法

1. 研究目的和意义

（1）资源保护及永续利用是生态文明的根基，根系科学发展。遗传资源作为一种本源性构成，保护遗传资源是生态文明的根本内涵，其保护已成为不容逃避的战略性问题。

（2）生态文明背景预示着资源环境领域将是知识产权战略的一个新的主战场，遗传资源就是其中的重要制高点。当前凸现的“生物剽窃”以及遗传资源获取及惠益分享的冲突，已预示着即将到来的该制高点的激烈争夺。中国作为一个遗传资源大国，遗传资源更是意味着巨大的战略价值。

（3）国际上，科技和非物质文化遗产环境下的知识产权问题日益受关注。在国内，研究也体现了多维性，深刻反思了知识产权基础理论、后 TRIPs 时代知识产权制度变革等重大问题。不过总体上，相对于“流”而言，由于条件制约，有关创新之“源”的研究则存在不足；而对于遗传资源的研究更是欠缺，这与其战略地位不相吻合，急需填补研究。

* 钭晓东，宁波大学教授，厦门大学与宁波大学博士生导师。

2. 研究方法

本成果借助结构功能分析方法，从功能结构出发，将整个研究体系设计为“2—3—1—1”的结构形式开展研究（见图 1)。遗传资源知识产权及其利益关系调整问题可概括为“源与流”的关系协调，即“一进一出”两个层面的问题（“一进”即如何将新型的遗传资源相关知识产权权益，尤其是传统知识纳入保护范围，“一出”即在保护遗传多样性基础上实现知识产权惠益分享)。正是基于此“一进一出”的研究基点，遵循科学发展观的“可持续、协调、全面发展”三层次内涵，就“保护传统知识的知识产权，实现可持续发展；规范遗传资源获取与促进惠益分享，实现协调发展；促进遗传资源知识产权惠益享有与环境保护双赢，实现全面发展”三个层次进行重点论证。进而通过“他山之石：国际、国外的法制实例分析借鉴”，对我国遗传资源知识产权战略的理念拓展与对策设计提出建议。

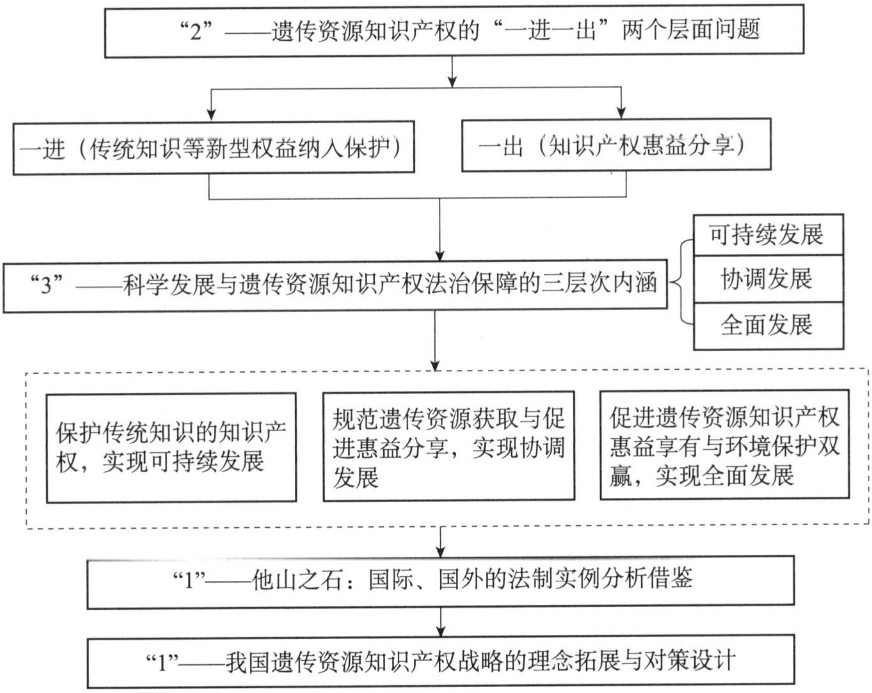

图 1 研究结构图（“2—3—1—1”的技术路线）

二、成果的主要内容和重要观点

1. 现代化进程中遗传资源知识产权问题的缘起

生态危机及生态文明演进催生了科学发展观，“可持续、协调、全面”构成了其中三大特性。生发培育于远古的遗传资源作为生态文明的重要根基，根系科学发展。无疑遗传资源及其多样性保护是科学发展观的内在要求，也已成后 TRIPs 时代一个新的战略高地。遗传资源是指具有遗传功能的遗传材料，以及土著及地方性社区关于生物多样性保护与持续利用，体现其长期传统生活方式的知识、创新和做法。其中传统知识作为一种知识技术型遗传资源是完全不同于现代知识的一种知识类型，它是土著和地方社区在长期的生活实践中逐步形成和发展而得到的关于生物多样性的保护和持续利用问题的智力成果的总和，是遗传资源的分概念。遗传资源锐减与流失的严峻现实，使遗传资源保护及其相关利益平衡问题走向前台，“生物剽窃”已成首先不容回避的问题，必须及时配之以相应的法律规则加以规制。

2. 可持续发展的内涵需求：传统知识的知识产权保护问题

传统知识的知识产权保护问题纷争反映的是发展中国家与发达国家遗传资源保护及知识产权惠益分享失衡，发展中国家和传统部族在遗传资源领域的发展权需求与保护问题。传统知识作为特定地理区域、特定环境下产生并形成发展的知识体系，通过代代相传、传承延续而进化成型，有明显的传统性、传承与动态发展性、地域性、权利主体群体性、相对公开公有性、非文献性。尽管这些特性给传统知识的知识产权保护体系纳入带来困难，但从现实角度看，确认传统知识的可知识产权性，加快传统知识保护已成紧迫课题。从表面看，传统知识的可知识产权性反映的是现行知识产权体系可否将传统知识纳入保护问题。该命题从深层意义彰显的是当今社会对知识产权制度及其战略之可持续性内涵的需求，是当今社会对知识产权制度的可持续功能、知识产权战略可持续力的评估。初步看，传统知识源于传统，是传统部族及社区在历史传承中保存和发展的知识产品，其与当前一些典型的知识产权客体有较大差别。显然，知识产权制度绝不应该固守僵硬规则，无视文明演进及其自身可持续发展的需求；不能仅因为传统知识的源于传统，在时间意义上与现代知识貌似不吻合而简单将其排除在保护范围之外。相反，能充分体现可持续意义的回答应该是——坚持包容与开放态度，促进现有知识产权制度及战略功能的可持续性改良，将生于传统、长于现代的知识产品纳入保护范围，促使一个善于继承但又可持续发展的智力成果保护体系形成。

3. 协调发展的内涵需求：遗传资源获取的规范与惠益分享

在当前遗传资源意味着巨大战略性价值的时代背景下，知识产权规则已演变成发达国家掠夺和经济殖民发展中国家的工具，也带来了遗传资源知识产权的惠益分配失衡，急需建立公正有效的遗传资源利用及知识产权惠益分享制度。遗传资源获取及知识产权惠益分配可归结为“一进一出”两个重要环节：一是促使遗传资源（尤其是传统知识）“进入”知识产权保护体系；二是公平分享“产出”的遗传资源知识产权惠益。供分享的利益应含研究和开发成果；从利用遗传资源得到的商业成果或其他利益；对遗传资源通过生物技术利用而得到的成果拥有优先使用权和其他利益。知识产权惠益分享的货币利益包括获取费、使用费、阶段性付费、对商业化收取的许可费、科研经费、向资助保护和可持续利用生物多样性信托基金支付的特别费用、工资和共同商定的优惠条件等；非货币利益包括参与产品开发、科研和开发方案合作、科研和开发成果分享、体制能力建设、转让知识与技术、教育和培训方面合作、利用异地遗传资源收集设施和数据库、共同拥有专利以及其他有关形式的知识产权等。其中应遵循一个重要基点——根据贡献程度探讨共同拥有知识产权的可能性，论证如何促使利益分享协议更合理、如何保证利益分享协议的执行力，而非简单做非此即彼的选择。就发展中国家而言，可分类分层次三步走：技术较薄弱领域，通过提供遗传资源方式，吸引外资和获取有关技术，获得有关知识产权免费使用许可，或获得该知识产权产品销售许可费补偿；对技术有一定基础领域，可积极谋求与外国研究机构或公司合作开发，共享知识产权；对技术基础较强领域，可单独开发并获得知识产权。

无疑，知识产权作为一种个人对于集体产品的权利，虽然在手段上会借助排他的方法，但是知识产权在保障知识创造者权益的同时，必须兼顾促进知识传播和推动社会文明的公益目标。当知识产权深入到遗传资源领域，利益相关者共享成果、共促现代文明的协调发展内涵必须充分彰显，否则可能因为目的与手段对立而事与愿违。

4. 全面发展的内涵需求：环保与知识产权惠益享有的双赢

生态危机逼近及生态文明演进背景下，各个利益需求及分配的平衡器、任何一个部门法及具体法律制度都会面临生态功能拷问。知识产权也不例外。在生态效应问题上，知识产权自其产生以来，就有正态与负态两个层面。“生物剽窃”日益猖獗，遗传资源保护成为迫切需求。从内在联系上看，遗传资源保护是环保的重要内容。政府环境管制已成遗传资源保护的内在制度需求。保护遗传资源不是对传统利用的限制，而是对不可持续现代技术利用的管制。环境保护与发展权保护同等重要。在发展的同时，须考虑环境承受能力；而在保护环境时，也不能剥夺发展权利。《生物多样性公约》明确指出，为了保护和持续利用生物多样性，取得和分享遗传资源与遗传技术必不可少。无疑要协调当前发达国家与发展中国家、现代技术公司与传统部族之间深层的环境权与发展权冲突，从遗传资源保护与利用结合视角寻找解决方案。

遗传资源相关技术特别是转基因技术研发，首先须遵循环境风险预防原则，对遗传资源相关技术研发行为进行环境影响评价，以避免或尽量减轻环境影响。同时可通过对遗传资源中的知识产权进行环境审查、将环保性标准引入专利制度、把环境保护作为实施强制许可的重要理由、在“侵权界定及损害评估”中体现环境价值的判断、对遗传资源获取使用及技术研发予以生态补偿、探索生态专利共享模式等诸多路径，在遗传资源及其相关技术研发领域，体现环保内涵的关注。既促进相关技术创新的遗传资源多样性及环境保护功能的转向，又为新遗传资源相关发明创造提供科学指引，鼓励遗传资源友好型产品和工艺研发，从而在推进遗传资源新兴科技研发及知识产权惠益享有的同时，增进遗传资源多样性的保护，从深层意义上推进遗传资源中知识产权惠益与环境利益的协同共进，体现生态文明社会全面发展的内涵需求。

5. 他山之石：国际、国外的法制实例

联合国粮农组织（FAO）在遗传资源保护及知识产权惠益分配问题上所做出的贡献主要围绕“农民权”设立层面展开，主要体现在《国际粮食和农业植物遗传资源约定》、粮农组织第 25 届大会的第 4 号决议（Resolution 4/89）和第 5 号决议（Resolution 5/89）、粮农组织第 26 届大会的第 3 号决议（Resolution 3/91）上。世界知识产权组织（WIPO）通过“全球知识产权问题复兴计划”，成立“知识产权和遗传资源、传统知识与民间文学政府间委员会”，讨论获取遗传资源和分享惠益、保护传统知识及保护民间文学等方面的知识产权问题。《生物多样性公约》最早就遗传资源保护做出规定，确立事先知情同意原则、遗传资源利用惠益分享原则、遗传资源开发利用的共同商定条件三原则。与贸易有关的知识产权协定（TRIPs）第 27 条第 3 款（b）项是遗传资源相关领域最富争议性的一项知识产权规定。

就美国相关立法及实践看：美国黄石国家公园—迪沃萨公司模式面临的直接挑战是合同双方未对环保和国家公园保护等与获取活动有关的公共利益予以充分考虑，但在美国生物技术公司获取本国遗传资源并进行惠益分享方面，该项合同安排是成功范例。国际生物多样性合作组项目（ICBG）在惠益分享方面，要求生物材料收集者为进入土地、获取资源向有关社区提前支付费用，承认土著人知识在研发中的重要作用，规定要向来源国支付阶段付费、特许费，以及技术转让和人员培训等费用，以确保土著人从研发中分享惠益。哥斯达黎加国家生物多样性研究所—默沙东公司模式规定了生物开发公司因获取遗传资源而向发展中国家提供补偿的强制性义务。它表明发达国家已默认应对利用发展中国家的遗传资源予以补偿，同时还将遗传资源获取与生物多样性保护有效联系，要求生物研究所将一定比例的先期付费和特许费支付给自然资源部，用于国家公园系统建设。

就澳大利亚相关立法及实践看：澳政府并非对所有生物资源都享有所有权，私有土地主和土著人也享有一定权利。政府有权控制在公共土地及相关私有土地上获取资源的活动、对获取活动征收费用，并影响遗传资源知识产权惠益分配方式。根据宪法，联邦政府享有一系列立法和财政权，可以用来协助控制遗传资源的获取，其出发点主要是保护，而不是可持续利用。各州对其管辖范围内的遗传资源负有基本责任，对控制获取享有广泛权力。《2004 年生物开发法》体现了澳大利亚生物技术产业发展的现实需要，将鼓励增值性生物开发活动发展列为目标，还通过惠益分享等制度对推进生物技术产业发展做出制度安排。只是没有规定本土遗传资源获取与惠益分享活动中土著与当地社区的参与及传统知识的保护问题。

就印度相关立法及实践看：《生物多样性国家政策与宏观行动战略》明

确印度对其遗传资源享有主权权利，同时要求确保印度作为遗传资源原产国，当地社区作为生物多样性保护者和土著知识体系的创造者、持有者有权分享惠益。印度《生物多样性法》的立法目的与《生物多样性公约》完全一致，旨在可持续利用与保护生物多样性，分享遗传资源惠益。其对遗传资源获取及相关惠益分享严格管制，任何人未经国家生物多样性总局批准，不得就基于印度遗传资源任何信息而产生的发明，以任何名义在印度国内外申请知识产权。对即将或已发生在国外申请专利的情况，国家生物多样性总局有权采取措施，反对外国就在印度获取遗传资源或与源自印度遗传资源有关的知识授予知识产权。印度《生物多样性法》有浓厚的集权管制特色，其为防止及应对遗传资源剽窃提供了法律基础。

就哥斯达黎加相关立法及实践看：成立国家生物多样性研究所，制定国家生物多样性保护战略，管理和执行国家生物多样性清单，并将哥斯达黎加生物多样性信息纳入一个单一实体。其《生物多样性法》在获取与惠益分享问题上采取“框架立法＋实施条例”的做法，调整内容全面，涉及境内生物多样性所有组成部分，及哥斯达黎加主权范围内的遗传资源管理体制、土著与地方社区参与、传统知识保护及惠益分享等问题。该法的宗旨是为了保护生物多样性、可持续利用资源和公平分享惠益。它既吸收了本国遗传资源开发方面的成功经验，也协调了西方科学的做法，是非常有意义的尝试。

就乌干达相关立法及实践看：《国家环境法》是乌干达唯一直接规定遗传资源获取管制的现行立法。《国家环境（遗传资源获取与惠益分享）条例（草案）》确定了规定遗传资源获取制度与程序、促进分享惠益、实现遗传资源可持续管理与利用三方面目标，并宣告管制遗传资源获取的权利属于政府。条例草案对知识产权惠益分享做出全面规定，确立惠益分享基本原则，要求根据公平合理原则，在共同商定条件的基础上分享惠益。惠益分享类型包括公民与机构参与遗传资源相关研究与其他活动；相关研发活动在乌干达进行；支付获取费与特许费；技术获取与转让；专利共同所有权、分享由研究与开发成果产生的惠益以及商业、金融、医疗和其他惠益等。这为其他具有类似授权立法的国家，特别是非洲国家提供了借鉴。

6. 我国遗传资源知识产权战略的理念拓展与对策设计

借助多元法治保障途径，实现理念拓展：一是从遗传资源自身的保护、遗传资源持有人权益的保护、具体制度的生态价值取向填补三个层次，深化价值目标，夯实知识产权战略的环保内涵。二是唤醒传统法治资源，实现制定法与民间法的互助。三是引入集体主义方法论，实现个人主义与集体主义方法论的融合。在新理念指导下，为实现遗传资源知识产权战略的可持续、协调、全面发展，本研究提出如下对策设计：

其一，创设新的权利类型：遗传资源信息权。

为了有效保护遗传资源而修改现行知识产权制度是必要的，但对知识产权制度细枝末节的修改是远远不够的。遗传资源的价值就在于对遗传材料的遗传功能的利用，而遗传材料的遗传功能体现为表征该物种种类特征的遗传信息或基因信息。虽然存在个体差异，但同种类的动植物、微生物等基本具有相类似的遗传基因信息。每个个体都含有同类生物共同拥有的相同遗传信息，因此，对每个遗传资源个体的遗传功能的利用，也几乎是对所有同种类遗传资源的遗传信息的利用，除了个体差异造成的极少数信息变异。按此分析，传统物权对具体个体的所有权，显然不能涵盖个体所携带的遗传信息。为此，遗传资源信息的权利性质，是有别于传统所有权的新型权利。对遗传资源的利用，不是利用某物种中的某个或某些个体，而是利用个体中隐含的遗传信息。从严格意义上来说，仅拥有个体的所有权并不当然具有处分个体所承载的遗传信息的权利。因此，区分个体所有权与遗传信息专有权是非常有必要的。同时，把这种遗传信息专有权称为“遗传资源信息权”也最能准确概括这种权利的本质特征。

至于遗传资源信息权与知识产权的对接问题，则比较复杂，但应首先确定遗传资源信息权是在先权利。利用遗传资源的遗传功能而产生的智力成果，在授予知识产权之前，应当审查其是否经过遗传资源信息权人的事先许可。如果授予专利权后，遗传资源信息权人提出权利抗辩的，应该得到优先保护。至于保护的救济路径，则可以视情况有所区分，或者撤销专利权，或者共同享有专利权，或者遗传资源信息权的权利主体享有优先使用权等。

其二，在调整对象的拓展中虑及“传统知识保护”。

在实践中，传统知识面临着生物剽窃日益严重、其价值得不到合理承认与补偿以及知识本身面临逐渐消亡等严重威胁。在此情况下，国际社会和各国都认识到了传统知识保护的必要性。为此，本研究从知识产权战略的制度变革视角，提出传统知识保护的相关政策建议。总体而言，对于有关传统知识的保护，可以以知识产权为基点，分为积极策略与消极策略两个层面。积极策略是指通过主动的知识产权制度变革，将传统知识纳入保护范畴；消极策略又称阻挡策略，是指通过建立数据库等传统知识登记制度，阻止侵犯传统知识的现代创新被授予专利等其他专有权利。

其三，程序层面的保障：事先知情同意与来源披露。

为了保护生物多样性，持续利用遗传资源以及公平分享因此而产生的惠益，仅从实体制度上进行设计是不够的，如上文所述，新型权利创设、传统知识保护等，还应当有相应的保障性程序设计。根据国际公约及相关国家国内法的制度实践，有关遗传资源知识产权制度之保障性程序主要有事先知情同意制度与来源披露制度。

其四，遗传资源知识产权制度运行中的环境审查。

遗传资源本身是生态系统的重要组成部分，与遗传资源有关的知识产权制度如果构建不当，造成遗传资源的滥用或不持续利用，则可能对生态系统形成不可回复性的破坏。因此，有关遗传资源之知识产权制度在衡平发达国家与发展中国家之间经济利益的同时，更应达致经济利益与环境利益的平衡，接受环境利益对知识产权惠益的合理限制。针对遗传资源知识产权制度的现状，其积极的环保应对措施应从两方面入手：一是确立相应的环保制度与原则；二是明确环境介入的不同阶段。

综合而言，必须正视遗传资源及相关知识产权制度的“环保与经济”复合价值，从遗传资源保护、遗传资源持有人权益保护、具体制度的生态价值取向填补三个层面，深化价值目标，夯实知识产权战略的环保内涵，拓展其遗传资源多样性保护、经济与环保利益衡平功能。具体对策设计上，根据遗传信息这一特殊客体及其无形性、地域性、可复制性等特征，引入“遗传资源信息权”这一新型权利概念，其作为新型权利，在权利内容上配之以类似于所有权的专有权利，以适应遗传资源保护及相关利益衡平的客观需求。在调整对象上，针对传统知识面临日益严重生物剽窃甚至逐渐消亡等威胁，变革知识产权制度，将传统知识纳入保护范畴；建立数据库等传统知识登记制度，阻止侵犯传统知识的现代创新的相关专有权利被授予。在程序保障层面，推进事先知情同意与来源披露制度，防止遗传资源实体性权利被侵犯。

在引入集体主义方法论，推进个人主义与集体主义方法论的融合的同时，唤醒遗传资源领域的“民间法治资源”，借助制定法与民间法的互助，促进遗传资源知识产权法律问题的调整。

7. 传统与现代对话之间：当知识产权延伸至遗传资源领域

遗传资源是后 TRIPs 时代一个新制高点，“填补遗传资源知识产权保护制度，守望环保，拯救遗传多样性”需要成为后 TRIPs 时代知识产权法治的一个重要内容。知识产权及其制度运行在激励技术研发、推动经济“量”的增长方面的作用毋庸置疑，但是否真正实现了新技术研发利益及发展成果的普惠与共享、民众生活的共生与共进却存疑。发展中国家与发达国家、传统部族与现代生物技术公司之间知识产权惠益分配的失衡，凸显了一个不容回避的现实——知识产权是否仅是富人及强势群体的游戏，富人与强者的偏爱倾向是否会走向知识产权制度的反面——带来更严重的利益垄断与分配失衡？嫌贫爱富倾向可能使知识权利化变为知识分享的障碍，须对强者偏爱倾向及其过度扩张予以警惕。须警惕知识产权过度扩张、成为集团谋私工具、危害公共福利风险；警惕利益分配新失衡、“弱势主体”再次错失发展机遇风险；警惕技术开发以牺牲环境为代价、伤及遗传资源多样性保护风险；警惕知识产权过度扩张导致的“反公有物悲剧”，及其导致的目的与手段的背反。

相对于工业文明中强调竞争与对抗的社会达尔文主义，生态文明作为新文明形态，更注重国际社会是否和谐共生共进。在化危机为胜机中，协调、全面、可持续三特性的指引，有利于遗传资源知识产权制度改良。通过将传统知识纳入保护视野，实现可持续层面引领；通过规范遗传资源获取与促进惠益分享，实现协调发展层面引领；通过注重环境利益与知识产权惠益的共生，实现全面发展层面引领。进而推进知识产权法与环境法等部门法的对接，优化后 TRIPs 时代遗传资源知识产权的战略配置。

遗传资源危机昭示遗传资源及文化的多样性维系同时面临挑战。从遗传资源多样性及文化多样性视角看，被视为“美丽的传说”的遗传资源可解读为两个层面价值：其一是遗传资源自身所具有的价值，其二是遗传资源作为一种多样性构成，在丰富遗传资源多样性与文化多样性、维持自然及文化生态系统平衡中的价值。多样性是系统得以存续与发展的动力，遗传资源作为遗传资源多样性与文化多样性体系的重要组成，系统需要其存在，需要其在与其他构成类型的交流对话中，寻求存续发展的动力，需要其在与其他类型文化的竞争与比较中取长补短，在求同存异中谋求整个系统的共同发展。

遗传资源知识产权惠益分配纷争反映的是一个非均衡发展时代中强弱主体之间的博弈。可以说，遗传资源知识产权惠益分配失衡是发展中的代价，但代价不能全由弱势一方承担，否则不合理也不公平。利益集团强弱冲突与利益博弈中呈现的“强者更强、弱者更弱的马太效应”须予以改变。从根本上言，利益平衡是知识产权发展过程中的永恒主题。对后 TRIPs 时代知识产权运行而言，需要彰显利益平衡精神，矫正失衡利益，避免弱势方单独承担现代化进程与发展中代价的不公平。从深层次看，发达国家与发展中国家及传统部族围绕遗传资源知识产权惠益分配的冲突，实质反映的是代表强势的欧美文化与目前处弱势的传统部族文化的软实力竞争，以及征服与反征服的博弈。

必须尊重彼此的“坐标定位”与多样化选择，在求同存异中科学发展。对基于现代知识产品研发而不断获得生命的知识产权而言，其在时空轨道上从现代延展至传统遗传资源之时，知识产权的“功能半径”也获得延长。虽然国际社会各个利益关系主体在大小、强弱、先进性等方面存在差异，但彼此都是世界这一坐标系中不可缺少的一员。从各个主体的历史条件、实力积淀及发展状况看，不均衡是具体且绝对的，均衡是相对与抽象的。必须尊重当前不均衡状态的事实，尊重彼此根据各自实际在世界这一坐标系中的“坐标定位”。毋庸置疑，多样化发展是一个竞争中求同存异、取长补短、共生发展的集体行动。这在当下实质上已成国际社会发展的主旋律，非仅限遗传资源领域。也正是在求同存异、取长补短、共生发展中，世界性和民族性、统一性和多样性得以协同推进，国际社会各利益关系主体在努力实现全面、协调、可持续的科学发展。

三、成果的学术创新、应用价值以及社会影响和效益

（1）成果命题新颖。遗传资源是当前国际社会之资源争夺的新战场，遗传资源知识产权已成为当前研究的一个新兴领域，且不容忽视。当前关于知识产权的国际化战略及法治保障的成果还很不充分，遗传资源知识产权研究

成果更少。因此，本成果对目前刚刚凸显的遗传资源知识产权研究是一种填补，成果具有开拓性。

（2）研究思路在创新中精心设计。本成果基于当前具有前瞻性的重大选题（知识产权战略及其法治保障的科学性问题），同时牢牢抓住工业文明与生态文明的区别性特性，以生态文明的多元共生法则为主线，为科学发展、遗传资源、知识产权的链接研究设计契合点，保证研究主线及核心观点的统一性、深入性。

（3）研究维度深入且多维化。针对遗传资源知识产权问题，从社会工程视角，剖析出遗传资源领域的知识产权利益分配及争夺实质是遗传资源多样性、文化多样性保护命题映射下的强弱势文化的征服—反征服的问题，提升了研究深度，也为社会与法律互动研究提供思路。

（4）学术价值、应用价值明显。遗传资源作为知识产权制度运行的新兴领域，调整对象与以往大有不同，其特殊性也对传统的知识产权制度及其运行提出深层挑战。从发展态势看，遗传资源纳入知识产权保护已刻不容缓。成果从遗传资源知识产权保护与环境保护双赢问题思考的视角，在以往知识产权研究中很少涉及，为环境法与知识产权法的跨学科研究拓展视角、提供思路，从而使研究意义突破遗传资源知识产权问题研究本身。

（5）获全国哲学社科规划办成果综述的高度评价。规划办在 2012 年第一季度成果综述中高度评价本成果，认为："相对于一般的知识产权议题而言，源之于传统又生发及存活于现代的遗传资源知识产权战略问题，更是一个新型的命题。"同时，本成果在国家社科基金项目鉴定中，等级为优秀。5 个匿名评审专家一致认为，本成果为优秀的课题研究成果，在学术创新、应用价值、立法借鉴等方面贡献明显。

《大学章程法律问题研究》概要

湛中乐*

一、研究的目的、意义及方法

1. 研究目的

本成果旨在通过梳理大学章程的法律问题，系统地阐述大学章程的法理基础和制度选择，为大学章程的制定提供理论基础、原则导向和参考信息，推进中国大学章程法治化的进程。

2. 研究意义

本成果有着重要的理论和实践意义。在理论上，大学章程作为高等教育法学的重要内容，还相对欠缺系统性的梳理和研究，对大学章程的法律性质和内涵进行深入而系统的分析甚为必要。在实践上，围绕大学章程，衔接上位的宪法、法律、法规、规章和下位的校规校纪，构建一种对我国而言凸显新型特性的大学治理规范体系，成为当前大学治道变革的当务之急。大学章程法律问题的研究对此进程的推动有着基础性的理论意义。在教育部《高等学校章程制定暂行办法》出台、国内大学纷纷制定章程的时期，这一研究尤其能够对推动大学法治的进程起到重要的理论指引和信息供给作用。

3. 研究方法

本研究采取了以法学的规范实证分析方法为主，综合历史研究和比较研究的方法，通过丰富的资料和实例导出各项命题和结论。在研究方法上，本

* 湛中乐，北京大学教授，博士生导师。

成果强调务实，力求通过文献考证和历史考察得到充实的结论，吸收法学、哲学、教育学等多学科的知识，形成富有特色的研究成果。

二、成果的主要内容、重要观点及对策建议

1. 主要内容

本成果介绍了大学治理背景下大学章程在高等教育法律规范体系中的定位，阐述了大学章程的法律性质，考察了中外大学章程的历史发展及现状，归纳了大学章程的功能与原则，并对大学章程的制定主体、制定程序、内容、实施等方面做了详细的探讨，强调大学章程作为大学治理的总体规范和直接依据的地位，突出大学章程之于现代大学治理的意义，对中国高等院校章程的制定和运行进行了深入的分析。

本成果认为，现代大学治理需要合法化，其合法性的来源是多元性的，而大学章程对于大学治理的合法化、对于依法治校而言有着不可替代的意义。大学章程是现代大学法人制度建立的标志，是现代大学法人秩序的内在要求，是现代大学法人自治的核心架构，是现代大学学术自由的重要保障。本成果将大学章程定义为从总体上规定大学治理主体结构、核心过程及大学内部相关主体权利义务保障的，在大学治理中可以直接适用甚至优先适用的地位相对独立的规范性文件。大学章程是大学治理的总体规范，是大学治理的直接依据。它并非契约，但具有契约性的色彩；它也不必然是抽象行政行为，但具备高权性和抽象性。大学章程的这些属性能够支持它承担作为大学治理之基础的重任，但大学章程不是独立存在的一套法律规范，而必须融入整个大学治理规范体系中才能发挥应有的作用。大学章程作为大学治理的总体规范与直接依据，处于宪法、教育法律法规与校规校纪之间的关键位置，对大学治理起着承上启下的中枢作用。围绕大学章程构建新的高等教育法律规范体系，使得规范权威位阶上下游的规范能够对大学章程和大学治理构成一套较完备的支持体系，就成为高等教育法治发展的新任务。

大学章程起源于中世纪的欧洲，历史悠久，形式丰富多样，被引入中国也已有一百余年的时间，在国内取得了一定的发展。但目前中国大学章程存在一系列问题：法律地位不明确，法律效力得不到保障；缺乏对学校治理结构的具体规定，学术权力与行政权力失衡；制定程序不完善；缺乏公开性，

透明度不高；等等。这需要我们从原则到规则层面对此进行系统的改进与完善。

大学章程制定与实施的基本原则包括：合法性原则，包含法律优先原则与法律保留原则；权益保障原则，包含鼓励师生参与学校事务、明确师生的权利义务、正当程序和充分救济原则；大学自治原则；因校制宜原则。在这些原则指引下，大学章程的制定主体、程序、形式及内容等问题，才能得到更准确的分析。

大学章程制定权是一种自治权，是一种社会公权力，它既来源于法律明文的授予，也来源于法律精神对大学自治权利的确认。为了防止大学章程制定权的异化，应当为其设定明确的边界，具体包括禁止性规范边界、法定权利边界和宪法精神边界。大学章程制定权归属之判定，则应遵循合法性原则、利益相关性原则、专业性原则、组织化与制衡性原则。不仅如此，大学章程的制定主体结构还应当根据制定章程的阶段、大学的性质、大学的合并与分立、大学自身的特性等而有所不同。对此，国内外大学有着丰富多彩的实践，其共同点是制定主体的特定化、机构化和组织化，制定主体内部组成人员的多元化，以及立法对于大学章程制定主体进行规定。但就域内实践而言，还存在缺乏特定的组织化机构、学生以及其他相关人没有参与、政府和社会主体缺位、专家理性缺失、党委会错位等问题，应因校制宜对大学章程制定主体进行模式化的建构，合理配置组织起草权、提案权、审议权、表决权、发布权及核准权等，形成各方参与人员比重合理、表决权分配公平、对程序权利施加有力保障的章程制定规则。在制定程序方面，则需要强调民主原则，形塑规范化的制定程序。完整的程序构造是骨架，明确的行为指向是血肉，程序的内在价值和正当程序就是整个程序的灵魂。规范化的制定程序建构，对于大学章程的科学、有序制定具有重要作用。一种规范化的章程制定流程，应当包括完整的阶段设计、有效的公众参与、起草程序的科学化引导、审议表决程序中的辩论机制、重大事项的逐项表决制等若干方面。本成果对此提供了一套尝试性的大学章程制定、修改与废止的规范化程序设计，同时也为因校制宜原则留下了变化的余地。

大学章程的内容是大学章程法律问题的重点，本部分以比较研究的方式进行，但不以国外的模板直接对中国大学章程的内容结构提出要求。对中国大学章程内容的梳理主要围绕大学与举办者的关系、大学内部的治理机构、大学教师和学生的权利义务、大学与举办者之外的社会其他主体的关系四个主要方面展开。大学章程须载明大学的性质和宗旨、大学的权利和义务、举办者的权利和义务、领导管理体制、学术组织及其运行机制、大学的纵向权力配置、教师和学生的权利义务、教师和学生的权利保障机制等内容。在此部分中，本成果以详细的篇幅考察了域外和域内的大学章程内容设计，主张在比较和检讨的基础上，通过认清问题、明确目标，借鉴吸收中外大学章程内容建设的好的经验和做法，对中国大学章程内容的未来进行构建；主张中国大学章程在内容上存在大学与举办者的关系混乱、大学内部治理结构失衡、教师和学生等大学主要成员的权利及其保障力度不足、大学与社会的关系不受重视等问题，需要通过若干方面的努力加以完善。

大学章程作为一种规范形式，其功能、效用的发挥也要依靠实施。我国大学章程实施的现状并不理想，原因是多样的：一是教育环境的限制；二是高校管理者对章程实施的漠视；三是章程自身的可实施性也存在问题。对此，应当优化教育行政环境促进大学章程实施，正确定位政府角色，提升各方认识，形成大学章程实施的内生动力，完善章程文本，提高大学章程的可实施性，确保大学章程的贯彻落实。

2. 重要观点

本成果在大学章程的法理属性、基本原则、制定主体和程序、形式与内容、保障与实施等方面提出了一系列重要观点，主要包括：

（1）大学章程的理论基础不是大学管理而是大学治理，制定和实施大学章程的根本原因在于大学治理合法化的需要。大学章程是在整个高等教育规范体系中发挥作用的。在这一规范体系中，宪法是大学治理的终极权威，高等教育法律是大学治理的纲领，高等教育法规、规章是大学治理的重要导向，大学章程是大学治理的总体规范与直接依据，校内规章制度是大学治理的具体规则。在大学治理的法律依据当中，大学章程处于承上启下的关键位置，整合了自上而下和自下而上的双重正当性来源，肩负着为大学治理提供合法性保障和制度支持的使命。

（2）大学章程通过规定学校的办学理念和特色，学校的发展目标和战略，校内各种关系，学校的领导体制、治理结构、管理模式，教职员工的权利和义务，学生的权利和义务等重要内容，回答了包括现代大学治理等在内的现代大学法人制度的核心问题，是现代大学依法自主办学切实可行的自治规范。大学章程是现代大学法人制度建立的标志，是现代大学法人秩序的内在要求，是现代大学法人自治的核心架构，是现代大学学术自由的重要保障。

（3）大学章程制定与实施的基本原则包括合法性原则、权益保障原则、大学自治原则和因校制宜原则。本成果尤为强调大学章程的务实性，要求章程的制定务必能密切联系本校实际，反映办学特色，体现办学理念，切实成为大学自治和权益保障的可靠依据，避免沦为一纸空文。

（4）对大学章程制定主体的探讨，应当深化为对大学章程制定过程中的权力（利）体系的研究；这种权力（利）的配置又需要依据一定的原则进行：合法性原则、利益相关性原则、专业性原则、组织化与制衡性原则，等等。基于这些原则形成的大学章程制定主体结构和程序，与不同阶段、不同背景的主体结构与权力（利）结构相结合，能够产生具备高度正当性的大学章程。

（5）大学章程的内容须缘法而制但又不拘一格，各个大学章程可自成体系，不必拘泥于一种模式。部分法定内容可以由大学进行主动创新，在法定内容之外，章程还可容纳大学认为有必要加以规定的诸多内容，即自定内容，着重体现学校的特色。

（6）在大学章程的内容中，一方面要坚持党委对于大学的领导，另一方面要将这种领导体制规范清晰，以使大学符合自己的发展规律。具体而言，大学章程应厘清党委应有的职责，剥离本不属于党委的权力，创新党委参与大学治理的途径和方式。大学章程在坚持党委领导的基础上，应当将现行党委所享有的人事权、重大事项决定权等权力从党委中分离出来，交由专门的决策机构来行使。党委的政治领导职能可以通过在决策机构中的影响力得以体现。

（7）大学章程的实施，关键是要优化教育行政环境，改革教育管理体制，实现政校分开。实现政府对高校的管理由微观管理到宏观调控的转变、由管理到服务的转变。政府必须把自己从对学校内部事务的过多、过细的管理中解放出来，把高校内部事务交给高校自主管理，使政府的作用更多地体现在制定标准和监督标准的执行方面。只有深化教育行政管理体制改革简政放权，把属于学校的权力全部还给学校，将不应由政府承担的职能交由学校自己履行，高校才能切实承担起自己的职责，才能产生将大学章程予以实施的迫切需要。只有提升依法行政意识，完善、修改、清理相关的法律规范，才能营造大学章程实施的环境，腾出大学章程发挥作用的空间。

3. 对策建议

本成果的对策建议比较丰富，可以分制定主体、制定程序、章程内容及章程实施四个方面归纳主要的建议。

在制定主体方面，本成果建议丰富和细化大学章程的制定主体结构及权力（利）配置，合理界定政府、教师、行政人员、职工、学生、校友等各种角色在大学章程制定不同阶段中的角色，完善大学章程制定的主体结构；推动章程制定主体的特定化、机构化和组织化，容纳多元参与，使大学章程具备最广泛的正当性基础。

在制定程序方面，本成果提出了大学章程制定和修改的规范化流程设计。大学制定新章程的程序应包括提案、起草、审议和表决通过、核准和公布几个阶段。本成果对每个阶段都做出了一定的程序设计尝试，尤其提倡成立一个由一定数量的利益相关者和专家组成的起草组负责起草工作，主要应当由具有表决权的主体进行审议，审议期间可以进行询问、质询和辩论，表决应当实行超多数决，建立重大事项逐项表决制，建立审核“发回”制度等。对于修改的程序设计，本成果也给出了探索性的尝试。

在大学章程的内容方面，本成果主张坚持大学章程制定的总体要求，合理配置权责以优化大学治理结构，实体程序并重以体现大学成员主体地位，围绕权力和权利规范构筑大学章程内容全景；尤其强调可以在大学章程中落实校长负责制，创新决策机构，保障学术事务自治。

在大学章程的实施方面，本成果主张优化教育行政环境，正确定位政府角色，提升各方认识，形成大学章程实施的内生动力，完善章程文本，提高大学章程的可实施性。本成果主张建立多元监督机制，包括校内学校举办者的监督、高校管理者的监督、学校师生的监督，也包括校外的社会监督、媒体监督，共同促进大学章程的实施。

三、成果的学术创新、应用价值以及社会影响

1. 学术创新

本成果的学术创新较为丰富，对大学章程的法理性质、大学章程的原

则、大学章程的制定主体和程序、大学章程的内容、大学章程的实施机制等都提出了新的见解。例如，在本成果中提出的大学章程的四个性质、四项原则，大学章程在高等教育法治体系中的位置，将大学章程制定主体问题深化为大学章程制定权的配置结构问题，提倡由人员结构动态多元化的专门机构负责制定和修改工作，借大学章程创新决策机构等。这些见解立足于对国内外大学章程历史及当代实践的大量实证研究和坚实的法学基础，使得本成果的理论创新有着扎实的基础。

2. 应用价值

本成果具有鲜明的时代意识和充分的应用价值，主要体现在：第一，理论价值。基于扎实的法学基础和充分的比较研究，对大学章程的相关法律问题进行了系统的理论梳理，为中国大学章程的制定和发展提供了一个完整的理论框架。第二，文献资料价值。采用的参考文献非常丰富，年代跨越 800 余年，包含了古今中外的历史研究，以及对国内外大量高校章程的比较研究，各个部分本身就能充当富有意义的资料信息库。第三，制度设计参考价值。提出了丰富的制度设计建议，甚至尝试提出规范化的大学章程制定程序等，为大学章程制定的具体制度设计提供了广泛的参考意见。

3. 社会影响

本成果的部分相关研究已经产生了较大的学术影响。近四年来同一课题下陆续发表十余篇相关研究论文，虽然发表时间尚短，但已被各类学术论文引用 187 次。在教育部推行的大学章程制定热潮中，许多大学都参考与借鉴了本课题研究成果的观点。这些发表在法学、教育学和管理学杂志上的一系列论文有的被中国人民大学复印报刊资料和《文摘报》等全文转载。可以说课题研究成果已在最近数年得到了法学界和教育学界的高度关注和认可。正因为如此，本课题的负责人被国内许多高等学校邀请，参与了国内数十所高校的章程制定或修改过程，并获得相关高校的高度认可。

本成果在正式出版后，将进一步发挥其社会影响，成为国内学界在大学章程方面的奠基性著作，深入推进大学章程的制定、修改与实施，推动高等教育的法治化进程。

《中国双边投资条约研究》概要

梁开银*

一、研究的目的、意义及方法

随着中国经济对外开放进程的不断深入，中国已经由“吸引外资为主”发展成为“吸引外资与对外投资并重”的重要国际经济体。同时，外国投资者依据双边投资条约向国际仲裁庭或内国法院起诉，已被大多数国家接受为常态。双边投资条约日益成为国际投资领域调整国家之间以及国家与私人投资者之间关系的重要法律文件。这些事实或变化必然要求中国双边投资条约进一步实现从抽象外资政策向具体法律规则的发展或转型，从而推动中国双边投资条约迈入精细化和法典化的阶段。所以，研究中国双边投资条约的理念转换、法方法进步与立法技术的提高具有重要意义：一是可以为中国双边投资条约的续签或改签提供学术支持。中国一部分双边投资条约签订于上世纪80—90年代，根据条约规定的10年有效期，这些条约陆续到了改签或续签的时候。如何根据21世纪中国国际经济合作的实践情况改签或续签双边投资条约，在理论和实践上都是一个不容忽视的问题。开展该选题的研究能够为国家续签或改签投资条约提供理论支撑或思路指导，使条约的签订更具预见性和科学性，最大限度地促进中国国际经济合作的发展。二是可以为中国双边投资条约的转型和发展提供理论解释。随着中国对外投资的发展，中国正由单纯的资本输入国逐步向资本输入和资本输出“双重身份国家”转

* 梁开银，浙江师范大学教授，硕士生导师。

变。这一转变直接带来双边投资条约从条约宗旨、条约原则、条约结构到条约约文的深刻变化。结合国际经济秩序法治化进程，阐述中国双边投资条约发展的理论基础，有利于提高中国立法或条约缔约部门在适应这一转变方面的预见性、主动性和自觉性，推动中国双边投资条约的法律化转型。三是可以为中国双边投资条约的法方法论运用或改良提供指导。双边投资条约作为国际投资法的主要渊源，它不仅规定了国家之间保护外资的义务，也直接影响外国投资或投资者的权利和义务；不仅规定了国家或投资者的实体权利义务，也包含了解决投资争议的程序性规范。双边投资条约事实上正在实现由政治意义上的国家外资政策向国际投资法律规则的转型。运用法律方法及其理论指导中国双边投资条约的订立和条约适用，是发挥中国双边投资条约功能，实现条约宗旨的必然要求。

本成果以中国双边投资条约法律化发展或转型[①]为主线，综合运用法理学、国际法学以及民法学的基本理论，以法方法论为工具，通过双边投资条约发展的实证分析、比较法分析以及历史与逻辑相结合的研究方法，从考察中国双边投资条约法方法的现状和沿革入手，在对多边条约与双边条约本质展开类型化研究的基础上，阐释中国双边投资条约的契约本质、特点及其对中国缔约实践的影响；结合公平互利原则作为国际经济法基本原则对中国双边投资条约所具有的重要意义之分析，论证公平公正待遇条款向原则回归的法理价值；以双边投资条约本质和原则的论述为背景，研究中国双边投资条约“原则＋规则”和“原则＋例外”的规范类型构建以及最惠国条款的法方法优化；根据国际投资条约内容不断法律规则化和精细化的发展趋势，研究了双边投资条约知识产权保护规则的转型以及条约冲突化解模式，即冲突条款规则的模式转换问题；以美国 2012 年 BIT 修订和中美 BIT 新一轮谈判为例，解释或说明中国 BIT 缔约的策略等，最终阐释中国双边投资条约的发展原理、方法和实践问题，为实现其法律化转型提供理论借鉴或指导。

二、成果的主要内容和重要观点

从整体上看，本成果主要从条约本质、条约原则、条约方法论、重点规

---

① 所谓中国双边投资条约的法律化发展或转型，指的是其与国际、国内政治、经济和文化全面发展相适应和协调的法律精神转换、法律规则变迁与法律体系重构等法律进步过程与趋势。

则转型以及缔约策略等方面深入揭示或阐述了中国双边投资条约法律化转型或发展的原理、方法与策略，主要提出了以下全局性观点：

（1）不同经济发展水平和国际经济合作实践特点，决定了一个国家双边投资条约的类型及其发展变化。现阶段中国国际经济实践发展的水平和特点为中国双边投资条约转型提出了新要求。历史上曾出现的三种不同类型的双边投资条约分别适应了发达资本主义国家19、20世纪资本输出的不同水平，满足了不同国家、不同历史条件和阶段下保护本国对外投资的要求。中国经济的发展已经跨入了积极推进本国对外投资的发展阶段，从单纯资本输入国向资本输入与资本输出国家的“双重身份”转变已成为不可逆转之势。这一国际经济发展水平和国际投资结构的变化要求中国双边投资条约实现条约的宗旨、模式和内容的演变或转型。美国从20世纪70年代末期开始，改变了依靠FCN条约和程序性的投资保证协定相互配合来实现对外投资保护的做法，开始考虑借鉴德国式BIT的成功经验，对外缔结专门化的融实体性规则与程序性规则于一体的双边投资条约（一种更高标准的投资自由化条约）的缔约实践就是最好例证。中国双边投资条约应当借条约修订或新订之机，渗透或促进条约理念、宗旨和相关内容的变化或转换，适时实现中国双边投资条约的转型升级，形成有中国特色的双边投资条约。

（2）双边投资条约的法律化发展或转型是国际经济和社会秩序法治化的要求。人类进入21世纪，国际经济全球化和区域经济一体化趋势推动了国际政治多极化（G8或G20）和国际社会法治化的格局或观念的形成。国际社会治理模式开始由权力控制型向规则治理型转化。国际法治理念，即“以法律规范为基础构建国际秩序、以法律规范为依据调整国际秩序、以法律规范为指针恢复国际秩序”的观念和思想，在国际政治、经济和文化诸领域影响深远。尤其是国际投资领域，它浓缩了国际政治、经济、外交乃至文化各种要素的角逐，交织着国际环境、知识产权、劳工保护和基本人权等新兴权利的诉求，关涉到人类活动的陆地（极地）、海洋、外空等所有空间的利益博弈或安排，是许多国家最早、最迫切要求相关纠纷或争端去政治化解决的领域。可以说，在一定意义上，正是投资争议解决的去政治化努力，催生了双边投资条约的产生和发展，并进一步推动双边投资条约由各国外资政策向国际投资法律规则的转型。双边投资条约作为主权国家之间关于投资领域事项的约定，成为缔约国之间的法律，不仅赋予国家保护投资或投资者的权利与义务，而且直接关涉或影响私人投资者的利益。依据双边投资条约向国际仲裁庭或内国法院提起保护投资利益之诉，已成为被大多数国家所接受的常态。不仅如此，双边投资条约凭借“最惠国待遇条款”已演变为事实上的具有多边意义的投资保护机制。中国双边投资条约作为中国与他国政府之间的投资保护承诺，不仅规定了中国及缔约另一方关于管理外资的权利义务，而且赋予了缔约方私人投资者的权利义务；不仅是国际法渊源，而且成为国内行政法的重要渊源，其作用和意义在国际和区域多边投资协议或框架阙如的背景下显得更加突出和重要。所以，实现中国双边投资条约法律化的转型应当成为国家缔约理论和实践的行为自觉。特别是，要坚持条约之契约本质和国际经济法之公平互利原则，通过双边投资条约的法律化实现投资母国、东道国与投资者三者之间利益平衡的稳定和可预期性。

（3）中国双边投资条约应该在认识和坚持双边条约之契约本质的基础上，充分利用法方法工具，努力提升约文规则的具体化和约文体系的法典化水平。总体而言，中国早期双边投资条约主要借鉴了德国早期 BIT 范本。“条文数量偏少，用语简单抽象；内容大同小异、个性诉求模糊；形式结构单一，法律方法缺失，政治色彩浓厚”，成为中国双边投资条约法理论和法方法上存在的主要问题。究其实质，双边投资条约的契约本质和法律属性尚没有得到充分认识和彰显。其实，在主权平等的国际社会里，条约特别是双边条约，犹如私法中的契约，成为当事国之间的法律。国家主权平等和意思自由是双边投资条约缔结的前提，国家意思表示和意思互动是国家共同意思——双边投资条约形成的手段、过程和本质。所以，双边投资条约，不过是缔约国就本国对外投资或外国投资保护问题所达成的国家意思表示一致的结果。“双边条约契约说”尽管不同于“多边条约决议说”，但二者却统一于“国家意思互动”的过程之中。这种区分较好地解释了不同类型条约的本质。“双边投资条约契约说”，解释了双边条约的缔结过程和效力来源，适应了条约实践对理论的需要，具体产生两个方面的效果：一方面，作为契约，它赋予了缔约方根据自身国际投资实际、经济发展目标以及法治建设水平等多种要素确定条约谈判重点和要点，以及讨价还价的法律权利。中国海外投资和引进外资发展的规模和水平，为中国双边投资条约平等谈判提供了优越的条件和环境，我们完全有能力从国家整体发展的战略高度把握谈判的重难点，提出或接受双边投资条约文本的具体内容，实现条约文本的个性化和条约规则的具体化。同时，中国国际投资分布的区域广泛，不同东道国政治、经济、文化和法治发展水平的非均衡性，也决定了不同国家之间的双边投资条约的差异性和条约文本的丰富性。我们要充分把握双边投资条约的契约本质，结合不同国际投资项目的差异性，利用法律方法和技术，灵活应对不同国家的谈判诉求。比如，完善和细化投资待遇条款，区分待遇原则和规则，具体化最惠国待遇条款，个案化考虑从实体权利向程序性权利的渗透；重新修订投资争议解决条款，有针对性地拓展投资者与东道国投资争议国际仲裁途径，扩充仲裁范围；推进投资条约知识产权保护条款转型和冲突条款的模式转换本身；等等。另一方面，双边投资条约是具有“涉他性”与特殊的“三方”结构的契约，这种特殊性赋予了私人投资者在国际投资法律关系中的主体性身份，以及享有依据双边投资条约向国际仲裁机构的起诉权。总之，双边投资条约的契约本质为我们有效避免美国 BIT 模式之标准统一化以及分类缔结中外双边投资条约之标准类型化的弊端，提供了法律工具。

（4）国际经济法的基本原则——公平互利，既是中国双边投资条约缔结的逻辑起点，也是中国双边投资条约适用的逻辑终点。在双边投资条约订立和适用过程中，公平互利原则具体表现为主权国家之间的平等互利原则与外国投资者待遇的公平公正原则的结合。公平互利、平等互利与公平公正原则的确立不仅是中国双边投资条约规范结构完善的需要，也是条约法方法论的要求。与此相适应，公平公正待遇条款的性质及其条文建构应当引起高度重视。事实是，公平公正待遇条款，语义抽象，作为条约规则直接适用，既容易引发适用分歧和裁决矛盾，也导致了私人投资者滥诉，从而损害东道国经济发展主权。国际社会试图通过“习惯国际法最低待遇标准”之限制和“例外条款”之排除等立法技术厘清公平公正待遇内涵以达到限制滥诉和化解裁决不一致的目的，却陷入了条约规则适用的法方法困境。所以，公平公正待遇条款的性质应该向条约原则定位回归，这样不仅可以化解公平公正待遇条款在投资仲裁适用中“语义抽象和裁决矛盾”的困境，而且有利于构建中国双边投资“原则＋规则”的法理结构，促进双边投资条约的法律化转型，提高中国双边投资适用的准确性和灵活度。中国国际经济合作发展正处于一个从单纯引进外资到海外投资与引进外资并重发展的历史时期，这样一个发展阶段为中国构造一个以公平互利原则为统领、以平等互利和公平公正待遇原则为支撑的原则体系提供了良好平台。同时，通过将公平公正待遇原则的相关要素规则化，提高公平公正待遇的可预见性以及双边投资法律环境的稳定性，并用“立法和司法”“原则＋规则”的法方法，可以避免投资者直接依据公平公正待遇条款的起诉和滥诉，保留司法、仲裁机构在保证缔约方原意的前提下合理解释或适用条约的空间，平衡了私人投资者权利与东道国经济管理主权之间的关系，最终达到化解公平公正待遇适用风险和法方法困境的目的。

确立公平互利原则不仅是双边投资条约法律化转型在法方法上的要求，而且是保证东道国维护经济主权与资本输出国要求投资自由化二者之间博弈公正的需要。各国综合国力和经济发展规模不同，各国以及同一国家的不同发展阶段的战略目标和诉求不同，双边投资条约的谈判能力和谈判内容也不完全相同。只有在主权平等的前提下，承认或主张条约双方的互利和共赢，才能最终形成缔约双方的共同意思，实现法律的公平价值，促进缔约双方以及国际社会福利的共同增长。所以，公平互利作为双边投资条约的基本原则，应当统辖双边投资条约的所有条文，贯穿国际投资的整个环节和过程。它既是条约的缔约原则，也是条约的法律原则（执法和司法原则）；既要保障形式平等，也要追求实质公平，促进缔约双方互利共赢的真正实现。

（5）任何法律文件，就规范构成要件而言，都是一个“原则＋规则”的法律构造；而从立法和法律适用来看，也是一个“原则（规则）＋例外”的法律技术安排。前者满足了法律要素的标准；后者适应了法律技术的要求。中国双边投资条约作为国际投资法律文件，必须具备和满足上述法律要素和法律技术的要求，以法方法论作为指导，积极应对国际法不成体系及双边投资条约与多边条约、国家契约之间的复杂关系所造成的条约冲突，超越一般意义上的冲突条款的内涵，克服法律冲突习惯法的不足，转换传统的“更优待遇条款”模式，实现条约冲突解决方法的创新。具体而言，双边投资条约不完全同于一般的贸易契约，特殊的“国家—投资者—国家”的主体关系和结构，决定了双边投资条约冲突不同于多边国际条约和其他双边国际条约冲突的特点，冲突类型与解决方法具有特殊性。《维也纳条约法公约》第 30 条及其相关习惯法并不能解决双边投资条约冲突。运用冲突条款方法解决双边投资条约冲突成为必然选择。美国 2012 年双边投资条约（BIT）最新示范文本出现的大量冲突条款，反映了双边投资条约冲突的复杂性和依靠冲突条款解决条约冲突的发展趋势。但是，现代条约法理论更多地关注多边条约及其冲突解决，并没有为双边条约，特别是双边投资条约冲突解决提供多少理论和方法。中国双边投资条约应当借鉴美国等国家的先进做法，扩大理解或界定条约冲突的内涵和外延，以适应国际法律体系碎片化和中国涉外法律规则精细化的要求。从一定意义上讲，正因为双边投资条约具有“涉他性”特征，投资者在条约机制中享有一定权利，使得缔约国与私人投资者之间形成特殊的三者利益相互交织的关系。这种交错的利益关系表现为条约之间、条约与国内法之间以及条约与国家特许协议之间或重叠或交叉或冲突的复杂法律关系。这些因素和特点拓展了条约冲突条款的调整范围，提出了转换现有冲突条款模式的新要求，赋予了条约冲突条款新的内涵，提升了条约冲突条款的地位和作用。后法和特别法等习惯法原则在双边投资条约中的适用遇到更多的困难，适用几率大为降低。一个成熟和发达的双边投资条约必然包含更加详细的冲突条款。条约冲突条款的订立水平反映了一个国家协调或处理国际法律秩序的能力。随着中国综合国力和国际影响力的不断增强，中国必然缔结或主导缔结更多的双边或多边条约，条约冲突协调的理念和技术是必须弥补的功课之一。

最惠国条款作为双边投资条约核心条款之一，具有双边投资条约之间潜在的“链接”功能以及将最惠国待遇“扯平”的作用。正如西方学者所认识到的，双边投资条约形成了一个多边化的条约机制，这个机制的中枢就是最惠国待遇条款的存在及其作用的发挥。[①] 事实上，双边投资条约的最惠国待遇条款，使得双边投资条约突破了“约束缔约国”的契约相对性原理，一定程度上获得了影响或约束第三国的效力，同时，也促进了双边投资条约的网络化或多边化。那么，如何在双边投资网络化条件下实现最惠国待遇统一化

---

① Stephan W. Schill, “Multilateralizing Investment Treaties Through Most-Favored-Nation Clauses,” *Berkeley Journal of International Law*, 2009 (27).

与差异化或特殊性与普遍性的结合，则是一个运用法律方法或技术将最惠国待遇的条件予以一般化和个性化的过程。一定程度上差异化的最惠国待遇条款，保证了双边投资条约契约本质所要求的条约“个性化”与最惠国条款功能所实现的条约“统一化”之间的合理平衡。中国双边投资条约应当充分认识最惠国条款的方法论意义，在积极推进最惠国待遇的普及化的同时，主动利用最惠国条款的例外条款或构成要素具体化的法方法，保证双边投资条约待遇的统一性与个性化的协调。只有如此，才能最大限度地实现中国双边投资条约的法律化转型，为中国对外投资或投资者以及外国投资或投资者提供合理的保护。

（6）知识产权保护素来是国际投资条约的重要议题之一。20 世纪中期以来，知识产权保护规则表现出转型发展的明显趋势。研究知识产权规则演变的关键特征，发现转型依循从财产保护到投资保护的转变、特殊保护规则对一般保护规则的递补和投资保护规范与知识产权保护规范的挂钩之理论进路，成功实现了三次转型。从根本上说，这三次转型主要是知识经济的内在要求、经济一体化和国际经济立法整合的影响以及发达国家的利益驱动与战略推动综合作用所造成的。特别是 20 世纪 90 年代以来，伴随着第二次和第三次转型，知识产权保护规则呈现出一体化取向、市场化导向、相符性例外和一致性解释、TRIPs-plus 性质和例外条款的复生等显著趋势。中国双边投资条约在国际投资条约转型发展的整体格局变动中演变，但是并没有完全复制这一转型发展的全部内容。中国应当跟踪研究这一转型过程中发展出的新规则，并借鉴其中能够为我所用的积极方面，在具体构建双边投资条约的知识产权保护条款过程中注意三个方面的问题：一是合理设置知识产权特殊保护规则；二是合理运用条约挂钩规则；三是知识产权保护规则应与中国投资政策转变相称。

（7）多轮中美战略与经济对话显示，双方谈判的主要分歧表现在四个方面：一是准入前投资待遇问题；二是“国家安全”审查问题；三是金融服务与资本转移问题；四是投资争端解决方式问题。在中美第五轮战略与经济对话中，双方同意以“准入前国民待遇加负面清单”为基础开展双边投资协定实质性谈判，这一成果充分反映了中美双方在投资领域更加开放、务实与合作的态度。但是，双方围绕焦点问题展开博弈的激烈程度并不会因此而降低。反而，针对“负面清单”的谈判会更加具体而激烈。[①] 美国 2012 年范本的修订始终坚持或贯彻了三个方面的原则或理念：一是投资自由化，包括投资准入前国民待遇、争端解决机制选择以及资本转移等方面的自由化；二是投资者私人利益与东道国公共利益平衡，设置了一般例外、重大安全与公共利益例外、不得减损以及利益否定等多个条款；三是双边投资条约的法典化和条款的精细化，表现在条文结构的系统化和相关注释与附件的具体化等法律技术方面。就具体制度而言，它进一步强调政策透明度和投资政策相关方参与，强化了关于劳工与环境的保护，并更加严格规范国家授权与国有企业的权利等。但是，这些修订只是为美国利益和投资者提供了更高水平的保护，而对于中方关切的美国国家安全审查制度却只字不改。换言之，即便中国按“准入前国民待遇加负面清单”的准入模式给予美国资本准入前的国民待遇，美国也丝毫不愿意改变对中国海外投资进行“国家安全”审查的粗暴做法。可见，美国所标榜或坚持的投资自由化、东道国公共利益和投资者私人利益平衡的理念只不过是“主观利己客观利他”的把戏，更不用说专门针对中国等广大发展中国家的个性化条款，彰显的只有美国国家利益本位。中美 BIT 谈判仍然是一个充满艰难曲折的过程。所以，我国应当正确认识和评估双边投资条约的契约本质与“双面”功能，深入研究美国 2012 年 BIT 范本的修订内容，保证在同意以“准入前国民待遇和负面清单”为前提的条件下与美国展开平等对话，守住底线，不急不躁，具体做到：把握 BIT 的契约本质，谨守“负面清单”的谈判底线；辩证看待 BIT 功能，做好长期应对谈判的准备；推进国际国内法制的系统化建设，降低 BIT 的法律风险。

三、成果的学术创新和社会影响

纵观本研究成果，其学术创新性主要表现在研究领域、具体研究内容以及研究方法三个方面。

---

① 中美谈判虽然取得了阶段性的重大成果，但在同期的 2013 年 7 月，就中国双汇集团收购美国最大猪肉生产和销售商史密斯菲尔德一案，美国众议院提出了“健康安全”等“国家安全”问题的审查，再次质疑双汇收购案。参见《双汇海外收购遭美众议院健康安全质疑再延期》，见 http://finance.sina.com.cn/chanjing/gsnews/20130730/073016281786.shtml，2013 年 8 月 25 日。尽管双汇国际收购史密斯菲尔德仅仅是市场行为，但自交易披露以来不断遭遇各方挑战，进展并不顺利。双汇收购案只是美国对中国海外投资项目众多“国家安全”审查的一个缩影。以美国“安全审查”为代表的中美双边投资矛盾与问题的存在，预示着中美双边投资条约谈判仍将展开激烈的交锋。

一是从研究领域来看，本成果的研究超越了中国双边投资条约发展历史、具体条款和立法对策的研究范式，立足条约文本和投资实践的考察，深入到中国双边投资条约的本质、原则和法方法的层面，对中国双边投资条约的基本法理进行了大胆的探索，尽管相关研究还很不成熟和系统，但无疑是一种重要的研究领域创新和尝试。

二是从研究的具体内容来看，本成果的创新表现在四个方面：第一，借用私法原理，论述了国家之间的缔约行为乃是一种国际法律行为的观点，重新探讨了现代条约“国家意思互动”的本质和差异：双边（投资）条约是国家意思表示一致的结果；多边（投资）条约是国家意思表决的结果。这一认识，对条约类型化和中国双边投资条约原理的研究具有重要意义。第二，在比较适用习惯国际法解决条约冲突之方法的基础上，首次研究了中国双边投资条约冲突条款的内涵、地位、作用和模式选择，为中国双边投资条约解决条约冲突以及条约冲突条款的模式转换提供了理论阐释。第三，从法方法的视角，运用法理学理论，论述了中国双边投资条约的原则体系以及公平公正待遇条款向条约原则回归对于构建中国双边投资条约“原则＋规则”的内在法理结构的价值和作用。第四，首次研究了国际投资条约中知识产权保护规则的三次转型及其内在原因、转型路径等方面的问题，为中国双边投资条约知识产权条款的发展提供了重要借鉴。

三是从研究方法来看，本成果在对中国所缔结的130多个双边投资条约文本和鲜活的国际投资实践进行比较和实证研究的基础上，尝试性地将法理学与民法学的原理和研究方法引入中国双边投资条约基本原理的研究，注重多学科和多种研究方法的融合，特别是大量投资实践和条约文本的实证研究，夯实了本选题形而上学研究的基础，凸显了法律理论和缔约实践以及法理学、国内部门法与国际法学研究的结合，在双边投资条约的研究方法上具有一定的创新性。

在双边投资条约发展研究的过程之中，关于现代条约的本质、条约的冲突条款、国际投资知识产权保护规则转型、公平公正待遇条款的法方法困境及出路以及条约解释方法等多个方面的研究成果，已在《中国法学》《法商研究》《法学》等专业学术期刊上发表，其中多篇被中国人民大学复印报刊资料《国际法》、中国社科院社会科学网以及《中国社会科学文摘》全文转载或摘编，相关后续成果也将陆续发表，引起了学界和商务部门的重视。

中国历史

《中国藏黑水城汉文文献整理研究》概要

杜建录*

一、研究的目的和意义

中国藏黑水城汉文文献共 4 000 多件，其中非佛教文献 3 000 余件，占绝大多数，宗教文献只是一少部分。在非佛教文献中，有公文、民间文书、票据、印本等。除中国藏外，俄藏有 500 多件，英藏也有数百件。长期以来，黑水城文献研究的焦点集中在西夏文献上，特别是俄藏黑水城西夏文献，忽略了对中国藏黑水城汉文文献的研究。本成果的意义和价值在于对中国藏黑水城汉文文献进行系统研究，搞清楚这批文献的分布、种类、内容、质地、版本、出土地点、收藏单位等，通过深入分析，从整体上认识中国藏黑水城汉文文献的历史文献价值与版本价值，从而确立我国在黑水城文献收藏与研究中应有的地位，推动中世纪晚期我国西北社会研究的深入发展。

二、成果的主要内容和重要观点

本成果由研究篇和整理篇两部分组成，研究篇包括黑水城汉文文献概论、中国藏黑水城契约研究、中国藏黑水城汉文文献中的诉讼审判与常用术语、中国藏黑水城汉文文献中的户计与赋税、中国藏黑水城汉文文书中的元代职官问题等专题，分别介绍如下：

---

* 杜建录，宁夏大学教授，博士生导师。

1. 黑水城汉文文献概论

主要讨论黑水城与黑水城文献的发现、种类与数量、国内外研究概况、历史文献价值及版本价值，同时将中国藏黑水城汉文文献单独列出，凸显该文献在整个黑水城汉文文献中的地位。指出黑水城汉文文献时间跨度较大，包括唐、五代、宋、西夏、伪齐、金、元（含北元），其中元代的数量最多，其次是西夏和宋。这批珍贵的文献，为研究宋夏金元历史文化提供了翔实的史料，如北宋以鄜延路为中心的陕西沿边地区长期是抗击西夏的主战场，两宋之际又是宋夏金三方争夺的焦点，长达 109 页的《宋西北边境军政文书》，从宋朝的角度为我们展现了这一历史画卷。

郡为秦汉以来普遍设置的地方机构，相当于州一级，下辖县，有时是州县，有时是郡县。一般情况下县级名称不变，而州郡名称互换，如灵州与灵武郡，夏州与朔方郡，泾州与安定郡，凉州与武威郡，甘州与张掖郡，肃州与酒泉郡。西夏立国后承袭前代，在地方上设州置郡，以肃州为蕃和郡，甘州为镇夷郡。这条资料出自清人吴广成《西夏书事》，由于该书没有注明史料来源，往往为史家所诟病，研究者不敢确认西夏设郡。黑水城汉文西夏榷场文书明确记载西夏设有镇夷郡，为西夏在地方设郡找到了确凿证据，其意义不言自明。

西夏盛行高利贷，西夏法典规定“全国中诸人放官私钱、粮食本者，一缗收利五钱以下，及一斛收利一斛以下等，依情愿使有利，不准比其增加”。过去对这条律令不好理解，通过黑水城汉文西夏天盛十五年（公元 1163 年）贷钱文契，可知一缗收利五钱为日息，一斛收利一斛为年息。

蒙古灭夏后，黑水地区的居民仍留在当地，《元史・地理志》记载，至元二十三年（公元 1286 年），亦集乃总管忽都鲁凿合即渠屯田，“以傍近民西僧余户助其力”，这些助耕的“傍近民西僧余户”，就是当时的西夏遗民，黑水城汉文书记载了他们的活动情况。《也火汝足立嵬地土案文卷》所载也火汝足立嵬家族，就是归附蒙古的党项人。编号 F125W73 文书记载的即兀汝，F1W60 文书中的母亲兀南赤、妻唐兀的斤，F131W2 文书中的尤兀南布，都是党项人。这些党项遗民长期和汉、蒙古等民族通婚杂居，逐渐出现汉化与蒙古化的倾向，他们有的名字带有汉姓，如吴哈剌那孩、李嵬令普、刘嵬立普、杨朵立赤，有的名字带有蒙古姓，如也火不花，也火可能与也火汝足立嵬同姓，但却采用了蒙古名字不花。

元代是我国历史上民族大融合的朝代，大量的中亚人随着西征的蒙古大军进入中国，和当地汉、蒙等民族通婚融合，形成了一个新的民族——回族，黑水城汉文文书有许多关于回回商人的记载。《失林婚书案》原告阿兀，就是来往于草原丝路的回回商人。F116W476 文书记载“西至城角回回坟墓”。回回人的名字在文书中多次出现，如 F245W16 文书的马黑牟，F116W491 文书的古失马合麻。这些回回人的名字出现在地土案和军人钱粮名单上，说明回回人一开始就有人从事农耕，并不是全部都在做生意。

契本是官府有偿发给纳税人的纳税票据，至元二十二年（公元 1285 年）开始实行，每道为中统钞三钱，至大三年（公元 1310 年）为至元钞三钱。契本收钱，其实质是向纳税人收缴附加税。F1W94 文书是一张没有使用过的空白契本，上面没有加盖官印，也没有填写纳税人的姓名与纳税额，竹纸印刷，花栏边。正是这张契本，我们才对元代契本有了形象的认识。

2. 中国藏黑水城契约研究

中国藏黑水城出土契约全部是元代文书，最早为元成宗大德二年（公元 1298 年），最晚至北元昭宗宣光元年（公元 1371 年），前后跨度达 73 年之久。有借粮契、借钱契、租赁契、雇佣契、买卖契、合伙契、婚书、收付契等，总共 67 件，其中借贷契约 46 件（借粮契 20 件，借钱契 6 件，借物契 2 件和残屑 18 件），占中国藏黑水城汉文契约的大多数。

粮食借贷契约的格式一般先写借贷缘由，到某地住人某处借到粮食多少，利润如何计算，何时归还，不能归还的惩罚措施，担保方式及保人责任等，文末先书写立契时间，然后由立契约人、同借人、保人、知见人一一署名画押，债主一般不署名。有的借粮契上的人名已被墨色涂抹划去，可能是已经还清了债务。

借钱契约共 6 个编号，多数是借贷中统钞，较为完整的有《元统三年借钱契》《至元四年十月二十日韩二借钱契》《至元四年十月二十九日陈山和借钱契》《至正六年十一月初六日陈山和借钱契》等。

租赁契约共 3 个编号，亦集乃路的租赁业并不发达，反映为租赁契约总量的稀少。《戴四哥等租田契》，是戴四哥等三名租田人租佃兀日金牌官人的闲荒草地，并约定于秋后纳糜子。《至正二十四年四月初一日赁房契》，为亦集乃住人马某人因无房居住，租赁东关外王某人土房时所立契约，房钱为每月小麦五升。

雇佣契约共4个编号，有3件雇身契和1件揽脚契。《至正元年小张雇身契》，为小张受雇于古二，在酒店内做杂色使用；《至正十一年九月雇身契》，为受雇者在雇主阿兀丁家内做杂用；《雇身契》是一件涉及人口买卖却以雇身作为幌子的典雇契约；《揽脚契》为揽脚运输雇佣契约。雇身契约的内容包括受雇人自愿受雇于雇主，从事的工作、工钱及计算方式、雇主的免责声明、违约条款、立约时间后依次由雇身人、同雇身人、知见人署名画押，雇主一般不署名。亦集乃路的雇佣契约与中原区别最显著之处在于未见有设置雇佣期限。

买卖契约共5个编号。其中牲畜买卖契约有3件：《至正十四年六月十五日卖驴契》，为温某与男共同署名的卖驴契约；《至正二十七年卖马契》，木版印刷，墨书填写住址、姓名、牲畜种类和齿岁、价格、立契时间等，反映当时买卖文契已经有固定的程序；《何教化卖马契》，为何教化将马卖于同街住人李拜延所立契约。卖马契开篇陈述卖马缘由，然后说明马匹种类、年齿，接着是官牙人的评价、买主姓名、对马匹来源合法性的保证以及违约条款，契末有卖主、同卖人、官牙人署名画押。《至正十四年七月买粮契》为卯歹到广积仓买口粮，为便于日后取管所立凭据。

合伙契约共6个编号，但实际上只有3件。《李闰通与赵译史合火契》，内容为赵译史与李闰通合伙开店；两人虽然都出本钱，但赵译史不参与具体经营，盈利由二人按成本投入比例分配；《合同火契》较残，由于出现了“买糯米酒”等字，可能系合伙开酒店；《合火契》和另外四件残契出土于同一地点，它们编号相连，均为行楷书，且文中多次出现“李大使”，说明它们很可能是同一件契约。

婚书仅有1个编号，《至正二十五年十一月初七日大吉合同婚书》，为太子位下军户脱欢，将亡弟寡妻嫁与吴子忠户下贴户哈立巴台之回聘婚书。

收付契1个编号，即《宣光元年十一月十二日收付契》，为也先帖木儿作为马主收到一年半前借出给金舍的铺马时所立收付契，证明金舍已将马匹归还，日后再有亲戚争讼与金舍无关。收付契的内容，包括物主之姓名、住址，借用者之姓名、住址，借出物品的详细描述，借出时间，收付时间，且声明今后此物与借用人不再相干。契末写明出收付人、同出收付人、知见人，如果由人代写，则代书人亦要署名。

中国藏黑水城元代汉文契约有着显著的特点：

第一，一般将立契时间放在契尾。敦煌吐鲁番所出唐宋契约文书将日期放在文书的开头；西夏时期黑水城借贷契约亦首先书写立契约时间；元代高昌等地回鹘文契约也是将时间写在开头；唯有徽州地区自南宋以来就将立契时间书写于契约末尾。

第二，虽然这批契约前后跨度多达七十余年，但行文格式却大体一致。以借贷契约为例，唐五代时期的借贷行为之名称颇多，而借贷双方的称谓也非常繁杂，以粮食借贷债务人称谓来看，即有 23 种之多；而亦集乃路粮食借贷契约债务人一般称为"立借麦文字人"，非常统一和规范。

第三，对契中关键要素的形容普遍更为谨慎和仔细。《宣光元年十一月十二日收付契》中借铺马人金舍为"亦集乃寄居住人"，以区别其他契约中的"亦集乃住人"；《至正二十五年十一月初七日大吉合同婚书》用了约三行文字来对新郎身份和社会关系进行描述；《至正十一年九月雇身契》从各角度反复强调雇主的免责声明，说明立契双方都在力求避免出现讹误，减少因不尽言辞引起的争讼。

第四，契尾多为立约一方与官牙人、知见人等第三方署名，另一方通常不署名。敦煌吐鲁番出土南北朝、隋唐契约中，部分契约还存在着立约双方均署名的现象，这显然是继承了先秦以来传统的"合同"立契形式。但由于契约多是由债主、雇主等身份的立约人收管，用来约束对方，所以钱粮借贷契约的债主、雇用契约的雇主、买卖契约的买主、回聘婚书中的男方人物、收付契的原借人本无必要署名。元代亦集乃路订约双方均署名的只有合伙契一种，反映古老的"合同"立契形式最终服务于契约的现实作用而逐渐消亡。

亦集乃路契约的特点表明中国古代契约在元朝有进一步发展：关键信息被更加详细地描述，没有意义的署名直接被取消。统一、规范的格式以及将立契时间放在契约末尾等特征为明清契约所继承，并且直到现代也仍然在被遵循。

3. 中国藏黑水城汉文文献中的诉讼审判与常用术语

中国藏黑水城词讼文书近 300 件，若按案件类别，可分为驱口案、婚姻案、斗杀案、盗贼案、财物案、土地案及其他七类。其中驱口案 11 件，涉及逃驱、驱口不应役、强夺驱口、拘收不兰奚等内容，文书类别主要为呈牒、诉状、告拦文书等；婚姻案 10 件，涉及争婚、改嫁、烧毁婚书等，其中失林婚书案文卷保存有诉状、取状、识认状、承管状、责领状、告谕、呈牒等多种文状形式；斗杀案 20 件，涉及斗殴、谋杀案件的诉讼、审理、检验等，保存有存诉状、取状、呈牒等文书形式；盗贼案 27 件，涉及对盗窃居民、商户、官府等案件的状告、审理、判决，保存有存诉状、识认状、责领状、告谕、呈牒、札付等文书形式；财物案 14 件，涉及粮食、钱财、货物、牲畜、租赁房屋等民事争端案件，保存有存诉状、取状、呈牒等文书形式；土地案 29 件，涉及民户争地、官员夺地、僧俗争地、赡站地典卖、揽夺灌溉等案件的诉讼、审理，保存有存诉状、告拦文书、呈牒等文书形式；其他 64 件，是律令与词讼文书中未能判断案件种类的文书，只能凭其残存“取状人”“告状人”“干照人”“状告”等词讼文书术语判断其性质，以诉状、取状居多。

诉讼与审判文书中的公式、诸此、结句、发端、旨判、推鞫、署事、捕亡、仪制、钩稽、状词、狱讼、刑罚等公文格式用语及法律术语和元代的公文制度一致，反映出元代政治的统一性。

诉讼与审判文书清楚地勾勒出元代司法中的诉讼、受理、传唤、审理、判决、监察全过程。状告即告状人向官府呈递诉状，是诉讼的开始。元朝承袭宋代，由书铺“书写有理词状”，从而“革泛滥陈词之弊”，反映在黑水城词讼文书上，虽然案件不同，但书写状格式基本相同。一般情况下，“诉讼人，先从本管官司，自下而上，依理陈告”，不得越诉，但强夺站户汝中吉土地案是一件越诉案件，站户汝中吉赴省状告所在官吏强夺其土地。可见，当时对于越诉案件的审理，在一定情况下可以变通，使得“不得越诉”的案件得到了有效处理。

诉状呈递官府以后，由官员决定受状或不受状，若状词不清楚、证据不明，均在不受理之列。另外，一些案件被认为是“诬告”“妄告”，也会不被受理。《斗杀案》即出现“如此虚词”。

案件受理以后，衙役执信牌或传唤帖拘捕人犯，传唤干连人（证人），至元三年（公元 1266 年）“忙不及印”信牌就是传唤人犯的。《麦足朵立只答站户案卷》中的传唤帖开头顶格书写“皇帝圣旨里”，紧接着书写发帖单位，提行低两字书写正文。

案件进入正式审讯阶段后，书写取状，被告人、干连人在官府审讯时的供词，由司吏整理抄写后，被告人或干连人画押认供。取状与诉状相比，有两点不同：一是诉状当事人仅限于男性，取状当事人可为女性；二是取状人画押后往往盖有官印。由于案件的复杂性或其他原因，有时在审判中多次取状，这种现象在失林婚书案文卷中可见一斑。另外还有一些案件经过一次审判以后，涉案人员对判决并不服，就出现了案件的重审、复审，文书中的“取复审状人阿立嵬”就反映了这一点。

黑水城文书中的量刑大体和律令一致，《失林婚书案卷》中，有对失林笞“四十七下”的处罚，与元代“诸有女许嫁，已报书及有私约，……更许他人者，笞四十七”（《元史·刑法志二》）的法律规定相符。

《元典章》规定，诸路总管府在审理流罪以上案件时，“须牒廉访司官审复无冤，方得结案”，《审理罪囚文卷》就是亦集乃路总管府按照规定开坐审理罪囚文卷，牒呈河西陇北道肃政廉访司永昌等处分司照验。

4. 中国藏黑水城汉文文献中的户计与赋税

元代户计名目繁多，仅中国藏黑水城汉文文献中就记有民户、站户、军户、匠户、僧户、屯田户、回回包银户、木棉户、儒户、驱口等等，他们在亦集乃的相关活动，是元代诸色户计社会生活的缩影，为元代户籍赋役研究提供了丰富的原始资料。

黑水城文书所载诸色户计中民户占大多数，他们以农业生产为主，屯田纳粮，并兼营畜牧业。河渠灌溉是屯田民户生存的源泉，黑水城文书中所见的渠道名称有本渠、合即渠、额迷渠、吾即渠、沙立渠、耳卜渠、本渠下支水小渠、合即小渠、玉朴渠、墙痕支渠、泉水渠等。渠社是亦集乃农村的基层单位，政府通过渠社组织对屯田民户进行管理，《社长与俵水名录》记载沙立渠社长两名、俵水三名，本渠社长三名、俵水三名。坊巷是亦集乃路“在城”基层单位，差巷长等进行管理。

屯田民户兼营畜牧业是亦集乃较为普遍的现象，一方面满足农业生产所需畜力，另一方面则是为了应对杂泛劳役，充当交通运输工具。《即兀汝户籍》记载即兀汝一户有地土五顷四百七十垅，现种二百六十垅，麦子二十二石，畜养马三匹、牛一只、羊七十口。

元代亦集乃路管领纳怜道上的站赤有在城站、盐池站、普竹站、狼心站、即的站、马木兀南子站、山口站、落卜剋站八站，黑水城文书中称之为“蒙古八站”。元代中期以后，站户的贫富分化日益明显。站户中富有之家往往拥有驱口为其应役，《驱口逃跑案》记载站户阿里巴买驱口一名。《拜也伦婚姻案》的取状妇人拜也伦为亦集乃路在城站户张唐兀驱口。

站赤的任务一是传递圣旨及官府公文，二是为过往官吏、使臣提供交通工具及食宿。《普竹落卜剋等站赤米面什物羊口文卷》记载的绳子、席子、雨衫、马鞭、顶毡等铺陈什物，就是由站户承担的。

黑水城汉文文书中的军户主要有两部分，一是诸王位下的戍军，二是屯田军。《钱粮房司吏呈报照刷的现行文卷事目》就有征西元帅府军人口粮、北庭元帅府军人口粮、蒙古元帅府军人口粮、朵立只罕翼军人口粮、忽剌木翼军人口粮等“军人支粮”。作为对军户服兵役的回报，军户和站户一样，“地四顷免税，余悉征之”，即四顷“赡军地”免税，多出的部分是要纳税的。编号 M1・0945［F193：W13］的文书是一件交税凭据，记录至正十三年（公元 1353 年），“沙立渠怯薛丹一户太不花叁顷柒拾亩，粮壹拾壹石壹斗，小麦柒石肆斗，大麦三石柒斗”。怯薛丹为元朝宿卫军的一种，太不花当为蒙古军户，三顷七十亩应为免去四顷后的田亩数，按照元代北方地税每亩纳税三升的规定，需纳税粮恰是十一石一斗。编号 M1・0952［F166：W9］的文书是广积仓收到本渠马军吾即阿剌大小麦的凭据。

匠户又称“系官匠人”，是元代四种主要户计（民户、站户、军户、匠户）之一。《钱物帐》记载鞍匠支取小麦三斗。《木匠张二哥计料文书》记载木匠张二哥计料多少，然后到库舍支取。编号 M1・0796［F111：W29］的文书为黄木匠赍什物家事赴府整治楼子状，此处楼子应为作军事瞭望等功用之建筑。可见这些“系官匠人”是为官府机构服务而籍定的。

另外，在黑水城文书中还记有另外两种匠人。一是诸投下私属匠人，这类专门为蒙古贵族进行手工业生产的附籍工匠，不在诸色户计之内。二是民间匠人，即城乡民户中有技艺者，如《失林婚书案卷》中闫从亮原系巩西县军户，因为战乱逃到永昌甘州，后于至正廿一年（公元 1361 年）到亦集乃路，以“熟造油皮鞴生活”。这些匠人作为民户的一部分，而并非诸色户计中的匠户。

僧人在元代户计上专列一类，称释户或僧尼户。《失林婚书案卷》中外郎史帖木儿即主持“□寿寺”僧人户计。亦集乃路总管府设“僧人头目”，以管理僧人户计，黑水城文书中有一件关于圣容寺僧人头目任历的文书。亦集乃路僧户在诵经传教的同时，也从事耕种土地及其他经营活动。编号M1·0610［F116：W491］的文书记载僧人梁日立合只与失赤马合麻等人在无得耕种浇溉煞地内偷种糜子。

《杜延寿充儒户卷宗等》，是杜延寿、杨天福、金祐甫、杨仲明、徐玉立沙等充儒户卷宗，他们大部分人为汉人或南人，还有一部分人如“徐玉立沙”，可能是党项人。元朝统治者援引僧道之例，令儒户“除纳地税、商税外，其余一切差役并行蠲免”。《亦集乃路儒学教授劝学事迹》，记录亦集乃路儒学教授所学正胡文整“劝谕儒户人民良家子弟学习诗书”。

黑水城文书中从事商业性活动的户计主要有两种，一是“通四方之物”的商，二是“居卖求利”的贾。亦集乃路地处和林与甘州之间，纳怜道经由此地，沟通了岭北行中书省与腹里之间的交通，为“通四方之物”的商贾提供了便利交通条件。《王七弟王旭赍夯客货案》记录亦集乃路王七弟王旭赍夯客货往甘州买卖。《失林婚书案卷》中失林的丈夫阿兀为亦集乃路所管回回包银户，其经常前往岭北达达地面做买卖。《回回包银户亦不剌兴斗殴案》记载亦集乃路所管回回包银户亦不剌兴取回贩卖菜羊钱钞的情况。

“居卖求利”的商贾户主要在亦集乃城内开店经营，《谨请贤良帖》是饭店店主马二邀请客人来店试吃的请柬；《至正元年小张雇身契》为酒店老板雇用小张的雇身契约；《李闰通与赵译史合火契》，为李闰通与赵译史合伙开米酒店的契约，其中赵译史出钱在家住坐，李闰通负责经营；《合同火契》，是合伙开米酒店的契约。

黑水城牲畜也有固定的市场，牲畜买卖通常由牙侩户充当中介，订立契约，抽取费用。《至正二十七年卖马契》为甘州住人速立牙卖马文契，木版印刷，墨书填写住址、姓名、牲畜种类和齿岁、价格、立契时间等，反映当时买卖文契已经有固定的程序。《何教化卖马契》为亦集乃路在城住人买卖马匹的手写契约，因残缺，未见官牙人。

元代贵族、官僚、地主等阶层所拥有的大量驱口均未另立户计，而是附籍于其使主名下。黑水城出土文书中关于驱口的相关记载是比较多的。《麦足朵立只答站户案文卷》中麦足朵立只答之父麦足合干布所买驱口李保应为汉人或南人。《即兀汝户籍》记录即兀汝一户“驱口，男子赤屈年四十五，妇女金祖”，赤屈、金祖为党项人。黑水城文书中所记沦为驱口的蒙古人亦有不少，如《捉拿逃驱忙古歹案》中的逃驱忙古歹为蒙古人。

黑水城文书中的驱口大多是买卖来的，买卖文契是确认他们身份的重要依据。《麦足朵立只答站户案文卷》中站户麦足朵立只答之父麦足合干布买驱口李保即立有文契；《宣光元年强夺驱口案》记录宣光元年（公元 1371 年）闰三月廿一日强夺驱口事件；《驱口逃跑案》记载即站户阿里巴状告其家驱口逃亡并卷走衣物等；《家奴案》为在城、孔古列、昔宝赤三处巡检司追捕家奴的通令；《捉拿逃驱忙古歹案》是限定也火着屈于当月初十日追捕到逃驱忙古歹归案的承管状。

其他户计。黑水城文书中反映的户计除上述民户、站户、军户、匠户、僧户、儒户、商贾户、驱口外，还有一些其他户计，如木棉户、屠户、医户、阴阳户、畏兀儿户等。

黑水城文书中反映的元代亦集乃路赋税主要有四，一是税粮，二是抽分，三是酒醋课，四是交易税。税粮的征收以大麦、小麦为主，兼有糜子，一般情况下，每亩均纳粮三升，如哈立撒耳立“地式拾亩，粮陆斗”，“张孔孔地壹拾伍亩，粮肆斗五升”，“怯薛丹一户太不花叁顷柒拾亩，粮壹拾壹石壹斗”，“一户勒俺布地壹顷式拾陆亩玖分玖厘/肆毫，粮叁石捌斗玖合捌勺式抄”。太不花的“叁顷柒拾亩”就是 370 亩，每亩税粮 3 升，共计1 110 升，也即“壹拾壹石壹斗”；“勒俺布地壹顷式拾陆亩玖分玖厘肆毫”，就是 126.994 亩，每亩税粮 3 升，共计 380.982 升，也即“叁石捌斗玖合捌勺式抄”，这是一个多么精确和有意思的数字，为我们了解元代度量衡制打开了一扇窗户。

抽分是针对蒙古民族游牧特点的牲畜税，早在元朝建立以前已经实行，元朝建立后全面推行开来。《天字号抽分文卷》记录“陈真宝羊八十四口，收钞肆拾两”，“乌马儿羊五十四口，昔宝赤羊七十口，总收八十两”。可见一百只以下，三十只以上，均收四十两，乌马儿和昔宝赤羊合计一百二十四口，超过了一百口，因此“总收八十两”。这和政府规定“诸路牧羊及百至三十者，官取其一”基本一致。换言之，大体一只羊折合四十两钞。

酒醋课分为酒课和醋课两种，主要是各糟房酒户、醋户酿造酒醋所交纳的课税。《至元三十一年酒醋课文卷》记录至元三十一年（公元1294年）上下半年的酒醋课羊七口，折合中统钞七定，由周的吉认办，“赴行中书省丰备总库解纳了当”。

元代税粮“输纳之期，分为三限，初限十月，中限十一月，末限十二月”。这是政府的规定，黑水城出土的《大德十一年税粮文卷》给我们提供了具体执行层面上的依据。根据文书，可知大德十一年（公元1307年）税粮“自十月初五日为始开仓收”，至“十二月二十八日”为止，和朝廷规定的输纳之期完全一致。除大德十一年（公元1307年）外，元统三年（公元1335年）、至正十年（公元1350年）和至正十三年（公元1353年）税粮缴纳期限也是如此，由此看来，亦集乃路税粮输纳期限制定后，半个多世纪基本没有发生变化。

黑水城出土的纳税凭据有仓票、白帖与契本，仓票、白帖是缴纳税粮的凭据，由广积仓开具，所不同的是前者是印制后填写纳税人姓名及纳税数量，上盖朱色官印，后者是全部手写的“白条”。契本是印制的商税凭据，由省部颁发。

5. 中国藏黑水城汉文文书中的元代职官问题

黑水城出土的元代文书中大致有180多个机构与职官名称，这些机构与职官大多出现在政府公文中，亦有部分出现在书信和契约里面。它们有的是发、收文单位，有的出现在转引文中，有的是机构、官员的签章，还有的是文书中顺便提及。按照性质和类别，可归为行省或分省机构、路总管府和其他机构三部分。从文书中看，甘肃行省对亦集乃路的“总领”方方面面，亦集乃路的税收、钱粮收支、诸王分例、地方法制、人事任免等事务皆需向甘肃行省汇报请示，并且甘肃行省的“札付”也常常成为总管府官员与吏员的行政准则。在文书中，尤其是较正式的公文中，甘肃行省常称为“甘肃等处行中书省”，也有比较少的情况将其直接称为“甘肃行省”或“行省”。

元代在行中书省、行枢密院之外，“亦有分省、分院”，正史不载甘肃行省设分省，黑水城文书有关甘肃省下设分省就弥足珍贵了。文书中多次出现“亦集乃分省”，亦有个别文书存“肃州分省”和“亦集乃甘州分省”。

黑水城文书中透露出元末和北元初职官设置的一些新情况，包括新机构、新职官的出现，官制的混乱及官员选任方式的变动等。元末至北元时期官制的混乱主要表现在超额编制、选任混乱等方面。一职多任是历代官制混乱的通病，《肃州路官员名录》记载，前甘肃省理问贝你立克、前甘肃省理问绰思吉、前诸迭总管也先不花均同时举为肃州路同知，前行詹事院都事锁南朵立只、肃州路判官伯家奴均同时举为肃州路治中。

元代自世祖至元元年（公元 1264 年）开始，路总管府官员等外任官定期迁调，上自达鲁花赤、总管、同知、治中、判官、推官，下至经历、知事、照磨以及司吏、通事、译史，“均须按照国家规定三年任满迁转任调，不得久任一地”。元末至北元时期世事混乱，这种制度自然执行不下去了，前揭《肃州路官员名录》中迁转的官员均在地方任职，属于“三年迁转”的外任官。

提控案牍为元代广泛设于诸万户府、行中书省下理问所、散府与诸州等机构中的首领官，负责分拣、判断和初署各类公文。路总管府中，经历、知事、提控案牍三职共同构成路一级的首领官，提控案牍为三者之末。黑水城出土的亦集乃路公文中，有大量首领官的落款，都是按照“提控案牍、知事、经历”的顺序署名，公文是以自下而上的顺序审核的，提控案牍职位最低，故最先落款。

整理篇包括两方面，一是文献叙录，按照农政文书，钱粮文书，俸禄与分例文书，律令与词讼文书，军政与站赤文书，票据、契约、卷宗与书信，礼仪、儒学与文史，医算、历学、符占秘术、堪舆地理及其他文书，佛教文献，图画、印章及其他文书等大类，全面系统叙述了中国藏黑水城汉文文献形制、页面数量、收藏单位、完残状况以及书写、刻工、印刷者、抄录者姓名、原藏编号、中国藏黑水城汉文文献编号等内容，改善了对中国藏黑水城汉文文献只有个别论述，而没有全面研究和整体认识的状况；二是按年代、地名、职官、人物、名物制度等，对《中国藏黑水城汉文文献》全面索引，便于读者检索使用。

三、成果的学术创新

上述研究内容，将实地调查与文献考证结合起来，将微观研究与宏观研究结合起来，将文献研究与历史研究结合起来，厘清了中国藏黑水城汉文文献的数量、种类、内容、质地、版本、出土地点、收藏单位，阐明了中国藏黑水城汉文文献的历史文献价值与版本文物价值，改善了对中国藏黑水城汉文文献只有个别论述，而没有全面研究和整体认识的状况，从而提升了我国在黑水城文献收藏与研究中的地位。所有这些都体现了研究方法与内容的创新，这也是本成果的突出特色和主要建树。

《秦汉户籍管理与赋役制度研究》概要

王彦辉*

一、研究的目的、意义及方法

秦汉时期处于从封建体制转向帝制体制的早期阶段，官僚制度建构、社会结构方式、基层政权组织形式、国家与社会关系等都体现出与后代不同的时代特征，总体上表现为皇权的强大和社会管理体制的严密，社会权力相对孱弱，社会成员自主权力严重缺失。本成果主要从县乡机构设置、户籍登记与管理、聚落形态的演变与社会控制、资产登记与财产税的演变、徭役兵役体系及正卒与材官骑士制度等方面，探讨秦汉时期行政权力的配置与运作、社会管理模式的特征、徭役兵役负担的摊派与组织管理等，以期从制度与赋役的角度揭示这一时段中国帝制社会的时代特性。

本成果主要运用王国维提出的“二重证据法”，以及历史比较分析法和定量分析方法等。在历史理论上以马克思主义唯物史观为指导，在史学理论上借鉴早期国家理论、聚落考古理论等。

二、成果的主要内容和重要观点

秦汉时期处于从封建体制转向帝制体制的早期阶段，官僚制度建构、社会结构方式、基层政权组织形式、意识形态管理模式、国家与社会关系等诸多方面，不仅与魏晋时期不同，更与宋明社会有别。如何认识和叙述帝制早

* 王彦辉，东北师范大学教授，博士生导师。

期的时代特征不仅为秦汉史学界所关注，也理所当然地落实为本研究的一种追求。秦汉皇帝制度、郡县制度、官僚制度等前人早有定论。近年出土之秦汉简牍资料多为法律文献和县乡存留的文书档案，涉及县乡机构设置、户籍类别、赋税征收、徭役兵役类型及应役方式、乡里亭聚关系等重要制度及其运作程序等，其中的一些问题尽管已经成为前人的选项，但因文献不足征而使一些结论推演色彩浓烈，或望洋长叹兮而却步。本成果即在前辈学者研究的基础上侧重讨论了以下问题，基本认识如此。

宗法封建时代王权在制度设计上自有其边界，国家与社会分权而治，社会组织以家族为主要形式。秦国以至于秦汉，国家以乡里组织取代家族，国权直达于天涯海角，最后落实到每家每户。为了实现对民众的全天候监督，在很长一段时期内，在乡里社会设置两套管理机构，此即乡部和田部，对民众的生产和生活实行全程监控。在资源的配置上，到官府申请立户才是合法占有田宅的唯一前提，矿冶盐铁虽一度开禁，但旋即收夺而由国家垄断，此举不只单纯的强取民间财富，隐藏的目的还在于以暴力手段摧毁国家的异己力量。

“民数者庶事之所自出也”，秦汉国家深谙户籍编制的重要性，建立了严密的户籍管理制度，百姓无论迁徙、求学、经商都要有政府开具的凭证，擅自离开居住地就是“亡命”，要受到法律的严惩。无论城邑与聚落，百姓都生活在行政编制的乡里网络之下，在历时性上不存在逸出乡里编组的自然聚落，乡里组织的触角无处不在，专制政体的控制也延伸到社会的任何角落，日本京都学派据以论证“中国都市国家”的乡聚亭都筑有城郭的观点并不成立。秦汉时期不仅建立了政治“大一统”，而且确立了思想的“大一统”，国家不仅借助于乡里组织和法律的严防牢笼了社会成员的躯体，而且通过所谓道德的“城郭”控制了人们的心理。秦汉官僚政治已经高度发达，行政管理水平在那个时代独步世界，通过对“户”的严密控制，实现了赋税的征收和徭役兵役的征发。

一般民户的赋税种类包括田税、刍藁税、口赋、算赋、户赋和更赋等。就财产税而论，西汉历史上只有临时性的财产税，“訾算”不是财产税。秦汉时期的兵役徭役制度是国家公共属性的体现，由于这种制度的背后隐藏着以法律为表达形式的强制暴力，才使之成为公众必须服从的基本义务。徭役和兵役在那个时代对无权无势的个体小农来说是极其沉重的负担，所以董仲舒才评判说："又加月为更卒，已复为正，一岁屯戍，一岁力役，三十倍于古。"就兵役论之，正卒即丁男，从正卒中遴选的材官骑士一生要服二年兵役为"现役"，预备役期间还要随时应征赴难；一般正卒虽然只服一年的"戍边"兵役，但战时还要充当"奔命"，负担物资运输等后勤供应。

本成果是以专题研究的形式，围绕秦汉时期的户籍管理与赋役制度的一些重大问题，或者说在学界长期争议不决的问题展开讨论的，具体分为六个专题进行研究。

1. 秦汉县、乡机构的设置与户籍管理制度

据史书记载，中国古代有文字记载的人口统计制度在两周之际就已确立。"书社"即把"社"的人口登记于社的总籍或曰版图，这个总籍或版图的性质应当类于秦汉时期的"名籍"，即人名册，而不是"户籍"。因此，所谓"书社"是以"社"为单位，而不是以"户"为单位的人口统计。

户籍制度是随着郡县乡里行政体制的建立而逐渐确立的。县制的起源可以追溯到西周，典型的地方行政县定型于战国中晚期的秦国。严耕望先生的《秦汉地方行政制度》最早对秦汉县乡机构的设置进行了系统考察，然所考订拾遗之正史、政书、金石、简牍、碑铭、玺印等毕竟是秦汉四百余年间留存下来的相关资料，如果把秦汉作为一个完整的时间单元予以讨论是成立的，但从中却无法窥见各级行政组织结构、官职及其职掌的沿革变迁，所列22曹或31部门也与新出简牍资料不符。

湖南省龙山县里耶古城出土的里耶秦简是秦朝洞庭郡迁陵县遗留下来的县级公文档案，可以据此解剖秦代县廷机构的设置情况。秦朝迁陵县设有县令、丞、尉，下设九曹，即少内、尉曹、吏曹、户曹、仓曹、库曹、司空曹、狱曹、厩。金布为少内所辖专司出纳、统计、核算的部门，田官、畜官属于都官系统。

秦及汉初国家在乡一级设置两套平行的管理机构——乡部和田部。乡部主邑中事务，乡设三老、有秩、啬夫、游徼、孝悌力田等。"三老掌教化"，职在以德化民；"啬夫职听讼，收赋税"，为乡部的实际行政长官。田部主邑外事务，吏员有田啬夫、田佐、令史等，里中有田典。田部的职责主要包括：计户授田，编订田籍；管理农田水利，督促生产；饲养官有牛马，保护

耕牛不受伤害；征收田租和刍稾税等。田部之设源自国家授田，西汉中期以后，随着授田制的废止和土地私有权的确立，乡里职事从简，田部并职于乡部，但县置都田啬夫一直存续至东汉。

睡虎地秦简中不见有“户曹”之名，但绝不意味着县廷没有户籍管理的机构。秦自商鞅变法实行国家授田制度，计户授田，县廷是审核和批准单位，乡部是执行单位。县廷的审核工作应当由户籍管理部门负责，这个部门只能是“户曹”。秦在战国中后期已经形成九曹，所以里耶秦简中才屡有“廷户曹”“廷户曹发”“户曹计录”等记载，这个“户曹”不会是秦统一以后才设立的机构。

2. 秦汉时期的户籍登记与人口控制

秦国的户籍制度创制于秦孝公十年（前 352 年）的“为户籍相伍”，即使每户置籍，建立五家组织。狭义上的反映居民户口的“户籍”概念的运用应当在秦统一前后，如《岳麓书院藏秦简》（叁）收录的“识劫婏案”中明确记载婏原为妾，后免为庶人，“即书户籍曰：‘免妾’”。这个户籍应当是狭义上的户籍，说明此时“户籍”已经合为一个整词。自此以后，“户籍”的用法基本固定下来，比如居延汉简和新公布的金关汉简中多有“户籍臧乡官者”“户籍在官者”等提法。

里耶户籍简出土于湖南省龙山县里耶古城北护城壕的凹坑（编号 k11）中，2007 年湖南省文物考古研究所编著出版了《里耶发掘报告》一书，公布了这批户籍简的图片和释文。这批户籍简牍的著录格式是，每枚木牍登记一户家庭，木牍分栏、分项登记每户的家口及其他信息。每枚木牍约划分为五栏，分别登记户主及其家属以及与户主有关的内容，诸如臣妾、伍长之类。每栏登记的内容分别是：

第一栏：户主籍贯、爵位、姓名，也录户主的兄弟、儿子的名籍。

第二栏：户主及其兄弟的妻妾，也有户主的母亲登记此栏的例子。

第三栏：户主的儿子及兄弟的儿子，名前多冠以“小上造”。

第四栏：户主的女儿及兄弟的女儿，也有户主的母亲登记此栏的例子。

第五栏：户主相关资料，如臣妾、职务等，类似于现今档案中的“备注”。

由此可见，里耶户籍简的著录格式及内容与我们通常的认知不同，登记内容并不包括年龄、财产等，沿袭的应该是秦献公创制户籍制度以来的旧制。秦王政十六年（前231年）“初令男子书年”以后，男子以及家口的年龄书于户籍以外的“年籍”，即张家山汉简《户律》的“年细籍”。如此，户籍中是否同时登录户主及家口的年龄目前还不得而知。

据张家山汉墓竹简《二年律令·户律》的记载，西汉初年的“户籍”可分为广义的户籍（包括宅园户籍、年细籍、田比地籍、田命籍、田租籍）和狭义的户籍（宅园户籍）两大类。其中，“宅园户籍”登录的内容包括户主及家庭人口、奴婢以及房屋、家畜等，但不包括田地，属于家口与财产的合籍。汉武帝以后，乡里职事从简，宅园户籍与年细籍合并。

晋“作爰田”即“赏田”，春秋末年赵鞅“上大夫受县，下大夫受郡，士田十万”的做法，实开战国授田制的先河。战国授田制以秦国为典型，推行的是普遍的计户授田。汉高帝五年（前202年）的“与田宅”令，其精神实质和商鞅变法时期确立的国家授田制一脉相承。在秦汉时期的国家授田下，“户”是合法占有田宅的前提，在此基础上将户籍编制于乡里体系之中，通过立法限制人户的自由迁徙和流动，规范户的传承和财产转移，并通过立法，谨防“户”的残破以期稳定在籍户数，其核心价值在于“民数者庶事之所自出也，莫不取正焉”。

秦汉乡里体制之下也有民间组织“单”的存在。传世汉碑所见《昆阳都乡正卫弹碑》《鲁阳都乡正卫弹碑》《酸枣令刘熊碑》等反映的“单”，基本都是由官府组织起来的，目的是“轻赋节敛，调贫抑富”，“上供正卫，下给更贱”。这样的社会组织可以称为政府主导的民间组。1973年在河南偃师缑氏镇发现的《汉侍廷里父老僤买田约束石券》，属于一种互助性质的民间团体。只有《岳麓书院藏秦简》（叁）所收题为“识劫娺案”中提到的“单”，是一种比较原生态的民间组织，据此可以推测：“单”这种组织最晚从春秋以后就是以里为依托，以宗亲为核心，以社祭为文化符号的自发组织。这种以互助为目的的民间组织，基本没有摆脱国家的行政管理而达到自治的程度。战国以后法家极权理论的实践，造就了中国帝制社会国权的强大，制度设计本身没有给社会自治预留空间。

3. 秦汉时期的财产登记与户等

秦汉社会可以暂时称为帝制社会，或帝制官僚社会，但由于官品爵位的变动不定，无法造成一个固化的社会等级，因此不能成为衡量社会阶层实际经济地位的唯一标准，而是需要依据家庭财产的多少将社会成员划分出不同的等级，亦即“户等”，作为国家制定各种政策和征发赋役的依据。汉代的户等依家庭资产被划分为大家、中家、小家和下户（或称下贫），走马楼吴简中的上品户、中品户、下品户、下品之下户应是对汉制的继承。

户等划分的依据是家资，关于家庭财产登记的起始时代，以往学界一般将之确定在汉初。今据里耶秦简保留的两份法律爰书，可以将之提前到秦代甚至秦国时期。简 8：1443《都乡守武爰书》和简 8：1554《都乡守沈爰书》，其文书性质不是民间遗嘱，而是财产转移的申报书。据此可以判断，最晚到秦统一以后，国家已经开始实施财产等级了，或者说，这种财产等级制度实行的时代可以追溯到战国时期的秦国。秦及汉初家庭财产的计訾范围，应即《二年律令》中规范民间日常析产行为的奴婢、马牛羊和其他财物。居延汉简所见“累重訾直伐阅簿”，应是里耶秦简“资中令史阳里钔伐阅”簿的“□计”，“□计”之“□”可补释为“訾”。另据敦煌悬泉汉简、罗布淖尔汉简的相关记载，西汉中期以后，一般民户的田产也开始被统计到“訾计”亦即家庭资产之中。

财产登记的目的在于：

（1）家资是选任官吏的前提，和官吏的考课与迁转联系在一起。史书中记载了许多因为家贫“不得推举为吏”的个案；居延汉简中记录了一些候长、隧长因为“贫寒”而被“罢休”的事实。

（2）家资是迁豪的依据。汉初至汉元帝放弃“迁豪”，有所谓“三选七迁”的说法，即定期“徙吏二千石、高訾富人及豪桀并兼之家于诸陵”，家资百万是“迁豪”的最低政策线，不足訾则不当徙。

（3）家资是国家推行救荒政策的政策线。据史书记载，西汉后期以后，“訾不满二万”属于下贫，二万至三万只有在“被灾害什四以上”，即受灾程度达到 40％以上时才是诏免对象。

（4）家资是摊派临时性徭役的标准。据岳麓书院藏秦简的记载，在农业生产季节，徭役的征发要求“先行富有贤人”，亦即汉简中的“訾家”。“訾家”即有訾之家的略称，在西北汉简中多见。张家山汉简《徭律》也规定：国家兴徭委输传送，有訾之家要出车牛服役，而贫者则仅提供一些车马牛的配件。

4. 秦汉时期的财产税

第一，传统观点认为，《汉书·景帝纪》所见“訾算”即财产税。实际上，汉景帝的诏文显然不是讲赋税问题，而是对任官的财产资格做出的调整，所谓“今訾算十以上乃得宦”“訾算四得宦”，讲的是选任官吏的财产限制条件，即拥有十算或四算以上家资的人才具备任官的资格。“訾算”指的不是财产税，根据是：第一，“訾算十”和“訾算四”应当读为“訾，算十”“訾，算四”，即“訾，十算”和“訾，四算”，把訾与算合成一词是后人的误读。第二，据传世文献及简牍资料的记载，秦及汉初的主要税种包括田租、刍稾税、算赋、口赋和户赋等，唯独不见有名为“訾算”或可以解释为按訾出算的财产税。第三，在已知的秦及汉初的法律文献和国家优免政策中见不到财产税的名目。

《岳麓书院藏秦简》（叁）收录之“识劫婏案”所见“匿訾税”的“訾税”或为财产税，或为经营税，即这个家庭若属于普通民户，可以断定当时已经开始征收财产税；若这个家庭属于商贾之家，比如从涉案的家资计算，其家庭资产高达四五十万以上，显然不是一般家庭，则对文书中的“訾税”问题暂时还不宜轻下结论。

西汉存在临时性的财产税，包括武帝时针对商贾子钱等颁行的“算缗令”和对一般吏民推行的“以訾征赋”，以及成帝时期的税民资。财产税的征收对象是正常税目以外的动产和不动产，总的趋势是课税范围不断扩大，王莽时期的“訾三十取一”是一种极端做法。东汉以后财产税的征收逐渐常态化，故有“人或增资就赋”的提法。在此基础上，通过“平资”定额征税，此即长沙东牌楼东汉简牍所见“凡口五事☒，算三事，訾五十☒，甲卒一人☒”，以及走马楼吴简的“凡口若干算若干訾若干”。

5. 秦汉时期的聚落形态与乡里控制

秦汉文献中的“聚”或“聚落”等概念不能等同于现代考古学意义上的“聚落”，从共时性的角度来说，文献中“聚”的内涵大体有三：

一是新形成的自然状态的聚。如魏郡内黄县一带的河滩湖滨上形成的“聚落”，一旦形成规模，国家就会设乡置里实现行政化管理，从历时性上来说，不存在逸出乡里编制的自然聚落。

二是纳入乡里体制的“里聚”。由“聚”演变而来的里在地名中有的可能保留着“聚”的历史记忆，如汉宣帝议定卫太子谥号为戾太子，“以湖阌乡邪里聚为戾园”；而更多的由“聚”转化来的“里聚”则会因为行政命名而在历史记忆中湮没无闻，比如刘邦的籍贯是“沛丰邑中阳里”即属于此。

三是地名乡的“××聚”。两汉志于某县、邑、侯国目下所注“××聚”，或许已经不是一般意义上的自然聚落，而是经过行政编制的乡。即是说班固和司马彪在两汉志本注笔下的“××聚”，正如所注某县邑侯国“有××乡”“有××里”“有××亭”一样，在于强调这些乡、里、亭并非一般意义上的行政乡、行政里或职能亭，已由原来的“聚落”之“聚”演化为标识性的地名。这些地名乡是由“聚”演化而来，且在汉晋时期还保留着当地的历史典故或传说，因此作为历史名胜被特别标注出来。

汉代城邑是在三代特别是战国时代城邑的基础上修缮和发展起来的。从人口密度、县领面积和考古调查分析，汉代城邑的二分之一集中在黄河中下游地区，长江中下游的城邑规模一般不大，许多为汉代新建，北方长城沿线的边城则突出军事防御功能。总之，经过两汉的城市建设和郡县侯国的分合省并，讫于孝平，凡县邑道侯国 1 587，至于孝顺，凡县邑道侯国 1 180，这就是汉代城市发展的大体规模。按《续汉书・郡国志》列某郡国领属县多少冠以多少“城”的通例，这些县邑道侯国的治所或许大多筑有城郭，至于县城以下的乡聚亭是否也都有城郭围绕，是不能仅凭一些乡聚亭与古国古邑地望的重合去轻易推断的。

汉代乡野的聚落形态应以河南遂平小寨村落遗址和辽阳三道壕村落遗址的布局为代表，而河南内黄三杨庄村落遗址的庭院布局不具有典型意义。无论是平原地区新形成的“聚”，还是河滩湖滨逐渐产生的“聚”，一旦形成规模，国家就会设乡置里加以管理，三杨庄一类的自然聚落不会逸出乡里体制。

日本学者宫崎市定用古代邑国与汉代乡聚亭地望的重合论证汉代的乡聚亭都筑有城郭，进而得出中国上古经历过“都市国家”阶段的结论不能成立，理由是：第一，西周春秋时期的古国古邑有的筑有城郭，多数小型城邑则没有城郭。第二，文献中确实存在乡聚亭有城郭的例证，但主要分布于黄河中下游地区。第三，明确记载有城郭的乡聚很多或由县邑裁并造成，或由县邑治所迁址而来，“亭”“城”可以互称的“××亭”基本都是具体的地名，不能偷换概念定性不同类型的职能亭。第四，两汉志所载“××乡”“××聚”“××亭”都是有历史记忆的乡聚亭，不能用特例代表一般行政编制意义上的乡聚亭。

要之，“汉帝国的实际状态”绝非上古“都市国家”的简单集合体，而是一个经济文化高度发展，官僚政治发育成熟，行政化管理水平很高的统一多民族国家。中国古代社会进入国家形态以后，聚落形态就呈现为城邑与“聚落”的共生与并存。有城郭的乡聚亭主要零星点缀于中原大地，在汉代数千个行政乡和数万个职能亭中只是一种假象，绝大多数乡聚亭在几百年的历史长河中并没有人为修筑城郭，也就是说，秦汉帝国对城乡社会的控制并不是通过有形的城郭来实现的。汉武帝以后，在政治“大一统”的基础上实现了思想“大一统”，国家不仅借助于乡里组织和法律的严防牢笼了社会成员的躯体，而且通过所谓道德的“城郭”控制了人们的心理。

6. 秦汉时期的徭役兵役制度

现代学者对秦汉时期徭役制度的研究发端于日本汉学界，滨口重国是其中的重要代表。滨口氏的贡献在于解决了如淳“更有三品”的相关概念，认为：“践更”，即亲自服更卒之役；“过更”，指出钱免更卒之役；“雇更”，指出钱雇人服更卒之役，所出之钱称为“雇更钱”。

中国学者对该问题的研究，以梁希杰的《西汉时代的三品更与更赋》首开其端，韩连琪的《汉代的田租口赋和徭役》一文是较早的代表性作品。韩连琪先生对秦汉徭役兵役制度研究的主要贡献在于：一是对《论衡·谢短》篇提到的“居更”做出了合理的解说，即“居更”即“践更”；二是结合《汉旧仪》的记载，指出屯戍应包括京师的卫士和边境的屯戍；三是对始傅年龄的分析打破旧学传统，推断昭帝以前应当是二十始傅。其后，张金光在《论秦徭役制中的几个法定概念》一文中，解释了《郭解传》中“每至直更，数过”的“直更”，同意师古“直，当也，次当为更也”的解释，认为“直更”即“当更”。

关于更徭的服役方式和“更数”问题，杨振红对“冗”与“更”的关系问题提出了很好的意见，认为“更”指更役，取轮番、更替的意思，“冗”就应当指不更代、长期居官府供役的意思。

关于秦汉时期的兵役体系，自宋人钱文子《补汉兵制》以来，一般认为按制度规定：男子自傅籍之年（汉初十五岁，景帝时二十岁，武、昭后二十三岁）至五十六岁的期间内，服兵役两年，其中一年在本郡为材官（步兵）、楼船（水军）或骑士，称正卒，另一年在京师戍卫或到边郡戍守，称戍卒。此为二年兵役说。

杨振红和广濑熏雄两位学者不约而同地提出了秦汉实行一年兵役制的假说，认为正卒除每年服一个月的更役，还要服一岁屯戍兵役和一岁“徭”或“徭役”的力役。本成果认为，董仲舒在《限民名田疏》所言“又加月为更卒，已复为正，一岁屯戍，一岁力役，三十倍于古”，而徭或徭役不能对应董仲舒讲的“一岁力役”；“徭”亦非专指“委输传送”；官吏的“徭”属于职事范畴，不宜用来讨论劳役性质的“力役”。卫宏在《汉旧仪》叙西汉之制所录“民年二十三为正，一岁而以为卫士，一岁为材官骑士，习射御骑驰战阵”，文中“为正”之“正”即正卒，材官骑士是从正卒中遴选出来的现役和预备役士兵，在役期间的具体职守主要包括军事操练、解运军粮物资、发屯参战等，预备役期间各执其业，参加年度春秋射，战时需要应征赴难。进一步说，正卒即丁男，亦即后世的正丁，正卒中的一部分遴选为材官骑士。材官骑士之选起于战国，骑士选拔的条件是壮健捷疾，具备一定的家资；材官应选的条件是能引关蹶张，不受家资限制。材官骑士一生集中服二年兵役为“现役”，其中一年在地方服役称“常兵”或“郡国兵”，一年到京师屯卫称“卫士”。一般正卒不服地方兵役，只服一年的“戍边”兵役，社会治安由选自材官骑士的亭卒负责。戍卒与卫士由关东郡国轮更，集中往返于戍所，戍卒自戍或“累积”完成戍役只能视为极其个别的现象。

三、成果的学术创新、应用价值以及社会影响

（1）利用里耶秦简考证秦代迁陵县机构设置规模为县廷9曹，指出严耕望所列31曹或部门乃秦汉四百年间因时因地陆续增设和变更的产物，不具有典型性。秦及汉初国家在乡一级设置两套平行的管理机构——乡部和田部。田部的设置是因应国家授田制的需要，西汉中期以后，随着授田制的废止和土地私有权的确立，乡里职事从简，田部并职于乡部。

（2）里耶户籍简的著录形式沿袭的是秦献公时期的旧制，秦王政十六年（前231年）“初令男子书年”以后，男子以及家口的年龄始书于户籍以外的

“年籍”，即张家山汉简《户律》的“年细籍”。“宅园户籍”登录的内容包括户主及家庭人口、奴婢以及房屋、家畜等，但不包括田地，属于家口与财产的合籍。汉武帝以后，宅园户籍与年细籍合并。

（3）财产登记制度始于秦，《汉书·景帝纪》所见“訾算”指的不是财产税。岳麓书院藏秦简所见“匿訾税”属于财产税还是经营税，目前还不能定夺。西汉只存在临时性的财产税，东汉以后财产税的征收逐渐常态化，并在“平资”的基础上定额征税。

（4）中国古代的聚落形态自商周以来就是城邑与“聚落”的共生与并存，在秦汉强化乡里体制的过程中，散在性的聚落是以自然状态纳入国家行政系统的。从历时性的角度论之，乡野聚落与乡里体制是大体合一的。宫崎市定用古代邑国与汉代乡聚亭地望上的重合论证汉代的乡聚亭都筑有城郭，进而得出中国上古经历过“都市国家”发展阶段的结论不能成立。

（5）秦汉时期的兵役年限既非三年，亦非一年。对一般丁男而论只服一年屯戍兵役。从丁男中遴选出来的材官骑士一生集中服二年兵役为“现役”，其中一年在地方服役称“常兵”或“郡国兵”，一年到京师屯卫称“卫士”；预备役期间各执其业，战时应征赴难。戍卒与卫士由关东郡国轮更，集中往返于戍所，戍卒自戍或“累积”完成戍役只能视为极其个别的现象。

本成果研究的内容许多都是老课题，但由于简牍资料的陆续公布，使其中一些争议问题获得重新认识和解决的曙光，诸如秦汉历史上有无财产税、秦汉时期的乡聚亭是否都建有城郭、一般正卒与材官骑士在兵役义务中扮演的角色等。对此，本成果通过细致考证都提出了自己的观点。同时，秦汉简牍以文书档案所占比例最大，揭示了当时基层社会的行政、生产和生活场景，这就为我们从下向上看提供了可能，为此，本成果考察了秦及汉初的县乡机构的设置和规模、聚落形态、以“单”为名的社会组织的性质等。这些问题有的是学界正在讨论的问题，有些是本成果提出的话题，短时期内不会有定论。因此，本成果将有助于促进本学科对所涉及话题的争论，也将活跃学术研究的氛围。

《汉帝国的遗产：汉鬼考》概要

姜　生*

一、研究的目的、意义及方法

戮力发掘汉墓凝聚的汉代精神世界，乃是本研究的主要学术意图。俞伟超指出："汉画像中隐藏的精神世界，这可能是最难寻找的，但这恰恰是汉画像的灵魂。"为此，研究的主要方法是，立足宗教而非世俗的观察视角与解释路径，将汉墓出土的大量画像资料，与初期道教文献、传世文献进行结合交叉研究，从思想文化史的内部结构演变解释古文明盛衰之因，揭示汉唐的国力构造，这样才能指望把握那个约成汉唐中国历史盛衰图景的内在之"气"。

"汉鬼"者何谓？人死为鬼，殷商甲骨文中已有鬼字。至汉依旧。《礼记·祭义》曰："众生必死，死必归土，此之谓鬼。"《说文解字·鬼部》曰："人所归为鬼"。可知汉人以鬼为人之终极，人死若归乡。那么，汉代的人，一旦做了鬼，在鬼界命运将会如何？

本成果表明，汉鬼是"有希望"的鬼。汉人对"鬼"的想象、理解，远非魏晋以降经历生人修道及佛教地狱思想共同影响后的死后世界所可比拟。两汉的冥界，在本土传统下并非可怖的所在，而是人死必归处，是神祇圣贤相伴、充满新的希望和生机的异度世界。伴随佛教地狱信仰的传播深入，冥界才逐渐变成了令人畏惧的地方。

---

* 姜生，四川大学教授，博士生导师。

相较于传世文献，大量汉墓资料（尤其是直观的图像资料），传达着这样的思想：汉鬼不仅是人死之所归，它还进一步成为人们升仙的基础（或前提）——由死而仙是深潜于汉时代的信仰根柢。概言之，在汉代，死为仙之前提，“先死后蜕”是决定“汉鬼”终极命运的最重要信仰结构。

本成果在方法论上的主要创获在于，从宗教研究去理解和认知古史，突破近代世俗史观之局限，与古同心，获得对古代信仰和思想的真切把握。以此，庶可实现陈寅恪先生85年前对史学界提出的“同情之了解”。

二、成果的主要内容和重要观点

汉高祖登基六年，征黥布，中流矢，还沛县，与父老饮酒，击筑而歌：“大风起兮云飞扬，威加海内兮归故乡，安得猛士兮守四方！”乃起舞，慷慨伤怀，泣数行下。

汉开国不久，高祖所伤，仍是治国守天下问题。《史记·郦生陆贾列传》：“陆贾者，楚人也。以客从高祖定天下，名为有口辩士，居左右，常使诸侯。陆生时时前说称诗书。高帝骂之曰：‘乃公居马上而得之，安事诗书？’陆生曰：‘居马上得之，宁可以马上治之乎？……’高帝不怿而有惭色，乃谓陆生曰：‘试为我著秦所以失天下，吾所以得之者何？及古成败之国。’陆生乃粗述存亡之征，凡著十二篇。每奏一篇，高帝未尝不称善，左右呼万岁，号其书曰‘新语’。”

陆贾所忧，正是汉家急需的人生价值和意义系统；有了它，天下民人才能世代愿为汉家而思、而作、而牺牲。高帝号其书《新语》，意其堪比《论语》也。

此后四百年，果然成就了强盛的汉帝国。在内，儒生们高扬儒家道德与汉家帝国梦想，融汇百家思想与黄老神仙信仰，高《春秋》，崇忠义，一死生，君明臣忠，缔造了大汉精神；在外，则有卫青、霍去病、李广、张骞、苏武、班超、马援等史诗式的英雄们，玉节赤胆，叱咤风云，拓西域，灭匈奴，“不教胡马度阴山”（〔唐〕王昌龄《出塞》），铸就汉家神威。故李益感而赋之：“伏波惟愿裹尸还，定远何需生入关。莫遣只轮归海窟，仍留一箭射天山。”（《塞下曲》）

信仰造就时代。汉人不怕死的气质，有其信仰依据。战国以来的尸解信仰，以其奇特结构，销解了今生与来世、生与死的时空大限，使勇猛忠义、“守死善道”、“赴火蹈刃，死不旋踵”的君子之道与现实人生相衔接，高志、尚武、不怕死，“不教胡马度阴山”，为汉帝国带来强劲动力。西汉中期以降，春秋大义与黄老道，作为思想依据，一同被融入尸解信仰结构之中，形成新信仰体系，于是战国秦汉的“形解销化之术”发展为志士仁人死后“得道成仙”的信仰。这一信仰支配了汉人的生死观，作为人生终极意义的表达，最终带进了他们的墓葬。因此可以理解，汉墓画像隆崇忠孝节义，歌颂“力”“德”和英雄主义，彰显出“志士仁人”重死轻生、以人生图不朽的汉精神；汉儒拣选古来圣贤、忠孝、节义、英雄，“自三代以来贤圣及英雄者为仙”，秩以仙谱，图其像传，著之金石，大褒扬之，以艺术手法记录时代之音，以此表达他们的社会理想。譬如，饱读诗书、胸怀忠烈的孔门君子子路，外生死，守汉节，“使于四方，不辱君命”，实践“志士仁人”人格理想的臣范苏武，“九合诸侯，一匡天下”，儒门所崇的“千世一出之主”齐桓公，舍命救夫的“京师节女”，等等，一皆崇列仙班。子路甚至被崇为西王母的最早配神，与王母分列东西二方神祇之位。这些明主、忠臣、烈士、节女，都是世间君臣士女的人生楷范；画在墓中，一则表示墓主生前品操堪与为伍，一则暗示死后将与为友。

一代又一代汉代君臣士女，以生命实践着、追求着共同的社会理想，“以力以德”，缔造了中华文明史上一个最伟大时代。百姓富足，国家强盛，天下太平，汉朝成为雄踞东方的大帝国；对于那些不示臣服者，则灭之而“县头槁街蛮夷邸间，以示万里，明犯强汉者，虽远必诛！”（《汉书·傅常郑甘陈段传》）当是时也，民人以生身“中国”为自豪。一种强烈的中国优越意识浸润整个汉代社会，甚至许多铜镜铸作匠人亦在镜背铭文上记下了“（某匠）作镜四夷服，多贺国家人民息，胡虏殄灭天下复，传告天下乐无极”之类的时代之音。

往矣千年，汉之精神，汉之神威，将向何处寻觅？曰汉墓。吾人只有向墓中埋葬的汉鬼们去叩问汉代人生，才能期待还原一段真切的历史。

时空结构是界定生死存亡、仙鬼世界特性，阐释汉代信仰和意义的关键。汉墓用仙人弈棋、不死国等多种图像模块，以仪式象征的方式，界定了死者所在墓室的独特时空特性。具体而言，神仙弈棋类场景乃暗示，墓室之所在即是神仙洞窟，墓主人进入这个空间，通过某些器物或图像所代表的特定程序，即可变仙；不死国（“羽民国”“轩辕之国”）图像更明显地表示墓室所在的空间为神仙世界；周边可见的神仙环境毫无疑问地揭示：死者已跻身“不死之民”的行列。

汉墓画像石的边框纹饰规定着石上的空间属性，所有画像石共同界定了墓室的时空特性。汉人用斜线纹＋菱形纹＋铜钱纹（钱意为“泉”）的组合，分别对应表达大地的构成要素土（“地之肉”）＋石（“地之骨”）＋水（“地之血”），由此汉画中多见的菱形纹，尤其是五铢钱纹样，即应表示框内图像所在的空间为地下冥府。同样，由于鱼与水、鸮鸟与黑夜、柏树与“鬼廷”的紧密关系，鱼纹、鸮鸟、柏纹等亦成为鬼廷冥府的代表，而鱼与柏、鱼与铺首、鸮与柏以及五铢钱与柏等组合纹饰，也无不强烈暗示出图之所在乃冥府鬼廷之所属。

在这个独特时空之中，神祇无疑是最重要的存在。其中，居于最高位置的是作为地祇之尊的西王母。但其配神在东王公出现以前，一直处于不稳定状态。基于对山东、江苏等地汉画像石的考察研究，我们发现，历史上，在“风伯—西王母”“东王公—西王母”这两种东西神祇组合模式之前，西汉后期，至少在鲁南地区曾经出现过另一种更早的过渡模式：“子路—西王母”组合。值得注意的是，西王母前后所配者三，唯子路源自历史人物，风伯、东王公均系虚构。这一递变过程，符合汉帝国文化超越地域或流派背景依赖而走向整合、实现意义系统螺旋式上升之历史趋势，符合全民族性宗教形成的内在逻辑。

汉画中的鸟喙、牛首形象亦是至为重要的汉代神灵。汉墓画像与早期道教经文的对应性发现，可以证明汉画中常居西王母之侧的鸟喙神是汉末以前的“老君真形”。大连营城子汉墓壁画中可见隆鼻、佩剑、蹈龟的形象，在更早的西汉晚期金雀山帛画及滕州西汉晚期画像石中，皆可见鸟喙形象；结合图像所在的“语境”及早期道教经文所述，可判断鸟喙神即是具有拯救属性的老君。另一位常居西王母侧并与鸟喙老君一同出现的，是一位牛首人身的神灵。徐州附近汉王乡出土的东汉元和三年（公元 86 年）“乐武君”画像石，为我们认识这位牛首神祇提供了关键资料。牛首神的榜题为“罗緬”即炎帝，鸟首神的榜题为“灵鸽”即老君。《真诰》及陶弘景注有关炎帝牛首、为天下鬼神之主的北太帝君等记述，亦构成判断牛首神为炎帝的重要依据。此外，该方画像石中还可见四头人面的容成公形象。

汉画往往可见与牛首神并列的马首人身神，当系汉人所祭的明白决狱之神皋陶。此外，画像石中还可见熊首人身形象，有些应为有熊氏黄帝。画像石出现的“黄帝合鬼神图”，主旨是保障死者的升仙。黄帝的这一功能、意义，在出土的许多东汉镇墓券与解注文中，也得到了传播与显现。

大量历史人物出现在汉墓画像之中。这些历史人物常常“荒谬”地超越时空共事一堂，长期令人困惑。实际上，汉墓图像中不同时空的历史人物共事一堂的“不合理”情景，以及大量超出世俗经验的奇观异景，都暗示了图像所指示的空间对世俗时空秩序的超越特征。以武氏祠东壁、西壁及后壁为例，综合考察各类画像石图像可以发现，汉代墓葬画像背后隐含着一套宗教的价值评判标准：帝王、贤相、能将及刺客类图像，反映了汉代“自三代以来贤圣及英雄者为仙”的成仙标准；忠臣、孝子及列女类图像则表明，在汉代，生前为忠、孝、节、义之典范者亦得死后成仙。

汉画中呈现的内在有序的历史人物图像系列，实际上是汉代神仙谱系的图像化。神学化的儒家道德伦理、重武尚侠的社会风尚与历史上长期积淀的神仙思想相结合，乃是汉代“仙谱”所依以形成的思想要素。汉画所存仙鬼谱系乃汉代宗教信仰结构之反映，亦伴随汉魏之际的历史遽变发生转折。将汉墓画像系统与道书文献相互印证、研究，不仅可以一定程度上还原汉代“仙谱”的基本面貌，更可揭示当时的成仙标准。

要理解汉墓的升仙仪式，先须了解其理论基础，这就是战国以来的尸解信仰以及作为其深度发展的“太阴炼形”思想。对那一时期人们所信的“太阴炼形”理论保存较详的是汉末道经《老子想尔注》；东晋道书《真诰》则对“太阴炼形”的过程结构进行了更详叙述。许多汉墓中发现有灯具，或刻画有象征光明的日月星图像，表示墓中是“太阴”的冥界，是“太阴炼形”的地方。

长沙马王堆帛画与临沂金雀山帛画内容表达了作为“太阴炼形”前身的尸解信仰。并且，在帛画和四重棺的艺术形态中，可以更加清晰地看到：汉画符号系统隐藏着的内在神学逻辑，是以死后生命的转化成仙为核心主题。其所表达都是从太阴世界逐步上升神仙世界的过程。以宗教学的视角重新解读分析马王堆一号墓中的T形帛画和四重棺表饰，根据汉代宗教的神学逻辑可以建立起一套死后尸解成仙过程的理想模型，即入九泉、登昆仑、上九天、合大道。

汉墓中常见孔子见老子题材的画像砖或画像石。其分布地点相当广泛，散布于黄河中下游与长江中下游的陕西、河南、山东、四川和江苏等广大地区。其中尤以山东地区所见最多，大约占其总数的百分之八十。这一主题的汉画，在包括孔子故乡山东在内的许多区域大量出土，令人难以理解。究竟是出于什么历史逻辑，使孔子在儒术独尊之后的时代以此形象出现？又为什么会出现在墓葬中？实际上，汉画中出现的孔子见老子，表明当时老子已成为汉代宗教体系中极崇高的“太上老君”，其神格仅次于西王母；孔子率众弟子拜见老君，乃“得道受书”，证明其命“上属九天君”，不经北酆鬼官之考谪，成为仙界地位较高的真人。进一步说，汉画孔子见老子图表达的是，在地下的世界，死者将和孔子及其弟子们一样，往拜老君得道受书，获免鬼官之谪；而“凡得道受书者，皆朝王母于昆仑之阙”，乃成仙。这就是汉代宗教关于死者在冥界转变成仙的仪式逻辑。孔子见老子图乃是汉墓升仙仪式的重要组成部分。

汉墓中往往出现明显属于庆祝性质的场面，人物表情欢快喜庆、杀猪宰羊、盛宴豪饮，且伴以乐舞，看似与本当肃穆的丧葬气氛不合。实际上，汉画庖厨图及歌舞类图像反映的是死者易貌变仙之后的欢庆场面，而飞鸟携丹治病与鼎、壶盛神药类的图像，则反映了死者得食神药以成仙的过程。如《太平经》卷五十“生物方诀”所载：“生物行精，谓飞步禽兽跂行之属，能立治病。禽者，天上神药在其身中，……名为治疾使者，比若人有道而称使者，神人、神师也。”见诸汉墓的表达飞鸟治病的丰富图像资料，对《太平经》部分内容以及《老子中经》所引古《经》等早期道教文献的记载构成准确的互释互证，使我们可以清晰地判断，《太平经》的这部分文本乃造于东汉。这对于早期道教经文的断代研究无疑具有重要的参照价值。《老子中经》所引古《经》亦应造于东汉，故两经许多内容堪与汉画互证。这就可以解决学者对这些经书整体断代论证所可能带来的不可靠性问题。

济南无影山西汉前期墓曾出土系列彩陶明器。其中主要有载人载鼎陶鸟俑、彩绘载壶陶鸟俑、歌舞杂技陶俑盘、彩绘陶车马俑。通过对随葬器物中

“三官”“神吏”“神鸟”“鼎”“壶”等形象的考证分析，可以发现其随葬器物表现的乃是后来所谓的“太阴炼形”神学逻辑：神吏护送双鼎鸟前来致送仙丹（食）；载双壶鸟是为致送瑶池玉浆（酒）；歌舞杂技表现的是三官守护、众仙真庆贺墓主人得药成仙、神吏接引墓主人升天的情景；车马则是来自“太一帝君”，将载墓主人升天成仙。

在佛教思想对中国传统生命观和存在论产生实质性影响之前，古代中国人就“生命”的生理机制及哲学本质，在两汉思想界已经取得基本一致的认识，这就是基于“气”论思想的生命本体统一性，强调生命实体乃形、神合同而成。简言之，“形神合同论”为当时中国人对于生命本质的基本知识和人生依据。

如何才能使形、神整体“成仙”？汉代文化显然有非常强烈务实而理性的一面。在汉人看来，要实现人的形—神铸炼一体，必有一种类似于“转换器”的特殊空间——一如烧陶之窑、冶铸之炉，亦如母体之子宫——在此空间中，乃可望炼成长生之仙。在汉人心目中，墓就是这样的空间，其“生命转换器”功能之达成，乃依靠墓内的文化架设——最重要的就是画像石，辅之以部分器物，来实现墓室内时空特征的界定。犹如丹炉中被炼着的丹药，一旦达到既定火候，即出炉而为仙丹；棺椁中装载的死者，经历墓室内特定的“炼形”过程，便将超脱“太阴”而飞升成仙。

这是我们认识、研究汉墓、汉画所应取的最重要基点。以此为基础，便可回应谢柏柯（Jerome Silbergeld）在关于马王堆研究的检讨中提出的尖锐问题：“我们真能相信如此精工细作、天衣无缝的画面，是以如此散漫不一的文献材料为背景创作的吗？一个形象来自这个文献，另一个形象来自那个文献？”

的确，在历史的长河中，文献散佚不可避免地会造成后人对古文化观察认识的零碎化，而与某些在地下保存较完好较系统的文物（尤其是一些墓葬保存的相当完整的仪式遗存）形成难以弥合的不对等性。然而实质上，文献与文物（不管零碎或完整），背后隐藏的是相同的时代精神结构。这意味着，后人之观察力或者文献解释力的“零碎”问题，与观察研究对象之间的“错位”，在最终意义上并非不可克服。

可以说文献与图像的互证过程是一个类似相互“对焦”的过程，只有当思想的逻辑与符号的逻辑准确契合，合理的解释才有可能出现。而作为前提的则是首先要把握汉画自身内部的符号逻辑，及其背后的思想逻辑，进而发现相对应的文献证据。事实上这是我们随时可能面对的难题。经历千年的文化变迁之后，汉画的符号语言及其“语法”逻辑显然是更难理解和把握的对象。因为符号无语，而今人可能会使用在现代环境中形成的潜意识去臆断，因此可能会曲解或曲述古人。

显然，我们不应从表面的零散的理解去诠释和把握，而首先应从支配着表象的精神逻辑尽可能地把握时代的精神构造，才能期待把握汉墓中各种符号所隐含的思想话语。对于汉墓中的每一块画像石，都应带着这样的观念去观察、理解和把握。这就要求我们能够准确看到和把握局部、零碎材料的具体内容，更重要的是必须超越这种表面上的“零碎”，找出那个原本使它们归属于某个整体的内在连接性，那就是信仰的逻辑。

加塞特曰：“人根本没有什么本性，他所有的不过是……历史。”① 这道出了历史学的真正意义。这意味着，一个人、一个民族的本性，只能从他的过去加以把握。

作为人的一切过去活动的集合，历史见证了人；人就是他的历史，历史就是人的呈现。依此逻辑可知，人性发掘与呈现的可能性，有赖于历史学的可靠性；历史理解与诠释的合理性如何，最终规约着人性的可知性及其面貌的真实性。

通过神学化解释，历史与信仰一样构成人之本质性，汉画所构筑的历史世界本质上与神仙世界一体，“人类历史”——被转换为仙鬼体系——与“神仙世界”早已构成神圣世界的两面，都是时人精神世界的表达。

汉代的圣贤们很清楚，把经过特定价值观筛选的历史加以神化，才能让那些生活在现世中的人拥有一个崇高的未来归向，并为了未来被拣选进入神仙行列——这意味着死后获永生，而在现世人生中敢于为实践圣人开列的那些德目付出一切。② 在此意义上可以说，“汉鬼”绝不是“朝露”，他们认定自己死后将转化成仙。

---

① José Ortega y Gasset，*History as a System*，New York：W. W. Norton & Company，Inc.，1941，p. 217.

② 一如墨家所崇“赴火蹈刃，死不还踵”（《淮南子·泰族训》）之精神。

这里最大的关节点就是死，它是战国以来盛行的以“先死后蜕”为核心的尸解信仰所操作的对象：通过死这个拐点，人才能期待解决生命的不朽问题。死亡作为人生的终点，在这里被当作另一个过程的起点，从这里扩展膨胀为一种生人所无法经验的特异时空，只能通过墓葬中的文化架设来开辟和喻示；这种文化架设就是墓葬及其所用的一切物件和过程。

三、成果的学术创新、应用价值及社会影响和效益

运用笔者多年来在国际学界倡导的从宗教解释古史的史观与方法，发现和证明汉墓乃尸解信仰和太阴炼形信仰之遗存，是本研究的重大原创成果。

要理解汉人的精神世界，必须理解汉墓中沉积的思想。为此先须认识汉墓的时空属性，认识居于这一独特时空中的神祇与仙鬼，在此基础上才能把握其中呈现的升仙仪式，和为此所架设所利用的一系列文化符号。

墓葬是为死者所行仪式之遗存，而仪式是一种发生于特定空间的历时性文化过程。然而在中外学界，一个比较普遍的问题是，在这里，“时间显然是关键性的却大多被考古学家忽视了。……时间可以被宗教重构，可以在仪式的循环中被层级化并得到附加。……因此考古学家们应该认识到，时间的构成中，既包括过程性的和世俗性的时间，也包括能够构造和转化生命的宗教性的时间”①。必须通过宗教研究这个视角，重新获得对汉墓的时空观念以及相应而来的一系列死后世界的合理理解与认知，才能穿越千年文化断裂与观念阻隔，再现墓葬中保存的那个时代的信仰图景。这对于考古和古史研究，是具有重大制约意义的认知门槛；只有突破这一视野门限，才可能期待在古史理解上趋向所谓的登堂入室。

绘制汉墓信仰图景的宗教家们围绕得道成仙这一终极追求，为了丰满尸解成仙信仰之构造，可以拣选古今中外任何一种元素，毫不犹豫地将其砌入信仰的架设之中——文化传统、神话传说甚至历史，都成为其构架墓葬这一仪式空间的有效资源；不会有人认为这是不合适的，因为这只不过是为着神仙信仰的诠释和理解。汉文化的生命力正在于它那强大的容纳整合升华能力。

---

① Timothy Insoll, *Archaeology*, *Ritual*, *Religion*, New York: Routledge, 2004, pp. 151 - 152.

值得称道的是，当年主持墓葬信仰建构的那些儒生们，竟然在繁茂芜杂的古宗教传统中准确地找到了架设这种墓葬信仰体系所需的思想之砖，更重要的是，他们能够准确地知道如何把这些零碎的材料砌入整个建筑中最需的位置，并严密地保持内在逻辑的完整性和一致性。不过也必须看到，这些所谓元件要素，实则源于宏大深厚的华夏传统：从它们的每一个侧面都可能找到与历史构造重新镶嵌的完美结合点。

翦伯赞说："除实物和简牍外，汉代的石刻画像也提供了不少新的史料。……但并未引起历史家的注意。我以为除了古人的遗物以外，再没有一种史料比绘画雕刻更能反映出历史上的社会之具体的形象。同时，在中国历史上，也再没有一个时代比汉代更好在石板上刻出当时现实生活的形式和流行的故事来。……这当然是一种最具体最真确的史料"；"还有许多描写风俗、记录传说、鼓励道德、宣传信仰的画像。……这些石刻画像假如把它们有系统地搜辑起来，几乎可以成为一部绣像的汉代史"[①]。确实，汉画无疑是珍贵的史料。这些文化被创造和流行的时代，是一个超乎今人想象的时代，其深厚的创造力、其执着的追求，以精湛的艺术呈现无可比拟的朝气，瞬间凝聚在这些朴素而庄重的地下一隅。那些砖石灰泥诉说的，正是隐藏其中的意义架设，是撑起那个时代的精神脊梁。为此，观察的视角不应来自世俗，而应以宗教（同时也是精神的）理解为基点，从静谧的甚至垮塌的坟墓中看出立体丰满的仪式架设，以及它所承载的梦想；同时必须清醒地认识到，尽管汉画史料可以映射出汉代的某些现实生活背景，但汉画在功能上的宗教属性，注定了这种映射在许多方面的不可靠性。甚至可以说，要读出真实的"日常生活的事实简化版"，可能同揭示其中的精神世界一样困难。

古人用木、石、土和火的力量，结合起来，在有限的墓室空间里，简洁而庄严地表达了他们共同的梦想，他们关于死后世界的信仰。正如罗森（Jessica Rawson）在对周朝墓葬的研究中所指出的："墓中丰富的内容表明周人相信，这些东西在来世生活中会有用。但是，虽然这些器物明显地与其拥有者的生活密切相关，却不可能全面地再现出他们在现世之所拥有。这些器物应该是供给死者的理想需求的基本部分。它们给了我们一个有关他们生

① 翦伯赞：《秦汉史·序》，北京大学出版社 1983 年版，第 5－6 页。

活的理想图景，并且至多可再现如他们希望的一种理想的真实生活图景。要运用这些器物来瞻望过去，我们必须意识到这些器物被埋葬的原因，并且不仅要从中读出日常生活的事实简化版，而且更重要的是，读出一座墓所要告诉我们的当时社会中意识形态的理想设计以及理想的内容。”[①] 墓葬器物所暗示的“理想图景”，指向的当然是死后的世界，是当时人们所能想象的、在死后的世界里所可能获得的理想生活，因而是当时信仰中的生活。在石上、在砖上、在壁画和众多的器物及其空间排列所架设的仪式中，古人表达着他们所相信的死后世界的美好生活。确实，汉帝国创造了辉煌的思想文化，每一个汉人都可以从当时的文化中受益（至少是在精神的世界），以至于“愚夫无知之人，尚谓之尸解而去，其实不死”（《论衡·道虚》）。而正是在这个层面上我们说，如果试图从汉墓图像中夸张的“奢侈”去揣摩墓主人生前的社会地位和财富等，恐将误入歧途。

在谈到出土汉画像的史料价值时，翦伯赞指出：“由于这些新的史料之发现，从前在文献史料中仅能想象，或不能想象，乃至完全不知道的史实，现在已有若干被具体显现出来了。”[②] 今复辅之以宗教文献，汉画解史发凡之功，亦岂斯言可喻哉！

幸哉“汉鬼”，何其可羡。斯乃汉唐相承之精神遗产，弥足珍贵，而为宋儒所斥，空求内圣，终有二帝为虏之祸。是有蚓斋[③]之叹：“宁为汉鬼，不为宋神。”又：“朱子薄汉唐，内圣充外王。两宋多国难，天神徒忧殇。”[④] 宋靖康二年（公元 1127 年），汴京沦陷，徽、钦二宗与宗室及卫军计三千余人被金人虏走，是“靖康之难”。昔汉帝国，灭国无数，四夷归附，威加海内，天下辐辏，民以生身中国为自豪，忠孝贞明节义，愿为汉家死耳。汉鬼大其墓，厚其葬，享其祀，得其仙，虽时代所笃，而亦汉人极志奋为之所致，不肖后世又焉得望其项背。

---

① Jessica Rawson, “Western Zhou Archaeology,” in Michael Loewe and Edward L. Shaughnessy (eds), The *Cambridge History of Ancient China*, Cambridge: Cambridge University Press, 1999, p. 371.

② 翦伯赞：《秦汉史·序》，北京大学出版社 1983 年版，第 6 页。

③ 蚓斋系作者斋号。

④ 昔陈亮重汉唐，则颇受朱熹责难。

《唐宋天文星占与帝王政治》概要

赵 贞*

一、研究的目的、意义及方法

历来从事有关中国古代天文研究的，大多为天文学史或科技史出身的自然科学工作者，他们从现代天文学的观点入手，或述天象观测的发展与演进，或论天文历法的沿革与成就，往往将天文学史从人类历史活动中抽离出来孤立地研究，较少涉及天文与政治或社会间的互动关系；史学工作者则视“天文”为畏途，通常在思想史及术数的探讨中略有提及，也较零散，这对于理解古代历史不能不说是一大缺憾。

从文献记载来看，历代《天文志》《律历志》《五行志》除有天象的观测记录和历法推演的若干数据以外，还蕴含着大量的可待挖掘和阐发的社会历史信息。尤其是“天人合一”作为古代中国知识与思想的决定性的支持背景，衍生了“天文玄象”在中国古代社会的合理性。这种弥漫、渗透于古代政治和社会文化各个角落的“天学”知识，尽管在江晓原《天学真原》（辽宁教育出版社 1991 年版）、葛兆光《中国思想史》（复旦大学出版社 2001 年版）和黄一农《社会天文学史十讲》（复旦大学出版社 2004 年版）等著中曾有精辟论述，但对“天文”的人文内涵和社会文化属性以及天文志书的理解还远为不够。事实上，天文星占作为宇宙星空和人间帝国之间建立起来的一种固定的认识模式和解释系统，很大程度上体现或渗透着官方的意识形态。

* 赵贞，北京师范大学副教授，硕士生导师。

且由于其始终以帝王政治的军国大事为参照，势必要对中古时期的政治、军事、社会文化及祭祀礼仪等方面施加影响，由此构成了帝王神秘政治中必不可少的一环，因而具有重要的研究价值。

本成果以正史《天文志》的天象记录为线索，以异常天象的发生和解释为突破口，从政治、军事、礼仪及社会文化等方面切入主题，重点考察异常天象与帝王政治以及古代社会的互动关系。在研究思路、模式和方法上，仍然沿用传统的考证、归纳、对比、分析与综合的史学研究模式。其中对于相关史料的解说和评析成为本成果贯穿始终的环节。同时，尽可能地引进一些政治学、社会学和天文学的理论和方法，以深化本成果的研究。具体来说，本成果努力将制度史与政治史结合起来，从史料的分析与挖掘中阐述天文星占在唐宋帝国中的特殊地位，从中反馈中国古代的天文管理体制；借助天文学史的理论和研究成果，对星占的分野理论和星官体系给予关注，并尝试将“象征主义”的研究范式引入研究之中，揭示异常天象的象征意义以及天象与人事的对应关系；运用社会学的方法，考察天文灾变的警示意义及施加于社会的多重影响；也将具体的星变（如日食、彗星、流星等）纳入专题研究中，从诸多“碎片”和细节的解释与复原中，凸显本课题研究的立体性与深刻性，从中展示唐宋历史丰富多彩的多元画面。本成果对推动唐宋历史研究的深入及拓展史学研究空间、准确理解古代天文学在中国传统文化中的特殊地位，更为客观、全面、深刻地透视中国古史与传统社会的多元画面具有一定的积极意义。

二、成果的主要内容和重要观点

本成果最终凝练为七章，七篇附录，核心的研究可从制度、星象、祭祀、思想文化四个层面来解说。

1. 制度层面上是对天文星占机构的研究

唐宋时期，中央王朝非常重视天文星占的管理，并力图从天文机构的改革和调整中加强对天文玄象的控制。比如乾元元年（公元 758 年）唐肃宗的天文机构改革，通过改名司天台及对灵台“天文正位”的调整，进一步强调了天文对帝王政治的象征性“参政”作用，充分体现了肃宗在制度建设上“效法天文”的政治理念。在这种情势下，天文机构经历了由单一的太史局

（司天台）向二元双重管理体制（司天监和翰林天文院）发展的阶段。伴随着双重管理体制的建立，无形中确立了一套对天文官员天象观测与奏报活动进行制约、监督与规范的机制。比如对天文官，不仅要求学识和品行方面“学擅专精”“景行审密”，不得传写天文占书，禁止与朝官交往，同时在灾祥的定期奏报中强调“密封闻奏”“据占书以闻”“苟非其任，不得与焉”，这对提高天文观测、记录、预言和奏报的真实性和准确性无疑有积极意义。

中国古代，传统天文学知识的传承以及天文人才的培养主要局限于“畴人子弟”中进行，这使得天文学的发展总体呈现出“官营系统”的特点。而对民间的天文活动，中央王朝实行严厉禁止和严格控制的基本政策。不过，唐宋历时六百六十余年，在总体禁止天文的政策上，不同时期代表国家政策的帝王诏令往往前后不一、自相矛盾。即使在同一帝王的不同统治时期，官方对于天文的态度也有改变，这使得天文政策在严格禁止的统一性中也表现出较为明显的差异性来。表面看来，唐宋律令统一灌输着“禁藏天文”的普遍意义，但在实际的社会生活中往往有征召天文历算人员。尤其是安史之乱和靖康之变，使得来自家传和世袭的天文学传承遭受重大打击，官方天文学在天文人才严重不足的情境下被迫向民间“私习天文者”倾斜。宋代甚至还通过天文、历算、三式三科的考试，将民间通晓天文历算者补充到官方天文机构中。这表明官方天文学唯有与民间天文学结合起来，才是传统天文学发展的根本出路。

2. 星象层面上是对异常天象及其“参政”功能的研究

借助天文学史、科技史的研究成果，本成果对天文星占的分野理论和星官体系给予关注，探讨天文星占的生成过程，揭示出天文星占对帝王政治的两种“参政”方式——分野占和星官占。分野占是基于天上二十八宿与地上十二州建立的对应关系而进行天象预言和占卜的一种模式，它是通过预言的形式来对灾祸降临的地理区域和空间范围给予大致性的确定。天象预言与解读中“分”的意义，旨在强调对应地区将有重要事情发生，对于中央王朝而言更多的是不吉的灾祸意义。星官占是通过天上星官与人间社会的对应模式，进而将灾祸和危机的出现与帝王政治中的人物和事件联系起来。通过这种占卜方式，帝王政治中的核心人物比如皇帝、后妃、太子、三公、丞相等的忧郁和危机，都可以通过天象的变动而窥知。分野占和星官占的有机结合，共同成为帝王处理军国大事的重要依据。从这个意义上说，天文星占是皇帝制度中不可或缺的重要一环。

具体星象的研究，本成果设定为第四、五、六章，分别重点对日食、月食、彗星、流星、大星和“荧惑犯太微”等星变的象征意义及其衍生的政治影响进行探讨。比如，日食的发生象征着君主统治的忧郁和危机。月食是帝王后宫和诸侯大臣失职行为的警示。流星和大星的灾祸主要取决于坠落的地点，前者通常是军事败亡的宣示，而后者则是大臣死亡的预兆。相较而言，日食和彗星的部分预言还结合了天文官员的时势判断，较为曲折地反映了当时的政治人物和事件。

基于日食警示的灾祸意义，皇帝着眼于某种忌讳的考虑，有时依靠王权而通过钦定的形式将日食发生的日期提前或延后，由此也影响到日食记录的完整程度和准确性。众所周知，唐宋时代是天文学、历法学得到长足发展的关键时期，尤其是日食观测和预报中对于“食相”（太阳亏缺形态）、“食分”（太阳圆面被遮蔽的程度）和“食刻”（日食初亏、食甚到复圆的起讫时刻）的推算已经相当准确，体现出天文观测水平的稳步提高。但是，这种科学技术的进步并没有引导人们在异常天象（特别是日食）的认识上有所突破。特别是汉代的“天人相关论”以及与传统儒学、经学相交织的谶纬学说弥漫朝廷，笼罩了皇帝、官员和庶民的视野，因而在天象的解读、阐释和禳除灾变上与前代相比，并无实质性变化。尤其是历法学者对于日食的认识，仍然没有摆脱“二元论”的特征。既承认日食是一种可以预报和推算的有规律的自然现象，又坚持认为日食是一种与社会政治有密切关系的灾异现象。由此，因日食（太阳亏）而衍生的改元、大赦、降德音、求言诏、罢朔日朝会、宰臣乞退等事层出不穷。更为典型的是，日食出现后朝廷禳除灾祸时惯用的“合朔伐鼓”礼仪，强烈地表达出“责群阴，助阳德”的观念，旨在通过天地万物之间阴阳元气的合和来维护现有的自然秩序。

与日食相比，彗星的情况比较复杂，举凡政治“革命”、军事谋叛以及水旱灾害都有可能与其相关，需要具体分析。从《天文志》的描述来看，彗星的记录方式主要是对彗星出现的二十八宿以及中官、外官的大体位置予以确定。同时，根据星孛的特点，还对每次彗星的持续时间、长度、形状以及颜色等信息进行记录。除了这些基本特征外，《天文志》对“彗星见”的预言和占卜意象也有不同程度的解释和说明。虽然与星占“事验”比较起来，这些预言仍然比较模糊。但由于它们是天文官员结合当时的政治形势而做出的天象预言，因此某种程度上对于唐宋政治和社会中的有关问题和相关史实仍然有所反映。

彗星的灾祸性预示，无疑给帝王政治带来了无形的压力和恐惧感。这种忧郁迫使皇帝在加强自我行为规范和约束的同时，还对朝廷中的政治现象和各种社会问题进行具体反思，进而对朝廷中的“阙政”现象以及社会中的不法行为采取防范措施，使得当前政治沿着良性的轨道前进。进一步来说，基于儒家的“德政”观念，皇帝要通过素服、避正殿、减膳、彻乐等形式来约束和规范自己的日常行为。这种“修德”的政治姿态，表面看来与星象降灾似乎毫无关系，但其实却是皇帝稳定人心、缓解民众恐慌的惯常手法，释放出禳星救灾的强烈信号。与此相应，“修政”则着眼于朝廷的政事建设。帝王通常要颁布“修省”和大赦诏书，对当时的各种政治和社会问题给予关注，其内容涉及大赦、录囚、言谏、赈恤、放免、救灾、祭祀、旌表等方面，并要求百官上书言事，举荐贤能，革除弊政，似表明皇帝要对当前的各种社会问题给予彻底解决。除了这些惯性的修政举措外，贞观十五年（公元641年）唐太宗停止封禅、龙朔三年（公元663年）唐高宗遣使、乾元三年（公元760年）唐肃宗改元、咸通十年（公元869年）唐懿宗“兵水外夷”的预防、天祐元年（公元904年）唐昭宗迁都洛阳等，都直接或间接地与彗星的出现有关。

如果说日食和彗星更多是对帝王政治“政事阙失”的一种警示，那么“荧惑犯太微”主要是对宰辅大臣“协和阴阳”职责的质疑。比如对于官僚群体，除了直言极谏和讲修阙政的影响外，星变的发生有时还是官员引咎乞退、弥灾消祸的诱因。清代学者赵翼在《廿二史札记》中说：“是汉时三公官，犹知以调和阴阳引为己职，因而遇有灾异，遂有策免三公之制。”[①] 降至唐宋，“协和阴阳”仍为宰相职责之一。是时《洪范》五行和《春秋》阴阳学依然活跃，尤其是在解释灾异与政治的关系方面甚为流行。人们普遍认为，灾异的出现意味着政事的阙失，而在难以直接追究当朝天子德政阙失的

① 〔清〕赵翼：《廿二史札记》，中华书局1984年版，第47页。

情况下，宰相和权臣就成为批判的矛头指向，他们常会因为星变、灾异而遭罢免。由此假借星象因素而攻讦对方，排斥异己，已成为帝王政治党派分野中常见的斗争方式。

应当看到，异常天象的出现还常常被政治斗争的有关势力所利用。特别是唐前期，几乎每次重大政治事件的背后，都隐约地存在着天文的影子或者天象的细微变化。在当时的时空背景下，天象的细微变化似乎都能反映天命所属的象征意义，因而在帝王禅代中时常会出现宣示受命于天的星象因素和天文背景。较典型者如后周太祖、宋太祖、宋太宗、宋真宗、宋徽宗等继承大统时，总有天文官或星占术士从星象的角度烘托气氛，制造声势，进而揭示“天命所在”。同样，围绕帝王受禅的政治斗争，彗星除旧布新的象征意义也被各种政治势力所利用，这在武德二年（公元619年）王世充受禅、延和元年（公元712年）唐睿宗传位太子以及天祐四年（公元907年）唐哀帝禅位朱全忠的政治事件中得到了印证。另一方面，在政治斗争的非常时刻，有关的势力和集团总是从天象的细微变化中寻找击败对方的依据。因此，经过“有识之士”的蓄意利用和解释，天象又成为政治斗争中扩大声势的舆论工具。比如，北宋的熙丰变法和元祐党争中，不难看到一些官员利用“星象失度”来弹劾宰相王安石和权臣蔡京的事例。

3. 祭祀层面是对诸多祀典礼仪中天文背景的研究

中古时期，天文与祭祀礼仪呈现出相互渗透的若干痕迹。一般来说，天文灾变的出现为祭祀礼仪的禳星祛灾提供了舞台。反过来，官方的祀天礼仪中又渗透着强烈的天文背景。梳理天文与祭祀礼仪互为渗透的种种痕迹，恰好可以接近帝王政治中“某些真实的思想和感受”。尤其是唐代祭祀昊天上帝的星官神位，呈现出浓郁的天文星象因素。根据《大唐开元礼》的描述，全天星官中将近一半的星宿走进了昊天上帝的神位系统中，按照天（昊天上帝）—帝（五方帝）—内官—中官—外官—众星官的高低等级顺序，完整地构建了祭天神位的金字塔形状。这些具有天文背景的星官神位，其象征意义大致模拟了帝王政治的整体实态，被赋予了安定宇宙秩序的功能。它们按照某种内在的原理和规则组合起来，并在金字塔形的神位序列中起着核心的作用。这样的安排，充分说明了唐代“敬天”的基本思路和模式。换言之，对星官神位及其等级秩序的探索和研究，正是唐王朝认识昊天上帝的必由之路。《大唐开元礼》规范的这种神位陈设，对于宋代的祭天礼仪有着至为深刻的影响。

仔细梳理，唐代祈农神祇中的灵星、风伯、雨师、九宫贵神等，同样体现出浓厚的天文背景。这些神祇是在继承前代礼制的基础上而建立起来的，从设立开始就与特定的星官联系了起来。只是随着时代的演进，人们更为关注它们祈农“专司水旱”的实用功能，而对风师、雨师等与星官神位的内在关系却日益淡化，以致祈农神祇的天文背景反而被朝廷所忽视，这在唐宋的祭祀礼仪中表现得尤为明显。

唐制，老人星（景星或瑞星）作为国泰民安、政治清明和天下太平的象征，深得帝王、朝臣和藩镇长官的重视。作为礼部规定的大瑞之一，老人星的观测和奏报仍由太史局来负责，由此在政治生活中也引导了取悦帝王和粉饰太平的景星庆贺活动。开元十二年（公元 724 年），太史局在全国范围内的日影测量活动客观上提高了老人星观测的准确性，也助长了尊崇寿星的热潮。此后不久，以祈求太平昌盛和安乐福寿为宗旨的寿星壇也走进了唐代的祭礼中，并不失时机地与玄宗的诞辰“千秋节”相结合，进而扮演了为帝王及其统治祈福的象征意义。

不唯如此，宋代特别推崇“大火星”的祭祀。随着宋朝的建立，太祖确立了“火德”的五行运次。宋太宗、真宗时期，朝臣、布衣质疑赵宋王朝的“德运”，先后出现了“金德”和“土德”的说法。宋真宗经过权衡利弊之后，谨遵祖宗家法，仍以“火德”昭告天下。随着“炎炎火德”的最终确立，大火星、荧惑星及感生帝的祭壇也相应建立起来，且在宋代的祀典祭礼中始终居于较高位置。天文与政治、祭祀礼仪的相互渗透，由此可见一斑。

4. 思想文化层面是对“儒家之学”德政观念的研究

英国科技史专家李约瑟曾说：“天文与历法一直是‘正统’的儒家之学”[①]。在思想文化层面，天文星占依托的天象预言其实是基于“天人感应”下的一种较为机械、固定的解释系统，今天看来是不科学的，但在它的背后始终体现着古人对宇宙星空与现实世界关系的关注和探索。对“天人之际”的执着探索，也积累和保存了大量连续持久的天文记录，为现代天文学的建

① ［英］李约瑟：《中国科学技术史》第四卷《天学》，科学出版社 1975 年版，第 2 页。

立和发展保存了许多珍贵的天文观测资料。这种君臣认可的话语模式始终将天象与帝王政治中的军国大事相参照并联系起来，直接或间接地扮演着“参政”的角色。尤其是星变后天文官员的天象预言往往成为帝王处理军国大事的重要依据。另一方面，传统经学规范的制约深及天文学内部，天文学上的事象和经学上的命题复杂地交织在一起，天文官利用经学、纬书、史书和天文志书的记载，构筑了天人相关的天文历法之学，为帝王统治提供“君权神授”“受命于天”的合法性依据。但同时，这套主流的知识和思想也始终对帝王政治有所规范、制约和矫正，因而是名副其实的“儒家之学”，是皇帝制度的一部分。

总之，通过以上四个层面的开掘，凸显了天文星占在帝王政治中的“参政”作用。不可否认，传世文献中的天象预言由于经过了史家和后人的加工与改造，因而存在蓄意附会的情况。换个角度来看，天文星占的蓄意比附其实正说明了它与帝王政治的特殊关系。首先，星变后天文官员的天象预言往往是帝王“参政”的重要依据。如后梁开平二年（公元 908 年）太祖“设武备，宽刑罚”、后唐同光四年（公元 926 年）庄宗“出钱帛给赐诸军”，天福十二年（公元 947 年）后汉高祖迁都开封，以及宝元二年（公元 1039 年）宋仁宗在河东分野“乞设警备”，都是天文官或“知星者”天象预言的直接结果。其次，星变发生后，基于儒家强调的“德政”观念，朝廷通常从根深蒂固的“天谴论”的思维方式出发，力求在“修德”“修政”方面来采取补救和应对措施。在此过程中，以关注和解决政治和社会中的当前问题为核心的政事建设被提上议事日程。从这个意义上说，星变及其衍生的星占是调节皇权合理运作的重要方式，因而构成了一种对皇权的制约和监督机制。这为帝王大臣反思朝政，严于律己，调整统治政策，进而加强政事建设提供了可能。在当时的时空背景下，特别是在政治斗争的非常时刻，天象的细微变化反映的象征意义，常为有关的势力和集团所利用。当然，这种来自天象的额外因素，它对帝王政治的影响具有很大的弹性、不稳定性和不可捉摸性，因而需要与特定时期的政治形势联系起来具体分析。最后，星变后朝廷举行的禳星礼仪，揭示了唐宋官方礼仪和佛、道祈禳的实用功能，这其实也是朝廷“救灾”的政治活动。天文星占由于旨在揭示星变发生的政治意义，从一开始便为帝王“通天”的需求服务，因而难免成为帝王政治的附庸。这不仅使得太史局（司天台）在“观察天文”上有伪造或剔除天象和虚假奏报的失职行为，而且那些为数不多的吉庆天象也往往成为文武百官歌功颂德、粉饰太平的难得机会。星占由于不能从帝王政治中彻底独立出来，所以很难走上现代天文学的发展道路，这或许就是西方学者讥讽为“占星术实践的奴隶”的基本原因。

三、成果的学术创新和应用价值

本成果将天文灾变及由此衍生的星占作为研究对象，并从天文机构的动态变化中提出了“二元双重管理体制”的命题，从史料的分析与挖掘中探究天文星占在唐宋帝王政治中的特殊地位，并以此来审视和凸显唐宋王朝的若干政事建设和社会变化，应该说这是一个比较新的观察视角。在附录中，本成果对唐宋时期的天文官员做了全面、系统的钩稽与梳理，弥补了学界对太史局（司天台）探究的不足，对唐宋官制研究中的缺漏不失为一种很好的补充。

在材料上的突破，本成果对“天学三志”（《天文志》《律历志》《五行志》）中天象观测、记录和预言背后社会历史信息的解读和挖掘，具有专题研究的价值，揭示诸如“君主忧”“大臣死”“边兵起”“旱”等预言所隐含的政治危机和社会问题，从不同的侧面丰富或拓展唐宋历史的研究。尤其是附录中《晋书·天文志》“史传事验”和《隋书·天文志》“五代灾变应”的编年，提供了中古天象观测、记录、预言和“事验”的丰富材料，为深入了解中古时期灾异与帝王政治的关系、“主流的知识、思想与信仰”以及《天文志》撰述的话语模式均有启示意义。

本成果的另一创新是考察天文星占与祭祀礼仪相互交融、互为渗透的特殊关系：天文灾变的出现为祭祀礼仪的禳星祛灾提供了舞台。反过来，官方的祀天礼仪中又渗透着强烈的天文背景。梳理天文与祭祀礼仪互为渗透的种种痕迹，恰好可以接近帝王政治中“某些真实的思想和感受”。

本成果对天象观测、记录、预言和奏报的探究，借用了天文学史、科技史的理论、方法和研究成果，这对打破人文学科与自然科学之间的森严界限和壁垒，促进相关交叉学科的会通与交融，提供了有益的尝试和良好的参照。

本成果所面对的记载可以说是真伪、科学非科学包裹在一起，时人对这些材料的解释既有儒学、经学的背景，又掺杂了阴阳五行和谶纬学说，在今天看来也多属唯心，但这些记载和解释对当时的政治和社会影响是真实的。深入探讨这些影响发生的原因、过程和结果，有助于了解当时主流知识、思想和信仰的生成情况，对于中古思想史、文化史、学术史和术数学的探究无疑具有一定的启发意义。

本成果的特色是将宇宙星空中的天文背景引入唐宋历史的研究中，通过对天文灾变的解读和分析，重点考察异常天象对帝王、大臣、庶民百姓的震荡作用及他们各自的能动反应。这是帝王政治处于“正常”状态下天文灾变生发的一种情况。另一种情况是在政治和社会生活的“非常”时刻（包括政治变革、宫廷斗争及重大水旱灾害等），异常天象的出现及衍生出来的星占又究竟起着怎样的引导作用。这对推动唐宋历史研究的深入及拓展史学研究空间，准确理解古代天文学在中国传统文化中的特殊地位，更为客观、全面、深刻地透视中国古史与传统社会的多元画面，具有一定的积极意义。

《明清徽州诉讼文书研究》概要

阿　风*

一、研究的目的、意义及方法

1. 研究目的和意义

研究文书档案，首先要了解文书档案形成的历史背景，包括史料的存在形态、来源及性质等，这样才能切实了解其史料价值，从而更好地利用这些资料从事学术研究。

20世纪80年代以来，有关明清中国“诉讼社会”的研究日益为学界所关注。1984年，日本学者滋贺秀三提出了“较之现代日本的民事诉讼，清代中国的打官司与民众的日常生活的距离可能要近的多”的观点（《清代中国的法和裁判》）。1993年，夫马进发表了《明清时代的讼师与诉讼制度》（收录于梅原郁所编《中国近世的法制与社会》）一文，统计了明清时代江浙与湖南等地州县收受状词的数量，认为16世纪以后中国江南社会存在着“好讼之风”，诉讼与民众的生活密切相关。这些观点的提出，改变了以往研究中对于明清中国“无讼社会”的理解，引起了更多学者对明清时代中国诉讼制度与地方社会的关注。美国学者艾马克的《十九世纪的北部台湾：晚清中国的法律与地方社会》（1994年）、黄宗智的《民事审判与民间调解：清代的表达与实践》（1996年）、李艳君的《从冕宁县档案看清代民事诉讼制度》（2009年）、里赞的《晚清州县诉讼中的审断问题：侧重四川南部县的

* 阿风，中国社会科学院历史研究所研究员，硕士生导师。

实践》(2010 年)、夫马进主编的《中国诉讼社会史研究》(2011 年)、吴佩林的《清代县域民事纠纷与法律秩序考察》(2013 年)等著作先后出版，这些研究充分利用了淡新档案、巴县档案、顺天府宝坻县档案、冕宁县档案、南部县档案等地方诉讼档案，重新审视了明清时代的法律与地方社会，推动了明清诉讼社会研究的深入。

然而，这些地方诉讼档案的内容与时代都有一定的局限性。第一，淡新档案、巴县档案、顺天府宝坻县档案、南部县档案等，多是清代甚至主要是清代中晚期的资料，清代前期的资料相对较少，明代的诉讼文书更是完全缺失。第二，这些档案都是保存在官府的诉讼卷宗，并不包括全部的与诉讼有关的文书，比如诉讼过程中官府发出的传讯当事人的传讯票，就不粘连在诉讼卷宗之中。这些文书的缺失不利于全面理解诉讼过程与诉讼程序，也无法全面了解诉讼的原因、背景以及当事人的社会身份等。第三，诉讼卷宗不能全面反映诉讼的原因、背景以及当事人的社会身份，因为原告、被告的状词都有夸大之嫌，而官员的判语又有许多道德的说教，其判决结果也存在不确定性。总之，仅仅依靠清代中后期这些地方衙门的诉讼档案，不足以全面了解明清中国诉讼制度与地方社会的变化情况。

徽州诉讼文书作为民间保存的诉讼资料，则在一定程度上弥补了上述档案资料的缺陷。第一，徽州诉讼文书跨越时代长，现存的元代徽州土地文书中就有关于诉讼过程的记载，而最早的诉讼文书则是明初宣德八年(1433 年)的诉讼状词，最晚的文书包括了清末与民国初年新律颁行后形成的诉讼文书。第二，徽州诉讼文书内容丰富，不仅有诉讼卷宗，也有民间保存的文书，还有大量的诉讼文书草稿、抄本与刊本，透过这些资料可以更好地了解诉讼纷争的前因后果。第三，徽州诉讼文书不是一批孤立的史料，徽州的土地文书、赋役文书、宗族文书等资料为更好地理解诉讼文书提供了很大的帮助，特别是在了解诉讼过程中原告、被告、证人、调解人等的社会身份时，这些徽州文书资料可以为研究者提供很多信息。第四，透过徽州诉讼文书的保存情况可以了解明清时代社会的变化。由于徽州诉讼文书多是民间保存下来的资料，民间人士保存哪些资料自然有其取舍。例如，明初的文书多是关于继嗣与田产、山林纠纷的内容，明代嘉靖朝以后的文书多是有关宗族祠产、墓地争讼的内容，万历年间的诉讼文书多是关于土地清丈与赋役不均引起的争讼，而明朝末年的诉讼文书多有关于主佃纷争的资料。从中可以看出，明代徽州诉讼文书的保存情况与明代社会的变迁息息相关。

自从20世纪90年代徽州文书资料公布以来，一些研究者开始利用徽州诉讼文书研究明清时代的诉讼制度与地方社会，例如中岛乐章的《明代乡村的纷争和秩序——以徽州文书史料为中心》（2002年）以明代徽州文书特别是诉讼文书为主要史料，参之以族谱、地方志、文集等文献史料，以诉讼个案分析为线索，对于明初“老人制”在徽州的实施背景、里甲体制下民间纷争的解决方式、明代中期以后宗族的结合和扩大，以及徽州的佃仆制与主仆纷争等方面的内容都有详尽的论述。这些内容不仅对于理解徽州的历史，而且对于了解宋明以来中国社会诸多方面的变化有着十分重要的意义。此外，熊远报的《清代徽州地域社会史研究——境界、集团、网络与社会秩序》（2003年）、卞利的《明清徽州社会研究》（2004年）、韩秀桃的《明清徽州的民间纠纷及其解决》（2004年）等成果也都从不同角度对徽州文书展开分析，这在一定程度上推动了明清徽州诉讼文书研究的进步。

然而，以往的研究多是将诉讼文书作为一种历史资料的载体而使用，对于文书本身的性质还缺乏必要的研究，存在着文书定性不明、资料混用等情况。特别是现存的徽州诉讼文书作为民间保存的资料，前后延续500余年，形态多样、种类繁多，格式、写法也有很多变化，因此，对明清徽州诉讼文书进行整理与研究，确定各种文书的性质以及文书资料产生的历史背景，才能正确地使用这些史料，发挥其史料价值，进而推动明清法制史、社会史研究的发展。

2. 研究方法

诉讼文书是中国古文书的重要组成部分，有必要采取科学的方法进行整理与研究。本成果对于徽州诉讼文书的整理，既恪守传统学术之考证求真，亦借鉴包容法学、历史学、文献学等现代学术研究方法，不仅为明清诉讼文书研究提供了一部经过规范整理的基本文献，而且全面考察了徽州诉讼文书的保存形态、史料来源、文书性质，提出徽州诉讼文书的新的分类标准，对于其他明清地方文书档案的分类具有借鉴意义。本成果的研究方法主要体现在以下三个方面：

第一，采用古文书学的方法收集整理徽州诉讼文书，分析了徽州诉讼文书的存在形态与分类方法，考察每一类文书的来源和性质，说明其在诉讼过程中的位置及其作用。第二，结合文献史料与巴县档案、南部县档案等清代地方诉讼档案展开对比研究，说明诉讼文书的共性与地域特点。第三，历史学与法学研究方法并用，不仅分析诉讼文书的内容与诉讼制度的变化，而且透过诉讼文书分析当时人的诉讼理念与法律观念，进而说明传统中国法的特点。

二、成果的主要内容和重要观点

本成果的主要内容与观点体现在以下八个方面：

第一，现存徽州诉讼文书主要与基层社会有关。本成果介绍传统中国基层社会管理的变化，提出了“国家权力主导下民间秩序”的观点。本成果指出传统中国基层社会管理主要经过两个时期：第一个时期是先秦到唐代，被认为是“乡官制”时期，基层社会的管理者属于国家职官系统，体现出国家对于基层的直接控制；第二个时期是宋代以后的“职役制”时期，基层社会的管理是通过民众服“役”来完成的。国家将赋税征收与基层管理、社会教化结合起来，通过里甲、保甲及乡约等组织来主导民间秩序的建立。这一时期，宗族开始普及并制度化与组织化，其经济功能与自卫功能开始扩张。到了清代，由于国家的推动，族权逐渐成为基层社会举足轻重的力量。对于基层社会管理体系的分析，有助于更好地理解徽州诉讼文书涉及的里甲、保甲、乡约以及宗族之间的复杂社会关系，从而更全面准确地把握徽州诉讼文书的内容。

第二，本成果介绍了徽州的历史与地理，分析了存世徽州文书形成的空间特征，进而考察了徽州文书发现、收藏、整理与研究的历史，说明了徽州文书的特点。同时根据徽州文书的不同类型，分别回顾了徽州文书的研究史，重点说明了徽州诉讼文书的研究情况。本成果指出，虽然徽州诉讼文书已经是学界目前重要的基础性资料，明清及近代史诸多领域的研究者都将徽州诉讼文书作为寻找学科发展的突破点，但如何对庞大的徽州诉讼文书史料进行科学的分类，分析各类文书的格式与版式，探讨其形成的过程，分析其产生的社会背景，从而更好地发挥其史料价值，已经成为徽州诉讼文书研究最重要的课题。因此，除了将徽州诉讼文书作为历史资料进行分析外，对于徽州诉讼文书自身展开研究，这已经是当前徽州诉讼文书研究最迫切的任务之一。

第三，本成果考察了徽州诉讼文书的存在形态与分类标准。徽州诉讼文书中虽然包含了一些原来保存在官府衙署之中，后来流失到民间的诉讼卷宗，但数量有限，且多是清代后期的资料。所以，徽州诉讼文书主要是民间收集、整理的诉讼文书资料。这些资料包括诉讼过程中形成的各种状词、传讯票、往来公文等文书，还有诉讼结束后当事人的“抄招帖文”，以及编辑整理的诉讼文书集（包括抄件、稿本和刊本）。为了更全面地反映出现存徽州诉讼文书的整体面貌，本成果根据徽州诉讼文书的保存形态与史料来源，将诉讼文书分为如下三类：（1）官府文书，包括保存在衙署的诉讼卷宗与官府发出的诉讼文书。（2）“抄招帖文”与“执照”。“抄招给帖”实际上包含两个方面的内容，即“抄招”与“给帖”。“抄招”就是抄写诉讼案卷，“给帖”是官府给帖文为照。同时，在徽州诉讼文书中，还有“告求执照”，而没有“抄招卷宗”的情形。“抄招帖文”与“执照”是得到官府认可并押有官印的文书，在徽州诉讼文书中，这两类文书的数量最多，内容也最为丰富。（3）民间文书，包括与诉讼有关的合同文书，以及民间收存、整理的诉讼文书资料。同时，本成果按照诉讼进程，对于各种散件文书按其性质进行分类，说明了状词、票稿、传讯票、结状、保状、堂谕、甘结等不同类型文书的格式与特点。

第四，本成果讨论明代中后期以来诉讼文书保存以及被抄录成稿或刊刻成集的背景，说明了徽州诉讼文书的保存情况与社会的变迁密切相关。从现存明清徽州诉讼文书的数量与内容来看，每一时期存在的诉讼资料内容都有一定的差别。较早的如明初宣德年间的《宣德八年祁门李阿谢供状》与《宣德十年谢能静供状》，与继嗣和田产诡寄有关，这还是一种个人之间的争继与争田案件。明代中前期成化年间的诉讼文书资料，如《祁门县十西都谢玉澄、谢道忠等互争山林事文卷抄白》则是两个家庭争夺山场树木的案件。而到了明朝中后期，徽州社会开始发生很大的变化，与宗族始祖祭祀有关的墓产争讼等诉讼资料大量增加。到了清代中期，围绕着“雍正开豁世仆谕旨”的颁布与实施，徽州地方的主佃纷争达到了一个高潮。说明了明清时代宗族的发展与国家的改革政策等都对文书的形成与保存有着深刻的影响。

本成果同时指出，国家的某些重大改革政策也会影响到诉讼纷争的内容与数量，例如，明朝万历年间进行了全国性的土地清丈与赋役改革，土地清丈需要重新进行产权登记，而赋役改革的目标是“均田均役”，“清丈”与“均役”必然会冲击旧有的规则，导致诉讼纷争的出现。现存的明代万历年间的徽州诉讼文书中有很多关于“争田”“争赋”“争役”的诉讼文书资料，就反映了这一时代背景。

第五，本成果从公私两个角度，分析了明清时代徽州人的诉讼书证观念。从现存明代徽州诉讼文书来看，当时无论是官方的户口与土地册籍、府县志书、执照、诉讼卷宗等公籍，还是契约、合同、族谱等私籍，都可能作为书证而提交到法庭。包括原告、被告以及审判的官员，他们都意识到公私文凭是确认权利的重要证据。而诉讼的结果甚至也影响到当时府县志的编纂。当时，人们不仅保存文书的原件、抄件，甚至也将一些文书、卷宗镌刻，以保久远。即使一般的私文书或私家编纂物，制作者也希望得到官方的认可，从而具有公的性质。可以看出，明代的徽州人重视保存文书、族谱、碑铭等公私文凭，与这些文凭可以成为诉讼书证有着密切的关系。这也是徽州成为文献之邦，特别是民间文献异常丰富的重要原因之一。

第六，本成果以明清徽州诉讼文书为中心，考察了明清时代的诉讼程序，除了关注老人理讼、州县审判外，还重点考察了府、巡按御史、兵备道、道、巡抚等职官在诉讼程序中的地位与作用，并分析了明清时代民事案件的京诉（京控）程序。本成果指出，在明代县级司法中存在知县集权，而在府级司法审判中存在着知府、同知、通判、推官分权的特点。同时，在明代中后期的直隶地方，巡按御史事实上是直隶府州之上的一级审判官员，对府州县判决不满的案件常常上诉或越诉到巡按。巡按御史作为定期的钦差大臣，在清理地方词讼中扮演着重要的角色，但巡按权力日重，削弱了府的复审监督作用，而且巡按过多地干预地方司法，容易造成混乱，也成为来京诉告的重要原因。

到了清代，御史巡按的停止、府推官的裁撤以及督抚权力的扩大，削弱了中央对于地方官员的监察能力，使得本来由巡按御史承担的清理词讼职能上移到中央，都察院等机关不得不直面民众的申冤诉求。这也成为清朝京控扩大化的重要原因。

第七，本成果力图探讨国家大历史与区域小历史之间错综复杂的关系，以整体史研究的广阔视野来探讨明清时代徽州的诉讼纷争。本成果以茗洲吴氏、呈坎罗氏、柳山方氏、珰溪金氏等宗族墓祠诉讼个案为中心，探讨了明代徽州宗族诉讼和纷争的内容与特点，说明了诉讼在解决宗族纷争中的作用。本成果指出，从 15 世纪中叶开始，特别是与 16 世纪国家的礼制改革相适应，以始祖祭祀为核心的新宗族运动蓬勃开展起来。这些新兴的宗族运动推动者发现，明初的土地登记方式很可能使宗族丧失对于墓地、墓田、墓祠（寺观）的控制权。为了重新确认或争夺祖先墓地，徽州同族各支派通过各种方式联合起来，通过诉讼等方式重新确认这些宗族公产的所有权。到了万历十年（1582 年）前后，土地清丈再次展开，各方势力展开激烈的博弈，都期望在土地登记过程中争得更多的利益，所以徽州的诉讼纷争在万历十年前后达到最高潮。现存的徽州各种诉讼文书中所反映出的诉讼纷争内容、频率就与这一时代背景息息相关。因此，虽然围绕着有限资源而发生的激烈竞争是徽州宗族统合强化的重要原因，但反过来说，也正是宗族统合的强化使得纷争日益扩大。

经过明代中后期围绕着宗族墓地、祠庙所发生的一系列诉讼纷争，宗族开始采取设立拟制户名（众户）、建立宗祠等新的族产管理方式，以适应明初以来国家的土地登记政策及明代中期的赋役改革，从而确保墓产等族产之久远。同时，人们也意识到各种与土地、人户有关的土地文书、赋役册籍在确认产权方面具有重要意义，开始整理、抄录、收藏这些资料。上面提到的诉讼纷争中，当事各方提出的很多证据就包括法律文书与土地册籍，尤其是鱼鳞图册（保簿）在确认产权时常常具有决定性的意义。

由此可以看出，明代徽州宗族的发展与民众观念的变化、国家政策的调整息息相关。在徽州宗族的发展过程中，国家始终扮演着一个重要的角色，无论是墓地争讼，还是保存各种公私文书，其目的都是寻求国家对于宗族统合行为的确认，所谓明代徽州的“健讼”，实际上就是宗族寻求国家认同的过程。

第八，本成果对于徽州诉讼文书的整理遵循古文书整理、考释原则，尽量保持原有文书格式及文字写法，并对照原件文书反复校阅，力求向读者提供一个文字资料准确、考释规范详尽的定本，以方便学者的研究。本成果同时考证了包括“信牌”在内的各类诉讼文书的源流，通过诉讼文书格式、用语的变动，说明国家诉讼制度与诉讼程序的变化及其社会背景。

三、成果的学术创新、应用价值以及社会影响和效益

近年来，有关明清中国“诉讼社会”的研究日益为学界所关注，包括淡新档案、巴县档案、宝坻县档案、太湖厅档案、南部县档案、冕宁县档案以及徽州诉讼文书等在内的资料日益受到研究者的重视，相关成果层出不穷。不过，在林林总总的诉讼文书档案中，只有徽州诉讼文书跨越明清两代，既有官府的诉讼卷宗，也有民间收存的诉讼文书，成为长时段、全方位地了解明清及近代中国诉讼制度与地方社会变迁的一个基石与重要参照。

本成果通过对明清徽州诉讼文书的收集、整理并考释，探讨了诉讼文书的存在形态及其分类标准，分析了徽州诉讼文书产生的时代背景，进而研究了明清时代的诉讼制度。本成果的学术创新与社会影响主要体现在以下三个方面：

1. 提出徽州诉讼文书分类的新标准

研究文书档案，首先要了解文书档案形成的历史语境，包括史料的存在形态、来源及性质等，这样才能深入了解其史料价值，从而更好地利用这些资料进行研究。

据了解，现存的徽州诉讼文书作为民间保存的资料，种类繁多，格式不一，内容多样。科学地对文书进行分类，明确各类文书的性质，成为徽州诉讼文书研究走向深入的重要前提。研究人员认为，要想对徽州诉讼文书档案进行科学分类，需考虑两个重要条件：一是诉讼文书档案的保存形态和史料来源；二是当时的诉讼制度与诉讼过程。

本成果正是在充分考虑存世徽州诉讼文书复杂性的基础上，首先根据徽州诉讼文书的保存形态与史料来源将徽州诉讼文书分成官府文书、民间文书及介于两者之间的“抄招帖文”与“执照”。其次则按照诉讼进程，将各种散件文书分为告状（词）、诉状（词）、票稿、传讯票、结状、保状、提讯名单、堂谕、甘结等不同类型。这一分类标准既考虑到诉讼文书的内容，又注意了诉讼文书的存在形态，将纷繁多样的徽州诉讼文书归类到不同的范围内，既不会割裂文书的完整性，也充分考虑了文书的不同性质。这种新的分

类标准对于其他明清地方文书档案的分类也具有借鉴意义。

2. 以文书实例探讨诉讼程序

以往的明清诉讼制度特别是明代诉讼制度研究，主要依靠国家律典及正史的记载，而对于法律在实际过程中的执行情况则缺乏系统的分析。本成果在引用大量文书实例的基础上，直观地说明了国家法律在民间的贯彻情况，具有一定的现实意义。例如，明太祖朱元璋在《大诰》中规定：地方官员传讯民众，发出牌票后，要“三呼而不至”，方准地方官派遣差役前去拘拿。现存明代中后期的徽州诉讼文书中的传讯票明确记录了一种三段式的传讯方法，实际上也体现出《大诰》中的理念。同时，本成果还对以往研究相对薄弱的明代诉讼程序，特别是上诉与越诉程序进行了考察，探讨了府职官（知府、同知、通判、推官）、监司职官（巡按御史、巡抚，并称“两院”）在上诉案件的审理与执行过程中的地位与作用。

3. 结合诉讼文书对明清诉讼社会进行历史学的考量

现存徽州文书原来多是个人或宗族收藏的资料，当时人们收藏、整理这些文书具有一定的目的性。透过现存的徽州诉讼文书可以发现，在明清时代的不同时期，诉讼纷争的内容也有所不同，具有鲜明的时代性，与社会的变迁密切相关。

本成果通过对诉讼文书的分析，追寻了诉讼纷争的时代背景，从其中所举诉讼文书实例可以看出，明朝中前期的诉讼多是一种个人之间的争继、争田案件。明代中后期的嘉靖时代，宗族间大规模的争坟、侵葬、盗卖墓产、图谋风水的诉讼案件开始频频出现，例如，嘉靖八年（1529 年）发生的歙县杨干寺之争，持续八年之久，甚至到京诉告；明朝万历十年（1582 年）前后，伴随着国家的土地清丈与赋役改革，“争田”“争役”案件不断增加，这一时期徽州诉讼最为频繁。清代中期，围绕“雍正开豁世仆谕旨”的颁布与实施，徽州地方的主佃纷争则达到了一个高潮。

在徽州地区，宗族的发展与国家政策的调整，成为“健讼”产生的重要原因。本成果中以茗洲吴氏、歙县呈坎罗氏、柳山方氏、琂溪金氏等若干徽州宗族的诉讼纷争为个案，指出这些纷争的发生与国家的政策变动——如明初的土地清丈与大造黄册、洪武二十四年（1391 年）的寺观归并令、嘉靖十五年（1536 年）夏言奏请允许臣民祭祀始祖等有密切关系。本成果还指出，在徽州宗族的发展过程中，国家始终扮演着重要的角色。无论是墓地争讼，还是保存各种公私文书，其目的都是寻求国家对于宗族统合行为的确认，所谓明代徽州“健讼”，实际上就是宗族寻求国家认同的过程，这为更好地认识“健讼”问题提出新的思路。

总之，本成果填补了徽州诉讼文书资料整理的空白，确立了新的分类标准，探讨了诉讼文书成立的背景，分析了明代的诉讼程序，全方位地整理与研究了明清徽州诉讼文书。这不仅对于推动徽州诉讼文书的整理与研究，而且对于推动整个明清诉讼文书档案的研究都具有重要意义。

《清代卫生防疫机制及其近代演变》概要

余新忠*

一、研究的目的、意义及方法

1. 研究目的

（1）在国际前沿学术理念和方法的关照下，本成果通过深入细致地挖掘资料呈现中国历史经验，并在此基础上与国际学术界展开对话。本成果所探究的“卫生”及其相关议题，比如卫生的现代性、卫生背后的权力关系、近代身体的形成等，均属当前国际史学界的前沿问题，本成果在抓住前沿问题的同时，并没有从理论出发，或以西方为衡量标准，而是以全球史的视野，立足资料，从中国自身的特色出发，以西方经验为参照，来呈现和思考中国历史发展的经验。

（2）立足历史，放眼未来，为现代中国社会发展提出若干思考和建言。本成果虽然是一份严格意义上的历史研究，但并没有就历史论历史，而是带着适切的现实关照去探究和思考历史问题，以中国的历史经验为基点，参照西方和日本的经验，来思考当今中国社会的发展，比如现代化进程中牺牲弱势群体利益的问题，卫生背后的权力关系和政治、文化问题，现代化进程中的崇洋意识与引入西方观念和制度缺乏理性思考的问题，现代化进程中国家权力扩张问题，在追求国家发展和强盛过程中个人权利的保障问题，等等。

* 余新忠，南开大学教授，博士生导师。

2. 研究意义

（1）卫生是日常生活的基本内容，也是中国近代化的重要组成部分，对“近世卫生”这一目前正趋兴起而仍薄弱的课题的探究，对于呈现中国近世的日常生活经验、近代社会文化的变迁以及省思中国的近代化和“现代性”来说是不可或缺的。卫生同时还是近代中国文化史的重要组成部分，晚清新“卫生”的登场，不仅逐渐引发了中国人对自己国家公共和个人生活环境状况的不满，而且还慢慢使得国人对自己种族的健康失却了信心，并进而开始借由“卫生”来论述种族和国家的危机，建构中国的“现代性”，以及重新管理和规范民众的日常生活方式。因此，开展卫生史的研究对于推动近代中国文化史的研究不断走向深入具有重要的理论意义和现实意义。

（2）虽然传统时期国家在卫生事务上缺乏相应的职能部门和制度规定，但这并不表示不存在相应的卫生行为，只不过其由社会力量来主持，并以个别、自为和缺乏公权力介入的方式表现出来。尽管中国传统的方式有不足和缺陷，但它们的存在及我们对其的呈现，决非无足轻重，不仅对于我们更全面地认识中国传统社会十分必要，而且也有利于我们更好地认识和理解中国近代公共卫生机制的引入和发展，以及传统与现代的关系。

（3）晚清以来的“卫生”代表秩序、整洁、更舒适的生活环境和更低的疫病感染几率，但除了作为文明进步的“现代”一面，它带给我们的还有政治和文化上的霸权、某种程度上的不公平和不正义以及对身体自由的监控和拘束。这启示我们不应被科学、现代、进步等观念裹挟下的事物所迷惑，而应在具体的语境中理解和把握事物与人的互动关系。

3. 研究方法

（1）本成果虽然非常关注西方的相关理论和研究的前沿动态，但决不以西方的理论来裁剪中国历史，也不简单地以中国的经验来比附西方，而是秉持一切从史料出发的态度，一方面尽可能广泛地挖掘和占有资料，另一方面则以历史主义的态度来解读资料，避免从现代的观念出发去取舍、阉割甚至曲解资料，将具体的史料放在历史情境中来加以理解。

（2）引入社会文化史研究的理论和方法，注重对意义的追寻和诠释，既致力于真正进入历史，又避免沉溺于历史而不能自拔，以各种后来先进理论赋予我们的“后见之明”去发现和分析当时之人忽略或无法看到的问题，并克服社会史研究中过于浓厚的结构主义色彩，关注人的观念和心灵世界。

（3）跨学科的研究方法，即以历史学为本位，同时充分融入医学、人类学和社会学等学科的研究成果、理念和方法。无论是疫病、医疗还是卫生，都不是单纯的科学性的实体概念，而是由众多社会文化因素参与其中建构而成的。

二、成果的主要内容和重要观点

1. 主要内容

（1）内容总述。

“卫生”的内涵甚为繁复，举凡与生命、健康有关的种种事项，往往都可以囊括于卫生的名下。本成果显然无法对此做出全面的探究，而只能选择其中相对重要的防疫卫生来加以展开，首先从“卫生”概念的演变入手，以从概念到观念再到相关实践的思路逐个对清代与防疫和城市环境卫生相关的诸多问题及其历史变迁脉络展开探讨，借此展现中国近世社会的变动与特质，以及中国人有关身体的认识，并进一步探究传统在中国社会近代转型中的影响与作用以及对现代化过程和“现代性”的省思。其内容主要包括近代“卫生”概念的登场、因应疫病观念的演变、城市水环境、用水与环境卫生及其近代变迁、粪秽处理及其近代变迁、清洁观念与行为的近代演变、检疫制度的引建及其权力关系研究和卫生行政与近代身体的形成等。

（2）各章简介。

第一章“绪论：何为‘卫生’”概论古今“卫生”概念的异同，全面梳理中国近百年来的卫生史研究成果，总结卫生史研究的成绩，揭示其中存在的问题，进而阐明本成果的问题意识和研究路径，确定研究框架和主旨。

第二章“近代‘卫生’概念的登场”探讨清代卫生概念的演变情况，特别是在晚清，近代“卫生”概念是如何逐步形成的。本章以与“卫生”相关的诸多文献为立足点，力图在前人研究的基础上，对晚清“卫生”概念的演变过程做出一个尽可能清晰的阐释，并对“卫生”是否日源词以及在现代汉语中，何以“卫生”能最终成为和西方 hygiene、sanitary 和 health 等词对应的词语进行探究与解释。

第三章“从避疫到防疫：清代因应疫病观念的演变”考察了清人应对疫

病观念的变化，即从传统到近代，中国社会应对疫病的重点基本上经历了从避疫、治疗到防疫的转变，在认识上，也由消极内敛的个人行为转变成了积极主动的国家行政介入的公共行为。本章不仅特别注意传统与近代在变动中的关联，同时也在梳理近代中国接受近代防疫观念的基本情况之基础上，对所谓的近代化过程进行省思。

第四章“清代城市水环境问题探析”主要针对有关晚清时期城市水质众多负面的记载，通过对相关史料的分析解读来探究清代城市水质和卫生状况，并为有关环境和用水卫生观念与行为以及粪秽处理等问题的探讨做好铺垫。

第五章“清代的用水和环境卫生及其近代变迁”主要以江南为研究对象，从环境和用水（主要是城市）的角度，探讨清代卫生观念和行为及其近代变迁。特别关注传统与近代间的衔接问题，同时也对卫生近代化过程中政府职能扩张的问题进行思考。

第六章“清代的粪秽处置及其近代变迁”在上一章的基础上，进一步探讨了与环境卫生特别是城市环境卫生密切相关的粪秽处理机制问题。这一章重点有三：一是通过较为扎实细致的资料收集，尽可能清晰地呈现传统时期粪秽处理机制和城市环境卫生的保持情况；二是探讨近代粪秽处理机制出现的机缘和展开的情况，以及其中的传统因素；三是在此基础上探讨近代公共卫生观念形成的契机。

第七章“防疫·卫生行政·身体控制——清代清洁观念与行为的演变”讨论的是与防疫和环境卫生都关系密切的清洁问题，首先梳理了传统观念脉络下清洁的意涵及社会的清洁行为，进而考察了在西方影响下晚清清洁观念和行为的变化情况以及逐步被纳入以防疫为中心的卫生行政体系之中的过程。同时也初步考察了清洁与身体控制之间的关系以及在这一近代化过程中诸多值得省思的地方。

第八章“主权·防疫·权利——晚清检疫制度的引建及其权力关系研究”关注的是防疫中常见的检疫问题。主要想探究的是：第一，晚清检疫机制引入和建立的契机；第二，检疫机制引入中各方（官绅民）的心态和认识；第三，检疫制度引发的冲突及其背后的权力关系；第四，国人是在怎样的心态和情势下接受这一明显带有强权和不平等性的制度的。

第九章“晚清的卫生行政与近代身体的形成——以卫生防疫为中心”则对卫生与身体监控之间的关系做了专门的探讨。从卫生防疫一隅，考察了从传入到近代卫生防疫与身体之间关系的变化，国家是如何借助科学的“卫生”话语合法实现对国民的身体干预和控制，以及这样的干预和控制又是如何被接受的。

第十章“结语：‘现代’的‘金箍’”从说明何以将“卫生”比喻为“现代”的“金箍”切入，通过本成果的基本内容进一步阐释和省思近代“卫生”的寓意以及这一研究的学术和现实意义。

2. 重要观点

近百年的中国卫生史研究已经有了不少累积，为本成果提供了重要的基础。首先，以往医史学界的研究给笔者提供了不少线索，让笔者对历史上的相关问题有了基本的了解。而近年来史学界对传统时期用水和居住环境的探究，则有利于笔者更进一步探究晚清之前中国城市的卫生状况。其次，对于主要源自西方的由国家主导的近代公共卫生机制，特别是城市卫生行政的引入和展开情况，目下已经有不少研究成果。最后，最近一二十年，在后现代思潮的冲击下，海外一些在社会文化史脉络中展开的研究，对“卫生”蕴含的现代性以及某些社会文化内涵做出了不少启人深思的探究，打破了以往那种不言而喻地将近代卫生视为现代化的象征和中国现代化追求目标的认识。

不过，总体而言，卫生史研究在中国史学界，特别是国内史学界，还是一个正趋兴起的研究领域，研究之薄弱毋庸讳言，既有的研究成果若放在整个中国史研究中，数量上显然还微不足道，其存在的有待进展之处也是显而易见的。就笔者的考量来说，至少以下诸个方面，还存在着诸多不足和有待进一步探索的空间。第一，现有的研究大多集中在20世纪以降特别是民国时期卫生的探讨，对晚清社会在卫生行政等方面的努力和成绩似乎重视不够，对传统时期的卫生观念和行为还暂付阙如。第二，由于近代的公共卫生一般被视为西方的舶来品，也因为现有的研究对传统时期的卫生观念和行为缺乏关注和探究，使得现有的一些探究中国近代公共卫生的研究，往往存在割裂传统和近代之嫌，不能从内外两个方面多视角地认识中国近代公共卫生的演变。第三，目前国内大多数的相关研究者，无论是学术视野还是学术理念，都仍有较大提升空间。在国际学界的公共卫生史研究中，无论是对历史还是现实问题的探究，都已摒弃上个世纪六七十年代之前的乐观心态和以称颂为主的研究态度，从十七八世纪逐步发展而来的近代公共卫生机制，不再只是一个理所当然应予称颂、发展和推广的现代象征，同时也成为学界批判和省思的对象，人们逐渐认识到，现代公共卫生制度在提高社会整体健康状况的同时，也日益显著地暴露出其本身存在的诸多问题，甚至还给人类的生存带来一些难以克服的困难。不仅如此，在这一制度的创立和推行中，无论是对内还是对外（如海外殖民的强制推行和相对柔性的知识与制度的海外输出等），无不隐含着近代（或者说西方）话语和文化的霸权以及复杂的权力关系。然而，这一国际史学界的主流认识似乎还较少受到国内相关者的关注，在国内学术界主流认识中，现代公共卫生制度无疑仍是毋庸置疑的现代化标杆和追逐目标。虽然有关中国近代公共卫生史的研究日渐增多，但似乎大都无视卫生现代化的复杂性及其背后的社会文化意涵和权力关系，也基本未能跳脱“现代化”的学术理念和叙事模式。第四，国内外的个别研究虽然具有先进的学术理念，对揭示和探析“卫生”的现代性及其社会文化意涵用力甚多，亦对人启益良多，但其或许过于注重对意义的探析，反而影响了对具体历史经验的呈现，也就是说，对近世中国的卫生观念、组织和行为及其近代演变脉络的梳理和呈现，似乎还存在不尽如人意之处。而且，虽然对卫生意涵的省思已经展开，但广度和深度还有继续着力的必要。

传统的“卫生”除了意指对人的物质性身体的养护和医疗外，也包括对附于身体又别于身体的精神和气（即所谓“养心”“养气”等）的护卫。虽然在不同的语境中，“卫生”既可指“养”，亦可指“医”，但似乎很少在同一场合同时指涉两层含义。比较起来，又以意指“养护”的情况最为常见。因此，可以说，传统上“卫生”是一个与养生具有相当一致性的词，不过意涵更为广泛，也相对更具包容性和主动性。

关于近代“卫生”概念的演变，首先，虽然在东亚地区近代“卫生”概念首先出现于日本，但却不能简单地把现代汉语中“卫生”视为一个日源词，自然也就不能称其为“侨词来归”。它实际是在中国社会近代化的过程中，在西方卫生知识的传入、日本近代的“衛生”用语与卫生制度的引介以及中国士人对传统的重新阐释等诸多因素的共同作用下逐步、自然形成的。其从传统到近代的转化既受日本“衛生”的较大影响，又具有相对独立的演变轨迹。其次，近代“卫生”概念的变动基本始于光绪建元以后，到甲午以前，在某些个别语境中，“卫生”已经基本完整地包含了近代概念所应具备的内涵。不过，这一切并非源自中国社会和国家主动的追求，其影响所及也基本只限于直接关乎洋务的个别而狭窄的领域。总体上，社会上对“卫生”一词的使用并未出现根本的变化，这种变动基本表现为一股潜流。再次，中日甲午战争以后，随着日本影响的强化和中国社会对近代卫生事务的态度日趋主动，“卫生”概念变动的潮流也开始由暗转明，具有近代意涵的“卫生”概念开始越来越多地出现在国人的著述中。与此同时，丁福保《卫生学问答》的出版发行与“卫生”同“保身”“养生”等词的混杂使用、“卫民生”等解释的出现以及“卫生学”提法的出现和使用等，对近代“卫生”概念的确立起到了承上启下的关键作用。又次，1905 年，国家卫生行政机构的建立进一步促进了“卫生”成为表示维护健康、预防疾病这一内容的社会标准用语的进程。“卫生”概念的利用也逐渐从精英走向民间，而且随着“卫生”近代意涵日益紧密地附着于“卫生”概念之上，它的近代“性质义”不断加强。到清末民初，无论从概念的内涵、普及程度还是使用方式等方面看，近代意义的“卫生”概念都应该说已经确立。不过，由于这一演变往往是通过将新的知识嵌入传统平台的做法逐步自然完成的，传统并未得到刻意清理和消解，从而使晚清以后的“卫生”含义相当混杂而多样。最后，“卫生”之所以最终成为表示近代卫生的标准概念，有三个方面的原因：第一，与“卫生”一词传统的含义和用法有关。除了像长与专斋所认为的它比较高雅以外，还具有意涵比较宽泛和模糊并较具主动性的特点。其虽然可以被用来指代养生，但似乎又具有养生不具备的含义。另外，在传统上，它既非生僻，亦不常用，这也有利于人们对它进行重新阐释和利用。第二，与某些偶然的个人因素有关。近代意义上的“卫生”最初为傅兰雅和琴隐词人所采用，应该不无一定的偶然性。不同的人在遣词造句中不免有自己的偏好，而“卫生”一旦被采用，似乎就成了傅兰雅的偏好，而开始逐步取代较早在《儒门医学》中使用的“保身”等词。而同一时期，在赵元益笔述的多部相关译著中，仍一直使用的是“保身”“保生”等词。而恰巧，傅兰雅及其所译之书在当时影响较大。第三，与日本的“衛生”有关。日本不仅是东亚地区最早在近代意义上使用“衛生”一词的国家，而且其用法及相关制度从 19 世纪

80 年代以降，特别是甲午战争之后也日渐明显地对中国造成了影响。

近代公共卫生制度虽然总体上是西方的舶来品，它的引入和创建非常鲜明地体现了晚清以降中国社会在西方影响下的现代化，但是，如果我们能立足史料而不是从进步和现代化之类的概念出发，就不难发现，传统时期，公共卫生方面相关的观念和行为，同样也存在于晚清之前的中国社会，只不过由社会力量来主持，并以个别、自为和缺乏公权力介入的方式表现出来。这样的方式自有其缺陷和不足，但我们也不应该在探讨近代公共卫生制度发展中全然忽视传统的因子和影响。一方面，像在防疫观念上，戾气学说和细菌理论的结合，部分养生观念汇入近代卫生概念，以及近代粪秽处理机制对传统粪壅业的接纳和利用等，都显示了近代卫生中的传统因子；另一方面，士人基于城市环境污染日趋严重而产生的批评和怨言，传统观念中对清洁与疫病关系的思考等，亦为近代公共卫生机制的演变提供基础和变动根据。

在中国传统社会的城市中，自有一套粪秽处置机制，它主要是由社会与市场来主导，缺乏国家和地方官府制度性的介入，也基本没有相应监管观念和举措。其效果很大程度上有赖于市场对粪秽的需求程度、城市人口的密度与规模以及社会的组织力量。这一机制虽然整体上大体满足维持城市正常运转最基本环境卫生的要求，但其效果不尽如人意也是毋庸讳言的。另外，由于缺乏专门资金和职掌部门、人员，必然无法使这项工作做到经常化、普及化和制度化，其实施的好坏往往要视为政者、地方乡贤善士、各地经济和环境状况等具体条件而定。通过对晚清时期有关粪秽处理、检疫机制特别是后者的探讨，我们看到近代公共卫生机制并不纯粹是出于维护健康之目的，同时也具有阶级性和种族性，即现代“卫生”虽然自有其维护健康的实际效用，但该制度的引入和推行显然亦非全然是以追求健康为唯一指归，同时也是社会中存在的民族、财产和文化等各方面的优势者，基于自身的利益，以科学和文明的名义，将相关的举措强行推行于全体的权力秩序。

近代公共卫生制度的引入和展开，有助于促进都市面貌改观、卫生设施改善、感染疫病的几率降低以及国家形象的提升等，从中上层社会人士的角度来看，无疑是非常值得称道的进步之举。然而，在具体实施中，对于下层民众来说，却往往是“费而不惠”的，比如像粪秽处理等清洁制度的变革，对于普通民众不仅预示着税收的增加，而且也增加了城市周边乡民获取粪肥的成本，而所谓城市面貌的改观，对他们来说，似乎并不见得有特别的必要性，至少不是当务之急。同时像清洁、检疫等制度，在推行时还往往会侵害民众的实际利益和身体自由。由此可见，从卫生的角度来说，现代化过程中的诸多“进步”往往是以牺牲弱势群体利益为代价而实现的。虽然在推进近代化的过程中，为了国家振兴等某些正当的理由和目标而牺牲部分民众的利益和自由，或许难以避免，但在推行的过程中，我们是否可以对普通民众的权利和合理诉求置之不理，甚或将他们的诉求斥为保守、愚昧和落后呢？是不是应对这样的牺牲是否值得做出更多的考量呢？答案不言而喻。

清前期，国家对医疗卫生事务甚少介入，缺乏基本制度性的规定，晚清卫生行政的引建使卫生事业逐渐由个别的、自为的、缺乏专门管理的行为逐步转变成系统化的、有组织的、纳入官方职权范围的工作。国家对医疗卫生事业介入程度的逐步加深，以及作为“国家现代化”重要组成部分的国家卫生行政的逐步建立，乃是国家职能的深化和具体化，也是国家权力的一种扩张。这些虽然有其必要性和正当性，但若不能意识到这些制度本身隐含的权力关系，而不能建立起相应的监督和制约机制，那么政府的职能往往就能以现代化名目“合理”合法地无限扩张，民众的实际需求也就很难得到必要的重视。

晚清以来，在科学、文明和进步的名义下，引入和建立近代公共卫生制度，乃是在种种的内忧外患不时凸显的窘迫历史背景下出现的。尽管不无主权危机等方面外在的压力，但总体上乃是中国100多年前的那些士绅精英的主动而自觉的选择，是近代以来他们追求国家和国民现代化的一部分。显然，士绅精英当初如此的选择有着相当复杂的原因和心态，然而在当时内外交困的危局中，他们往往将此当作救治中国社会和种族贫病的灵丹妙药，而很少去考虑其实际的必要性和适用性。实际上，他们没有多少机会和时间去做那样细致的思考，为了便利地推行，往往只好将复杂的情势化约为维护主权以及追求文明和现代化等简洁问题。

对于中国的卫生现代化来说，晚清只是一个开端，不过这一经常被忽视的开端，其实并非无足轻重，在这一时期“卫生”不仅已经成为社会标识身份和主流意识推崇与追求的目标，而且国家所制定的公共卫生特别是卫生防疫方面的法令规条，不少也已颇为完备。不仅如此，更为重要的是，在20世纪中国现代化过程中“卫生”的性格业已展露无遗。这一历史进程告诉我们，公共卫生的着眼点虽然与直接维护健康有关，但或者更为关注社会的稳定。实际上，公共卫生事业的建设，其动因往往不无社会、政治等其他方面的因素，具有政治化的一面。在很多情况下，疫病不过是一个契机或由头，诸多公共卫生事件的发生，也并不是表面所说的维护民众健康所能完全解释的，而可能更多缘于社会思潮和舆论的力量以及统治者更好地维护自身统治的需要。

随着卫生现代化进程的加深，特别是世纪末艾滋病这一特殊疾病的出现，人们开始越来越多地反省20世纪以来的卫生现代化迷思，对卫生的目的，不再像较早那样专注于种族和国家的强盛以及经济的利益，而更多地落实到个人的权利之上。同时也不再认为国家在卫生领域职能的扩展和具体化以及由此带来的权力扩张的正当性是不言而喻、理所当然的。这些还不常见的有趣思考，似乎在暗示我们，新世纪的公共卫生将展现新的性格，20世纪因为公共卫生机制的引建而日益国家化的民众健康与身体，似又在争取原本就属于个人的权利。

三、成果的学术创新、应用价值以及社会影响和效益

1. 学术创新

(1) 内容上的创新。首先，通过细致收集整理散见于方志、文集、笔记、小说等多种文献中的相关记载，尽可能清晰地呈现中国传统社会医疗卫生的一些与现实有关却为今人遗忘的历史经验。打破以西方模式为近代化的唯一标准的认识，借此来更好地理解近代卫生机制变迁的内在根据及其制约因素，致力于在中国近世社会自身变迁的脉络中来考察近代医疗卫生机制的转型，进而揭示中国社会变迁中自有的“近代性”。其次，尽可能避免采取现在通行的线性的现代化叙事模式，通过探寻近代化过程中的一些被掩盖的声音来呈现近代变迁过程中的复杂性，以及这一变迁过程中弱势群体的声音。再次，医疗卫生是直接关乎人身体的范畴，进一步从文化史的视角出发，拓展目前研究的认识广度，尽力挖掘近代卫生与身体之间的关系，从多

方面来观察清人对身体的感受以及近代化过程中国家对身体控制的加强和民众对身体自由的认知。最后，在对相关历史经验以及演变脉络做出呈现和梳理的基础上，一方面探析国人是在怎样的心态和情势下接受带有显著西方政治和文化霸权的近代医疗“卫生”机制的，另一方面则对“现代性”以及近代化过程做出省思。

（2）学术理念上的新颖和前沿。本成果虽然探究的是中国的问题，但参考了大量西方比较经典的新文化史和医疗卫生史方面的论著，能够在比较充分地了解和消化吸收西方相关前沿研究成果的基础上开展自己的探究，立足资料来呈现中国的经验，并进而力图在国际史学发展的脉络中就国际学术前沿问题展开对话。

（3）较强的历史纵深感和现实性。本成果关注的核心问题是从卫生入手考察中国近代社会的转型问题，虽然主要考察时段为晚清，但研究中不但没有将传统和近代相割裂，而且着力从中国传统社会发展的脉络中来理解近代的演变。不仅如此，本成果还将这种演变置于整个20世纪的历史进程来观察和分析，提出了不少颇具现实意义的反省和思考。

（4）较为丰富的资料和成熟的解读资料的态度。本成果依据的资料门类丰富，内容翔实。在处理资料时，力求避免利用单一或同质性的资料来得出结论，并且特别注意对资料的语境及其语词背后意涵的探析，尽可能将资料置于具体的语境和历史场景中来加以理解，并在此基础上得出较为允当的认识。

2. 应用价值以及社会影响和效益

第一，清代卫生防疫机制的演变表明，“卫生”所带来的不仅仅是一个新的词语，更有制度、文化观念、行为规范以及社会心态等一系列的变化。本成果将有助于人们从不同的角度和立场多方位地思考现代社会中的科学、进步、发展等问题，有利于打破人们对历史和现实中相关问题的线性的或单一化的理解。

第二，现代意义上的卫生史研究，往往是与医学史研究相伴出现的，早期的相关研究也主要由医学特别是其中的医史研究者担纲。他们从科学史角度切入的探究，虽然有其成绩，但最令笔者感到不尽如人意的，还是其普遍缺乏历史感，往往从现代的卫生观念和概念出发裁剪史料，而很少能将相关史迹放在具体历史情境中考察和理解，相对“真实”地呈现历史的经验和时代的意识。本成果将有助于人们去发现和理解真正的维护健康的观念和行为，去了解不同时空中不同人群有关卫生各不相同的思想观念和思维方法，去思考所谓的西方的近代卫生观念和制度可能存在的问题和不足，以及在从传统到现代中国民众真实的想法和需要。

《古代东北民族朝贡制度史》概要

程妮娜*

一、研究的目的、意义及方法

本成果从中国古代王朝东北边疆这一典型地区入手，探寻自秦汉到清初各历史时期东北边疆民族朝贡制度的实态、特点和变化趋势，以及这一制度所体现的历代王朝对东北边疆民族的政治统辖关系。

以往国内外学界对边疆民族朝贡制度的研究较为薄弱，未能充分注意中国古代朝贡制度中的边疆民族统治制度和邻国外交制度是两种性质不同的制度。现有研究成果不仅多数是从中外关系的角度研究朝贡制度，而且绝大多数都混淆了两种朝贡制度的区别。本成果的研究意义与学术价值主要有三：其一，从朝贡制度的角度，认识我国古代边疆民族和民族政权的归属问题，对认识中国古代疆域的形成与范围，具有重要学术价值和现实意义。其二，探讨东北民族朝贡制度在历代王朝边疆地方政治统辖体系中的位置与特点，对确立区别中外两种体制的标准，澄清国内外学者混淆两种朝贡制度的模糊认识和错误观点，具有重要的学术价值。其三，从朝贡活动入手，梳理各时期东北民族与中原王朝（北方王朝）的关系，对认识我国自古以来就是多民族国家，了解中国古代王朝多元一体的国家结构形式及其发展历程，具有重要的学术价值和现实意义。

本成果采取宏观研究与微观研究相结合的方法，首先从历史上各时期东

* 程妮娜，吉林大学教授，博士生导师。

北各民族朝贡制度的细化研究入手，进行量化的统计，探讨古代东北民族朝贡制度的具体形式、内容，从中找出各历史时期和各民族朝贡制度的种种差异。其次将朝贡制度与同时代王朝统治东北民族的政策、方式、羁縻建置结合起来进行研究，注意在宏观上把握朝贡制度的发展趋势与阶段性，为建构古代王朝国家边疆理论添砖加瓦。

二、成果的主要内容和重要观点

古代王朝东北边疆的地理范围是：南自山海关、古北口一线；北到外兴安岭以南地区；东达日本海，东北至黑龙江下游鄂霍茨克海，包括库页岛；西至克鲁伦河上游、贝加尔湖一带地区；东南进入朝鲜半岛北部（汉唐时期可达汉江以北地区）。在这个区域内生活着众多的古代民族，既有农业民族也有游牧民族和狩猎民族，他们在历史上建立了数个有影响的民族政权和王朝。本成果以中国古代王朝管理边疆民族朝贡事务的机构与职能、朝贡制度成员的构成、朝贡制度的建构与运作、朝贡制度的作用与特点等作为四条主线，探讨了古代东北民族朝贡制度的发生、发展、变化乃至为新的政治制度所取代的全过程。

“朝贡”一词，目前所见的史籍中，最早见于东汉人班固所作的《汉书》。刘宋人范晔作《后汉书》，在纪、传、志中涉及边疆少数民族事迹时已常用“朝贡”一词。此后历代史家在叙述中央王朝统辖边疆民族与属国、属部，乃至与域外国家的关系时，“朝贡”之语不绝于史册。随着古代王朝对边疆民族统治的扩大和对外关系的发展，“朝贡制度”也由对边疆民族的统辖制度推行到中国王朝与邻国的对外关系中，建立起王朝与周边各国之间分上下等级的外交体系。近代以来国内外学界在涉及这一领域的研究中出现过诸多学术用语，如“中国的世界秩序”“华夷秩序”“册封体制”“封贡体制（体系）”“天朝礼治体系”“中华朝贡贸易体系”“宗藩体制（体系）”“藩属体制”等等。本成果是以中国古代王朝对东北边疆民族的统辖与治理为研究对象，故以中国史籍最常见的用语——“朝贡”，作为历代王朝统治边疆民族制度的用语，即“朝贡制度”。本成果使用的“朝贡制度”概念，是指秦汉以来中原王朝对边疆民族地区实行羁縻统辖的框架下，以建立、维护和发展边疆民族与中原王朝的政治隶属关系为中心，所进行的朝贡、册封、互市等活动，从事朝贡活动的东北边疆民族，有的分布在郡县以外地区，有的居住在边郡内，以及各种羁縻建置之内，分布的比例在不同王朝时期有所不同。“羁縻建置”是指在不触动少数民族原有的社会组织与风俗文化的前提下设立的建置（不同王朝设置不同，如属国、都护府、都督府、州县、万户府、卫所等）：对依照该族习惯法产生的王、头目、酋长授予官职或封号，官不入品阶，无俸禄；民不入王朝户籍，不按人头课税兵役。在朝贡制度下由该族首领贡纳少量的土产，王朝征兵时，助军众寡，各从其便。中原王朝为维系、规范和发展“朝贡活动”而制定的规则与制度，称为“朝贡制度”。东北边疆民族地区朝贡制度从初创、发展、成熟、转型、复兴后终止，经历了五个发展阶段，呈现出不同的特点。

（1）秦汉时期东北边疆民族朝贡制度的初步建构。

先秦时期，东北各地土著居民在不同的自然环境下，逐渐形成了三个不同经济类型的族群集团，即中部和东南部以原始农业经济为主的秽貊集团、东北部以渔猎经济为主的肃慎集团、西部以原始畜牧狩猎经济为主的东胡集团。东北民族与中原王朝发生政治关系，大致可追溯到商周时期。但是，朝贡制度作为一种统辖东北边疆民族的政治制度，则发端于秦朝建立大一统王朝之后。秦灭燕赵后，在郡县以外东北民族地区，基本因袭了先秦时期诸侯国与四夷的政治关系，尚未来得及全面规划和整顿，秦朝就灭亡了。汉朝建立后，以“大一统”的政治理念和“华夷之辨”“因俗而治”的思想经营边疆统治，在东北边疆地区创建了以汉廷为中心的朝贡制度，朝贡地点以边郡为主，藩属国的国主则需适时诣阙朝贡。

汉朝东北民族朝贡制度具有不同层次。第一层次，为设在塞外民族地区的朝贡制度，从西汉初期到东汉末，由东到西，或早或晚，或整族或部分地推行于郡县以外的朝鲜、夫余、高句丽、沃沮、秽、乌桓、鲜卑人地区，是汉代朝贡制度的主要形式。第二层次，为设在民族地区郡县和羁縻建置内的朝贡制度，西汉时期主要推行于东北东南部与朝鲜半岛东北部的乐浪、玄菟郡，以统辖郡内的沃沮、秽、高句丽人；东汉时期则主要推行于辽东属国所统辖的乌桓和鲜卑人。第三层次，为在缘边郡县内迁民族聚居区实行的朝贡制度，出现于东汉初年，到东汉末年所占比重越来越大，主要统辖大量迁入郡县地区的乌桓人和部分鲜卑人。值得注意的是，不同层次的朝贡制度不是固定不变的，变化原因很复杂，一方面受汉王朝国家实力、政治形势变化的影响，另一方面还要受朝贡成员自身政治实力和所处政治环境变化的影响。

汉朝中央管理边疆民族朝贡活动的机构有典属国、典客、大鸿胪，但东北边疆民族朝贡制度的日常运作，主要由边地郡县和设在边地的机构管理。汉朝对于朝贡体制下叛服无常的成员，表现出十分宽容的态度，对于不来朝贡的成员，只要不寇边，一般是听之任之。此外，汉朝东北边疆朝贡体制下存在亚朝贡体系，如夫余国之下存在挹娄人的亚朝贡体系，东汉末又出现高句丽国之下沃沮、秽人的亚朝贡体系。

东北边疆朝贡制度的建立，对于汉朝东北边疆地区的经营、安边固土，对于东北各族、各国的发展都具有重要意义。尽管汉代东北朝贡制度处于草创时期，还很不完善，也很不稳定，但它在一定程度上实现了中国王朝帝王“一统天下”“天下共主”的政治追求。而且，汉代开创了中国古代王朝两千年的边疆朝贡制度。

（2）魏晋南北朝时期东北边疆民族朝贡制度的全面发展。

魏晋南北朝时期大多数时间处于分裂状态，然而各王朝、政权的政治体制都是中央集权制度，重建统一的多民族中央集权王朝，不仅是各王朝最高的政治目标，也是五胡十六国中规模较大政权的奋斗目标。各王朝、政权都积极努力经营各自的朝贡体系，东北民族朝贡制度进入一个重要的发展时期。经魏晋十六国时期北方民族大迁徙和大融合，北方统治民族由汉人转变为拓跋鲜卑人，无论是汉人王朝还是北族王朝与政权，在传承秦汉以来中央集权政治制度的同时，继承了秦汉王朝治理边疆的政治理念和羁縻统辖形式，朝贡制度推行的范围不断扩大，达到黑龙江中下游与大兴安岭以西的东蒙古高原，纳入朝贡制度的东北边疆民族成员不断增加，朝贡制度的管理也较之前朝明显加强。

曹魏与西晋时期，中央管理边疆民族朝贡活动的主要机构为典属国、典客、大鸿胪，承用两汉王朝以地方州郡管理东北民族朝贡制度的模式，朝贡成员仍以诣边地州郡朝贡为主。东晋十六国与南北朝时期，东北民族朝贡地点则由边地州郡改为王朝的京师，或北族政权的王都。为适应这种变化，东晋十六国与南北朝设在中央管理朝贡制度的机构有所增加，主要有尚书主客郎、大鸿胪（鸿胪卿）、主客令、谒者台、典客监、客馆令，分工职掌具体而明确，中央官员在管理边疆地区朝贡制度中发挥了较为重要的作用。

由于魏晋南北朝时期大小王朝、政权都积极经营自己的朝贡体制，出现了大大小小的朝贡圈，东北边疆民族的朝贡活动也呈现出单向、双向、多向等多种形式。东北内陆边疆民族主要向北方王朝和政权进行朝贡。生活地域有海岸线的民族不仅向北方王朝、政权进行朝贡，也向南方王朝进行朝贡，以高句丽的朝贡活动最为活跃，先后向曹魏、孙吴、西晋、东晋、前燕、后燕、北燕、后赵、前秦、南燕、宋、齐、梁、陈、北魏、东魏、北齐、西魏、北周等19个王朝和政权进行朝贡。这一时期东北边疆地区，无论是塞内较大政治势力的朝贡者，还是塞外实力较强的朝贡国，只要有条件都在经营自己的朝贡体系，出现了大大小小的朝贡圈和亚朝贡圈。宗主国与朝贡国和亲、朝贡国送质子到宗主国、朝贡成员之间通婚，是这个时期北族政权朝贡制度的显著特点。

这一时期，在王朝政治稳定时期，朝贡制度的双方即宗主国与朝贡国在政治利益方面各得其所，在经济利益方面双方在一定程度上互通有无，文化交流方面以宗主国为文化输出方，朝贡国通过接受吸收中原文化，提高了本族社会文化水平。如北朝与高句丽之间保持了十分稳定的朝贡关系，未曾发生战争，高句丽国进入飞速发展的时期；拓跋鲜卑完成变夷从夏的社会变革，为北方最后统一南方奠定了基础。在政治局势动荡时期，散居州郡的塞内朝贡成员，成为各地方政治势力的重要兵源，常年征战加快了这部分朝贡成员经由兵户转变为普通编户齐民的进程。从最终的结果看，朝贡制度加强了北方各民族的关系，加强了中原王朝对边疆地区的经营与管理，加强了边疆民族对中原王朝的归属意识，对深化多民族王朝的发展具有重要的推动作用。

（3）隋唐时期东北边疆民族朝贡制度的日益成熟。

隋唐重建大一统王朝，“天下晏然”，经过数年的恢复养息，国富民强，不仅州县区以外边疆地区前来朝贡的部落、属国络绎不绝，而且从东亚到中亚、西亚乃至欧洲前来朝贡贸易的国家也接踵而至。以隋唐王朝为中心的东亚封贡体制进一步完善，隋唐王朝管理各种层次朝贡活动的行政机构主要有礼部、兵部、户部、鸿胪寺、内侍省、少府等，各项制度进一步完备。

隋唐时期对东北边疆的统治政策出现了新的变化，在保持朝贡制度的同时，在东北边疆民族地区普遍建立羁縻府州。隋朝已经开始在东北州县地区设置羁縻州县，以安置归附的少数民族部落。唐太宗时期首次在州县之外的东北民族地区设置羁縻府州，最晚到唐德宗时期，先后在契丹、奚人地区设置了松漠、饶乐都督府，在霫人地区设置了居延都督府，在原高丽政权辖区设置了安东都护府，在渤海政权辖区设置了忽汗州都督府，在黑水靺鞨人地区设置了黑水都督府，在室韦人地区设置了室韦都督府，东北各少数民族普遍以羁縻府州形式进行朝贡活动，标志着东北民族朝贡制度由以部落、地方政权形式的朝贡制度转向以羁縻建置形式的朝贡制度。

隋唐东北民族朝贡成员遵循唐制定期向朝廷遣使朝贡，朝贡地点通常是京师，朝廷为强化朝贡成员的隶属关系，不仅册封内容更为规范化，而且对有较强政治实力的朝贡成员实行留宿卫（质子）与和亲制度。隋唐王朝要求朝贡成员谨守臣礼，如朝贡成员得到天子赏赐物品，需遣使谢恩，否则要受到惩罚。对多次拒不奉朝命的朝贡成员出兵讨伐之，如隋唐两朝多次出兵征讨高丽，最后亡其国。然而，隋唐王朝对朝贡成员的内部事务一般采取不过多介入的政策。如朝贡国内部因权力之争出现废立君长的事件，胜利者遣使朝贡请求册封，隋唐王朝一般都予以承认。唐朝州县区内的羁縻州已经不再实行朝贡制度，这些羁縻州到唐玄宗天宝年间以后逐渐转变为普通州县，羁縻州的各族民户转变为当地正州之下的民户，最后融入到汉人之中。

隋唐时期是东北边疆民族朝贡制度日益稳定和成熟时期，唐廷在朝贡体制中的地位“犹太阳之比列星”，史家赞曰：“唐之德大矣！际天所覆，悉臣而属之，薄海内外，无不州县，遂尊天子曰‘天可汗’。三王以来，未有以过之。至荒区君长，待唐玺纛乃能国，一为不宾，随辄夷缚，故蛮琛夷宝，踵相逮于廷。”（《新唐书·北狄传》）羁縻府州形式的朝贡制度确立后，对巩固边疆朝贡制度发挥了重要作用。同时，又开启了中央王朝对边疆民族地区的统治形式，由朝贡制度向行政建置转变的进程。

（4）辽金元时期东北边疆民族朝贡制度的转型。

10世纪，中国再度陷于分裂状态。随着契丹、女真、蒙古的相继兴起，原来身为前朝的朝贡成员，转变为新王朝的统治者，原来的朝贡制度地区一跃成为新王朝的政治中心。在辽宋金元时期，随着新王朝的建立，东北边疆民族朝贡成员的数量明显减少，实行朝贡制度的地区迅速缩小。然而，随着各王朝对外发展，朝贡制度地区又有向外扩展的趋势。尽管这一时期东北民族地区实行朝贡制度的地区日益缩小，但直到元末也没有完全取消边疆朝贡制度。

辽朝东北民族朝贡制度最显著的特点，是以羁縻建置（属国、属部）形式诣捺钵朝贡与诣地方机构朝贡同时进行。辽朝中央以北面官的北、南大王府和敌烈麻都司管理属国、属部的朝贡活动。中期以后，一些地方建立起各种管理属国、属部的机构，实行严密的政治统治，属国、属部的朝贡活动骤然减少，呈现出由朝贡制度向民族地区行政建置过渡的形态。在边远的社会发展较为落后的民族地区，政治统治相对疏松，这里的属国、属部始终保持着较为规律的诣捺钵朝贡的活动。因此，辽后期一些朝贡次数减少的属国、属部，是辽对其政治统治增强，不是减弱的表现。当然也不排除有的属国、属部脱离了辽朝统治，不再来朝贡的现象。总体看前一种现象明显多于后一种现象。

辽宋王朝的前期，东北民族中出现双向朝贡的现象。东北的东部长白山一带、鸭绿江东西，乃至今朝鲜半岛北部的女真部落，在向辽朝进行朝贡的同时，也渡海向宋朝遣使朝贡，这一地区的渤海国遗民如定安国、兀惹也遣使向宋朝贡。东北民族与宋朝的朝贡关系，尽管有一定的政治因素，但最显著的特点是朝贡贸易。

金朝东北民族朝贡制度范围大幅度缩小，只有黑龙江下游和自大兴安岭到河北北部的界壕以外（以西）草原地带，实行较为松弛的朝贡制度。金朝中央各机构均无管理边疆民族朝贡制度的职能，只是以边地招讨司兼管东北民族朝贡制度。金廷不允许朝贡成员诣阙朝贡，甚至不允许朝贡成员进入内地，只是在边地开设贡场、互市，接受朝贡，实行册封、宴赐，进行贸易。金朝对东北民族朝贡制度的疏松管理与辽朝的严密管理，形成巨大的反差，甚至不如汉魏时期以边州郡管理东北民族朝贡制度的严密程度。但是，金朝东北大部分民族地区完成了由朝贡制度向行政建置统辖机制的转变，这使金朝对东北边疆大部分民族地区的政治统治比辽朝更为紧密。在金宋对峙的形势下，金朝努力发展的方向是南方，这应是金朝疏于朝贡制度管理的主要原因。

元朝结束了几百年的分裂局面，在大一统王朝的政治环境下，蒙古统治集团对东北边疆各族实行最大化的直接统治，东北民族朝贡制度地区与金朝相比又有大幅度缩小，西部草原地区已纳入直接统辖区，只是对黑龙江下游分散在山海之间的原始族群实行朝贡制度。元朝以辽阳行省与下属路府管理东北民族朝贡活动，蒙古统治者对当地原始族群的首领实行封授，令其督促各部在规定日期缴纳贡物，对敢于抗命叛乱者给予坚决的镇压。镇守在黑龙江下游的征东招讨司，负有监督朝贡成员的任务。军事统治色彩浓厚是元朝经营东北民族朝贡制度的一个显著特点。

由于辽金元王朝统治集团奉行“重威辅恩”思想，治理边疆实行强力统治政策，东北民族朝贡制度的总体发展趋势，是逐渐被民族地区行政建置这一新的边疆统治制度所取代，尽管直到元末这一转变尚未最后完成，然中国古代王朝中央集权统治机制已扩展到东北边疆大部分地区，强化了古代王朝对东北边疆民族的统治。

(5) 明清时期东北边疆民族朝贡制度的复兴与终止。

明朝建立后，始终未能统一北方蒙古草原，故元势力的存在，使明朝十分重视经营“万国之主”的正统地位，东亚朝贡体制的规模超过汉唐。明朝统治集团在“华夷有别”“尊华攘夷”治国方针指导下，在东北边疆民族地区全面推行朝贡制度，使元末已经处于转型末期的东北民族朝贡制度再次恢复和发展起来。

明朝前中期，东北民族朝贡制度是以羁縻卫所为单位，朝贡地点为京师，由中央与地方共同管理。中央以礼部、兵部为主管部门，又以鸿胪寺、光禄寺、四夷馆、会同馆、行人司等管理具体朝贡事务。地方以辽东都司（明前期还设有奴儿干都司）管理东北民族的朝贡。有明一代，在东北各族地区先后建立 384 卫、24 所、7 个地面、7 个站、1 个寨，明廷对前来朝贡的羁縻卫所成员，从封授官职、升迁、袭职，赏赐物品的种类、数额，朝贡人数、贡期、贡道、贡物，到马市贸易和市赏、抚赏都有明确规定。明嘉靖中后期，兀良哈蒙古三卫先后被蒙古各部吞并，海西女真的卫所建置大部分名存实亡，女真羁縻卫所的朝贡制度演变为敕书朝贡制度。

明朝，是中国历代王朝中最着力经营朝贡制度的王朝，朝贡制度最为完备和发展，却又是东北民族朝贡制度的最后阶段。这背后既有独特的时代原因，也有深刻的社会原因。明朝在经营建构东北民族朝贡制度时花费了大量钱财，但对于东北边疆民族社会问题只是消极地应对，结果是抚赏逐年增加，边墙越修越长，朝贡成员寇边愈加频繁。最后，明朝被昔日的朝贡成员建州卫都督努尔哈赤所建立的政权所推翻。

后金政权时期，统治者效仿明朝对北部、东北部及东部沿海一带原始族群实行朝贡制度。康熙时期，沙俄侵入黑龙江流域的活动猖獗，为有效地阻止沙俄的入侵，清朝统治者开始在朝贡成员地区全面设立具有民族特点的行政建置，到雍正时期基本取代了边地族群的朝贡制度，从而使东北民族与全国各边疆民族共同进入新的发展时期，中国边疆也得以更加明确和巩固。

（6）中国古代王朝建构和发展边疆朝贡制度的理论思想、作用以及内外两种朝贡体系的区别。

中国古代王朝建构和发展边疆民族朝贡制度的理论思想，发端于传统的“天下观”与“服事制”，其核心思想是儒家的“大一统”思想，它规定了边疆民族朝贡制度的政治属性。“华夷之辨”与“同服不同制”思想，作为“大一统”思想的延伸部分，在建构和运行边疆民族朝贡制度过程中发挥着重要作用。“修德怀柔远夷”与“厚往薄来”思想，对于边疆朝贡成员主动归附，愿为中原王朝臣民，具有较强的吸引力，同时对王朝统治者在边疆民族中确立和深化君臣观念具有积极作用。为了解决不同文化碰撞引起的各种矛盾冲突，维护朝贡制度正常运行，汉代统治集团从中央王朝立场出发形成了“恩威并行”思想。北方民族王朝奉行的“重威辅恩”思想与强力治边政策，对边疆民族地区朝贡制度向民族地区建置的转变，进而实现中央集权对边疆民族地区的统治起到了促进作用。

自秦汉到清前期，朝贡制度对历代王朝的东北疆域的形成与治理，发挥了重要的作用。首先确立了边疆民族对中原王朝的政治隶属关系，王朝统治者通过册封、授官号、朝贡礼仪、君臣身份明确的称谓等，使朝贡者在政治上确立了君臣观念，认同自己是王朝的臣民。其次建构了古代王朝边疆统辖制度，边疆朝贡制度总体发展趋势是由疏松的对族群（或民族政权）的羁縻统辖关系，向设有特殊建置（羁縻府州等）的羁縻统辖关系发展，进而向具有民族特点的行政建置统辖关系转变。在这个过程中，中国古代王朝的东北边疆完成了形成、确立到巩固的过程。再次对稳定王朝边疆统治秩序发挥了重要作用，朝贡制度自产生之日起，就有“保塞安边”的职能，朝贡成员不仅自己要谨守臣礼，还要为王朝消除边疆的反叛势力，在维护边疆稳定和巩固王朝统治方面，发挥了不可替代的作用。最后促进了边疆地区社会发展，边疆民族积极加入朝贡制度，实因可从中获得重要的政治利益和丰厚的经济利益。在两千多年的朝贡制度运作过程中，逐渐形成了边疆与中原无法割断的经济关系，文化的传播和交融，加强了边疆民族对中央（中原）王朝的向心力，在深层次上强化了边疆与中原的政治一体关系。

中国古代王朝的东亚朝贡体制分为内外两层：一是边疆民族朝贡制度，或称为“内圈”；二是周边国家的朝贡制度，或称为“外圈”。内外两种性质的朝贡制度，主要区别有如下四个方面：其一，“内圈”从建构之初就被纳入王朝地方统辖体系，无论其朝贡地点是边郡州还是京师，始终受边地政府或专设机构管辖，早期主要掌管纳贡、质子、互市和统军作战等事务，随着王朝对边疆地区统辖的加强，逐渐增加了定期巡查、安抚、赈济朝贡成员的行政职责。“外圈”主要受中央相关部门管理其朝贡活动，一般是诣阙朝贡，在进入中国王朝的口岸时与当地的地方政府打交道，不存在日常的政治统属关系，在外交礼仪上具有独立性，到10世纪以后发展成为较完善的外交体制。其二，隋唐时期，“内圈”边疆民族朝贡制度出现了新的变化，王朝在边疆地区普遍设置羁縻府州，边疆民族开始以羁縻建置形式进行朝贡活动。“外圈”周边国家地区则不曾设置羁縻建置，始终以政治独立性的身份进行朝贡活动。这使东亚朝贡制度下“内圈”与“外圈”两种朝贡制度的区别愈加显著。其三，边疆朝贡制度成员与中央政府是政治隶属关系，需服从王朝的政令，为王朝保塞安边。王朝对边疆朝贡成员的反叛行为，采取一系列政治、军事手段，日益拉紧了双方之间的君臣关系。“外圈”各朝贡国，虽然程度不同地从属于宗主国（或仅是在中国王朝统治者的观念中处于从属地位），但它们的身份始终是独立国家，与中国古代王朝之间保持着不平等的外交关系。其四，在由前近代社会向近代社会发展的历史进程中，清代前期，边疆民族朝贡制度被相继建立的各种民族地区建置所取代。清代后期，东亚国际秩序的朝贡体制为近代国际条约体制所取代。两种朝贡制度的最后归宿，也是由其不同的政治属性所决定的。

三、成果的学术创新

本成果是国内外第一部关于古代东北民族朝贡制度的贯通性研究专著。

本成果各章所论述的各历史时期、东北各民族的朝贡制度，均有程度不同的创新，许多问题是首次研究，提出了诸多独到的学术认识。就主要学术观点而言，认为边疆民族朝贡制度统辖区，属于中国古代王朝国家的边疆范围；提出东北民族朝贡制度经历了初创、发展、成熟、转型、复兴后终止五个发展阶段；指出从东北民族朝贡制度创建以来，一直是多种类型朝贡制度并存，但各个历史时期有所变化和发展，最后为多种类型民族地区建置所取代；认为边疆民族朝贡制度不仅存在于统一王朝时期，在分裂时期，因各王朝（政权）实行中央集权国家体制，朝贡制度同样存在，甚至进入大发展时期。隋唐时期，东北民族朝贡制度由以部落、地方政权形式的朝贡制度转向普遍以羁縻建置形式的朝贡制度，开启了中央王朝对边疆民族地区的统治形式，由朝贡制度向行政建置转变的进程。本成果首次探讨了历代王朝建构和发展边疆朝贡制度的政治思想，认为其核心是“大一统”思想，北族王朝的“重威辅恩”思想和强力统治政策，对羁縻统治的朝贡制度向集权统治的行政建置转化，发挥了重要的推动作用。本成果最后提出了区别中国古代王朝“内圈”（边疆）与“外圈”（邻国）两种不同性质的朝贡制度的四项核心标准。

《江南环境史研究》概要

王建革*

一、研究的目的、意义及方法

宋代以降，江南地区一直就是中国经济与文化的重心。在这一千年时间内，江南的生态环境发生了很大的改变，21世纪以来，环境问题日趋严重。对宋以降长三角地区的环境变迁做一个整体的、长时段的研究，有积极的现实意义。1970年代末以来，江南研究逐渐成为中国史和一些相应学科研究与关注的重点区域，而1990年代以来，环境史研究又成为历史研究中的一个重要的领域。本成果以"江南环境史"为题，对人与河流、水利、农业、植物及环境的文化关系进行全方位的分析，试图详细地展示江南的生态文明发展过程，以期为现实的生态文明建设服务。本成果的研究属于生态环境变迁史的研究范畴，主要运用史学方法，史料收集、史料考证等工作都是史学的方法，在论文写作上，也主要用史法的描述法。在一些领域内，涉及地理学、气候学、植物学、农学、生态学等多种自然科学的知识与方法，也涉及美学、文学、山水画和园艺学等知识体系和分析方法。既有传统的考证，也有前沿性的环境史和艺术史的描述。

二、成果的主要内容和重要观点

本成果正文部分共分九章，依次论述湖泊与河道、圩田与地形地貌、水

* 王建革，复旦大学教授，博士生导师。

旱敏感、桑基农业、水生植物和环境认知等。第一章分析吴淞江口的落淤所引起的太湖东部地区水网与地貌形态的变化。第二章分析吴江长桥以西的水环境所产生的圩田和地貌变化，特别是分析了太湖沿岸的淤积与湖田形成的过程。水生植物参与这一过程，使淤浅被加速，湖田河网也越来越发达。第三章分析吴江与吴淞江中下游地区的水旱敏感，水环境丰富时期，水灾较少，旱灾基本上不发生，后期的人口增加和开发程度的加强，使丰水程度下降，水旱灾害增多。吴淞江中下游逐步形成高地，并产生了旱灾敏感。第四章对嘉湖地区的水文生态与桑基农业生态进行了分析。对宋以后嘉湖地区的水旱变化，特别是旱情的发展进行了论述。第五章分析了嘉湖地区桑基农业生态的形成及由此形成的小生境，指明桑蚕业是小农家庭适应重赋压力的生存途径。第六章与第七章分析了水生植物在水环境变化下的变化，也讲述了文人对水生植物的审美反应。第八章和第九章主要分析士人集团对环境的认识过程，即环境审美过程中人与环境的关系。本成果最后一部分是综述。本成果讲述了一个从自然到人文的江南生态文明过程，这一生态文明的历史过程可分为以下几个阶段。

（1）六朝时期区域生态文明的形成。

长江三角洲的最前端包括东北和东南两面冈身的构成，这一区域古称三江区域，长江、钱塘江、吴淞江与太湖和大海互有动态的影响。水流涨溢，形成低地与部分高地充足的水环境，水流与潮水相顶托，滋润了三江区域，使长江三角洲的广大地域成为最著名的鱼米之乡。

六朝时期，长三角的最顶尖部分，即松江、常熟一带，最早形成稳定的水利区，南部地区由于鉴湖的兴修也出现大规模的水利农业区和优美的自然风光。长三角地区是南方汉民族政权的核心区域，生态文明并没有达到全国最优水平，在士人眼中，这时的长三角地区与长江中游地区同属江南文化圈。这时期移民增多，常熟和松江一带形成一定的河网水利，地貌形态开始改变。由于湖泊湿地多，水面多，水流清洁，水生植物丰富多样，鸟类众多。这时期气候温暖，水生植物在温度合适的情况下大量繁殖。水生植物的残腐体在水面上聚积飘浮，形成葑田，即地理学上的飘浮针毡（floating mat）。这时期盛行采莲，采莲歌从民间到宫廷，都甚为盛行。就文人士大夫而言，他们仍有悲秋情怀。陆机等人是江南生态环境孕育出来的第一批对江南审美有感知的作家。他们对江南的感知多源于野生和自然的环境，农业成分较少。晋时因水环境丰富，江南色调偏白。陆机的自然情怀丰富，悲秋情结多，临死时想起华亭鹤声。北方汉族士人大量进入江南后，大规模侵占江南山水，大量自然美被发掘出来。谢灵运对江南山水的追求主要体现在山林美的发现。峰岫叠嶂、竹林丛生、山径逶迤、曲水流觞、溪流汩汩等意象大量形成。兰亭式的生态景观在这一时期被称赞。兰亭处“有崇山峻岭，茂林修竹，又有清流激湍，映带左右。引以为流觞曲水，列坐其次。虽无丝竹管弦之盛，一觞一咏，亦足以畅叙幽情”（《晋书》卷八十，列传第五十）。山水之间，官僚、士绅和大家族占山泽经营园林别墅。田园别墅包括各种各样的生产项目，田园别墅中山林川泽更多地被开辟而形成了新耕地，畬田（火耕田）和湖田大量出现，各种竹林和次生林地形成。这时期是江南生态文明的雏形期，基本的园林型态和园林景观模式形成。六朝末期，江南的色彩较为浓绿。在北方士人的眼中，这时的江南是常绿的江南，绿竹、绿水、绿岸，都是他们对江南的感受。绿水基本上由水生植物，特别是沉水植物而生成。

（2）暖色调的唐代江南。

唐代的江南，圩田网络发达。河网初成规模，圩田与河道井井有序。随着江东犁的推广，技术进步使水稻的耕作能力加强。唐代江南最为著名的景观区是鉴湖。李白游江南，就是为了到杭州与鉴湖一带游历。吴江一带也是江南的重要风景区。圩岸与圩内的景观中有许多是半野生的杂草，河道中有大量的荷花、杨柳，还有稻麦。柳、梅、桃等渐渐增多，四月春末，野生的和栽培的植物尽入花期，江南的活力气氛场景十分充足。唐中后期，圩田、树木、田野与植被立体化风景有序而多态。人们临水居住，出门之后往往是一片水景观。塘浦系统使小桥流水开始大量出现。暖色调江南是诗人的主要感觉。梅花是春天的暖色调，大圩岸生活区的梅花也在冬春时期开放。种梅增多，咏梅诗也增多。初夏时分的鉴湖区域，是初夏时节全国最好的居住地。江南的初夏有广大的水面和大面积荷花，荷花与鉴湖和耶溪一带的山水，是一流消夏处。李白观察到这里的荷花种植。白居易对江南春夏之季的暖红色调诗意形成有突出的贡献。长期以来，江南水乡一直有阴色调成分，白水、卑湿、水草与绿色一直是人们对江南的印象。唐代的农田有着物种的多样性和景观上的色彩斑斓。荷花增多，红色加强，暖色突出。“江南好”风行一时，士大夫争夸江南景致。唐代后期，景观农业化、人文化，暖色调显明。到秋天，吴江秋凉已成为一种非常有名的风景体验。唐末的陆龟蒙等人在吴淞江一带创造了耕渔境界。江南美被文人所认可。越到后期，北方越乱，诗人越开始全面地理解江南，感受江南。江南成为文人心目中理想的居住地。吴中好风景的概念深入人心。

（3）成熟的宋代生态文化。

宋代的江南农业与环境进入到一个非常成熟的阶段。由于人口增加与技术进步，开发力度也空前加强。吴江地区的生态环境有了新发展。宋代以后，吴江长桥修建，东部水流被横断性的运河和长桥阻挡，水流缓慢，形成缓积。东部发生了围垦，西部产生湖田。随着吴江长桥的建成，长桥与运堤的阻水作用开始明显。此区域汉唐时期的开发较少，太湖水位与运河东部有一二尺的落差，落差使水流变缓，大规模落淤开始形成。由于水流缓慢，下游水流不敌海潮，形成下游地区的泥沙淤陆。随着堤东的落淤，运河东部地势渐高，堤西太湖水流缓慢落淤并在人工开发的情状下形成大量湖田。太湖以东部分，河流中间的水流快速地区落淤慢，缓流地区落淤快，一开始形成许多沙涨之村。落淤过程中，茭草和其他水生植物也参与其中。茭芦堵塞水道，淤塞加速，水流更缓，吴淞江水流减缓，不敌海上浑潮，中下游地区也淤塞严重。宽大的吴江江口区被淤，水网体系的旱涝也开始增加。在 9 世纪前，水旱较少。吴越时只有水灾四次，平均 21 年一次，旱灾一次，水旱灾总平均是 17 年一次。9 世纪开始至上世纪 30 年代，太湖地区的水旱灾几乎连年不断。

宋代是江南生态完全成熟的时代，水土环境促成了宋代成熟优美的乡村景观。江南的色调也从以前的夏天之色转向成熟的秋天之色，且有浓厚的小农特色。吴江地区开始出现落淤，鉴湖消失，西湖兴起。经历了苏东坡的治理，西湖自然风景的变化明显，成为以后上千年中国文人的审美中心。政治开明，小农经济繁荣，江南生态文明也进入到成熟期。江南村庄的暖冷色调与周边山地景观的四季转换相关，成为诗画的重要题材。天目山与东太湖地区形成山水平远的景观。吴江一带的淤积改变了当地水生植物的分布。单堤运河时期的那种丰富的水环境消失，河道运河形成后，水生植物为之一变。

宋初，太湖和吴江一带有大量滩地和芦苇、菰草，沉水植物令水域似琉璃。大量的芦苇令秋天时芦花飞扬。水面被开发后，随着农业开发的加强，以前的芦苇水面种上了粳稻。圩田、湖田大量形成后，芦花飞扬的景观减少。芦苇的区域仍有大量的水鸟，宋代诗人普遍关注到飞鸟与芦苇相伴的景观。单谔提到吴江一带的淤积与芦苇菰草丛生，同时看到下游接海处也因吴江长桥的淤积而茭芦丛生。上游淤积使流速降低，流速降低引起浑潮倒灌淤积，河道变浅则形成芦苇丛生。随着滩地减少，芦苇减少，这里停留的迁移禽类华亭鹤也逐步转移。水面分化的过程也伴随着荷花分布的变化，有些地区荷花增多，仍然盛行着大水面荷花，成为著名的景观区，而有些地区大水面荷花的消失甚为明显。鉴湖荷花随着鉴湖的萎缩而大量减少，吴兴城仍有大规模荷花。湖州的下塘运河附近布满了大量荷花，苏轼等人非常欣赏夏天时荷叶处的纳凉。西湖被开发后，形成了一个文人的赏荷中心，吴江的赏荷中心在吴江长桥一带。苏州水面与太湖相连，河道宽阔，荷花也非常之多。随着农业开发加强，水体淤积变浅，局部会出现荷花优势。围垦造成了浅水种稻，深水区种荷的现象，植荷增加一定程度上满足了士大夫阶层对野外景观的审美需求。

嘉湖平原靠近山地的区域多溪流，山溪汇水沼泽地带，山水清远，自古就因水清而出质量上乘的丝与纱。早期的桑蚕业接近溪山之际。晋太守殷康修荻塘，附近的沼泽得到开发。荻塘分天目山下泄水流，向太湖方向形成溇港，向东形成一般的河道，圩田存在于河网之间。随着河道分割和圩田增加，桑基农业不断发展。山区开发加强，太湖泥沙含量增加，淤积加快，水流分流，河网分化，也形成类似的围田开发。落干使围田大开发，河网的形成推动了市镇体系的兴起，围岸与围田推动了桑基稻田与桑基鱼塘的产生。湖州一带山水清远，水质清洁带来一个更为重要的产业，即丝织业。水清纱美，丝绸质量远高于全国。早期的桑蚕业有很大一部分在山区。圩田发展以后，除了圩岸植桑以外，高地不宜稻田处也成片种桑。大量的未能开发成稻田的沼泽地带，挖池种桑，形成桑基鱼塘。南宋大开发，桑蚕业向低地和东部地区大规模地扩展。水土流失加剧了湖田区的圩田小规模化和稻作土壤，随着圩岸的堆叠，形成旱地的桑园上，为嘉湖地区的桑蚕业提供了丰富的土壤基础。随着低地平原的开发和河岸与圩岸的增多，桑基农业景观大大增多。

晚唐和五代是寒冷气候期。公元930年到1100年为气候转暖时期，北宋末到南宋时期是一个气候转向寒冷的时期，这一时期，江南文人对江南田园的诗意和画意的理解达到了一个历史的高度。在冬春季节，文人雅士的咏雪和咏梅达到了一定水平，西湖边的林逋和两宋时期的文人画士都对梅与雪有描述。冬春月份开放的梅花品种越来越多，艺梅广泛存在于江南士大夫中间。陆游在绍兴，经常讲述雪中的体验。江南开发成熟，秋凉肃杀之感消失，物产丰富使诗人享受江南生活。在吴淞江广阔的水面上，秋凉的感觉减少，丰收气息增多。张翰秋风与莼菜鲈鱼是早期秋天的主题，这时，文人少有秋凉与悲秋的情感，反而出现了田园审美的高峰。陆游的四时审美达到了非常丰富的境界，对冷暖与四季变化的感受非常敏感，对春耕时节的花卉开放有全面的观察，对修屋、浸稻、采桑、养蚕等生产环节也有全面的感受。初夏之寒、梅雨、夏日的乘凉环境、冬雪天的围炉夜谈，他都有详细的描述。城市与乡村的四时感觉，年间的气候差异，陆游看到一种城市与乡村生活情调的差异。城市的繁忙和生境单一使人对气候的变化失去敏感。

南宋时期，首都迁杭，江南地区成了上层文人置别墅的地方。这一阶层在山水优美的地区大量建造冬暖夏凉的人居空间。宋代江南文人创造了厚重的山水画，淡雅的山水诗，精细的田园诗，荷、菱等水生植物开始被诗人细察。北宋时期，描述江南风景的第一流诗人不是江南人。苏轼为官江南时，已经广泛地经历长江中游、洛阳诸生态环境，生境审美丰富多彩。南宋时期，本地的诗人开始代表了整个江南的诗歌水平，陆游和范成大都是江南人。南宋时期后，江南风光相对衰退，江湖诗派诗人开始向外面开阔眼界。曾极、刘过、刘克庄、戴复古、敖陶孙、高翥、叶绍翁等人与陈起有一定的联系，形成了一个一百多人的团体。他们对生境的要求更加广泛，到福建、浙江和长江中上游等地寻求自然的审美。

（4）干冷、淤积与元明清时期的衰退。

元时期，中国进入到千年尺度上的重大气候改变——从普遍的中世纪温暖期转向小冰期。这次小冰期起于14世纪，讫于19世纪末，持续600年。这时期太湖大面积结冰，洞庭山上的柑橘大面积冻死。元代的气候进入冷期，整个中国东部的山区开发也因人口增加而加强，水流淤积程度加强，丰水环境开始在全国衰退，东部和中部许多地区出现干田化现象。

天目山的生态破坏和水土流失更加严重，入太湖水流的泥沙含量甚高，淤积更加发展。经过几百年的淤塞，西部仅比东部稍高一点，东部淤高阻碍了太湖出水。元明清时期的水流加速淤积，旱地化相对明显。吴江湖田出现于宋代，溇港河网体系与圩田体系主要发展于元明时期。水面积淤，河流和湖田形成，出水口不断北移，最终北移至瓜泾口，以前大出水口的水面消失。落淤使吴淞江上游的吴江地区碟形洼地化，下游昆山一带的河网进一步分化。在吴江，堤西溇港大部形成于元明时期，湖田使长桥一带的出水更加困难，运东河道的淤塞也出现高峰。圩田越来越多，湖泊越来越小，形成了河道、小湖泊和圩田串联结构的河网，现代碟形洼地地貌完全形成。庞山湖在淤塞过程中与吴淞江主水区分离，太湖出水口与庞山湖之间形成了以吴家港为主体的水道。豪强用茭芦淤地自肥。明中叶，昆承湖的茭芦地带被大量开垦，湖泊变小，农田增加。至正石塘修建后，湖田发展加剧，淤塞比前代更加严重。在东太湖地区，湖面缓流与落淤形成大量的滩涨并被开垦成湖田，坍塌与淤积交替过程中水面分割成小湖泊，明代形成“湖中十八港”。在湖田与太湖水面相临之处，形成了坍塌与淤涨平衡。湖田发展的一般模式为湖面—小湖泊—宽河道＋不稳定的湖田—窄河道＋稳定的湖田。到清代，东太湖完全被淤。苕、荆二溪夹持的泥沙增多，洞庭东山以北的广大区域也形成了淤塞与湖田，东、西洞庭山和苏州西南丘陵的泥沙沉积使西部的广阔水面狭缩，形成了著名的大缺口。大缺口在清代淤合，湖田发展愈加快速。东太湖湖田大部分是最近二三百年产生的。水流、植被与淤塞动态都对湖田的产生起到了关键作用。多因素相互作用，促成了东太湖生态环境的变化。芦苇群落也参与湖田的形成。随着水网衰退，水流集中于少数干河，水面减少，茭芦减少，水生植物洁净水质的能力也下降。

明初，夏原吉疏理吴淞江南部的一些河道时，向吴淞江南北两个方向分流疏水，开凿上海南部的范家浜，使范家浜与黄浦江相连成为一体，使黄浦江、范家浜和吴淞江冈身出海河道成为一体。随着河道刷深，黄浦江取代原吴淞江中下游河段，成为太湖东部的主要出水河道。这一水流改变被称为江浦转换，江浦转换不单改变了吴淞江的主流状态，也改变了整个太湖地区的水网出水的功能与结构。出太湖的水流也通过各路河道向淀山湖和三泖一带集中，汇集黄浦江，黄浦江负担了太湖流域80%的泄水量。整个太湖出水加快，对排水有一时之效，却改变了长期以来水网涨溢出水的局面。水网注水、充水的功能减低，吴淞江中下游一带的高地呈现并出现旱情敏感增加的趋势。水归黄浦江以后，吴淞江两岸的圩田因大量的河道干涸不能上水，出现了旱象，原有的水利生态遭到了破坏。昆山与嘉定一带出现不耕之地，吴淞江愈淤愈高的情况。在河道通畅、水环境丰富的唐宋时期，降雨量波动难以产生水旱影响。到了元明清时期，水环境改变，旱涝敏感增加。嘉靖年间以后，旱情开始增多，这应与气候的周期有关系。嘉靖年间呈现出历史上前所没有的旱象，旱灾频度大大增加。开始三年几乎每年出现水旱灾害，旱灾频率达100%，水旱快速转化。旱灾区河道细而淤，且很快枯干，很短的时间内，降水变化后很快形成涝灾。河道长期淤塞对旱涝快速变化产生影响。春天易生旱情，夏秋易成涝灾。从嘉靖四年（1525年）到嘉靖十五年（1536年），甚至出现了秋季之旱，这是一种没有任何水旱抵御能力的水利状态。吴淞江改道黄浦江后，自然水利生态的效果愈加失效，旱灾严重。在吴淞江周边地区，潮淤的快速积累经过了一个半世纪，旱情增大。黄浦江水流偏急，没有缓水流形成的局部丰水环境，吴淞江周边地区的旱情经常发生。吴淞江各处地形不同，旱涝敏感不同。高乡对旱灾敏感，农民生活依赖麦棉。嘉定一带不得不植棉纺织以求生存，改变了作物结构往往并没有换来赋税的减轻，官方与乡绅之间往往因减赋而相互官讼不断。嘉定高地的旱情通过疏通水网得以缓解。清水日弱，潮浑益强，水利功能日益弱化。传统的以吴淞江为主的治水格局已经不存在，小水即涝，小干即旱。长期以来，官方重运道和排水，忽略了水流漫溢出海的自然水文生态，破坏了原有河道湖泊的水流生境，形成后患。

嘉湖地区被运河形成闭合的水圈所包围。山区水流冲入平原低地以后，很快被分割分流。水网与湖荡形成高地与低地。官方经营的河道是水网主干，细分化的河道多依附于这些主干。明末嘉兴地区干旱化趋势明显，水流经常萎缩，乡民引水灌田，河网进一步分化。发达的水网孕育了水乡风光。竹与梅成为常见的小生境下的居住景观。明清时期干旱化的加强影响到这一地区的水环境，高地地区旱情发生时，河道出现萎缩。水面破碎化也使整体的生态景观出现下降。由于运道与河网发达，吴江与嘉湖低地形成了一条江南最为密集的市镇走廊，这一走廊是明清江南经济的核心区。随着开发的进一步加强，河网分化进一步进入到以前的静水与深水区，河网圩田的进一步增多促进了桑蚕业的发展。市镇将物流深入到乡间，农业生态系统的专业化和市场化程度提高。这时期，嘉湖地区的生态潜力被深度发掘，出现养蚕、植桑、养猪的集约生态农业。这种生态农业的效率几乎是传统时代最高的农业形态。在桑基围田的生境下，溇围田区土壤肥力较高，有的土地亩收四五石。农民堆叠河泥，施有机肥，土壤越来越肥沃。

在农业开发和水面破碎化的同时，唐宋时期的那种大水面荷花群落大规模减少。淤浅和湖田化使吴江一带的水环境大为改变，种荷水面减少。种菱比植荷更为有利可图，适合小农经济，民人往往在有限的水面上种菱。苏州地区有许多小水面都种了菱，荷花水面越来越少，大部分的植荷发生于文人士大夫的家庭池塘之中。吴江落淤，垂虹桥一带的优美景观消失，行于运河的士子文人转移到鸳鸯湖赏景，鸳鸯湖又称南湖，此湖的荷花点状分布于湖边。农业发展使更多的水面成为桑基稻田和桑基鱼塘，荷塘和桑基荷塘自然增多。宋代是私家园林大兴时期，私家园林保留了大水面与大水面荷花，吴兴私家园林中荷花面积可以到几百顷。明代的园林规模小，荷花水面也小。明人难以借景山林，只能在乡村田野挖池建园。随着淤塞的增长与水利的整治，河道开始变得狭窄，水流更快，河道中难以植荷。私家园林的荷塘得到士大夫阶层的广泛认同，荷塘的私密性和雅致营造体现了造园技术的精细。

元代以后，江南文人借着更多出现的雪景和其他景观进行创作，使得元代江南的诗歌与山水画艺术较前代有了一定的突破。踏雪寻梅与江南烟雨的审美意象都在元时被加强。雪景增多推动了士人寻梅的雅意创作。唐宋时期野梅甚多，随着开发程度的加强，野梅减少。元代士人不会像林和靖那样住西湖边寻梅，而是还艺梅于房前屋后，在小生境下赏梅，也在雪后外出寻梅。王冕、倪赞等大画家对雪境倍感兴趣，冬寒与春天的雅意正在寻梅与寻春中不断得到提升。宋元时期，雪化时的残雪景观也引起雅意的审美，残雪一般形成于阴历正月末和二月初，大地回暖，仍有冷空气南侵，江南处于降雪与化雪交互时期，多有残雪之美景。西湖的“断桥残雪”形成于宋代，却一直影响着游人对江南的审美。唐末以来，耕渔景观成为文人大量讴歌的隐逸境界，许多诗人与画家在寒冷的雪天表达渔隐之意。江南诗画中烟雨意象也在元代随着气候变冷增多。烟云意象的前身是长江中上游高海拔地区形成的云雾。五代到宋代是中国气候的转冷期，温度下降幅度比元代要小，长江下游的平原地区也有大量的平流雾，烟雨形态经常出现。元时期，气温下降幅度大，冷暖空气在江南地区一带交汇时期加长，持续的阴雨中的冷暖相交的气流形成更多的平原烟雨。文人画家和诗人不断表现烟雨的审美意象。到后期，乡村和市镇中的雨雾也被称为江南烟雨。气候变冷与烟雨情景增多，加速了审美意象的推广。五代、元代是绘画发展的关键时期，冷期利于思考和静态审美，冷期的江南也有一些相对宏大的风景。冷期有广泛的雪景，有连绵不断的烟雨，有色彩较强的秋色，这都是诗情画意的题材。

明初出现了政治逼迫，文人的风格也因此发生变化。明中叶以后兴起的江南诗画的风格，逐步与江南市镇的小生境和市民社会的品位相一致。这时期，由于野生景观大规模消失，人们开始认可农业景观和庭院景观之美。旱地景观增多，柳景观增多，相对于前代的生物多样性，这时的野外景观处于衰退状态。明代农业的进一步发展，使麦稻两熟增多，田野有大量的麦田和杨柳，北方特色开始增加。沈周的诗画着力的意境偏向于农业化风景，少深涧幽谷的深厚和高山流水的宏远。明代苏州的文人园林大兴，沈周的许多画在描绘园林与山庄，许多诗在描述园林生境的冷暖体验。他对村落景观更有细致的描述。诗人群体也开始从山水大景观转向田园小生境，从宏观走向静态，明清时期这一转变愈加明显。江南的新兴画风着力于小生境与小生物。除传统的梅兰竹菊以外，小草进入诗画家的视野。环境日益农业化、小型化，对文人的安静观察有益，却大大限制了审美视野。沈周、唐寅、文徵明等江南名士，在16世纪中叶推动了一次江南的“文艺复兴”。有意思的是，明中叶这一段，也是寒冷事件增多时期，客观环境益于他们审美境界的提升。沈周的画影响了唐寅和文征明。他们从作品上学习宋元画的境界，画派风格却是新环境与新一代人物心理心态相结合的产物。15世纪下半叶，沈周影响下的江南画派，着眼于江南区域的生态环境，关注农业小生境。明末董其昌等人兴起的娄东画派是在生态破坏比较严重的区域产生的，不再关注生态环境本身，而是关注承传宋元风格。八大山人更多在小生物与小生境下功夫。明中叶的江南文人群体对环境的理解几乎是传统时代江南文人最后的一次审美突破。从明末以后，文人群体治学侧重点发生了变化，诗词更多地用典，绘画模仿宋元，原生态的创作活力越来越少。许多画家一生待在苏州及其附近地带，没有广泛地涉猎自然生境，没有审美的突破。随着明清政府文化专制影响的加强，士人群体中陶渊明式的自由审美境界越来越少，开始大规模地丧失古朴幽远的精神境界。明末文士的家园天下情怀，只在少数士人那里保存。大多数文人对生境相对不敏感，对冷暖也麻木，只敏感于权利的变化。这时期，女性诗人开始对小生境产生感悟和敏感。她们对春寒秋冷、夏风冬雪，有着女性的敏感。明清女诗人缺少大情怀和大环境感受，只有小生境下的各种敏感。

生态文明史是人与自然各自的历史过程和相互关系的过程。人影响着自然，自然本身也在各个不同的侧面影响着人。自然本身有着相对稳定的水文生态和农业生态，正确合理地运用自然因素，农业与水利都可以得到高效的发展。人与环境的变化也深刻地影响到审美与文化。不同心态的人，不同的环境，共同编织着传统中国文化中的一部分。文化下降期也是人文传统丧失期和专制政治迫害期，审美动力的丧失、生境的变化也导致士人群体无力提高环境审美的艺术高度。六朝时期环境丰富，生物多样性高，文人古朴宏远，出现像陶渊明这样决定传统中国审美观的重要人物，出现了大量关注江南生态环境的诗人。唐宋时期，人工化环境的进一步发展，野生和人工两部分环境都有审美发现的潜力与空间。唐末五代，江南山水画出现后人难以企及的高度，宋代文人对江南地区的生境审美达到了诗画艺术的高峰，虽经元代的战争破坏，江南诗画的主流风格仍然保持，且在元代独特的寒冷气候下有所发展。明清时期，政治高压和世俗化等多种力量的影响增大，文人的内在审美情趣出现大幅度下降。生态环境的变化使田野生境受到破坏，尽管乡村和城市有较多园林发展，但景观的丰富度大大减少，可供审美进一步发展的生境空间越来越少。内在与外在的变化，使宋元江南的创作高度难以逾越，后人渐行渐远。

三、成果的学术创新、应用价值以及社会影响和效益

第一，在吴江水文生态史的研究过程中，本成果将水环境变化过程中的生态过程与地貌过程合而为一，强调水生植物与稻田生态过程中生物因素的作用。这为水文与水利史研究填补了空白。

第二，本成果对气候与水利对灾害的影响有了突破性研究，以前的研究多半只研究降水本身的影响，本成果把水利和地貌变化纳入到灾害影响的因素之中，对灾害史的研究有突破意义。

第三，本成果在水生植物的研究方面有新的突破，水生植物的研究并没有引起前人的过多关注。本成果揭示了水生植物参与地理地貌重造的过程以及这一过程中人的技术。

第四，本成果在文人对气候变化和环境审美感知方面的研究有所突破，文学史绘画史基本上只限于对文学现象和绘画技巧的研究，而本成果的研究，重点放在人与自然美互动关系角度，系统分析了江南诗画与实体生态环境变化的关系，丰富了生态环境史的内容，使生态史的研究具有了生态文明史的意义。

考古学

《考古学前沿研究：理论与问题》概要

陈 淳*

一、研究的目的、意义及方法

本成果意在强调考古学研究中理论先行和问题意识的重要性，同时彰显这门学科的三大基石——人类起源、农业起源和文明与国家起源探索在国际学界的前沿性。这些前沿性课题是无法单靠材料积累就能做到的，不仅要了解这些重大事件起源的时间和地点，而且要了解起源的原因和过程。研究这类重大课题，理论和问题意识，以及运用多学科知识成为当今考古学探索的关键所在。

目前，考古学在我国已经上升为一级学科，与历史学并肩成为一门完全独立的学科。但是，由于受传统国学的影响，以及在相当长的时间里与国际学界缺乏交流，我国这门学科与国际学界相比存在很大的差距，缺乏理论指导和问题意识，发掘研究往往十分盲目，研究报告也局限于材料分类描述，并不能提供其他学科所期盼的各种历史信息。再者，由于重材料轻理论的传统，考古学的田野实践成为一种照章办事的操作，不仅浪费社会经济与人力资源，而且浪费地下文物这类不可再生的宝贵资源。

本成果意在进一步强调考古学研究理论指导的必要性和问题意识的重要性，并以许多实际案例来说明这种科学理念。国外有学者指出，考古学只能通过那些出土物质遗存来与过去人类“交谈”，因此考古学在所有历

* 陈淳，复旦大学教授，博士生导师。

史科学中很可能是最难研究的领域，对于如何用最佳方式来解决那些极具挑战性的问题是基本的第一步。本成果就是要使中国的考古学实践向这个方向努力。

本成果不仅意在帮助实践中的考古学家了解理论的作用和问题意识的意义，而且希望能够培养在校专业学生在学习中了解理论和应用理论，学会科学思辨和逻辑论证的方法。英国考古学家科林·伦福儒说，经历了大概40年，我们这些考古学者尤其是英美的考古学者，才逐渐意识到真正的考古学史不仅是考古发现的历史，也不只是科学技术的发展史。事实上，真正意义的考古学史也是考古学思想的发展史。他还说，经验证明，难度最大的进展是观念上的进步。要回答历史重建的问题，与其说依靠新的发现或发掘，不如说来自分析上的进步和理性、观念上的发展。本成果正是意在向国人传递观念创新和独立思考的重要性，中国考古学的进步和发展首先应该从思想观念入手，解放思想，努力创新。

本成果采用了学术史或思想史方法、文献学方法、考古学方法、学科交叉方法和跨文化比较方法等路径。从考古学案例分析和方法论的历时发展以体现理论、问题与方法的关系，包括学科交叉带来的巨大进展。

（1）讨论一门学科的理论方法，必须从这门学科范式的历史沿革着手，了解这门学科的学术传统和思想方法的发展史。考古学这门学科最初来自西方，在引入初期受到我国学术传统和价值观的影响，其发展历程与国外有很大的不同。考古学在国内的发展被国学中的史学取向和材料学方法所左右，缺乏这门学科在欧美发展所经历的社会和学术条件，缺乏与国际学界的持续交流，因此与国际学界形成了不小的鸿沟。我国考古研究和分析缺乏理论指导和问题意识就是最显著的缺陷，要认识这个问题的重要性，就必须回顾这门学科在西方和国内发展的背景，分析这种独立发展造成的后果，以及探寻目前存在差距的原因。这样才能够使学界同行认识到学术交流的重要性以及提高研究水准的关键所在。

（2）本成果立足于大量国内外文献资料的收集和研究，以了解考古学发展的学术史和思想史。其中，有关考古学在西方的发展背景，包括与政治、社会及自然科学和社会科学发展紧密互动的资料极其重要。比如考古学在欧洲的诞生与生物学和地质学的发展密切相关，是这门学科诞生的先决条件。

但在中国，考古学引入的社会学术背景与欧洲完全不同，它是受到了上古史讨论中疑古辨伪的推动。而且，考古学在西方的发展始终与其他社会科学与自然科学的分析方法的改善密切相关。而中国考古学在引入后则鲜有改观，一直以重大发现为鹄的，以材料积累为己任，以为历史学服务为宗旨，限制了这门学科的深入和提高。这些证据和材料需要大量的文献爬梳和积累才能理出一个脉络，可以为论证这门学科发展从材料积累转向科学探索和历史重建提供坚实的实证基础。

（3）本成果中的许多内容涉及考古学的具体案例分析和研究，比如旧石器时代考古，须采用打制石器的分析方法，在农业起源研究中，须采用环境考古与植物考古的方法，而在文明探源的研究中，须采用聚落形态考古以及社会复杂化研究的方法。这些实例的研究注意引入国际上流行的范式，而且留意与我国传统的研究范式进行比较，以显示更新考古学方法的必要和潜力。在应用国际流行的考古学方法过程中，本成果特别注意强调方法与理论的关系，也即理论是思考和提出问题，而方法是解决问题的。如果缺乏问题意识，不去探究问题，那么任何方法都没有意义。

（4）当下考古学发展的国际趋势是学科交叉日益强化，用多种自然科技手段分析考古遗存，以全面提炼考古信息。比如，生态环境信息的提炼应用于植物和动物考古，人类生计和经济情况采用微量元素的食谱分析和体质人类学的病理学分析，社会结构采用聚落考古和土地载能的古人口学分析，贸易和交流采用原料产地分析，同时社会的结构和意识形态研究多采用后过程的方法，包括性别研究、器物象征分析、墓葬等级和分化的研究。这些多学科方法在本成果中都有涉及，且都与考古学探索的问题意识相关，是在理论指导下的探索性尝试。

（5）跨文化比较是后现代的一种研究方法，在一般性研究和构建通则的基础上，重视文化之间的差异和比较，并重视阐释的多元性。本成果主要用跨文化比较来论证理论在指导研究不同地区和不同国家案例中的作用。比如，在农业起源研究中，比较方法会涉及稻作农业与近东和中美洲早期农业研究的案例，而在文明和早期国家探源问题的讨论时，本成果会涉及中国与其他文明古国的案例比较。还有，在酋邦概念的讨论中，也会利用跨文化的比较来说明其抽象概念在进行科学分析中的重要性。

二、成果的主要内容和重要观点

本成果的主要内容涉及当今考古学的前沿问题——理论思维和问题意识先行的重要性的讨论。考古学如要成为一门真正的科学，必须有认识论和方法论的科学哲学探讨。本成果进而涉及这门学科三大基石的内容，比如谈论人类起源的问题，DNA 的最新成果表明现代人都来自非洲，表明现代中国人与中国猿人等早期人类没有关系。然而，这一国际成果并没有被中国学界欣然认可，本成果对这一前沿问题也有独到的讨论与见解。本成果还利用纪念丁村遗址发掘 60 周年之际，讨论了中国旧石器考古学范式存在的问题和努力方向。在农业起源的内容中，尝试利用国外最新理论对跨湖桥遗址稻作利用机制进行探讨，并对农业起源理论及相关概念的完善做了全面梳理。在文明与国家探源的内容中，详细介绍了酋邦的概念，厘清国内学者对这一概念的误解，并对二里头与夏代的关系、殷墟研究的回顾和展望、疑古与考古的关系以及当下国际文明探源的方法和趋势做了比较全面的介绍。还对我国三代是否是奴隶社会进行了比较详细的论证，这部分论述在国内所谓的“无奴派”介绍中不时被提及。研究的内容还涉及后过程考古学的一些研究，比如美国性别考古学的理论介绍及其在对良渚反山墓地分析中的应用，三星堆青铜树的象征性。本成果还以古代文明崩溃的理论和实例，对现代工业文明的发展提出警示。尝试考古学的研究也能为现代社会的发展和决策提供有益的借鉴。最后，研究内容从国际视野讨论了我国文化遗产保护问题，认为国际上成功的文化遗产保护案例能为我们的遗产保护提供借鉴。

本成果以讨论主题的不同，分为五个部分。立足于国际考古学界公认的三个基石来昭示理论和问题意识的主导作用，介绍旧石器时代研究的新进展、人类起源、农业起源、文明和早期国家起源等问题的思考和研究，以求将国际学界流行的理论方法与中国考古学和历史学实践相结合。

第一部分是对考古学理论和认识论的探讨。考古学要成为一门真正的探索性学科，就不能仅满足于重大发现、材料积累和分类描述，还必须对材料进行信息提炼和科学阐释，以便增加我们对过去的了解。认识论就是对我们如何认识客观世界的讨论，反思主观与客观的关系，比如对经验主义和理性主义的认识。还有科学研究具体认识与抽象认识的关系，比如一般性研究和特殊性研究的区别，这可以使我们认识到考古学不仅意在重建历史，还有探究社会发展规律的重任。我国学者常常强调研究的客观性，认为考古学是强调用材料说话，没有意识到主观选择仍然在材料收集中发挥作用。这就是说，强调文献和材料的客观性离不开解释者的主观性，但是解释者的主观性必须能够深入解释对象的外在性与客观性之中，否则解释者只不过是把自己的主观片面性投射到解释对象之上而已。这一部分还讨论了考古学与其他人文学科如历史学、民族学的关系，以及科技考古研究中考古分析与自然科学的交叉关系。这些讨论强调，虽然考古学与历史学的目的相同，但是研究的对象和方法相去甚远。它们的关系也非从属的关系，而是独立的研究领域，它们之间需要密切的反馈和互惠。有文献可以帮助我们更好地了解历史的细节，而历史文献也需要经过思辨和梳理才能更好地被利用。即使有史可稽的时期，考古学也能为重建历史做出贡献。而且，这两门学科本身的发展也从自上而下转向自下而上的视角，考古学能够更多地提供普通平民的信息。在国际学界，考古学与民族学这两门学科有着密切的关系，许多对远古遗存如石器和工具的认识就是来自民族学的启示，而且对社会进化类型的构建也来自对土著社会的了解。在美国的过程考古学中，民族考古学被称为解读考古信息的罗塞塔碑。由于中国考古学与历史学的密切关系，民族学的借鉴非常的薄弱，而且考古学家也对如何运用人类学和民族学资料来帮助进行考古学分析和阐释十分陌生。这是急待我们补充和完善的领域。在当下自然科学手段不断引入考古学，使得学科交叉成为常规性操作的情况下，考古学与自然科学界的合作以及对于研究的问题意识显得更为重要。在多学科手段介入考古分析时，有的科技专家并不了解考古学家希望解决什么问题，只是关注自己感兴趣的问题。而有的考古学家由于没有问题意识，也体会不到新技术能够为考古分析带来什么洞见。所以，在引入许多前沿科技的同时，也需要不断更新自己的思维，不断提出新的问题，探索新的方向。这才能使科技手段发挥最大的作用，才能使我们的研究成果与国际水平比肩。

第二部分涉及考古学战略性基石的人类起源与旧石器时代研究，其中讨论了国际上对于人类起源的一些新进展以及对人类进化过程的全新认识。比如，地猿和乍得人化石的发现将人类起源的历史大大推前，南方古猿化石的发现使我们认识到人类进化是多线演进的过程，有许多不同的人科动物并存和相互竞争，比如南猿与直立人的共存，尼人与现代智人的共存。而线粒体DNA的发现给现代人的起源提供了颠覆性的认识，即所有现代人都来自同一个起源于非洲的祖母，这就是夏娃理论和走出非洲的进化模式。但是，我国古人类学界对此理论并不认同，强调独自起源的多地区进化说。本成果对于这一问题发表了自己的看法，希望不必固执己见，可以用中国的发现来对这两种理论和线粒体DNA的说法进行检验。本成果也对我国古人类存在不同物种的镶嵌现象进行了讨论，而大部分主流学者仍然信奉直线进化论，将古今物种看作是渐变的进化轨迹。在旧石器时代文化的研究方面，本成果对1978年发掘的河南小南海石制品进行的再研究，获得了与早年发掘不同的看法与结论。该成果的英文版发表在美国的《国际第四纪研究》（*Quaternary International*）杂志上。本成果还比较全面地介绍了国际上旧石器研究的现状和趋势，以及各种研究方法与分析手段。在纪念丁村遗址发掘60周年之际，参照国际学科发展的背景，对我国旧石器研究范式的更新问题提出了自己的见解。

第三部分涉及农业起源方面的问题，全面介绍了国际上农业起源理论和主要概念的应用及研究实践的进展；利用环境考古与植物考古对我国稻作起源问题进行探讨，其中将跨湖桥文化和马家浜文化作为不同个案，对这两个文化研究中所体现的稻作起源与发展问题，以及稻作农业发展与社会复杂化关系问题进行了阐述；并以马家浜文化发展为例，对长江下游稻作起源探索存在的问题提出了独到的建议。

第四部分是关于文明与早期国家的探源问题，涉及该项研究的方方面面。首先对美国社会人类学新进化论中的酋邦概念进行了梳理和讨论，因为在该概念引入中国后，学界出现了不同的看法，而且对其含义也有许多误解。酋邦是社会进化阶段的一个抽象术语，用来定义介于部落和国家之间的一类复杂社会。由于我国学者不熟悉通则性研究中一般性意义与抽象术语的作用，于是一些学者就提出我国不存在酋邦，或者认为西方的酋邦概念不适用于我国的史前社会，或者提出应该用我国文献中的古国概念来代表这类社会更加合适。对于这种混乱与误解，本成果首先梳理了这一概念的来源和学术价值，以及不断完善的过程，并认为，作为一种一般性研究的抽象的概念，它就像部落和国家概念一样是普适性的，而我国的文明探源如果要和国际学界对话，最好也采用相同的概念和分析方法，否则我们自说自话的研究和源于文献且没有科学定义的学术概念很难被国际同行所理解，也无法与国际研究水准比肩。在当下对我国早期文明探源中夏代问题的争议中，本成果对河南偃师二里头遗址发掘以及夏文化研究进行了回顾，从认知方法、考古学范例、文献的运用、推论程序和通则与个案等五个方面，剖析了中外学者在中国早期国家研究中存在歧见的原因。指出，其中不但有学术传统上的差异，也有缺乏国际交流所造成的研究方法的滞后。考古学可以独立于文献来探究中国早期国家的起源，没有将二里头与夏对号入座的必要。在疑古、信古和考古等争议中，本成果提出，科学考古学理论方法的精髓在于超越文献资料，从无言的物质遗存中提炼社会文化信息。考古学最大的优势也正在于能从生态环境、生存方式、技术经济、社会结构乃至意识形态等各个层次来全面分析原始社会在长时段中的历时演变，并梳理各种对文明演变至关重要的因素的变量以及它们所起的作用。“疑”和“思”当然是科学研究的基本要素，但考古学并非仅是为编史学提供地下材料的工具，而是独立探索的一个领域。从学科范例的变更上来说，西方历史学和考古学都发生了向社会学和人类学的转变，提倡超越政治史和贵族史的范畴，采取一种自下而上的视野来研究整个社会的各个层面。我国的古史重建和文明探源同样应该超越编年学和文献学的窠臼，全面了解文明和社会发展具体轨迹并阐释其原因。对于三代社会性质的问题，本成果根据学界对夏商奴隶制社会的认定，探讨了苏联社会进化模式和意识形态对学术思维的影响。呼吁考古学要走出一味收集资料、囿于文献和公式化概念进行研究的倾向，力求从具体的材料来客观探究中国早期国家的社会性质，为世界早期文明探源做出自己独特的贡献。在对安阳小屯发掘的回顾中，本成果在学科发展的基础上对殷墟研究分两部分进行了回顾，传统途径主要从甲骨、墓葬和城址入手，侧重于同文献学和编年学密切相关的年代学以及史实考证，并根据苏联的五期社会进化模式将殷商定为奴隶社会。新进展则从考古学材料和文字记载中进行全方位的信息提炼，内容涉及环境与经济、聚落形态、甲骨学、宗教信仰、手工业专门化、青铜器研究、国家特点、社会性质和理论阐释等方面。然后，对目前我国重建上古史的现状进行了思考，特别对一些学者坚持考古学必须以文献学为导向的观点和做法提出了不同意见。认为将考古发现比附文献记载或简单对号入座的做法，已经无法胜任重建上古史的任务，并最终会将这项研究引入一条聚讼纷纭、毫无结果的死胡同。在21世纪社会发展和学科发展的形势下，中国考古学和古史研究需要放眼世界，破除“天下国”的心态，了解和吸收世界学科的最新进展，努力重建21世纪水准的中国上古史。本成果还讨论了聚落考古在文明探源中的作用和潜力，这种方法的优势在于能够根据人类栖居形态的特点和变化来观察社会结构的特点与演变的轨迹。因此，从狩猎采集的游群向国家的演进，可以从社群栖居方式的变化来了解社会结构的发展。在文明和早期国家起源研究中，城市的出现是一个标志性的事件，被广大考古学家和历史学家所关注。但是由于文献记载的局限，早期城市的发展往往需要靠考古学来了解。而聚落形态研究就可以为我们提供一种观察人类社会如何从自治村落向集中城市发展的过程。本成果还全面介绍了当下国际文明探源的理论方法，特别指出，由于缺乏漫长的成文史，欧美学者的文明探源更加依赖考古学的独立研究，并持续从其他社会科学和自然科学借鉴理论方法，表现为不同流派潮起潮落，各种方法推陈出新。从古希腊哲学家的思索，到启蒙运动的理性思维，到20世纪考古学唯物主义实证论与探究人类主观能动性方法论的互补，见证了兼顾历史重建和规律探索的科学化历程。中国文明探源受国学传统影响，研究范式和国际学界相比有所区别和滞后。在学术全球化的今天，我国学界也开始超越文献，尝试从区域聚落形态观察社会复杂化进程，用世界系统理论探究区域政体的互动。在文献的帮助下，这样的研究可以做得更好。文明探源是一项跨学科、全方位的探索工程，需要中外学界之间、不同学科之间保持持续互动，不断更新研究方法，促成从专业向通业的转变。

第五部分涉及性别考古学、象征考古学以及考古学成果对当今社会的启示和文化遗产保护中的国际性镜鉴。本成果回顾了美国性别考古学的兴起、发展和主要研究方法，介绍了这是采用批判性视角，从民族志、物质文化、墓葬与骨骼、历史文献、艺术史及生理学角度，重新评估男女两性在特定历史背景中的作用，以深入探讨古代社会结构演变的研究领域。受西方性别考古研究成果的启发，本成果重新审视了旧石器、新石器和青铜时代对男女地位和社会发展的传统看法，提出了一些有助于深入了解史前人类行为的可能性解释。与此同时，本成果还将性别研究的理论方法用于我国考古学的实践，从良渚文化的反山遗址墓葬的分布和随葬品，从尸骨无存的材料中分辨属于女性的墓葬以及她们的地位，为我国的性别研究提供了一个案例。对于象征考古学，本成果从三星堆青铜树的特点与民族学中萨满树图案的相似性比较，提出了青铜树就是萨满用来通天和神灵沟通的工具，为这类考古遗存的意识形态解读提供了一种与依赖文献记载不同的视角。至于考古学对现代社会的启示，本成果在从考古学角度对玛雅、复活节岛和良渚文明崩溃回顾的基础上，从“报酬递减”和“最省力”原理介绍了古代文明崩溃的机制，然后对现代工业文明的发展趋势表示了忧虑。本成果认为，今天的地球只不过是一个放大了的玛雅低地和复活节岛。历史教训告诉我们，环境恶化总是文明崩溃的一个前提。面对当代工业文明所面临的人口激增、环境恶化和资源枯竭的严峻形势，我们应该提倡“知足最好”而非“越多越好”，避免重蹈古代文明崩溃的覆辙。在文化遗产的国际镜鉴问题上，本成果从国际文物保护的视野，汲取一些国家特别是发达国家的成功经验，针对文化遗产保护中普遍存在的发展和保护的矛盾、保护和研究的关系，以及立法、操作和公众教育等问题，结合中国的现状做了比较和探讨。本成果认为，健全法制和加强公众教育是完善我国文化遗产保护工作的关键。

本成果的重要观点主要有：

（1）考古学的重建历史并不像我们以前想象的那么简单，单凭材料积累就能做到，而我们重建的历史也难免掺杂着当代的价值观和个人评判。虽然考古学材料解释的主观性影响很大，但是考古材料的积累也会对阐释产生制约，这反过来也会增强考古学研究的客观性，并提高这门学科在了解人类历史中的价值。

（2）在考古学飞速发展的今天，了解这门学科认识论和理论的发展历程，可以使我们避开西方考古学所走的弯路。中国考古学界可以参考一下他山的经验，不妨学其精华，但不必蹈其覆辙。

（3）采纳新的理论，要比借鉴新技术和新方法困难得多。于是，我们有时虽然采用了与国外相似的方法和材料，但因理论指导和问题意识不同，研究成果也就大不相同。因此，考古学并非完全是客观的、单凭提升技术就能达到预期目标的研究领域，考古学家自身的观念和指导思想会对这门学科的发展产生巨大的影响。

（4）探究古人类行为的旧石器考古一直是一项巨大的挑战，考古学家不可能也不应当用自己的常识性想象去理解和解释文化遗存中所蕴含的行为意义。所以，对于旧石器时代考古学来说，遗址形成过程研究、埋藏学、石器技术、实验分析、微痕观察、人地关系和遗存空间分布以及人类认知考古学的探索都应当受到充分的重视。

（5）近年来，中国农业起源研究成果斐然，不仅将已知的农作活动年代大大提前，而且方法与技术也日渐成熟与普及。但是更重要的是，相关的理论建设亟须跟上材料的激增。理论的思考和认识还需随大量新材料的分析、琢磨、推敲、反思而推进。这样，我们才能将农业起源探索的理论与实践更紧密而有机地结合起来，将我国北方旱地与长江流域农业起源研究提高到新的层次。

（6）中国的文明探源与古史研究应该像张光直所言，从专业向通业转变。我们不但要将各种专业融会贯通，还得把中国的研究成果与世界各地的情况做比较。对于研究中国问题的学者来说，没有中国学术的训练就难以深入，但缺乏世界眼光的话也如坐井观天，讲不彻底。

（7）考古探索不只是增进我们对自身历史的了解，而且对我们应对未来的挑战也具有十分重要的意义。如果导致玛雅、复活节岛和良渚文明崩溃的原因是人口压力、环境恶化和社会本身处置不当，那么地球上的人口增长和环境退化今天仍然是一个难以克服的难题，为此，了解古代文明的崩溃可以为我们提供一面镜子，只有深刻和清醒地了解人类的过去，我们才能明智地对待自己的未来。

三、成果的学术创新和应用价值

本成果的学术创新主要表现在：

（1）本成果介绍当代西方考古学理论和方法的多样性和丰富性，而且相关论述并非单纯为介绍理论而介绍理论，而是在相关研究的应用中介绍理论方法，故读者可从案例入手，对该理论方法有充分深刻的理解和认识。

（2）本成果对西方考古学理论方法并非泛泛而谈，而是充满了实践精神。许多论述都是利用西方考古学理论对中国考古学问题进行研究和反思。如考古学的认识论、考古学的一般性与特殊性研究、旧石器范式的发展、农业起源理论与我国稻作农业的研究、中国三代是否是奴隶时代、二里头与夏代的讨论、用社会复杂化的动态分析来研究文明的兴衰等，都极富创新意义。

（3）本成果强调科学思辨。可以说，科学的思辨精神，乃是本成果最为突出的特点之一。

（4）我国考古学界至今对很多基本概念都没有一个普遍的共识，甚至至今还在争论考古学中到底什么是“理论”的问题，这既是由于学术观点的分歧，其实在很大程度上也是由于理论思维的混乱所致。本成果很多论述，都在概念的清晰度上、理论层次的界定上和论证的环节上，充分强调理论素养的必要性。

本研究的应用价值主要表现在：

（1）本成果全面引入西方考古学的新思潮、新方法、新技术，尽管这些方面的应用在国内考古学研究上可能还会有较大的争议，但毫无疑问它们可以极大开阔中国考古学界的视野，推动中国考古学的进一步发展。

（2）中国考古学的发展现状除了与国际学界长期缺乏交流相关之外，与目前考古界从业学者的受训背景和知识结构有很大的关系。我国考古专业学生的学科训练面过窄，仅限于本专业的传统知识。而且，对于需要运用多学科知识的新方法新课题往往无能为力。本成果所介绍的西方考古学范式无论在个人的全面训练方面，还是多学科的协作方面，都展示了更大的开放性和更高的效率。这种保证考古学研究多元发展的主观因素，是非常值得我们学习和借鉴的他山之石。这些成果能够使我国学界再思传统的研究范式，为赶上国际水平提供了一个参照系。

《欧亚草原东部的金属之路》概要

杨建华*

一、研究的目的、意义及方法

本成果的研究目的是揭示前丝绸之路时期中国北方与欧亚草原的文化交往过程。前提是对中国汉代以前的考古学研究和对欧亚草原早期金属时代到早期铁器时代的全面了解。在这个基础上厘清各时代中国北方与欧亚草原的文化交流，包括交往的内容、交往的区域、交往的路线以及交往的方式。最后在宏观上把握丝绸之路之前的欧亚大陆文化交流的概貌。

本成果的研究方法与中国考古学以往的方法不同。已有的研究多是从中国北方的考古资料出发，到境外搜寻与中国相似的器物，来分析文化间的交往。本成果从区系类型理论出发，把中国北方作为整个欧亚草原的一个区来对待，从欧亚大陆的视角看待中国北方与欧亚草原的文化关系。这样才能从具体的器物传播探寻到背后的大的文化发展格局，例如我们对管銎战斧和空首斧都是以整个欧亚草原为视角进行研究；中国北方东周时期以双鸟回首剑为代表的器物组合的东传和以虎牌饰为代表的器物组合的西传的背后是斯基泰—西伯利亚文化的东进与匈奴兴起后的西扩，这种分界是以太行山至浑善达克沙地一线为界；而欧亚草原的分界则是以叶尼塞河的米奴辛斯克盆地为界，那里经历了欧罗巴人种与蒙古人种考古学文化的反复交替。这些都需要从欧亚大陆的视角才能观察到。

---

* 杨建华，吉林大学教授，博士生导师。

本成果的思路是走出去，站在整个欧亚草原的角度分地区梳理各地的文化发展与自身特点。在这个大背景下讨论中国与欧亚草原的文化交往，就可以进一步明确这种联系主要是发生在欧亚草原的哪个地区，以及这种交往的大致路线，最终探寻草原之路的发展过程。本成果在吸收俄罗斯和欧美学者的已有成果和研究方法的基础上，运用中国考古学中的类型学研究方法，首先建立欧亚草原基本的时空框架的编年体系；其次结合文化因素分析的方法梳理各地的特点以及相互之间的文化交往；最终对相关器物实际出土地点进行分析，得出对中国北方与欧亚草原在汉代丝绸之路开通之前文化交往的路线和交往过程的认识。

二、成果的主要内容和重要观点

中国北方地区是欧亚草原的重要组成部分，它们之间的交往也是早期东西方交流的重要内容。笔者用大量篇幅梳理了中国北方与欧亚草原交往的相关考古学文化，并在此基础上讨论了青铜器和金器等金属器的传播与影响，展示了丝绸之路之前的草原金属之路。中国北方与欧亚草原的联系可以分为两个方向，一个是位于中国北方北部的蒙古高原东部与外贝加尔地区，另一个是中国北方西北部的亚洲内陆山麓地带。这两个方向上千年的文化交往，构成了秦汉时期匈奴帝国的兴起与丝绸之路的历史背景。

（1）中国北方—蒙古高原冶金区的发展与匈奴的兴起。

中国北方—蒙古高原冶金区的兴起和发展是中国北方青铜文化与蒙古和外贝加尔地区文化联系的重要体现。中国北方—蒙古高原冶金区形成并繁荣于商代晚期，但在相当于中原的夏时期，就可以看到这个冶金区的雏形。在中国北方与蒙古高原之间，广泛分布着一种柄部剖面为凹透镜形状的环首翘尖刀，其早晚形制的变化在中国北方与蒙古和外贝加尔基本是同步的。这种刀的分布区域也正是后来夏家店上层文化和石板墓文化的分布区域，这都说明中国北方与蒙古和外贝加尔地区文化有很大的相似性，属于同一个冶金区，而且这个冶金区的雏形从夏时期就已经出现了。

早商时期中国北方地区的青铜制造技术已经非常成熟，北方各地都出土了一定数量的青铜器，尤其是在朱开沟文化遗址出土了目前中国北方发现最早的青铜短剑和刀身较长的环首刀。朱开沟文化中广泛流行一种肥袋足的蛇纹陶鬲，类似风格的陶鬲在蒙古和外贝加尔地区也有较多发现，这种广泛分布的蛇纹陶鬲可以看作是二者联系的重要佐证。

早商文化北方类型的台西遗址位于中原商文化和北方长城地带二者之间，是中国北方青铜器的另一个来源，在北方系青铜器兴起中具有重要作用。中国最早的北方系青铜器很可能是借助于商文化高超的青铜铸造技术制造出北方文化居民所需要的青铜器而形成的。从这方面看，商文化在中国北方—蒙古高原冶金区的形成过程中发挥了巨大的作用。

中国北方地区不仅与蒙古和外贝加尔地区同属一个冶金区，同时它也是中原与蒙古和贝加尔地区联系的重要媒介。商代方銎无耳系统空首斧的传布是其重要的证据之一。这种空首斧，最早可能起源于黄河流域，早期仅在中原、内蒙古中南部和晋陕高原地区发现，而后经中国北方地区传到蒙古和贝加尔湖地区并在大森林南沿流行起来。塞伊玛-图尔宾诺遗存也是以空首斧为主要特征，其典型的带耳系统空首斧将乌拉尔山与早商时期的中原联系起来，这种器物能够穿越人口稀疏的森林草原，说明了森林地带对空首斧的急切需要。进入西周时代，在中国北方这种无耳系统空首斧，整体形制上要显得宽短，斧身也基本不见之前的饕餮纹和十字纹等装饰。而在蒙古和外贝加尔等地同时期流行的无耳系统空首斧中也基本具有同样的特征，这说明它们与中国北方的联系一直存在。

从商代晚期到西周，中国北方、蒙古和外贝加尔地区都进入了青铜器制作的繁荣期，在中国北方地区晚商到西周时期就至少存在着八类青铜器组合。这八类组合以太行山为界，分属于晋陕高原和燕山南北两个北方地区最为重要的中心。这两个中心在晚商构成了对商王朝来自西北方与东北方的军事威胁。晋陕高原和燕山南北这两个中心青铜器对外传播也进一步刺激了中国北方—蒙古高原冶金区的发展。这一时期蒙古和外贝加尔地区发现的青铜器，从种类和形制上都与晋陕高原和燕山南北的青铜器非常相似。其中两地数量最多的是环首、兽首和铃首铜刀，兽首和铃首铜刀以及铜刀的凹格和阑式作风都可以看作受中国北方的影响。这些相似特征的青铜器也是中国北方—蒙古高原冶金区形成的重要标志。这个区域甚至影响到了亚洲内陆山麓地带米努辛斯克盆地的卡拉苏克文化。从这里向东的外贝加尔地区、向南的蒙古高原和中国北方地区之间的广大区域，发现了一定数量的卡拉苏克式青铜器。这些青铜器，尤其是工具和武器很多受到中国北方同类器的影响。部分青铜器起源于临近商文化区的北方，逐渐向北越过燕山，经过蒙古高原达到外贝加尔和米努辛斯克盆地。这是一条连接长城沿线到长城以外再到蒙古高原的青铜时代北方青铜器的传布路线。在米努辛斯克盆地发现的三足蛋形瓮，也是中国北方文化外传的一个佐证，并且超出了青铜器传播的意义，具有更深层次的文化交往内涵。这一时期米努辛斯克盆地流行的菌首刀剑也传布到了中国北方地区。但从年代上看，中国北方对米努辛斯克盆地的影响发生的比较早，商代晚期就已经开始。而米努辛斯克盆地对中国北方的影响发生相对较晚，大量出现菌首作风的昌平白浮墓已经进入西周时期。与早商时期相比，商周之际的中国北方与亚洲内陆联系的范围小得多，主要是与南西伯利亚的米努辛斯克盆地和蒙古高原的联系。

西周晚期到春秋早期，中国北方地区夏家店上层文化进入了繁荣期，蒙古和外贝加尔地区则是石板墓文化的分布范围。虽然目前发现的石板墓文化早期材料比较零散，但这些资料显示它与夏家店上层文化的联系非常广泛。从时代上看，这种联系从夏家店上层文化的形成期就已经出现，到繁荣期有进一步加强的趋势。除了功能性青铜器的联系外，夏家店上层文化与石板墓文化的装饰品和装饰风格的联系则更加广泛。两地在装饰品方面出现了极大的相似性——勺形饰、弹簧形耳环、双尾饰、联珠饰，无论从造型还是装饰上都非常一致，甚至很多器物在两个文化中都能找到形制完全相同的标本。夏家店上层文化与早期石板墓文化在武器、工具和装饰品等各种铜器上的相似性，凸显了二者间非常密切的关系，尤其是形制一致的装饰品和相似的装饰风格更表明中国北方地区与蒙古和外贝加尔地区人群可能存在着贸易或迁徙等深层次的交流，这个时期人群间的文化认同进一步加深。

到春秋战国时期，中国北方和蒙古高原等地先后进入了游牧时代，各地联系进一步加强，在长城沿线形成了中国北方文化带。东周时期中国北方与蒙古高原等地仍然延续着上一阶段的联系。这个时期虎形装饰在中国北方和蒙古高原广泛流行，从春秋早期单体虎饰牌，到春秋晚期之后的多体虎饰牌，再到战国晚期P字形虎饰牌，虎形装饰种类及演变显示了中国北方东部和蒙古地区是虎形饰牌的重要起源地，并逐渐向西传布到整个北方系青铜文化的分布区。这时期有大量南下的北亚人分布在北方文化带的内蒙古和宁夏等地，他们与当地的古华北类型的人种生活在一起，文化上也融入了当地的传统。另外，值得注意的是，中国北方文化带东部的冀北地区，基本不见西部文化带中常见的南西伯利亚的影响。所以说斯基泰—西伯利亚的东渐界限大致在蒙古国的中部和中国北方太行山以北的浑善达克沙地，这也是这时期中国北方—蒙古高原冶金区的西界。

战国晚期燕国、赵国和秦国的北上并筑长城以拒胡，迫使南下的北亚人退到了内蒙古西部地区的长城以北。面对秦国的统一，他们也不断结成联盟，并在秦汉交替之际逐渐形成了以冒顿单于为首的匈奴联盟。这时战国时期北方文化带中的分尾式骨镞可以看成是石板墓居民的北亚人种南下到长城沿线的证据，动物牌饰和腰带饰以及头蹄殉牲的习俗也见于外贝加尔地区相当于西汉中晚期的匈奴遗存中，这说明汉初的匈奴文化与中国北方战国时期的文化有着密切的联系，而与蒙古高原和外贝加尔地区更早的石板墓文化的相似度较小。很可能长城内外的胡人形成了匈奴文化并在汉武帝的打击下，不断北退到大漠以北，并与西面的欧亚草原加强了联系，逐渐形成了有自身特色的匈奴文化。

因此，外贝加尔和蒙古高原与南部的中国北方地区联系密切，属于一个大的冶金区。这种南北向的通道延续了上千年。这种交往的路线为匈奴时代的外贝加尔和蒙古高原不断吸收大量来自中国北方的文化影响奠定了基础。这种影响从实用器到装饰品再到日常陶器，深入到这个地区的各阶层，最后兴起了东部草原第一个游牧帝国。从这个意义上讲，中国北方—蒙古高原冶金区是匈奴联盟的文化底蕴。

（2）中国北方和亚洲内陆山麓通道的交往与丝绸之路的形成。

亚洲内陆山麓通道主要包括米努辛斯克、图瓦、阿尔泰和中亚天山七河等地区，这些地区与中国北方地区的联系也发生得非常早，而且在中国北方青铜文化形成和发展过程中发挥了重要的作用。

在夏至早商时期，第一个与境外联系密切的是西北地区的齐家文化。齐家文化的铜器很多都是采集和调查所得，依照欧亚大陆早期铜器发展规律来看，这些铜器实际是一个不同时期的混合体。这里铜器大部分都与境外的铜器有联系，很可能是外来的。但是这些外来影响到了齐家文化中，并不是原封不动地被接受，而是加以改造。稍晚于齐家文化的天山北路文化和四坝文化冶铜业已经进入了一个成熟稳定的发展阶段，这两个文化中有部分铜器从形制上看与齐家文化最晚期的铜器相联系，但权杖头、透銎斧、有銎矛和三叉护手剑等铜器却体现了外来的西方传统。在这一阶段可以发现中国西北地区中很多铜器都与外来的影响有关，这些影响来自不同地区，也通过不同途径。

在公元前 2 千纪中叶，欧亚草原地区晚期青铜文化处于扩张的高峰期，在这一过程中与中国北方和新疆地区存在着联系的主要有两类遗存，一类是草原地区安德罗诺沃文化联盟。安德罗诺沃文化联盟在欧亚草原青铜文化的发展过程中发挥了非常重要的作用，其文化扩张和人群迁徙对中国新疆和北方地区也产生了较大的影响。其在繁荣期控制的范围东界已经到达了新疆的天山地区，具有欧洲传统的战斧也随着它的扩张而传布到吐鲁番和哈密等地。安德罗诺沃人群向东扩张遭到了甘青地区具有东方传统的彩陶文化和在其影响下的新疆本地文化的强烈阻击。在焉耆盆地新塔拉遗存和尼雅北部类型中，可以看到两种系统文化较量的证据，这可能也就是安德罗诺沃的东扩止步于新疆中部的重要原因。同时具有亚洲传统的战斧在公元前 2 千纪晚期从中国北方向西传播到新疆的哈密和吐鲁番地区。但是中国北方向西传到新疆的器物并没有穿越新疆到达新疆西部；同样，欧洲草原向东的影响也没有穿越新疆达到河西走廊。另外一类对中国北方和新疆地区也产生了很大影响的是森林草原地带的塞伊玛-图尔宾诺遗存。塞伊玛-图尔宾诺遗存青铜铸造工艺非常发达，其中最具特色的带耳系统空首斧的传播是欧亚草原地区人群交往的重要体现。这种带耳系统空首斧在商代就已经出现在中国新疆和甘青地区，从西北到内蒙古中南部地区，再到中原、冀北和辽西地区，从中可以勾勒出一条带耳系统空首斧的传播路线。还有一种被称为塞伊玛-图尔宾诺式铜矛，在中国境内分布也十分广泛，也与境外的塞伊玛-图尔宾诺遗存相关。

西周晚期到春秋早期，欧亚草原处于畜牧向游牧经济的转变期，很多地区人群在生产技术、社会结构和意识形态上都发生了重大的改变。属于这个时期的遗存各地发现都很少，在黑海沿岸有前斯基泰文化，图瓦有阿尔然王冢，中国有东北地区的夏家店上层文化，蒙古高原与外贝加尔地区有石板墓文化，其中阿尔然王冢是西伯利亚地区的典型代表，有很多因素被看成是黑海沿岸的斯基泰文化的前身，属于亚洲内陆山麓地带的早期游牧文化。夏家店上层文化是中国北方—蒙古高原冶金区的典型遗存，始终与石板墓有着密切的联系，但在它的晚期出现了与南西伯利亚地区遗存相似的文化面貌。这种相似反映了时代的特征。这种同步发展现象反映了草原之间频繁的文化交往。在黑海北岸遗存中出现了许多与南西伯利亚地区形制完全一致的器物，这可能说明了黑海北部斯基泰文化形成过程中融入了部分南西伯利亚早期游牧文化人群。欧亚草原的欧洲部分与亚洲部分交往路线在这一时期彻底打通，整个草原地区第一次构成了一个大的整体。而南西伯利亚地区则是这个整体的中心地区。这也是公元前 7 世纪后整个草原游牧时代形成的基础。

进入东周时期，整个亚洲内陆山麓通道内游牧经济已经普遍化。各个地区都具备了成熟的工具、武器、车马器与动物装饰。在整个早期游牧时代它们与中国北方地区的联系则可以分为三个阶段。第一阶段，大约在公元前 7—公元前 5 世纪，这个阶段图瓦和米努辛斯克盆地是早期游牧文化的重要中心，青铜时代就与中国北方存在着密切的联系。其中最有代表的是双鸟回首剑和鹤嘴斧的传播，从数量和形制上看存在由西向东传播的趋势。第二阶段，公元前 5 世纪，这个时期各地铁器更加普及，器物形制也趋向统一，文化交往进一步加强，流行车马器、武器和动物装饰。武器以双鸟回首剑和鹤嘴斧为主，车马器从西向东种类逐渐递减，动物纹主要装饰在实用器物上，单纯的装饰品以本地的联珠饰和云纹牌饰为主，偶然有传入的带柄铜镜。这时随葬武器的武士阶层的墓葬最为突出。第三个阶段，公元前 3 世纪之后，这时期动物装饰风格取代了短剑战斧的主要位置。早段是来自米努辛斯克盆地的立兽装饰，大多数是作为竿头饰使用的，晚段流行浮雕或透雕动物纹牌饰。以巴泽雷克文化为代表的阿尔泰地区游牧部落异军突起，在整个亚洲内陆山麓地带发挥着重要作用，成为新的中心。中国北方地区受到这个中心的强烈影响，主要体现在装饰性器物上。中国北方出土的翻转动物纹、有角神兽和展翅造型的鸟饰件等都可以视为来自阿尔泰地区的影响，传播路线则可能是从阿尔泰经蒙古到中国北方地区。同时中国北方地区的虎形装饰也通过这条路线影响到了阿尔泰地区。因此这也是一条双向交流的通道。

与此同时，匈奴文化在蒙古高原兴起，并迅速向外扩张，迫使中国北方人群寻求新的交流通道，与天山七河地区的直接联系就发生在这个时期。其中最具代表性的是甘肃张家川马家塬墓葬与七河地区伊塞克古冢的联系。从装饰母题到制造的细节，从装饰方法到装饰效果，这两地墓葬都具有很大的相似性，体现了二者的密切联系。从文化传统上看，这种传播的方向应该是从西向东，而且这两地之间的新疆地区也不是空白的。从最西边伊犁地区的特克斯县、新源，然后往东是阿拉沟墓葬，再到最东面的哈密地区都可以找到这种联系的蛛丝马迹。相关的遗存都分布在天山沿线。这些都说明到战国晚期天山已经成为连接关中地区与哈萨克斯坦草原的通道，这条路线的贯通改变了新疆原来作为东西文化影响接受者的格局而真正成为东西交通的通道，这也是丝绸之路的雏形，在中西交通历史上有着十分重要的意义。东周时期是丝绸之路孕育的最后时期，中国北方与亚洲内陆山麓地带的联系先是与高纬度的西萨彦岭的米努辛斯克盆地和图瓦地区，然后向南与阿尔泰山区，最后到了低纬度的天山地带，新疆作为东西方交流的通道是逐渐形成的。所以汉代张骞通西域并不是真正意义的“凿空”，在此之前已经存在着上千年的民间的草原金属之路。

（3）东西两区文化影响的东进与西渐。

通过对各地器物的比较，以及这些器物所在的考古学文化和各地传统的梳理，再到不同地区的历时与共时性分析，首先呈现出一幅由种种联系和相互作用无穷无尽交织起来的画面。这是一幅从公元前 2 千纪到公元元年前后长达 2 000 年的中国北方与欧亚草原以金属为代表的文化交往的历史画卷。在这个画面中，还有一些空白点等待着未来的考古发现去填充。但是通过本成果的研究，有些空白点在时空上已经有了大致的位置，就如同门捷列夫的化学元素周期表中留出的空格一样，通过已知预测未知。在这漫长的草原金属之路的发展历程中，中国北方地区与蒙古高原和外贝加尔地区的交往以及与亚洲内陆山麓地带的联系，形成了中国北方与亚洲草原金属之路的东西两个区此消彼长的不断变化的关系，这是由东进或西渐造成的。

在公元前 2 千纪初叶，中国的青铜器尚处在萌芽状态，而欧亚草原已经进入青铜时代中期，并且主要分布在亚洲内陆山麓地带，米努辛斯克及其以东地区的青铜器还很不发达。中国北方的西部以及新疆地区有齐家文化、四坝文化和天山北路文化，这些考古学文化的青铜器中有很多受亚洲内陆山麓地带的影响。来自近东地区的影响也可能是从这个通道传入的。这时中原的青铜器见于二里头文化，其中有明显的经过齐家文化传入的草原影响。这些事实都说明与西部文化交往的发达。这时的趋势是西区的东进。这时的中国北方—蒙古高原冶金区尚处在萌芽状态，翘首铜刀的分布可以证明它的存在。东部区后来流行的联珠饰出现在四坝文化和天山北路，是两区联系的表现。

在公元前 2 千纪中叶，亚洲草原分布着安德罗诺沃文化联盟与塞伊玛-图尔宾诺遗存，这时期仍然以西部文化交往为主，并且塞伊玛-图尔宾诺遗存传布到外贝加尔地区，安德罗诺沃典型的器物銎战斧和喇叭形耳环等也进入了中国新疆和北方地区。这时的趋势仍然是西区的东进。而同时期的中原是早商文化，青铜器进入了发达阶段。中国北方兴起了朱开沟文化，早商文化形成了北方类型，中国北方青铜器处于蓄势待发的态势。

在公元前 2 千纪后半叶，草原进入青铜时代末期。商代晚期中原青铜器进入鼎盛阶段。中原青铜器高超的技术对北方青铜器产生了极大的促进作用，这是亚洲草原其他地区所不具备的，它使中国北方青铜器在亚洲东部草原成为最发达的青铜器。商文化所创建的中国北方青铜器进入到繁荣时期，并且形成八个类型，向北传播，中国北方—蒙古高原冶金区正式形成。它包括了中国北方和蒙古高原、外贝加尔地区，向西到达米努辛斯克盆地的卡拉苏克文化。这时期很少见到西部文化的交往。这时的趋势是东区的西渐。

进入公元前 1 千纪初叶，整个欧亚草原处于畜牧向游牧的转变期。但是中国北方这时期发现的遗存主要是东北地区的夏家店上层文化。它仍然保持着与东部石板墓文化的联系，并且从繁荣期开始与西部的亚洲内陆山麓地带发生交往。这时的西部文化交往范围在扩大，包括了米努辛斯克盆地。这时的态势是东西区的对峙。

到公元前 1 千纪中叶，整个草原的游牧化已经普及，各地游牧文化进入繁荣期。中国北方与草原交往的东西区十分清晰，西部主要是以双鸟回首剑、鹤嘴斧和圆雕、浮雕动物装饰为代表的西伯利亚风格，东部仍然是石板墓传统的环首刀、联珠饰、双尾饰等。这时的趋势是西区的东进，这种东进的势头在中国北方双鸟回首剑和鹤嘴斧的东传中看得十分清楚。它与东区的分界已经向东移到了蒙古国中部及太行山以北一线。

到了公元前 1 千纪末叶，东区所形成的南北向通道为匈奴形成中吸收大量中国北方因素提供了交通的便利。而且这条交通路线还在扩大，包括了来自内蒙古的岱海地区和鄂尔多斯地区的大量文化因素。匈奴联盟形成后，以漠北为基地，不断南下侵犯中国北方与中原，并大规模向西部草原扩张，匈奴帝国占据了亚洲草原的东部地区。在强大的匈奴联盟时期，中国北方与东部的蒙古高原以及与西部亚洲内陆山麓地带的交往几乎停滞了。这种交往只得改道沙漠绿洲，丝绸之路应运而生了。中国与欧亚大陆交往的前沿是中国北方与欧亚草原，这种交往路线和方式的改变，导致中国和欧亚大陆交往进入了新的时代。

中国北方与欧亚草原的交往以亚洲草原为主，分为东部文化交往区和西部交往区。东区最发达的时期是在公元前 2 千纪后半叶的商末周初，它的范围向西推到了米努辛斯克盆地；西部最发达的时期是在公元前 1 千纪中叶的东周时期，它的东界到达蒙古国中部到太行山以北一线。所以米努辛斯克盆地和蒙古国中部是东西区交汇地区。因此就可以理解这个现象，即这里建立起来的考古学年代序列：阿凡纳谢沃—奥库涅夫—安德罗诺沃—卡拉苏克—塔加尔—捷西期的人种成分为以欧罗巴人种为主—以蒙古人种为主—以欧罗巴人种为主—以蒙古人种为主—以欧罗巴人种为主—以蒙古人种为主这样的交替。米努辛斯克盆地的青铜时代到早期铁器时代的人种构成就是亚洲草原东西传播的风向标。从亚洲草原的大视角观察到的东西区的文化传播，使我们找到了中国北方这种文化传播的动力，西边的斯基泰东传在前，东边的匈奴西进在后。

中国北方与大草原地带西部和东部的交往有很大的不同。东部交往是南北向的，主要是与蒙古高原和外贝加尔地区的联系，这里文化相对封闭，文化的传统稳定，所以形成了中国北方—蒙古高原冶金区。西部的交往是东西向的，面对的是广大的亚洲草原，它的西边还有黑海沿岸的欧洲草原，文化交往频繁，各时期之间的连续性不强，不同时代之间很少有承袭关系。在早期铁器时代，来自西部的影响分别是西萨彦岭—阿尔泰山—天山，纬度逐渐降低，最后形成了丝绸之路。从考古发现看，丝绸之路的考古证据最早见于阿尔泰地区的巴泽雷克墓葬中的中国丝绸与铜镜，这要比人们熟知的西汉时期张骞通西域至少早 200 多年。草原金属之路与草原到沙漠的丝绸之路是一个逐渐变化的过程；东部匈奴联盟的孕育过程很长，但是它的崛起是一个短暂的历史事件，它导致了西汉史料记载的丝绸之路的出现，对后来的欧亚陆桥的历史有着深远的影响。

三、成果的学术创新、应用价值以及社会影响和效益

本成果是迄今为止最全面的研究中国北方与新疆、东北以及整个欧亚草原的成果，时空涵盖面大，资料详尽，有具体深入的点的剖析，是对草原丝绸之路之前的金属之路的交往研究的一个重要成果。

首先，从西汉开始的在中国北方东西两侧出现的匈奴联盟与丝绸之路的孕育过程入手，将中国北方与欧亚草原的文化交往分为东西两大区。

其次，按时间将这个交往过程统一分为夏代、早商、商末周初、两周之际、东周与汉代等不同时期，按时期分析了中国北方与新疆和欧亚草原的联系。分析结果显示东西区所交往的欧亚草原有很大差异，西部草原的大后方可以到达黑海沿岸，它对中国北方的交往以传播为主，而且每一次传播都是来自不同的地区；东部草原的后方只到达外贝加尔沿岸，它与中国北方的交往主要是受到中国北方的影响。而且商代的中国北方借助于商代高超的青铜器铸造技术，为整个草原的青铜器做出了很大贡献。本成果具体分析了不同时空中国北方与欧亚草原的联系，第一次全面回答了是东风西渐还是西风东进的问题。

最后，通过对各地器物的比较以及这些器物所在的考古学文化和各地传统的梳理，再到不同地区的历时与共时性分析，最终呈现出一幅由种种联系和相互作用无穷无尽交织起来的画面。这是一幅从公元前2千纪到公元元年前后长达2 000年的中国北方与欧亚草原以金属为代表的文化交往的历史画卷。在这漫长的草原金属之路的发展历程中，中国北方地区与蒙古高原和外贝加尔地区的交往以及与亚洲内陆山麓地带的联系，形成了中国北方与亚洲草原金属之路的东西两个区此消彼长的不断变化的关系，最终分别形成了匈奴联盟与丝绸之路。

丝绸之路之前的中国与欧亚草原的交往历史几乎是空白。人们已经意识到在丝绸之路之前就存在着草原金属之路，但是对金属之路的交往情况并不十分了解。本成果全面梳理了这个过程，这也是丝绸之路建立的基础。本成

果中的部分研究成果已经分别被《中国社会科学文摘》、中国社会科学网和《高等学校文科学术文摘》转载，有较大的社会影响。

当前中国正在大力推进“一带一路”国家战略，丝绸之路经济带的建设是其核心内容之一。深入了解草原金属之路和丝绸之路的形成过程，对于国家制定相关政策具有非常重要的参考意义。

世界历史

《乐浪研究》概要

苗 威*

一、研究的目的、意义及方法

“乐浪”一词最早见于《汉书》，是郡名，即汉武帝于元封三年（公元前108年）平灭卫氏朝鲜之后在其故地所设置的乐浪、真番、临屯、玄菟四个边郡之一。然而，“乐浪”一词早在汉武帝建郡之前即已经存在。《逸周书·王会》篇载有“良夷”，晋代学者孔晁为《逸周书》作注时指出，“良夷”即“乐浪夷”，概因“良”是“乐浪”的反切，因而，“乐浪”是古族名。另据《后汉书·王景传》载，汉人王景的八世祖“浮海东奔乐浪山中”，这里的“乐浪”是地名。西汉置郡时，往往取名于古族名或古地名，“乐浪郡”之名即是由族名或地名而得来。

至公元5世纪为止，朝鲜半岛北部大同江中心流域的历史，可以用“乐浪”为核心话语，串联成系统。而从政治、经济、文化等角度，对朝鲜半岛北部的历史所进行的探讨，是谓“乐浪研究”。

1. 研究目的

迟至公元676年，朝鲜半岛才出现第一个“统一”政权，即统一新罗。自此，朝鲜半岛政治一体的情况，一直持续至上个世纪中叶。在这1 000余年的历程中，朝鲜半岛逐渐成为韩民族生栖的母体。今天的朝鲜半岛，虽然被北纬38度线切割为朝鲜与韩国两个政权实体，但南北民族的血统同一性

* 苗威，东北师范大学教授，博士生导师。

素为众所公认。然而，在朝鲜半岛出现统一的格局之前，其历史是如何呈现的？“乐浪研究”将对其北部的历史进行系统梳理。

由于古代政治势力推拉不断，兼之文献史料有限，考古资料繁杂，朝鲜半岛北部的历史长期模糊不明确。但事实上，“乐浪”不仅在汉晋时期一度成为朝鲜半岛北部地区的代名词，同时，也是中原王朝在400余年间对这一区域实施郡县制统治的核心实体，以及该区域以汉文化为主体、融合多种土著文明的文化集合体的象征。乐浪研究的要旨是将该区域放在整个东亚大背景下，展现其独特的历史发展脉络，深层体现其历史价值。

具体而言，本成果要明确乐浪区域的源流史、其与中原的关系，及其在东亚的具体呈现。其目的有三：一是明确乐浪区域历史的变迁情况，包括乐浪前史、乐浪等四郡的设置与整合、乐浪东部与南部二都尉的立废、崔理与王调势力的割据与消亡、带方郡的设置等，明确引起这些变迁的原因既与中原王朝的国力及边政有关，也与乐浪区域土著势力的发展有关；二是研究乐浪郡地理位置的比定、辖区范围的消长，以及相关的历史地理问题；三是了解乐浪地区的社会经济、民族习俗和文化教育状况，及其对朝鲜半岛南部乃至日本的辐射与影响。

2. 研究意义

其一，补以往学界研究之不足。就目前所见，国内学界没有对乐浪区域的民族、疆域、文化等有关问题的源流、继承与嬗递进行系统论述的著作。而韩国则有一定的成果，但由于史观的问题存在“自说自话”的现象，中国学者在这一领域话语的分散、缺失，造成国际学术对话的不平等，本成果尝试补阙。

其二，对乐浪区域的认识比较系统。乐浪区域的历史线索是：古朝鲜—乐浪等郡县时代—高句丽。笔者曾先后出版《古朝鲜研究》《中国正史高句丽传详注及研究》《高句丽移民研究》等著作，对古朝鲜与高句丽的衔接点——乐浪，有完整、系统的认识，兼顾整体性与联续性。

其三，本成果大量汇总学界的有关研究动态，对已有的成果进行科学分析，客观认识历史。学界对于魏晋以前的乐浪区域的研究和记述展开较早，不过由于史事悠远，文献阙如，而致认识纷纭不一，个别问题谬说较多，进而直接影响到史事的认定。围绕乐浪个别问题的议论，事实上已包含历史问题政治化的倾向，理应给予正确认识，这对于准确把握中国与朝鲜半岛的历史具有重要意义。

其四，从历史的角度，对乐浪的研究可以促进相关的研究。在朝鲜半岛北部的历史中，古朝鲜、汉四郡和高句丽相互间具有紧密的联系，在考察其中的一个问题时，必然会涉及另外的两个问题。乐浪实际上是以郡县时代为中心，包含其他二者的历史问题，因而乐浪的问题一旦明确，古朝鲜与其后的高句丽的认识也就迎刃而解了。本成果对于乐浪的研究，以地理承袭为线索，放在古朝鲜、乐浪郡、高句丽的架构内，不孤立议论，从认识体系来讲是一个创新。

其五，从文化的角度而言，乐浪是连接古代中国大陆和朝鲜半岛的关键环节。由于古代中国在政治、经济、文化以及人口等方面存在着无可争议的优势，所以不可避免地对东亚各国、族皆产生直接或间接的影响。本成果通过文献记载和考古资料相互印证，从宗教、汉字以及文学教育等方面全面勾勒乐浪文化的整体面貌并探讨其对周边国族的影响，这对于客观、系统地研究乐浪史，认识古代东亚的文化交流史，具有重要的作用。

需要提及的是，近代以来，乐浪历史的研究有三个方面的特点。一是无论日本、朝鲜，还是中国，学界对于乐浪的成果，较为集中地出现于上个世纪的前五十年；二是相关著述以考古报告为多；三是专门性的成果，考古发掘报告以日本人完成的为多，研究类著作以朝鲜、韩国学者完成的为多，而中国学者大多是在区域史的通史性介绍或行政建置史的追述中简略提及。因而，本成果的完成显得更为具有价值。

3. 研究方法

关于乐浪的文献资料主要见于《史记》《汉书》《后汉书》《三国志》等正史，《资治通鉴》等编年体史书，《逸周书》等史传，以及朝鲜正史《三国史记》等文献之中。不过，相对于400余年的史事而言，文献记载无疑过于简约。有些史事语焉不详，比如，关于崔理政权仅在《三国史记》卷十四《高句丽本纪》中有一段记载，由于记述不甚明确而引起了后人颇多相左的认识；有些史料因为在转抄中出现衍文，比如，关于汉四郡的调整，迄今学界所依据的主要是《后汉书·濊传》："至元封三年，灭朝鲜，分置乐浪、临屯、玄菟、真番四郡。至昭帝始元五年，罢临屯、真番，以并乐浪、玄菟。

玄菟复徙居句骊，自单单大领已东，沃沮、濊貊悉属乐浪。”对这则史料的辨析视角不同，对四郡调整后的归向认知亦不同。所以，对文献史料进行甄别和考据成为深入研究的一个基本环节，本成果在这方面着力较多，力图借助有限的史料进行更为深入的历史认知，尽量缩短历史记载的语境与历史事实之间所存在的距离。

尽管文献史料存在“不足征”的缺憾，所幸丰富的考古资料提供了宝贵的信息。乐浪地区的考古发掘不仅包括墓葬，也有生活区遗址。其中，仅文字的载体就有砖、封泥、铜器以及简牍等。乐浪遗迹的发掘开始较早，大约在1909年，日本学者关野贞、谷井济一、今西龙等在朝鲜半岛调查古迹，发现了乐浪郡时代的一些遗物。此后各国对乐浪遗迹的调查始终没有停止，并出版了大量的发掘报告，《乐浪汉墓》《朝鲜古迹图谱》等皆成为今天研究乐浪历史不可或缺的资料。因而，本成果中借鉴并运用了考古学的相关方法。

整体而言，本成果在历史学范畴内进行阐释，基本方法是实证史学，辅以历史地理、考古学、文献学等相关学科知识，在前贤的研究基础之上，突破单边视角，以东亚视野考察古代朝鲜半岛及中国东北的历史，即以俯瞰的视角重新考察乐浪史，在全景式了然东亚格局的情形下，再对相关历史做近焦处理，关注乐浪的兴衰沿革，深层解读乐浪文化的流变细节。此外，因涉及各民族群体和文化认同问题，亦需借鉴民族学和人类学的相关成果和治学方法，力争使研究走向深入。

二、成果的主要内容和重要观点

本成果的研究范围是：从时间角度而言，研究的是自良夷至乐浪郡时期的历史，重点时间区间是卫氏朝鲜灭亡之后、高句丽入主大同江流域之前，朝鲜半岛北部郡县时代的历史。在这一时段之中，乐浪、真番、临屯、玄菟四郡共同走过了初期的20余年；乐浪与带方二郡共同经历了末期的一个世纪余，在其余的三个世纪中，乐浪郡是作为朝鲜半岛北部唯一的郡而存在的，也就是说，乐浪郡的存在是自始至终的，是中原王朝对朝鲜半岛北部实施郡县统治的重中之重。从地域角度而言，本成果所涉及的最大地理范围是以四郡时期的乐浪郡为中心，包括全部四郡在内，也就是汉昭帝调整之后的乐浪郡的区域范围。所以，本成果的研究是以大同江流域为中心的朝鲜半岛北部为历史叙述单元，以420余年的郡县统治为重心，以乐浪郡的变迁为线索，叙述千余年间良夷、箕氏朝鲜、卫氏朝鲜、乐浪等郡的变迁发展史迹。同时，对于乐浪区域在乐浪、带方二郡迁出朝鲜半岛之后，迄高句丽迁都大同江流域的一个世纪余的历史，也有基本的交代。乐浪区域的历史，尤其是郡县时代的历史，无论如何沧桑变幻，其中皆有一条明确的主线，即始终围绕大同江中下游流域的箕氏朝鲜故地，也就是四郡时期的乐浪郡辖区展开。而且，乐浪郡自始至终的存在和最大辖区时的行政掌控，皆使“乐浪”成为朝鲜半岛北部郡县时代的核心与灵魂，甚至是代名词。

综合而言，本成果的研究范围，从地理上讲，是汉昭帝整合朝鲜半岛郡县所形成的乐浪郡的辖区，具体而言，北起清川江，南及汉江、南汉江的朝鲜半岛北部区域。从时间脉络上讲，由于乐浪诸郡是汉武帝灭亡卫氏朝鲜之后在古朝鲜故地设置的，而古朝鲜故地的先民为良夷，良夷则是乐浪郡得名的肇始，故而研究从良夷起笔；下限限定在4世纪中叶高句丽势力重心渐移于乐浪区域，其原因在于：当中原王朝设置于朝鲜半岛北部的郡县终结之后，高句丽由于忙于和北燕等政权争夺辽东，无暇顾及这一已在囊中的地区，因而并没有对乐浪区域进行有效的管辖，导致这一地区一度呈现出相对宽松、自由的态势，在政治上甚至独立地与东晋保持联系，接受东晋的赐封，同时，按照原来乐浪文明的惯性继续着“乐浪文化”，乐浪郡时期的文明仍在延续。所以，作为乐浪郡的余声，对相关的情况也有所考述。

主要内容体现在如下几个方面：

一是对乐浪区域内的历史地理进行细致的梳理与比定。以往学界，如韩国学者李丙焘等对于乐浪等四郡的地理位置有所涉及，但因文献史料和考古资料有限，兼之史观不同，导致观点各异。本成果在充分占有资料的基础上，客观分析考证，得出较为清晰的认识，比如，认为乐浪郡首府朝鲜县并非仅有一址，而是随着高句丽势力的南下，有一个南迁的过程；“浿水”也非指一江，而是西汉时为今清川江，西汉后为今大同江，是古代人口在南徙过程中，将故地的江名冠于新居地而致。

二是对乐浪区域内的行政建置及势力盈缩进行考述。本成果以考古辅助文献，对箕氏、卫氏二朝鲜的历史进行简叙；并透过汉武帝与卫氏朝鲜君臣的博弈对彼时的东亚政局做考量；汉晋中原王朝对乐浪的经略不仅反映了其治边理念，同时也间接体现了统治力度的长消。而就乐浪本土而言，从汉武帝时的乐浪等四郡，至汉昭帝时的乐浪一郡，延至公孙氏的乐浪、带方二郡，间杂以崔理、王调二势力的割据，以及岭东诸县的旋置旋废，亦表明了半岛当地土著势力抬头。而高句丽、百济的不断侵扰也表明了周边政权对乐浪的觊觎与蚕食。相关的整体史事成为东亚国际秩序的全景缩影。

三是对乐浪郡县的官制进行研究，明确其与内地郡县的差别。对乐浪的民族源流及郡县时代的民族构成进行理性思考。对东夷、中原汉人等移居朝鲜半岛，及其给半岛文明所带来的催化进行具体研究。明确乐浪地区的社会经济、民族习俗和文化教育状况，及其对朝鲜半岛南部的伽耶、新罗等周边政权的辐射与影响。

重要观点有如下几点：

其一，乐浪是指大同江中心流域的朝鲜半岛北部，乐浪史是以“郡县时代”为重心的半岛北部区域史。明确乐浪并非单纯指代朝鲜半岛的汉四郡之一乐浪郡，甚至亦并不仅指郡县时代的整体，而是以大同江为中心，北达图们江、鸭绿江，南抵汉江这一区域空间的代名词。

其二，乐浪郡置于卫氏朝鲜的中心地，即箕氏朝鲜故地，也就是古之良夷的生活区，位于以今平壤为中心的大同江中下游地区。真番郡置于古真番地，具体位置应该在乐浪郡之南。临屯郡置于东秽地区。玄菟郡置于沃沮(亦称东沃沮，史称第一玄菟郡)，辖今咸镜南道。

其三，朝鲜半岛的郡县时代上承古朝鲜，下接高句丽，在这个链条中，与古代中国皆关系密切，从箕氏朝鲜的“侯国”期、卫氏朝鲜“外臣”期、乐浪郡县的直辖，到高句丽的割据，经历了从间接统治到直接统治，最终走向分裂于中原一统政权之外等几个阶段。不仅反映了古代中原政权对于朝鲜半岛的边疆经略，也反映了彼时东亚的政治格局。

其四，乐浪之名来源于大同江中下游的古“良夷”，良夷是由该地的土著居民同山东半岛迁徙而来的东夷族的融合体，居地是商、周之北土的一部分，同西周保持着朝贡关系。乐浪地区进入郡县时代前，居民主要是“朝鲜蛮夷”，也就是良夷与迁徙而来的殷商移民融合后而形成的主体民族，居住区主要在箕氏朝鲜之地，即汉四郡之乐浪郡的辖区范围之内。此外还有居于真番郡内的真番族，以及岭东地区的东秽、东沃沮和迁徙而来的汉族。建郡之后，汉人增多，并逐渐成为该地区的主体民族。乐浪、带方两郡之地在被高句丽占领之后，其居民一部分留居当地，另一部分则迁往辽西、百济、新罗，以及倭国。随着高句丽的入主，这一地区新迁来的民族，除高句丽人之外，亦增加了汉化鲜卑族。

其五，从汉武帝设置四郡，到汉昭帝始元五年（公元前 82 年）调整东北边郡，乐浪郡辖区包括原四郡的所有属地，是为“大乐浪郡”，及至汉昭帝元凤六年（公元前 75 年）或稍后，将玄菟郡侨置于原辽东郡的塞外辖区，即古高夷、貊国地区（今我国的苏子河流域、浑江流域，以及朝鲜的慈江道一带）。其后又在其东部、南部分置“都尉”，以及郡县势力中衰，直到公孙氏崛起，重振乐浪郡，屡有盈缩的势力范围，不仅受到中原王朝局势的影响，也有土著势力与周边政权的因素。

其六，乐浪郡的官制与内地郡县没有差异，同时并行的封君制也与其他边疆民族地区相一致。莽新时期，官名和地名的变动较大，比如改官名“太守”为“大尹”、“都尉”为“太尉”，改地名“乐浪”为“乐鲜”等。到东汉光武帝时期，撤并乐浪东部与南部二都尉，同时，在故地实行县侯制。乐浪地区的县侯制一直延续到高句丽占领岭东七县之后。

其七，乐浪地区的郡县时代，对东北亚的影响是巨大的，从政治层面上说，它在中国与新罗、百济、日本等乐浪周边的势力中确立了朝贡体制的基本范式，并且发展成为后来成熟且在古代东亚国际关系中占有重要地位的朝贡体制。从文化层面上说，夯实了“汉字文化圈”，成为世界文明中的重要组成。

其八，把朝鲜半岛北部（今汉江、南汉江以北）5 世纪之前的历史，以“乐浪”为主线串联起来，将以往或零散，或简略，或未引起关注的朝鲜半岛北部古史系统化。“乐浪”得名与朝鲜半岛古民族“良夷”有音韵学的承接关系，而良夷是箕氏朝鲜域内的主要民族；箕氏朝鲜后期，燕人卫满入其故地建立卫氏朝鲜，汉武帝元封年间灭亡卫氏朝鲜，设置乐浪等四郡，四个世纪之后，乐浪区域为高句丽所领有。几个时段之间的历史本来彼此关联，所以相关研究不能孤立，只有在联系性中才能看到乐浪的整体性。

综合而言，本成果明确了乐浪历史不仅是历史学、边疆学乃至民族学等领域的重要课题，同时，也是论证朝鲜半岛历史与文化承袭的一个关键环节。对这段历史进行系统研究，无疑具有十分重要的价值与意义。本成果是中国学界的补阙之作。

三、成果的学术创新、应用价值以及社会影响和效益

本成果在学术思想上，力争从文献史料出发，而不是从民族国家之下的个体学者身份出发，切实还历史以科学的本然。上世纪六七十年代，以金元龙为代表的半岛学者秉持学术良知，认为民族心与爱国性需要通过客观解读历史来体现，但随着朝鲜果断地建立并“完善”了古史体系，成功地指鹿为马之后，韩国亦调整认知，保持步调一致。按照半岛学界现今的古史体系，乐浪等诸郡存在的四个多世纪一度割裂这一所谓体系，而事实上，在统一新罗之前，朝鲜半岛的古史是两个相对独立的体系：北部是以汉文化为核心的文明体系，经历了箕氏朝鲜—卫氏朝鲜—乐浪等郡县时代—高句丽；南部是以韩文化为核心的文明体系，经历了三韩—新罗、百济。本成果将全面检索中国、朝鲜的文献史料，并对相关史料进行深度解析。

学术观点的创新：本成果以朝鲜半岛北部大同江中心区域（本成果界定为乐浪区域）5 世纪之前的历史作为研究对象，梳理相关问题，从历史体系的角度加以提升，这是总的创新点。学术观点的创新具体有三。一是，从良夷至乐浪郡的千余年间，乐浪成为朝鲜半岛北部区域最为贴切并具有核心意义的代名词，乐浪是古代东亚世界最有“国际”特色的区域，乐浪文化一度是朝鲜半岛的先进文明。二是，直至当代仍在不断发掘出土的资料所解释的乐浪历史，呈现越来越丰满的历史解构，由于中国东北史与朝鲜半岛史有所重合，今天的国界线无法切割古代的历史。也正是由于彼此的交叉性，无论朝鲜韩国史中去中国化，还是中国东北史中去朝鲜半岛化，都是残缺的体系，客观的认知是对历史最高的尊重。三是，以区域为视角研究相关历史更为理性，认识论层面上有冲突的历史，在客观上往往有更多的交流甚至融合，全面解读中朝双方的文献，方有可能达成共识。

研究方法的创新：本成果在历史学范畴内进行阐释，基本方法是实证史学。本成果充分运用文献考据学，对历史、地理等信息进行梳通与考据，进而分析乐浪历史的核心面貌与细致传承，明确历史脉络，提出合理的认识方

法。同时，由于大量运用考古资料，考古学的相关知识成为本成果完成的重要保证。此外，因涉及诸多民族群体和文化认同问题，亦需借鉴民族学和人类学的相关成果和治学方法，力争使研究走向深入。

应用价值体现在三个方面：

一是将相关的历史信息置于东亚大环境下客观考察，避免以本我为中心的单一观察模式，建立多维的研究视角。由于乐浪的历史演绎在今天的朝鲜，包括部分韩国疆域，处于古代东亚世界民族融合的地理枢纽与文化交流的连接带的位置，从文化的角度来讲，汉字文化圈是以汉字为媒介所串联起来的中原、朝鲜半岛、日本列岛等东亚诸区域，而乐浪就是文化传播的纽带与桥梁；从民族的角度来讲，这一区域一度汇聚濊、貊、汉、沃沮、真番、朝鲜蛮夷，是民族汇流的重要地区。叙述模式上的以"今"为论说本体，做追溯式讨论，是本末倒置的，并且存在为履削足的情形。本成果关注乐浪研究的本源，对于历史体系构筑中的基本元素，对流变过程中每一新增元素皆置于当时代的背景因素之下做理性审视，阐明因袭的根本，进而从学理层面找到嬗替背后的历史本真。

二是史学是科学，而非随意的解释学。指鹿为马之后，鹿的基因未曾改变，当时代被障目，必贻后世无穷的困扰与哂笑。正如李成桂代高丽政权之后，自行斟酌了两个国号——和宁与朝鲜，并请朱元璋钦选，而朝鲜国号的明确，一方面体现了李氏尊崇明朝为宗主之意，另一方面令时人忽略其高丽王朝乱臣的身份，以灭亡 1 500 年的朝鲜惑世。李氏对朝鲜国号的袭用，导致相关历史在认知上出现千里偏颇。当代的史学者，有因循朝鲜、高丽国号，对前古的历史在解释中依名称的匹配情况做嫁接，导致体系性失误。本成果对朝鲜半岛北部历史进行条分缕析之后，对于客观历史的辨明也将有极大的促进作用。

三是本成果尽所能整理了三方面的资料，即将分散于中外汉籍文献中的史料、繁杂的考古资料，以及学界存在较大分歧的研究成果，进行充分的比对与辩证，努力做到客观而翔实。综合运用历史学、考古学等方面的研究方法，研究侧重于郡县时代，但同时对乐浪区域的沿革力争做到清晰准确。在朝鲜半岛北部的历史中，古朝鲜、汉四郡和高句丽相互间具有紧密的联系，在考察其中一个问题时，必然也会涉及另外的两个问题。乐浪实际上是以郡县时代为中心，包含其他二者的历史问题，因而乐浪的问题一旦明确，古朝鲜与其后的高句丽的认识也就迎刃而解了。本成果对于乐浪的研究，以地理沿革为主轴，将古朝鲜、乐浪郡、高句丽的历史次第围绕着主轴延展呈现，不孤立议论，从认识体系来讲具有连贯性与系统性。

社会影响主要体现在：

本成果是国内学界首次将朝鲜半岛北部作为整体进行系统而全面研究的尝试，同时对学界存在较大分歧的观点，在客观分析后提出自己的认识，这一基于故有观点之上的研究，不仅是对国内外学术史的有效梳理，同时也会推动学界对相关认知的再思考。由于乐浪位于东亚世界的连接地带，其桥梁与纽带作用难以忽略，而对这一区域的研究可以做到窥乐浪“一斑”而见东亚“全豹”，从完善东北边疆史、充实东亚古史的角度而言，皆可视为有益的尝试。

《中西中古税制比较研究》概要

顾銮斋*

一、研究的目的、意义及方法

1. 研究目的和意义

本成果研究目的在于梳理中西中古税制的基本脉络，分析和解释中西中古社会的赋税制度，在比较的视野中概括两者的差异。国内外学术界关于中西中古赋税史的比较研究几乎处于阙如状态，本项研究希望能够填补这一空白。

2. 研究方法

（1）主要采用比较史学的研究方法，在比较的视野中分析、概括中西中古社会赋税史的差异。同时也使用历史学的基本方法进行实证研究。注重对史料和史实的检索、稽考、分析和引用，力求客观揭示、系统梳理和正确解读中西中古税制的发展和演变历程。

（2）注重文本细读。研读对象首先是一手资料，如《尚书》、《史记》、《汉书》、《后汉书》、《文献通考》、*English Historical Documents*、*Readings in European History*、*English Economic History Select Documents*、*The Anglo-Saxon Dooms*、*A Source Book of Mediaeval History* 等所辑录的原始资料、档案资料；其次是编年史、时人的著述等，尽量避免、减少间接引

* 顾銮斋，山东大学教授，博士生导师。

用、人云亦云。

二、成果的主要内容和重要观点

1. 主要内容

本成果在梳理中西中古赋税制度研究的学术史和考察研究现状的基础上，对中西中古税制的基本问题进行了比较，在尽量占有赋税史资料和掌握个案研究的基础上，构建了比较中古税制史的研究框架，这就是以赋税基本理论统领税权归属、赋税组织、赋税征收和赋税结构等基本问题，力求将涉及的内容有机地结合为一个整体。通过对这些问题的比较研究，希望对中西中古税制及其差异有一个比较全面客观的认识。

中国中古税制的基本特征早在《尚书》所反映的远古社会已露端倪。后来《诗经》对此进行了概括，进而形成了家天下、宗法君主论和王臣王土说的赋税基本理论。所谓"溥天之下，莫非王土。率土之滨，莫非王臣"，正是这一赋税基本理论的集中说明。既然天下与人民属于皇帝，皇帝当然有权按照自己的意志进行处分，举凡制税、用税和审计等活动，包括赋税征敛、战费开支、薪俸发放、税率确定、税额增减、额外支出、税款管理、税制改革等工作无不由皇帝控制和决断。相关规定做出后，民众只能被动地接受和执行，一般不会也不能提出自己的意见。受赋税基本理论的制约，中国中古社会似乎没有也不需要西方那样的专门的制税组织，制税具体工作和一应事务由中央财政部门如户部、度支、三司等负责，然后申闻于皇帝，由皇帝最后决定。在这里，纳税人的意见几乎完全被忽视了。在赋税管理上，由于中国中古社会基本上采取帝室财政与国家财政分理的模式，所以一般有两套管理系统。但在具体实践中，这种制度却形同虚设，经常发生两者相互调配以及国家财政调配远超于帝室财政的现象。然而，无论是王室财政接济国家财政，还是国家财政调配帝室财政，性质都一样，都反映皇帝的同一心态，这就是由"溥天之下，莫非王土。率土之滨，莫非王臣"的古老理论衍生而来的天下财富都归皇帝或皇室所有的观念，虽然文献典籍对这种观念缺乏表述或虽有表述但不够直白。这样，分理体制也就在相当程度上流于形式。受赋税基本理论的制约，中国中古赋税收支主要是强权收支，预算内、预算外收支一般由皇帝或皇帝通过职能部门决定。

西方中古税制的基本特征则植根于罗马、基督教和日耳曼文化。基于“涉及众人之事应由众人讨论决定”的习俗或传统，西欧中古时代形成了“共同利益”“共同需要”和“共同同意”的赋税基本理论。受这一理论的制约，税权大体由某一权力集体执掌。在英国，这种权力集体曾先后经过了贤人会议、贵族大会议、国会等组织的转换。法国等西欧其他主要国家也有相应或类似的组织。国王可以参加某一权力集体的制税，却一般不可独立行事。而征税能否进行，怎样进行，也一般遵从这些组织的决定。国王要征税，首先要征求纳税人意见。纳税人可以同意国王的要求，也可以更改和否定国王的要求，这就使纳税变成一种权力。通过这种权力，纳税人可以获得某种补偿，并进而参与法律拟制，通过代表制度参加国家管理。在这里，民主的含义有多种表现或不同范围的表达：在表决方式上，形成了个人同意、贵族同意和议会同意；在征收方式上，形成了个人协商、集体协商和议会协商。受赋税基本理论的制约，西欧在中古社会前期国王的收入主要是特权收入，后期在特权收入之外主要是协议收入。与此相适应，税款支出也主要是协议支出。纵观中古社会，西欧税制因强调法制原则，注重纳税人意见而具有相对鲜明的民主程序化特征。

中西中古税制的基本特征又与法律或法制问题密切相连。在中国，由于帝位至高无上，历代王朝似乎没有专门针对皇帝的成文立法。因此，也似不存在皇帝违法犯法的问题。所谓汉武帝轮台罪己，主要是一种道德自责，并无法律意义。而所谓法律，也都由皇帝或在皇帝的控制下制定，为皇帝执掌，而立法的根本目的在于控制臣下和子民，维持社会秩序，巩固君主统治。这里实际上涉及目前学术讨论中的一个热点问题，是王在法下，还是王在法上？笔者认为，后者更符合中国历史的实际。另一方面，关于赋税的征收支用，虽然皇帝颁布了太多的律令，但并不以此为重，且常常朝令夕改，前后相违，甚至苍黄反复，出尔反尔。这样，中国中古税制在法律意义上便表现出过于随意性的特征。在预算内支出中，由于皇帝封官设爵往往随心所欲，常常出现“冗官现象”，所谓“民少官多十羊九牧”正是这种“冗官”现象的真实记录，终致机构臃肿，官俸高涨。官员到任后，国家必须通过增税来支付他们的俸禄，由此对税制造成了直接影响。而与封官设爵相比，赏赐吏员更是司空见惯。关于对外战争，皇帝的喜怒哀乐等情感变化常常产生决定性作用，因而给国家财政带来沉重负担。制度是什么？是在一定时空内定型或凝固、规范和限制人的行为的规制。它靠什么维系和保障？靠立法，没有针对皇帝的立法，或如上文所言王位凌驾于国法之上，皇帝对自己的法令常常置于不顾，所谓制度，只能是专制制度。这就是中国中古税制的基本状况。

西方则不同。税制中首先包含针对国王的立法。本成果多次论及的英国的《大宪章》《大宪章确认令》《牛津条例》、法国的《大敕令》等等，即是这类立法的典型。这些立法甚至都具有宪法特征，因而更加稳定。虽然国王时有违背，因而与相关权力集体形成对立或冲突，但与中国毕竟不同。需要强调的是，这些文件中都有关于赋税基本理论“共同利益”“共同需要”特别是“共同同意”的规定。虽然官位的设置亦由国王决定，但官俸的发放须由王室也就是国王个人收入而不是国税收入支付。所以，国王要设置官位必须充分考虑他的收入状况，这就不会出现或在相当程度上避免了中国式的“冗官”现象，从而影响或损害纳税人的经济利益。至于宣战，国王必须征求纳税人意见，如遭到纳税人或纳税人代表的否定，则战费无从筹集，军队难以集结。所以，在西欧中古税制中很少有随意性特征。

中古社会赋税收支的性质和特点决定于帝王、国家、政府三者之间的结合方式。中国学术界把中国中古社会的建构形式概括为“家国一体”或“家国同构”，实际是指皇帝、国家与政府的三位一体。有些西方学者把西欧中古政府称为“私人政府”，是指政府具有一定的私人性质，或在一定程度上和某种意义上属于个人所有，国王代表政府。如果将国王、国家与政府三者联系起来考虑，则虽不能说国王完全不代表国家，亦可认为，在相当长的时间内，国王对国家的控制力无论作为一种事实还是一种信念，都是相当微弱的。正是基于帝王、国家、政府三者之间的结合方式的重大差异，中西中古社会的赋税收支呈现出迥然不同的特征。中国中古赋税收入主要是强权收入。西欧在中古社会前期主要是特权收入，后期主要是协议收入。与此相适应，中国赋税支出也主要是强权支出，而西欧则主要是协议支出。纵观中古社会，中国赋税收支的强权性质随着专制制度的强化而日趋加剧。西欧的赋税收支则因强调法制原则，注重纳税人意见而具有一定的民主内涵，虽然这种民主还表现为一定的范围或层次，由此形成了一个逐步合理化的发展路径，这与中国赋税收支方式的变化大致呈相反走向。

纵观中西中古赋税史，如果将赋税结构划分为农业税和工商税两大部类进行考察，则可以发现以下现象：在中古初期，中西赋税征收都以农业税为主体。中国从春秋战国至南北朝，人头税占据税收总额的绝大部分，而人头税基本上为农业所出。西方中古社会税收情况不尽相同。英国以土地税起始自无问题，但欧洲大陆情况有别，在中古社会前期，由于封建纷争，赋税征收缺乏定制，但以农业税居首也是可以肯定的。随着中古社会的发展，中国相应沿中古初期的路径向前发展，租调制的设立开始了改变这一格局的漫长历程，赋税结构仍以农业税占据主导。西欧则背离了中古初期的走向，转而以工商税作为政府财政的基础。进入中古晚期，中国赋税结构的演变再一次证明了农业税无可争议的地位，这时发生的几次重大赋税改革，如明一条鞭法、清摊丁入亩，无不证明政府一直将农业税置于赋税制度的中心。而每一次改革无一不是加强了农业税的地位，大大提高了农业税在财政收入中的比例。这里可以提出一个主税项走势的问题。中国经明末一条鞭法的推广至清代摊丁入亩的实施，最终将人头税并入田亩征收，从而确立了土地税一税独大的地位。这样直到清末，中国中古社会的工商税始终未能超越土地税而成为税收体系的主项，从而未能实现主税项的转换。而在比较的视野中，由于出口商品主要是原料，且国内商品中具有矿产性质的税收率占据主导，中国中古社会也未能形成一种健康的工商业经济结构，这不仅严重影响了主税项的走势，而且使工商税体系本身呈现出严重的质量问题。西欧如英国、西班牙仍以工商税居于主导是毫无疑义的。便是法国，炉灶税虽然在赋税诸项收入中一度位居第一，但认真剖析这些税项的来源，仍然清晰可见农业税居工商税之次。而且，随着王权的加强和政府的发展，三级会议的作用并未因王权的加强而受到削弱。资料显示，腓力四世之后，三级会议十分活跃，按语言分布或地理区划频繁召开，选举制度也由此获得了发展。除了三级会议，路易十一还专门召开资产者代表会议，为发展工商业制定方案，不仅使结盟双方都从中受惠，而且使民族工商业趋于繁荣。判断一种赋税结构是否健康，并不完全取决于制成品出口的比例。在一定条件下，制成品甚至工商税比例的低下也不妨碍经济发展呈现健康的趋向。英法两国各有自己的具体情况，但中世纪中后期的经济发展中都呈现了健康的态势。综览中西中古税制，可以获得以下总体性认识：大体说来，中国中古税制乃是一种农本型税制，西方则是一种工商型税制。这就是中西中古社会赋税结构演变的基本差异。这一问题的解决有助于说明许多重大历史现象，例如，中西中古国家同属传统农业国家，为什么形成了迥然不同的经济政策体系；有助于人们走出传统认识的误区，重新审视中古农业国家必然以农业税作为政府财政基础的结论；有助于深入探讨一些重要理论问题，如国家行政权力配置的阶级特性，中古社会的不同类型等。

比较研究不仅指对比较对象的共有现象的研究，而且指对某一或某些比较对象的特有现象的研究。这正是布洛赫比较史学三大功用中的一种，也即小威廉·西威尔认定的布洛赫所使用的假说验证逻辑中三种用途中的一种。从某种意义上说，这种研究更能体现比较研究独特的方法论价值，反映比较对象的本质差异。因此，中古税制中的一些特色税项和税法对于认识中西中古税制具有重要意义。

如将中西中古社会的赋税项目进行排比，我们便很容易发现，西方中古税制中协助金（aids）的征收占据重要地位，中国中古社会则不存在这类税项。因此，协助金的有无构成了中西中古社会赋税项目的突出差异之一。在西方，协助金初为国王的封臣向作为封君的国王缴纳的具有个人或封建性质的税项，因此称封建税。后来，随着封建制度的衰退，协助金也发生了相应变化而渐具国税性质。以封建税进行比对，中国中古社会自然阙如；封建税转化为国税后，以相关税项相比，二者仍存在显著差异。

在中国中古社会，人身依附关系主要表现为底层劳动者与地主之间的关系。而当底层劳动者转化为佃农之后，这种依附关系也随之淡化或消失。因此，中国中古社会的人身依附关系呈现为有限的特点。西方则不同，人身依附关系不仅表现为农奴对封建主的依附，更表现为各级封建主依次对上级封建主的依附，随着封建等级的提升，这种依附最终抵达大封建主对国王的依附，呈现为普遍性特点。两种依附关系当然存在差异，例如，有学者将封建主之间的关系又表述为保护被保护的关系，但基本方面应该是一致的。在这里，依附关系与国家层面的君臣关系分属两个系统，在本质上表现为一种私人关系。而且在中古初期，后者式微，几乎为前者所覆盖，因此与中国中古依附关系大异其趣。这种依附关系在经济上的重要表现，便是协助金的征纳。于是，在中西中古社会赋税制度的比较视野里，协助金便成为西方中古税制的突出特色。也正因为如此，对协助金问题展开研究，也就成为认识中西中古税制差异的重点之一。由于中国中古社会不存在这样的依附关系，赋税体系中也不存在这样的税项，对协助金的探讨不仅有助于对西方中古税制以至中古社会的认识，也有助于对中国中古税制以至中古社会的认识。

西欧中古社会特别是中古社会中期以前，习惯或习惯法在税法中居于重要地位，我们称之为税收习惯。税收习惯不仅在征税活动本身，在日常用语交流、政府文件拟制、政治经济关系运行中都曾有活跃的表现，并得到了社会各团体各阶层的普遍认同、倚重、遵循和维护。这些习惯都具有重要的法律和制度意义，呈现浓郁的自然法色彩。如果国王或政府违逆民意而置习惯于不理，就会激起社会不满，甚至引发冲突和战争。而税收习惯，由于起源于原始社会向文明时代的过渡时期，其中包含了丰富的民主因素。这些因素经过漫长的过滤和沉淀，至中古已经形成了强劲的机理，具有制度化特征和很强的稳定性。这当然不是说税收习惯形成后就一成不变，但通常很难更改。如果出于社会需要而必须变更，也首先要征得相关人员的同意。变更之后，复形成新的习惯，进而形成新的稳定。由此可见，税收习惯的强劲和对社会关系的有力规范构成了西方中古税制的重要特征，例如在英国，税法中充斥着习惯的元素，随着社会的变动和历史的进步，这些习惯在常轨运行的基础上，通过调适、排异、变通、成文等获得承续与更新，排除易于形成习惯的异质行为，废弃淡出社会需求的旧习惯，吸纳适应社会变迁的新习惯，最终形成了富于特色的税收习惯系统。税收习惯通过鲜明的法律和制度效能干预国家和社会管理，维持财政收支格局，显示了强大的控制力量。

中国则不同，习惯在税制中几乎处于阙如状态。因此所谓税法，主要指皇帝、政府和财政相关部门发布的关于征税的法律、法令和条例，它规定税项、税率、税额、纳税期限以及纳税人的年龄等事项。自有文字记载以来，关于税法的记录，基本上都是关于人定法的记录，几乎见不到习惯法的踪影。“自虞夏时，贡赋备矣”，在这里，“备”字表露了夏代贡赋征收中已有人工设计的痕迹。后来，孟子又说：“夏后氏五十而贡，殷人七十而助，周人百亩而彻。其实皆什一也。”对于孟子的记述，历代学者有不同看法，但“贡、助、彻”是西周以前各朝的租赋制度却是没有分歧的。夏为“贡”，商为“助”，西周为“彻”，都显示了人定法的作用。西周之后，随着税制趋于完备，政府设计税法而无习惯制约的特征已经十分明朗。西周“以九赋敛财贿。一曰邦中之赋，二曰四郊之赋，三曰邦甸之赋，四曰家削之赋，五曰邦县之赋，六曰邦都之赋，七曰关市之赋，八曰山泽之赋，九曰币余之赋”，其分类之细致，征收之齐全，使巧立名目、刻意而为的人工设计暴露无遗。春秋时代，各国相继“履亩而税”，鲁国“初税亩”，齐国“相地而衰征”，楚国“量入修赋”，皆以土地多寡、土质优劣确定税赋差额；而秦则“卒定变法之令……民有二男以上不分异者，倍其赋……耕织致粟帛多者复其身；事末利及怠而贫者，举以为收孥……为田开阡陌封疆，而赋税平”。其人定法的特征也非常鲜明。

随着统一国家的形成和专制制度的建立，征税权力悉归皇帝执掌，税法的人工设计已然不是问题。秦统一六国后，“使黔首自实田”，向民众征收“户赋”和“口赋”。汉兴，承秦之制，“既收田租，又出口赋”，无论税率是降低还是提高，全由官府而为，而与习惯无关。高祖规定田赋十五税一，景帝降为三十税一，同时又征“算赋”“口钱”与“更赋”。而此后汉代诸帝，都是根据皇帝的意志和经济社会现状确定税项、税率，拟制征收条件等。秦汉两朝在中国历史上具有特殊的地位，它扭转了春秋战国诸侯纷争的形势而形成了统一国家，结束了学派并立、百家争鸣的局面而独尊儒术，更重要的是确立了中央集权的专制政体。有了统一的政治体制、意识形态和文化传统，国家的一应事务便必然纳入制度系统予以严格管理。所以，秦汉以降，无论是晋初的《占田令》，北魏的《均田令》，唐代的“租庸调法”、两税法，北宋的方田均税法、募役法，还是明代的鱼鳞图册、“一条鞭法”，清代康熙的“盛世滋丁，永不加赋”、雍正的“地丁合一”“摊丁入亩”，等等，无不由皇帝恩准、降旨或颁布诏令后实施，自然难见尊重习惯、因袭习惯的记录。

税收习惯起源于远古，带有原始民主的色彩，它的承续意味着民主的承续，相反，则意味着民主的消亡。税收习惯的活跃无疑构成了西欧中古社会贵族协商制与议会授予制形成的直接和重要原因。同理，税收习惯的缺位与中国中古赋税专制体制的形成也有密切的不可割裂的关系。

2. 重要观点

在西方同行的启迪下，笔者提出了赋税基本理论的概念。提出这一概念的目的在于揭示中西中古税制运行的内在理路，同时建立一种适用于中西中古社会赋税制度的解释方法。本成果集中讨论了赋税基本理论的概念问题，认为赋税理论是赋税征收、管理和支出的基本依据，包括两个层次：一是经过累世传承而贯穿整个社会并反映社会赋税制度基本特征和基本精神的最高层次的理论，即赋税基本理论；一是由赋税基本理论派生出来的一些具有一定技术性的具体理论，如“量入为出”和“量出制入”，即赋税专项理论。一种赋税基本理论，可以派生出几种或多种专项理论。

中国赋税基本理论包括两部分，即宗法君主论和家天下或“王土王臣”说（“溥天之下，莫非王土。率土之滨，莫非王臣”的简称）。由于缺乏比较的视野，历代史家、经济史家或食货论者，对此虽都耳熟能详，却又熟视无睹，难以发现或提出问题，而赋税基本理论也就成了学术的“盲点”。西方赋税基本理论则包括三部分，即共同利益、共同需要和共同同意。赋税基本理论是传统文化的必然反映，是文化发展过程中一定阶段的产物和表现。在赋税基本理论的制约下，中西中古社会形成了不同的赋税制度，走出了不同的演变路线。

赋税基本理论自有其形成的内在理路。在中国古代文化模式中，由于采取君主专制政体，这种模式必然为它的政体配置相应的赋税基本理论。受这种模式的制约，赋税基本理论的内在理路便必然由家长制起始，经君主制而至君主专制，宗法制则是形成这一理路所必经的桥梁。中国早在尧舜禹时代已经表现出专制的端倪或倾向，后经演化，最终形成并确立了君主专制政体。在君主专制这一环节上，这一理路又必然进一步导致两个依次递进的结果：法律意识的淡漠和民本精神的缺乏。法律意识的淡漠已如前论。关于中国传统文化中的民本问题，笔者并不认为一些文化精英如孟子和个别君主如唐太宗的言论就能够反映中国传统文化的本质，重要的是君主专制政体与民本精神是相互抵触、彼此矛盾的。中国传统语境中的民本与西方存在很大差别。与中国传统文化不同，西方传统文化不是单一或某一主流文化演化的结果，而是几种文化交融混一的产物，这些文化主要是：古典文化、基督教文化和日耳曼文化。这些文化具有相近相通的亲缘关系，一经接触，便极易融合，在民族大迁徙之后很快形成了相对统一的文明。正因如此，我们把西欧视为一个文明整体或分析个案。无可否认，三种文化都含有一定的民主精神，可否称为民主文化可以讨论，但正是这类文化诞生了协商同意的社会习俗或制度，进而形成了西欧中世纪富于特色的赋税基本理论。

税权是笔者在中西中古税制比较研究中概括提出的另一个概念。税权归属问题是在西欧中古社会提出来的，是关于制税、用税和审计等几方面权力归属的综合。中国中古社会不曾提出这一问题。在这里，税权由皇帝执掌，表现为官府组织制税、用税和审计诸活动。中国历史上不乏谴责官府重税、甚至因此“为民请命”的朝廷命官，以武装斗争的形式抵制征税的农民起义更史不绝书，但是这些斗争的目的无不在于请求或强迫官府降低税额或免除一时一地的征收，而不是把它们看作一种权利、作为一个问题提出来，并通过斗争夺取这种权利。于是中西中古社会产生了一种大相异趣的现象：在西方，纳税人、议会与国王争夺税权的斗争犹如一条显著的红线，贯穿整个中古社会；而中国的抗税斗争此伏彼起，却始终没有提出过这一问题。在中国，税权集于中央，归于皇帝；在西方，则归属某一权力集体。随着中古社会的发展，中国皇帝对税权的控制更加强固；西方则由于等级君主制的形成，税权由贵族大会议控制转归具有广泛社会基础的议会执掌。中古末期，中国仍沿原来的路线向前发展，随着专制制度的空前强化，税权高度集中于皇帝之手。西方则不同。英国王权的空前强大并未引起议会君主制政体的实质性变化，税权仍由议会执掌。法国王权虽在一定程度上控制了税权，但国王对税权的行使仍然受到地方权力集体的制约。英法两国之间的税权归属虽也存在差别，但这是一种属于同一税权归属类型之内的差别。比较看来，中国的税权归属则完全属于另外一种类型。这样，作为税权演化的结果，在西欧，议会政治得到了健康的发展，问题也相应得到了理想的解决，即税权由议会执掌，有的国家甚至形成了“先补偿，后供给”的原则。在中国，明清两朝则进行了以简化税则、强化防弊为主要内容的税制的细部加工和整体完善，并最终使税权的集中和强固达到了登峰造极的程度。

以往赋税史研究主要是稽考和描述税制、税项、税率等内容的发展变化以及相互之间的关系，本成果则力图以赋税基本理论分析中西赋税发展演变的历史，探讨中国与西欧赋税基本理论对各自赋税制度及其演变的制约力量。为此，本成果构建了比较中古赋税史的研究框架，以赋税基本理论统领中西赋税史的基本内容，分析中西中古社会的赋税史的若干基本问题如主税项走势、税权的归属、税收组织、赋税结构、税款征收和支出等，论述过程中强调赋税基本理论与这些问题以及这些问题之间的逻辑关系，力求将各部分结合为一个有机整体。本研究的重点主要在于从比较中考察中西中古税制的差异，探讨一些新的问题，阐明一些新的论点。

三、成果的学术创新、应用价值以及社会影响和效益

（1）选题。关于中西中古税制的比较研究，国内外学术界还基本上是空白。虽偶见相关论文发表，但涉及的问题和范围十分有限。本成果以中西中古税制比较研究作为选题，在尽量占有原始资料和掌握个案研究的基础上，力求提出新的问题，进行新的研究。

（2）概念。本成果提出了一些新的概念。这些概念有助于揭示中西中古税制的深层结构，分析和探讨赋税征收支用的诸多现象，解释中西中古税制的发展变化和基本走向等问题。

（3）方法与框架。本成果提出了一种中古赋税史的分析方法，并相应建立了中西中古税制比较研究的框架，以赋税基本理论统领税权归属、赋税组织、赋税征收和赋税结构演变等内容，探讨赋税基本理论对中西赋税制度及其演变的制约力量，分析中西中古税制的基本差异以及出现这些差异的原因等问题。

（4）问题。主要提出和探讨了以下问题：赋税基本理论的概念、中西中古赋税基本理论的异同、中西中古赋税史的演化路线、税权的归属与行使、主税项的演变和转换、商税和关税的质量及其与资本主义萌芽的关系等等。同时力图回答：同是传统农业社会，为什么形成了迥然不同的经济政策体系；应当怎样认识中古农业国家必然以农业税作为政府财政基础的传统结论；这一结论是否具有普遍意义。这些问题都涉及税制的全局，本成果的探讨和回答可推进或深化中西中古税制的比较研究。

民族问题研究

《俄亚、白地东巴文化调查研究》概要

喻遂生*

一、研究的目的、意义及方法

1. 研究目的

俄亚是四川省木里县的一个纳西族民族乡，位于该县西南角，与云南省香格里拉县山水相连，与丽江市隔金沙江相望。俄亚距县城 323 公里，中隔重重大山，旧时从木里县城到俄亚马帮要走 10 天，2010 年前不通公路和电话，乡政府靠电台与县政府联系。俄亚有纳西族 3 000 多人，是 500 年前明嘉靖年间丽江木氏土司向外扩张时派往木里的军队的后裔。因山河阻隔，俄亚的风土民情和东巴文化难得地保留了比较古老的风貌。

白地位于云南省香格里拉县东南约 100 公里的高山峡谷中，是三坝纳西族乡的中心。白地是纳西东巴文化的发源地，是东巴教徒顶礼膜拜的圣地，东巴文化底蕴十分深厚。白地通车较晚，也是目前东巴文化原始风貌保留最好的地区。

学界公认俄亚、白地是目前东巴文化保存最好的地区，但由于交通不便，以往对两地缺乏深入细致的调查研究，也很少刊布两地的材料，《纳西东巴古籍译注全集》中没有收录两地的经书，两地也没有一本经书作成“四对照”本刊布，俄亚纳西语、东巴文的研究还是空白。这与两地在东巴文化中的崇高地位很不相称，也不利于东巴文化研究的发展。本成果的目的是通

* 喻遂生，西南大学教授，博士生导师。

过对两地东巴文化系统深入的调查研究，摸清两地纳西族社会的历史及现状，记录纳西语方言音系，抢救收集整理东巴文献，研究整理东巴文字，了解东巴文化传承保护取得的成绩和存在的问题，探讨东巴文化与社会主义新农村新文化建设的关系，为学术研究和文化保护提供参考。

2. 研究意义

（1）有助于全面了解东巴文化的历史和现状。纳西东巴文化现已成为一门国际性的显学，但对东巴文化的历史和现状，特别是川滇交界边远地区东巴文化的历史和现状的调查研究十分不够。白地是东巴文化的发源地，俄亚是东巴文化保留得最好的地方，不了解俄亚、白地东巴文化的历史和现状，就说不上掌握了东巴文化的全貌。从东巴文化研究的角度看，弄清了俄亚、白地的情况，就可以在东巴文化的源头建立一个资料库和参照系，从而对东巴文化研究起到正本清源、提纲挈领、推动其发展的作用。从东巴文化保护传承的角度看，几十年来传统的东巴文化受到了很大的冲击，改革开放以后，东巴文化有了一定程度的恢复，但各地东巴文化的现状究竟如何，其保护传承有哪些成功的经验，还存在哪些问题，应该如何改进，实际上都还缺乏客观、深入、细致的了解。因此，对两地东巴文化现状进行一次全面深入的调查，对东巴文化的保护和传承工作进行梳理和总结，可以为政府和学界提供翔实的参考，以利于东巴文化保护传承工作的开展。

（2）有助于东巴文化的抢救和保护。俄亚、白地有深厚的东巴文化底蕴，2002 年丽江东巴文化研究所聘请的大东巴和开祥、和即贵去世以后，丽江就没有在世的著名东巴了，而白地健在的大东巴还有和志本（2015 年 88 岁）等，俄亚健在的大东巴还有甲若（2015 年 80 岁）、木瓜林青（2015 年 80 岁）等，他们是活着的东巴文化宝库。东巴文献在俄亚、白地民间也还有较多的遗存，除经书外，笔者在白地还发现了纸质地契、木质账单、东巴文石碑等，这些类型的东巴文献在学界都是首次发现，学术价值不言而喻。但这些大东巴年事已高，东巴文献的留存十分脆弱，甚至有可能转瞬即逝，如不及时抢救记录，将追悔莫及。时不我待，刻不容缓，通过本成果的研究，将俄亚、白地东巴文献的情况尽可能摸清楚，尽可能多地收集起来，记录下来，这对东巴文化的保护传承是功德无量的事情。

（3）有助于东巴文和纳西语的研究。俄亚、白地的东巴文、纳西语存古较多，在学术上有重要的价值，但以往的研究，对社会历史文化宗教关注较多，对作为东巴文化基础的东巴文献、东巴文字、纳西语调查研究刊布很少，有些甚至还是空白。本成果编出俄亚、白地东巴经的目录，列出俄亚、白地东巴文的字表，调查俄亚、白地的纳西语方言，这对于东巴文和纳西语的研究，对于普通语言学、普通文字学、民族古籍整理、民族古文字辞书编纂等相关研究，都具有重要的学术价值和现实意义。

（4）有助于民族地区的社会经济文化建设。东巴教作为纳西族的原生宗教，是纳西先民智慧的结晶和民族精神的载体，是纳西族自立于民族之林的基石，是创新民族新文化的源泉。在新的历史条件下，如何加强对东巴教的抢救和传承，满足纳西族民众对传统宗教的现实需求，如何帮助东巴教取其精华，去其糟粕，使之与当代社会相适应，与现代文明相协调，找到与社会主义新农村新文化建设和谐发展的转型之路，是一个亟待研究和解决的大问题。本成果的工作，虽然只是解决这一问题的一些基础性的铺垫和探索，但对于弘扬民族优秀文化，提高民族自信心，加强民族团结，建设和谐社会，对于民族地区的文化教育、古籍整理、旅游开发、新农村建设，有积极的促进作用。

3. 研究方法

（1）田野调查的方法。田野调查是本成果最基本的方法，即以东巴和东巴经书为主要对象，通过访谈、音像记录、文字记录、实物征集等手段，进行抢救性的调查、收集，并在此基础上进行深入细致的整理和研究。调查的内容主要有：俄亚、白地自然、人文地理的基本情况；各村东巴文化的历史，现有东巴及宗教活动的情况（人数、分布、传承、活动等）；各家东巴现藏经书的情况（数量、类别、内容、版本源流等）；东巴文应用性文献的情况（种类、史料价值、文体特点等）；纳西语言和东巴文字的情况（方言音系、词汇语法、文字数量、结构、特点、字词关系等）；各地东巴文化传承、发展中的问题、前景及对策建议。

（2）文献学的方法。注意对现存东巴文献的数量、物质形式、类别、内容、使用传承情况进行收集整理，对东巴文献进行著录、编目、版本鉴定，对文献的时代、地域、抄写人、流传、收藏等情况进行考订。

（3）语言文字学的方法。鉴于东巴经书大多未逐词记录语言，并且假借字很多，研究者即使认识文字也不一定能读懂经书，所以调查中特别注意依靠当地东巴，就地记音释读，以保证文献解读的准确性、可靠性。对重要文献，还要做出字释，即逐字标音释义（本义、引申、假借），再作全文标音、汉译。本成果纳西语的调查，文字的结构分析，本义的确定，引申义的演绎，假借义的破解，异体字、讹误字、音变、方言的确认，语法的分析，语句的翻译等，都需要语言文字学的方法。

（4）信息化的方法。在调查中采用音像、笔录等方式记录原始资料，运用信息化处理技术建立东巴文献、东巴文字、纳西语言的数据库。原始文献图片资料库要求内容全面真实，版本数据清晰，相关信息完备。文字资料库要求在全面汇集资料，正确切分字符的基础上，做到文字学属性全面准确。语言资料库要求记音准确，音系完整，有适当的方音辨正，常用词完备。建立便捷的检索系统，以供整理研究和今后编纂东巴文、纳西语字词典时使用。

二、成果的主要内容和重要观点及对策建议

1. 主要内容

本成果约 60 万字，刊载照片 878 张，分五部分十六章。

（1）引论。分两章介绍了纳西族、东巴文、东巴经书、东巴文化的简况，论述了俄亚、白地在东巴文化研究中的地位和价值，梳理了两地东巴文化研究的历史和现状，提出了本成果研究的思路和方法。

（2）俄亚篇。共 5 章：第一，俄亚的自然和社会历史概况，包括位置和交通、自然和生态、传说和历史、社会和经济、民俗等。第二，俄亚纳西语调查，包括音系、同音词表。第三，俄亚东巴文化现状调查。先概述了俄亚东巴的数量和分布、经书的类别和数量、东巴教仪式的保存情况，然后以“各村东巴概览”的形式，分村、组介绍了 72 位东巴的情况，包括照片、年龄、师承、东巴技艺水平、经书数量等，最后以个案研究的形式，详细介绍了俄亚老中青三代东巴的代表机才高土（2009 年去世，70 岁）、依德次里（2015 年 48 岁）、撒达杜基（2015 年 24 岁）的情况。第四，俄亚东巴经编目及字释举例。以依德次里东巴所藏经书为例，编目、刊布了他的 200 册经书，包括经书封面照片、东巴文题目及简释、纸质、尺寸、页码、提要；以

字释（逐字标音解释）的形式，翻译了部分经书。第五，俄亚东巴文研究。对俄亚东巴文的造字方法、字词关系、与丽江和汝卡东巴文的差异进行了研究，刊布了俄亚东巴文单字。

（3）白地篇。共 5 章，体例与俄亚篇相同。调查了白地波湾村音系，介绍了东巴 101 人，个案研究 3 人，经书编目 307 册，列出了白地东巴文字表。

（4）应用性文献篇。共 3 章，分类介绍了俄亚、白地重要东巴文契约、账簿、书信、题词、日记、文书、歌本、对联、墓铭等应用性文献，刊布图像 55 种，字释 13 种。

（5）结语。根据以上调查情况，提出对东巴文化现状的评价和对东巴文化传承保护的建议。

2. 重要观点

（1）田野调查是推动东巴文化研究深入发展的根本途径。目前围绕东巴文化的工作主要从两个方面展开，一是保护，二是研究。要保护首先要了解被保护的对象，但事实上无论是政府还是学界，对广大农村东巴文化的现状都没有做过深入细致的调查。如一个乡、一个村究竟有多少东巴，年龄、村组分布如何，师承关系、技艺程度如何，藏有多少经书、有哪些经书、老经书还是新抄的经书，仍在进行的东巴教仪式有哪些，东巴在农村现实生活中的作用如何，改革开放以来东巴文化传承保护的成绩和问题有哪些，等等，这些都只有通过田野调查才能找到答案。说起研究，现在能用的资料只有《纳西东巴古籍译注全集》所收的 800 多种经书，因为东巴经的特点是大都没有逐词记录语言，如果没有东巴帮助读经，一般人即使认识每一个文字，也不能读懂经书。虽说国内外馆藏的东巴经超过两万册，实际上绝大多数没有经过东巴解读，从而无法使用。现在农村还有一些老东巴可以解读经书，可以通过田野调查去求得他们的帮助。加上民间也藏有很多经书，处于濒危状态，急需通过田野调查收集抢救。笔者认为，打破当前东巴文化保护和研究瓶颈的办法，就是民族学的传统田野调查的办法。本成果的目标，就是走进俄亚、三坝两个纳西族乡的每一个纳西族村，争取走进每一户东巴的门，通过深入详尽的拉网式的调查，真正摸清两地东巴文化的基本情况，收集第一手的新鲜资料，这是本成果成败的关键，也是推动东巴文化研究深入发展的根本途径。

（2）东巴文研究要做到语言和文字并重。语言调查因为涉及语音的辨别、记录、归纳和国际音标的运用，门槛很高，难度很大，特别是调查研究者不熟悉的民族语言，难度更大。相对于东巴文研究的深度广度和丰硕成果而言，纳西语的研究和成果就显得很薄弱。以往由于条件的限制，很多东巴文研究者往往只重图像，回避语音，或者用通行的丽江城区语音来代替其他地区东巴经的语音。这样的方式违背了材料真实准确的原则，显然是不可取的。因此笔者强调纳西语调查和东巴文调查并重，调查一地的东巴文、东巴经，同时调查该地的纳西语方言，用当地语音记录和研究东巴文、东巴经，保证东巴文材料音形的统一和准确，同时为纳西语研究积累更多的材料。

（3）在东巴文化研究中要注意处理好“人”和“书”的关系。东巴作为原始东巴教的祭师，是东巴文化的主要表达者、传承者，不少著名东巴还是东巴经整理、翻译、研究的参与者，东巴作为东巴文化的主体人群，其生平、活动是东巴文化史和东巴文化学史的重要内容之一。虽然从上世纪80年代开始，李国文等先生就致力于收集整理各地东巴的小传材料，出版了《人神之媒》等论著，但学界的目光还是关注经书多，关注东巴少，在一定程度上有“见物不见人”的倾向。虽然东巴仅是有技艺的农民，在现代商品经济社会中社会、经济地位不高，但他们是东巴文化的核心，也是东巴文化继续传承的主力和希望，因此我们应注重东巴及他们生长活动的社会环境的调查和研究，对一些著名的或有典型意义的东巴要进行个案研究，探究东巴成长的规律，为现实的传承工作提供参考。

（4）要注重应用性文献的收集和研究。东巴文应用性文献指用东巴文书写的账本、契约、谱牒、书信、题词、墓铭等。应用性文献是纳西族社会生活的直接记录，是研究纳西族社会、历史、经济、文化的重要史料，同时在语言、文字、文献等方面也有重要的史料价值。如账本、地契所涉及的阶级关系、土地制度、生产、物价、币制、衡制、借贷、习惯法等问题，都是东巴经中无法看到的。但应用性文献大多零散破碎，比起成千上万成册的经书，不易引起人们的重视，所以前人对东巴文应用性文献的收集整理和研究都很不够。俄亚、白地地处僻远，交通不便，应用性文献在民间具备留存下来的有利条件，笔者在成果中刊布了契约、账簿、书信、题词、日记、文书、歌本、对联、墓铭等应用性文献图像 55 件，为东巴文研究开辟了一个新的领域。

（5）对东巴文化与社会主义新农村建设关系的认识。东巴文化是顺应千百年来纳西族社会发展变迁而形成的传统文化的主要内容，是纳西族文化的代表和核心。它的本质是通过占卜、诵经、祭祀、舞蹈等一系列东巴教仪式活动表现出来的纳西族敬畏自然、保护生态、尊崇祖先、团结族群、艰苦奋斗、自强不息的精神，而这些精神内涵，正是今天建设社会主义和谐社会所需要的。东巴文化有着广泛的群众信仰基础，现在仍然是纳西族民众精神文化需求必不可少的元素。比如祭天、祭祖、成人礼、嫁娶、丧葬以及建房造屋等大事，在多数纳西族地区，特别是农村和山区，仍必须请东巴来主持。俄亚至今还在使用古老的纳西历法，这种历法由东巴通过观察天象和物候来确定，当地群众过年过节、农业生产完全听从东巴的安排。东巴是纳西族的智者，是民间德高望重、受人尊敬、有说服能力的人，他们在民间化解矛盾、解决纠纷、对群众进行精神抚慰所起到的作用，不是基层党政干部可以完全取代的，他们对建设和维护稳定和谐的社会有着特殊的作用。做好东巴文化传承对于社会主义新农村建设有重要的现实意义。

（6）对两地东巴文化现状的评价。通过调查，笔者对白地、俄亚东巴文化的现状的基本评价是：第一，东巴文化保存较好，具备传承下去的条件。主要表现为：东巴数量较多，传承情况较好；民间东巴文献保存较多；仪式较全，老百姓态度虔诚。可以说，有足够数量的东巴和经书存在，有足够数量的信众，常态地进行足够数量的活动，是东巴文化仍然活态留存的主要标志，东巴文化在俄亚和白地以及很多纳西族地区具有保护传承的可能性和可行性。第二，政府、东巴、学者三结合保护传承，取得了初步的成效，较改革开放初期，东巴文化已有了一定程度的恢复，势头良好。第三，东巴文化还没有真正扭转衰微的颓势，东巴文化传承保护工作还任重道远。改革开放解除了政治思想上的禁锢，但商品经济、交通发展、文化交流的冲击，又带来了新的危机，必须采取更加切实有力的措施，才能应对新的挑战。

3. 对策建议

通过对俄亚、白地东巴文化的亲身体验、调查和认识，我们对于东巴文化的传承保护向地方政府提出了三点建议：

（1）提高认识，加大力度，周密规划，整合力量。要认识到东巴文化中蕴含的积极精神和生产、生活、科技、历史、语文知识，对于今天增强民族凝聚力，建设社会主义新农村是有益、有用、有现实意义的；对于学术研究，更是有理论价值的。民族文化是一个民族自立于民族之林的基石，是创新民族新文化的源泉，将东巴文化保存下来，就是对国家对世界的莫大贡献，从这个意义来讲，其价值是无论怎样估价都不过分的。现在东巴文化是一种饱受创伤的文化，必须像经济扶贫一样进行“文化扶贫”，在经费上加大投入，扶持其渡过难关。东巴文化建设是一个庞大的系统工程，应该集思广益，制定出长短结合、切实可行的计划，采取地方社科课题申报、项目招标、横向合作等方式，动员整合本族、外族，本地、外地，甚至海外的力量，齐心协力，按部就班地进行工作，坚持数年，一定会取得成效。

（2）组织调查，抢救记录，出版全集。俄亚、白地东巴文化的生态还是十分脆弱的，随着交通传媒的推进和老东巴的逐渐故去，很多东巴文化遗存很可能瞬间即逝，如不马上进行抢救性的调查、收集、整理和研究，以后将追悔莫及。东巴经的一个重要特点是大多没有逐词记录语言，没有经过师傅口耳相传讲授，即使认识经书上的全部文字，也未必知道它所记录的内容。现在的年轻东巴与老东巴水平相差甚远，如果老东巴没有将经书全部教完，那在他去世以后，年轻人拿着经书又有何用？建议趁一些德高望重的老东巴还健在，立即组织对本地区的东巴文化进行拉网式的田野调查，通过实物征集、录音录像、文字记录等手段进行抢救性保护，并在此基础上进行深入的研究。最终成果应该包括俄亚、白地纳西族东巴文化调查报告，研究著作，影像资料库，纳西语东巴文数据库，以及“俄亚（或白地）东巴古籍译注全集”（或选集）。只有这样，才能将成果固化下来，为外界所知、所用，传之后世。调查、研究、出版的经费，可以通过省州县政府出资，争取国家社科基金、国家民委专项经费资助，通过出版社申请国家出版基金、企业冠名赞助、海外基金资助、学者个人申请各种项目等途径来筹措。

（3）抓住机遇，依托高校，加强高层次人才的培养。人才是事业之本，就东巴文化的保护传承来讲，东巴、基层干部、研究人员都是人才，都需要通过不同的方式来培养新人，提高水平。鉴于抢救记录东巴经所必备的民族语言、文字、文献知识和技能都属于较难、较艰深、门槛较高的学科，特别要注意高层次专业人才的培养。可以利用国家在高校实施“少数民族高层次骨干人才培养计划”，为民族地区定向培养硕士、博士的大好机遇，由地方政府主动和有关高校联系，制订专门计划，组织本地在职青年报考，充分利用这一平台，为东巴文化建设培养本地留得住的高层次专门人才。

三、成果的学术创新、应用价值以及社会影响和效益

1. 学术创新

（1）坚持田野调查第一。通过田野调查，第一次真正摸清了两地东巴文化的基本情况：东巴的数量、具体是哪些人、年龄、村组分布、掌握东巴技艺的程度、师承关系；各有多少经书、经书名和内容、老经书和新抄经书的数量；仍在进行的东巴教仪式、东巴在农村现实生活中的作用；东巴的传承、东巴文化保护的成绩和问题等。

（2）详尽、尽量穷尽性的调查和描写。通过整理各村东巴概览、东巴经书文献学要素描写和编目、东巴文字表、纳西语音系和词表等，详细地展现了两地东巴文化的具体细节，抢救、刊布了一批珍贵的东巴文文献，为学界提供了大量新的第一手原始资料。

（3）坚持纳西语调查和东巴文研究并重。本成果做到了用当地语音记录该地经书，包括同乡不同村寨的纳西语方音，保证了东巴文语言的真实性。在学界首次调查整理和刊布了俄亚纳西语音系和词汇，并调查刊布了白地波湾村的纳西语音系和词汇。

（4）注重对东巴文应用性文献的调查和研究。本成果共收集刊布俄亚、白地东巴文地契、账簿、书信、题词、文书、歌本、碑铭等100多件，有些类别是第一次发现，在最终成果中刊布了55件的图像，这是目前最大分量的东巴文应用性文献的展示和研究。

（5）注意对东巴群体的调查和研究，注意与纳西族历史、社会和东巴文化传承保护的现实工作相结合。改变了以往研究在一定程度上存在的见物（经书）不见人（东巴、群众）的倾向。

（6）调查研究工作和本专业研究生的教学实践相结合。研究过程中指导完成了东巴文研究方向的博士论文5篇、硕士论文10篇。论文在俄亚东巴文研究、白地波湾村东巴文研究、纳西祭祖经典研究方面取得了重要成果，

其中2篇硕博士论文获全国高校古委会“中国古文献学奖学金”二、三等奖，已毕业的5位博士已成为高校东巴文研究的学术骨干，有3位博士在研究期间获得国家社科基金东巴文方面的项目，有2篇关于东巴文的博士论文正式出版后获得省级社科成果二、三等奖。

2. 应用价值

（1）学界公认俄亚、白地是目前东巴文化保存最好的地区，但以往的研究泛泛而谈者多，分域、断代、深入研究者少。本成果是在较大范围、较深层次对东巴文化进行分域、穷尽性调查研究的首次尝试。其方法、经验可为同类研究提供一个供参考的范式。

（2）本成果收集和刊布了一大批珍贵的材料，包括东巴文献资料和口碑资料。主要有：两地173位东巴的简况，6位东巴的个案研究材料；507本经书的目录学资料，其中有269本的封面和238本的提要；55种应用性文献的图像和简介，其中13种做了字释。特别值得一提的是，笔者跟从已故俄亚大东巴基才高土先生、白地大东巴和占元先生较长时间学习和访谈所收集的材料，已经成为绝响。这些翔实生动的材料必将为东巴文化研究注入新的活力。

（3）本成果所提供的俄亚、白地纳西语方言调查材料、东巴文字表、东巴经和应用性文献的字释翻译，以及其他研究成果，对民族古籍整理、民族字词典的编纂、语言文字学理论的研究，也有重要的参考价值。

（4）本成果对俄亚、白地东巴文化现状的全面调查，对东巴文化传承保护成绩和问题的梳理与思考，对今后东巴文化传承保护的建议，可以为政府相关工作提供参考。

3. 社会影响和效益

本课题组长期坚持在艰苦的偏远地区进行调查，用第一手资料进行扎实深入的研究，其思路观点方法和收集的材料，在同行中有较好的评价。课题组师生在研期间出版专著2部、发表论文40多篇，有较多引用和较好的反响，其中，7篇论文在重要学术会议上作为大会发言稿，获省社科优秀成果二、三等奖各1项。

在调查过程中，课题组成员与当地干部群众交朋友，尽力为当地经济社会发展和东巴文化的传承保护帮一些小忙，如对外宣传、与东巴共同撰文出席学术会议、推动校地合作、转送学校二手电脑、慰问五保户、辅导高考考研学生等，加强了民族团结，得到了当地政府和群众的好评。本成果对东巴文化传承保护现状的评价和工作建议，得到了当地政府和群众的认可，并在丽江和香格里拉的学术会议上交流，产生了良好的社会影响。

调查研究过程中培养了10多名东巴文研究方向的博士和硕士，其中有2名纳西族博士，在出成果的同时也出了人才。

最终成果得到匿名评审专家的较高评价，被评为优等。

中国文学

《中国词学的现代转型》概要

陈水云*

一、研究的目的、意义及方法

本成果的研究始自2003年，其时已有相关前期成果发表，2009年在获得教育部人文社科基金立项资助后，又经过6年多的深入研究，形成了35万余言的研究成果。

现代词学是当代词学与传统词学之间的衔接点，它既从传统而来，又开启了新篇，建构了新词学，它基本上规划了今天词学研究的学科范围、研究对象和研究方法，在中国词学史上具有极其重要的历史地位。

长期以来，学术界对现代词学的研究一直不是特别重视，即使稍有涉足者，也大多停留在个别词学家研究成就的评述上，缺乏一种通观的视野和理论的构想。本成果以中国词学的现代转型为研究内容，将研究的时间界定在1908—1949年，着重探讨中国词学从传统向现代转型的具体路径及其决定性因素。

开展本研究将有如下几个方面的意义：一是梳理出中国词学从传统走向现代的思想路径，找出其中起决定性作用的因素；二是将词学研究的领域从传统的明清两代推向现代，打破割裂古今的研究格局，揭示出具有中国特色的理论资源和思想观念；三是有助于重新认识传统思想的价值和意义，为当今文化建设和现代文明建设提供镜鉴。

* 陈水云，武汉大学教授，博士生导师。

上述研究目标决定本成果并不把梳理个别词学家的全部思想作为研究的重心，而是通过一种通观的态度考察是哪些因素推动中国词学从传统走向现代的。它是一种过程研究，也是一种实证研究，以史料为支撑，通过史料的排比，发现其内在的一致性，从而揭示中国词学从传统走向现代的内在规律及其具体表现。

本成果在研究方法上，主要采用文化研究法、历史研究法、文献研究法等，力争做到历史与逻辑的结合，宏观与微观的结合，文化研究与文学研究的结合。

二、成果的主要内容和重要观点

本成果由绪言、正文七章、结语、附录共四部分组成。绪言是本成果的引言，导出传统与现代的话题；正文七章从六个方面展开论述，阐述从传统到现代转换过程中是哪些因素在起作用，以及是哪些词学家在哪些方面做出了突出贡献；结语部分重点描述现代词学转型之表现及特点；附录部分是现代词话简目和现代词学年表，交代现代词史上重要人物与事件。

（1）绪言，第一、二部分着重描述传统词学的终结与现代词学的发生，交代现代词学发生转型的文化语境。清末，传统词学形成集大成的特征，婉约与豪放之争走向终结，浙西派与常州派由对峙走向融合，出现了清代最后一个词派“彊村派”。但是在新的时代，“彊村派”潜伏着危机，推崇诗教，标榜梦窗，讲究格律，这些观念表现出与时代的不适应性，遭遇到来自南社词人、王国维、胡适甚至龙榆生等学者的批评。因为清末民初思想界有着激进与保守共存的特点，在对待“彊村派”的态度上也就出现了不同的声音和论争，有的扶持，有的抨击，但是，无论如何，中国词学从传统走向现代已是大势所趋。在上海有南社词人利用现代传播媒介，革新了传统词学的传播方式；在北京有以胡适为代表的新文化派，高举文学革命的大旗，对传统词学进行实质性改造，提出了“词学”非“学词”的新观念，从而指明了现代词学的学科发展方向。绪言第三部分，着重阐述现代词学的研究价值、研究现状及本成果所采用的研究方法和研究视角、研究内容等。

（2）第一章“现代词学综论”，着重分析现代词学学科是如何确立的，及其与传统词学之间的内在联系，还有在发展过程中现代词学逐渐形成的两套学术谱系。现代词学是对传统词学的现代转换，这是一个渐进的过程，从王蕴章、谢无量到胡云翼、吴梅、汪东等，都做过努力，直到龙榆生提出“八科”说才得以正式确立。它在研究内容上涉及词乐、词体、词律、词韵、词籍、词史、词论等，在研究方式上主要有传统的考证法与现代的阐释法。现代学界关于“词学”的讨论，对于现代词学史而言，意义重大。一是重新认定了“词”的价值，走出了诗教囚笼，成为中国古代韵文的重要组成部分；二是词学研究出现了不同的学术流派，即通常所说的传统派与现代派，传统派比较认同明清的学术成果，现代派则对传统文化持批评态度；三是科学方法在词学研究领域得到了广泛的运用，并带来现代词学研究的全面繁荣。不过，现代词学与传统词学之间也有内在的关联性，无论是在表达方式上，还是在思想观念上，对传统词学都有继承。值得注意的是，在新方法新观念的观照下，传统词学作为一种思想资源，也参与到现代词学的建设进程中，对推动中国词学的现代转型发挥过积极的作用。当然，现代词学在长期发展过程中自然会形成不同的学术谱系，笔者按照师承、活动区域、思想与方法三个方面，把它划分为南派与北派，北派以王国维为旗帜，南派以朱祖谋为领袖。南北不同学术谱系的形成，不仅表现在师承关系上，更表现在学术创新上，只有不断创新，师承才会焕发其生命活力，学术谱系才会更加枝繁叶茂。一个学术流派的发展兴盛，就是被后继者不断拓新的过程，通过这些继承与拓新的方式，既传承思想，又增进感情，建构学术谱系。现代词学史上的南北两派，无论秉持何种学术理念，都能在传承的基础上有所创新，这样，它们的学术统系得到了较好的传承，学术思想也得到了较好的发展，从而焕发出旺盛的生命力，成为中国词学现代化进程中两支重要的力量。

（3）第二章“大家经典与学科走向”，着重分析作为“大家”的朱祖谋、王国维、胡适对于中国词学现代转型的影响。朱祖谋代表着清末民初词学对传统词学的集大成，正如刘毓盘所说，朱祖谋把吴中词派的重声律和常州词派的重立意有机地结合起来，在中国词学发展史上具有跨常迈浙集南北两宋之大成的意义。然而，朱祖谋对于现代词学的意义，更在于他在现代词坛巨大的影响力和广泛的号召力，他曾主持过“春音词社”和“清词钞编纂处”，还有意培养词学传人，现代词坛许多名家得到过他的提携和指授。如果说朱祖谋对于传统词学而言是“守成”，王国维和胡适对于中国词学的现代转型而言则是“开新”，开创了中国词学研究的新时代。王国维《人间词话》以旧瓶装新酒的方式，以一种外在散漫而内在逻辑谨严的言说方式，把西方纯美的文艺观念与传统的言说方式有机地结合起来，对中国传统词学进行了一场“无声”的革命。他提出的“意境”说，在现代学术界造成了极大的反响，形成了激烈的思想论争，推进了现代词学的理论建设。至于胡适，则把王国维的“无声”革命转化为一场有声有色的“战争”，并在中国现代词坛掀起了一场改变传统的“革命”，他提出的白话文学史观、词史发展三段论以及对豪放的推崇和对婉约的贬抑，在中国现代词坛掀成了一股狂澜，在现代词学界形成了激烈的思想论争，使得中国词学在变革传统的道路上走向现代。胡适对于现代词学的影响，并不只是在现代，而且延续到当代。

（4）第三章“文化世家与思想变迁”，通过江山刘氏、德清俞氏、新会梁氏的抽样分析，试图找到一些传统研究未能发现的“节点”。一是家族的熏陶通常是一些词人走上词学研究之路的起点，二是一个家族随着时代的变迁适时地调整其词学思想，三是一个家族的思想变迁是一个社会一个时代变迁的缩影。既要看到它们的变化，也要看到前后在文化承传上的一致性和创新性，一个家族文化的观念创新是它能长期发展的根本动力。江山刘氏在清末民初并不是显赫的文化望族，但它对推动中国词学的现代转型却功不可没，即改过去的师友相授为讲台传授，把一个人的兴趣转换为一种学科的知识体系，这使得刘氏比较自觉地将词史知识进行系统梳理，刘毓盘不但成为在大学课堂讲授词曲的第一人，也成为撰写中国词史的第一人。而德清俞氏的意义，是清晰地展现了中国词学是如何从传统走向现代的，从俞樾的论词倾向浙派，到俞陛云的推重常州派，俞平伯的追随胡适派。俞氏家族几代学者，在适应时代变动的前提下，也能做到不受时代风尚的影响，坚守艺术性的立场，或是站在浙派的立场却能吸纳常州派的思想，或是站在常州派的立场却注意作品的艺术性分析，或是作为新文化运动的推动者，却没有完全随波逐流，反倒逆流而上，把唐宋词的艺术性提到很高的位置，这就是俞氏家族几代人对近现代词学史的贡献。新会梁氏作为新兴的文化望族，在词学研究上的最大特色是具有强烈的现实关怀，从梁令娴标榜常州派的比兴寄托，到梁启超、梁启勋兄弟的“稼轩情结”，都是如此，当然梁氏家族的词学研究在艺术性上也有其贡献，即从情感论出发，建构起以体制、技巧、意境为核心的现代词学体系，梁氏对于现代词学的贡献是它的理论建设和学科建设。

（5）第四章“现代教育与词学师承”，重点分析清华大学、东南大学、无锡国专三个高等学府，考察它们对中国词学现代转型所发挥的重要作用。清华大学从四大导师时期起步，到20世纪三四十年代步入正轨并形成特色，在学术机构、研究队伍、学术期刊等方面，展现了清华大学词学研究的学术品格，即在治学方法上能做到考据与阐释兼擅，融合传统与现代于一体，开创并建构了现代词学史上的诗词鉴赏之学。在东南大学则有了一个以吴梅为领袖，以王瀣、胡先骕、陈去病、邵祖平为骨干，以赵万里、李冰若、张世禄、唐圭璋等为成员，包括汪东、王易、陈匪石在内的词学流派。他们力主创作与研究并重，一方面注重对词的理论探讨，另一方面也不忽略对词的创作体验，对于词的音律、体式、词调、四声平仄多有会心之处。他们改变了清末民初以来彊村派和胡适派的偏颇，前者只重词律，后者只重意境，而吴梅及东南学派成员汲取这两派之长，把词的声律与词的意境有机结合起来，使得他们的研究成果既能保持传统的特色，又能适应新的时代，在当时产生较大的影响。无锡国专作为私立高等学府的典范，在词学研究上也别具贡献，从老师角度看，他们在词学观点上受常州派和朱祖谋影响较深，在研究手段上还是以传统笺注、序跋、诗话词话为表达方式；从学生的角度看，他们毕竟生活在新时代，对新的事物相对要敏感一些，研究自然会打上现代学术的印记，因此，他们的研究带有较强的现代学术色彩，逻辑思辨性较强，学术观点比较前卫，表达方式也多是现代性的论文或专著。

（6）第五章“文学社团与观念更新”，以现代影响最大的文社——南社以及南北词社为考察对象，着重梳理文社或词社活动对于现代词学转型的推动作用。南社诸子的论词观点有革命与保守的双重倾向性。从革命性角度看，以柳亚子为代表的反常州派，对晚清词学进行适度的“变革”，是传统词学向现代转型的重要一环；从保守性角度看，以庞树柏为代表的追攀常州派，在保种、爱国、存学的思想指导下，继续推衍常州派的尊体论、寄托论、词史说，“抱着18世纪遗老式的头脑，反对新文化”，表明他们在文化观念上已落伍时代，具有保守性。在辛亥革命取得胜利后，他们便与保守的彊村派合流，站在了“五四”新文化运动的反面立场上。他们是一群跨越新旧时代“门槛”的人，前脚已经跨过新时代的门槛，后脚却依然站在旧时代里，而且后脚依然是他们的“立足点”，他们在政治上是革命的，在文化观念上还很保守，这使得他们在文学观念上具有双重性，这也是中国词学从传统向现代转型过程中表现出来的重要特征，决定了他们在文坛上的命运带有悲剧色彩，在“五四”以后基本上被新文化运动以后起来的新兴力量所替代。关于现代词社，先是梳理南北词坛出现的词社情况，然后重点分析其在创作上表现出来的审美倾向，亦即内容上的遗民色彩和形式上的恪守词律，并着重分析了现代词社在四声问题上的论争情况，梳理了现代词社在四声问题上的认识和思想分歧，总结其对于现代词体声律学创建的重要贡献，还有它们在文献整理与理论研究上的重要成就。笔者认为，现代词社诸子的著述大约涉及三个方面内容，一是对词坛史事的记载，二是对词学文献的整理，三是对词学理论的探讨，从这些内容也能看出中国学术从传统到现代的新变。本章最后一节是分析常州派词学在现代的传衍与回响，指出常州词派无论是选本还是词论，对于现代词学都发生过深刻影响，它的具体表现是，在选本上有《宋词举》《词心笺评》《唐宋词简释》等，在词论上有词心说、寄托论、重拙大论等，这一方面说明常州派词学参与现代词学的建设进程，另一方面也表明现代词学是在新旧文化转型的背景下创建起来的，因此，常州词派在现代仍有巨大影响力。

（7）第六章“现代学术与词学转型（上）”，以孙人和、赵尊岳、叶恭绰、赵万里为分析个案，探讨现代学术对于词学转型的推动和促进作用。现代词学作为现代学术的一部分，是与现代学术同步发展的，它的每一次进步都与现代学术的发展息息相关。从王国维引进西方学术理念研究词学，到胡适提倡“国故整理”运动，都可以看出现代词学研究强烈的时代色彩。在词籍整理方面，虽说是对传统承袭较多，但也能吸取最新的学术思想，把传统与现代有机地结合起来。孙人和作为著名的文献学家，他的词学研究最大之特色是注意把义理、考据、辞章三者结合起来，他这方面的成就突出地体现在《续修四库总目》“词籍提要”的撰写上。较之钦定本《四库总目》“词籍提要”，他的提要有如下特点：一是注重版本的著录；二是反映词学界最新研究成果；三是收入词集多，收录范围更广。通过他撰写的词籍提要，也可看出他对常州派词学思想的推尊。赵尊岳主要是一位词学家，在词的总集提要上颇有建树，卷帙浩繁，收录完备。他在明词文献整理上也用力尤勤，他的《明词汇刊》在汲取前代成果的基础上，借鉴了王鹏运、朱祖谋、赵万里、唐圭璋收集宋元词籍的经验，在保存明词的真相和全面搜罗明词两个方面都有新的突破。一是对收集的词集做了二校甚至三校四校的工作，二是按照唐圭璋编《全宋词》的模式，编纂一部能反映明词之全貌的《明词汇刊》，尽管现存刊本只存 268 种，但实际已集得 400 余种，在收集各家词作时，哪怕集中仅存一首也会惜而存之，将其独列一卷。《明词汇刊》的重要文献价值，还表现在以下三个方面：一是每家集后附以小传，介绍各家之生平、经历、著述，便于知人论世；二是介绍各家词集版本及源流；三是保存了重要的词集序跋，便于读者了解明代学者的词学观念。他对明词的汇辑，转变历来形成的“明词中衰”的观念，对于中国词学而言有刷新词史的重要意义。叶恭绰是现代著名的政治活动家，也是著名的词学家和文献学家，他从事填词既有先天的家学渊源，也有后天的师承交往，他主张在新时代对词进行革新，根据时代需要创造一种新诗体——新体乐歌。他对现代词学的最大贡献是编纂《全清词钞》，在体例、规模、文献收集等方面做了新的贡献，特别是对清词价值和历史地位做出新的评估，通过描述清词发展的历史脉络，展现了 300 年“清词中兴”的历史进程。赵万里作为现代著名的文献学家，对于现代词学的贡献也主要表现在文献整理上，包括对王国维《人间词话》未刊稿的整理，对宋金元人词的辑校，以及在教学过程中偏重词籍的版本介绍和作品考证，特别是他在校辑宋金元人词过程中所采用的研究态度、方法、体例，对 20 世纪词籍整理影响至巨。他还在其师王国维的影响下表现出偏好五代北宋词的审美倾向。

(8) 第七章“现代学术与词学转型（下）”，选取王蕴章、刘永济、龙榆生、任中敏四位名家进行个案分析，着眼点是从思想性的立场考察中国词学在现代转型过程中所表现出来的双重性和现代品格。王蕴章的词学研究带有传统与现代杂糅的特征，从传统性来讲，他在观念上受常州派思想影响甚深，他标榜周济的“词史”说，并主张以“词史”说建构词史，他撰写的传统词话《梅魂菊影室词话》，对词的声律问题尤其关注，力图将立意与协律统一起来；从现代性来讲，他的《词学》一书，由溯源第一、辨体第二、审音第三、正韵第四、论派第五、作法第六组成，涉及的内容有词源、词体、词谱、词韵、词派、作法，试图建构一种现代词学学科体系，是对传统词学进行现代转换的一种积极尝试。刘永济作为朱祖谋、况周颐的弟子，在词学观上继承了自张惠言以来所提倡的“比兴寄托”思想，当词学研究进入现代化的20世纪初期，作为民国著名学府——武汉大学的教授，他也有意识地吸纳了现代科学研究方法，对传统的词学话语进行现代阐释，同时还克服了传统词学中的派性意识，创造性地提出了具有现代意味的“风会说”。所谓“风会”，就是指影响词风发展走向的社会原因、作者才情、体制因革等因素，这一观念也体现出传统观念是怎样被刘永济进行现代转换而重新焕发生命活力的。像刘永济一样，龙榆生与朱祖谋有密切的师生关系，对于朱祖谋的思想和方法表现出较大的承传性；但龙榆生能迎应时势，对传统思想进行现代性转换，如通过《词学季刊》的编辑，改变了传统词学研究碎片化的状态，不但建设了现代词学研究的队伍，而且也规划了现代词学的研究内容和发展方向，把一个比较冷僻的学问领域扩大为在现代盛有声誉的专门之学。龙榆生还积极推动作为传统文体的词进入现代社会，与叶恭绰、萧友梅、黄自共同发起成立乐艺社，一起倡导探索创作新体乐府，对于传统文体的现代转换做出了不可磨灭的贡献。在现代词学众多名家中，任中敏是一位以倡导研究方法而知名的词学家，他对现代词学研究方法论的建设提出了很多建设性意见，如提倡词曲打通式研究法，并具体规定了词乐、词律、词集、词作研究的基本路径和手段，为初学者指示了入门的路径，有很重要的导向意义，对20世纪的词学研究产生了深远的影响。

（9）结语部分，重点描述现代词学转型之表现及特点。从思想、观念、方法等方面，结合现代文化思潮的变迁、社会观念的变化、现代学者的知识结构，比较现代词学与传统词学的不同特点，并总结出其时代性、科学性、创新性等主要特点。

三、成果的学术创新、应用价值以及社会影响和效益

（1）学术创新。

中国文学的现代转型，一直是新世纪以来中国文学研究的热点话题，学术界相关研究成果有赵敏俐的《20世纪中国古典文学研究史》、黄霖主编的

《20世纪中国古代文学研究史》、程华平的《中国小说戏曲理论的近代转型》、黄念然的《中国古代文论研究的现代转型》、颜水生的《中国散文理论的现代转型》等著述，但关于中国词学现代转型的话题仍然是空白，相关研究著作还停留在词学家个案研究的层面，未能深刻揭示促成中国词学从传统向现代转型的重要因素。本成果将研究的重心放在中国词学如何从传统向现代转型上，并不系统勾勒或描述一个或几个重要词学家的理论或思想。它在以下几个方面具有一定的开拓性和创新性：一是，采取中观研究的方法，改变过去有些研究过于宏大的叙述方式，也避免了个案研究只见树木不见森林的不足；二是，从大家经典、文化世家、高等教育、文学社团、现代学术等角度探寻中国词学从传统向现代转型的动因；三是，研究点着眼于一个学派或一位名家对于中国词学现代转型的贡献，而不纠缠他的理论或思想本身的价值判断。

本成果具有以下学术价值。

第一，揭示了中国词学从传统向现代转型的重要因素。过去的研究比较多地描述中国词学从传统向现代转变的轨迹，本成果则把研究重心放在如何转型上来，也就是说，从过去研究“是什么”转向研究“为什么”，较之过去研究更加深入，也更能揭示文学研究发展的内在规律。

第二，改变过去对现代词学认识模式的不足，摆脱传统与现代二元对立的思维定式，指出现代词学发展实际上是呈多元的发展走向，传统与现代之间并非截然对立，而是互相吸收互相促进，成为中国词学走向现代化的两股重要力量。

第三，把传统研究方法与现代研究方法结合起来。本成果并不排斥传统考据研究法，但更注意吸收当代学术研究的新方法新角度，从师承、家学、流派、学术的影响等角度探讨中国词学转变的要素，这对于其他相关领域的研究也是有重要参考价值的。

（2）社会影响。

本课题前期研究成果有19篇论文先后在国内外权威及核心期刊，包括《文艺研究》《词学》《文学评论丛刊》《中国韵文学刊》《社会科学辑刊》《国学学刊》，以及浙江大学、厦门大学、兰州大学、武汉大学、河北大学、江南大学、台湾中山大学、北方交通大学、中南民族大学、安徽师范大学、江西师范大学等重要大学学报或学术辑刊发表，在学术界产生了一定的影响，部分成果为中国人民大学复印报刊资料或高校文科学报文摘所转载，有的成果还为相关研究著作所采纳，并被许多高校博硕论文引用或是学术综述做重点介绍，无论是在学术观点，或是在研究方法上，都对当前的词学研究有一定的推进作用。

《中国古代文才思想论》概要

赵树功*

一、研究的目的、意义及方法

才是中国古代文艺理论批评的重要范畴，它关乎审美主体的根本素养、规限着文人后天人工努力的效果。才进入文艺理论批评之后，构建了一个以才为核心的范畴体系，并以这个范畴体系为基础，搭建了文艺主体素养论的核心框架，形成一个关涉完整、对立统一的文才思想体系。但学术界对这个文才思想体系以及主体素养框架的关注明显不足。

因此，回归古代文艺批评实践历史，勾勒出才的关系拓展体系与主流理论观照下的文才思想系统，是一个有着巨大开发空间的课题，也是本成果研究的目的所在。

本成果的意义主要体现在：

其一，理论意义。新世纪以来，重视文学研究的民族化路径探索、建构具有中国特色的文艺理论体系、讲好中国故事以彰显中国美学精神的呼声很高。本成果从作为我们民族文艺理论基础的“才”这一范畴入手，复原我们民族文艺理论的“文心”，正是这种学术努力的具体体现。

其二，方法论意义。古代文艺理论批评是中华民族文化精神的凝结，本成果不从概念到概念、不就作品言作品，而以复原传统语境下的文才思想为追求，是对中国文学、中国美学、中国文化更深层的挖掘。

---

* 赵树功，宁波大学教授，硕士生导师。

其三，现实意义。中国古代文才思想中洋溢着激情澎湃的主体自尊与审美皈依，体现了深刻的现实关怀、人格关怀、道德关怀与博大的天人思维。对这种思想的研究，不仅可以矫正部分关于传统文艺、传统文化的认知偏见，也可为当代文学艺术、当代文化建设提供镜鉴。

本成果具体论述采用考释结合、史论结合的方法，以范畴的考镜源流为主体。篇体结构则采取内外两条研究路径并行的策略：

其一，外在显性的路径：从有关文才的认知立场、文才素养的构成、文才活力的葆有策略入手，展示历代文才思想的基本态势。

其二，内在隐性的路径：文才思想的论述，实则包容着对以才为核心所形成的主要理论范畴之内涵的辨析、其理论意义的展开及彼此关系的观照。这又成为以才为核心主体素养体系理论的潜在建构。

二、成果的主要内容和重要观点

序编包括第一和第二章。

从美学意义讨论作为主体禀赋的才，需要把握其在古代哲学与美学理论中呈现的两个共性也是根本性的特征：

其一，才是性与性能的综合，性源乎自身，性能的开发涵养则需要人事参与，此为才的天人维度。

其二，就文才而言，它不是心智功用的单一对应或固定形态，它是虚灵的心智结构，体现为严密的系统特征。后天人事涵育激活的就是这个结构系统，其中有性分所偏、情怀所宜、气质所尚、心思所兴等等；而后天人事又必须接受这种虚灵心智结构系统的引领与约束。

回到文才思想的沿革历史考察，文才在其成熟过程中，分别被纳入天人合一、中庸之道这两个重要的中华民族传统思想系统，由此形成了我国文才理论在不背离“能在天资”基础上的协和两端、并蓄天人形态。

从文才的审美态度而言，尊奉与警惕共在；从文才的本体形态而言，天赋与人力融结；从文才活力的葆有策略而言，极才与敛才统一。

第一章“才从哲学、人伦识鉴范畴向文艺范畴的转型”。

作为中国古代哲学的基本概念范畴，才很早就存在于主体禀赋、能力的描述说明语境里。而其从哲学、人伦识鉴进入文艺领域并确立起审美批评——尤其主体素养论核心范畴的地位，其关键在于传统的三才理论思想。可以说，才有其能基础上的三才成象、三才成文是“才”与“文”建立起直接关联的根源，是才成为主体核心素养的哲学依托。

就审美理论批评内部的发展而言，以才论文滥觞于两汉之交，东汉之后渐成规模。在司马相如的赋心论、班固批评屈原创作的露才扬己论、班固由“登高能赋”引发的材质深美论中，才与文的关系已经开始成为理论观照的重要内容。而王充《论衡》则以大量篇幅论述才与文辞文士的关系，不仅体现了汉代有关才与文关系理论的最高成就，也形成了才文关系理论的基本体系。

就外部动力而言，汉魏之际曹操的“唯才是举”、与之同时兴起的“才性之辨”，在促使才有所能的内涵于才性关系体系中凸显之余，也将才推向了文化思潮大舞台的中心。

在经历了东汉王充禀气论的洗礼之后，传统三才论中的人假天而尊逐步实现了自证其尊，其中人道参乎天地之道、“人才”灵能的思想与才的审美批评实践、理论建构的成果以及“才性之辨”引发的影响在魏晋之际交融，实现了整合，文艺理论批评中的文才思想体系由此成形，并在《文心雕龙》中得到系统而全面的阐发。

才作为文艺理论批评范畴在魏晋六朝之际全面定型。才大规模进入文艺批评，不仅造就了审美创作“程才效伎”的个性化追求局面，催生了文学自觉，而且形成了一批重要的审美范畴，这些范畴围绕主体素养展开，并逐步形成了以才为核心的文艺主体素养理论体系。

第二章“文才的美学定位”。

才是主体完整心智结构系统及其良性运动状态的呈现。作为自然禀赋，文艺之才（简称文才）彰显为文艺创作潜质，但它并没有超越一般才所具有的心智结构系统，只是这个结构系统中突出且具有决定作用的因素与常人有着容量或浓度的巨大差异，并由此形成对主体预设的指向性，左右着主体性能对文艺的偏宜。文才由此获得了如下的美学定位：

就性或才性而言，“诗有别才”，这是文才的本体性质。

就性情才情而言，敏锐而多感，多情复深情，是文才要求的人格体征。

就性能才能而言，文才有着独到性能，那就是通过才思可实现创化。

性能才能关乎性情才情，二者形成性情才情所偏与性能才能所宜的基本对应。此外，文才同样体现为心智结构系统与后天人事的统一，即古人所谓“学以引其端，性以成其灵”。文才由此也便归结为虚灵心智结构系统与后天人事的统一。而本成果所侧重的文才思想，也便依循着虚灵心智结构系统的组构、后天人事的形态以及彼此关系的认知展开。

第一编“普遍语境下的文才认知立场：尊奉与约束统一”，包括第三、四、五、六章。

中国古代审美文化思想中，文才之所以为世人尊奉，核心在于天道人道二端。

天道之尊：可变者人，不能者天。文才是审美创造依赖的根本资源，而文才本乎天道，有着赋受于天的“血统”，正所谓“文章之事，固天之所以与我者，非可以人力与也”。天道可尊故此文才可尊。

人道之尊：才与情合，斯之谓文人。汉魏人性自觉直接体现于才性思想的升温，三才论中人道假天而尊逐步为人道自证其尊所超越，而人之所以为人，人道之所以别乎物类之道，皆在人之有情。真正的文人才子，多情而深情，敏锐而易感，既体察深刻，又传写移人。人道可尊故此才情可尊。

但文才有着从里向外发散的冲动，这种势力无其向度，由此形成破缚性。文才的破缚性既包括对积弊和壁垒的破除，也包含对传统的挑战。这些挑战当然有新生力量浩浩而行的大势驱使，但也不乏后学狂妄对传统缺乏必要的敬畏。这一切又使得文人们兴会空前、神厉九霄之际的才气荡越饱受非议。道德规约问题由此衍生。

第三章“天道之尊：可变者人，不能者天”。

文才之所以受到尊奉，核心在于其禀赋性特征，古人言之为本源自“天”，或成于“天道”，故曰“天赋”，又曰“天事”，具有不可复制性，区别于侧重后天努力的“人事”。古人对后天努力多有褒扬，但敏锐的学者们早就体察到：天才非人力所造就，如果缺乏必要的文才基础，学而无益，法亦无成。

文才本于天的观念对文人及其创作有着价值的升华意义：就文人身价而言，若论天事人事各有其偏者的优劣，天事优者往往会获得更多的青睐，才子崇尚由此生成；具体到文体而言，能以文才论者即可获得文体地位的提升，清代文人以“才子书”命名小说等创作便是这种意识的体现。

文才为世人尊奉还直接体现于历代对文才及其创造往往有着灵异演绎，古代文人将文才虚灵之“灵”具象化、神异化，形成了中国文学史上诸多关于文才的奇闻与传说。此类神异传说或直接命曰神助，或曰神遇，或曰神梦，或曰神授。其内容或与具体创作相关，此为兴会与才思关系的影射；或与洗心革面重禀才性相关，这便是文才尊奉的灵异言说形态。

第四章“人道之尊：才与情合，斯之谓文人”。

从“诗言志”论开始，情就确立了其文学源泉的地位。《文心雕龙·情采》篇的出现标志着以才情论文在文艺理论中的确立。

“才情”是维持文人的身份、维持文艺创作独到艺术素养的核心范畴。如果说论才学、才识同样可以适用于学术研究，论才气也可以兼容非艺术性写作，那么只有才情的提倡，其归依之处在排除了其他非艺术内容之后全面落实于审美意义的创造，成为文艺所需“别才”的重要内涵，所以说“才情”是才的审美之维，古人称之为“非文人不能多情”“才与情合斯之谓文人”。

文艺审美素养所论的“才情”当然超越不了兴观群怨等哀乐之情，但作为文人艺术创作的原动力，文人“才情”有着与大众普通情感不同的特征：对于文艺主体而言，他们必然多情；而当于创作之际，那因兴而起、沉吟流连搅动人心的又是一种“深情”。因此，才情虽然与才学、才思等同属于以“才”为核心组构又各自有所侧重的范畴，必待人事人力的陶冶方可成熟，但从文艺才情的多情与深情二端考察，这个范畴属于“天”的自足范畴，具有禀赋性特征——并非人人都具有如此敏锐丰富又可随时因兴激发的情怀。

情者气之动，“情”本身在古代哲学中与“气”虽然一体，但二者往往被视为阴阳对立，其中情以“阴柔”定位，因此文学强调其“才情”，便往往与温柔、缠绵、多思多忧相关，而“才气”范畴则更多倾向于刚健发越。

第五章“才德关系建构：文才的规讽”。

文艺理论中才德关系的确立，实际上也宣示了德在这个关系系统中不可摇撼的地位。德对文才的规范约束包括以下内容：

其一，社会伦理道德对文才的约束：发乎情止乎礼义。发乎情止乎礼义不是一个单向度的审美标尺，它由两部分构成：首先要“发乎情”，再者还要使所发之情最终能够“止乎礼义”。这二者中，“止乎礼义”的规约性显而易见，而“发乎情”在不少人眼里似乎是一个向文学审美特征妥协的表述。事实不然，它实则是在确认了文学与情感关系基础上对创作主体提出的一个要求：所发者必须是真情。既敛才情放肆，又主乎真诚，这便是发情止礼的核心内涵。

其二，儒家人格理想对文才的示范规奉：德才兼备与先器识后文艺。就审美主体而言，必须德才兼备、才德相称。如此不仅人品足贵，文品亦足贵。对具有文才的文人而言，德立而文明不是一种空洞的说辞，也不是为了减少与现实对抗而编制的自欺欺人的谎言，甚至于也不能称之为提高主体艺能的策略，而是实实在在的艺术臻达顶峰的必由路径，此所谓“文章之极，必要诸人品”。

器识、才器之器的意蕴主要体现为如下两端：就其内在承载考量，器侧重于涵受；就其所为之器用考量，侧重于“成务为用”。六朝之际《文心雕龙》以“程器”论文德，倡导文采、器用兼备；唐代裴行俭宣称“士之致远，先器识而后文艺”；宋代刘挚则提出“士当以器识为先，一号为文人无足观矣”，将德器之论极端化。作为折中，器识、文艺表里相须的学说得到很多人的赞同，袁宗道、章学诚等均于此有论。

第六章“文艺审美规律对文才的自省：才子气创作批判”。

所谓才子气创作，就是自命才子者为意气、客气、习气所役的创作，其核心特征就是“矜才使气”。具体而言，文学创作是天人相合的产物，即才情、才气与才学等要实现相称。然而具体创作之中，这种天人相称的尺寸拿捏非常困难，于是矜扬掉弄、浮溢播散便成为才子创作主要的病候。由于“气”在古代文艺批评中经常用于展露乎外而不收敛的状态描述，诸如蔬笋气、酸馅气、头巾气、书生气、匠气等等，因而才子们如此的创作也便被命名为“才子气。”

才子气的表现形态很多，根据才奔涌现身所集中呈现的维度而见其不同。就主体禀赋而言：才显乎气，气浮溢而不凝，才为气使，如此外显则为发露与客气；才显乎情，情靡而不诚抑或不敛，才为情使，如此外显为矫情与艳情。就后天修为而言，才显乎识，识见浅陋则才无所主，如此外显为藻饰轻薄；才显乎学，学溺而不化，如此外显为炫博；才显乎法，法弛而不守，如此外显为荡逸。

“才易飘扬”，善于运使可为创新陶钧之器，但一入习气意气客气，反成其病。首先是文人溺乎才子虚誉，其次始有才子习气的创作。因此，讨论才子气也好、才子气创作也好，都是兼主体人格与作品体貌而言的，其浸润于人格者，必习染乎文品，二者具有统一性。

第二编“主体素养系统建构对文才的要求：天人统一”，包括第七、八、九章。

古代文艺理论有关文才的论述，视才为天的象征与体现，在审美创作中起着核心作用，才为盟主，天不可易。但是，《尚书·皋陶谟》云“天工人其代之”，《法言·重黎》篇云“天不人不因，人不天不成”，审美创作虽然以禀赋之才为根本依赖，但仅仅依靠禀赋之才又不可能实现完美的创作。作为禀赋之才的辅助，甚至可以说作为禀赋之才不可或缺的部分，众多其他人工性范畴被引入主体素养体系，并与禀赋之才整合为一系列的文学素养依托——不学无以启才，无法不能尽才，寡识难以运才。古代文艺理论中的文才思想因此也便依托天人之际展开，并体现为以下主要理念：

天有着对人根本性的限定，但天又以人为入手处；人以天为追求对象，这个过程无限逼近却无法最终重叠；天人合一是艺成的手段，也是审美的目的。人必依赖天方始有所因循，不至于茫然失措；天听自我而听，天视自我而视，天必以人为假借才能成就万事。天人合一由此成为审美创作的必由之路、终极理念、最高境界：主体的素养兼善天人；文机的涵育思接天人；创作的过程贯彻天人；作品的完成备极天人。

第七章“才与学：天人相须——诗不由学又不可无学”。

魏晋以后，随着文才获得空前的理论关注，学也同时被纳入文才的关系系统，才学问题由此较早进入文艺理论讨论视野，也是后世最为文人所关注的话题之一，成为人天交争的一个人间具象。其中宋代与清代更是诗文论学的巅峰时期，因为重学观念的左右，清代理论批评界对严羽“诗有别材，非关书也”的论断从引用到阐释出现了集体误读。在重学舆论的影响下，文学逐步呈现出以下偏差：

其一，倡导无一字无出处，无一事无来历，由此混淆了性情与学问、经籍与性灵，诗成耀学之具。

其二，夸大学问、书本知识在审美创作中的效用，由此推及学者与文人身份辨析、优劣竞逐，混淆了二者应有的边界。其负面影响就是：抹杀了从《论衡》至六朝文笔之辨、明代诗文之辨等取得的成果，使得“文学”又陷入身份危机。

与这种重学的声音相生相伴，历代对诗文笼统论学的现象一直有深刻的反思，明末清初文人则提出了诗有“别学”的命题，意在区分文学所言之“学”与学术所论之“学”的内涵。文学所需之学，就是与才相成而不相碍之学，是在一般之学基础上的“自得”。

历代关于才学关系的讨论尽管众说纷纭，但始终贯穿着如下共识：才学相须，即在这个关系体系里，无论强调其中任何一方，都不意味着对另一方的否定，此为诗不由学又不可无学；但是，就文才而言，才与学在主体素养之中的地位并非并列，而是“才为盟主，学为辅佐”。

以颜谢优劣、李杜优劣、苏黄优劣、《西厢记》《琵琶记》优劣等为代表的优劣论，其主要理论内蕴之一便是才与学的分析、价值的比量以及相关文人天人归属的判断。其本质都是才学关系理论在批评实践中的辐射。

第八章“才与法：天人相成——文成于法其妙不在于法”。

儒家论万事皆入于规矩，法与文艺自然不可切分。如果说自然世界的法是自然变化规律的体现，那么，文艺之法则是人世情理之极变中表现的本然规则。所谓天理本乎人情，并非简单的天人关系捏合，实则蕴含了文艺之法出自天理人情之极这样一个重大命题。文艺论法度，首见于扬雄论“则”，系统于《文心雕龙》论“术”“数”。

才有限量，法与学一样，是以人济天的入手之处，对法的寻觅与研讨，最终必然转化为弥补才之限量的策略。才不排斥法，也离不开法，但文成于法其妙不在于法。

虽然师法、祖述未必皆流于蹈袭，但法多则窒，模久成缚。如何学习古人法度又不碍才情才气的伸张呢？解决的方案是：通过师法前人而逐步形成自我的主体性，使得法为我用而非我为法使，古人称此道为“拟议以成变化”。从宋代开始倡导的“活法”，便是对这种法能融入才气之状态的一个概括。

以才法相成为基础，历代对才法关系的讨论存在着敛才入法、申才抑法两种主要思想。虽然彼此取向有别，但就才与法本身在文艺创作素养中的地位评量，即使是敛才入法论者也没有人否认才的核心地位。不过由于法度体格的严正与示范意义，由于才的纵逸破缚性质，在不羁束文才灵动精神的前提下，文艺批评对于居文有体、敛才入法、敛才就格的创作有着格外的尊仰与提倡。

第九章“才与识：天人相济——以才为‘主’以识为‘先’”。

从先秦老子“玄览”之论到魏晋人伦识鉴重识度，再到魏晋玄学佛学剖判幽微发扬理趣，识与当时文人动辄言及的“赏”融为一体；从六朝至唐宋之际，识又与佛禅心学实现了充分互动，文艺理论之识的内涵由此获得了极大丰富。不过，佛教识论将其纳入因果循环，给识披上了神秘的外衣，于是识在某些阐释中被赋予了部分先天的品格，形成识与才性内涵的重叠，造成其天人“身份”辨析中的困惑。事实上，佛教言识聚焦于种、因轮回；而现实之中作为审美理性判断力的识源自后天经验、磨砺、参究的特征无法改变，审美范畴的识正是由此接引而出。

明确合才识论文史，以唐代刘知几“才学识”之“三长”说的出现为标志。三者之间，才识相须，学识相济。才识相须，既包含识对才的引领，也包含才对识的限定；学识相济，既强调识对学的指引，也强调学对识的后天培育。

在“才学识”之外，以才识为基础建构的素养论中还有一个“才胆识力”说，才胆识力最早属于汉魏之际的人伦识鉴标准，《人物志·英雄》第一次将这四项因素置于一个语境论述。明代受禅学与王学影响，文人们对胆的关注明显增加，李贽、袁中道、江盈科、张大复、金堡等皆曾以“才胆识力学”等要素的不同组合论文。叶燮以此为基础，整合为了“才胆识力”这一主体论体系，并以之为“诗基”。其中“才胆识”的关系是：才胆相援，胆识相辅。

从识居“才胆识力”四者之首的角度阐释《原诗》，并没有违背《原诗》基本的意旨。但是，就文艺主体素养以及《原诗》论述的情实而言，支撑“才胆识力”体系的核心不是识，而是才；识虽然被提到很高的地位，却是叶燮纠明末清初模拟思潮之偏的一种论述策略，是对有才者论识，而非统论文学素养。

回到文艺理论批评有关主体素养的整体考察，才与识的定位是这样的：

以才为“主”，地位无可动摇；以识为“先”，备文才者，其学习其创作又必先有识见，方能创新。

第三编“文才活力的葆有策略：发抒与涵养统一”，包括第十、十一、十二章。

作为本然的禀赋，才具有发散特性，并通过及物、应世体现其存在的价值与意义，因此“尽才”是历代文士梦寐以求的理想。

从文艺创作的审美程序而言，才华直接以才思的形式发抒挥洒。一个成熟文人才华才思的显象必然体现出基本的统一性，这就是才调；审美主体具备才调则于主体可成家数，于创作可成体格。从才思、才调到作品风格、体调、气象的形成，其间强调的就是极才尽变，才思不极则难尽本性，甚至会在悬置、畏葸之中渐渐钝滞。

但是，无论从运才方式还是用才态度而言，如果缺乏对才适当的控驭，则才气驰骤，既逾越法度滋生弊病，又会因一味使才逞才神思俱疲而有“才尽”之忧。

于是，能够尽我之才而又避免才尽技穷之窘迫，由此成为重要的规诫。柳冕曾说：“文之无穷，而人之才有限。苟力不足者，强而为文则蹶，强而为气则竭，强而成智则拙。”这个感慨直接影响到了黄庭坚，他所谓的“诗意无穷，人之才有限，以有限之才，追无穷之意，虽渊明、少陵不能尽也”，也是由此演化。二人之说皆别有所指，但又共同将矛头指向不知所止、无所敬畏的创作。

挽救之途就是文才涵养：只有葆才养才敛抑峥嵘，才气才情缩聚凝注而不流乱逸荡，文才方能精芒四射，作品始能光彩照人。

第十章“由才至思：文才的发抒路径”。

创作之中天向人的落实过程就是“才思”酝酿及其在创作实践中展开的过程。文才最终必然要成就文思始可转化为作品，所以《文心雕龙》论创作，前后涉及十九篇而首论“神思”。

才思论的形成以思维特征认知的深化与文学创作实践的丰富、拓展为铺垫，以晋际道教“存思”论为理论资源，至《文心雕龙》详论“神思”，则标志着才思论的完善。

从王充《论衡》论才智高者能任精思，《抱朴子外篇》论才高思远、才大思深、才钝思迟，到《颜氏家训·文章》以“拙文研思”与“必乏天才”对应，《文心雕龙》论才略而以“思”呈现，都证明王世贞“才生思”之论是中国文才思想的固有结论；有才思就是说审美主体才性之中具有善于想象、善于联想的潜质，所谓“才生思”就是从这个意义而言的。

才思就审美主体而言是一种禀赋潜质，就具体创作而言它落实于文思，具有基本路径取向与法术归拢功能，它融会意思情思，对具体创作有着引领作用。它是文才见于创作的路径，是文才发抒的路径，也是文才创化特性的落实与呈现，诸如审美联想、文藻孳乳、无中生有的幻化、篇章的裁布、情感兴发、不同审美体式的综合等等，都是文才创化特性经过文思的呈现。

从运行的通滞而言，文思包括兴会神通之前的苦思、兴会神通之际的神思。苦思是文艺创作必需的思考，它与天机骏利的神思发动不同，是持续不辍、孜孜以求的人力工夫作用，这种苦思又称为覃思、深思或锻思，具有超越了感兴状态的理性深度。覃思等对文思有着重要影响，与文才恰成天人之合，因此成为以人济天的重要形式。

文艺创作之中，那种兴会不至之际通过覃思深思与锻炼，于人工努力不辍、孜孜以求的创作状态往往被名之为“苦吟”。古代审美批评中的“苦吟”，既指以覃思锻炼等人力为主的创作，又将其视为艺术手段与不得不经验的创作历程。苦吟以工苦力至而才思得以激发为诉求，以诗文实现自然审美形态为目的，宋人称之为“苦吟破的”。

第十一章“由才思至体调：文才的显象”。

文艺范畴的才体关系论是以文学体裁辨析为基础发展起来的。汉魏两晋之际的文体论主要围绕这一维度，附丽着得体、合体基础上主体才性基本特征的呈现。

从六朝的文笔之辨、唐代的诗笔之分，到宋元的诗文、诗词以及词曲本色当行的研讨，再到明清之际诗文区划的论述；从文须流连哀思、情灵摇荡，到诗道唯在妙悟、不涉理路不落言筌的定位，再到吴乔的诗文酒饭之喻，文体愈辨愈精。这种辨析，明确了各体裁的独到特征，明确了不同体裁的表现手段，对不同体裁语言表现、所对应的格调有了更为详细准确的把握。

齐梁之后文人继承曹丕禀气论文的传统，在此前强调才性向体裁、体制归依的理论基础上，开始将才性的创造视为核心的审美追求，文学批评的体由此向文学风格、气象、风调拓展升华。才体论、才调论皆于此时建构完成，定体、定调意味着一个文人的创作进入了“文”的序列，因此体调就是文才的显象。

对才与体、调各自深入的理解使得二者的关系也更加鲜明：才体之间的对应是以各自才调为基础的，有如此才调，便成就如此之体。从才之所能而言，偏长偏宜则必有偏短；从精力投入而言，执着于此必然窘迫于彼。所谓的兼能通才往往只停留在文人们相互扬诩的错觉之中；文学创作主体无论其选择什么文体、心仪什么风体，必须从自我的才性所宜出发，必须合乎自我的才调。在此基础上的“文如其人”，是文艺创作的最高境界。

既然文才与文体具有一定的对应性，文才对体格气象有着核心的影响力，文人们于极我之才思、铸我之体格有着巨大的期待，其魄力由此获得激发：文学创作进入了“自然之恒姿，才气之大略”与“谐情合体、仿性纾才”的时代，明代文人甚至提出了“偏师必捷”的惊人之论。

第十二章“文才的涵养”。

从才思发抒到极才尽变都在强调文才的运使，或畅之、或尽之、或极之，皆是撷取陶泄，皆为耗费凿求。从中国文化的张弛之道而论，文才的涵养由此成为文才思想的题中应有之义。文才涵养一般涉及两个方面：

其一，从才与年寿的关系而言，禀赋之才一生之内始终未变，但人的血气会变化，由此对才思便会产生重要影响。尽管年寿对能否尽才、如何尽才有着绝对的控驭，但是人力的付出、好学不已则可以葆有本然的创造活力，从而弥补年力衰微带来的血气不振。

其二，从临文态度而言，要秉持才性贵重的思想：于文德倡导敬慎，创作敛蓄才华，对恃才、骋才保持高度警惕。如此不轻易施发，方可蓄养充沛，发而能中。

文才的涵养又称为“养才”，就其本质而言，这种涵养可以统归于“养气”。古代文艺理论视文艺创作是一个养气而盛、气感而通、气化赋形的过程，而这个过程又恰是通过养气激活主体之才的过程。

从道家论养气意在培养生机活力一维而言：“气盛而化神”，于是气可御才而行；“陶钧文思，贵在虚静”，于是“气全者才放”。

从儒家论养气集道与义一维而言，养气可实现主体人格、心志、情性的升华，既鲜活健康又张弛有度，进而实现才气相称、才情相称。

余编“文人才士对现实际遇的感慨：天人多违”，包括第十三章。

文才自然可以成全生命的自足，但深受儒家思想浸润的中国文人更多选择的是将其作为名利场的入场券。命运与才华的关系由此成为中国古代文人现实碰撞、人生反思之际绕不开的话题。而才命论研讨的也不仅仅是创作，还包括文人的际遇。在古代语境中，才依然以文才为主，命则在历代文人的痛苦挣扎中凝定于现实对文人才能的认可程度，并以能为世所用、身份显达为共同趋奉。二者之中，文才依然是天，是禀赋，不可移易。命就本义而言同样是天，但历代文人命运的挫败感却多源自人事：就其所能而言，依仗才华对未来预期轻易；就其性情而言，艺术气质浓厚的心志不可避免地形成与俗常的隔膜；就外部社会而言，腐败吏制、功利主义甚至倡优蓄之的卑劣心态形成了对文人历久难化的偏见。因此，“才命论”所言文人之“命”并非纯粹哲学之中天命之命，在后人论述中实则也是人事的内容。可见才命论同样被统辖于天人关系体系之中，而且就大势而言，天人多违是历代优秀文人共同的感慨。

天人相合，成就了历代优秀文人卓越的主体文艺素养；天人多违，又记录了历代优秀文人试图跨越文艺走向世用之际的局蹐踉跄。这，就是中国古代文人曾经的生态。

第十三章“文才与命运”。

才不才存乎人，遇不遇系乎命，但才命多违，成了文人绕不开的宿命。

才命多违，对于才华横溢的文人而言首先面临的困境是知音难觅：以才论文，从创作理论延伸，必然要引申出属于鉴赏论范围的“知音论”。

鉴赏者是否接纳一个文人的创作需要两个基本条件：其一，鉴赏者是否具备批评欣赏的才华；其二，具备才华的赏鉴者之才性与作者的才性是否切近。但是，对一种风格的认同，往往又造成对其他众多风格的拒斥，可以赏同体之美，却难以接纳众多的异量之善。因此，无论葛洪还是刘勰，他们所呼唤的知音，恰恰是需要排除这种审美偏见之后的周圆之赏，兼容之赏。这才是文学史上不绝于耳的知音难觅呐喊中“知音”的本义。

从才与时运的关系而论，独立的审美主体在与时运的较量中，除了依据才华决定作品的工拙之外，于文艺发展变化的大势往往无能为力。这种无能为力表现有三：一则个体之才统摄于时运，虽然有才力健硕者力图补救时运，但所能者也只能是“补救”，却无力“挽回”。一则虽然才缘质殊、体缘才限，但最终决定创作趋势与风体格调的，除了个体之才，还有时运。一则时运所至，代有其胜，个人才力于其成、毁无能为力，后人欲超越这种成就也无能为力。

“诗穷而后工”是在反抗文人不遇的宿命这一语境下产生的，这一论断的出现，不仅实现了才命论数千年宿命形态的脱胎，也可以说实现了才命论从泛言不遇到审美理论的升华：尽管关注的重点从本质而言依然是人生的价值，但言说的对象却从对命运的吁叹，转移为通过文才的激发实现生命的自足。

“诗穷而后工”之外，与其相生的另一个命题也如梦魇一般纠缠着历代文人，那就是“诗能穷人”。尽管欧阳修从一开始就耳提面命地提醒：非是诗能穷人，而是诗穷而后工；但穷而后工、愈穷愈工、穷而易工的声音却不绝于耳，穷与诗撕扯不断的关联明显地在各种理论阐释甚至理论解嘲中被凸显出来。

三、成果的学术创新

其一，研究内容创新。作为中国古代文艺的重要理论范畴，学术界对才与文才的关注不多。本成果从文才思想与主体素养体系入手系统研究，具有开拓意义。

其二，理论观点创新。本成果鲜明提出了文才为“虚灵的心智结构系统与人事的统一”这一命题，对解读古代文艺理论批评有关主体素养的论述有着普遍的理论支撑价值。

其三，研究方法创新。从单纯的文艺理论研究中越超，置古代文艺理论批评于民族精神、文化思想的观照之下，既拓展了古代文学的研究思路，又总揽全局，升华了研究的层次。

《浪漫的中国》概要

杨联芬*

一、研究的目的、意义及方法

本成果由伦理思想史进入文学史，在晚清以降有关女性和性别之伦理观念革故鼎新的历史变迁中，深入到现代中国文化与思想最活跃的场域，在一个伦理学、社会学与文学交织的界面，考察新文化、新道德如何颠覆和改造传统，进行“现代”的创造，从思想史和伦理现象的细节中，呈现中国社会由传统向现代演变的生动图景。

本成果选择晚清至 20 世纪 40 年代几个影响颇大的流行概念及文化现象，以“关键词”为入口，进入社会文化与观念变迁的具体历史场景，梳理激进主义思潮的形成、发展与演变，从而对新文化和新文学的观念、实践与价值，进行富于理论深度和方法创新的历史考察。

二、成果的主要内容和重要观点

本成果在晚清至 20 世纪 40 年代伦理观念史和社会史的纵向发展中，撷取“恋爱自由”“社交公开”“自由离婚”等新观念，以及“新女性”“贤母良妻”等新名词，通过知识考古，探究语言与观念背后的社会意识、社会生活和社会心理的变迁过程，呈现现代中国伦理思想反传统与现代化的历史线索，清理新文化建构过程中激进主义思潮的特征及其影响。

---

* 杨联芬，中国人民大学教授，博士生导师。

本成果由绪论和六章共七部分构成。

绪论“‘浪漫’的中国——从词语到文化政治及美学的考察”。

本章从梳理“浪漫”一词入手，考察浪漫主义作为支配现代中国思想启蒙与社会变革的基本精神，在中国现代性历史演进中，对于中国现代政治思想、伦理观念和文学创作的影响，从而为本成果所探究的一系列伦理、文化与文学之“激进”思潮，呈现其哲学与文化政治的背景。

“浪漫”一词，古汉语中已有，但被日文借用翻译西文 romantic 后，则作为一个“现代”的词语于 20 世纪初返回中国，成为传输西方浪漫主义的“新词”。

18 世纪末至 19 世纪上半叶的西方浪漫主义思潮，不仅是文学艺术领域的一场革命，也是西方意识领域最伟大的一次转折，被认为“改变了西方世界的生活和思想”（伯林）。受西方和日本双重影响的中国浪漫主义，未能产生独特的思想和杰出的艺术，却以一种话语形式，普遍存在于 20 世纪中国思想、道德与日常生活领域。“浪漫主义”作为话语，初以反叛传统、追求“现代”为目标，形成以“唤醒”为宗旨的富于理想主义热情的情感话语形式。中国的浪漫话语，发明了“民族主义”，也创造了“个人主义”，并在二者充满悖论的依存关系中建构了新文化。本成果通过梳理晚清、“五四”和大革命时期中国浪漫话语的形成与特征，探讨和反省新文化激进主义的形式与悖论。

本章首先从语源与思潮，考证“浪漫”一词的来源，以及西方、日本与中国浪漫思潮的产生及其文化和政治意义的异同。从晚清梁启超的“新文体”，到“五四”《新青年》的“随感录”，均呈现出感时忧国而又激越奔放的浪漫主义特征，促成晚清乌托邦理想小说的盛行，也形塑了“五四”一代思想观念和感情表达的方式。晚清、“五四”所发明的民族主义与个人主义，因浪漫主义而获得奇特整合，形成独特的话语结构。浪漫主义使“五四”的个性解放在恋爱自由和离婚自由思潮中汹涌，也使革命的浪漫蒂克，即“革命加恋爱”，在“五四”之后成为一种流行的文化症候。浪漫主义推动了革命，也对革命产生负面影响，以致“浪漫”一词在革命浪漫主义达到高潮时，作为贬义词而被革命所驱逐。

第一章“‘恋爱’：由新名词到关键词”。

本章梳理“恋爱”这一新词的发生与传播过程，详细考察“恋爱”一词如何由一个外来词变成“五四”新文化的关键词，揭示围绕“恋爱”概念而展开的中国伦理观念的根本性变迁，解析新道德的语言和实践，探究“恋爱”话语是如何参与中国现代思想的建构、改变中国传统家庭结构与生活方式，并形塑新文艺的。

在中国，以汉字“爱”或“恋爱”对译英语“love”，始于 19 世纪来华传教士，但其意义与古代文献相似，是“恋”与“爱”同义复合表广义的“爱”。“恋爱”作为一个对译英文“love”表达男女之爱的新词，是由日文进入现代汉语的，20 世纪初由流亡或留学日本的中国学者、学生率先使用并传入国内。自此，传统以“情”和“男女之情”进行表达的概念，因新的命名而在方式、体验、意义与评价上发生了重大改变，呈现为一种指向“个人的人格自由”的现代观念。五四运动后，该词所联系的个人本位之“自由”含义，即“个人的人格、意志的自由”（章锡琛），才因新文化启蒙话语而得到彰显，“被视为自由、自主和平等的象征”（李海燕）；而“恋爱自由”或“自由恋爱”，也成为新文化新性道德的思想命题，在新旧道德博弈中发挥神奇功效。20 世纪 20 年代，“恋爱”成为新文化最热门的关键词，“自由恋爱”也成为五四运动后，尤其是大革命时期的流行文化现象。“恋爱”也由文学作品进入公共话语，成为中国新伦理建构的突破口，产生了从晚清到“五四”一系列新道德命题，以及与之相应的新文学作品。

晚清倡导的“自由结婚”，提供了以恋爱为前提、以当事人自决为主导的现代婚姻观念，并开创了文明结婚新风尚。民初，“恋爱”一词在本土化过程中一度污名化，在民间则成为不道德和非法性关系的代称，导致专写恋爱的言情小说普遍规避此词；但由于《红楼梦》和林译浪漫小说的巨大影响，清末民初的爱情小说往往以推崇圣洁而忠诚的爱情为特征，其客观表现对恋爱精神品质的普遍推崇，为五四“恋爱神圣”观念的出场奠定了基础。

“自由恋爱”在清末民初，是一个使用不太多的偏正词组，其“自由”，限于“自主”“自发”的意义，与“恋爱自由”相互混用。“五四”时期的“自由”是现代哲学概念，指个人权利和个人意志的自由；则“五四”的“自由恋爱”，便是在个人主义伦理学、社会主义政治经济学说共同作用下形成的理想化道德命题，包含恋爱至上、离婚自由，甚至废婚等含义，它指向对现存一夫一妻婚姻制度的否定，包含人类社会组织形式及观念形态的巨大变化。而在“五四”时期的激进派看来，自由恋爱“纯以‘爱’做标准，而不附任何条件、任何形式”，因此“比‘自由结婚’较近真理”。因此“五四”时期西方理论影响下建构的恋爱理论，有“恋爱自由”与“自由恋爱”两种表述，体现的是自由主义与社会主义意识形态的分歧。

1919 年五四运动后，青年学生除了上课和偶尔的集会，日常生活中最重要的内容就是“恋爱”。从思想史和社会史角度看，20 世纪 20 年代的“恋爱”成风自有根源。“五四”时期知识界公认的中国所面临的若干“问题”，社会层面的有“劳工问题”“女子问题”“教育问题”“家庭问题”“婚姻问题”等；文化与哲学层面有人生观问题、文化问题（东西方文化的冲突与融合，科学与玄学之争等）。恋爱既处于“家庭问题”“妇女问题”“婚姻问题”“教育问题”的交叉地带，又是“人生观”和“新旧文化”选择的直接体现，是介于思想与行动、形上与形下、意识形态与日常生活之间最直接和普遍的“文化现象”，又因为“恋爱”关涉的是全体青年/学生，因此，“五四”时期的“新旧”冲突、“中西碰撞”，无不直接和敏感地呈现在“恋爱问题”上。“恋爱”已非私人事情，而是“个人主义”与家族主义的角逐，是新道德与旧道德的选择，是现代文明与封建礼教的抗衡。当“恋爱”无可阻挡地成为 20 世纪 20 年代青年最关切的人生主题时，恋爱成为文学的主要题材，也就是顺理成章的事。

“五四”恋爱文学在空间意象和恋爱描写上的开拓与创新，解构了压抑个人自由的家长权威，颠覆了传统道德，也开拓了文学的表现领域。但对个人自由的单纯追求，也导致“五四”浪漫文学存在情感泛滥、表现肤浅的弱点，未能将“恋爱”的观念与体验引向深入。而在爱情转移的时尚中，新与旧的夹缠，也赋予了新文化与新文学更复杂的面向。

第二章“‘社交公开’：浪漫思潮与性别冲突”。

“五四”新文化性别伦理观念的革命，即“恋爱自由”与“离婚自由”，是从“男女社交公开”开始的；而社交公开，以大学开放女禁、男女同学（校）为前提。

中国大学男女同学，最早实行的是教会学校。1918 年前后，《妇女杂志》围绕应否男女同校，有过一系列针锋相对的辩论文章。1919 年五四运动后，男女同校呼声更高。1920 年，北京大学和南京高师两所国立大学正式招收女生，男女同校从此突破。男女同校的根本目的，一是实现男女教育平等，二是使青年人格心理得到健康的发展。因此，男女同校的结果，是男女社交公开。五四运动前后，新文化阵营对于社交公开的意义，实际上存在着两种声音。一种声音，从本能出发，肯定社交公开作为一种公共生活对于男女精神心理的“互助”作用，姑且称之为“精神互助派”。这派肯定人生的快乐，向往异性交往的欢愉，将人格的健全乃至打破传统包办婚姻的希望，寄托于社交公开。另一派为“人格论”，该派鉴于男女大防的社会习俗，着眼于消除男女平等的障碍，为避免授人以柄，也为使男女社交真正成为一种社会习尚，反对将社交与恋爱结婚挂钩，以凸显社交公开的社会性与正义性。

男女社交公开实行起来以后，无论是社交中的青年男女，还是凝视着他们的社会，都脱不了“旧”的眼光。一方面，女性仍然是被诱惑和歧视的对象，恋爱的后果往往不堪；另一方面，社会对男女道德问题的敏感和提防，又难免使一些男子正常的社交被误解，有的甚至被放大成社会“丑闻”。由于男女两性教育与权利长期不平等，两性心理存在较大差异，使得社交公开之初，由性别带来的隔膜和冲突非常普遍。对于相当多的男性而言，社交公开只是其“红颜”范围的扩展而已，因此不免带着旧式社交的态度与新女性交往。而女性，刚刚从闺阁教育进入社会（男性世界），缺乏与异性相处的经验，在社交中，她们往往居于客体的地位，被动而易受伤害；在社交中，感受更多的不是自由，而是困扰；除了遇人不淑、身名俱毁外，女性在社交中最感屈辱的，就是男性对她们人格的不尊重。

社交公开兴起后，“恋爱自由”成为两性关系的焦点。尽管社交公开倡导之初，有相当多的新文化理论人士竭力撇清社交与恋爱的关系，希望出现一种与中国社会的传统与“常识”泾渭分明的新型男女关系。然而，当社交公开真地实行起来以后，那些身体和心灵都曾经长期被禁锢的青年人，乍一获得自由，他们的社交语言，往往只有“准恋爱”一种表达。在男性欲望与权力借社交公开和自由恋爱畅行时，两性冲突更加剧烈。

新道德实践过程的激进方式，以及女性的被动处境，在后来的大革命运动中继续发酵。但以男女平等为目标的新思潮中实际存在的不平等体验，却被后来的历史叙述忽略与遮蔽。

本章通过对以往文学史未能详加考察的社会生活材料和历史细节的钩沉，透过社交与恋爱中两性的体验与冲突，揭示中国女性解放历程的艰难与复杂，从而对新文化思潮的某些“先天”缺陷和历史局限进行反思。

第三章“‘自由离婚’：吊诡的现代性”。

“离婚”本非现代概念，而是古已有之。但传统中国的离婚，一方面是男子单方面的“出妻”权利，另一方面则被视为女方家族的奇耻大辱，因而官方与民间，非万不得已，向不主张离婚。“五四”新文化运动开始后，“恋爱至上”的新道德，使婚姻需有恋爱前提的观念深入青年心中，“自由离婚”遂成为“恋爱自由”的逻辑结果，为新文化所极力推崇。传统婚姻大都是无恋爱的包办婚姻，因而在新道德面前失去合法性，“自由离婚”遂由偶然事件向社会思潮演变；离婚既是私人事件，也被视为新旧文化的权力之战，并成为报刊媒介的公共话题；离婚声明，也成为三四十年代报刊一种流行广告。“五四”以降二十年间，中国历史上第一个离婚浪潮形成。

在自由离婚观念被社会普遍接受的历史中，“传统婚姻等于女子长期卖淫”的观点影响极大，这个观点随社会主义理论的传播而产生巨大影响。而爱伦凯的自由离婚论，也被作为民族主义理论进行译介，并收到意想不到的效果。民族主义情结，使自由离婚这一完全背离传统伦理的观念和行为，在20世纪20年代中国被迅速传播与接受。整体看，“自由离婚”观念在中国确立的过程，就是“五四”个人主义与晚清滥觞的民族主义，以及20年代流行的社会主义观念奇妙缝合的过程，呈现出20世纪中国思想与文化史以民族主义为主调，同时隐含社会主义倾向的特征。

“自由离婚”的现代性，首先体现在提升女性权力上，即在离婚问题中，男女双方拥有完全平等的权力，因而被视为妇女解放的象征之一。然而，在男女教育程度、社会地位都存在巨大悬殊的历史条件下，“自由离婚”的诉求，往往不能达到男女平等的目的，反而产生新的不平等。因离婚的提出多半出于男子，被离弃的多半是旧式女子，离婚之“自由”，即意味着她们随时可能“无名”被弃，其恐惧甚于“七出”。本章通过史料，探寻那些沉默的“另一半”，揭示中国社会为“进步”所付出的代价，思考新文化可能的理想途径。自由离婚思潮中男子移情别恋或停妻再娶现象，一方面被不少新文学家批评，另一方面，少数作品所塑造的“不走的娜拉”则在新文化激进思潮外，提供了另一种温和、妥协的方案。这些文学史上曾被批评、后来又被忽略的作品，或许提供了男权社会中女性主体建立的另一种可能。

鲁迅和老舍的同名小说《离婚》，反映了现实中的自由离婚思潮。然而，这两部作品在叙事上的复调性，赋予了作品丰富的含义与多元的价值判断，使文本富于张力，也造成理解的困难。本章通过这两部作品的文本细读，辨析矛盾，阐述新见，在推进新文学经典作品的阐释时，丰富对新文化复杂性的认识。

第四章“‘新女性’：在新伦理与旧角色之间”。

“新女性”（the new women）是19世纪中期英国诗人丁尼生的发明，19世纪末成为欧美女性主义的一个概念，指具有女性主义思想、受过良好教育、富于独立精神的知识女性。该词在民初中国开始被使用，在“五四”新文化运动中成为启蒙思想者对中国受教育女性的期许。本章主要论析新文化运动中新女性的成长与身份认同问题，从而揭示激进伦理观与社会现实之间存在的紧张。

“五四”新女性是在大学这一现代教育平台由新文化启蒙话语塑造而成，大学与“家”，成为新旧道德争夺青年的两个营垒，在新文化处于绝对强势的大学，勇敢的新女性们为自己的婚姻权利而战，与大学的男青年们结成新道德共同体。她们的意识形态认同来自新文化，是以个人主义为核心的正义伦理；然而她们作为女性的性别认同及相应的关怀伦理心理，却使之对“旧道德”下的女性同类怀有更多同情，其价值认同与性别认同之间发生冲突，在面临恋爱和婚姻选择时，往往陷入困境。她们支持男友出于人道主义而不与旧式发妻离婚，选择“忽略”名分的同居方式，在新旧道德的模糊地带与有妇之夫结成不合法却合乎新道德的婚姻，为实现个人权利和信仰牺牲自己的尊严，以此维护恋爱之神圣。然而，非正常婚姻关系的缺憾，爱情中隐含的性别权力，传统社会习俗的歧视等，都体现了个人自由与关怀伦理之间的对立与冲突。新女性的认同困境，暴露出新文化个人权利实践具有不可解决的伦理矛盾，而这个矛盾在新文学叙述中并未得到充分表现。本成果在“正义伦理”与“关怀伦理”的理论视域中，从新女性认同危机入手，剖析“五四”个人主义的历史局限，在一个新的视野中，揭示“五四”新文学的表达限度。

第五章“女性与革命——以1927年国民革命及其文学为背景”。

女性革命，在激进文化看来，是娜拉出走后唯一正确的选择。女性与革命，在20世纪中国的现代性履历中，既表现为“互为因果”的依存关系，又呈现出彼此冲突的逻辑悖论；“革命加恋爱”，也不仅仅是左翼文学的“流行公式”，而是大革命时期一种普遍而突出的政治文化景观。

1924—1927年发生的大革命，使“五四”时期的“男女社交公开”和“恋爱自由”思潮，被迅速催化为“free love”。社会主义理论将妇女解放置于社会解放之内，因而自由恋爱往往被视为妇女是否投身解放的一种标志，但以恋爱为名的性解放，不久便成为革命的干扰。为引导青年正确对待恋爱问题，革命阵营内展开了大规模的“革命与恋爱”大讨论。理论家著书引导，《民国日报》《中国青年》和《向导》等革命报刊，都有持续而热烈的专题讨论，“浪漫”逐渐成为贬义词。本章还原20年代中后期的“革命加恋爱”思潮，以亲历大革命的谢冰莹、白薇、茅盾和叶紫描写大革命历史的作品为文本细读对象，对革命与恋爱及革命时期的两性关系进行历史、伦理与美学的考察，揭示革命文化内部的性别等级问题。女性在“革命加恋爱”中的处境与体验，革命文学对情感、性别及女性心理的描写，颇能揭示革命文化的某些父权因素，但在宏观历史叙述中，或男性视角的文学作品中，往往难以触及这一问题的本质。本成果在历史文献、传记及作家作品的对照解析中，对大革命中的性别关系及女性体验，进行细致阐释和理论论证。本章的目标，是通过文学与历史互证，凸显性别体验，并对革命文化中的父权因素进行深入分析。

第六章“‘贤母良妻’的现代命运”。

“贤母良妻”是一个出自儒家经典，而从日本“词侨”归国的新名词。尽管它保留了儒家女教观中的核心元素如贞顺、慈淑、谦卑等，却具备了儒家所没有的近代国家主义精神。更重要的是，贤母良妻的前提是女子须接受完整的国民教育。晚清女子教育，在培养贤母良妻的宗旨下得以合法化。这一新旧兼容的概念，却受到激进革命派的攻击。“五四”前夕，官办女子教育仍以贤母良妻主义为宗旨，新文化运动提出“超于良妻贤母的人生观”，并在“人的问题”讨论“女性问题”，则人格平等成为女性启蒙的主调，贤母良妻的观念渐告式微。但“五四”个人主义话语，也遮蔽了社会性别维度下女性在个人价值与家庭角色之间挣扎的处境。爱伦凯理论中母性论被忽视，显示了个人主义强势话语对“性别”的忽略。1934年，“新贤妻良母主义”因得到官方舆论支持，并与国际保守思潮形成呼应而遭到知识界的普遍反对。但反对官方意识形态、提倡女性独立的陈衡哲，因承认男女差异，并对妇女进入公共领域有所保留，却遭到激进派的批评。与之相似，先后有胡彬夏和冰心，皆属欧美式贤母良妻，其创作亦多表现现代知识女性家庭角色与自我实现之间的冲突，然而在激进主义占据主流的现代史上，这个谱系却黯然无光，有时还成为被批判对象。

新文化主流观念对贤母良妻主义的极端排斥，与其对儒家传统的彻底否定态度直接关联。从巴金的《家》，到路翎的《财主底儿女们》，控诉“家”的罪恶，选择离家出走，成为新文学持续表现的浪漫主题。在这一视野中，贤母良妻已随“家”的崩散而陨落，由此产生的“弃儿”主题，往往以社会达尔文主义进行自我辩护。巴金《寒夜》中三个成年主人公的家庭结构与感情怪圈所构成的无解死结，呈现了巴金对“家”的重新思考。张爱玲的《小团圆》，则为《寒夜》，以及现实中未诉诸文本的无数被“娜拉”抛弃的孩子，提供了表达机会。当“娜拉”出走成为神话，无“家”可归则成为孩子成长的噩梦。就这一角度看，新文化从“救救孩子”出发，却似乎又回到“救救孩子”的起点。因而，“娜拉”出走，以及怎样出走，仍有讨论的空间。

三、成果的学术创新、应用价值以及社会影响和效益

本成果的学术创新，有以下三方面：

首先，议题设置的原创。晚清以来中国社会如何由传统向“现代”转变，一直是近代史研究的重要论题，也是现代文学史关注的思想议题。中国伦理思想的现代性变迁，又往往以女性问题及家族制度为突破口。女性解放，不但是启动中国现代启蒙运动的重要议题，而且也作为现代思想史的核心命题，贯穿晚清至整个新文化运动始终。本成果所选择的几个论述主题，在这个宏大关怀下，选取的则是一系列由新名词、新观念引发的社会流行文

化现象，无论“恋爱”概念的起源与新性道德观念的产生，“自由离婚”的现代性及其实践悖论，“男女社交公开”和“女性与革命”中两性的冲突，以及“新女性”和“贤母良妻”的文化象征，无一不是现代思想史上具有高度标志性和代表性的观念现象和文化实践，由观念、话语和审美意象共同构成一个独特的阐释系统，相关话题的研究由此得到创造性的推进。

其次，学术空间的开拓。本成果的论证空间，除了学科范畴意义上的交叉，还有文化范畴的综合，在精英与民间、观念与实践、理性与情感、民族国家话语与私人日常生活紧密交织的“伦理”地带，从女性主义的视点，创造了一个跨学科的理论探讨和阐释空间，使研究具有交叉性和多学科的学术价值。

第三，研究方法的创新。本成果吸取了“概念史”的研究方法，却并不拘泥于这种方法。文学史的维度，使本成果既始终深入到一般思想史不暇顾及的社会心理和日常生活层面，又兼顾了一般社会史研究通常忽略的“话语”，从而使本成果在思想史、社会史与伦理学交叉的层面，依靠丰富的史料，建立起一个独特的文学阐释的结构空间。

本成果的应用价值与社会影响主要表现在：丰富了现代文学研究的理论和方法，扩大了现代文学研究的视野；填补了近现代思想史和社会史研究的某些空白；大量观念材料的知识考古，使研究具有史料的贡献。

《汉藏民间叙事传统比较研究：基于民间故事类型的视角》概要

林继富*

一、研究的目的、意义及方法

从新石器时代起，汉族和藏族先民就开始了文化之间的交流，随着时代的发展，汉族和藏族的文化交流变得越来越广泛和深入。汉族和藏族关系的不断加强，是两个民族文化接触、文化交流的加强，是两个民族社会进步的发展动力。大量的历史事实表明，汉族和藏族文化始终处于彼此吸收和采借、相互依赖和欣赏、共同发展和繁荣的状态。在汉族和藏族文化交流过程中，以民间故事为中心的民间叙事成为最为活跃的交流文化，也是最为生活化的交流文化。本成果基于以民间叙事传统作为汉族和藏族文化交流内容来讨论，以民间故事类型作为特殊的维度，将民间故事作为理解汉族和藏族民众生活和文化传统生成发展的理解视角，具有明确的研究目的及研究意义。

1. 研究目的

（1）开展汉族与藏族民间叙事传统比较研究，能够让我们更加清晰地理解汉族与藏族民众历史的演化过程和生活行为，理解汉族与藏族在以历史为纵轴、以现实为横轴建构的生活空间和文化空间基础上，建立和交织的各种生活关系和文化关系，从而更好地理解汉族与藏族构成的特殊共同体内部的生活情状、信仰情结、审美取向和文化行为。

* 林继富，中央民族大学教授，博士生导师。

（2）开展汉族与藏族民间叙事传统比较研究，以期深刻理解汉族和藏族的传统文化精神。民间叙事交流是不自觉的行为，在民间社会广泛流传，渗透到生活的诸多领域，民间故事中包含了民众的生活道德和文化追求，包含了中国底边社会的传统精神和人伦关怀，通过汉族和藏族民间故事的比较研究，能够清晰展示和理解汉族与藏族的精神实质，清晰汉族和藏族民间社会交流的基本规律及其未来走向。

（3）汉族与藏族民间叙事比较研究，建立在两个具有丰富口头传统鲜活的传承和文献记录传统的民族生活和交往之间，民间叙事的交流频繁而复杂，民间叙事的种类众多，民间讲述行为多样化，其文化意义深邃。因此，本成果将在多方面丰富和创新“一国多民族”跨族际文化比较研究的理论，为建立具有中国特色的比较民俗学做出贡献。

（4）汉族与藏族民间故事交流依托生活不断流动，这些流动和传承依托着不同的传承渠道展开，其中在丝绸之路上，汉族和藏族民间故事的流动自始至终都是频繁和兴盛的，因此，通过对汉族和藏族民间故事的比较研究，能够让我们更加深刻地理解丝绸之路对于民族文化交流的重要力量，理解在丝绸之路沿线民间故事作为交往桥梁的运行机制。

（5）汉族与藏族民间叙事交流遍布于日常生活和宗教活动之间，同样的民间叙事活动在多种文化生活中存在，同样的民间叙事文类在多种场域、多元历史传统中流传。因此，本成果将揭示跨文类、跨地域、跨宗教信仰的民间叙事及其文化活动的真谛，使民族与民族之间能彼此理解和欣赏，从而为不同民族和谐生活提供有效的方法。

（6）开展不同历史背景和不同文化空间中的民间叙事交流研究，这种交流意涵着选择，意涵着碰撞、拒斥和融合，从这些多元化的交流中，讨论汉藏民间叙事传统形成的动力机制及其不同生活格局中民间叙事传统的传承、创新和发展等问题。

2. 研究意义

（1）本成果全面、系统地彰显汉族和藏族源远流长的生活友谊和水乳交融的民族关系，彰显汉族和藏族文化交流的多层次性，肯定汉族和藏族文化交流的多维视角和民间力量。

（2）本成果拓展了汉族和藏族文化关系研究空间，加深了人们对汉族和藏族文化交流的多元化阐释，为深入、全面探讨汉族和藏族历史文化交流关系提供新的路径，为拓展多民族之间的文学比较研究提供现实依据和理论基础。本成果从民间故事类型切入，突破了先前文献记录的汉族和藏族文化交流研究，而将汉族和藏族文化交流研究引入到汉族和藏族民间社会，并且从具有极强的传承性和传播性的民间故事入手，从而拓展了汉族和藏族文化交流研究的范围，丰富了汉藏文化关系研究。

（3）藏族向东南、西北和西南等地区迁徙同汉族的交融、汉族向西迁徙同藏族的交融，导致民间故事在生活层面上的广泛影响，汉族和藏族不同层次和不同方式的交往有力促进了汉族和藏族民间叙事的传承与发展。因此，本成果有利于清晰藏族文化传统形成、发展的基本格局，有利于拓展藏学研究空间和研究视角。

（4）本成果揭示了汉族和藏族民间叙事传统的相同性和相异性特质，说明了汉族和藏族文化交流的动力源泉，有利于促进汉族和藏族文化的交流和文化多样性发展，在加深汉族和藏族民众之间的文化理解、加快汉族和藏族社会和谐发展中发挥重要作用。

（5）通过 27 个典型性民间故事类型的比较，比较领域涉及神圣性的叙事、生活性的叙事，从多个层次的叙事层面清晰地呈现了汉族和藏族文化民间叙事的共同性和差异性，有利于我们深入理解汉族和藏族人民的生活方式及其审美品格，有利于推进当下汉族和藏族文化进一步交流和发展。

（6）中国是多民族国家，民间叙事资源极为丰富，民间叙事在不断交流中发展，在各自历史传统和地理环境中形成鲜明的个性，加强跨族际之间的民间叙事比较研究是当下学术界的重要研究内容。本成果有利于建立跨族际民间叙事比较研究方法论，有利于跨族际民族之间的彼此理解和交流。

（7）本成果以多样化的民间故事类型为研究的起点，集中讨论多样化的民间叙事传统的形成过程，在多层次、多元化的生活交往空间中分析汉族、藏族民间叙事交流的路径，分析不同空间作用下民间故事交流的特殊性，为民间叙事学理论的建立提供方法论意义。

3. 研究方法

在有利于问题阐释的前提下，本成果在研究过程中主要采用三种方法：

（1）类型比较研究法。精细分析汉藏先前记录民间故事的文本和现场采录的文本，对比解析汉族和藏族不同时代、不同场合讲述人讲述的民间故事文本，探究民间故事的民族特点和个性差异及其形成的原因，总结民间故事书面文本的生成过程和故事讲述人在讲述过程中表现出来的生活性质，以及讲述人、听众、观众构成的基本传承场域，发掘多民族关系中的民间叙事演化的规律性。

（2）文本分析研究法。本成果大量依靠被记录下来的汉族和藏族民间叙事文本资料，在运用文本资料过程中，将这些故事全面、系统地收集整理，从类型结构、母题构成、文本审美和叙事语言等方面进行深入分析，在与前代文本、田野文本的比较中得出结论。

（3）历史地理研究法。选取汉藏具有典型性的民间故事类型进行分析，从文本内部抽取核心母题，试图追踪故事的生活史，以此探讨民间故事流动与汉藏民众生活之间的血脉联系。根据汉藏民众交流的历史背景，以民间故事为核心研究内容，既观照历史，又立足当下。

二、成果的主要内容和重要观点

1. 主要内容

（1）本成果基本框架由“绪论”“典型故事类型研究”“结语”和“附录”四个部分构成。每部分具体内容如下：“绪论”包括汉藏民族关系历史钩沉、藏族民间故事传统研究、藏族民间叙事中的“灵魂”母题、汉藏“山”“水”叙事的同源异趣、汉藏认同的关羽故事、汉藏文化交流的动力、汉藏文化走廊的多元互动等；“典型故事类型研究”包括汉藏“龙女报恩”型故事、汉藏“蛇郎”型故事、汉藏“青蛙丈夫”型故事、汉藏“灰姑娘”型故事、汉藏“无手少女”型故事、汉藏“天鹅处女”型故事、汉藏“百鸟衣”型故事、汉藏“三个橘仙”型故事、汉藏“生虽不能聚，死后不分离”型故事、汉藏“求无名”型故事、汉藏“梦先生”型故事、汉藏“问三不问四”型故事、汉藏“宝石戒指”型故事、汉藏“木鸟”型故事、汉藏“兔子”型故事、汉藏“猴子的心忘在家”型故事、汉藏“乌鸦背青蛙”型故事、汉藏“小鸡崽报仇”型故事、汉藏“猫狗结怨”型故事、汉藏“老鼠报恩”型故事、汉藏“感恩的动物忘恩的人”型故事、汉藏“人心不足蛇吞象”型故事、汉藏“中山狼”型故事、汉藏“怕漏”型故事、汉藏“超凡的好汉弟兄”型故事、汉藏“两朋友”型故事、汉藏“兄弟纠葛”型故事、汉藏“二母争子”型故事等；“结语”包括汉藏民间叙事中潜隐的民族关系、民间叙事共同体的意义、民间叙事中的文化政治、民间叙事交流的空间力量、“文化走廊”上的民间叙事选择、民间叙事传统的共享性、族际交流背景下的民间叙事研究方法等；“附录”部分包括“跨语系的比较研究”“藏族民间故事基本类型”“西藏民间故事讲述人”等。

（2）本成果讨论了早期汉藏文化接触过程和交流规律，从昌都卡若遗址、拉萨曲贡村遗址等考古发现中出现的，与汉族具有共同性的文化物质和文化元素，探求汉族与藏族先祖文化之间的关联性和彼此交流的可能性及其必然性；以唐代汉藏和亲关系与汉藏民间故事接触为切入点，比较与文成公主和金城公主有关的故事类型及其母题，以此深刻理解和亲政策及其行为带来的汉藏民众生活和文化之间的亲密关系，这些历史事件因故事讲述和民间叙事传统的流动而变得真实、鲜活；重视民族走廊与汉藏故事接触的交流空间，从“藏彝走廊”和“唐蕃古道”等文化交流通道诞生、繁荣出现的生活背景和历史意义，分析了汉族和藏族民众在发展过程中的相互依赖和彼此信任，从而讨论汉族、藏族、羌族、彝族、纳西族等多民族组成的多元文化在“民族走廊”上的交互影响和藏族与周边民族民间叙事交流、吸收和融合等方面的内容。梳理了汉族与藏族宗教交流方式和交流渠道：宗教与民间叙事传统形成、与民间故事讲述有密切关系，汉族与藏族文化联系离不开宗教的浸润和推动，佛教从汉地传播到藏地，藏地佛教又影响汉地文化，并且吸收了民间叙事的讲述形式，携带了丰富的民间叙事元素；道教进入藏区并对藏族传统文化产生影响。从这个意义上来说，本成果清理了汉族与藏族宗教交流方式和多样化的交流渠道，肯定宗教大师对于汉藏文化交流的推动作用，从汉藏民众信仰层面、精神领域发现汉族和藏族民间故事彼此影响的巨大力量。通过对不同层次和不同时代汉藏历史关系和文化关系的梳理，呈现汉藏以民间故事为中心的民间叙事传统交流发生与发展的清晰图景。

（3）本成果梳理了汉族和藏族以民间故事为核心的叙事传统的形成、变化及其对民众生活的影响。描述了在汉族和藏族以“灵魂”为中心的叙事传统、以“山”“水”为中心的叙事传统、以“关羽”为中心的叙事传统是如何在民族交往中形成和发展的；梳理了藏族民间故事讲述传统发展脉络，尤其是对 20 世纪的藏族民间故事讲述传统做了全面、系统而深入的讨论，建立了以藏族民间故事讲述人为核心理解民间叙事传统的基本理念和跨族际民间叙事传统比较理论建设的诉求。

（4）本成果精选了汉族与藏族具有代表性和典型性的 27 个故事类型进行比较，这些故事类型涉及神话、传说、幻想故事、生活故事等不同文类。本成果从叙事形象、叙事结构、叙事语言、叙事母题、叙事风格以及民间故事包含的文化传统、文化思想、故事讲述人的讲述现场等多个方面寻找汉族和藏族故事类型的相似性和差异性，探讨造成这些现象的原因所在；归纳出汉族和藏族民间故事相互采借、彼此吸纳的方式，分析汉族和藏族民间故事内部结构、文化母题、主题表达等方面出现的继承和创新规律，实现对汉族和藏族民间叙事与民众生活、文化发展、社会进步关系的探讨。

（5）本成果在研究以民间故事为中心的叙事传统过程中，密切关注了民间故事讲述人对民间故事传承和创新的影响，尤其是性别叙事对于民间故事特点及其流传的影响。从而实现了民间故事与讲述人的有效连接，实现了从文本叙事到人本主义立场讨论民间叙事传统的方法论转变，凸显民间叙事讲述人在民间叙事传统传承、创新等方面的特殊性。

（6）本成果以民间故事类型为讨论对象和讨论视角，其中的类型不仅仅是民间故事归类的手段和方法，更重要的是将民间故事类型作为民间叙事传统来看待，每一个类型就是类型化的传统存在和传统的类型化生活，是汉族和藏族民间叙事传统式的生活存在。从而实现了从类型化的叙事学到生活化的叙事传统建立、传承的转型，这种观点突破了前人对于民间故事类型的理解，突破了前人将类型悬置起来的讨论，实现了生活中的类型和类型中的生活的有机统一。

（7）本成果在讨论民间故事交流的时候，注意到汉族和藏族民间故事交流、冲突和融合不是二维的关系，在汉族和藏族民间故事交流之间往往包含了多民族或者将其他国家作为渠道，尤其在文化走廊上生活了多个民族，在跨国边境上生活了不同国家的民众，这些均为汉藏民间故事交流起到了重要作用，因此，汉藏民间故事交流包含了多民族、多国家的传统文化，这些导致了汉族民间叙事传统的多样化和复杂性。

（8）本成果从汉族和藏族民间叙事传统整体出发，以具体的民间故事类型概括汉族和藏族民间故事发生、发展的共同性、融通性和差异性；从汉族和藏族历史文化、宗教交往的关系比较中，站在汉族和藏族历史、宗教、文化的高点，从中华文化的整体性和汉族、藏族的民族性出发，从民间故事类型切入，提炼出汉族和藏族民间叙事传统在叙事方法、叙事品格、文化表达和宗教精神等方面的特征；总结了汉族和藏族相似性民间故事的文化个性和生活意义，认识了汉族与藏族民间故事基本特征与民族传统生活之间的关系，认识了汉族和藏族民间叙事传统在建构汉族与藏族文化多样性和丰富民众生活方面的特殊功能。

(9) 3个附录构成本成果的有机部分：附录1提出了“跨语系文化比较”研究方法，是跨族际民间叙事传统比较的理论基础，是中国民间叙事比较的方法的创新；附录2通过对美籍华裔学者丁乃通的《中国民间故事类型索引》中的藏族故事类型和中国台湾金荣华的《民间故事类型索引》中的藏族民间故事类型的梳理，显示了藏族民间故事在中国民间故事，乃至世界民间故事中的基本类型及其所占的份额，显示出藏族民间故事及其民间叙事传统的世界性意义和在表达文化传统、建构世界民间叙事传统体系等方面的特殊贡献；附录3系统展示了20世纪80年代西藏民间故事讲述人传承民间故事的基本状况，充分表现了民间故事讲述人在地方文化建设和民间叙事传统传承、发展上的重要贡献，为我们理解藏族民间叙事传统的生存现状提供了科学的依据。

2. 重要观点

(1) 以汉藏民间叙事传统为研究对象，考论汉族、藏族以民间故事为中心的民间叙事传统的同型同构现象，分析汉族和藏族民间故事生成的动力源泉和传承发展的社会土壤与历史传统，溯源汉族和藏族民间叙事传统、民间故事传承的文化根脉，总结了汉族和藏族在历史发展过程中彼此交往的生活关系、信仰关系和文化关系。

(2) 将民间故事放在汉族和藏族社会历史背景，梳理了从新石器时代开始汉族和藏族错综复杂的民族关系，并且凸显其在具有共同性的历史发展道路作用下的民间叙事传统交流的清晰路径，以田野调查材料和文献记录资料为基础，从大量的民间故事中提炼出汉族和藏族民间故事在精神内涵、叙事传统、文化品格和审美取向上的相似性与差异性，为深入理解汉族、藏族民众物质生活、精神生活、文化生活提供科学路径。

（3）民间故事类型不是被悬置的文化，不是单一的文化，而是与汉藏民众生活联系在一起，这些类型是生活中的类型，构成了以生活为核心的传统类型，构成了汉族与藏族民间叙事个性化的表达。民间故事类型成为汉族、藏族族际边界的认同文化，成为跨越族际交流的文化力量，充分显示出汉藏民间故事传承的本土性和多元性色彩。

（4）汉族、藏族民间故事类型研究不仅仅是对故事类型的概括，而且是对建立在类型基础上的生活的描述，本成果中精心挑选的27个类型，包含了汉族、藏族神灵信仰、动物故事、生活故事、幻想故事、滑稽笑话等类型，这些类型成为展示汉族、藏族民众生活的客观状态，代表了汉族和藏族民间叙事传统影响下多样化的生活存在和多元化的生活形态。

（5）汉族与藏族民间叙事在交流过程中呈现出来的共同性的审美取向、思想道德以及不同文化倾向、不同生活情态的差异化特点，意涵着汉族与藏族在历史和现实生活基础上的相互借鉴的文化选择过程中的价值观念、民族性格和地域传统的文化精神。

（6）提出汉族和藏族以民间故事为中心的民间叙事传统交流建立在民众生活和社会发展基础之上；提出汉族和藏族民间叙事交流的多样性和复杂性，汉族和藏族民间叙事的交流并不是仅仅依靠汉族和藏族直接接触得以发生，而是旁及其他国家或者民族；提出汉族和藏族民间叙事交流的动态属性，汉族和藏族民间叙事交流不是为交流而交流，而是在生活的交往过程中发生和发展，也许民间故事讲述不是交流的目的，但是却无形中完成了汉族和藏族民间故事的交流、整合；总结了汉族和藏族民间叙事结构及其审美价值取向等方面包含的文化认同与国家观念。

（7）强调了在汉族与藏族政治和经济交流中，在汉族和藏族民众生活需求驱动下开创的“走廊文化”，之于汉族和藏族民间叙事交流的重要性。“走廊文化”因为汉族和藏族民众的生活需求得以开辟，使民族走廊内部及其周边频繁的文化活动和民间叙事交流得以进行。汉族与藏族不同层次和不同时代的历史关系及文化关系既是民间叙事交流的背景、交流的场域，更是民间叙事交流的实践。提出了“走廊空间”在传承民间叙事领域的特殊性，充分讨论了“民间叙事共同体”作用下的汉族和藏族民间叙事生成、共享和交流的正当性、有效性和丰富性。

（8）建立跨越族际比较研究的理论范式。汉族、藏族民间故事交流过程的研究，并非以故事起源为起点和终点，而是落脚于汉族、藏族民间故事叙事传统的相同性、相似性和差异性，从民族生活出发，从民族心性出发，从民族生存环境和民族历史出发，从汉族和藏族民间故事讲述的“有意义的历史”出发，只有这样，汉族与藏族民间故事中的叙事传统的共同性、相似性与差异性才能被解释清楚，基于民间故事类型视角讨论汉藏民间叙事传统才更具阐释力，才能彰显类型化的民间故事的生活属性，跨越民间故事类型研究的文本分析转向田野研究和生活讨论。

三、成果的学术创新

（1）充分利用20世纪80年代采集的汉族和藏族以民间故事为中心的民间叙事传统，在此基础上展开比较，结合汉族和藏族文化交流的历史，汉族和藏族民众的生活知识，从中华民族文化整体出发，着力就汉族和藏族民间叙事交流的路径，汉族和藏族民间叙事结构层次进行深度阐释，探索汉族和藏族民间叙事交流规律以及汉族和藏族民间叙事之于汉族和藏族社会发展、汉族和藏族民众生活的意义。通过汉族与藏族民间叙事传统的比较，证明汉族、藏族文明借鉴、文化共同发展的历史事实，总结汉族和藏族民间叙事结构及其审美价值取向等方面包含的文化认同与国家观念。

（2）藏族文化与汉族文化具有独立的品格，它们各自在历史发展过程中形成了特色鲜明的文化圈，但是，汉族文化与藏族文化具有诸多共同性特征，汉族和藏族文化的交流和彼此吸收基于两个民族共同性的生活基础和文化基础，是构成两个民族民间叙事传统共同性的重要因素。汉族和藏族民间叙事文学在交流背景下由于文化共性而构成的特殊的知识共同体，在历史发展过程中推动着汉族、藏族民众彼此理解，彼此欣赏、认同，由此形成了和谐发展的生活局面。

（3）将汉族和藏族民间叙事传播纳入汉族和藏族民众生活体系来进行讨论，将民间故事视为汉藏文化交流的重要内容进行研究。全面梳理与分析了汉族和藏族文化交流的历史事实及交流路线，将汉族和藏族的民间叙事交流与汉族和藏族之间的经济贸易往来和宗教传播联系起来，讨论它们之间作用与反作用的关系。

（4）通过汉族和藏族民间叙事传统的比较研究，寻找汉族和藏族文化的共同性和差异性，呈现汉族和藏族文化交流的多样化和多元化格局。以汉族和藏族文化整体观为基础，全面系统地讨论汉族和藏族民间故事的交流特性及汉族和藏族民间故事的文本间性，为汉族和藏族民间叙事文学的理论阐释提供新的视角。

（5）以民间故事类型作为汉藏民间叙事传统的比较对象，集中研究民间故事讲述的个性化与传统之间的关系、民间集体记忆与历史发展的关系、故事类型化与故事多样性之间的关系，提炼出每个故事类型的叙事传统和个性特征，提出民间故事类型的悬置和生活两种情态，从而实现了民间叙事文学研究在方法论上的重要突破。

（6）将汉族和藏族民间叙事传统的生成、发展放在汉藏错综复杂的历史关系和文化关系中，提炼出以民间故事为中心的汉族和藏族民间叙事传统的基本倾向，总结了汉族和藏族文化空间记忆之于民间叙事多性的特殊作用，分析了汉族和藏族民众生活往来、文化接触与民间叙事共同体形成的路径选择。

（7）将汉族和藏族民间故事作为民众交往桥梁，从生活情感层面和交往层面讨论了汉族和藏族民间故事在推进汉藏民族融合、发展等方面的特殊作用。

（8）汉族和藏族民间故事交往活动在不同地区呈现不一样的格局，在藏族文化中心区域和汉族文化中心区域的同一类型的民间故事会呈现明显的区别，但是在汉族和藏族民众生活的交汇空间内，民间故事的交流和融合的面貌会呈现另一种格局，因此，汉族、藏族生活空间的变化导致了民间故事共同性和差异性的明显不同。

外国文学

《比较神话学在中国》概要

叶舒宪*

一、研究的目的、意义及方法

中国比较神话学的发生发展经历了一个多世纪的历程，尤其新时期以来取得了突出成就，如何从正反两方面总结其学术经验，在反思与超越的基础上继往开来，争取更大的学科开拓，一直是人文学界的一个薄弱领域。作为和民间文学、比较文学一起蓬勃发展的研究领域，中国的比较神话学急需一部系统清理自身发展的专题研究著作。本成果旨在从学术史视角勾勒比较神话学在中国的发生、发展主线，重点剖析其新时期以来开拓的新领域和所探讨的新问题。

在方法论上，尝试将20世纪末提出的“三重证据法”，拓展到新世纪以来的“四重证据法”（文献、出土文字、口传民俗活态文化、出土文物及图像），充分利用考古发现及田野考察的实物叙事和图像叙事的巨大信息能量，使得“神话历史”研究获得有效的方法论支持，呈现出纯粹书本知识研究所无法想象的认识创新，推进重新贯通文史哲、宗教等领域的研究。具体到四重证据法的实践方面，探考世界文明起源期的拜物教与玉石崇拜情况，说明中国的西王母神话中两大要素与华夏史前文化大传统的渊源关系，即女神崇拜和美玉崇拜（拜物教），还原欧亚大陆史前“女神文明”大背景，解析夏商周三代以来地域文化兴衰更替的线索，说明昆仑玉山瑶池与玉胜等神话意

* 叶舒宪，上海交通大学讲席教授，博士生导师。

象发生的考古实物原型，揭示后起的儒家河图洛书新神话系统是如何继承和改造美玉崇拜、排斥和遮蔽女神崇拜，使西王母形象被道教接纳和再造，匹配男性神祇东王公或玉皇大帝的。玉文化的实物叙事可以超越汉字叙事3 000年（甲骨文金文）的局限，达到8 000年的历史深度。这就是四重证据法对神话研究的拓展作用。

二、成果的主要内容和重要观点

本成果分为两部分：反思和开拓。

“反思”部分以追溯西方和中国比较神话学的发生为基点，系统回顾新时期以来比较神话学研究的总体情况。既包括对学术史的梳理与反思，也含有对前人已经做出的反思的评论，力求探究作为交叉学科的“比较神话学”是如何、为何在中国发展起来。西方比较神话学的建立乃是基于西方知识界的两种现代“建构”而展开：印欧民族文化的“历史渊源”建构；反思启蒙现代性的“民间传统”建构。这两种“建构”又都基于西方文化传统所蕴含的“圣—俗”“神—人”二元对立结构才得以发生。但是，当这门学科移植到中国时，支撑和承载中华文化发生发展的“礼乐文化”神圣特质，以及圣人传统却并未进入中国的神话学研究视野。中国文化内部的“多元一统”文化格局，以及伴随其右的“夷夏之辨”和“正统性”并未被充分展开和反思。自晚清以来的现代转型中，知识人欲借助外来的学术资源和方法——“神话”来建构新的“民族”渊源和民族性。但与此同时，又割舍和断裂了本土的文化大传统，忽略了本土文化内在的结构模式，按照西学的进化论范式展开中国的比较神话研究，这对新时期的研究具有决定性的影响。在此之后的学者们都希望通过“神话”及其比较，去溯源和建构“中华民族”的历史性和渊源所在，并细化了清末民初对“中华民族”的含混称呼，注意到中国多民族样态及其差异，更多地与人类学调研、民族志材料相结合。但是，在学科基本观念、方法论、可比性，以及比较神话学的“中国特征”等方面，存在诸多有待检讨之处。根据这些反思，本成果将110年的中国比较神话学史划分为三阶段——前奏期、过渡期、繁荣期（新时期以来的发展），并将其成果分为两大方面：第一，文明溯源与文化互动研究。这类研究与西方的比较神话学主旨类似，与前奏期和过渡期在问题意识上也有延续性，注重从文化交流和互动中揭示文明渊源及其表现形态的异同。具体观点表现为“巴比伦说”“印度说”“泛太平洋说”等。第二，民族性的特征研究。这类研究体现在通过神话比较来探寻一个民族的原始审美、文艺精神的发生特点，揭示一个民族的图腾信仰、文化心理特征或文化结构等。这类研究包括：一方面，把“中国”视为一个整体民族，进而与外国神话做整体比较研究，例如平行比较研究。另一方面，中国内部不同地域、民族之间的比较研究。通过勾勒这些研究，本成果从以下四方面重点反思：第一，在比较中对“中国神话”的反思；第二，对神话资源转化的反思；第三，对“比较”之理念的反思；第四，对“比较”方法的反思。

基于上述回顾与反思，再反观西方比较神话学的新近发展，其一直没有中断对欧亚文明渊源和联系的思考，并从图像和“物”的考察方面，充分利用考古学等新学科的知识视野来拓展比较神话学的研究领域。同时，这些探究又使得“神话”不再局限于一般意义上的文学范式研究，而是成为透析文化整体的核心对象。中国比较神话学的开拓势必回应这个学科的建立核心——“文明”和“民族”问题，思考如何把华夏文明同整个欧亚大陆文明联系起来考察，以及如何解决华夏文明从发生渊源上的多元及“一统”问题。同时，中国比较神话学的发展亟须重新理解“神话”与“历史”，在延续 8 000 年的文化大传统中回到“神话现象”本身去理解中国历史文化，进而避免将中国文化现象强行与外来学术理念对接。一方面回溯历史深处，探寻用“神话”来寻文化之根，即民族梦想之根；另一方面又针对现实需求，把神话作为知识经济条件下的一种文化符号，探讨如何有效参与到社会文化建设与经济增长方式的转变中。

“开拓”部分的核心问题是：中国比较神话学从一开始就亦步亦趋地追随西方学术范式，能否以及如何在中西对话中建立自己的理论范式，这将是中国比较神话学学科建构的重点所在。为此，本成果的理论探讨包括如下五个方面：

（1）尝试建立一种文化的历史符号学，说明中国文化大、小传统的再划分理论和多级编码理论，旨在兼顾无文字时代的文化大传统与有文字时代的小传统，从文化表述的讨论，引入文化编码的讨论。多级编码理论希望能够对 8 000 年来的文化文本做出系统梳理，从以前的文字图像符号再到汉字符号，努力吸收融汇比较神话学研究的知识和方法精髓，成为具有中国本土特色的、具有可操作性的研究新范式，这方面还需更多的实践检验和批评完善。

（2）国际比较神话学发展的当代重点方向——女性主义神话学的迅速崛起，引起了整个知识界的震动和热烈的学术争论。据此，本成果把神话当作古老文明的历史信息最早的源头来看，重新打通文史哲的现代学科划分之人为界限，从神话叙事、神话意象和神话思维的多学科研究中探寻和解读出重要的历史信息和思想史信息。

神话学发展到20世纪中期，迎来了一场空前的大变革，那就是女性主义神话学作为最有影响的一个学派迅速崛起，引起了整个知识界的震动和热烈的学术争论。本成果从两个方面透视女性主义神话学的重要进展：描述以女性主义观点和考古学新材料为双重契机的女神再发现运动的概况；介绍女性主义神话学对西方文化两大源头的重新认识过程和代表性成果。针对中国文化多元一体的复杂结构特征，选取汉族神话中的西王母、织女和壮族的《密洛陀》为分析个案，诠释女神文明的中国遗产之多样性特色。

（3）根据中国文化大传统，本成果提出“儒家神话”命题，意在利用“神话”这一可以直接上溯到文化和文明源头的超学科概念工具，介入文明探源和经学系统，形成一种文化整合意义的研究范式，期待一场“古史辨派”的反向运动：从神话传说中探寻、诠释出一部失落的古史线索，或者是众多的边缘性叙事的复数的古史线索。

神话学这门学科进入中国一个多世纪，汉语学界出版的以神话为名的著作和文章已经汗牛充栋。“神话”一词早已越出学术边界，成为大众文化中的流行热词。但是“儒家神话”的研究却仍然没有起步，甚至这样的合成词也远未流行，这样的提法甚至会让许多人感到很陌生。对此，学界多数人士的第一反应不外乎如下疑问：儒家怎么会和神话结缘呢？

回答这一疑问，必须连带回答的系列问题是：儒家如果与神话有缘，那是何种关联？表面上的，还是实质性的？儒家创始人孔子“不语怪、力、乱、神”究竟是什么意思？儒家创始人孔子排斥宗教和神话吗？

一个世纪以来，在文学视角和故事本位的神话研究占据中国神话学主导地位的情况下，儒家思想研究和新儒学争论都是与神话学脱节的。关于儒家思想传统信仰层面的研究，主要集中于论述儒家是否是一种宗教及其宗教性内涵的描述方面。西学东渐以来的宗教概念和神话概念被分割为不同学科的研究对象，二者之间本有的内在联系被忽略。由文学家们率先介入研究的文学本位观，对“神话”原有的宗教、历史、哲学等百科全书式文化基因造成严重的遮蔽，并进而构成探索儒家思想根源、中国神话和上古史的一个难以突破的瓶颈。

儒家天人合一关联式的思维方式和感悟、对话式表述，在“人之为人”或人禽之辨即个体安身立命和“国之为国”或华夷之辨即家国天下秩序这两个根本问题上，可以看出两个方面的发挥空间：其形而下强调礼乐六艺修身治国，其形而上强调“至诚”“法天”“中和”“位育”，强调“圣俗不二贯通三才”，即神圣与世俗合一，家国一体，人人可即凡成圣。而“圣”即事无不通，光大而化，成为超越凡人的人，亦即神话境界中的人。如《孟子·尽心下》所言：“充实而有光辉之谓大，大而化之之谓圣，圣而不可知之之谓神。”在儒学话语体系中，虽然没有和西方“神话”一词完全相对应的概念，但却有着与myth（迷思、神话）意义相通的“神”“圣”与“圣俗不二”，以及无数的圣言、圣话和数千年的圣物所见证的“神话”。从此视域来看，百年来围绕着儒家究竟是否为宗教或有无宗教性的争讼疑难，若回置到宗庙礼乐实践的现实语境，其实就是一个伪命题。而造成如此学术尴尬局面的深层原因在于：西学东渐影响下的几代知识分子，都身处于西方启蒙思想和无神论语境中，直接用西方哲学和当代人的知识话语模式置换掉了儒学发生本身的知识话语语境，因而，深深地受蔽于“子不语怪、力、乱、神”的语词表象，而对“子入太庙，每事问”，坚信天命，重视周公梦示和凤凰、麒麟等瑞兆的实践孔学视而不见，对至今依旧存留圣人气象和圣人崇拜的无数孔庙、文庙等神圣建筑和祭拜仪典置若罔闻，可谓蔽于一隅而有疑讼。

借镜于荀子“解蔽”精神和福柯“词与物：人文科学考古学”的求真思路，以及田野作业式的神圣礼仪建筑如天坛、孔庙等的实地体察和感知，将会有曲径通幽柳暗花明的新认识：被推崇为上古王室档案圭臬的《尚书》，不仅在上世纪初就被视为“神话”资源库，而且其特有的“曰若稽古”“唯”“诰”“誓”等通神言说方式，也直接成为透视汉语文学神圣发生之仪式渊源的活化石，并且得到新出楚简之佐证。被现代学者们视为“轴心突破”之后理性化书写标本的儒家正史《春秋》，目前也得到神话学视野的重新阐释：此书出自礼崩乐坏时期巫史及地方统治阶层重建“王制”神圣性和礼乐规范的建构诉求，只不过以十分巧妙的方式将此政教合一信仰及神话，隐喻在编年叙事的编纂结构和春秋大义的话语模式之中。而侯马盟书、温县盟书及春秋战国典籍中，尤其是《春秋》《左传》中的“盟誓”仪式和语词的系统研究，更揭示出儒家思想肇始期浓郁的神话信仰和人神对话语境，及其社会秩序再构建的诉求。儒家礼乐思想中，礼仪践行的神圣根基，虽然沉潜在层层抽象的繁文缛节程序和义理阐发中而不为人查知，但礼仪自身的记忆“存储器”功能，使之仍然以文化编码的方式，规约着文本的叙述方式、行文结构、核心象征符号和冠、婚、丧、祭、朝、觐等的仪式时空设置。一旦找到合适的观察视点和分析工具，并参照考古发掘的礼制文物，就有可能进入华夏礼制世界源头，看到被文字书写与权力所改造和遮蔽的二度编码情况。

因而，面对无神论偏倾的现代中国学术格局和儒家思想发生学深层洞察的现实需求，有必要提出一种正本清源的认识命题——“儒家神话”。需要说明的是，此处所用的“神话”，是沿用现代汉语中的熟语，但内涵上却有变化，不是指从文学角度看的儒家神话故事，而是具有更广泛的超学科意义，包含被现代学科设置所割裂开的哲学、历史、文学、经学、宗教等方面的意蕴。通过对凤凰、麒麟、驺虞等中国本土特色异常鲜明的神话生物之个案解析，从实证的意义上说明儒家神兽谱系的生成是如何伴随着中国式祥瑞思想形成的。

（4）本成果辟专章讨论了“神话历史”这个新兴研究领域，揭示了这个新的交叉学科视野是如何给我国比较神话学研究带来重要的学术创新机遇的。

新时期以来，在中国大陆译介西方的神话历史理论与研究动向的工作，是由史学理论界的专业人士展开的；而对中国本土的神话历史展开个案研究之工作，则是由文学专业方面的神话学研究者所主导和推进的。其学术背景在于2009年立项的中国社会科学院重大项目“中华文明探源的神话学研究”，课题来自文学研究所比较文学研究室。从比较神话学的国际视野来探索中国文明起源的重大课题，给神话研究带来超学科的扩张作用十分明显。史前史和文明史相互对接的空间，无疑是神话信仰所占据主宰地位的历史空间。神话学知识在此必然要发挥应有的认识和解码作用。

2009 年《百色学院学报》率先推出“神话历史研究专栏”，先后发表了数十篇相关的讨论文章及翻译文章。2010 年，第一套以“神话历史”为主题的丛书由广东的南方日报出版社推出。其“编撰宗旨”说：古有“六经皆史”说，今有神话历史说，二者间的承继关系，着眼于文与史观念的古今变异。孔子时代的“文”泛指王朝国家的礼乐典章制度，特指西周的官方文明（郁郁乎文哉，吾从周）。从西周文明的根脉中产生出来的“诗书礼乐春秋”等早期典籍，成为上古时期“文学”观念的基本所指。《诗经》、《尚书》、三礼、《乐经》和《春秋》，就成为神话历史研究首批选中的分析案例。神话历史这个新兴研究领域在近几年获得长足发展，给我国比较神话学研究带来重要的学术创新机遇：传统意义上的文史哲不分家的理想，后现代知识观反思意义上的“重新发现被遮蔽的历史”，在这一学科交叉领域的研究实践中，正在不断得到落实和检验，并且持续地迸发出探索的活力。在这方面，未来需要解决的主要问题是：

其一，如何采用神话历史新视野去全面解读中国的“二十五史”？

其二，神话历史的观念如何在“大历史”和“小历史”之间拓展出更加完善的分析范式与概念工具？

（5）神话学与艺术史/考古学，神话学与物质文化/文化传播、新神话主义创作风潮等领域的互动和打通式研究，所带来的知识拓展与学术格局变化，都是前所未有的。本成果注重比较神话学视角的跨学科研究开拓，将给我国以文学为本位的神话学定位带来一种变革的方向，让原来专注于文学欣赏与审美式分析的神话研究，充当起科际整合的桥梁作用，担当某些历史学、考古学和思想史、文化研究所未能有效解决的求证和诠释任务。

三、成果的学术创新、应用价值以及社会影响和效益

本成果的学术突破与创新点主要表现在：

（1）弥补目前我国没有系统清理新时期比较神话学发展的专题著作之空缺，呈现出比较神话学史的主线和研究谱系，将局限在民间文学专业领地之内的神话研究引向神话思想史研究。

（2）尝试从中西学术交流角度梳理新时期比较神话学史，侧重比较神话学的文明起源研究、反思现代性文化观，从而改变人们通常对神话的偏见和误解，让比较神话学发挥出跨学科的多角度整合之优势，成为解决中国文明发生与发展研究中若干重要疑点和难点的突破口。

（3）根据本土神话思想的深厚传统，发展出中国神话学自己的理论创新和研究特色，提出一系列特色命题（如“神话中国”“神话历史”“儒家神话”等），发挥其在中国文化研究中的作用，为建设知识创新型国家做出一个新学科的探索。

本成果认为，要从物质与精神两个方面探索“神话中国”的形成奥秘，从比较文明史的意义上推进中国文化的新认识；要注重四重证据法的推广与应用，迎接人文研究方法的与时俱进和国学传统的知识创新。

本课题的前期成果已经引起海内外学术界的关注与讨论，国内两个学术刊物成为本课题的学术展台。国家社科基金资助期刊《民族艺术》杂志从2008年起开辟“神话与图像”栏目，至今已经坚持八年，共发表本课题阶段性成果29篇，学术访谈和对话3篇。《百色学院学报》自2009年起，配合本研究进展开设专栏，及时追踪国际上新史学的跨学科新观念——神话历史，在该刊组织持续三年的讨论，发表相关成果、对话、论文和译文共计45篇次，引导国内相关学科的交叉与创新趋势。关于四重证据法，在《社会科学战线》《文艺理论研究》《兰州大学学报》《中国社会科学报》《社会科学报》《江苏行政学院学报》等组织多次专栏讨论。关于课题组提出的“大传统”再认识问题，《光明日报》《社会科学家》《甘肃社会科学》等刊发表学术访谈5篇。成果被转载情况：阶段性成果被《新华文摘》转载2篇，《高校文科学报文摘》转载1篇，中国人民大学复印报刊资料转载3篇。除此，本课题在《党建》《人民日报》《光明日报》《文学评论》等期刊发表的文章均受到学术界和理论界的关注与讨论，大小传统论与文化多级编码论正成为新兴的学术热点。从本课题衍生出的“神话学文库”丛书获得2012年国家出版基金资助，至2013年底出版相关著作和译著共17部约500万字，为中国比较神话学的发展做出迄今最具规模性的基础贡献。

本课题的延伸项目有两个：

第一，为南方日报出版社主编的“神话历史丛书”，成为本课题的外延性拓展研究系列，获得广东省政府文化强省项目资助，已出版《韩国神话历史》《儒家神话》《宝岛诸神——台湾的神话历史古层》等 9 部约 260 万字。学界评价可见李人凡的《神话历史丛书的创新意义》，载《中华读书报》2011 年 11 月 9 日第 20 版。2013 年获南粤优秀学术著作出版奖。

第二，为陕西师范大学出版社主编的“神话学文库”，被列入国家“十二五”重点图书出版规划项目，并获 2012 年国家出版基金资助。目前第一期已经出版《神话—原型批评》《现代口承神话的民族志研究》《20 世纪希腊神话研究史略》《苏美尔神话》等 17 部书，约 600 万字。2015 年获“中华优秀出版物奖”提名奖。

《契诃夫戏剧的喜剧本质论》概要

董 晓*

一、研究的目的、意义及方法

1. 研究的目的和意义

契诃夫戏剧创作对20世纪欧美现代戏剧和中国现代话剧的发展影响深远，这是学术界公认的事实。关于契诃夫的戏剧及其对20世纪现代戏剧发展所产生的影响，一直是近百年以来各国学界关注的话题，尤其是上世纪50年代以后，研究契诃夫戏剧的兴趣愈加浓厚。随着研究的深入，学术界发现，关于契诃夫的戏剧及其对20世纪现代戏剧发展的影响，还有许多亟待深入探讨的问题。其中关键的问题即：究竟如何理解契诃夫所设置的“体裁之谜”？为什么契诃夫把他的四个大型话剧称为“喜剧”？这说明了什么？这一“体裁之谜”与契诃夫对20世纪戏剧发展的影响之间有怎样的关系？从契诃夫戏剧的“体裁之谜”中我们能够对20世纪喜剧观念的发展有什么新的认识？这些问题都是需要深入探讨的。契诃夫虽然是中国人非常熟悉的俄国作家，但在中国，对他的研究却始终是滞后的。对上述问题的讨论有三个方面的意义：其一，可以深入理解契诃夫根本的创作理念，对契诃夫的艺术世界有一个更加完整和深入的领会；其二，对于契诃夫戏剧在20世纪的影响有更深刻的认识，并认识到这种影响的根本因素所在；其三，通过解剖

* 董晓，南京大学教授，博士生导师。

契诃夫的戏剧，可以从理论上更加深入地理解喜剧之本质，对 20 世纪喜剧观念的演变有更加清晰的把握。

2. 研究方法

本成果的研究方法是：在细读契诃夫戏剧文本的基础上，结合在俄罗斯观剧的感受，总结苏联及当代俄罗斯、欧美和中国学术界对契诃夫的研究成果，汲取学者及导演的观点，围绕契诃夫戏剧的“体裁之谜”展开论述。在论述中，通过与相关剧作家的比较研究，突出契诃夫的戏剧创作特质，并针对中国学术界的研究状况，澄清一些模糊乃至错误的观念，提出新的观点。在研究中力求做到以下几点：第一，对契诃夫剧本和小说同时加以观照，力求探讨其间的相通之处；第二，将契诃夫戏剧文本与舞台阐释结合起来观照，力求充分考虑到戏剧的舞台展现；第三，充分关注历代导演的舞台阐释体会；第四，充分关注契诃夫本人的书信、札记等相关资料。

二、成果的主要内容和重要观点

1. 主要内容

契诃夫戏剧的根本特质是独特的喜剧性。深刻的喜剧精神是契诃夫作为剧作家的本质个性。围绕这一点，本成果从四个部分加以论述。

第一部分：论述契诃夫戏剧的显在喜剧性特质。显在的喜剧性特质最典型地体现在契诃夫的独幕轻松喜剧中。以《求婚》《蠢货》《在婚礼上》等为代表的独幕轻松喜剧确立了契诃夫在俄国剧坛的地位。这些独幕轻松喜剧鲜明地体现出传统喜剧的美学特征，尤其是法国轻松喜剧的艺术传统。契诃夫一方面继承了以莫里哀为代表的法国喜剧传统，同时又创造性地将这些传统与俄国社会风俗巧妙地结合起来，取得了很好的艺术效果。这些独幕轻松喜剧充分说明了契诃夫作为天生的诙谐大师的艺术秉性。它们同契诃夫早期创作的幽默短篇小说一样，是其喜剧天赋的体现。但是，即便是在这些独幕轻松喜剧中，契诃夫依然体现了独特的艺术风格：幽默之中暗含着一丝忧郁，以及对生活之荒诞性的体验。这使得这些独幕轻松喜剧与契诃夫后来创作的大型话剧之间有了某种内在的联系。这也是契诃夫对欧洲轻松喜剧传统的创新。契诃夫将独幕轻松喜剧的因素嵌入了他的多幕剧之中，使独幕轻松喜剧的因素成为构成契诃夫大型多幕剧独特艺术韵味的一个艺术成分。契诃夫将他的多幕剧《海鸥》《三姊妹》和《樱桃园》称作“喜剧”，从而设置了令人困惑的“体裁之谜团”。这些多幕剧与传统的喜剧风格相去甚远，但有一点是肯定的，即在契诃夫所有的多幕剧中都存在着明显的独幕轻松喜剧因素，独幕轻松喜剧的艺术技巧作为一个艺术成分进入了契诃夫大型戏剧的艺术框架之中，为淡化这些多幕剧的悲剧氛围起到了积极的作用。

第二部分：论述契诃夫戏剧的喜剧美学特质。契诃夫的独幕轻松喜剧的喜剧性美学特征是显在的。但是，他的大型多幕剧《海鸥》《万尼亚舅舅》《三姊妹》和《樱桃园》却因其题材的感伤性而难以显示喜剧性特点。虽然这些多幕剧中有明显的独幕轻松喜剧的成分，但这些独幕轻松喜剧的成分只是构成这些多幕剧之喜剧性的表面因素，还不是这些多幕剧真正内在的喜剧特质。欲理解契诃夫戏剧的喜剧精神，必须揭示这些多幕剧内在的喜剧美学特征。契诃夫的多幕剧内在喜剧美学特征主要体现在两个方面。

第一方面：论述契诃夫戏剧人物的喜剧性本质。虽然在契诃夫的多幕剧中有许多轻松喜剧式的滑稽性人物，但真正代表契诃夫戏剧内在喜剧精神的，却并非这些轻松喜剧性人物。《樱桃园》女主人公朗涅芙斯卡娅是契诃夫多幕剧中最具感伤性、最少轻松喜剧性的人物。但恰恰是这个人物身上体现了内在的喜剧性。她能够坦然地面对来自生活本身的重压，从不刻意掩饰自身的弱点，在厄运面前通过自我的解嘲、消解，成功地超脱了来自现实的压力，避免了悲剧性的毁灭。朗涅芙斯卡娅面对厄运的这种态度赋予了她内在的喜剧性特质。按照黑格尔喜剧观的要求，真正的喜剧人物应该具有“精神上的绝对自由，一种随意而安、逍遥自在的态度”。这种生活态度正是朗涅芙斯卡娅面对生活重压的态度。把握她的这种生活态度是理解该人物的关键。她内在喜剧性特质的生成正是因为她以对未来的坦然，建立起了信心，与命运达成了和解，以一种随意而安、逍遥自在的态度，获得了某种精神上的自由，从而赋予了自身喜剧性人物的本质。学术界常常只关注到该人物身上的某些轻松喜剧式人物的特征，忽视了真正体现她喜剧性本质的方面，是应予以纠正的。朗涅芙斯卡娅的内在喜剧性特质不同程度地体现在契诃夫戏剧的其他人物身上。主人公面对厄运的超然程度决定了该人物内在喜剧精神的强弱程度。

第二方面：论述体现戏剧冲突的淡化与转化的“静态化戏剧”。从《海鸥》到《樱桃园》，契诃夫戏剧人物的内在喜剧性不断地增强。从这些剧作中，可以看出剧作家欲以深刻的喜剧精神来建构悲情感伤事件的艺术理念。正是建立在这一独特的戏剧艺术理念之基础上，这几部多幕剧呈现出不同于欧洲传统戏剧的别样特质，即静态化美学特征。静态化艺术特征是契诃夫戏剧内在喜剧性的体现。从《海鸥》开始，悲剧性情境逐渐被遏制。契诃夫扼制悲剧冲突激烈化的主要艺术手段是“去舞台效果化”。而对悲剧性冲突激烈化的遏止，使契诃夫的多幕剧呈现出静态化的艺术特征。学术界在论及契诃夫戏剧的艺术风格时，往往将其描述为戏剧冲突的淡化、舞台氛围的抒情化等特点，以及由此而出现的所谓“潜台词”“停顿”等具体的表现方法。其实，这几点并非并列之关系。对抒情化的追求，以及由此而运用的“潜台词”“停顿”等艺术手法，其目的是淡化戏剧冲突。在契诃夫的戏剧创作历程中，静态性的获得是其戏剧创作走向成熟的标志，同时也是契诃夫戏剧内在喜剧性不断增强的保证。契诃夫戏剧的静态性呈现为人物行动的阻滞、对话交流的隔阂、言语的停顿，以及抒情氛围的烘托。人物行动的阻滞是契诃夫戏剧呈静态状的显在因素。人物行动的阻滞往往与人物之间语言交流的阻滞联系在一起。语言交流的阻滞加剧了行动的延缓与停滞，从而减弱了舞台的动态性，增强了静态感。停顿是契诃夫经常使用的艺术手段。契诃夫之所以频繁使用这一手段，是为了让人们充分体味人物情感之间丰富的潜流，而从显在的舞台呈现这一角度来看，频繁出现的停顿的确起到了加强舞台静态性的功能。抒情氛围的营造是与戏剧动作的阻滞、事件演进节奏的舒缓相配合的。飘散着淡淡哀愁的抒情气氛烘托出舞台的忧郁情调，使被不断阻滞的行动与冲突在确定的时空中停滞下来，与剧作家忧郁的抒情相交融，为观众提供了更为深广的感受的空间与时间，从而增强了观众对戏剧的静态体验。同时，这种静态的抒情氛围也成为契诃夫表达人物复杂的心境，表达整部戏内在的形而上哲理意蕴的重要艺术手段。静态性不仅是契诃夫多幕剧的美学特征，即使是在舞台效果颇张扬的独幕轻松喜剧中，也存在着某种趋静态化的倾向。同样，静态性不仅是契诃夫戏剧创作的美学特征，也体现在契诃夫最高艺术水准的小说中。契诃夫刻意追求戏剧的静态化，是为了弱化悲剧性冲突。契诃夫多幕剧中的戏剧冲突往往都具有悲剧情愫，一旦这些矛盾冲突真正爆发，则会使戏剧的悲剧性得到加强，而这与契诃夫的喜剧性创作倾向是根本违背的。故契诃夫刻意地运用戏剧的静态化来消磨掉本已形成的具有悲剧性质的戏剧冲突。戏剧的静态化为契诃夫最终实现戏剧冲突的淡化创造了条件。在契诃夫具有静态性特征的戏剧与小说中，人与人之间的对抗为隔阂所替代。考察契诃夫的多幕剧，可以发现，契诃夫在使戏剧呈静态化的基础上，运用各种手段去实现戏剧冲突的淡化。比如，刻意避免正面与反面人物的人为划分，以此来避免戏剧人物在人们普遍形成的道德范畴内形成好坏对立的冲突；刻意突出人物之间的非对抗性；通过对戏剧舞台的日常生活化处理，呈现生活的平常化流程，以此来淡化非日常性的极端化、尖锐化的冲突；以“去中心主人公”的方式实现戏剧冲突的淡化；突出了事件的未完成性。人与人之间外在的冲突被刻意淡化了，而内在的冲突则在另一层面上得以深化，即更具形而上色彩和抒情哲理意味的人与环境、人与时间的冲突。这是契诃夫戏剧静态性特质的内在意义。而戏剧冲突的这一转化是契诃夫对20世纪戏剧发展的贡献所在。契诃夫戏剧的静态性美学特质促成了戏剧冲突的转化。

第三部分：论述契诃夫戏剧的内在喜剧性本质。契诃夫戏剧内在喜剧精神的生成是与他独特的幽默表达息息相关的，而这一独特的幽默感又体现了剧作家的喜剧性观照立场。这一审美观照立场决定了契诃夫戏剧的喜剧性本质。忧郁与幽默相融合的内敛的幽默是契诃夫独特的幽默表达方式。忧郁的抒情是契诃夫戏剧与小说创作最高境界所呈现出来的艺术风格。但是，契诃夫作品中的忧郁又是与他的另一创作天性——幽默相融合的。忧郁与幽默在这里结为互相诠释的关系：离开了对忧郁的理解，就无法领略契诃夫的幽默，反之亦然。契诃夫戏剧主人公所表现出来的忧郁情绪，是契诃夫对人生的忧郁体验，但契诃夫对这种忧郁的艺术表达却透出幽默的艺术个性，不仅以无处不在的轻松喜剧因素不断地冲淡忧郁之氛围，更为重要的是，契诃夫以他独特的喜剧眼光，将体验着痛苦的主人公们从神圣崇高的悲剧氛围中拉出来，赋予了他们潜在的喜剧性色彩，使这些戏剧主人公们没有成为典型的悲剧式人物，他们的忧郁与痛苦在剧作家艺术构思的作用下，并没有传染给观众抑或读者，而是被剧作家潜在地“轻松化”了。人们不会为人物的不幸而流泪，但对人生的无奈感受，却又远比戏剧人物要悲凉得多。这就是契诃夫的幽默所起的作用。这种艺术功效，是契诃夫艺术创作（无论是戏剧还是小说）最重要的艺术特征。《海鸥》《万尼亚舅舅》《三姊妹》和《樱桃园》显示出剧作家幽默之中所隐含的更深的忧郁，这饱含着忧郁的幽默是契诃夫戏剧艺术创作中一种内敛的幽默，是契诃夫戏剧中最深刻的幽默。作为天生的幽默大师，契诃夫早期的文学创作就是从幽默故事开始的。不过，那种外显的幽默除了证明契诃夫的诙谐才能之外，并没有完全显示出后来内敛的幽默所具有的独特艺术内涵。只有当这种天生的诙谐才能与他的另一禀赋——忧郁相结合，将诙谐的天赋与剧作家对人生的无奈感受相交融时，幽默才会真正深化、发展成为独特的内敛的幽默。我们在《海鸥》《万尼亚舅舅》《三姊妹》及《樱桃园》这些标志着契诃夫戏剧艺术最高境界的剧作里所品味到的，正是这种更深层的内敛的幽默。同样，这种内敛的幽默也可以在他的最好的短篇小说中体会到。从外显的诙谐转化为内敛的幽默，体现了喜剧精神的升华与深化，即从对事物表面的滑稽性的观照深化为对生活之本质的喜剧式的观照。契诃夫的多幕剧所呈现出来的戏剧冲突的淡化和整体抒情氛围的营造等这些对 20 世纪戏剧产生巨大影响的艺术手段并没有体现在契诃夫的独幕轻松喜剧中，而是促进了《海鸥》《万尼亚舅舅》《三姊妹》《樱桃园》这些充满了忧郁的剧作内在喜剧性的生成。这说明，内敛的幽默与契诃夫所追求的艺术理念之间有着必然的联系，正是凭借将外显的幽默内敛化，戏剧舞台上方才呈现出淡淡的抒情氛围。在这些剧作中，契诃夫已不再是一个逗人发笑的诙谐家，而是将诙谐内化为一种超然于上的对生活的审视者。这就是说，在契诃夫早期的文学创作中（即所谓“契洪特”时期），诙谐的成分与忧郁抒情的成分虽然在作品中交织并存，但都是各自独立地存在的，彼此的结合只是外在的结合。这个意义上的结合还没有形成契诃夫文学创作中真正内敛的幽默。契诃夫创作成熟阶段所显现的真正内敛的幽默表现为忧郁与幽默从外在的结合转变为内在的融合。这种内敛的幽默取消了幽默与忧郁各自的独立存在状态，使得双方都彼此以对方为存在的条件，互为诠释。契诃夫多幕剧所具有的饱含着忧郁的幽默体现了契诃夫的冷酷。契诃夫正是以这种暗含着痛苦的诙谐笔调，构筑了他的戏剧艺术世界。他以过人的睿智，看透了生活中的荒诞与滑稽，在对人的弱点的淡淡的嘲弄中，为这些荒诞与滑稽统治下的可怜的善良的人掬一把同情之泪。这也是包括小说在内的契诃夫整个艺术创作的基本内涵。冷酷而深邃的眼光使契诃夫在他的多幕剧中对人类的生存状态进行了冷峻的思考。但是，契诃夫作为一个崇尚科学与进步的作家，心中既有一丝不灭的理性之光，也有一种连他自己都不明了的模糊的宗教精神。理解契诃夫的忧郁，不能不考虑到契诃夫的冷酷与他的科学理性观、那模糊不清的宗教感之间的矛盾。契诃夫那隐约模糊的宗教意识也是其文学作品具有独特忧郁基调的原因之一。总体而言，契诃夫理智上的世俗性与体现在作品深处的心灵里隐秘的宗教情结之间形成了巨大的张力，呈现出忧郁的独特韵味。理性与模糊的宗教情感同契诃夫天然的忧郁情绪相融合，形成了契诃夫戏剧独特的透着明朗的忧郁抒情基调。正是遵循着内心的这种复杂情感的呼唤，忧郁的契诃夫在他的戏剧中既发出近乎绝望的感叹，也为人们送上默默的祝福。从独幕轻松喜剧里的诙谐转化为后来多幕剧中内敛的幽默，的确体现了剧作家喜剧精神的升华和深化。但是，据此将契诃夫的独幕轻松喜剧中的幽默视为纯粹“轻松的幽默”，无视独幕轻松喜剧里的幽默与后来多幕剧中那独特的内敛的幽默之间的内在联系，也是无助于我们认识契诃夫戏剧创作的整体性和连贯性的。在契诃夫的独幕剧中，有些戏并非轻松喜剧，充满了忧郁的抒情，包含了契诃夫对生活的忧郁体悟。这种忧郁体悟后来构成了契诃夫多幕剧的基本情调。而在典型的独幕轻松喜剧里，也包含着契诃夫对生活之荒诞性的领悟。这是契诃夫超越法国轻松喜剧传统的体现。冷峻的眼光使契诃夫超越了外在的滑稽闹剧性而获得了深刻的内在喜剧性。也就是说，契诃夫多幕剧内敛之幽默的悲喜剧性在他的独幕轻松喜剧中已开始孕育。概括而言，契诃夫的独幕轻松喜剧的技巧作为艺术成分进入大型多幕戏剧中，多幕剧忧郁氛围的生成与独幕剧忧郁的美学风格有必然的联系。独幕轻松喜剧所具有的幽默特质深刻地影响了大型多幕剧内敛之幽默精神的生成。这也体现了契诃夫戏剧创作的连续性与统一性。以冷峻而深刻的眼光观照人的生存境遇，使自《海鸥》起的多幕剧所具有的喜剧性特征超越了外在的滑稽闹剧性而获得了深刻的喜剧性本质。在悲剧事件中寻找荒诞的可笑性，是契诃夫自创作早年起就形成的艺术倾向。而以喜剧精神观照生活中的悲剧情境，就会颠覆掉悲剧情境中的庄严性与神圣性。这在契诃夫自《海鸥》起的多幕剧中尤为明显。这些多幕剧的喜剧性突破了传统喜剧的表现模式而具有了更为本质化的内在喜剧精神。这种内在喜剧精神的获得与剧作家俯视与超越的审美观照立场是分不开的。契诃夫意欲表现的，是人们无法摆脱、无法逃避的生活之荒诞性。以冷峻的眼光俯视这种难以逃脱的命运的捉弄，这就超越了一般通俗喜剧式的笑，而是喜剧精神更为深刻的表现。作为一个睿智冷峻的旁观者，契诃夫审视着荒诞的生活进程，这使他具有了超越对生活的悲剧性感怀，领略对事物的滑稽性审视，从而获得对事物的喜剧性把握之可能。也就是说，剧作家站在高处，深刻地认识到了生活的无奈，因此不再为生活所感伤，而是笑看生活之无奈，从而否定了悲剧的不可避免性。以这种眼光俯视生活，一切原本令人伤感忧愁的生活情境，都会显示出可笑的一面。剧作家凭借内敛在忧郁之中的内在喜剧精神，凭借饱含着冷酷与无奈的喜剧精神，赋予了悲剧事件喜剧的本质。这种喜剧性观照立场呈现为对生活之痛的超越，这种超越的审视眼光体现了剧作家深层的悲观态度：人无法自己掌控自己的命运，一切与生活之进程相对抗的行为都是徒劳的，因而也是可笑的。在契诃夫喜剧精神的烛照下，传统悲剧的神圣崇高感已不再存在，取而代之的是对生活本身的荒诞与滑稽的无奈感受。悲剧的崇高感被“降格”成了带有戏谑性的嘲弄口吻。以冷峻的眼光俯视生活而获得的喜剧性艺术观照，使契诃夫的多幕剧中忧郁的抒情具有了深刻的喜剧性本质。理解契诃夫戏剧的喜剧性审美观照立场，是领会契诃夫戏剧本质的喜剧精神之关键。

第四部分：论述契诃夫戏剧对 20 世纪戏剧的影响。论及契诃夫戏剧的影响，评论界往往将其局限在戏剧冲突的淡化、舞台氛围的抒情诗化等风格以及由此而出现的所谓“潜台词”“停顿”等手法的运用。不过，契诃夫对这些艺术手段的运用是为了喜剧性的生成。喜剧精神才是契诃夫戏剧艺术世界最根本的特质。文学影响的研究不仅要揭示风格的影响，更应探究风格背后所隐藏的作家本质的艺术精神。只有这样，方能准确地认识产生影响的根本因素。就契诃夫对 20 世纪戏剧之影响而言，真正的影响之源是契诃夫深刻的喜剧精神。《海鸥》《万尼亚舅舅》《三姊妹》和《樱桃园》都是喜剧，但绝非传统意义上的喜剧。对这些剧作的喜剧性的理解必须联系契诃夫对传统喜剧观念的继承与超越，联系近百年来现代喜剧观念的发展。契诃夫的喜剧艺术具有典型的悲喜剧性。悲喜剧并非悲剧与喜剧的简单叠加，并非滑稽喜剧因素与悲剧式体悟的混合。悲喜剧是真正意义上的喜剧，而非介乎于悲剧与喜剧之间的“混血儿”，它从本质上深刻地体现了喜剧之精神。自 17 世纪意大利戏剧家瓜里尼首创悲喜剧之后，它作为喜剧的特殊形态，在 19 世纪末以来的一百多年时间里获得了长足发展。作为新型喜剧精神之体现，悲喜剧伴随着人类对生活的荒诞体验和无奈感受的不断深化。认识不到这一点，就无法更深地认识契诃夫戏剧艺术世界的本质特征，以及契诃夫对包括中国现代话剧在内的 20 世纪戏剧的根本影响。悲喜剧的产生有其合理性：既然人们意识到，喜剧所产生的笑并不应当总是轻松愉快的，喜剧诗人并不该只是去观照生活中那些轻松愉快的方面，那么，如何以喜剧的方式表达可悲的、忧伤的方面，便成为喜剧家新的任务。悲喜剧正是悲剧和喜剧在喜剧精神之烛照下的融合：以喜剧家的胸襟超越感伤与恐惧，以豁达的态度俯视永恒的苦难。这正是荒诞精神产生之基础。19 世纪中叶以后，在现代主义文学的背景下，随着人们对现代生活复杂性的认识愈加深刻，传统喜剧观发生了显著变化，传统中喜剧与悲剧泾渭分明的界限渐渐模糊。与悲剧的融合，正是现代喜剧精神对传统喜剧的深化。契诃夫的戏剧创作有力地推动了这一现代喜剧精神的生成。契诃夫致力于将戏剧向悲喜剧方向转换，这正是 19 世纪末欧洲戏剧发展的一个显著趋势。这一点也在稍早于契诃夫的挪威戏剧大师易卜生那里得到体现。自《野鸭》开始，易卜生推动了欧洲悲喜剧艺术的发展，而这一发展趋向是与契诃夫戏剧的发展趋向基本一致的，这也是欧洲喜剧在 19 世纪末面临的艺术观念上的革新。理解契诃夫戏剧的悲喜剧性是深入领会契诃夫对 20 世纪戏剧所产生的影响的关键。

契诃夫在俄罗斯戏剧史上有着无可争议的重要地位。他不仅使俄罗斯民族戏剧艺术传统得以继承，更以他个性化的创作为俄罗斯戏剧艺术注入了新的内涵。20 世纪 50 年代以来，在以阿尔布卓夫、佐林、万比洛夫、瓦洛金、柳德米拉·彼特鲁舍芙斯卡娅等为代表的苏联及当代俄罗斯重要剧作家的创作里，鲜明地体现出契诃夫戏剧风格的影响，具有鲜明的抒情性、象征性和“非戏剧性”倾向。而在这些剧作家当中，尤以万比洛夫和彼特鲁舍芙斯卡娅对契诃夫戏剧传统的继承最为深刻。契诃夫戏剧最深刻之处就在于对生活的荒诞与滑稽的体验和表现。对生活的冷峻体悟，是契诃夫留给后人最可贵的精神遗产。万比洛夫、瓦洛金、彼特鲁舍芙斯卡娅等人与契诃夫一样，对当代社会的荒诞与滑稽进行了独特的审美表现。而万比洛夫和彼特鲁舍芙斯卡娅的戏剧对孤独的荒诞式体验与表达，其间的冷酷、忧郁与冷幽默是与契诃夫戏剧的艺术韵味相通的真正悲喜剧精神。

契诃夫戏剧对20世纪欧美现代戏剧所产生的深远影响，也已成为学术界的共识。单从外在的情节、题材方面看，这种影响便一目了然：田纳西·威廉斯、萧伯纳等欧美剧作家均在其创作中借鉴了契诃夫戏剧的题材。在创作技巧方面，以尤金·奥尼尔为代表的20世纪欧美剧作家创造性地借鉴了契诃夫静态戏剧的表现方法，在自身的创作中自觉地追求戏剧的静态性。而20世纪中叶产生的荒诞派戏剧则更具静态性。荒诞派戏剧家对契诃夫戏剧之静态性的追求与他们对契诃夫戏剧所隐含的“荒诞性”的理解相关联，即从契诃夫的戏剧中读出了人在时间面前的无奈。荒诞派戏剧家以荒诞的艺术形式，将时间统治下人的行动意义彻底消解，其间包含着对契诃夫忧郁无奈之感的当代回应。基于对人类自身存在的荒诞性体验之上的深刻的喜剧精神，在荒诞派戏剧那里得到了淋漓尽致的表达，荒诞派戏剧也因此而成为受契诃夫戏剧影响最深的流派之一，它将悲喜剧艺术提升到了一个新的高度，将契诃夫戏剧中那独特的内敛的幽默极端地化作绝望的冷笑。作为悲喜剧艺术的深化，荒诞派戏剧比以往任何时候都强调对喜剧性与悲剧性的融合。荒诞派戏剧家以荒诞的艺术形式，将契诃夫戏剧中那最后一点传统理性之光彻底地消磨干净了，但透过荒诞派戏剧家们绝望的冷笑，依稀可以看见契诃夫那温柔抒情掩饰下的面对人类命运的痛苦无奈的忧郁眼神。这便是契诃夫喜剧精神的深远影响之所在。

契诃夫对中国现代话剧同样产生了巨大影响。中国学界主要是从人道主义创作观、戏剧冲突的淡化、舞台氛围的抒情诗化，以及悲喜交融的戏剧艺术观念等方面来论述契诃夫的影响的，尚未揭示出艺术风格背后所隐藏着的本质的艺术精神，因此无法回答为什么契诃夫与中国现代剧作家之间会形成某些特定的差异。契诃夫戏剧艺术风格背后隐藏着的是深刻的喜剧精神。对人生悲苦的喜剧式艺术观照是契诃夫戏剧最重要的艺术观念。曹禺和夏衍都在抒情和淡化戏剧冲突方面借鉴了契诃夫的戏剧风格，但曹禺的《北京人》之所以被视为中国话剧史上“最契诃夫化”的作品，正是因为《北京人》在平淡悠远的抒情意蕴中透出某种喜剧性特征，这是曹禺相对于其他中国现代剧作家对契诃夫戏剧风格更加到位的接受。但是，中国现代剧作家对契诃夫的理解与接受更多地是倾向于戏剧表现的艺术手段，而契诃夫那体现了荒诞意识的深刻的喜剧精神，却基本没有在中国现代剧作家那里得到体现。以曹禺为例，他的喜剧中充满了乐观的精神，却没有契诃夫对人类生存境遇之荒诞性的无奈体悟，这也就决定了曹禺的《北京人》中的喜剧性并不是契诃夫戏剧中那融于痛苦与荒诞体悟中的冷酷的喜剧精神。总体而言，荒诞意识在中国现代剧作家对契诃夫的借鉴与接受中始终是缺失的。这是一个遗憾，但也是中国现代戏剧发展中无法避免的政治、历史、文化的局限。契诃夫那充满了对生活之荒诞性体验的喜剧感，体现出一种自由精神。它是喜剧精神赖以形成的基石，而这又恰恰是中国现代剧作家最缺乏的。

20 世纪是喜剧艺术得到充分发展的世纪，这与 20 世纪人类对自身生存的荒诞性体悟是分不开的。20 世纪的人们愈来愈认识到，面对历史的荒诞和无奈，与其悲痛哀婉，莫如居高临下地“苦笑”。这正是 20 世纪喜剧艺术取得比悲剧艺术更大发展的原因。现代喜剧精神，就是以“理性的幽默”去抚慰历史的捉弄所带来的精神灼伤，超越无奈之感，求得豁达的生活观，最终取得对荒诞的胜利。正是这一精神诉求，使得契诃夫内敛的幽默喜剧获得了愈来愈多的当代回应，他的喜剧也成为当代戏剧舞台上永不消失的剧目。契诃夫那充满了对生活的荒诞性体悟的喜剧精神，是其自由精神的体现。因为只有具备了真正的自由精神，才能获得对世界，对人生的真正的喜剧式艺术观照。一百多年前，契诃夫留给了人们“体裁之谜”。对这一“体裁之谜”的诸种困惑将会延续下去，而这些困惑本身必将诱导人们不断地思考契诃夫戏剧的艺术特质，不断地反思我们自身的生存方式。这便是契诃夫留给世人的疑团之意义所在。

2. 重要观点

从契诃夫独幕轻松喜剧外显的幽默到《海鸥》之后多幕剧内敛的幽默，是契诃夫喜剧精神的升华与深化。代表契诃夫戏剧创作最高水平的多幕剧最显在的艺术特征是“静态性”，而“静态性”背后蕴含着的是深刻的喜剧精神。这种喜剧精神是对传统喜剧观念的超越，是剧作家忧郁与幽默的高度融合，体现了契诃夫对生活本身之荒诞性的审美观照和以喜剧性超越的眼光审视生活之苦难与无奈的审美立场，对悲喜剧艺术的成熟起到了不可替代的作用。契诃夫对 20 世纪戏剧发展的根本影响就在其超越了传统喜剧观念的深刻独到的喜剧精神。

三、成果的学术创新

本成果在学术上的创新主要体现在以下三点：第一，论述了契诃夫独幕轻松喜剧与大型多幕剧的内在联系。第二，提出了“契诃夫戏剧具有喜剧性本质”这一观点，并围绕该核心观点，对契诃夫戏剧的内在喜剧性展开了详细的论述，突破了以往中国学术界对契诃夫戏剧的认识，与此相关联，提出了契诃夫对20世纪戏剧发展之影响的根本性所在——独特的喜剧精神。这也突破了以往学术界对“契诃夫之影响研究”一贯的看法。第三，本成果对探索现代喜剧理论有积极的启发意义。本成果适合于各高校中文院系比较文学与世界文学专业、俄语院系及戏剧学专业教师、硕博研究生、本科生参考使用，亦适宜于广大文学爱好者。

《新时期俄罗斯小说研究（1985—2015）》概要

张建华*

一、研究的目的、意义及方法

俄罗斯文学是具有世界影响的“大文学”。在 20 世纪，它曾经是中国社会发展和中华民族前行过程中十分重要的思想资源，对中国文学和思想发展的现代化进程产生过重要的影响。然而，苏联解体之后，俄罗斯文学的世界地位和影响似在削弱。中国读者对这一文学的现状、品格、发展趋势也日渐陌生，甚至一片茫然。要想改变这一现状，首先便需要有对新时期这一文学全景的介绍、分析、探究。其次，苏联解体前后俄罗斯文学自身经历了一次重大的“话语转型”，这是 20 世纪俄罗斯文学史上又一次规模巨大、影响深远的大变革。揭示这一变革的深刻内涵，展现这一有着优秀传统的文学在新的历史条件下的思想发现和艺术发现，对新时期俄罗斯小说的全景做一个全面、系统、深入的研究与品鉴，既是认知俄罗斯新文学的现实之需，也是总结俄罗斯文学发展的历史之需。

本成果采用文化学批评、社会历史学阐释和体裁诗学研究三结合的方法。文化学批评集中在对“文学话语转型”的认知上。“文学话语转型”无疑是社会文化转型众多历史叙述方式的一种，它可以采用不同的叙述视角。社会与文学的“现代性转型”是本成果采用的入思视角。社会历史学阐释包括对作家、作品思想意蕴的社会历史分析、道德伦理探究、价值观判断的观

* 张建华，北京外国语大学教授，博士生导师。

照。体裁诗学研究着重体现在对不同思潮、流派小说家及其作品所表现的各种审美的诗学特征上。本成果的论述包含两个部分：理论性研究和作家、作品分析。前者重在对一种思潮、流派的风格形成、特点、趋向的理论分析，后者则是对作家与作品的细读与品鉴。笔者注意择取世纪之交俄国小说发展中具有思潮、流派典型特征并产生较大影响的作家和作品为研究对象，对小说家的思想成就与局限、价值观的变异与迷失、诗学形式的实验创造均给予了高度的关注。

二、成果的主要内容和重要观点

小说是代表俄罗斯文学转型期高端文学成就的体裁。时代文学的风格流派、艺术意识、外部形态与美学特征在小说中体现得最为鲜明，小说创作数量之众多、理念之多元、形式之多样、风格之多变是任何其他体裁无法比拟的。小说所表现的不同阶段的文学焦虑与矛盾、探索与追求、明晰性或不确定性都密切地联系着这个时代的社会生活和心理经验，小说与时代的文学发展建立了如影随形的关系，这就是本成果把小说作为新时期俄罗斯文学研究对象的原因所在。

在第一章中，笔者从对俄国社会“现代性转型”的历史思考出发，将具有独立民族品格的俄罗斯文学的叙事话语变化与俄国的现代性发展进程关系进行了全面的回溯与深入的分析。从逻辑上说，俄国社会的现代性转型与文学叙事的话语演变并不一定发生构成意义上的必然联系，现代性程度也不是决定文学发达与否、水平高低的前提。然而，文学所表现的社会现实、时代情绪、生命形态，作家所追求的真善美必然与社会的现代性相通，两者有着一种相互推动、相互哺育的关系。笔者将社会现代性转型过程中不同的文学言说方式总结为“社会历史叙事”“人性叙事”“文化叙事”“审美叙事”四种不同的类型，并对它们与俄罗斯社会文化现代性转型的关系进行了深入的文化学探究。笔者将 19 世纪到苏联解体这 200 年间文学叙事逻辑的嬗变分成了文化内涵、表达方式相异的三个阶段：多形态叙事、文化与审美叙事、意识形态的功能化叙事。

在这一基础上，笔者对 20、21 世纪之交俄罗斯文学的创作生态做了全面、细致、入微的陈述与分析。随着“公开性”“新思维”运动的结束和此后苏联的解体，俄罗斯作家面临着一个新的社会文化语境：一是文化的丰富性、多样性以及与此相关的价值观的多元性；二是在意识形态“真空”期，作家完整、明晰地审视生活、世界、信仰的新视点的缺失；三是市场经济体制在俄国社会的引入，使得包括文学在内的文化的多样性越来越受到商品经济取舍的抉择；四是全球经济一体化进程中俄国文化接受西方文化的急切性空前高涨，文学创作和批评的“国际化”理念成为作家和批评家创作活动的重要参照。后苏联文学在新的文化语境中实现了书写话语的三个总体转型：作家的价值观和审美追求由相对一元向多元的立场转型；文学创作由国家政治书写为主向民族的文化书写、自由的个体书写为主的话语转型；文学的整体言说由“再现”向“表现”、由“功能”追求向“形式”追求的叙事转型。

从第二章起，分五章对后苏联小说的思潮流派进行从思想理论到创作实践的分析与论述。笔者将后苏联小说的思潮、流派分成了现实主义小说、后现代主义小说、女性小说、通俗小说、合成小说五个板块。如此的分类看上去不尽合理和科学，因为它们并非完全按照统一的原则区分。前二者按照创作方法的区分更偏向于思潮的不同，而后三者却是按照书写身份、小说层级以及美学风格的不同列出的。本成果做如此区分一是为了研究的需要，二是为了有利于我们从纷繁复杂、异彩纷呈的小说景观中理出一个比较清晰的线索，对后苏联小说的创作生态有个整体的把握。所列各小说板块所涵盖的作家群和作品都具有一定共性的思想取向、审美品格和艺术特征，这种相近或相似的思想与审美倾向就是形成文学流派的内在依据。如果我们不是从流派的外在形式（团体、杂志、纲领、宣言等）来看待此间俄罗斯小说的创作现象，而是从小说创作内在倾向大体一致的追求上，把小说思潮、流派确定为一定数量作家和作品体现出的一种审美趣味的趋同倾向，那么这些流派的存在还是完全可以确认的。毋庸置疑，这些流派、风格、层级、品位不同的小说，即使在它们的存在形态和展开形态更趋于相互渗透、交融的今天，也都有其思想、形式的基本属性和限制性。另外，关于文学流派的划分，也历来没有一个统一的标准。有以思潮划分的，有从审美风格划分的，也有从题材划分的，甚至还有研究者从作家地域划分，等等。笔者所见的多部关于中国当代文学流派的以及俄国学者关于 20、21 世纪之交的文学研究的论著也都有着著者各自不同的关于思潮、流派、风格的理解、划分原则和标准。

第二章是对现实主义小说的论述。现实主义小说的创作在苏联解体前后一度有过衰疲，发生过分化与异变，但从未有过断流。它已不是旧有的现实主义的重复与回归，在经历了各种“主义”的洗礼、对自身模式的继承与突破、对其他流派的吸取、借鉴后，现实主义小说家实现了对传统现实主义文学的超越。小说家一方面保持了与生活本源、存在本源的血肉联系，另一方面又表现了对最新的文化内容、现代意识的吸纳。一部分现实主义作家虽然脱离了与政治的联姻，但就其文学创作的文化追求而言，仍然在人类、民族、国家、个体的大叙事框架内写作。一部分作家试图通过文学的文化寻根实现俄罗斯传统文化重新被认同、被强化、被传承的潜在诉求，实施了对民族传统文化规模不小的集中回溯。还有一部分作家通过对生活的“原生态”书写，表现小人物日复一日的生活。他们重在解释隐藏在日常生活中多少世纪以来重复的与历史背景无关的东西，力图将生活日常与人的存在永恒联系在一起。在这一分析的基础上，笔者指出了今日俄罗斯现实主义小说叙事的五种基本形态——“新经典叙事”“民族文化叙事”“原生态叙事”“幻化叙事”“非虚构叙事”，还分别就每个形态的特点、代表作家和作品进行了深入的分析、评介。本章分别对当今最有代表性的三位作家的小说创作和俄国作协在“俄罗斯年”（2006 年）提供的系列作品进行了深入的专节论述。

受俄罗斯经典文学传统的浸染，当代现实主义小说家们总是入世入情，背负着历史使命感和社会责任感，或以大众群体的代言或小众个体的小叙事来书写沧桑且悲凉的救世精神。他们仍然试图用民族的文化精神和前沿的艺术成果引领小说创作，表达对民族和人类前途的焦虑与瞻望。无论传统还是时尚，无论“涛声依旧”还是先锋前沿，都是俄罗斯式的。在对民族历史、社会现实和人类未来的思考中，小说家尽管有多种多样的对历史和现实的认知、各种不同的思想倾向，但都有一个从整体上表现出来的真、善、美、爱的人道主义价值追寻。人道主义仍然是这一时期现实主义文学的思想基源、主导精神。应该说，真正反映了 20 世纪 90 年代以后俄国社会发展的历史轨迹，具有较大的社会反响，代表后苏联文学创作实绩和成就的作家及作品，大都没有离开现实主义的这一主流。

第三章是对后现代主义小说的反思。这一小说形态是后俄罗斯文学中极具“异质性”的小说“另类”，以它为代表的“先锋文学”的快速风行及迅疾衰疲是此间文学的一大景观，但这一思潮的作家内在的文学理念和创作意识迥然相异。如果说西方的后现代主义是知识精英个体创造性探索的结果，是他们试图在文化的多元主义和个性自由的自我确认中重新审视陈旧的规范和价值观，那么俄罗斯的后现代主义则产生于苏联社会文化内部的各种矛盾冲突（官方文化与非官方文化，主流意识形态与反主流意识形态，宗教与无神论等），这便导致了它鲜明的意识形态性、无可比拟的悲剧性和危机性。俄国的后现代主义“是一种没有后现代性的后现代主义”，是以西方的文化术语为“面具”的一种意识形态思潮，一种“摩登包装”的文化“媚俗”。俄国后现代主义文学所要表现的不仅仅是异质性的文学形式和手法，在根本上，它表现出世界观、价值观、审美视野的变异，是作家对“自我”生存于其中的当下现实的独特感受。

19、20 世纪之交的“白银时代”文学，20 世纪 20、30 年代之交的“现实艺术协会”、小说家纳博科夫、西方的后现代主义文化思潮和文学理论，都是这一小说形态的思想与美学资源。小说家们关心的更多是历史文化的解构、颠覆，还有文学自身的问题，比如价值、功能、语言、文体、叙事等等。在一场小说的形式变革中，不少作家远离了意义，摆脱了传统的叙事逻辑与圈套，摈弃了对因果关系、本质意义的暗示，也没有对现实生活、道德、终极关怀的讲述和引导。小说中书写的除了作家意识中的社会、历史、政治，还有生、死、性、暴力等。这一对于俄罗斯文学十分陌生的被述对象和叙写形式，被后现代主义作家们认定是与生活日常现实无关的。从其发展的作用、地位、影响力来讲可以分成三个阶段：第一，隐性存在的边缘性阶段（从 20 世纪的 60 年代末 70 年代初开始到 80 年代后期）；第二，成为主流的繁盛阶段（从 20 世纪 80 年代末到 20 世纪末）；第三，“弥散化”的消疲阶段（21 世纪）。作为文学的审美话语，后现代主义小说具有三种形态：重在解构的功能化审美形态，重在游戏、消费的娱乐性审美形态，诗学经验沉淀化后的“合成化”审美形态。就后现代主义小说的表达而言，这一小说形态充分表明，俄罗斯文学 200 年的历史远未成为过去。它曲折地表达了新一代人用另一种形式对历史的记忆或解读，这也正是后现代主义文学回归文学自身的策略性秘密。

第四章是对俄国女性主义小说的研究。在种种写实新潮的涌动和后现代主义小说风潮正健之时，文学的女性书写“女性文学”及其概念也被小说家和批评家提出，并逐渐被文坛与广大读者认可。这是一个歧义纷呈的文学现象。20 世纪 90 年代前，苏联为数不多的女性作家的创作特征还仅仅限于风格学意义上的。或者说，整体上女性作家与男性作家的创作并没有本质上的区别。作为苏联社会生活的参与者或关注者，她们同样在应答着男性作家一直关注的社会、政治、生存问题，她们与男性作家相比可能获得的识别仅仅局限在语言风格和表达方式上。但从 20 世纪 80 年代末开始，有性别特征的，有女性意识并具女性视角的“女性小说”开始勃兴，到了 90 年代中期，已经形成了一个具有标识性特征的女性作家群并造就了一个“女性小说”的时代。“女性小说”是一个来自异域的文学思想启蒙在当代俄国发生的意想不到的奇观，它们为读者提供了认识女性在民族精神和民族文化演变、发展中的作用的一个独特视角，一个得以窥视女性隐秘心理、女性思考的窗口。

俄罗斯文学女性写作的生成直接源于俄国女性主义运动的发生和发展——性别意识的觉醒、性别视域的形成与两性对话的开始。第一批女性小说出现于 20 世纪 80 年代后期，此后随着女性主义运动的深化和发展，“女性小说”在精神取向、言说方式、叙事策略等方面也出现了多样化的形态。“想象女性”是当代女性小说中的一种最重要的叙事策略，是女作家通过虚构性的想象而塑造的女性形象来实现对女性自我的重新发现，重新认识，重新阐释。“讲述女性”小说是女作家注重女性当下的现实生活，在对人性细部的体察中，叙写一个女人经历外在与内心磨难的故事。“自我叙事”是女性叙事的另一个重要策略，是女性写作最为真切的表达。作者通过“私语化”的“隐秘”写作，复活女性自我的生命体验，显示女性不同境遇的自我存在。第四章中的三个小节通过对当代俄罗斯最有成就、最有代表性和最有影响的三个女作家的作品的评介，揭示并深入分析了当代俄罗斯女性小说的思想倾向和诗学特征。

第五章是对通俗小说的研究。通俗小说的繁荣是苏联时期少有的文学现象。在该章第一节中，笔者对俄罗斯文学中历来被鄙视的这一小说样式的历史命运进行了较为详细、深入的回顾与反思。别林斯基虽然将文学分成了消遣的和严肃的两类，但他从来不主张消遣的文学，而始终强调文学的思想功能和“严肃性”。因此，尽管在“白银时代”和 20 世纪 20 年代早期的苏维埃文学中有这一文学的地位，但在整体上，它始终是被作家和批评家鄙弃的。只是到了苏联解体前后，它的地位、作用和影响才发生了根本的变化。

在新时期，一种以信息性、可读性为特征，以消遣性、消费性为指归，以大众读者为对象的通俗小说创作不仅在俄罗斯文坛登堂入室，大有与精英文学共谋文学盛景的趋势，甚至极大地影响了严肃文学的美学范式。不管批评界和一些仍然坚守精英意识的作家们对通俗小说的看法如何，实际上，它已经融入了后苏联文学中，成为新时期俄罗斯文学的一个重要组成部分。通俗小说的繁荣不仅有它的时代成因，也是对俄罗斯文学一以贯之的精英意识的反叛。更值得注意的是，通俗小说在发挥文化消费功能的同时，也以其个性主义、普适性、即时性、当下性等文化元素暗暗地为严肃文学的发展、变化提供了重要的借鉴。“通俗文学的生态”一节还对后苏联不同样式的通俗小说（侦探小说、惊险小说、言情小说、奇幻小说、幽默小说）的类型学特征进行了全面而又深入的分析。本章还以当下最为走红的历史侦探小说家阿库宁为例，深入分析了俄罗斯通俗文学“经典化”“先锋化”的个案实例。

第六章是对新型的“合成小说”的研究。在后苏联多种小说的潮流之外，还存在着一种十分明显的诗性“合成小说”。这是一部分难以概括，却又个性独具、风格迥异、内蕴芜杂的作家和作品。这些作家的作品在具有上述这一或那一文学流派、风格特征的同时，又游离于可确定和概括的文学现象之外。小说创作实践证明，“合成”已经成为后苏联小说“杂色”中最具亮色的一种，一个高度开放、敏锐、灵动而又兼具共性化和高度个性化的创作流派，体现了具有“先锋意识”的当代小说家对小说艺术形式实验的新成果。

“合成小说”的诗性合成是多层面的，它们既是流派的合成，也是文体的合成，而在小说的叙事上则呈现出时空跨度与心理跨度的合成。作家独处于自己的精神和艺术世界中，作品兼备多种创作方法、流派风格、小说文体、书写方式、叙事话语的不同特征。“合成小说”融汇了现实主义、现代主义、后现代主义小说的叙事方式，采用了不同的假定性手段，而且假定性原则不再仅仅作为一种创作手法和技巧，而是作为小说创作的一种理念，即创作主体通过对社会、世界和人的变形来实现对现实与历史的理性的和非理性的否定性把握。从作品“现实的非现实化程度”的视角审视，笔者将“合成小说”分成了两种不同的类型——写实性的“合成小说”与非写实性的“合成小说”。本章的第二、三、四节还分别对当代三个具有典型特征的“合成小说”作家——马卡宁、叶甫图申科、波利亚科夫的小说创作进行了深入的思想与艺术分析。这些作家所体现出来的对小说的独特理解和表达也证明了“合成小说”个性的独特意义和审美价值。

完成了由苏联文学向后苏联文学范式转型的当代俄罗斯文学已经走过了25个年头。俄罗斯文学回归了文学自身，俄罗斯作家也回归了文学家的身份，他们在思想发现和艺术求索中已经取得了不容忽视的成就。在自身追求的艰难行程中，当代俄罗斯文学通过自身的蜕变和对世界文学成就的认知与接受，已经从一种封闭的状态中挣脱出来，表现出了新的崛起。从戈尔巴乔夫倡导苏联“重建”的20世纪80年代中期起始，俄罗斯文学界就以不同的方式开始了与已有数十年隔膜的西方文学、理论的对话。俄罗斯作家、批评家、理论家与欧美思想界、文学界的密切交往极大地拓展了创作视野，深化了他们的艺术意识。苏联解体后俄罗斯与西方国家共同创立的文学奖项也将西方的文学理念、价值观带到了对俄罗斯文学的审视中，这对于俄罗斯文学走向世界无疑是影响深远的。俄罗斯文学与西方文学的碰撞，西方文学理念与俄罗斯文学传统的交汇，不仅改变了俄罗斯作家既有的文学创作观念，也极大地激活了他们对小说新的思想价值和艺术形式的追求，为俄罗斯文学的创作与批评注入了强大的开放意识、变革意识和世界意识。

经历了各种主义、思潮、流派洗礼的俄罗斯文学呈现出多元、多样、多变的状貌。对于已经经历了四分之一世纪的后苏联文学，多数俄罗斯文学史家和批评家都认为，这是一个“重建辉煌”和“已现辉煌”的文学时代。当代俄罗斯作家开启对记忆的反思，在与俄罗斯历史，特别是苏联历史不断对话的过程中，直面文学曾经的懦弱与虚伪，在实现了与历史的和解和记忆之后，重新融入了世界文学的进程中。其进入世界文学发展进程的特征鲜明地表现在这样五个方面：

第一，多元化。文学的多元化首先是指文学观念的多元化。小说不再被政治意识形态的强权所浸染，小说家大大淡化了道德说教的伦理判断，而是听命于自身独特而充满个性的情感与想象。他们更多的是凭借感觉本身去建构现实世界的真实性，小说成为作家表达不同生存情感或对人类和世界理解、认知的不同的言说方式。由于作家和理论家对文学本质做出的多样解释，新时期的俄罗斯文学出现了苏联时期从未有过的多种价值观并存的现象。文学不仅有道德教化、为政治服务的作用，更有宣泄情绪、审美娱情、文化消费的功能。新时期俄罗斯小说的多种样式、多种创作理念、多种写作视域、多种言说方式呈现出一种万花筒般的多元图景，小说创作的多元已经成为新时期俄罗斯文学的活力之源和创新之途。

第二，开放性。所谓开放性是指文学创作与文学批评对差异的尊重，对多种主义、样式、形态、手法的包容。文学作品中出现你中有我、我中有你的创作状况已经极为普遍。文学层级分野的模糊，创作方法、流派界限的钝化，各种文学体裁、现代叙事技巧、艺术形式的合成，这些都成为文学开放性的显著标志。而这一开放性的最具代表性的倾向和标志便是通俗文学与严肃文学界限的消除，两种文学元素在同一部作品中的并存。充分的创作自由、广阔的题材天地、驰骋的思维想象使得权威与传统的神圣性遭到从未有过的挑战，亵渎的勇气、探险的胆识、无所顾忌的突破为新的美学原则的崛起提供了无限的可能。

第三，后现代性。这里所说的后现代性并非指一种文学思潮，而是一种融进了当代俄罗斯作家意识中的后现代思维，一种新的艺术意识。这一意识的特点是，反对将世界纳入事先预设的意识形态系统来进行“唯一的阐释”，还世界以真实的、原初的“元形象”，将文学艺术表现的现实社会和人生的丰富性、复杂性还给这个多元的世界。新时期俄罗斯作家一方面继承了200年形成的优秀的现实主义文学传统，另一方面他们又作为消解文化寻根的自发力量，寻觅另一种无须依傍的小说的创作向度，以拒绝同化于整体的个体性挑战姿态让自己成为一种文化和意义的源头，以高度的实验性意向追求更为强烈与激进的文学表述。

第四，奇幻性。想象力与奇幻性是当代世界小说非常重要的文学元素，也是民族文学是否具有生命力的重要标志，同时还是小说家注重读者趣味和流行市场推波助澜的结果。充满陌生性、多义性的不同形式的“幻化”小说类型的繁荣成为当代俄罗斯小说的重要特征。这一类作品始终具有一种奇谲莫测的不同意象和梦幻，让人无法完全理解的东西。作家提供的是超出人类理解力原始经验的文学景观，是一种被集体无意识所推动的小说书写。

第五，实验性。随着传统书写方式不再被作家和读者所喜爱，新的艺术实验成为不同风格新潮俄罗斯小说家的共同追求。在小说领域，这一创作实验性的风景是相当驳杂的。这一对小说形式的追求本身蕴含着对现实的评价和批判，是有内在思想激情支撑的，可以说也是新的历史条件下的一种文学政治。相当一部分作家热衷于不同技巧、手法的运用，他们在艺术结构、叙述方式、内在组织原则和逻辑关系，乃至语词、句式等小说技巧方面有着相当自觉的实验意识，并能通过种种手段来制造并达到他们所追求的艺术效果。

值得指出的是，融入世界文学进程的当代俄罗斯文学并没有丧失其鲜明的民族特征。新时期俄罗斯文学所渴求的新辉煌，它所追求的全人类性并非来自全球化进程，而源于它自身强大的人道主义文化内涵。在转向后现代性的时候，俄罗斯文学的文化精神没有发生根本性的转型。俄罗斯当代小说主流文本仍执着于意义、思想、精神的追求，这种执着导致小说文本在整体上依然保持着强大的历史感和对现实的关切。俄国当代小说通过对传统的承继展开的是一种厚重的“历史自觉意识”，这种意识仍然是俄国当代作家源远流长的忧患意识的特定表现，也是他们冷静地直面人生和社会生活的现实主义传统的另一侧面。现实感、历史感、忧患感、使命感，作为俄罗斯文学的胎记，仍然是当代俄罗斯作家基本的文学情结。的确，在全球化浪潮的语境中俄罗斯小说中的政治意识在消遁，永恒的人性思考在增长，教化的味道在退却，自然、休闲、消费的色彩在增强。文学虽然已经不具备指点江山的作用，但作家依然在捍卫人类灵魂的崇高、精神的高贵、心灵的美丽，文学还在对人的精神生活起着重要作用。俄罗斯文学从广阔的历史与社会的角度观察生活的传统和忧患意识顽强地沉淀在了作家们的审美意识中。俄罗斯文学仍然毫不妥协地坚持着自己的个性，用民族的、个性化的力量，以其固有的气质与色彩在对抗着全球化。

三、成果的学术创新、应用价值以及社会影响和效益

本成果的新意主要体现在以下四个方面：一是研究领域和对象的新意。本成果是我国第一部全面、系统、深入的关于苏联解体前后俄罗斯小说研究的著作，为读者了解后苏联小说 25 年的历史沿革、发展、思想与艺术成就

提供了真切、深入且新鲜、生动的图景。二是方法论上的创新。研究的多视角（文化学、社会学、体裁诗学）为我国俄罗斯文学研究中至关重要的方法论问题提供了一个有益的参照。从俄国社会现代性与文学叙事话语的关系上揭示俄罗斯小说的叙事类型的规律性特征，是笔者的一个重要发现和归纳。为打破我国俄罗斯文学研究长期沿袭历史社会学方法传统的局限，笔者做了两方面的工作：一方面是体裁诗学研究方法的运用，另一方面是西方文化理论（如后现代主义、女性主义、大众文化理论等）的运用。三是专著的文学性追求。笔者始终认为，如同文学创作一样，文学研究应该具有人文性、情感性、灵动性、可读性，刻板、冷漠的“经院式”研究固然“学术”，却丧失了文学本应有的人文、情感和语言的艺术表达，最终必然会将研究局限在“艰涩”的学术话语中而失去读者。四是中国学者声音（思想立场、价值判断、伦理分析）的融入。表现中国学者的价值判断并发出自己的声音——这是笔者在写作中始终坚持的一个方向。本成果对享有盛誉的俄罗斯作家（如拉斯普京）创作中的“价值迷失”和思想局限有着较为深入的审视和剖析。

本成果中的重要章节和笔者的重要观点已在我国的外国文学研究杂志、综合报刊和俄罗斯的文学杂志上发表，学术论文得到了我国外国文学研究界和俄国学术界的充分认可和高度评价。笔者 2014 年 12 月接受了“陀思妥耶夫斯基基金会”召开的国际“第 5 届世界语境中的俄罗斯文学国际学术会议”组委会的资助邀请，在大会上宣读了“后苏联文学美学”的报告。报告论文也在俄国的理论刊物《文学问题》第 4 期上发表。笔者所承担的博士生和博士后“后苏联文学专题”课程已经讲授了 5 年，以其中核心观点为内容的讲座在复旦大学、浙江大学、南京大学、山东大学、中央美术学院、上海外国语大学、首都师范大学、河南大学、陕西师范大学等 23 所高校宣讲。外语教学与研究出版社 2015 年数字视频项目“后苏联文学”教程已经开始录制。

本成果可以成为我国高校中文专业、外语专业本科、研究生层次“当代俄罗斯文学”教学的重要参考资料，成为硕、博士生提高语文学素养、研究当代俄罗斯文学课题重要的话语资源，成为我国俄罗斯文学研究者参与国际对话的一个重要声音。同时中国作家也能借助于对这一文学的异源相知、切磋砥砺，为汲取俄罗斯文学精髓并完善中国文学的国际塑型开辟一个新的路径。

《波德莱尔：从城市经验到诗歌经验》概要

刘 波*

一、研究的目的、意义及方法

对波德莱尔的研究在西方学术界占有重要地位，已经形成颇具声势的“波德莱尔学”（Études baudelairiennes）。经过一个多世纪的努力，该领域取得了林林总总的丰硕成果，这些成果几乎涉及波德莱尔的个性气质、文学创作、艺术观念和伦理思想的一切方面，这让今天的人们感到，要想在该领域研究中继续“出新”，将是一个艰巨的挑战。

本研究的直接目的是：探讨波德莱尔的城市诗歌与当时社会历史现实的关系，以便更好地理解波德莱尔的审美经验如何从现代城市经验中获益，以及城市经验在他的诗歌创作和美学理论构建中扮演着怎样的角色。

本研究的意义在于方法论和所研究内容两方面的突破，具体表现为：

（1）跨越学科藩篱，实现方法论的融合。

回溯以往的波德莱尔研究，各种方法五花八门、各显神通。概举其要，有生平研究，有政治—社会学研究，有哲学研究，有精神分析研究，有医学—心理学研究，有符号学研究，有主题研究，有诗学和文体学研究。这些成果虽然丰富，但给人一个总的感觉是，它们大都呈现出各自为政的态势，往往局限在自己的领域里对波德莱尔某一方面或某一具体问题进行论述，很少能够见到那种借用已经掌握的一切批评手段，从多个角度

* 刘波，广东外语外贸大学教授，博士生导师。

攻克特定作品的研究。这样的局面实难真正让我们从总体上对波德莱尔进行全面领会。本成果把波德莱尔研究纳入到城市文学研究或更广泛意义的城市文化研究的框架中，借鉴城市文化研究中多学科、跨文化、综合性的特点，打破藩篱，博采众长，从多种角度、用多样方法、在多个层面上对波德莱尔的创作和思想进行全面梳理。这不仅是研究内容上的突破，也是研究方法上的特色和创新。

(2) 研究深入系统，填补国内空白。

就我国目前的情况看，真正从“波德莱尔学”角度对城市和诗歌的结缘加以研究的成果并不多见。虽有部分研究文章，但显得零星散乱，不成系统。而且，我国尚未出版任何一部真正意义上的“波德莱尔学”方面的专著，这同波德莱尔在世界文学史上享有的重要地位极不相称。本成果可以实质性改善我国在该领域研究相对薄弱的状况，能够对该领域研究的发展发挥引领作用，为国内学术界启发一些新的论题。

(3) 探索城市经验和审美经验的融合，现实针对性强。

进入现代，大工业生产方式的广泛运用和城市文明的大规模兴起，在改变人们生活环境和生活方式的同时，也对现代人的情感生活和思维活动产生了巨大的冲击，并由此深刻改变了人类精神成果赖以呈现的方式和面貌。本成果中所论述的问题，对于廓清我国当下城市化进程中出现的一些问题具有不可多得的启示作用。

二、成果的主要内容和重要观点

1. 主要结构和特色

本成果共 61 万字，分上、下两编，共 8 章，其中上编 3 章，下编 5 章。

本成果的特色之一是以“经验”作为论述的重点和组织行文的枢纽。波德莱尔超卓群伦之处，就在于他对现代生活有着独特的经验，并懂得用独特的方式来表达自己的经验。所谓经验，是存在于具体和抽象之间、外部世界和内在世界之间的一个中间地带或第三维度。一谈到经验，就要谈到关系和交锋，谈到对感性资料的观察和对事物的丰富认识。外部生活和内在现实共同作用于经验，也可以说，经验是外部生活和内在现实的结合点。波德莱尔城市诗歌的创作实践就是位于外部和内在两种现实之间的这样一个结合点上。当我们谈论波德莱尔的诗歌审美经验时，就必然会谈论诗歌与客观世界以及与价值世界之间的关系。从波德莱尔的这些诗歌中可以看出，诗歌这种语言活动实则包含着三重的经验：对世界的经验，对语言的经验，对人的经验。本成果的主线和论述过程，就是从与波德莱尔诗歌经验密不可分的“语言”“世界”和作为主体的“人”这三个词出发来进行组织和展开的。

本成果“上编”主要从“语言”（作品或文本）角度出发，在第一章中回溯法国文学史上巴黎主题的同时，概述波德莱尔在城市诗歌发展过程中的重要作用和卓越地位；在第二章中把波德莱尔《巴黎图画》中的每首诗歌作为有生成渊源、形成过程的文本一一详加考察；在第三章中详细分析《巴黎图画》谋篇布局结构上的特点，凸显波德莱尔对于诗歌创作这种语言活动的严谨态度及其对于作品整体美学效果的执着追求。

在“下编”中，我们一方面从“世界”角度出发，在第一章中考察城市生活和城市景观对于诗歌创作的启示作用，以及诗人在城市环境中的角色；在第二章中考察出现在波德莱尔城市诗歌中的三种类型的城市经验（“梦想之城”“魔幻之城”“忧郁之城”）；在第三章中分析诗人如何通过对现实进行置换的“深层模仿”达成艺术“对外部生活传奇般的移译”这一功能，以及诗人如何为了表现前卫的现代经验而进行语言的冒险，突破传统抒情诗的局限，从而为与现代城市经验相适应的现代抒情开辟新路，促进抒情诗的现代转型。另一方面，我们从“人”这一角度出发，在第四章中努力尝试勾勒出波德莱尔作为一位具有清醒觉悟意识的诗人的形象，这位诗人懂得把诗歌创作与一种美学理论的建设结合在一起，懂得把文学创作与对审美经验中的伦理经验问题进行的思考结合在一起，从而创建出一种既基于敏锐感受又指向精深思辨的“美学—伦理”经验类型，而这通过考察波德莱尔提出的“人工美”的美学观念所包含的伦理价值可以明显看出；在第五章中主要探讨波德莱尔城市诗歌中集中体现诗人独特审美趣味、情感取向和思维定式的悖逆逻辑，分析波德莱尔悲观主义的美学价值和精神旨趣，揭示诗人对于人的悖论和文明的悖论的思索和忧虑。

2. 主要内容

城市进入诗歌的历史同城市本身的历史一样久远。然而，现代意义上“城市诗歌”的出现却是比较晚近的事情，其历史不会早于“发达资本主义时代的抒情诗人”（本雅明语）波德莱尔创作一系列巴黎诗篇的19世纪中叶。文学史上，正是波德莱尔通过以《巴黎图画》为代表的一批城市诗歌，为文学中的巴黎题材寻求到真正意义上的诗意，为城市诗歌带来了别开生面的景观，使其成为一种具有独立个性和身份、独特审美趣味和价值取向的文学类型。

单就文学中的巴黎题材而言，这并非波德莱尔的个人发明。自公元9世纪法国文学开始形成以来，就存在一种以巴黎作为诗歌题材的传统，但直到浪漫主义时代，这种传统一直都处于一种非主流的状态。作为诗歌题材的巴黎从未真正成为诗歌的主导，而只是往往以片断的方式充当着背景、点缀或引发议论的契机，从中看不出城市生活独具的诗意和魅力。

19世纪现代大工业生产方式的广泛运用和城市文明的大规模兴起，在改变人们生活环境和生活方式的同时，也对现代人的情感生活和思维活动产生了巨大的冲击，并由此深刻改变了人类精神成果赖以呈现的方式和面貌。在一般人眼里，现代生活的流行伴随着抒情诗的衰落，仿佛现代生活和抒情诗构成一对矛盾命题。这里存在着一个视角和价值转变的问题。所谓“衰落”，实则是传统抒情诗代表的那种诗歌经验所面临的危机的表征，反映出以往的田园牧歌的抒情经验（如和谐、理想、温情、伤感等）在面对以城市生活为代表的现代经验（如震惊、欲望、压力、分裂、悖谬等）时感到的无能为力。然而，真正的诗人却能够发现现代生活为诗歌灵感提供的新的机缘，借以改造诗歌语言、诗歌意象和审美趣味，创作出一种与现代生活相符合的全新抒情诗类型，让城市经验在以现代抒情诗为代表的诗歌经验中得到再现。

城市诗歌不是简单地指以城市为内容或主题的诗歌写作，它涉及具有更深层决定因素的城市语境和城市意识。作为一个前提，这决定着写作的态度、倾向、价值标准、审美观、世界观和历史观，也决定着创作者的感受方式和表现方式。现代都市生活在为人们提供生存经验和信息资源方面，比历史上任何时候都更丰富、迅捷、复杂和尖锐，演绎着最极端、最激越、最具冲击力和最不可捉摸的文明风暴。旧有的情感和观念、价值体系、感受和表达的方式显然已经无助于统摄瞬息万变、乱花迷眼的城市经验。对于城市的审美态度要求诗人不仅仅驻足于城市生活的表面结构，而是要深入到城市生活的核心，勾勒出城市迷宫一般的血管、神经、肌理网络，发现并捕捉其中的深邃本质。

一个有意思的现象是，在波德莱尔歌咏巴黎的诗歌中，真正涉及专属于巴黎的地点、场所之处为数不多，似乎诗人在写巴黎的同时，力图在个别性与普遍性之间寻求一种平衡。据诗人自己的说法，他的目的是要通过诗歌“描写一种现代的更为抽象的生活”，深入到“大都市无数错综复杂的关系”中，创作出“适应心灵的抒情冲动、梦幻的波动和意识的跳跃”的抒情作品。可以说，保证他诗歌“巴黎性”的，是巴黎的抽象面貌，是折射在都市人的面容上和心灵中的巴黎生活。诗人笔下的《巴黎图画》消解了现实巴黎的物质外观，但同时又包含着诸多针对现实巴黎的意味深远的寓托。他把诗歌的指事功能悬置起来，用启示功能取而代之。从他开始，生发于个人经验的抒情诗显得越来越不涉及个人，越来越远离通常意义上的“抒情”，越来越减弱环境、个别、个人等偶然因素的重要性，而把普遍性因素摆到一个重要位置上加以阐发。诗人通过对题材的升华和对本质性因素的狂热追求，为本能带来意识之光，为审美带来智性之光，为诗歌带来哲思之光，从而把诗歌提升到与人生存在生死攸关的高度，把诗歌变成了一种具有超越性的活动，实现了一种可以称为“超抒情”的现代抒情诗类型。他的诗歌让我们学会从严峻性入手去审视生活，从复杂性入手去领会生活，在强度上去感受生活，在整体上去体验生活。

波德莱尔在自己的巴黎诗歌中发挥了对于城市任何事物固有的多重价值的感悟和思考，而这种充满悖论的情感和思考构成了他巴黎诗歌的独特魅力之一。诗人在对自己生活的城市表达深切的失望和诅咒的同时，也表现出对这个城市深切的热爱和依恋，因为无论是善还是恶，这个城市为他提供了一种独一无二的经验，以及诸多充满诗意的暗示，让他在新奇和意味深远的发现中享受到凡夫俗子不能了然的快意，激发他意识上的震荡，并由此成就他的诗才和诗艺。他用那些亦庄亦谐的巴黎诗歌唱出了现代人的种种纠结情感，让我们看到在现代大城市中，丑陋也会是一种壮丽，理想也会是一种忧郁，伟大也会是一种焦虑，恶也会是一种英雄主义，美也会是一种暴力。波德莱尔从事诗歌创作活动的时代所具有的突出特点，就是由一系列惊人矛盾构成的强烈反差：伟大与平庸，富有与贫穷，新奇与老旧，建设与破坏。这样一些反差让敏慧之人能够从伟大中见出平庸，从富有中见出贫穷，从新奇中见出老旧，从建设中见出破坏。由此产生出来的，不只是一种全新的审美感受，而且还是一种观照世界的全新眼界。

漫游城市的诗人放弃了雨果式居高临下的浪漫主义先知或人类导师的角色，他走进街巷，融入到人群中，不仅仅是现代生活的观察者，更是现代生活的体验者和历险者。碎片式的现代生活对他来说是一场需要用极大勇气应对的挑战。波德莱尔为穿街越巷的城市诗人找到了"斗剑士"这一隐喻。"剑术"一词形象地体现了抒情诗人与城市之间富有挑战性的新型关系。城市成为斗剑场，诗歌创作成为碰撞和角力的过程，词语、韵脚和诗行成为诗人艰难夺取的战利品。这种新的感受方式是同诗人被贬黜的经验紧密联系在一起的。诗人必须深入到城市的街巷中，与社会上苦难、卑微和暧昧的人群为伍，与他们休戚与共。承受现代人的生存困窘，并从中发掘诗歌的要素，这成为城市诗人的特权。

城市诗歌是一种在未知领域的历险，成为构建新的审美类型过程中一种前卫的艺术经验。像一切前卫的实践一样，对于"新奇"的探索往往在一些人眼里被看作伟大光荣的功勋，而在另一些人眼里则被视为恶劣无耻的哗众取宠。波德莱尔是那种在一切地方，甚至在最不可能具有诗意的地方发掘诗歌的诗人。他致力于寻找将最庸凡的现实内容同最自觉的诗歌艺术形式加以结合的途径。他的一些看似趣味低劣的比喻、意象、断句、跨行、音韵、节奏等，曾遭到一些短视批评家的抨击，认为不符合传统诗艺的要求，进而怀疑波德莱尔在诗艺上的才能。其实，他们不懂得这正是波德莱尔深层模仿的表现形式，实则包含着独到的创意，具有无可比拟的表现力，因为诗歌形式呈现出来的支离破碎、分崩离析的效果，恰当而形象地模拟了现代大工业机器文明刺激人的感官和意识的方式，使人们对于现代生活的感受经验在艺术经验中得到传达和再现。新的表现形式的出现正是符合了新的生活经验的要求，诗人由此改变了人们对于诗歌完美形式的观念。在他看来，作品形式的"不完美"对应着现实生活中的丑陋，诗句设计上的"失衡"是由于被表现对象本身已经失去了固有的稳定，音律的"不和谐"往往借用了生活中不协调的音符。可以说，现代诗歌的"危机"不过是展示了现代人在现实经验的感受方面更为普遍的危机。当诗人要表现的是生存中的窒息感、压迫感、紧张感、孤独感、落魄感时，作品表面的优美形式和流畅节奏反倒成了他的大忌。波德莱尔的过人和惊人之处，在于他敢于和善于突破为诗歌设定的界限，用不准确来达到准确，用不和谐来达到和谐，用看似拙劣的手段来强化诗歌的表现力和暗示力，以极为自觉和深思熟虑的方式超越普通诗学和修辞学意义上的完美，在诗歌中实践“恶劣趣味”的工巧，达成安德烈·纪德所称赞的“隐秘的完美”。

波德莱尔诗歌的精妙在于用诗歌经验对城市经验进行创造性的置换，用诗歌将驱动现实的动能传达出来，实现艺术对于生活的移译和诠释。诗人通过“深层模仿”，使艺术作品传达的感受经验与人们在现实生活中的感受经验达成质量和强度上（而不是内容和外部形态上）的等值。他不满足于对城市的“地理学”研究，而是在“生理学”“心理学”和“精神现象学”层面发掘城市复杂隐秘的机能和质感，思考城市文明对人的存在、情感和心灵状态的潜在影响。城市和诗歌，城市经验和诗歌经验，这是两个不同的但又有着相互应和关系的世界。这两个世界各自呈现出不同形态，但它们又在经验价值上相通，具有相同的强烈感官震撼，相同的复杂性、神奇性、矛盾性和暧昧性。它们令人振奋，也令人迷惘，让人欣悦，也让人沉郁，向人们发出启示，也向人们发出警醒。它们的灵魂中跃动着相同的节奏。

当波德莱尔通过诗歌创作活动把“巴黎”置换为“图画”之际，其实是把地理空间置换为了心理空间，把物理现实置换为了文化现实，把物质的质量置换为了心灵的能量，把事物的价值置换为了精神的价值，把属于城市生活的日常经验置换为了具有普遍价值的美学经验。他用古往今来人们所能写下的最为惊心动魄的话语，道出了人类风雨飘摇的生存状况，表达了不甘接受其既定命运的人的痛苦。他怀抱着人类万古的忧虑，临深渊而不止步，遇艰险而愈威猛，在地狱之中呼唤灵性天堂，于死生之地索求存亡大义。他通过审美经验对人生问题提出的解救之道不是现实性和社会件的，而是情感性和心理性的。他的诗歌令我们在经验层面上惊悸战栗，迫使我们在惊悸战栗之际面对无限广阔的永恒宇宙和没有出路的狭隘人生，发出对于世界的追问，也发出对于自己的追问。

3. 重要观点

（1）现代生活并不必然导致抒情诗的衰落，现代诗人的使命在于发现新的生活条件为诗歌灵感提供的新的机缘，并借此改造诗歌语言和诗歌意象，创作出与现代生活相符合的全新抒情诗类型。城市诗歌的形成改变了传统上对于诗歌的定义和抒情诗的形态。

（2）城市诗歌的根本在于城市意识，它是现代人情感活动和精神成果赖以呈现的独特方式，是用艺术的方式完成的“精神现实主义”。这种精神现实主义要求在城市生活的表层背后捕捉到统摄城市生活的那些隐性法则，并且通过词语的处理，把城市生活的能量转变成艺术品，把体验到的生活强度转化为语言的现实，在体验的层面上实现诗歌经验与生活经验的等值。

（3）波德莱尔通过诗歌创作活动把“巴黎”置换为“图画”，本质上是把地理空间置换为心理空间，把物理现实置换为文化现实，把物质的质量置换为心灵的能量，把事物的价值置换为精神的价值，把属于城市生活的日常经验置换为具有普遍价值的美学经验。

（4）对于波德莱尔城市诗歌的修辞学研究以及对于其“恶劣趣味”的工巧的讨论在国内尚未广泛深入地开展。本成果对这方面问题的探讨将会对国内诗学研究带来启发。

（5）波德莱尔是一位对现代人的存在处境有着清醒意识、对艺术的现代语境有着高度自觉、对人类的历史命运有着深敏思虑的诗人。在他那里，诗歌创作始终与批评意识密切相连，审美愉悦始终与智性领悟密不可分，这让他的诗歌既是对一种艺术的演示，也是对一种美学理论的构建。他的诗歌不仅激发丰富而奇妙的想象，也唤起厚重而深邃的思想。本成果把波德莱尔的审美经验归结为“美学—伦理”经验，这是学术上的首创，而且这也与现当代发生的“诗”“思”合一的趋势相扣合。

（6）充分论述了构成波德莱尔审美经验主要方面之一的暧昧性和悖论性。波德莱尔用怪癖的趣味、乖戾的诗艺、悖逆的精神和异端的见识，织就自己的“独特”和“创意”。他比其他任何人更让我们发现人生的复杂，尤其是体验到人生中那些负面因素所包含的反常合道的美妙。他的作品通过化腐朽为神奇的炼金术，让人走出生理和精神上的童年而变得成熟和硬朗，让人敢于撕毁虚假的面具而正视社会和人生的真相，让人摆脱虚伪和怯懦的习气而学会自警、自爱和自尊。

三、成果的学术创新、应用价值以及社会影响和效益

虽然在过去200多年间，最迅猛的城市化过程是与欧洲和北美为代表的工业化联系在一起的，但如今的城市问题已经超越了西方文明或资本主义的分析范畴，而且这一前所未有的城市化进程主要正发生在最难以控制的第三世界里，让第三世界正卷入一场不断加速的“城市革命”。在此背景下，城市与文学的相遇，以及与此相关的一些问题，也成为创作界和评论界的一个具有现实针对性的热门话题。

对城市与文学关系的研究，不仅仅局限在研究以城市作为内容或主题的文学写作，而是在更广泛的意义上研究决定现当代文学特性的城市背景、城市语境和城市意识，研究在城市这个前提下决定写作态度、价值取向的审美观、世界观和历史观，是从城市这一特殊角度对现代人的情感蕴含和精神世界的发掘。从一个更高的层面上看，这一研究与其说是与“城市”“西方”“现代”有关，不如说是与“人”，与“我们”和“我们的世界”有关。

在当前我国迈向现代化的进程中，城市化大潮以及全球化对人们日常生活经验的快速渗透已经成为诗人、作家们最重要的叙事语境。如何把握城市生活的质感和美感，如何从现代视角出发对城市与诗歌的关系进行审查，如何理解城市诗学的内涵和特征，如何揭示城市生活固有的暧昧性和矛盾性，如何思考和表达城市文明对生命存在的潜在影响，如何在现代技术文明的霸权下为人的主体意识谋求牢靠的精神寓所，这一系列问题是处于现代化转型期的当代学人必须进行深入研究的新课题。对这些问题的廓清有助于从一个全新的角度为我国文艺美学的建设提供启示，使之更加主动地适应和反映人们感受方式、思维方式和审美趣味的现代转型，并进而对我国迈向现代化进程中的精神文明建设提供借鉴。

《澳大利亚文学批评史》概要

王腊宝*

一、研究的目的、意义及方法

1. 研究目的

我国的澳大利亚文学研究始于上世纪80年代初。1997年，黄源深教授完成并出版了《澳大利亚文学史》，用70万字的篇幅首次向国内读者介绍了近200多年来的澳大利亚文学成就。该书内容翔实，资料丰富，体例完备，充分反映了我国学者到上世纪90年代为止对澳大利亚文学的整体把握和研究水平，对我国学界了解澳大利亚乃至整个世界英语文学产生了重要的影响。开展澳大利亚文学批评史的研究，是为了延续并深化我国对澳大利亚文学的认识，为进一步提升对澳大利亚这一国别文学的研究水平做出新的努力。

发端于1890年代的澳大利亚文学批评至今已走过一个多世纪的历程，在这100多年的发展历程中，它不仅见证了20世纪西方文论的风云变迁，更形成了自己的传统。在当代世界文论中，澳大利亚在文化批评理论方面既是积极的输入者，也是热诚的输出者，特别是近30年来，澳大利亚在女性主义、后殖民理论、文化研究以及白色研究（whiteness studies）方面成果卓著，其影响之大已经受到世界各国的广泛关注，因此以今日之立场观之，澳大利亚或许不再是国际批评和理论输入体系中的一个节点，而是世界文学

* 王腊宝，苏州大学教授，博士生导师。

批评和理论研究中的重要参与者。近年来，国内学界对于系统了解澳大利亚文学批评的愿望日益迫切，因此笔者利用近六年的时间最终完成了这一研究成果。

2. 研究意义

开展对于澳大利亚文学批评传统的研究具有以下三方面的意义：第一，极大地拓展我国澳大利亚文学研究的范围，深化对这一国别文学的认识和了解。第二，20 世纪的批评风暴席卷整个世界，在这场始自欧美的风暴中，澳大利亚同中国一样是接受者。一个世纪以来，澳大利亚为了建构自己的本土批评话语进行了艰苦的探索，在对外来批评观念和方法进行本土化的过程中积累了大量的经验，研究澳大利亚文学批评在过去的 100 多年中所走过的道路，考察其在每一个时代所做出的选择对于我国的批评理论建设无疑具有深刻的借鉴意义。第三，由于历史的原因，澳大利亚文学批评从一开始就与欧美文论一脉相承，从 20 世纪中叶"新批评"在澳大利亚的崛起与衰落、70 年代澳大利亚文化研究的兴起以及 90 年代澳大利亚保守派对于学院批评和"理论"的批判中，我们不难看出存在于澳大利亚文学批评与西方文论之间的契合和渊源。研究澳大利亚文学批评史，对于我们更好地认识 20 世纪西方文论无疑也有着重要的意义。

3. 研究方法

本成果以 20 世纪西方文论为参照，立足中国一个世纪以来吸纳外来话语的经验与教训，以动态的眼光考察外来批评观念和方法在澳大利亚的本土化过程，并将这种考察置于更广泛的后殖民世界进行对照，以权衡利弊、研究得失。本成果选择了一种基于四个不同时代的范式描述方法，笔者认为，100 多年的澳大利亚文学批评史上曾经出现了多个批评范式，对它们分别进行描述对于认识澳大利亚文学批评的发展历程无疑有着重要的意义。

为了全面反映澳大利亚文学批评走过的历史，同时反映澳大利亚文学批评所独有的特色，本成果将澳大利亚的这一段国别文学批评史大致分成四个阶段，每一个阶段与某一个知名的批评范式相对应，并据此形成本成果的四大部分，这四个部分分别是：（1）澳大利亚民族主义阶段（1890—1950 年代）；（2）"新批评"的盛行阶段（1950—1960 年代）；（3）欧美"理论"大势涌入阶段（1970—1980 年代）；（4）欧美"理论"日渐消退阶段（1990—

2010年代）。在上述四个部分当中，每个部分由6～8章组成，其中一章为综述，其余为专题评论。需要说明的是，对于上述四个阶段的时间划分是非常粗略甚至武断的，因为大到一个批评范式，小到一个具体的批评家，其学术发展的过程和影响都会自然地向前延伸。

二、成果的主要内容和重要观点

1. 主要内容

本成果是笔者主持完成的国家社科基金项目“澳大利亚文学的批评传统”（项目批准号：07BWW002）的最终成果。本成果从19世纪90年代的A. G. 斯蒂芬斯开始梳理了早期澳大利亚文学批评的崛起以及贯穿20世纪的成长和发展情况，内容涵盖从1890年代至2010年代之间澳大利亚批评所经历的四个主要阶段以及其间出现的种种观念、问题和方法。笔者立足中国视角，同时以20世纪西方文论史为参照，着重考察100多年来澳大利亚在移植外来观念与方法，并对其实行本土化的历程。

作为前英殖民地，澳大利亚的文学批评是一个复杂的概念。从19世纪开始，澳大利亚文学批评一直包括三方面内容：第一方面是澳大利亚人对于国外文学的评论；第二方面是外国人对于澳大利亚文学的批评；第三方面才是澳大利亚人对于本国文学的评论，在整个澳大利亚的文学批评当中，这一类的文学批评只占一部分。很多澳大利亚的文学批评家并非只管澳大利亚文学，他们中的绝大多数人对于英美和欧洲文学有着同样大的兴趣。因为这一原因，澳大利亚文学批评从一开始就存在两种价值体系之间的矛盾，一面是对于建构民族文学的高涨热情，另一面是立足世界文学经典对澳大利亚文学的冷眼旁观。从某种意义上说，这对矛盾构成了澳大利亚最核心的文学批评传统。

本成果的主要对象是澳大利亚人对于本国文学的批评历史，共分四个部分，分别对应澳大利亚文学批评的四个历史时期，其中包括民族主义时期、“新批评”时期、“理论”兴盛时期和“理论”消退时期。每个部分包括6～8章，首章为综述，其余章节分专题具体评论不同时期的批评家的思想、重大的批评事件、新文学观念等。

第一部分首先对澳大利亚民族主义时期的文学批评进行综述，然后结合

A. G. 斯蒂芬斯、P. R. 斯蒂芬森、万斯·帕尔默、A. A. 菲利普斯、朱迪斯·赖特在内的5位批评家的文学思想深入考察澳大利亚文学批评的早期起源以及澳大利亚民族主义批评的特点和方向，以P. R. 斯蒂芬森的澳大利亚文化基石论、万斯·帕尔默的散文精神论、A. A. 菲利普斯的文化自卑论和朱迪斯·赖特的融合主义诗学思想为核心集中考察不同时期的民族主义批评家在构建民族文学问题上的看法。此外还就这一时期著名的“津迪沃洛巴克运动”和澳大利亚左翼文学批评等进行梳理和点评，说明“津迪沃洛巴克运动”所宣扬的土著和文化本土主义思想对于澳大利亚诗歌创作产生的影响，以及左翼文学批评与民族主义文学之间的重合和矛盾关系，指出其在澳大利亚民族主义批评发展进程中扮演的角色和做出的贡献。

第二部分首先对“新批评”入主澳大利亚学院派文学批评的情形以及主导澳大利亚文学批评时期的主要代表人物及其普世主义特点进行评述，然后分专章集中讨论两位“新批评”家（G. A. 维尔克斯和利昂尼·克雷默）和三位学院派批评家（A. D. 霍普、文森特·巴克利和詹姆斯·麦考利）的普世主义的文学观念。具体而言，着重介绍G. A. 维尔克斯对于民族主义努力建构的澳大利亚民族文化“迷思”提出的批判，评述利昂尼·克雷默在批判万斯·帕尔默等民族主义文学批评家的基础上建构起来的“新批评”澳大利亚文学史观，说明A. D. 霍普对于普世文学标准的执着坚持，梳理文森特·巴克利在欧洲传统基础上形成的形而上诗学，阐释詹姆斯·麦考利在面对现代主义到来时所表现出的新古典主义情怀，在麦考利一章中还特别就其与道格拉斯·斯图尔特共同策划的“厄恩·马利事件”与澳大利亚现代主义之间的关系进行了介绍和评论。

第三部分首先就上世纪70年代以后登陆澳大利亚的各种欧美“理论”进行综述，随后各章分别针对符号学、结构主义、解构理论、女性主义、“新左翼”、土著批评、移民批评、后殖民理论以及文化研究等在澳大利亚的实践情况进行介绍和评论，特别介绍了托尼·思维特斯、格雷姆·特纳、霍华德·菲尔普林、路易斯·阿德勒、凯·谢菲、德鲁塞拉·莫杰斯卡、雪莉·沃克、卡罗尔·费里尔、约翰·多克、迈克尔·怀尔丁、马德鲁鲁、罗罗·霍贝恩、斯内娅·古尼夫、比尔·阿什克罗夫特、加雷斯·格里菲斯、海伦·蒂芬、鲍伯·霍奇、维杰·密西拉等一大批批评家的著述。在后结构主义和文化研究两个主题上，辟专章对伊恩·里德的后结构主义叙事学和西蒙·杜林的帕特里克·怀特批判进行了介绍与评述，集中呈现这两个具有代表性的理论在澳大利亚的影响和本土化实践特征。

第四部分首先结合澳大利亚的所谓“文化战争”就“理论”在澳大利亚的消退情况进行介绍和评述，然后以多萝西·格林为例介绍早期澳大利亚批评家对于“理论”初入澳大利亚时的批评与抵制，然后结合著名剧作家戴维·威廉森的反“理论”戏剧《死白男》、“德米丹科事件”以及澳大利亚后现代文学说明 20 世纪 90 年代之后澳大利亚主流社会对于“理论”发动的全方位攻击，说明“理论”在其压迫之下的全面消退过程，该部分最后结合近十多年来的澳大利亚文学批评实践对“理论”之后的澳大利亚文学批评最新走向进行了总结和描述，着重勾勒了当代澳大利亚文学批评在文学体制研究、新技术和大数据条件下的数字化文学研究和平台建设以及跨国文学阅读等方面展开的尝试。

2. 重要观点

第一，澳大利亚文学批评在推进和传播澳大利亚文学的进程中长期扮演着无可比拟的重要角色，澳大利亚的批评家们一方面大力向全世界推介本国的文学成就和文学思想，另一方面把来自世界各地尤其是欧美等地的文学和批评理论引进国内文坛。一个多世纪以来，澳大利亚的文学批评便是在这样的双重定位中比较好地行使着自己的职责，为本民族文学传统的形成做出了重要的贡献，更为世界范围的文学思想交流做出了自己的努力。

第二，站在 21 世纪初回望澳大利亚文学批评史的时候，我们可以清楚地看到由民族主义、“新批评”、“理论”和新经验主义先后形成的四个时代，对于澳大利亚文学的批评史来说，上述每一个时代都为澳大利亚的文学批评留下了极其珍贵的传统遗产。例如，民族主义坚持文学批评应当立足本土文学经验，“新批评”主张文学批评应弘扬文本的“细读”精神同时树立超越民族和国别界限的普世标准，“理论”倡导融合语境分析和形式批评的文化研究，新经验主义主张融合先进的数字和网络技术对传统文学进行大范围的跨国别、跨学科和跨体制的研究。除此以外，澳大利亚的左翼文学批评、土著文学批评和移民文学批评等也在经过一段时间的发展和积累之后形成了自己的传统。总之，经过了 100 多年的澳大利亚文学批评当然为未来留下了丰富而弥足珍贵的传统遗产，为澳大利亚文学和澳大利亚文学批评的进一步发展打下了坚实的基础。

第三，澳大利亚文学批评起步较晚，短短百年的澳大利亚文学批评史所反映出的是一个不断移植西方观念与方法并对其实行本土化和创新的过程。对澳大利亚文学而言，外来思想的“本土化”问题历来就是一个不得不时常面对的问题，100 多年来，鉴于澳大利亚的殖民历史背景，包括民族主义在内的许多文学和文学批评思想最早都源自欧美，但是，它们在特定的历史时刻来到澳大利亚，为澳大利亚的文学发展提供了宝贵的思想资源，并在此过程中先后扎根，成了澳大利亚文学发展史上的本土思想。澳大利亚文学批评从民族主义到形式主义再到文化研究，历经了外在、内在和内外融合的道路，形成了属于自己的传统，其发展总体上是健康的。早期的澳大利亚文学和文学批评理念基本上都是从西方引进的，例如民族主义批评、左翼文学批评、“新批评”、结构主义、符号学以及后结构主义，与此相比较，上世纪 70 年代之后的女性主义和马克思主义更是一种外来思潮与本土思想融合的结果，在那以后，澳大利亚成了世界范围内的重要理论生产力量，特别是在后殖民理论和生态批评的建构中，澳大利亚批评家为世界后殖民理论和生态批评的知识生产做出了重要的贡献。

第四，澳大利亚文学批评因其殖民地的历史与背景而充满了纠结，其一，旧有的批评理念和实践常常并不会随着旧有的批评范式而消失，相反，它们会顽强地存在下去，并与新的批评范式做坚决的抗争，所以澳大利亚文学批评的历史从来都不是一个简单的范式更替史。按照帕特里克·巴克里奇的说法，二战以后的澳大利亚文学批评一直存在三种传统，其中包括自由人文主义、左翼和保守主义，三者之间不断的角力推动了澳大利亚文学批评的发展。其二，澳大利亚文学批评作为一种体制的存在较之其他国家是稀薄的，由于澳大利亚人口稀少，文学读者在很长时间里更是少而又少，文学书籍的出版在很长时间内受到很多限制，从事文学批评的人数在很长时间内也不多，专门的文学理论著作难得一见，这些都给文学批评传统的积累带来不小的问题。为了能获得更多的读者，澳大利亚文学批评家常常不得不打破传统的学科和体制界限，在从事文学批评的同时大胆打破文学与社会的界限，在自己的文学评论中积极关注国家、种族和殖民等社会和政治论争，同时，积极借鉴英美等国经验，把文学批评的文本讨论与政治议题结合起来，用文学的讨论努力推动澳大利亚政治在土著、殖民和民族归属感等问题上的重新定位。其三，澳大利亚文学批评在接受外来思潮的过程中，常表现出一种严重的滞后性，究其原因，澳大利亚的文学批评从来就不是一个单纯的文学问题，澳大利亚文学批评的历史从来都不是一个简单的范式更替史。始于19世纪的民族主义批评、上世纪五六十年代开始入主澳大利亚的“新批评”、70年代开始的形形色色的“理论”以及90年代开始的“文化战争”，澳大利亚文学批评的每一个历史阶段背后都充斥着严重的政治斗争，同样是爱国主义，澳大利亚主流社会对它有着两种截然不同的理解，一种以澳大利亚为自己的故土，一种却坚定地把英国视作自己的祖国，在这样的文化当中，虽然一部分澳大利亚文学批评家渴望形成属于自己的独特的批评话语，但是，另一部分人早已形成了一种不自觉地追随欧美理论的习惯。所以澳大利亚的文学批评史从本质上说是一个不断从本土到外来再到本土再到外来的斗争，在这样一种斗争中，迄今为止，以整理、弘扬和传播民族文学经典为目的的真正的本土批评尚未形成。随着世界全球化进程的加快，当今世界的许多国家在强势的西方话语面前不得不面对澳大利亚文学批评曾经经历的许多问题，澳大利亚文学批评发展的经验和教训值得大家汲取。

第五，20世纪是文学理论的世纪，100年来的批评风暴席卷整个世界。澳大利亚为了建构自己的本土批评话语进行了艰苦的探索，在对外来批评观念和方法进行本土化的过程中积累了大量的经验。他山之石，可以攻玉。研究澳大利亚文学批评在过去的100年中所走过的道路，考察其在每一个时代所做出的选择，对于我国的批评理论建设无疑具有深刻的借鉴意义。

第六，20世纪的西方文论所代表的是一种强势的批评话语，立足新的时代回望这一话语，我国的文学工作者可以从对澳大利亚与西方文论的互动观察中获得一些重要的启示。由于历史的原因，澳大利亚文学批评从一开始就与欧美文论一脉相承，从20世纪中叶“新批评”在澳大利亚的崛起与衰落、70年代澳大利亚文化研究的兴起以及90年代澳大利亚保守派对于学院批评和“理论”的批判中，不难看出存在于澳大利亚文学批评与西方文论之间的契合和渊源。研究澳大利亚文学批评史，一方面对于我们更好地认识20世纪西方文论无疑有着重要的意义，另一方面对于我们思考如何在接受外来思想过程中努力谋求自身发展具有重要的价值。

第七，21 世纪是我国放眼全球的时代，这个时代的外国文学研究既要视野开阔，更应不断朝纵深挺进。在当今英语世界，澳大利亚文学的成就举世瞩目，要全面深入地了解这一国别文学近年来取得的巨大成绩，需要我们更多地研究澳大利亚文学批评的历史及其已经形成的思想传统。学习和了解澳大利亚文学批评史对于丰富我国已有的大洋洲乃至世界英语文学研究都着重要的参考价值，对于我们全面开展对于世界英语文学中的各个国别批评传统的研究提供了有益的经验。

第八，澳大利亚是当今英语世界和亚太地区的一个较有影响力的国家，加强对于这一国别文学批评传统的研究有助于更好地了解这个国家的文化，对于进一步推动中澳两国的文学文化交流，并加强中澳两国的互利合作产生较为重要的影响。

三、成果的学术创新、应用价值以及社会影响和效益

1. 学术创新

本成果的一大创新在于立足澳大利亚文学批评与西方文论思潮之间的关系，结合西方文论的大语境认真考察每一个阶段澳大利亚本土批评发展的历程，关注澳大利亚文学批评在接受外来思潮过程中表现出来的态度和做法，努力揭示各种外来思潮在澳大利亚实现本土化的过程和方法。

本成果的另一创新在于立足中国视角，在研究中时刻带着借鉴别人经验反思我国 20 世纪以来的文学批评和文论建设过程的问题，在梳理百余年来的澳大利亚批评传统的同时，认真观察澳大利亚批评家对于外来理论思潮的吸收和借鉴情况，针对 100 年来澳大利亚在移植外来观念与方法，并对其实行本土化的每一个不同历史阶段展开研究，努力从中汲取对于我国文学批评发展有益的启示。

本成果四个部分分别对应民族主义、“新批评”、“理论”兴起与“理论”消退，脉络清楚，结构完整，内容翔实而不杂乱，这样的布局有助于读者在最短的时间内获得对于澳大利亚批评史的整体理解和把握。在研究中坚持两个“结合”原则，一方面述论结合，依托丰富的资料，在大量梳理一手资料的基础上，积极展开有理有据的评述，针对每一个评论对象进行客观的判

断，形成自己的结论；另一方面点与面相结合，针对每一个部分的研究内容先提供综述，再进入专题研究，各个章节之间彼此关联与呼应，有效地构建了本成果的知识体系。在系统勾勒澳大利亚文学批评史的过程中，本成果努力做到粗细结合，宏观论述与微观考察和分析相结合，每一部分既提供宏观评述，又选择具有代表性的细节进行深入探讨，真正做到了详略得当。

2. 应用价值

本成果是继《澳大利亚文学史》之后我国澳研界推出的又一部重要著作，它的出版将为国内高校澳大利亚文学教学提供一个可资借鉴的崭新资料，也将为国内澳大利亚文学研究和国别研究不断走向深入提供一个重要的指引。

本成果是我国学界推出的首部致力于澳大利亚文学批评研究的论著，对于我国外国文学研究界来说，它将很好地弥补我们长期以来对于这一国别文学批评研究的不足；对于我们的澳大利亚同行而言，本成果将足以向其证明中国澳大利亚文学研究的水平，也为长期活跃在中澳两国之间的专家提供一个观察两国文学关系的新基点。

3. 社会影响和效益

作为国家社科基金课题，本成果迄今为止通过各大学术期刊发表论文17篇，在国内外国文学界引起了广泛关注。部分论文被《中国社会科学文摘》等期刊转载，部分成果先后荣获江苏省和苏州市哲学社会科学优秀成果奖三等奖，所有论文通过“中国知网”得到广泛传播，产生了很好的反响，本成果结项评价为“良好”。2014年，上海交通大学彭青龙教授在《新世纪中国澳大利亚文学研究的趋向》（《当代外国文学》第3期）一文中对本成果已经发表的部分文章给予了高度的肯定，他认为，“《‘理论’之后的澳大利亚文学批评》……勾勒和评述了当代澳大利亚文学批评的走向……虽然论文着眼于近几年澳大利亚文学文化研究的动向，但对于了解西方国家学术研究的变化有较高的参考价值。……另外两篇文章《帕特里克·怀特与澳大利亚文学批评》和《澳大利亚的左翼文学批评》也别有洞见，值得一读。前者以西蒙·杜林1996年出版的一部《帕特里克·怀特》评传为切入点，论述了澳大利亚文学批评新左派和保守派之间的尖锐对立以及由此引起的广泛影响，后者历时性地分析和论述了左翼文学思潮在澳大利亚的演变轨迹及对澳大利亚文学创作和批评的影响。上述三篇文章……涉及澳大利亚文学批评中的重大命题，梳理这些问题的来龙去脉和当下澳大利亚文化的变化，对于理解澳大利亚文学和社会无疑有重要意义”。本成果对于澳大利亚文学批评道路所做的研究，以及对其在每一个时代所做选择的考察，对于我国的批评理论建设无疑具有深刻的借鉴意义。

本成果既填补了我国澳大利亚文学研究界关于澳大利亚文学批评的知识性空白，为我们更深入了解澳大利亚文学搭建了一座重要的桥梁，为国内从事澳大利亚文学研究的同行提供了一个扎实可靠的批评语境介绍和理论引导，同时也是我国外国文学界的又一部系统国别文学批评史，对于丰富我国已有的大洋洲乃至世界英语文学研究都着重要的参考价值，为我们全面开展对于世界英语文学中的各个国别批评传统的研究提供了有益的经验，它的完成也为其他国别文学批评史的研究提供了借鉴。

语言学

《“三礼”名物词研究》概要

刘兴均*

一、研究的目的、意义及方法

1. 研究目的

本成果借鉴当代词汇学、语义学和语言学其他相关学科的前沿理论和成果，同时结合认知理论、语言哲学对研究对象做全面探讨、深度研究。以科学的上古音体系为依据，确定“三礼”名物词中的单音节词的上古音地位。借助前人注疏以及《说文》等小学专书，结合出土实物和上古文献，并与亲属语言的活语料做比较研究，发掘“三礼”名物词的词源义，归纳其命名时反映对象各种属性的理据。在此基础上，建立“三礼”名物词的物类、理据和词义三大系统。

2. 研究意义

从语言学的角度看，本成果具有以下学术价值和意义：

其一，“三礼”名物词丰富而集中，《周礼》2 123 个，《仪礼》1 216 个，《礼记》2 475 个，去其相同者，总计达 4 599 个，是汉语同源词研究的一大宝藏。选择“三礼”名物词作为研究对象，全面考察“三礼”名物词的命名理据，会促进汉语词源学的建立和完善。

其二，名物词是汉语词汇巨系统中的一个子系统，其词义具有专科性，以概念义为基础，同时具有色彩义和修辞义等，描写“三礼”名物词的词义

* 刘兴均，成都大学教授，硕士生导师。

系统，会丰富汉语词汇史的内涵。

其三，本成果以词源义论证为基础，归纳反映各个物类名物词属性的得名理据，这种对汉语探本求源的研究具有不可替代的学术价值和理论意义。

3. 研究方法

本成果以传统训诂学以形索义、因声求义和比较互证，当代训诂学系统贯通、综合融贯等为主要的研究方法；在进行推源和系源时运用义素分析法、同族词比勘法；考证疑难词时运用版本目录学的校雠法；梳理词义关系时运用语义学的理论和方法。同时做到：定性与定量结合，传世文献与出土文献相结合，微观研究与宏观研究相统一，断代描写与历史比较相结合。

二、成果的主要内容和重要观点

1. 主要内容

本成果共分六个部分。

第一部分：绪论。

“三礼”名物词的研究现状、“三礼”名物词研究的依据及其文本、“三礼”名物词研究的方法和最终要实现的目标、“三礼”名物词研究的学术意义及其实际应用价值等。

第二部分：“三礼”名物词概况。

“三礼”的简介。“三礼”称谓的由来，“三礼”的内容，“三礼”版本的流传；“名物”的定义与名物词的确定；“三礼”名物词的总量。“三礼”4 599个名物词中，单音节名物词有 1 658 个，占总数的 36.05%；复音节名物词有 2 941 个，占总数的 63.95%。复音节名物词中双音节名物词有 2 874 个，占复音节名物词总数的 97.72%，三音节名物词有 67 个，仅占复音节名物词总数的 2.28%。

“三礼”名物词所涉及的社会文化内容。“三礼”4 599 个名物词指称的对象实际上就是上古社会生活的一个缩影。上至天文，下至地理，中涉人事，也可看成是从天、地、人三才的角度展现上古历史面貌的一幅画卷。天文类有日月、星辰、风气、云彩、雨水、雷霆、冰雪、霜露。地理类有山陵、丘壑、江海、湖泽和物产。人事类所涉物类众多，有人体、器用、服饰、饮食、宫室、车涂、田制、甸邑、贡赋、卜筮、祭祀、疾医、丧葬、人际交往和法度等十五类。其中器用类最多，达 964 个，可见，“三礼”名物词以反映古代社会文化生活为主。

第三部分：“三礼”名物词的物类系统。

确定“三礼”名物词物类类别的直接依据应该是“三礼”文本本身。

“三礼”名物词物类类别划分可供参考的范本有秦汉之际的《尔雅》、季汉刘熙的《释名》、清人黄以周的《礼书通故》以及今人钱玄、钱兴奇的《三礼辞典》等。

划分“三礼”名物词物类类别时需要注意的问题是“三礼”名物词的物类具有系统性，物类各次范畴具有层次性。因此，从名物词物类角度来观察，名物词就具有多种关系和处于不同层次的情况。将一名多指的 129 个名物词，根据具体的指称义划归到不同的类别。兼类不是语法学意义上的词类兼类，而是物类兼类。作为兼类的名物词，其名词的词性并没改变，义项也没改变，但其物类却有兼属两类甚至三类的情况。对于兼类的名物词，在统计“三礼”名物词总量时应予以扣减，但分类还得做出跨类处理。

“三礼”名物词物类系统的归纳。依据“三礼”文本，借鉴前人的分类方法，同时将古人“三才”观念引入到“三礼”名物词的物类类别的分析与归纳，建立了以天文、地理和人事三分，多层级归类的“三礼”名物词物类系统。

第四部分：“三礼”名物词特殊的名实对应关系研究。

“三礼”名物词“异实同名”现象考察。“三礼”名物词中存在大量的“异实同名”现象，有 129 个，涉及 279 个义项。“三礼”名物词“异实同名”现象很具普遍性，不仅涉及的词条多，而且所指称的实物也很广泛。

“三礼”名物词“异实同名”现象归纳起来有以下三个方面：（1）物有同状予之一名；（2）物有同用予之一名；（3）物有同制予之一名。

“三礼”名物词“异名同实”现象考察。“异名同实”现象在“三礼”名物词中表现突出，所涉名物词数量众多，总计达 188 组，涉及 434 个名物词。

“三礼”名物词“异名同实”现象存在的根本原因归纳为以下七种：（1）命名取向不同而异名；（2）器物形制不同而异名；（3）容有虚实而异名；（4）时空变换而异名；（5）用有贵贱而异名；（6）字有形变、音转而异名；(7) 异名有故实。上述 7 种直接成因中，前三种是属于命名和造词方面的原因，后四种是语言文字使用、研究方面的原因。我们把前者（即命名和造词原因）称为造成“异名同实”词汇现象的认知型根源，把后者（即语言文字使用、研究方面的原因）称为语用符号关系型根源。

“三礼”名物词两种特殊的名实对应关系，即“异实同名”和“异名同实”。“异实同名”现象有 129 个名物词，涉及 279 个义项，实际所指称的实物是 279 个；“异名同实”现象有 188 组，涉及 434 个名物词。两项合计，共有 563 个名物词，而涉及 467 个实物。就词来看，占了总数的 12.24%，就实物来看，占了总数的 11.98%，这不是小数。研究名物词，尤其是专书名物词，不能忽略这两种特殊的名实对应关系。

第五部分：“三礼”名物词的理据系统。

“三礼”名物词的词源义考察。词源义是指隐含在表层使用义里面的深层的词义特点，它体现在词义的核心义素之中，在同源派生词的词义比较中即可显现出来。对“三礼”名物词的词源义做归纳分析时，应注重考察“三礼”文本的语言材料。

“三礼”单音节名物词的词源义考察。从“三礼”的语言材料出发，吸取与借鉴前修时贤研究“三礼”名物词的成果，从“三礼”1 658 个单音节名物词中选取 230 个名物词做局部推源。在排列所选名物词时，以该名物词所属的上古韵部为序。参考郑注、贾疏、孔疏以及清人新疏，并佐以《说文》《尔雅》《广雅》和《释名》等小学专书，对所选 230 个单音节名物词的词义进行梳理，考订其词源义和命名的理据。

“三礼”双音节名物词的词源义。(1) 参构词素的意义来源。选择“藩盾”“茀矢”“鍭（翭）矢”“深弓”“鷩冕”“笙磬”“颂磬”“芒种”“祼圭”“琰圭”“琬圭”“駔琮”“旅幕”“疑衰”“象魏”“乘石”“肺石”“翳緫”等 18 个双音节名物词探讨其参构词素的意义来源。其中“藩盾”“茀矢”等为传统上称为“属名+别名”结构的双音合成词，把表明词所指对象的类属的语素叫作“类语素”，而把表明所指对象的特征的语素叫“区别性语素”，区别性语素用来表现词的指称对象的功能特征、用法特征、方所特征、外形特征、饰物特征等。这种“属名+别名”的合成词中，还有一部分词义结构要在二元分析基础上加上必要的相关语义成分才能准确、完整地把握词义。例如“琬圭”，形状弯曲的＋［用于聘问结好的＋］圭［＋象征物］。对这类合成名物词可用“意义中心分析法”，即在分析时挖掘出显性语素义相连的隐性意义成分，从而更准确、清晰地梳理语素义之间的关系，以准确理解词义。(2) 双音节名物词的整体意义的凝固。“三礼”中也有一部分双音节合成名物词是与属、别无关的。例如“夏篆”“阙狄”“象邸”“皇邸”“贝面”“雕面”“勒面”“锡面”“龙勒”“傅别”“杖咸”“瓦兆”“斥蠖”“胆鸣”“仄行”“却（退）行”“连（鱼贯）行”“纡（曲）行”“磬折”“渠眉”等，这些词大多是用代指方式凝固而成的词义，既不等于词中的各个语素义，也不等于语素义的组合，而是语素义融合之后形成的一个新的整体意义。其关系主要有两种：事物特征代指事物和跨域代指。此外，我们还发现把语素义概括化而凝固成词义，例如“渠眉”，词义并不具体指凹纹或者凸纹，而是所有的刻纹都被概括其中。同时，由于同音借用和字形讹变等因素而引起的词形改变会直接影响词源义的探求。

“三礼”名物词的同源类聚。以单音节名物词词源义考释为基础，将推源的结果进一步做系源的尝试，从 230 个单音节名物词和 43 个双音节名物词词源义的归纳中，系联出 32 组同源词族，以展示“三礼”名物词同源类聚的面貌。

“三礼”名物词命名的理据系统。(1) 对名称与实物关系的基本认识。名称与实物之间的关系不全然是外在的、偶然的。(2) 从名物词所指对象的属性、特征和功能等三个方面来归纳“三礼”名物词的命名理据：基于所指对象的属性归纳的命名理据；基于所指对象的特征归纳的命名理据；基于所指对象的功能归纳的命名理据。

第六部分：“三礼”名物词的词义系统。

“三礼”单个名物词的词义分析。“三礼”单个名物词词义是丰富而多彩的，有概念义、色彩义（包括尊崇与卑下色彩、褒扬与贬抑色彩）和修辞义（包括比喻义、借代义和比拟义）等。

“三礼”多个名物词的词义关系的梳理。“三礼”众多名物词之间具有词义的相同（包括相近）、相关和相对等关系，列举了 18 组共计 43 个词证其同，辨其异；列举了 27 组共 245 个词证明其词义相关关系；“三礼”名物词的词义相对关系涉及大小、上下、曲直、强弱、优劣等诸多方面，反映了先民对天地万物对立统一规律的朦胧意识。

“三礼”名物词词义系统的归纳。在分析了单个名物词的词义和多个名物词之间具有的相同（近）、相关、相对三种关系之后，构建了“三礼”名物词的词义系统。

2. 重要观点

（1）上古有“华夏”之称，自然就含有礼仪的内涵。华夏民族是一个人多势众的民族，故称“夏”；古代天子冕服有十二章，其衣着华丽，故称“华”。“华”不仅有讲究衣着的含义，更讲究上下等级的严格区分。礼仪制度的实质就是要维护这种上下尊卑的等级制度。为了维护这一制度，就要对不同等级的人制定相应的行为规范。

（2）《周礼》记载的是国家政治体制、经济法律制度。《周礼》列为礼经，丰富了礼的内涵，使礼上升到了制度的层面。礼本出于俗，会随时代的变迁而不断变化其仪规条例，一旦上升到了制度层面，就有相对稳定的内涵和礼义。

（3）“三礼”内容各有侧重。《周礼》偏重于政治制度的建构和国家管理体制的设立，《仪礼》偏重于冠、昏、嫁、丧等行礼场合中的仪规和礼法的记载，而《礼记》则偏重对礼义的阐发和褒扬。但“三礼”的内容又是互有关联、有机融合的一个整体，只有综合研究，才可探得中国古代礼仪文化的真正内涵及其意蕴。

（4）名物词是关于具体特定之物的称谓，它与物的品类特征密切相关，是根据物的颜色性状等特征命名的。

（5）“名物”这一称谓在“三礼”特别是《周礼》经文中有明确的记载，可通过经文本身对“名物”一词的使用来窥见“名物”的含义及其性质。《周礼》在使用“名物”这一术语时暗示出“名物”的具体含义有两个方面：一是“名物”是指相当具体而特定的物；二是“名物”带有区别性特征。名物词有以下语义特征：其一，它是以名称的形式直接反映对象的，“名物”所指应是单一的；其二，它反映的对象是具体而实在的；其三，用什么样的名来指称什么样的物带着人们主观意向的选择性。

（6）确定名物词需要把握以下语义标准：其一，必须与物类相关，非物类的名词是不能算作名物词的；其二，必须能表明是一种具体而特定的物，而不是空泛的抽象的观念性的东西；其三，所指必须有类属的区别性特征。

（7）“三礼”4 599个名物词以反映古代社会文化生活为主，也集中反映上古社会文化的一些颇具代表性的特征，如以战争和祭祀为国之大事、“缘生事死、慎终追远”的文化习俗、等级森严的贵族官僚制度等。

（8）“三礼”名物词的物类是呈系统样态的。4 599个名物词可以首先从天、地、人三才的角度划分为天文类、地理类和人事类，根据各类的数量以及所涉的具体事类再做进一步的下位划分。通过这样的分类，“三礼”的每一个名物词都有它的类别归属，而且都能从物类类别上把它与别的同类名物词联系起来，也能把它与不同类别的名物词从物类的角度区别开来，使“三礼”名物词物类系统表现为如网如络、层次分明的聚合体。

（9）确定“三礼”名物词物类类别的直接依据是“三礼”文本本身。“三礼”中的《周礼》记载的社会分工已昭显了名物词的物类类别。从《考工记·总叙》可看出至迟到周代就存在着较为精细的社会分工，这是建立“三礼”名物词的物类系统的客观基础，同时也为“三礼”名物词的物类类别划分提供了可资参考的依据。不仅如此，“三礼”文本还有大量以“～器”和“～物”作为构词类义素的词，从不同角度反映了名物词的类别差异，也可成为对“三礼”名物词做物类类别划分和对各类类名定称的依据。

（10）“三礼”名物词的物类是一个系统。既是系统，其内部就应当具有多种关系和不同的层次。在对“三礼”名物词进行物类类别划分时就要注意到各个物类之间的类属关系、各个物类的区别与联系等问题。具体地说，要把握好是并列的关系还是包容的关系。对“三礼”名物词的物类类别的层级划分坚持两个原则：其一，类别的细化尽可能做到“至于无别”的程度；其二，避免出现光杆类。

（11）“三礼”名物词的名称与实物的对应关系不全都是一对一的。有时会是一个名称对应多个实物，语言学界将这种现象称作“异实同名”。有时又正相反，不同的名称却指称同一个实物，语言学界将这种现象称作“异名同实”。

（12）要深入探讨汉语名词中的“异实同名”和“异名同实”这两种现象，就应分门别类地进行研究。不同类别的名词具有“异实同名”和“异名同实”现象的表现形式和形成原因的差异，例如：地理类名词中有因名带吉祥而异地同名，在其他类别的名词中就不一定有。要做到分门别类地深入研究，最好是从专书研究入手，“三礼”名物词最适合作为这种研究的对象。

（13）“三礼”名物词“异实同名”现象很具普遍性，不仅涉及的词条多，而且所指称的实物也很广泛，所涉物类众多。揭示“三礼”名物词“异实同名”现象的得名理据、认知根源，可以为解释汉语词汇这一奇特现象摸索出一条路子，总结出一些方法，并归纳出汉语词汇语义方面的一些规律。

（14）“三礼”名物词“异实同名”现象反映了先民定名百物时的一些思维取向，归纳起来有以下三个方面：其一，物有同状予之一名；其二，物有同用予之一名；其三，物有同制予之一名等。

（15）不同的名称用来指称同样的用器，这反映了先民定名百物时的一些意图。归纳起来有七个方面：其一，命名取向不同而异名；其二，时空变换而异名；其三，器物形制不同而异名；其四，用有贵贱而异名；其五，字有形变、音转而异名；其六，容有虚实而异名；其七，异名有故实。名因时地和主体感知的不同而异，是汉语词汇“异名同实”现象形成的主要原因。

（16）“三礼”名物词“异实同名”现象能在一定程度上反映出先民命名时的一些认知规律，其中最突出的是，通过联想类比来循于旧名以作新名。只有从认知的角度去研究汉语名词“异实同名”现象，才会发掘出真正具有规律性的东西。“三礼”名物词“异名同实”现象与汉语词汇一义多词有联系，但又不全同。大量的异名产生有其复杂的成因，其中最主要的是命名者对某一物的主观认识不同所致。先民在为同一器物做出多种命名时，其思维是发散的，联想是宽广的，每一个名称后面都有着鲜活的历史文化背景。

（17）“三礼”为春秋至秦汉时代的作品，处在汉语词汇发生与积累这一派生阶段的高峰期，积累了大量的同源词，这是确定“三礼”作为研究对象以考察汉语语词的词源义的一个基本出发点。名物词是对具体特定物的称谓，人们在给某物命名时总有这样或那样的凭借，不全然是任意的，除原生词外，是可以论证它们的音义联系的，这是确定“三礼”名物词作为研究对象以考察汉语语词的词源义的又一基本出发点。

（18）研究“三礼”名物词的词源义要密切联系该词在“三礼”中的使用义。在系联声训时，区别同源词与同音词，以避免归纳出流俗词源义（folk etymology）。在处理音近义通关系时，着重点放到义通上，而不是单纯地看音近。

(19) 所谓词源义就是隐含在表层使用义里面的深层的词义特点，体现在词义的核心义素之中，在同源派生词的词义比较中即可显现出来。声训通过同源词来显示词源意义，对前人的声训不可以义训的标准来衡量。对“三礼”名物词的词源义做归纳分析时，应注重从考察“三礼”文本的语言材料出发，有理有据地发掘“三礼”名物词的词源义。

(20) 以单音节名物词词源义考释为基础，将推源的结果进行系源研究，可将230个单音节名物词的词源义系联为32组同源词族，这一结果表明“三礼”名物词是可以同源类聚的。

(21) 辩证地理解荀子的正名理论，不能将“约定俗成”与“缘天官以辨同异”二者割裂开来。“约定俗成”只是荀子《正名》篇中的论点之一，它是与“缘天官以辨同异”并列的一个主要论点，但不是唯一要论证的观点。“约定俗成”论只是指出了名是社会的产物，一旦被确定下来，也就是为使用这种语言的全体成员所接受，“个人只有服服帖帖地接受集体的言语习惯，才能同集体的其他成员进行交际”（帕默尔）。“约定俗成”论并没有解决人们最初是怎样命名的这一难题，《正名》篇在提出“约定俗成”论之先就已用大量的篇幅在讨论人们是怎样从纷繁复杂的客观世界中区别万物，并给以恰当的称谓的，这就是“缘天官以辨同异”论。忽视命名过程中的主观因素，在研究先民是如何为客观世界中的物定名这一课题时，将有许多问题难以做出解释。要把“约定俗成”论与“缘天官以辨同异”论统一起来，以考察名实之间的结合关系。名称是对客观存在的物的反映，是通过主体的认知过程，并以语词的形式把感觉和心灵印象固定下来，因而它就是人们认识的成果。名称与实物之间就不会是毫无关系可言，只是它们的联系不是一种本质的联系。某物之所以称某名，不是由它的本质属性决定的，这当中往往是非本质的东西在起作用，特别是物的状态特征，更容易为先民所注意和选取。

(22) 在认识名实关系时确实有必要注意词汇发生与积累的不同阶段。在语言产生的阶段与语言成熟的阶段，人类的生存环境、心理认知的基础即言语的生物学条件都大不一样，因而命名的社会因素和主观因素就有很大的不同。所以区分阶段，按认识的不同层次来研究名实结合的规律是完全必要的。在语言的派生阶段，借助已有的词与词义，根据所指的某些特性而加以联想、类推，在引申的轨道上衍生出新义，对于旧有的词，或改变字音，或改变字形，从而派生出新词。因此，派生阶段新产生的词大都有可以追索的历史必然性，反映出音近义通的规律。

（23）名称与实物之间的关系不全然是外在的、偶然的。从根本上看，一切物名皆有来源。这个来源有的凝固在字形、字音里面，有的则由于记载语词的文字屡经更改和历史音变、方音歧异等原因变得漫漶不明，无法从词形上辨别出，成为“绝缘无佐证”之源，但部分名物词仍是可以通过同源词的比勘、谐声偏旁的分析以及引申义的考求见出端倪，进而揭示出它的源头义，也可以据其词义特点归纳出它们各自有别而又相互联系的得名之由即命名的理据。

（24）词源义和命名理据是既有联系又有区别的两个不同概念。词源义指的是隐藏在词的表层使用义里面的深层的词义特点。命名理据是指名物词在制名时人们的主观心理认知的机制，或者说思维的取向，或者说是基于什么样的缘由来命名的。命名的理据与词源义关系十分密切，命名理据要建立在词源义的基础之上，根据该词的词源义的分析来归纳其命名理据。一个名物词的词源义有可能是具体的一些词义，但是它的命名理据却有一定的抽象性和概括性。“三礼”名物词命名理据来源于三个方面：一是依据所指对象的属性；二是依据所指对象的特征；三是依据所指对象的功能。

（25）“三礼”名物词的词义是成系统的，这种系统性体现在以下三个方面：其一，“三礼”名物词所属物类类别呈系统样态；其二，“三礼”名物词词汇义种类齐备，概念义、色彩义和修辞义兼具；其三，“三礼”名物词的义是相互关联的，多个名物词之间体现出同源、义通、相同、相关和相对的词义关系。

（26）“三礼”名物词不仅单个词的词义是丰富多彩而又相互联系的，而且多个名物词的词义具有或相同，或相关，或相对的联系，并不是散乱而不成体系的。“三礼”名物词的词义有很强的系统性。首先，表现在每一个名物词的所指即概念义都能在名物词的物类系统中找到相应的位置，其概念义都能确定所属概念域的层级。其次，“三礼”多个名物词的词义有着既有区别又有联系的词义关系，体现了唯物辩证法中对立统一的规律。即便是同源、义通和词义相同的词，其词义的内部构成总有这样那样的义值差。而词义的相关、相对更能体现多个名物词词义的区别与联系，亦即对立与统一的关联。由此看出，“三礼”名物词的词义是汉语词义巨系统中的一个子系统。

三、成果的学术创新、应用价值以及社会影响和效益

1. 学术创新

本成果在继承传统训诂学必征诸实、必寻其源、由博返约、明理得法的优良传统基础上，同时融合、吸收了辩证唯物主义系统论思想和结构主义语言学的内在精神，对《周礼》《仪礼》和《礼记》中反映具体而特定之物的名物词进行了全面系统研究。此项研究目前学术界没有人做过，无疑是学术前沿的一个攻关课题。从研究对象的整体性、研究方法的科学性、研究内容的难度和深度方面均体现出本成果的前沿性。

其创新性具体表现在以下几个方面：

其一，面对大量的第一手材料进行了细心梳理，确定了“三礼”名物词的总量，并在此基础上对 4 599 个名物词进行了物类的分析，最后归纳出一个以天文、地理和人事为统率的多个层级的物类系统，这一系统比以往相关分类更加合理，且全面系统。

其二，结合“三礼”文本和“三礼”物类系统形成了“三礼”名物词数据表，根据这一数据表能准确找到某名物词在文本和物类系统中的位置、出现的频率，能填补汉语语料库的相应空白。

其三，探讨了体现在“三礼”名物词中“异名同实”和“异实同名”两种特殊词汇现象的成因与理据，具有较高的理论意义与文本解读意义。

其四，择取前人注疏材料可以证明的，或前人注疏不能提供材料而像《说文》《尔雅》《广雅》和《释名》等小学专书能间接证实的词条作为研究对象，对“三礼”名物词的词源义进行了突破式的攻关研究，最后证实了 230 个单音节名物词（含 249 个词项）、47 个双音节名物词的词源义，并在此基础上确定了每一个词的命名理据，归纳了同源派生的同源词族，建立了“三礼”名物词的理据系统。

其五，全面系统地梳理了“三礼”单个名物词的词义，多个名物词之间的词义关系，包括同源、义通、相同、相关和相对等关系，建立了“三礼”

名物词的词义系统。

2. 应用价值以及社会影响和效益

本成果是在熟读深研文本的基础上，吸收中国当代训诂学系统贯通的研究方法，融汇当代语言学、社会学、考古学和人类文化学的成果，在继承的基础上又有所创新的一次大胆尝试，为汉语同源词研究尤其是专书同源词研究提供了一种实证与理论思考结合的研究范式。本成果将会有广泛的应用价值，会产生良好的社会影响，其研究的范式、操作的程序、学术规范方面能为青年学子提供样本，会吸引更多的年轻学者加入到探本求源的中国古代语言学的研究行列之中。

《清以前汉语音训材料整理与研究》概要

吴泽顺*

一、研究的目的、意义及方法

所谓音训，就是一种以语音的相似性或语音流转、演变关系为媒介的词语意义或词语关系的探求与解释，就是用一个音同或音近的词来解释另一个词的意义，清代把这种方法叫作因声求义。音训方法在文献中的具体表现形式是多样的，可以表现为阐释词语意义、构建同源同族词语网络、自觉或不自觉运用假借与异文、描写词语方言变体等等。比较格式化的词语训释模式是音训发展成熟的一大标志。音训方法的必然产生与应用，是有其语言本体基础的。语言作为声音和意义结合的符号系统，意义的变化是必然的，新义的产生需要相应的语音形式，或同或近或全异，各有千秋，取同音近音表新义，既合语言经济性原则，又合语音的有限性特征。语词或意义孳乳，同音近音必然。然音有历时流变，亦有方音歧异，各种同义、新义、近义与语音关系杂然；加之作为记录语言的符号汉字主要是表意体系的文字，见字知音远弱于见字知义，因此，以语音关系作为媒介探求文献中汉语的词语意义、词语渊源、意义关系、词族关系等等，更是复杂，需要占有海量文献，详加考证，多方验证，才能窥其真面目。正如王先谦所言："文字之兴，声先而义后，动植之物，字多纯声，此名无可释者也。外是则孳乳繁赜，旨趣迁贸，学者缘声求义，辄举声近之字为释，取其明白易通而声义皆定。流求珥

* 吴泽顺，浙江师范大学教授，硕士生导师。

二，例启于周公；乾健坤顺，说畅于孔子。仁者人也，谊者宜也，偏旁依声以起训；刑者侀也，侀者成也，辗转积声以求通，此声教之大凡也。”（《释名疏证补·序》，上海古籍出版社，1983 年）要之，音近义通，义变音通，文字异形，字义关联，必以音训“求”之。

音训一词虽最早见于《颜氏家训》，但作为训诂学重要方法之一，运用的历史却很久远。从先秦诸子的名实之争到清代训诂学家的解文释义，有正文音训、经注音训、辞书音训，有不自觉的直接音训，也有音训原理的间接应用，更有大量自觉的系统音训。两千年间，这种方法以其独特的个性魅力得到人们的认可而被广泛使用，给后人留下了一笔宝贵的语言学遗产。

当代的音训研究成果主要集中于三个方面：一是专门的音训研究论文和专著。近 20 多年来以音训为主题的研究论文多达 400 余篇，内容涉及音训的性质、原理，历史音训语料的分析和整理，音训材料的利用和反思，等等，而专门以音训为主题的专著较少。二是综合性训诂学论著中涉及音训的部分。音训作为常和形训、义训并称的三种训诂方法之一，在许多训诂学经典著作中，都有对它的探讨。三是其他一些著作中涉及音训的部分。如在一些文字学、音韵学、方言学、民俗学、文化语言学、社会语言学、民族语言学等领域的论著中，常有利用和探讨音训材料的内容。从整体上看，已有的音训研究成果呈现出如下特点：（1）对清代以来音训材料的利用和研究多，对清代之前的音训材料的利用和研究相对较少。（2）对清代之前的音训材料的利用和研究以专书和断代研究居多，对自先秦到明代的音训材料进行系统梳理汇集的没有。（3）对音训的性质、原理、分歧和局限性的探讨多，但在全面系统地占有材料的基础上对这种音训方法进行思想史、方法史性质的梳理研究几乎未见。

二、成果的主要内容和重要观点

本成果内容主要包括两大部分。

第一部分（材料篇）：清代以前音训资料汇编。

对清代以前的音训材料进行全面系统的收集整理，最后按时代和作者汇编成集。主要穷尽性地汇集了《周易》、《论语》、《孟子》、《管子》、《庄子》、《尸子》、《左传》、《公羊传》、《穀梁传》、《荀子》、《韩非子》、《逸周书》、

《国语》、《礼记》、《大戴礼记》、《韩诗外传》、《春秋繁露》、《白虎通义》、《毛诗故训传》、《史记》引书异文、《毛诗笺》和“三礼”注、《尔雅》、《方言》、《说文解字》、《释名》、《风俗通义》、《汉书注》、《吕氏春秋注》、《淮南子注》、《广雅》、《尔雅注》、《方言注》、《文心雕龙》、《水经注》、《经典释文》、《史记》三家注、《文选注》、《汉书注》、《五经正义》、《说文解字系传》、邢昺“三疏”、《字说》、《埤雅》、《尔雅翼》、《朱雅》、《六书故》、《菜窝说》、《本草纲目》、《通雅》、《字诂》、《义府》等50余种历史文献中的音训材料。我们主要以上古音体系作为标准，按照词语之间的音同、音近、音通、音转关系来认定音训的存在。

第二部分（理论篇）：对汇编材料的研究。

在全面占有材料的基础上，对相关时代的音训进行理论分析，从而揭示音训的本质和不同历史时期音训的特点，厘清音训理论、方法和实践的发展脉络，为今天的历史语言学研究提供借鉴。理论篇大致上以时代为经，以音训作品为纬，纵横交织，构成一部清以前的汉语音训史。

理论篇的研究内容主要有三块：

第一块内容是对音训的性质、原理、具体方法以及音训与相关学科的关系进行探讨，利用全面的音训材料，梳理各家观点，力图廓清一些音训的基本理论问题。

纵观清以前音训史，广义的音训大致上可以分为四类：（1）推源式音训，即具有语源关系的。如《说文解字》：“天，颠也。”“门，闻也。”“户，护也。”“羊，祥也。”这类音训所阐释的是事物命名的所以然之义，即语源义，也称为狭义的音训。（2）求义式音训，即具有同义关系的。如《毛诗传》：“蒙，覆也。”“领，颈也。”“氓，民也。”“改，更也。”这类音训主要用同义词来解释被释词在实际语言中的常用之义，即后来清儒所谓因声求义，是为广义的音训。（3）异文式音训，即由不同的文献异文所构成的音训，这是隐性音训，是文献作者自觉不自觉地运用音训原理改换字形，后辈学人逆其思路推断因缘的音训。如《史记》的引书异文和陆德明《经典释文》中的版本异文。（4）修辞式音训，即二者既不具有语源关系，也不具有同义关系的推源式音训。如《白虎通义》：“姊者，咨也。”“妹者，末也。”“兄者，况也，况父法也。”“肝之为言干也。”“肺之为言费也。”“心之为言任也，任于恩也。”“肾之为言写也，以窍写也。”“脾之为言辨也，所以积精禀气也。”“目之为言牧也，人怒无不色青目脓张者，是其效也。”这类音训从本质上看，与第一类相同，都是阐释事物的命名之意，但明显带有强烈的主观色彩，不符合语言的社会规约性原则。音训被语言学史家所诟病，一个重要的原因，就是第四类音训的存在，即训词与被训词之间不存在合理的同源或同义关系。这类音训的存在，让人觉得无所不能，只要找一个音同音近的词，便可构成一条音训。更有甚者，同一个词，可以分别与若干词构成音训。如《春秋繁露》：“王者，皇也。”“王者，方也。”“王者，匡也。”“王者，黄也。”“王者，往也。”“君者，元也。”“君者，原也。”“君者，权也。”“君者，温也。”“君者，群也。”一词而五训，显得主观随意，所以历来被词源学家们所批评。但不论怎样，上列四类音训都有一个共同的特点，就是语音相同或相近。可见构成音训的基本前提是语音的相似性。词语间如果不具有语音相似性，就只能是义训而不是音训，这是音训的一个本质特征。

音训是古人探求事物得名之由的一种思维方式。先秦思想家们强调名实之间的关系，所以非常重视推源求故，以正名实。孔子说：“必也正名乎！”“名不正，则言不顺；言不顺，则事不成”（《论语·子路》）。孟子说：“天之高也，星辰之远也，苟求其故，千岁之日至，可坐而致也。”（《孟子·离娄下》）公孙龙子说：“以其所正，正其所不正；不以其所不正，疑其所正。其正者，正其所实也；正其所实者，正其名也。”（《公孙龙子·名实论》）《吕氏春秋·审己》中说：“凡物之然也，必有故。而不知其故，虽当与不知同，其卒必困。”荀子说：“辩则尽故。”（《荀子·正名》）所谓“故”，也就是事物之间的因果关系。比如孔子说：“政者，正也，子帅以正，孰敢不正？”（《论语·颜渊》）孔子这里就是用“正”来解释“政治、王政”之“故”，说明“政”之得名的缘由。又比如：“樊迟问仁。子曰：‘爱人。’问知（智）。子曰：‘知人。’”（《论语·颜渊》）“仁”与“人”，“智”与“知”，构成两条音训，仁之所以称仁，是因为爱人，即以人为本；智慧之所以叫智，是因为智者知人。这些有关正名求故的论述和实践，反映了上古时期的原始思维特征，可以看作早期音训的哲学基础。从当代看音训的历史长河，音训一方面是音义繁衍的“本体”状况，另一方面是音义关系的“认识”方法，两个方面可能一致也可能不一致，但终归是反映和被反映的关系，对与不对，宜或不宜，古音尚难确切了知，古义更难全面熟谙，轻易定论，均非良策。如若能以音训合理阐释，即是有用，即是合理。

第二块内容是对音训材料的历时梳理与音训史的研究。这部分以音训发展史为经，以学者和作品为纬展开。对《周易》、《论语》、《孟子》、《管子》、《庄子》、《尸子》、《左传》、《公羊传》、《穀梁传》、《荀子》、《韩非子》、《逸周书》、《国语》、《礼记》、《毛诗故训传》、《史记》引书异文、《尔雅》、《方言》、《说文解字》、《毛诗笺》和“三礼”注、《释名》、《风俗通义》、《汉书注》、《吕氏春秋注》、《淮南子注》、《广雅》、《尔雅注》、《方言注》、《文心雕龙》、《水经注》、《经典释文》、《史记》三家注、《文选注》、《汉书注》、《五经正义》、《说文解字系传》、邢昺“三疏”、《埤雅》、《尔雅翼》、《朱雅》、《六书故》、《菉窗说》、《本草纲目》、《通雅》、《字诂》、《义府》等50余种文献中的音训材料进行了专门的分析，主要从音训条目的类型、音训形式的种类、音训中的语音转化关系、与前人及后来文献中音训的比较等方面来展开论述。分“音训之滥觞：先秦典籍中的正文音训”“音训之渊薮：两汉魏晋时期的经注与训诂专书”“音训之嬗革：唐宋元明时期的音训特色”等三大音训历史时期展开，特别对各个历史时期的重要音训作品进行专题研究，横向比较，纵向系联，串成一部完整的清代之前的音训史。

第三块内容是对清代之前音训材料的整体面貌及其基本特征进行概括，理清背后的思想关联和方法沿革，并进一步阐释清代之前的音训对清代音训发展的重要影响。

从周秦到有清，汉语音训走过了漫漫长路，应该说，音训方法的成熟经过了长期酝酿和发展。(1) 先秦及两汉正文音训重在正名。与先秦诸子正名求故的名辩之学相适应，先秦时期的典籍正文音训主要作为一种推源求故的方法而存在。此外，为阐释文化礼制所需要，从功用出发，以准同源词的身份来揭示词语之间的文化关系也是音训的重要特点。后人批评音训主观唯心，事实上，这一类音训弥漫着浓厚的人文伦理气息，也是一种修辞文化的反映。先秦音训反映出当时的著作者对词与词之间的音义关系具有了一定程度的认识。两汉音训往往是为了阐释自己的学说，宣扬自己的政治主张。这些音训大多出自汉代的经学家和训诂家之手，很多直接出现在汉代的经注和正文之中。正名仍然是汉代正文音训的重要内容。应该说，音训是保障先秦与汉代训诂学发展脉络合理衔接的主要形式之一。（2）毛郑音训重在求古今之变，以声音通训诂。西汉人毛亨著《毛诗故训传》，主要以“某，某也”的形式，用同义词和音同音近的字解释词义。他发现古代文献用字一大秘密——假借，发明改读之法，同时洞察词语之间的音义联系，大量运用音训方法解文释义，既有推源，也有系源，既有以今语释古语，也有以通语释方言。尽管毛亨尚不能一一区分，但却能洞悉它们之间的语音关系，从而试图寻找意义的关联，好比拿到了一把钥匙，开启了音义关系的大门。东汉郑玄作为汉代最重要的经学家、文献训诂学家，发明了“笺”的注释术语，“注诗宗毛为主，毛义若隐略，则更表明，如有不同，即下己意，使可识别”。充分利用语音的线索来探求词义是郑《笺》最突出的特点。郑玄明确提出“声类”“音类”“古声”等概念，分析论述假借的起因，并发明假借之例以明经义；建立“就音求义”的训诂原则，对古代文献中的音训现象进行了全面的清理。音同音近作为郑玄制定的标准，在他的训诂实践里贯穿始终，对字词进行正本清源，他的成就为汉代其他学者所无法企及。以声音通训诂乃是毛郑音训的主要特征。（3）《释名》开日用事物语源探求之先河。汉代训诂学的基本特征主要表现在两个方面：一方面，音训继续作为正文内容为学者们所利用；另一方面，音训作为一种训诂方法被独立出来，更多地用来解释普通词语的含义。刘熙《释名》，以“百姓日称而不知其所以之意，故撰天地、阴阳、四时、邦国、都鄙、车服、丧纪，下及民庶应用之器，论叙指归，谓之释名，凡二十七篇”。将音训从经注中解放出来，内容上从文献词语的探源扩大到日用事物，使其具有了语言研究的本质属性。《释名》实质上是我国第一部语源词典。自此以后，各时代的雅学专著均对日用事物的释名有所涉及，明代李时珍撰《本草纲目》更是专释本草之名。所以，《释名》打破了音训的传统思维局限，拓开了一扇崭新的大门。（4）“亦声说”与“右文说”前后相承，揭秘形声字之奥秘。许慎往往以“亦声”作为《说文》的析字术语。这些合体字主要以声符表义，历来被认为是会意兼形声字。所谓“会意兼形声”，因为它们既具备会意字由两个义符结合，汇合出一个新义的特点，同时也具备形声字有一声符表音的特点，是两者相结合的统一体。早在南唐，徐锴治《说文》，便承袭了许氏“亦声”之说，《说文系传》中存在大量谐声字互训的语料，尤其是徐锴直陈某些形声字为亦声字，应该给了后来者不少启发。北宋时期，王圣美、王安石和王安石的学生陆佃研究《说文》，皆是“以形声说字义”，“右文说”于是得以产生。从“亦声”到“右文说”，再到后人一步步的求索，形声字的秘密被次第揭开，术语和理论也日益走向精确和完善，在探求词源、建立词族、为汉语词汇史的研究服务方面都取得了长足的进步。这些训诂学史上里程碑式的事件，铭记着从古至今小学家们勤奋探索的轨迹。(5) 音训术语日渐完善。宋元时期，音训术语的使用有了重大的突破：宋末元初的戴侗在术语的使用方面取得了引领和开疆的成就，他系统地运用“同近通转”等术语，纲举目张地贯穿起各类音训材料，使整部著作条理分明。同时，他首创“一声之转”学说，还有对“双声”的最早论述，“引而申之”的首次较大规模的使用，都是非常了不起的贡献。到了明末，方以智将“同”“近”“通”“转”术语的运用推到了更高的高度，在数量上远远超过了前人，达到了更娴熟的水平。黄生高张汉学的旗帜，以其深湛的训诂学功底，将传统的因声求义之法推到一个新的高峰，给清代乾嘉学派以直接的影响。(6) 自汉至明末，音训传统一以贯之，并未中断，求源与求义两条线索交叉发展。音训实际上可以分为两种：一种是涉及事物得名之由的音训，这是语源学的音训；一种是以同义词、近义词相释，以求音义贯通的音训，这是求义的音训。汉代延续了先秦为正名求故的音训术语和体式，如《春秋繁露》《白虎通义》以及郑玄笺注中“之言”“之为言”的运用等。但两汉在广义音训上已取得长足发展，郑玄的笺注无论是形式上还是内容上，都大大拓展了音训的空间。刘熙则将音训的内容从经注扩大到了日用事物，这是一次质的飞跃，对后来的诸家雅学释名如《埤雅》《尔雅翼》甚至《本草纲目》都产生了深远的影响。此后，音训一途，基本按经注释义和事物释名两条线索展开，广义和狭义交错而行，字音字义字形互相制约，经历代训诂学家们坚持不懈的努力，终于把这门古老的学科推进到了科学的边缘。

通过系统的研究，笔者形成了如下一些有关音训的基本观点：(1) 语音和语义之间的关系像似性是音训存在的认知基础。对于那些使用表音文字的语言而言，因声求义和因声探源是最自然而又最科学的方法之一，在历史比较语言学那里把这种方法发挥到极致。在很多国外的文献中，经常见到使用古希腊语、古拉丁语、古英语的词语语义来分析一些现代印欧语言中词语的语义和语义关系，它们的基础就是这些语词之间的语音关联和变化。而这种依据语音的相近相关来探讨词汇的语义关系的方法在汉语研究中远没有在印欧语言研究中那样显赫，但这并不意味着汉语不能从语音关系角度来探讨意义关系。语言作为声音和意义结合的符号系统，声音和意义之间的原初配对具有相当的任意性，但非原初的符号和符号组配却一般具有理据性。根据认知语言学的观点，语言具有像似性，即语音形式和概念内容具有某种相似之处，形式是概念的象征，可分为成分像似和关系像似两种。语音之间的相近相关和语义之间的相近相关正是语言像似性的表现之一，这是一种关系像似。（2）音训有不同类型，不同类型音训的产生有其时代背景和学术源流。按一般的说法，音训是古人探索事物得名之由的一种方法。但清以前尤其是先秦时期直接逼近语源义的音训数量不多，所以受到当代学者的非议。通过对音训的系统研究，笔者发现，音训实际上主要分为两种：一种是涉及事物得名之由的音训，这是语源学的音训；一种是古人为了正名求故，或为了帮助自己立论而运用音同音近字随意发挥的音训，这种音训只关乎词语的文化义，可以看作是一种修辞现象。正因为有第二种音训的存在，所以才会出现一词数源的情况。（3）音训方法在有清一代高度完善和广泛应用，其源头可追溯到先秦，两千余年，草蛇灰线。音训始于周秦，尚不能认为是一种自觉的成体系的释义方法。到汉代，《说文解字》近一半的字涉及音训，《释名》则是音训专书，说明两汉对音训法的运用已是一种自觉的行为。宋末元初的戴侗是自许、郑至乾嘉学派一千多年间承上启下的重要人物，明确提出“因声以求义”的见解，科学地论述了音义关系，是音训史上的转折性人物。明末清初的方以智，在其《通雅》中大量使用音训方法，并提出许多音训理论主张。清代的王、戴诸家，是音训之学的集大成者，他们取得如此成就，就是站在了前人的肩膀上。第一，语音变化观启发古音学兴起，古音学成就提升了音训的水平与质量。如明代李时珍在《本草纲目》中用“音转”“音之转”“声转”记录了很多古今方俗语音流变的音训材料，他积极探求语音流变的原因，并善于从音讹、避讳的文化修辞角度进行思考，已具有语言变化的观点。明末焦竑撰《俗书刊误》一书，“认为轻唇音与重唇音本可不作区别”，“还朦胧地意识到舌上音本属舌头音”。他还运用“转音”记录了语言中一些阴阳对转的现象，注意到“避讳也会影响字音变化”。和焦竑同时代的陈第著《毛诗古音考》，他在自序中道出了石破天惊的真理："盖时有古今，地有南北，字有更革，音有转移，亦势所必至"，又云："古今一意，古今一声，以吾之意而逆古人之意，其理不远也。以吾之声而调古人之声，其韵不远也。患在是今非古，执字泥音，则支离日甚，孔子所删几于不可读矣。"陈第的语言变化观，为清代古音学的繁盛和丰收奠定了基础。训诂学经历了自先秦至明末漫长的发展过程，积累了大量的训诂资料，并不断从训诂实践中总结出经验式的理论观点。音义相关的训诂主张已成为训诂学家们的共识，而音随义变的观点，经戴侗、李时珍、方以智、黄生等人的不断强化，到明末时已是深入人心。所以，明末清初的焦竑、陈第、顾炎武等人旗帜鲜明地提出语言因时地而变化的观点，就是水到渠成的事了。正是在这种正确的音随时地变化的观念指导下，古音学取得了长足的发展，为清儒提升音训的水平与质量，提供了理论基石。第二，将求源与求义合二为一，创立因声求义理论。到了清代乾嘉时期，人们对于声与义的关系已经有了非常清醒的认识，"因声求义"被正式提升为理论，汉语音训研究至此蔚为大观。段王诸人不但创建了因声求义的理论，又以其杰出的训诂实践成果丰富了这一理论的内涵，夯实了这一理论的基础。如王念孙在《广雅疏证》中系联了大量的同源、同义词，对联绵词的一词多形做出了本质上的界定。全书对古词古义的考辨，可谓旁征博引，胜义纷呈，令人叹为观止。段玉裁的《说文解字注》则大量运用谐声系统作为重要材料，形、音、义三者互相求，将"因声求义"这一理论方法发挥到了极致。第三，建立了比较完善的音训术语体系。取《六书故》《通雅》《说文解字注》和《广雅疏证·释诂》篇作为代表，整理它们使用"同""近""通""转"术语的条目，可以发现，从元末至有清，音训术语的系统化运用规模呈现递增趋势。《通雅》继承了戴氏"同""近""通""转"的术语体系，并在使用规模上有更大的突破。同时，"一声之转"也沿承下来，书中除了有"一声之转"，还出现了它的变体"一音之转"和"一声相转"。王念孙是使用"同""近""通""转"规模最大的一家，《广雅疏证》中绝大多数音训涵盖在"同""近""通""转"的体系之下。段玉裁注《说文》，受体例影响，在术语的取向上别有侧重，于"同""近""通""转"的使用不及前三家的数目，但段注对"双声""声转""语转"等术语则有更多的发展。如果分别列举《说文解字注》和《广雅疏证·

释诂》中的“同”“近”“通”“转”实例，足以见到段、王二人对前人的继承与创新。据统计，《六书故》中成体系运用的术语只占到一半左右，后人方以智、王念孙和段玉裁则大大拓展了各自术语的体系和规模。三家“同”“近”“通”“转”的使用基本沿用戴侗的模式，又有所发展，至此，音训术语体系更趋完备和成熟。随着上古音研究的深入和西方语言学的传入，为科学地分析音训现象提供了重要的方法，晚清至民国时期，一整套更加科学的音训术语体系便得以应运而生。从周秦到明代，汉语音训一路走来，像一道绵亘的山脉，只有高峰和低谷，但从未中断。正是无数思想文化的阐释者们，以其丰富的训诂实践，将音训这一文化阐释行为不断推陈出新，最终造就了乾嘉学派的辉煌。可见，只有全面系统地厘清学术思想史和学术方法史，才能更准确地认识清代小学研究的价值和地位。

三、成果的学术创新、应用价值以及社会影响和效益

本成果的创新之处主要有如下几点：（1）音训资料具有极高的研究价值，但音训资料散见于不同历史时期的各种历史文献，至今未见有人对这些资料进行全面系统的收集、整理、汇编。本成果致力于汇编清代之前的所有音训资料，让这一极有价值的工作在一定程度上得以开展和实现，填补了学术史上的一个空白。一些散见于历史文献的有价值的音训材料过去在学界尚未引起重视，如司马迁的《史记》引书异文、郦道元的《水经注》、刘勰的《文心雕龙》、刘基的《菜窝说》、李时珍的《本草纲目》等文献中的音训材料，都是在本成果中第一次得到系统的挖掘、整理和研究。此外，本成果还将民间语讹、谐音习俗等俗语源材料纳入研究范围，为认识音训的本质和成因提供了活的语言范例和参照。（2）在训诂学众多的概念之中，“音训”堪称在运用中、认识上意见最为歧出的重要概念之一。系统地占有音训资料，让我们得以从历史发展的角度来全面审视音训问题，对历史上的一些有关音训的分歧进行梳理，对一些音训材料进行甄别反思，这样会让我们对音训的认识更加准确和全面。（3）音训方法在两千余年间，从实践到理论，从无意识到自觉，从零散到全面，一步一步，日臻成熟。全面系统地阐释这一巨大的学术历史过程是必要的，而本成果的理论篇其实就是这样一部音训思想史和音训方法史。（4）本成果第一次将认知语言学的像似理论运用到音训的研

究上，从机理上解释音训的成因与局限，为我们正确认识与评价音训这一古老的训释方法提供了强有力的理论支撑。

本成果就是在系统整理、汇编先秦至明代的音训材料的基础上，对清代之前音训材料以及音训方法的自身发展进行了全面研究，至少具有以下意义：(1) 全面整理和汇编清代之前的音训材料，无疑为后续的音训研究乃至整个训诂学、文字学、音韵学、语源学等的研究提供极大的方便。音训资料的整理汇集一方面方便了研究者对音训材料的选择和提取，另一方面更为后续研究者提供了一种历史的、宏观的视野，有助于全面、正确地理解音训这种方法的本质。这是一项基础工作，总得有人做。(2) 对先秦至明代的音训材料进行整理和研究，有助于人们了解汉语的历史层次和发展过程，特别是在历史语音、词汇体系、语义网络等方面。而且，音训材料的整理对汉语方言研究以及汉语和藏缅语、壮侗语、苗瑶语之间同源词的认定和分析也有参考价值。(3) 一般认为音训方法至清代才日臻完善，乾嘉学派是其代表，但一种科学方法的成熟并非凭空而降，一种方法的分歧和误用也并非一日之寒，背后往往是一个巨大的历史过程，对清代之前的音训材料的全面系统研究正好有助于厘清这个过程，还音训的本来面目。本成果对清代以前的音训材料进行系统整理和研究，不但有助于廓清音训的价值与不足等复杂问题，也有助于正确认识清代以迄当代音训研究的成就与不足。(4) 音训材料中蕴藏着丰富的历史文化内涵，对音训材料的整理研究有助于我们了解古代人们的社会生活、文化思想，也有助于我们理解当代中国的民情民俗。本成果除采用归纳法、实证法和历史比较法之外，还借鉴认知语言学理论，试图从机理上对音训的发生进行诠释。

黄侃先生曾说过："详考吾国文字，多以声相训，其不以声相训者，百分之中不及五六。故凡以声音相训者为真正之训诂，反是即非真正之训诂。"(《制言》第 7 期) 足见音训于汉籍文献之重要性。故不揣谫陋，以此草芥之作，献于汉学先贤之灵。固必之陋，君子正之。

《藏缅语族羌语支研究》概要

孙宏开*

一、研究的目的、意义及方法

藏缅语族中的羌语支包括羌语、普米语、嘉绒语、尔苏语、纳木依语、史兴语、贵琼语、扎巴语、却隅语、木雅语、尔龚语、拉坞戎语等现在仍然活着的语言和已经死亡的语言西夏语。它们的分布、使用人口大体如下：

（1）羌语。羌族有30万左右人口，其中有20多万人已经失去自己的母语，因此羌族使用母语的人口仅有8万左右，另外有5万左右藏族使用羌语，所以羌语的使用总人口约有13万。使用羌语的人主要分布在四川省阿坝藏族羌族自治州的茂县、理县、汶川县、黑水县、松潘县等地，分南北两个方言，北部方言分为5个土语，南部方言分为7个土语。北部方言内部各土语间基本上可以通话，南部方言内部各土语间基本上不能通话，因此南部方言内部差异大于北部方言。1990年，根据本民族人民的要求，四川省政府为羌族创制了拉丁字母形式的拼音文字。

（2）普米语。普米族有2.5万人左右，但其中有1.4万人已经失去自己的母语，因此普米族使用母语的人口仅有1.1万左右。另外有2.4万左右分布在四川木里藏族自治县的藏族使用普米语，所以普米语的实际使用总人口约有3.5万。使用普米语的人主要分布在云南省的兰坪县、宁蒗县、丽江县、永胜县，四川省的木里县、盐源县、九龙县等地，分南北两个方言，南

* 孙宏开，中国社会科学院民族学与人类学研究所研究员，博士生导师。

部方言分为4个土语，北部方言分为5个土语。北部方言内部差别小于南部方言。

(3) 嘉绒语。四川西北部部分藏族使用的一种语言。使用人口约9.5万。主要分布在阿坝藏族羌族自治州的马尔康县、理县、汶川县、小金县、金川县、壤塘县，甘孜藏族自治州的丹巴县、道孚县、炉霍县，雅安地区的宝兴县等地。分东部、北部、西北部3个方言。方言内部有较大的差别，方言间通话有一定困难。

(4) 尔龚语。四川西北部部分藏族使用的一种语言，有人把它称为“道孚语”。使用人口4万左右。主要分布在甘孜藏族自治州的丹巴县、道孚县、炉霍县、新龙县，阿坝藏族羌族自治州的金川县、壤塘县、马尔康县等地。分道孚、丹巴、壤塘3个方言，方言间有较大差别。

(5) 拉坞戎语。分布在四川阿坝藏族羌族自治州金川县、壤塘县、马尔康县等地的藏族使用的一种语言，使用人口1万左右，语言内部有一定差异。

(6) 木雅语。四川省西部自称木雅的部分藏族使用的一种语言。使用人口约1.5万。主要分布在甘孜藏族自治州的康定县、九龙县和雅安地区的石棉县。分东、西两个方言，方言内部有较大差别。

(7) 贵琼语。四川省西部自称贵琼的藏族居民使用的一种语言。使用人口约7 000。主要分布在甘孜藏族自治州康定市的鱼通区，语言内部差别不大，多数人兼通汉语。

(8) 扎巴语。四川省西部部分藏族使用的一种语言。使用人口7 000多。主要分布在甘孜藏族自治州的道孚县和雅江县境内，语言内部差别不大。

(9) 却隅语。主要分布在四川省甘孜藏族自治州的理塘县、新龙县、雅江县、道孚县等地的藏族使用的一种语言，使用人口约1.5万。语言内部有一定差异。

(10) 尔苏语。四川省西南部自称“尔苏”（旧称“西番”）的居民所使用的一种语言，使用人口约2万。日本语言学家西田龙雄根据明清时期记录的西番馆译语，把它叫作“多续语”。“多续”实际上是冕宁县一带尔苏人的自称，他们主要分布在凉山彝族自治州的甘洛县、越西县、冕宁县、木里县，甘孜藏族自治州的九龙县，雅安地区的石棉县和汉源县。语言内部差别很大，大体可分为东部、中部和西部 3 个方言。

（11）纳木依语。四川省西南部自称“纳木依”（旧称“小西番”）的藏族居民使用的一种语言。有人把它叫作“纳木兹语”，“纳木兹”是木里县境内纳木依居民的自称。使用人口 5 000 左右，主要分布在冕宁县、木里县、西昌县、盐源县，甘孜藏族自治州的九龙县等地，有方言差别，由于未做详细调查，暂不做结论。有人认为纳木依语属彝语支。

（12）史兴语。四川省西南部自称“史兴”的藏族居民使用的一种语言。使用人口 2 000 左右。主要分布在凉山彝族自治州木里县一区水洛河及其下游冲天河两岸。语言内部比较一致，上游和下游稍有差别。

（13）西夏语。历史上党项羌人使用的语言，目前已经消亡，留下大量西夏文献，是研究西夏语言的重要参考资料。过去学术界通常把它归入彝语支，近几年由于羌语支语言的特点逐步被揭示，学术界更多地认为，西夏语在词汇和语法方面与羌语支的同源关系更为密切，有倾向于把它归入羌语支的可能。

羌语支的历史比较研究，前人还没有做过，因此本成果受到学术界的高度关注。主要原因有以下几点：

第一，羌语支语言大多数都是新发现的语言，而且为藏族所使用。那么他们为什么不是藏语的方言，而是一个个独立的语言？要解决这个问题首先要开展与藏语各方言的比较研究。从大量的数据来确定它们之间的差异度。据此，才能够得出这个族群的语言是否是独立的语言的结论。

第二，这些语言保留了汉藏语系尤其是藏缅语族许多古老的特点。由于这些语言处在相对比较封闭的地区，演变速度相对比较缓慢，它们保留的一些古老特点，为进一步研究汉藏语系提供了许多重要的线索。

第三，操这些语言的族群除了羌族和普米族外，其中有些曾经要求成为一个独立民族，但是后来都归入了藏族。深入研究这些语言，有利于搞清楚这一带复杂的族群关系和部分藏缅语族人群向喜马拉雅南麓迁徙的途径和脉络。

第四，这些语言与文献语言西夏语非常接近，是解读和研究西夏语的重要线索。大家知道，西夏是党项人建立的地方割据政权，党项人未北迁时就分布在羌语支目前的分布地区。西夏消亡后留下大量文献，他们与使用羌语支语言的族群是什么关系，一直是学术界未揭开的谜团，羌语支比较研究，揭开了这个历史谜团。

第五，这一带语言和民族存在许多错综复杂的情况，如操普米语的族群分布在云南的称普米族，分布在四川的为藏族；在四川阿坝藏族羌族自治州汶川、理县、茂县、松潘等县操羌语的族群称羌族，分布在黑水县操羌语的为藏族。为什么会出现这样的情况？语言学的证据可以厘清它们的历史渊源。

第六，费孝通在《关于我国的民族识别问题》一文中指出："我们以康定为中心向东和向南大体上划出了一条走廊。把这走廊中一向存在着的语言和历史上的疑难问题，一旦串联起来，有点像下围棋，一子相联，全盘皆活。这条走廊正处在彝、藏之间，沉积着许多现在还活着的历史遗留，应当是历史与语言科学的一个宝贵的园地。"他指出的藏、彝之间走廊，就是目前羌语支语言分布的核心地区。因此羌语支语言的深入研究，为进一步丰富费孝通的"走廊"理论提供了新的证据。

第七，羌语支研究有利于解读西番译语。明清时期翰林院录编的《华夷译语》中有《西番馆译语》，记录了10多种川西这一带的藏语、藏语支语言和羌语支语言。我们在调查研究羌语支语言的过程中，对这些文献逐个进行了实地踏勘，基本上摸清了这些译语记录的确切地点和记录背景，其中《嘉绒译语》记录的是四川阿坝州理县这一带的嘉绒语，属嘉绒语东部方言；《栗苏译语》记录的是四川凉山彝族自治州冕宁、木里交界地点的尔苏语，属尔苏语西部方言；《多续译语》记录的是四川凉山彝族自治州冕宁县城关一带的尔苏语，属尔苏语中部方言，这是本成果在开展实地调查研究的副产品。但是，该译语从记录到现在，已经经过了数百年的历史。数百年来，这些语言和方言发生了一定的变化，有的方面变化还很大，研究这些变化的内容、特点、过程、方式都具有一定的学术价值。

第八，自20世纪羌语支这个学术观点提出以来，境内外的专家学者一方面积极支持和拥护，但也有一些学者提出一些疑虑。羌语支语言的深入研究，可以廓清一些对羌语支研究的误解，也为整个藏缅语族乃至汉藏语系语言研究提供新的视角。

自中华人民共和国成立以来，我们开始用现代语言学的方法，分别对羌语支语言逐个进行调查研究，积累了大量第一手资料。1956 年，中国科学院和中央民族事务委员会，组织了 7 个工作队，共计 700 多人，对全国的少数民族语言进行普查。当时的第 7 工作队川北组，在金鹏先生的领导下，负责羌语和嘉绒语的调查。与此同时，第七工作队的另外一些调查组，对分布在四川、云南地区的西番语（当时国家尚未对普米族进行识别鉴定，普米人当时被称为西番）进行调查。至 1958 年民族语言普查工作基本结束，3 种语言各调查记录了 20～30 个点，经过初步比较研究，对这 3 种语言的分布、特点、方言差异有了比较具体的了解，并初步得出这 3 种语言有可能组成一个羌语支。

改革开放以后，结合当时的民族识别工作，对分布在川西阿坝、甘孜和凉山 3 个自治州的羌语支语言逐个进行了深入的调查研究，除了上述 3 种羌语支语言以外，新发现了一批共 9 种羌语支语言，掌握了这些语言和方言的大量第一手资料，初步公布了调查研究成果，引起了学术界的重视和关注。羌语支语言外延的扩展，更明确地显示了羌语支这个学术思想的生命力。在排比羌语支语言资料的过程中，采用了词汇语音数据库的形式。本成果羌语支语言的同源词表，基本上就是从数据库中提取的。

经过 50 多年的调查研究和不断论证，羌语支这一学术观点已经被国内外学者基本上接受，而且成为学术界的一个创新和热点。

二、成果的主要内容和重要观点

对于羌语支语言的长期研究目标来说，现在的成果也仅仅是阶段性的，但是应该说是里程碑式的。在开展羌语支语言综合研究的进程中，发现了许多值得进一步深入研究的大问题。例如：

羌语支语言的结构类型处在不同的发展阶段上，为什么一些语言保留了非常古老的面貌，而另一些语言则变化很大？已经发现的语言演变链（复辅音逐步简化、结尾辅音基本上消失、声调从无到有由少到多、形态由多到少、量词在增多功能在加强、语法范畴和语法形式在简化和消失……）是由大量的语言实事为依据的，它能不能成为语言演化的普遍性规律？或者仅仅是局部现象？

作为汉藏语系语言中一个仅仅分布在中国的语言集团，羌语支语言有大量的词缀，包括前缀和后缀及屈折形态现象，构成了非常丰富的语法范畴，形成了独特的语法体系。这些词缀和形态是否能作为汉藏语系语言的原始形式，是全部是还是部分是？还是全都是一种后起的语言现象？我们发现，这些现象在藏缅语族内部有广泛起源上的一致性。这里涉及一个重大的理论问题，就是汉语与藏缅语族的关系问题。汉藏语系里的这两个学术界认为铁板钉钉的有同源关系的语言群体为什么在语法上有如此大的差异？它们的语法体系和语法形式哪个更古老？为什么？

我们从调查研究羌语支语言得来的词表排比中，初步遴选了400个同源词，它们中有的语音面貌变化不大，但是有的已经变得面目全非。根据以往对羌语支语言音变规律的了解，我们不敢说列出的400个词每个都肯定同源，都有语音上的对应关系，但是至少部分同源是可能的，少量的也许是共同借自其他语言。现在还来不及构拟它们的语音系统和每个词的原始语音面貌，因为这是一项更加复杂、更加困难、需要排比更多资料的工作。现在仅仅把它们列出来，提供给学术界做进一步研究。在这个词表中，我们列出了台湾龚煌城先生关于西夏语的构拟，这并不是说完全赞同他的构拟，而是作为一种参考，因为它也是羌语支语言中的一种古老语言，在适当的时候，我们会专门研究这个问题，也请学术界进一步考察各家已经构拟的西夏语是否妥当。

羌语支语言大都处在濒危状态或正在发展为濒危语言，有的语言和方言已经无人会说，如尔苏语的中部方言，有的语言也仅仅一些老人还在使用。1956年在理县桃坪调查羌语时，这个公路沿线的大村子几乎全村老百姓都会说羌语，但是最近去调查，几乎已经没有人能够讲羌语了，他们还反过来要求我们去教他们羌语。这种情况不仅在羌区，在贵琼语、尔苏语、纳木依语、普米语、史兴语、木雅语等分布地区都存在。当前，摆在我们面前的一项重要工作是在这些语言彻底消失前尽可能多记录一些资料，包括长篇语料和词汇，最好能够编写出各语言的词典。

下面从三个方面简要归纳羌语支语言的特点，也是本成果的主要内容。

(1) 语音方面的特点。

第一，通过初步比较研究，羌语支语言同源词的语音对应严谨[①]，语音

① 关于羌语支语言对应规律的初步论证，请参阅拙作《羌语支属问题初探》，民族语文编辑部：《民族语文研究文集》，青海人民出版社1982年版，第189-224页。

演变方式和规律接近，因此语音结构框架比较接近。不仅如此，语音的历史演变过程也比较接近，比较容易看出羌语支语言语音演变的历史脉络。

第二，羌语支语言都有复辅音，但复辅音的数量在不同的语言里演变不平衡，多的有 200 多个，如尔龚语、嘉绒语等，少的仅有几个，如史兴语、却隅语等。有的语言方言中复辅音已经基本消失，如尔苏语中部方言、羌语南部方言的龙溪土语等。羌语支复辅音的特点是多数语言有前置辅音＋基本辅音＋后置辅音这种三合的复辅音。二合复辅音既有基本辅音加前置辅音组成的复辅音，也有基本辅音加后置辅音组成的复辅音。在基本辅音加前置辅音构成的复辅音中，部分羌语支语言还出现了鼻冠加浊音或浊塞擦音以及鼻冠加清送气塞音或塞擦音的对立现象。这在整个藏缅语族语言里都是少见的情况。此外，多数羌语支语言还有由双唇或舌根塞音与舌尖前、卷舌、舌面前擦音组成的复辅音。

第三，羌语支语言的单辅音是藏缅语族中最复杂的，一般在 40 个以上，最多的语言是史兴语，有 52 个单辅音。这些辅音从发音部位看有双唇、唇齿、舌尖前、舌尖中、舌叶、舌面前、舌根、小舌、喉门等 9 个部位，有的语言还有舌面中辅音。其中唇齿部位的辅音是后起的，一些语言读音不稳定，个别语言唇齿音仅仅出现在汉语借词中。

第四，多数羌语支语言有舌尖前、舌尖中、舌叶、舌面前 4 套塞擦音，塞音、塞擦音一般都分清、浊、清送气 3 套，擦音一般分清、浊两套。这 4 套塞擦音往往与复辅音的简化有密切关系。①

第五，羌语支语言都有小舌部位的塞音和擦音，少数语言仅在部分方言中出现。小舌部位的塞音和擦音不仅出现在单辅音状态，部分语言还出现在复辅音中。小舌音在复辅音中一般均充当基本辅音。也就是说它前面可以带前置辅音，后面可以带后置辅音，甚至还可以组成三合的复辅音。有迹象表明，小舌部位的塞音和擦音很可能是原始汉藏语的遗存。因为从同源词分析，羌语支语言的小舌音与同语族、同语系中某些语言的小舌音有明显的对应关系。

第六，羌语支语言的单元音普遍多于藏缅语族中的其他语言，单元音分

① 详细情况请参阅拙作《藏缅语语音和词汇》导论部分“关于塞擦音问题”一节，中国社会科学出版社 1991 年版。

鼻化与非鼻化、卷舌与非卷舌的对立，有的语言还有长短对立。这些特征大都出现在固有词中。少数与彝语支语言相邻的羌语支语言，也出现了松紧元音对立的现象，但读音不十分稳定，出现的频率不高，可以被认为是受彝语支语言影响的结果。

第七，羌语支语言大多数有［i］、［u］、［y］3个介音，构成较丰富的后响复元音系统。从方言和亲属语言同源词比较中的对应情况分析，介音主要来源于复辅音后置辅音消失过程中的遗存，我们在亲属语言比较中，经常可以发现复辅音后置辅音［-r］在演变过程中变为［i］，后置辅音［-l］在演变过程中变为［u］，而［y］介音则首先出现在舌尖中辅音和［iu］或［ui］相结合以及舌面前的辅音和后高元音［u］相结合的情况下。其次是部分高元音在语音历史演变过程中分化的结果。

第八，羌语支语言残存着元音和谐现象。这种元音和谐现象主要产生于词根和前、后加成分之间①，词根本身的和谐现象则并不典型。这种现象在羌语支语言里演变不平衡，少数语言已经消失，如纳木依语、史兴语等；多数语言残存，如嘉绒语、尔龚语、尔苏语、普米语等；部分语言较完整，如羌语、木雅语等。元音和谐现象是原始羌语支共同语的特有现象，还是受阿尔泰语言影响后产生的现象，有待于进一步研究。

第九，羌语支语言的辅音韵尾基本上处于完全消失阶段，但演变不平衡，情况也比较复杂。个别语言有丰富的辅音韵尾，如羌语。但经初步研究，羌语中的辅音韵尾是后起的，它与原始藏缅语的辅音韵尾没有关系②；少数语言仍然有残存的辅音韵尾，如嘉绒语基本上较完整地保留了各类辅音韵尾，但值得注意的是嘉绒语中有相当一批与藏缅语族语言有同源关系应该有辅音韵尾的词，嘉绒语已经脱落其韵尾，而大量藏语借词中的辅音韵尾基本上都保留了韵尾③；多数语言的辅音韵尾已经完全消失。因此，就辅音韵尾而言，中国境内的藏缅语族语言复辅音的态势是：彝语支，完全脱落；羌语支，基本脱

① 关于这个问题请参阅拙作《羌语简志》，民族出版社1981年版，第49－56页；黄布凡：《羌语支》，北京大学出版社1991年版，第266－271页；刘光坤：《麻窝羌语研究》，四川民族出版社1998年版，第67－77页。

② 详情请参阅刘光坤：《羌语辅音韵尾研究》，《民族语文》1984年第4期。

③ 关于这个问题的论证请参阅拙作《藏缅语语音和词汇》导论部分“关于辅音韵尾问题”一节，中国社会科学出版社1991年版。

落；缅语支，部分脱落；景颇语支和藏语支，基本保留，少部分脱落。

第十，羌语支语言多数有声调，但发展不平衡，有的语言或方言至今没有声调。声调在区别词义和语法意义的作用方面也有差别，有的语言作用大，有的语言作用小。总体来看，因为羌语支语言都保留了原始藏缅语清浊对立的格局，声调的起源及其分化的因素看来主要是复辅音前置辅音的脱落和辅音韵尾的丢失。但各语言声调产生的机制及其过程有差别，因此羌语支内部形成统一调类的可能性不大。羌语支声调产生的机制也不同于藏缅语族的其他语支，有它自身的特殊性。

以上羌语支语音方面的 10 个特点，综合构成了羌语支语言的语音特征。

（2）词汇方面的特点。

第一，羌语支是属于“前缀型”的一个语支，这一点马提索夫教授早于 1984 年在一篇文章中指出。[①] 前缀型语言最主要的特征是构词和构形都有丰富的前缀。目前看来，有的前缀的附加意义比较清楚，如趋向、时态等，除了语法意义外，它们也起构词作用。有的前缀仅仅起构词作用，而且与某个词类相联系，它的意义和来源目前还不十分清楚，如嘉绒语中的各类构词词头。

第二，羌语支语言在词汇方面另一个重要特点是同语支内部各语言之间的同源词数量大大多于不同语支的语言。这一点在 60 年代做系属问题研究和最近做羌语支内部比较时所得出的结论是基本一致的。一般来说，选择1 500 个常用词做比较，羌语支内部的同源词往往在 18%～31%。以相同内容的词表将羌语支语言与其他语支的语言做比较，同源词一般都不超过 15%。它们之间同源词数量依次顺序是彝语支、缅语支、景颇语支和藏语支。[②] 目前还没有与境外藏缅语做系统的比较，但根据已经掌握的资料所做的初步比较研究，这种大的格局不会发生大的变化，也不会影响羌语支分类的结论。

第三，羌语支语言词汇的另一个重要的特点是叠音词或双声词比较多，

---

① 马提索夫教授在第 17 届国际汉藏语会议上的论文《藏缅语的数词及其前缀的作用》中提到“藏缅语族中的一个十分明白的语支——前缀型的羌语支，经过精心的研究，已经取得了新的进展，这些语言主要分布在中国的四川省。……有关这些语言更广泛的出版物可望在今后几年内出版，这将对整个藏缅语族的研究带来巨大的影响”。

② 关于词汇比较的详细情况请参阅拙作《川西民族走廊地区的语言》，中国西南民族研究会编：《西南民族研究》，四川民族出版社 1983 年版，第 445－447 页；《六江流域的民族语言及其系属分类》，同上书，第 103－105 页。

其中相当多的基本形容词采用叠音或双声形式。特别是表示颜色的形容词，各语言大都采用重叠形式，而且大部分语言都有同源关系。至于动词用重叠方式表达某种语法意义，则也是羌语支语言的共同特征。

第四，羌语支语言词汇的一个显著特点是比较开放，易于吸收邻近民族语言的词汇来丰富自己，特别是文化词和新词术语。例如，近几十年的新词术语几乎都使用汉语借词。以羌语为例，羌语桃坪话在调查 3 000 多个单词中，汉语借词接近 1 000 个，占调查词语总数的 30%左右。由于羌语支语言大部分是在藏语的包围之中，因此，一些文化词、宗教词大都借用藏语。与彝语支相邻的一些语言，还借用了彝语支某些语言的词，如尔苏语中有彝语的借词，史兴语中有纳西语的借词等等。

（3）语法方面的特点。

第一，羌语支语言有丰富的语法范畴，表达语法范畴的语法形式主要有加前后缀、词根屈折变化、重叠词根等方式。其中加前缀是比较典型的方式，名词的人称领属，动词的人称、时态、趋向、态、式等语法范畴都用加前缀等方式表达。少数语言前缀还有区别词性的作用，如嘉绒语。这种前缀在同语族语言里，除了景颇语支还残存一些外，已经不多见了。值得指出的是，羌语支语言的前缀，在羌语支内部有明显的起源上的一致性，少数前缀还是原始藏缅语的遗存。

第二，羌语支语言的可数名词一般都有多数的语法形式，少数语言还有双数语法形式。构成多数或双数主要是用在名词后加后缀或助词的方式表达，各语言表示多数的后缀在语音上有的有对应，说明它们来源相同。

第三，羌语支语言的动物名词一般都有指小语法形式，有的语言指小的后缀还可加在非动物名词的后面。所加的后缀相当于汉语中的“子”或“儿”。多数语言的指小后缀有同源关系。

第四，藏缅语族语言中的量词是后起的，就中国境内藏缅语族 5 个语支的情况而言，它们处在不同的发展层次上。也就是说各语支产生和发展的时间早晚有不同，数量不同，它们在语法体系中的作用不同，用法也不同。[①]目前各语支量词的特点大致可以用表 1 来加以表述。

① 详情请参阅拙作《藏缅语量词用法比较——兼论量词发展的阶段层次》，《中国语言学报》1989 年总第 3 期。

表 1 藏缅语族各语支量词的特点

语支	量词数量的多少	与数词结合的词序	量词能否单独和名词结合使用	数词能否单独和名词结合使用	语法体系中的作用
藏语支	少	量词＋数词	不能	能	小
景颇语支	较少	量词＋数词	不能	能	较小
羌语支	较多	数词＋量词	特殊情况可以	少数语言可以	较大
缅语支	多	数词＋量词	特殊情况可以	不能	大
彝语支	很多	数词＋量词	可以	不能	很大

表 1 大体说明了羌语支的量词在藏缅语族中所处的位置。实际上量词在羌语支内部各语言之间仍然有一些细微的差别，如量词和指代词的结合、动量词的使用特点、量词的语法功能等，这有待于对整个藏缅语族各语支的量词进行更深入的比较研究以后才有可能对其发展规律做更细致的阐述。

第五，羌语支语言人称代词都有格的语法形式，通常有主格（有时与施动格分离）、领格、宾格 3 种语法形式。多数语言的格形式采用元音或声调的屈折变化表达，少数语言除了元音屈折变化外，还有辅音（声母）屈折变化的形式。应该认为，辅音屈折变化的形式可能反映了藏缅语更古老的格语法形式。①

第六，羌语支语言人称代词第一人称双数和多数一般都有包括式和排除式的区别。各语言使用的语法形式彼此有一定的联系，有的语言有明显起源上的一致性。

第七，羌语支多数语言有人称—数—时态语法范畴，其中南支的部分语言人称语法形式已经消失，数和时态的形式还残存着。经初步研究，藏缅语族动词的人称范畴是原始藏缅语的历史遗留。② 羌语支语言的人称—数—时态范畴往往用前后缀和动词词根的屈折变化（包括声调的屈折变化）综合表达，语支内部在表达方式上有一定的差异。人称后缀不仅与人称代词的辅音有关系，有时往往与人称代词的元音有关系。人称前后缀一般与主语发生一致关系，在一些语言里，在一定条件下，往往还与宾语、定语发生一致关系。羌语支语言的人称语法形式在同语族里，与独龙语、景颇语以及喜马拉雅地区的部分藏缅语族语言接近。

① 有关此问题的详情请参阅拙作《藏缅语人称代词格范畴研究》，《民族语文》1995 年第 2 期。

② 有关此问题的详情请参阅拙作《我国藏缅语动词的人称范畴》，《民族语文》1983 年第 2 期；《再论藏缅语中动词的人称范畴》，《民族语文》1994 年第 4 期。

第八，羌语支语言动词有趋向范畴。表达趋向范畴的语法形式是在动词前面加各种词缀，表示行为动作朝着不同的方向进行。各语言表达趋向范畴的前缀有多有少，最多的有 9 个，最少的仅有 3 个，一般有 4～6 个。表示相同语法意义的趋向前缀，有的明显有起源上的一致性，有的在语音上有对应关系。各语言的趋向前缀往往与动词的时态前缀、命令式前缀有密切关系，往往用趋向前缀兼表时态和命令。在藏缅语族一些语言里，有的语言动词也有方向语法形式，但在语法意义和语法形式上有较大的差别，它们似乎没有起源上的共同性。[①] 羌语支语言用前缀的方式表达趋向范畴是这个语支的一个重要特征。

第九，羌语支语言动词都有互动态语法范畴。互动态语法范畴的基本形式一般是采用重叠动词词根的方式构成，有的是双声，有的是叠音。其语法意义是表示行为动作相互进行或反复多次进行，实际上是动作数量的增加。[②] 虽然羌语支内部都有互动态的语法形式，其基本特点是一致的，可以认为是羌语支语言的一个重要特点，但是在羌语支不同的语言里，互动态正在发生一定的变化，主要表现在它的活跃程度、表达方式等方面。近几年来，在藏缅语族其他的一些语言里，也发现了互动态语法形式，少数语言与羌语支语言接近，但大多数采用分析形式，互动态是否是原始藏缅语的一个特点，值得研究。

第十，羌语支大多数语言中表示事物存在的动词有类别范畴，也就是用不同的存在动词表示不同客观事物的存在。有的表示动物名词的存在，有的表示领有物的存在，有的表示不能移动物品的存在，有的表示贵重物品的存在，等等。多的有 7～8 个，少的有 4～5 个。各语言存在动词的分类及其包含的语法意义大同小异，表示相同语法意义的存在动词有的明显有起源上的一致性。藏缅语族中彝语支的部分语言存在动词也有类别范畴，但一般数量比羌语支少，与羌语支语言存在动词的同源关系也不明显。

第十一，羌语支语言的动词和形容词在句中做谓语时有相同的语法范畴

---

① 有关此问题的详情请参阅拙作《羌语动词的趋向范畴》，《民族语文》1981 年第 1 期；西义郎：《中国境内藏缅语族语言动词的方向指示词头》，京都大学文学部编：《藏缅语族诸语言的语言类型学研究》，1984 年版。黄布凡：《藏缅语动词的趋向范畴》，《藏缅语新论》，中央民族学院出版社 1994 年版，第 133－151 页。

② 关于此问题的详细讨论见拙作《藏缅语动词的互动范畴》，《民族语文》1984 年第 4 期；《论藏缅语的语法形式》一文的重叠形式部分，《民族语文》1996 年第 2 期。

和它的表达方式，如谓语的数、时态、趋向、式、使动等语法意义都用前后缀表达，因此过去在研究羌语支语言语法系统时往往把动词和形容词合并为一类，统称为谓词。

第十二，羌语支语言的结构助词比较丰富，多数语言有领属、施动、受动、工具、处所、从由、比较等类，有的语言还有随同和定指等类助词，它们在语法体系中的作用比较大。各语言表示相同语法意义的结构助词有的在语音上有明显的对应关系，说明它们同源关系比较密切。

羌语支语言总体研究及个别语言深入研究涉及的问题还有许多，这里不能够一一都列出来。羌语支语言研究需要继续前进，任重而道远！

三、成果的学术创新、应用价值以及社会影响和效益

羌语支语言的远近关系大体可以用图 1 加以说明。图 1 是数十年语音、语法、词汇历史比较研究的结晶，并经多次完善，反映了我们已经掌握的羌语支语言及其方言历史分化和演变的基本脉络。

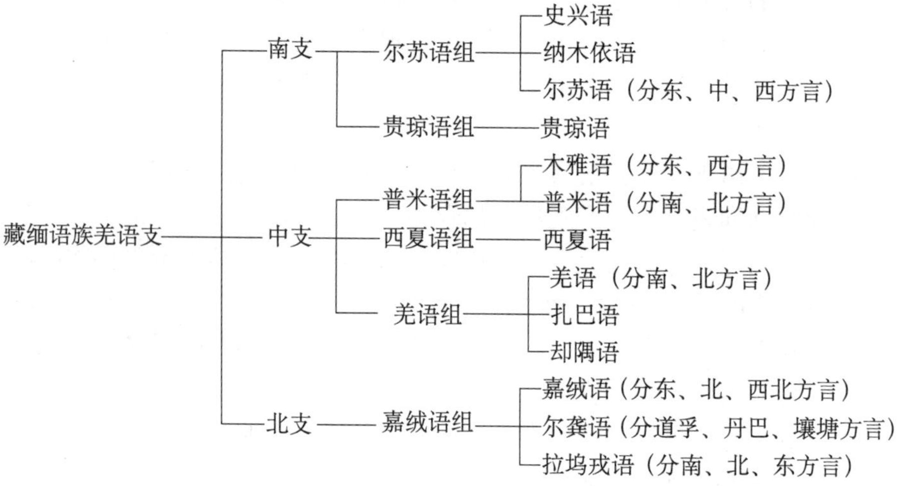

图 1　羌语支矩阵图

羌语支语言成果的公布，不仅为语言学界所关注，也成为民族学界、考古学界、宗教学界、人类学界甚至建筑学界（因为在羌语支语言分布地区建造的“邛笼”已经引起建筑学家的重视，申报了联合国教科文组织的文化遗产）的热门话题。在国内，除了中国社科院的学者外，中央民族大学、北京

大学、南开大学、复旦大学、四川大学、西南交通大学、云南师范大学、浙江大学、西南民族大学等高校的专家学者也都在这一地区进行羌语支语言的调查研究，发表了不少成果。在境外，也吸引了不少国家和地区的语言学家的重视，仅仅在这一地区开展某个语言调查研究的专家学者就有法国、美国、日本、澳大利亚、德国、荷兰、俄罗斯、捷克以及中国台湾、香港、澳门等地的专家学者，有的境外学者几乎每年都来这个地区开展语言调查研究，至少有 7 个国家和地区的学者将羌语支语言作为博士论文的研究对象，有的国家的专家学者，还申请了本国的重大课题，获得上百万元的资助，对这一地区的语言进行长期的、多学科的调查研究。

羌语支语言研究也被海峡两岸学者所重视。自 1999 年以来，海峡两岸召开了 3 次以羌语支语言为研究对象的专题研讨会，进一步推动了羌语支语言的调查研究。对羌语支语言的综合比较研究，除了 1992 年开展的西夏语比较研究以及个别的专题研究涉及羌语支语言的综合研究以外，基本上处于空白状态。于是，2005 年起我们申请了国家社会科学基金项目，开展羌语支语言综合比较研究，目的是研究羌语支语言的共同发展规律。

现在已经完成的最终研究成果，是在多年专题研究的基础上积累的结果，不能够说是十全十美，但是课题组应该说是尽力了。面对课题组申请时候提出的目标，我们认为基本上是达到了。我们排比了所有羌语支语言的语音系统，每个系统都有具体的例证，目的是使读者对羌语支语言的语音状况有一个全面的了解。我们还对羌语支语言的许多重要语法现象开展了专题研究，几乎涉及所有羌语支语言的重大语法问题，包括与藏缅语族其他语言的比较研究，列出了已经发现的 400 个羌语支语言的同源词，这是在多年专题研究的基础上积累起来的。与此同时，在少数民族语言调查研究中，我们在这一带还发现了许多宗教活动者长期保存的图画经书，有的已经演变为原始文字，迈入文字的行列，有的仍然停留在图画阶段，但是每一种经书后面都保存着大量的历史、文化和口头传说，是人类学、民族学、考古学、历史学、语言学、文字学等多学科的重要园地，值得进一步整理和挖掘。[①]

① 清华大学赵丽明教授与笔者联合申请的国家社会科学基金重大招标项目“中国西南地区濒危文字及其文献调查研究”已获得批准。此项目的开展，对进一步挖掘这一带的传统文化将起到重要的推动作用。

图书馆·情报与文献学

《近现代工业遗产博物馆研究》概要

吕建昌*

一、研究的目的和意义

城市发展与工业遗产保护是一对矛盾。20世纪90年代以来，随着我国城市化进程的加快，城市发展与工业遗产保护的矛盾日益突出，许多城市在“开发”“新建”的旗号下，将一批批具有重要价值的工业遗存毁坏了。如何解决这一矛盾成为一个崭新的课题而受到学界高度关注。在探索工业遗产保护的过程中，许多工业城市正悄然兴起建设工业遗产博物馆的热潮。我国工业遗产博物馆的实践刚刚开始，对这类博物馆的建设和营运还缺乏系统的研究，也没有足够的理论准备。直接移植发达国家的这种模式在我国是否适用？工业遗产博物馆相比较其他保护模式具有哪些优势与弱势？工业遗产博物馆的模式是否能真正化解城市发展与工业遗产保护的矛盾？这类博物馆未来持续发展的潜力在哪里？诸如此类的问题直接关系到城市发展与工业遗产保护，亟须我们进行这方面的实践总结和理论探讨。

本成果基于对国内部分城市工业遗产保护和工业遗产博物馆现状的实地调研与分析，对工业遗产博物馆的实际成效与问题进行了较为客观的评价。在此基础上，提出了我国城市化进程中加强工业遗产保护与工业遗产博物馆建设的基本政策思路、具体政策措施和未来发展战略，可为政府有关部门深化文化体制改革，科学地制定工业遗产保护及博物馆发展的相关政策，提供

* 吕建昌，上海大学教授，硕士生导师。

理论依据与实证资料。

二、成果的主要内容和重要观点

（1）城市与文化遗产。

本成果首先展开对城市功能和发展与文化遗产保护理念扩展的研究。从城市发展史角度考察城市与文化遗产的关系。城市的起源和城市的发展是一个长期的历史过程，不同历史时期的城市，其结构与功能为不断适应市民的生产和生活需要而经历了扩展演变的过程。古代城市经过几千年的发展与演变，成为今天的现代城市。开始于18世纪下半叶的工业革命对近现代城市的发展产生了重大而深远的影响。工业革命诞生了社会化大生产，使生产力水平产生飞跃，社会物质财富快速增长，推动了城市的高速发展。工业革命催生了工业城市的兴起、发展，导致了城市人口的快速增长与集聚，促进了城市结构和布局的改变，也改变了原有城市的社会组成。但是工业革命在推动城市高速发展的同时，滥用自然资源，造成生态环境的急剧恶化，大量毁坏城市的历史文化遗产，也给城市带来负面效应。二战以后，欧美国家在城市更新运动中实施“推倒重来”拆掉老城区的政策，导致城市历史环境遭到破坏，引发民间兴起历史文化遗产的保护热潮，政府后来不得不改为实施“有机更新”政策，以纠正之前政策造成的失误。20世纪70年代以后，随着发达国家从工业社会进入后工业时代，文化遗产理念得到了扩展，工业遗产从最初被当作城市发展的包袱遭废弃到被视为经济发展的独特资源而受保护与再利用，这一理念的变化，导致城市不同工业遗产保护模式的产生。对城市发展与工业遗产保护关系的研讨，为本成果明确了目标对象。

本成果认为，城市发展与工业遗产保护的矛盾可以在工业遗产博物馆模式里得到化解。城市发展与文化遗产保护在经济利益上往往发生冲突而形成矛盾。城市发展要建新拆旧，遗产保护则要求将城市中有历史价值的旧物保留，随着城市化进程的加快，这对矛盾也日益尖锐。工业遗产是整个文化遗产的一部分，城市发展与工业遗产保护也产生矛盾。城市与博物馆则是一种互补共进的关系。人口聚集的城市具有便利的交通设施、通畅的信息交流渠道，为博物馆传播知识、实现其社会功能提供了客观条件。城市发展也需要博物馆。博物馆为市民提高文化素质、增长科学文化知识做出了贡献，也为城市文化遗产保护做出了贡献。博物馆与城市发展不是一种对抗性的关系，而是一种和谐关系。因而，建设工业遗产博物馆成为化解城市发展与工业遗产保护矛盾的一种重要方式。

（2）发达国家的工业遗产保护热潮。

20 世纪 50 年代末，发达国家城市更新运动中对工业遗存的毁坏，催生了人们保护近现代工业遗产的意识。英国首先出现了以“工业考古”为名的工业遗产保护热潮，在有识之士的呼吁下，英国政府对工业革命的遗迹开始加以保护。60 年代，英国的工业考古热潮迅速向整个欧洲扩展，由此引发了一场国际性的近代工业遗产保护运动。1978 年，世界上第一个致力于促进工业遗产保护的国际性组织——国际工业遗产保护协会（TICCIH）成立，这是国际工业遗产保护的里程碑，从这时起保护的对象也明确地由“工业纪念物”转向了更具普遍意义的“工业遗产”。2003 年 7 月，国际工业遗产保护协会通过了用于保护工业遗产的国际准则——《关于工业遗产的下塔吉尔宪章》，该宪章成为工业遗产保护理论与实践的国际性指导性文件。

进入新世纪，工业遗产保护已在国际范围内形成了广泛的共识，一些重要的工业遗产陆续被列入《世界遗产名录》。从 1986 年英国铁桥峡工业遗址首次进入《世界遗产名录》以来，被列为世界文化遗产的工业遗产地已经有 50 多处。“工业遗产保护”成为新世纪世界文化遗产保护领域的重点。

在我国，工业遗产进入文化遗产范畴而受到保护是近二十年吸收西方的文化遗产理念，对工业遗产价值的发现与认识所致。上世纪六七十年代，发端于英国的工业考古热潮正在欧洲各国广泛传播，而此时的我国正值接连不断的政治运动，十年“文革”与西方国家隔绝往来，工业遗产保护理念并未传入中国。改革开放后，我国学界与国际社会的联系交往日益增加，一些有识之士看到了国际遗产界的动态与新理念，将近代“工业遗产”概念介绍到中国，并在一些历史建筑的改造项目中进行了实践，从而对我国的工业遗产保护产生影响。

国内的工业遗产保护历程经历了同西方发达国家相似的路程，即最初由民间有识之士发起保护和改造利用工业建筑遗产，形成社会热潮，而后影响到政府，促动政府介入并主导工业遗产保护。2006 年 4 月 18 日，国家文物局与江苏省政府在无锡举办工业遗产保护国际论坛，会上通过了我国首部关于工业遗产保护的共识性文件《无锡建议——注重经济高速发展时期的工业遗产保护》（简称《无锡建议》），标志政府主管部门正式介入并主导工业遗产保护的开始。《无锡建议》是我国工业遗产保护的一个具有里程碑性的文件。

发达国家的工业遗产保护是在城市化进程达到很高水平的前提下进行的，采取谨慎的态度，循序渐进，运用经济、文化、社会、环境等综合策略，实现区域持续发展。而中国工业遗产保护是在城市化进程加快，城市规模不断扩大，城市工业用地变得十分稀缺的情况下提出的，没有经历“工业考古”、花大量的时间探寻工业遗存价值的研究阶段，直接进入“工业遗产”的保护阶段，在思想认识上和理论实践上都没有充分的准备，在工业遗产保护中暴露出急功近利、简单浮躁的工作态度，管理体系不清，缺乏自主创新的活力等问题。与发达国家相比，中国的工业遗产保护还存在较大差距。

（3）工业遗产与工业遗产博物馆。

伴随着工业遗产保护实践的开展，工业遗产保护的理论研究也受到重视，“工业遗产”的概念在学界一度成为讨论热点。2003 年 7 月国际工业遗产保护协会《关于工业遗产的下塔吉尔宪章》的诞生，是学界争鸣的重要成果。该宪章对“工业遗产”概念做出了明确的阐释：“工业遗产包括具有历史、技术、社会、建筑或科学价值的工业文化遗存。这些遗存包括建筑物和机械、车间、作坊、工厂、矿场、提炼加工厂、仓库、能源产生转化利用地、运输和所有它的基础设施以及与工业有关的社会活动场所如住房、宗教场所、教育场所等。”本成果所讨论的近现代工业遗产，在时间上专指从 18 世纪世界工业革命开始直至晚近的工业历史发展进程中所留下的遗存，工业革命以前的工业遗存不在其范畴之内。在中国，近现代工业遗产的主体是鸦片战争以后国外资本在华兴建的近代工厂、洋务派官员以及民间资本家兴办的民族工业、新中国的社会主义工业在中国大地留下的各具特色的工业遗存。

从文物学的角度分析，笔者认为工业遗产具有物与信息的双重价值。物的价值也就是工业遗产作为一般物的使用价值，是工业遗产能满足人们物质生活需求与情感需求的具体的、基本的价值；信息价值则是工业遗产作为工业文明和科学技术发展承载物的特殊见证价值。在工业遗产的多重价值中，只有科学技术价值是独特的、有别于其他文化遗产的价值，所以笔者认为工业遗产的核心价值是技术价值。

工业遗产博物馆与工业遗产直接相关联，它是以收藏和展示近现代工业遗产为主、将工业发展史展现与科普知识传播功能结合为一体的主题性博物馆。根据国际上一般的惯例，即以馆藏基本内容作为博物馆分类的依据，它可被划入有别于社会历史类、艺术类和自然科技类的工业遗产博物馆类型，涵盖了遗址型工业博物馆和非遗址型工业博物馆。

本成果认为，工业遗产博物馆有传统工业博物馆与遗址型工业博物馆之分，在遗址型工业博物馆中，又可划分出大遗址型工业博物馆、一般遗址型工业博物馆和旧瓶装新酒型博物馆。传统工业博物馆产生于工业化时代，收藏与展示的工业遗存主要是将其从原址搬到博物馆建筑中，使其脱离了原来的生产环境，展示中成为孤立的历史碎片，没有原来的真实场景；遗址型工业博物馆产生于后工业化时代，建立在旧工业遗址之上（或遗址范围内），对可移动与不可移动工业遗产、物质与非物质工业遗产以及环境进行整体性保护（或以工业建筑遗产作为博物馆收藏与展示工业遗产），给观众呈现更具感染力的历史真实感。传统工业博物馆与遗址型工业博物馆在运行管理和社会服务方面存在差异，对工业遗产保护呈现不同的特点。

被学界看好的工业遗产保护的博物馆与其他保护模式相比较，博物馆保护模式既有优势，也有弱势。优势在于：第一，博物馆在对物质文化遗存进行收集、鉴别、登记、日常维护以及信息发掘、展示利用等方面都有一套成熟而较为完善的经验，这些工作经验可直接用在可移动物质工业遗产保护与再利用中，利于保护工业遗产的核心价值。第二，利用旧工业建筑改造为工业遗产博物馆，建设周期短，成本比较低。工业遗址博物馆主要采用原状陈列，工厂车间中原有的机械设备等就是其主要展品。工业机械设备、工业制品以及相关的构建物、建筑等，以金属质与石质等物品为多，在藏品保护的环境要求方面要宽松一些，遗产保护的费用相对也就降低了。博物馆模式的弱势在于：第一，建设工业遗产博物馆的“门槛”较高，其前提条件是保留下来的工业遗存的整体状况应该基本良好，能满足建立博物馆的要求。如工业遗存残缺不全，难以完整地展现企业（行业）的历史面貌，将给博物馆发展带来难以弥补的“先天不足”缺陷。第二，工业遗产博物馆的经济盈利空间较小。作为社会公益性文化机构，机构的性质决定了博物馆必须将社会效益放在第一位，经济效益为其次。自身的“造血”能力有限，产生可持续发展的潜力受到多种因素制约。对许多工业遗址博物馆来说，工业遗产旅游是一项重要的经济来源。旅游一般有淡季与旺季之分，在旺季，门票等收入可观，但淡季门票收入等也大为降低。这种不稳定性直接引起博物馆的经济收入变化，也影响到博物馆其他活动的展开。

（4）工业遗产博物馆建设。

国内正在筹建与已经建成开放的工业遗产博物馆至少已达五六十座，主办者都以企业为主体，缺乏专业研究与指导，质量水平远远达不到社会的要求。工业遗产博物馆的建设急需一个国家规范。目前在建设工业遗产博物馆热潮中诞生的许多博物馆，在博物馆业务方面都很不规范。对于如何科学地建设，如何征集、管理与保护工业遗产、陈列展示工业藏品等，都没有足够的实践经验和理论准备，国内博物馆界对此的理论研究几乎还是空白。国家尚未出台博物馆建设标准，也没有工业遗产博物馆的建设规范。工业遗产博物馆由于其鲜明的工业遗产藏品特点，与其他类型博物馆存在明显的差异性，不宜简单地套用社会历史类博物馆的业务活动模式。本成果以博物馆学理论为指导，结合我国工业遗产保护的现状，对工业遗产博物馆藏品的征集、保管以及陈列展示与研究等业务活动规范提出了一个初步的框架。考虑到工业遗产的行业类型及其特性，在对国内工业遗产博物馆调研的基础上，选择了唐山开滦国家矿山公园为典型案例，分析开滦博物馆及其整个矿山公园的建设经验，为已建和在建设中的工业遗产博物馆提供参考，并从城市文化发展、遗产保护、科普教育以及博物馆学等角度，对工业遗产博物馆的实践进行客观评价。

（5）发达国家工业遗产博物馆的经验。

20世纪六七十年代欧美国家兴起的“工业考古”热潮，推动了西方近代工业遗产的保护。以后在可持续发展理念的影响下，发达国家对工业遗产由最初“为保护而保护”的单纯保护模式转向“保护与再利用”相结合的复合模式，使工业遗产保护走上了一条可持续发展之路。分析研究发达国家的经验教训，可以使我们从中受到启发。

发达国家工业遗址博物馆的成功之道在于达到遗产的保护与再利用之间

的平衡。本成果选择了发达国家中具有代表性的工业遗址博物馆典型案例进行比较，分析了英、美、德、法四国的工业遗产保护和工业遗产博物馆发展。英国铁桥峡工业遗址景观（Ironbridge Industrial Landscape）是大型露天工业遗址博物馆中的一个杰出代表。铁桥峡位于英国英格兰西部希洛普郡（the County of Shropshire）塞文河（River Severn）下游的河谷地带。18 世纪前期，位于该处的达比铁业公司（Abraham Darby Company）发明焦炭炼铁新技术，生产制造各种坚固耐用的铁制品，一跃成为当时英国最大的制铁业公司，并因此推动了英国乃至欧洲及其以外地区的工业革命。

铁桥峡经过近百年辉煌后，工业渐趋衰落，为人们所遗忘。1967 年，“铁桥峡博物馆基金会”（Ironbridge Gorge Museum Trust）成立，开始对铁桥峡区域的工业遗产进行调查并实施保护。今天，在铁桥峡工业遗址区，已建立起九个包括博物馆与历史纪念地在内的工业遗产旅游景观，成为一个大型露天工业遗址博物馆。

在美国露天工业遗址博物馆中，洛厄尔国家历史公园（Lowell National Historical Park）可以说是最为典型的代表。洛厄尔是美国第一个工业城市，位于美国东部的马萨诸塞州，最早以纺织工业闻名于世。到 1880 年，全美超过一半以上的纺织工人都在新英格兰地区。洛厄尔纺织工业的繁荣持续了一个多世纪。二战以后，伴随着美国纺织工业整体的下滑，洛厄尔也开始走向衰落。

1974 年，一个以劳动和工业历史为基础的工业历史公园——洛厄尔州立工业遗产公园（Lowell Industrial Heritage State Park）开始建设。1978 年，美国国会将其升格为一种以保存与诠释工业遗产为主题的新型国家公园——洛厄尔国家历史公园（Lowell National Historical Park），通过保护和修复一些重要的工业建筑遗产、大型生产设施和其他商业、文化住宅，保存多种类型的工业遗址来诠释该城市的纺织工业遗存。该国家历史公园由分布于城市的 19 个历史遗址所组成，有的建设为工业遗址博物馆，有的利用旧建筑改造为其他文化设施，还有的则保持着遗迹原貌，都作为地方历史遗产被保护起来。整个洛厄尔城市就是一座露天工业遗址博物馆。

德国的工业遗产博物馆在德国的柏林、法兰克福、科隆、汉堡等各重要工业城市都有分布，但以鲁尔区的工业遗产博物馆最为著名。由于历史上鲁尔工业区在德国工业中的举足轻重地位，在鲁尔区城市结构转型与工业遗产保护中产生的工业遗址博物馆，成为德国工业遗产保护博物馆模式的一个典型。鲁尔区的露天工业遗址博物馆，以北杜伊斯堡工业景观公园、埃森关税同盟矿区和多特蒙德市的措伦煤矿最为典型。工业遗产保护与博物馆发展相结合，与文化产业发展相结合，与旅游发展相结合，是鲁尔区城市振兴的重要特点。

法国的克勒索-蒙特索人与工业博物馆（The Museum of Man and Industry，Creusot-Montceau-les-Mines）（又翻译为“克勒索-蒙特索煤矿社区生态博物馆”）是法国近代工业遗产保护的重要标志之一。它当时以社区生态博物馆命名，对社区文化遗产实施整体保护，虽未刻意突出工业遗产，但也将工业遗产连同社区其他文化遗产一起加以保护。它在新博物馆学运动中的重大国际影响掩盖了它当时对工业遗产保护的实践意义。今天，它作为国际新博物馆学运动旗手的光环已经消散，而当年在生态博物馆实践中包含的保护工业遗产的理念却逐渐浮出水面。

克勒索-蒙特索煤矿社区生态博物馆位于法国勃艮第省（Burgundy）的中心地区，包括克勒索和蒙特索两个城镇，1780 年施耐德家族在克勒索开创企业，19 世纪此地成为法国最大的钢铁工业基地。由于施耐德家族在第二次世界大战期间与纳粹德国合作，二战结束后，该家族身败名裂，制造业帝国开始走向衰落。1960 年后，克勒索地区工业一蹶不振。

蒙特索距克勒索约 20 公里，是一个以煤矿业发展而形成的城镇。蒙特索的煤矿主要供向克勒索，与克勒索的钢铁工业唇齿相依。随着克勒索钢铁制造业的没落，蒙特索的煤矿业也渐趋萧条。1974 年，当地一座以生态博物馆命名的新事物诞生了，即“克勒索-蒙特索煤矿社区生态博物馆”。昔日许多钢铁厂所遗留下的厂房和设备，详细完整地记录了工业发展的过程，周边村庄和城镇居民的住家和生活方式，则见证了法国初期工业社会崛起和衰落的生态，该生态博物馆常设展览的主题是克勒索地区的钢铁工业和蒙特索地区的煤矿业，1990 年代，克勒索-蒙特索煤矿社区生态博物馆解体，后被整合到法国传统博物馆体系之中。

克勒索-蒙特索煤矿社区生态博物馆失败的原因有几条，可能博物馆未形成“自我造血”的机制是最主要的原因。由于该博物馆的创办者把它定位于一座只为当地居民存在的博物馆，宣称“在克勒索-蒙特索煤矿社区生态博物馆里，只有居民没有观众”，这种狭隘的理念限制了博物馆发展成为当地主要旅游景点，失去了在促进地方经济上发挥重要作用的机遇，因而没有发展的可持续性。失败乃成功之母，克勒索-蒙特索煤矿社区生态博物馆失败的教训给人们的教育意义并不亚于成功的经验，同样给我们以启迪。

发达国家工业遗产博物馆成功的案例虽情况各不一样，但都有一个共同点，即以发展的逻辑考虑工业遗产保护，保护中兼顾利用，注重培育被保护对象的经济“自我造血”机制，使之具备可持续发展的潜力。这一点恰恰是我们目前所不够重视的。发达国家以文化遗产保护的法规为基石，以政府与民间的合作投资为经济手段，以专门的工作机构为组织保证，以工业遗产旅游为经济回报的主要途径，其成功经验可为我国的工业遗产保护和工业遗产博物馆建设提供借鉴。

我国工业遗产博物馆未来的发展应坚持自身特色，结合社会需求，融入文化产业。要使工业遗产博物馆与城市发展齐驱并进，实践其“既服务社会，又为社会发展服务”的宗旨，必须坚持突出以工业遗产为收藏特色，以工业遗产保护与科普教育相结合为展示手段，以融入城市的旅游文化产业之中，培育可持续发展潜能为运行机制。这是工业遗产博物馆既保护工业遗产，又利用工业遗产藏品服务社会、融入城市经济文化发展的理想的未来发展战略。

(6) 历史城市本身就是一座博物馆。

从广义博物馆的视角看，历史城市本身就是一座博物馆。城市是一个巨大的空间，具有存储文化、传播文化的功能。一个经过长期发展的城市，必然会留下许多反映城市发展过程中的历史痕迹（印迹），它们携带着昔日城市中人们生活与工作的历史信息，记载着城市发展的每一步，是城市历史岁月的见证物。城市中一个个历史遗址、一栋栋历史建筑，就是一件件不可移动的展品，在这些历史遗址、历史建筑背后，都有一个个历史故事，正是这些故事叙说，构成了整个城市历史的发展脉络，体现出城市面貌的特质。

博物馆是一个收藏与展示的空间。传统意义上的博物馆都坐落在建筑中，1891 年户外博物馆（又称露天博物馆）的诞生，使传统博物馆的展示理念受到了挑战，室内展示不再是唯一的，户外是一个更大的露天展示空间。20 世纪 70 年代，生态博物馆的诞生进一步发展了户外博物馆的展示理念。它以一个社区（或数个社区）为范围，以原生态方式保护和展示整个社区的历史文化记忆物，将文化遗产连同其产生环境一起呈现在观众面前，给人以“原汁原味”的历史体验。同样，在历史城市的空间里，往日城市的繁华与活力都以物化的形式被存储，沉淀在历史建筑和历史遗址中，如果将这些不可移动的历史遗物与其周围环境一同保护并展示，那么，整个历史城市就是一座大型的露天遗址博物馆、一座“没有围墙的博物馆”。从这个意义上说，保护历史城市，保护历史城市中的一栋栋历史建筑、一个个工业遗址，也就是保护博物馆中的展（藏）品。

三、成果的学术创新和应用价值

本成果根据我国工业遗产保护和工业遗产博物馆的实践，借鉴发达国家的工业遗产保护经验，有针对性地对国内工业遗产保护与工业遗产博物馆建设的一些基本问题进行了理论研究，为政府有关部门科学制定工业遗产保护及博物馆发展的相关政策提供理论支持与实证资料。同时，在操作层面上为我国近现代工业遗产博物馆的规范建设提供参考。本成果涉及文物学、博物馆学、工业考古学、建筑学、景观设计学、遗产经济学及城市规划等领域，结合我国城市的遗产保护实践做出的一些理论创新，将丰富和推动上述领域相关学科的理论发展。

体育学

《中国体育发展方式改革研究》概要

杨　桦*

一、研究的目的、意义及方法

2007 年党的十七大提出加快经济发展方式的转变，2012 年党的十八大提出加快形成符合科学发展要求的发展方式和体制机制，2013 年党的十八届三中全会进一步提出加快转变经济发展方式，加快建设创新型国家。发展方式的转变，是党在总结改革开放以来的实践经验，科学分析我国在新世纪、新阶段所面临新课题、新矛盾基础上提出的重大的战略方针和战略决策。其影响迅速超越经济领域，延伸到社会各个方面，引发了社会各领域对自己发展方式的深刻反思和全面诊断。

作为我国社会发展的重要组成部分，体育领域也面临同样的问题，即如何用以人为本的科学发展观统领体育领域，促进体育发展。讨论体育发展方式的转变，其实质是用以人为本的科学发展观重新认识和检测我国体育的发展，以促使体育事业全面协调可持续发展。当前我国体育发展已进入由体育大国向体育强国迈进的新阶段，体育发展方式转变无疑是决定这一时期体育发展的关键所在。实践工作需要强有力的理论支撑，因此，围绕体育发展方式转变，进行理论研究和实践探索成为一项既有紧迫性又具有战略性的重大时代课题。

按照全国哲学社会科学规划办公室关于国家社科基金重大项目管理的有

* 杨桦，北京体育大学教授，博士生导师。

关规定，我们广泛吸收校内外多学科知名专家，组织了一支由20余人组成的老中青相结合的课题组，开展集体协作攻关。研究中采用历史分析、社会调查与分析、国内外比较分析等方法，对新中国成立以来我国体育发展的历史过程、目前发展中存在的问题及其成因、未来的发展趋势进行了全面而深入的研究。

二、成果的主要内容和重要观点

1. 对体育发展方式的概念、结构及逻辑关系的研究

概念清晰，是任何一个研究过程合乎逻辑展开的前提。“体育发展方式”是本成果的核心概念，这一概念的具体含义是什么，既有的研究成果多对之语焉不详。本成果将其明确地界定为“确保满足社会体育需求的这一过程得以持续的方法与机制”。继而从体育发展方式涉及的六个基本问题入手，确定了体育发展方式的六大构成要素：第一，为什么发展体育？——体育发展的目标。第二，谁来发展体育？——体育发展的主体。第三，如何发展体育？——体育发展的机制。第四，通过什么来发展？——体育发展的手段。第五，体育发展如何才是合理有效的？——体育发展的评定。第六，如何保证发展实施的确定性？——体育发展的规范。据此，将体育发展方式进一步具体地表述为：体育发展的主体根据具体的社会条件，确定体育的发展目标，通过一定的机制配置资源，形成有效的体育手段，可控而规范地实现体育发展目标。

在体育发展方式构成要素的逻辑关系中，体育发展的目标设定具有统领作用，它决定着体育发展的方向。体育发展目标的确定是由社会的体育需求和满足其需求的现实条件所决定的。发展主体根据这一方向，选择发展机制，提供发展手段，以实现设定的体育发展目标。而发展评定则旨在通过反馈机制确保发展不迷失方向并改善发展过程，发展规范则使发展方式有章可循，有法可依。

体育发展方式诸环节各自的位置与功能不同，但它们相互影响，相互依存，形成一个完整的关系结构，任何一个环节的变化都会引起整个关系结构的变化。

在体育发展方式中，发展手段（体育形态）是发展方式的物化形态，是

显性的，因此容易引起人们关注。但是发展手段的状况是由发展方式的隐性要素决定的，是体育发展的目标、发展主体、发展机制、发展评定和发展规范这些要素综合作用的结果。因此，探讨体育发展方式主要是探讨其隐性的关系结构的合理性。由于体育发展方式是以社会的具体条件为依托，判断其目标是否正确，结构是否合理，运作是否有效，都必须结合具体的社会条件。

清晰的概念和明确的构成要素，为研究体育发展方式提供了理论依据，将体育发展方式解析为六个具体维度，提高了研究的可操作性。本成果以此为依据，将我国体育发展方式改革研究分为三大部分渐次展开：

其一，对体育发展方式现实状态（实然状态）——“赶超型”方式的研究，包括总结其特征，诊断其现状，发现其问题，分析其问题产生的原因。

其二，根据体育内外环境的变化提出我国体育发展方式的目标状态（应然状态）——“可持续发展型”方式的研究。对该方式在发展目标、发展主体、发展机制、发展手段、发展评定和发展依托等六个维度提出具体目标。

其三，由发展方式的实然状态过渡到应然状态的转化过程的研究，即对“转型发展”的研究。这是本成果的重点，也是核心部分，讨论了发展方式改革的基本途径及改革的重点领域或环节。

2. 对体育发展方式现实状态——“赶超型”的研究

（1）“赶超型”体育发展方式的特点、成因及历史贡献。

我国既有的体育发展方式是“赶超型”的，其发端于新中国成立后的20世纪50年代，在20世纪80年代中后期趋于成熟，主要是在计划经济时代形成的。

该方式具有如下基本特征：第一，发展目标强调国家层面的体育目标，主要表现为：竞技运动为国争光，树立国家形象，为外交斗争服务；群众体育以增强体质为主，为生产劳动和国防建设服务。第二，发展主体以层级政府为主干，呈现出政府包揽体育事务的鲜明特色。第三，发展机制主要通过行政指令来配置体育资源，管理并开展各种体育活动。第四，发展手段分别通过竞技体育、学校体育和群众体育来完成国家的体育任务，形成条块分割的资源配置和使用状态。第五，发展评定多采用浅表的量化指标考核体育发展的绩效：竞技体育以奖牌数量尤其是奥运会等重大国际赛事的金牌数量为标准；社会体育和学校体育则多用达标率来衡量。第六，发展标准表现为重政策、轻法律，有依靠政策来治理体育的传统。第七，发展规范是不确定的。

“赶超型”体育发展方式是多种原因综合作用的结果，具体包括：第一，我国“后发外源型”的现代化路径；第二，经济社会发展水平低的客观条件；第三，计划经济的运作机制；第四，单位制的社会结构和苏联模式的影响。

“赶超型”体育发展方式在我国经济社会发展水平低下，体育社会组织发育不足，体育发展的内生力严重不足，国民体质水平低下，竞技运动基础薄弱，体育资源稀少的历史条件下，为我国体育的发展立下了汗马功劳，使我国体育在一个落后的起点上，利用体制优势，快速起步，在中国社会环境尚不足以提供现代高水平运动训练资源的条件下，与世界竞技强国一争雌雄并赶上和超过它们，也使我国群众体育得到极为广泛的发展。这种成就是史无前例的。

（2）“赶超型”体育发展方式面临的挑战。

随着改革开放的深入，我国社会发生了极为深刻的变化，“赶超型”体育发展方式的社会支撑条件或已不复存在，或正在迅速消亡，而其自身的局限使其无法依托新的社会环境，满足社会对体育日趋多样的需求。

“赶超型”体育发展方式面临一系列难以解决的问题和挑战，具体表现为：第一，发展目标的简单化难以适应“和谐社会”和“体育强国”的新要求；第二，不合理的体育结构难以满足多样化的社会需求；第三，政府独大的发展主体难以建立现代社会的体育体制；第四，对行政手段的过分依赖难以形成合理的发展机制；第五，重量轻质的评价体系难以提供自我完善的反馈信息；第六，法治的缺失或不足难以保证体育发展的稳定性。

“赶超型”发展方式的不足，使其在体育实践领域中遇到难以克服的发展障碍，主要表现为精英竞技的根基动摇，群众体育的支撑缺失。

3. 对体育发展方式目标状态——“可持续发展型”的研究

由于“赶超型”体育发展方式自身固有的缺陷，它已无法满足我国体育进一步发展的需要，从而陷入困境。与此同时，社会和体育的新形势催生了新的体育发展方式——“可持续发展型”，并推动体育发展由“赶超型”向

“可持续发展型”转变。我们应及时将这一初露端倪的体育发展方式确定为我国体育未来演进的目标，从而减少体育发展的盲目性，提高体育发展目标的确定性和过程的科学性。“可持续发展型”体育发展方式具有以下特点：

（1）发展目标——人本体育。突出服务于人的价值取向，“以人为本”取代“以指标为本”。实行强国体育与惠民体育的结合，将国家的体育发展目标与社会和个体的体育需求统一起来。

（2）发展主体——合作体育。动员各种发展体育的力量，国家、企业和社会组织“三位一体”，三者各司其职，各尽其能，相互配合，协同共生。

（3）发展机制——耦合体育。行政手段、市场机制和志愿者行为多种机制相互协同，功能耦合。

（4）发展手段——均衡体育。社会体育、学校体育和竞技体育相互依存，资源共享，相互促进。

（5）发展评定——自洽体育。对体育发展的评估标本兼顾，客观公正，既评价体育发展的显性指标，又关注体育发展的内在关系，从而有效调节体育发展的过程。

（6）发展依托——规范体育。法治与德治相互支撑，将体育发展置于明确的法律规则和道德规范基础上，使体育发展的运作公开、公正、公平。

由于体育的“可持续发展型”方式是开放的，通过多种机制进行要素与要素之间及体育系统内外环境之间的沟通，因此能够根据内外环境的变化及时对体育发展进行自我调整，与时俱进，从而具有发展的可持续性。

4. 对体育发展方式转变路径——“转型发展”的研究

（1）改革开放以来，中国社会和体育最突出的特征是“转型发展”。

从计划经济体制下的体育发展方式转向社会主义市场经济体制下的体育发展方式，是中国体育30多年来的基本路径。这种发展路径不同于世界上其他任何国家，具有鲜明的中国特色。中国体育沿着这一路径边转型，边发展。转型为发展开拓空间，发展为转型提供资源；转型为发展扫除障碍，发展为转型提供动力，转型与发展相辅相成。因此，体育发展方式能否成功完成由“赶超型”到“可持续发展型”的转变，关键在于我们能否深刻认识体育转型发展的规律，按照转型发展的基本逻辑，有针对性地采取有效措施，推进体育发展方式的改革。

（2）以“奥运争光”和“全民健身”升级换代，为体育发展方式改革提供实践依托。

中国现有的体育发展方式，是根据中国体育实践的现实需要形成的。具体而言，就是围绕着“奥运争光”和“全民健身”两大战略计划建构起来的。“奥运争光”和“全民健身”是我国政府对竞技运动和群众体育功能与目标的国家定位，它们既是“赶超型”体育发展方式的实施工具，也是这一发展方式存在的实践依托。“奥运争光”和“全民健身”与“赶超型”体育发展方式互为表里，高度契合。如果没有这两大战略计划，“赶超型”体育发展方式便无从施展；而如果没有“赶超型”体育发展方式，这两大计划也无法推行。

因此，中国体育的转型发展，在操作层面就是这两大战略计划的转型发展。体育发展方式的转变应当，也必须以“奥运争光”与“全民健身”的转型发展为依托，围绕着这两大战略计划的改革展开。

第一，以“奥运争光”的转型促进竞技运动的发展。

竞技运动具有多种功能，就其与其他体育形态的关系而言，有促进大众体育发展，为学校体育提供榜样的作用；就教育而言，有激励积极进取，完善自我的效能；就经济而言，是现代社会不可或缺的文化商品和体育产业的核心内容；就其社会功能而言，有促进社会平等，增强法治观念的作用。但是“奥运争光”将竞技运动丰富的多种功能单一化，割断了竞技运动与社会的联系，使竞技运动本应在教育、文化、经济和社会等领域发挥的重要作用得不到应有的发挥。中国竞技运动要进一步发展，就必须突破“争光”的局限，让封闭状态的竞技运动走进学校，扎根社会，充分展示它的独特的魅力和功能，并在此过程中获得新的生命力，使运动精英大量涌现。“奥运争光”的转型发展，需要纠正以“精英运动”取代“竞技运动”的概念错位，使之成为我国青少年体育的主干和沟通不同体育形态联系的中介，从而重建竞技运动在我国体育中的基础地位，也只有这样，我国的精英竞技也才能获得新的生命力，在国际体坛保持强劲的竞争力。

第二，以“全民健身”的转型促进群众体育的发展。

近年来，随着我国体育发展内外环境的巨大变化，我们所熟悉的以“全民健身”为主干的群众体育发展模式遇到前所未有的挑战，表现为：尽管对群众体育的投入在大幅度增加，而国民体质，特别是青少年体质的状态依然令人担忧；以功拳操为主的基层体育活动，吸引的依然多为老年人群，青少年鲜有参与；公共体育设施面向社会开放困难重重，百姓身边的场地依然稀缺；数以亿计的农民工体育服务依然缺失；“全民健身”突出了体育的生物功能，窄化和弱化了体育的社会功能，缩小了体育与社会结合的界面，致使体育社会位置日趋边缘化。所有这些现象都表明我国“全民健身”的群众体育发展方式遇到了发展瓶颈，创新和改革势在必行。群众体育能否发展，从根本上来说是由社会对体育的需求决定的。群众体育能否繁荣，取决于它是否契合社会发展的主流议题，进入社会发展的核心领域。这就需要将群众体育融入社会建设，以群众体育促进社会建设，在群众体育与社会建设全面的互动过程中，充分发挥其促进社会参与、社会融入、社会治理、社会价值等多方面的独特功能，对全面建成和谐的小康社会做出贡献。群众体育融入社会建设，也可激活全社会发展体育的内生力，从而将其由政府驱动的群众体育逐渐演化为社会内生的体育，在宏大的社会过程中进入新的发展阶段。

第三，以“跨界整合”促进中国体育的整体发展。

与“赶超型”体育发展方式不同，“可持续发展型”体育发展方式是多目标、多手段、多主体、多机制的。因此，这种发展方式的核心就是系统整合，整体发展。而只有系统整合，整体发展，才能资源共享，利益兼顾，各得其所，实现体育的多种目标。因此“可持续发展型”体育发展方式也是集约而高效的。实现“奥运争光”和“全民健身”两大战略计划的转型发展，统合高端的精英竞技和基层的群众体育，涉及体育系统内外各方乃至全社会的协同合作。这就需要根据体育发展的需要，构建跨系统、跨部门的全社会协同的体制与机制。

此外，中国体育的转型发展是整体性的，其发展过程中出现的问题越来越呈现出跨界性和整体性的特点。“奥运争光”与“全民健身”的转型发展，使这一特点表征更为突出。我国体育“条块分割”的体制因无法应对这一新趋势已成为体育转型发展的障碍。这也需要对体育发展进行整体性的统筹思考，实行跨系统的、跨领域的整合。具体而言，就是通过观念整合，以构建宽泛全面的观念体系；通过目标整合，以构建为国利民的目标体系；通过制度整合，以构建协同联动的制度体系；通过组织与机制整合，以构建良性互动的组织和机制体系；通过活动整合，以构建发达完整的赛事体系；通过完善体育法规，以提高跨界整合的规范性；通过制定国家体育发展规划，以增强跨界整合的统合性；通过引入第三方专业评估，以确保跨界整合评估的客观性；通过网络技术，以促进跨界整合的有效性，为跨界整合提供支撑。这些措施可以有效地克服条块分割的体制和机制障碍，改变封闭分散的发展格局。

第四，聚焦重点领域，促进转型发展。

我国体育发展方式中存在的问题相互联系，互为因果，共同制约着体育的可持续发展。竞技体育、学校体育、社会体育和体育产业是有机联系在一起的整体，它们既相互制约，又相辅相成，任何一个子系统的发展都是以其他子系统的发展状态为前提的。任何单一环节的改善，或单一领域的改革均无法完成体育发展方式的转变。因此需要全局性、系统性的设计。但是协同并不意味着在各个方面均衡用力，也不意味着在各个方面同时取得突破。转变发展方式，要分轻重缓急，根据需要和可能，在某些领域率先取得突破，以重点突破带动全面转型。这就需要突出重点，紧紧抓住具有跨界性、基础性，并可能产生整体性影响的领域。采取合理而有效的措施，以重点带动一般，以核心促整体。以下五个领域，至关重要：

一是构建公共体育服务体系，更新体育发展的基础。公共体育服务体系的构建需要多元主体协商、社会参与、绩效评估、法律规范等一系列与之对应的新机制，一旦这些机制建立，“赶超型”发展方式便从根本上退出历史舞台，中国体育也就转向一个新的作业平台。公共体育服务体系涉及体育体制和机制的所有核心要素，它的构建过程也自然成为我国体育体制和机制的改革与创新过程。由于政府购买公共体育服务涉及政府、企业和社团三个主体，涉及行政手段、市场机制和志愿服务三种机制，这一新生事物中隐藏着体制和机制创新的重要价值，当前应高度关注。

二是深化运动项目协会改革，重构体育发展的内在联系。这不仅要在思想观念上对竞技运动的概念正本清源，而且要在实践操作层面上让竞技运动发挥应有的重要作用。运动项目协会是管理竞技运动的社会组织，只有运动项目协会处于健康而活跃的状态，才能让竞技运动发挥应有的作用，才有可能将目前精英竞技和群众体育分割甚至对立的矛盾状态，变为二者相辅相成的良性互动状态。要建立可以发挥多种作用的运动项目协会，需要确立体育社会组织的“社会本位”观；以运动项目协会沟通群众体育与精英竞技的联系；以赛事体系促进协会发展；以三大球改革为突破口，推动运动项目协会的改革。

三是夯实群众体育与精英竞技的结合部——青少年体育。青少年体育是精英竞技和群众体育天然的结合部，是它们共同的基础。我国体育发展要由目前不可持续的“赶超型”，转入“可持续发展型”，将青少年体育做大做强是关键所在。这就要求将青少年体育作为打通高端精英竞技与低端群众体育通道的重要战略措施，加以实施，即确立竞技运动在中国青少年体育的核心位置，强调竞技运动的教育价值，依托体育组织参加竞赛活动，突出竞技运动的包容性参与，建立青少年体育的校内外联动机制。

四是做强职业体育，推动转型发展。市场经济条件下，精英竞技的发展主要依靠市场。就转变体育发展方式而言，职业体育具有不可忽视的重要作用，因为它有助于促进政府、社团和企业协同机制的建立。要培育职业体育市场体系，将职业体育融入城市发展，以职业体育增强国际竞争力。

五是深化体制机制改革，引领转型发展。体制机制改革是转变体育发展方式的强大动力，是体育发展方式转变的关键。中国体育发展的转型具有过渡性、叠加性和交互性的特点，体育体制机制改革需紧扣这些特点。由于既有的“赶超型”发展方式实施已久，其形成的思维定式及与之相伴的利益结构使我们往往难以跳出思维和利益的束缚。要从根本上解决发展方式的转变问题，就必须构建新的体育治理体系，即在多元主体多种形式的互动过程中，协调各方利益，形成共识，构建和谐有序的体育治理体系。要践行这一理念，就要将“顶层设计”与“基层创新”相结合，实现两者互补，从而不断完善我国体育的治理体系，增强治理能力。

5. 专题研究

体育发展既受时间跨度的历史因素影响，又受空间跨度的诸多社会因素的影响，因果关系极为复杂；体育自身又分为若干子系统，各子系统同中有异。为了把握中国体育发展方式的历史演进特点、体育发展与社会需求的关系，为了揭示体育内部不同领域发展方式的状态、问题及改革的具体性状，本成果设立了八个专题，分别从体育发展方式的历史沿革、当前我国体育需求结构与改革路径、群众体育、竞技体育、学校体育、体育产业、职业体育、体教结合实践等方面入手，从现状、问题及挑战，未来发展目标及规划，制度设计、实施路径及政策建议等方面进行了有针对性的深度研究，以专题研究为依托，形成了本成果的主要观点。

三、成果的学术创新、应用价值以及社会影响和效益

体育发展方式不仅包含体育增长方式，而且包括体育发展结构、运行质量、运行效益等诸多方面的内容，它既涉及体制机制运行等深层次问题，又涉及体育各领域的日常管理和实践运作等，是统摄体育发展的枢纽所在。课题组以体育发展方式转变为主题，对关乎我国体育事业发展的全局性、战略性理论问题进行了系统梳理和重新认识，提出了一系列新观点和新认识，不仅拓宽了体育理论研究的视野，为我国体育发展方式转变理论体系的建立提供了新的理论支撑，而且紧扣我国国情，借鉴国外经验，对体育发展转型的实际操作提供了指导，在理论与实践的结合方面进行了具有创新意义的尝试。

本成果以体育学基本理论和方法为主体，综合应用和广泛吸取多学科理论与方法，对体育发展方式转变涉及的理论问题和相关领域实践环节进行了大视野、多维度、多学科的综合研究，不仅丰富了我国体育发展战略、体育管理学基础理论，同时也推动了体育社会学、体育经济学等学科理论向纵深发展。

课题的部分成果已为国家体育政策法规部门、群众体育管理部门等机构所采用，对我国体育实践产生实际影响。此外，本成果也在我国高层次体育人才培养过程中得到应用和检验，有机结合了科学研究与教学训练、人才培养、社会服务，实现了重大项目在推动科技进步、人才梯队建设和高层次人才培养等方面的辐射和引领作用。

管理学

《为了人的共生共在》概要

张康之*

一、研究的目的、意义及方法

当人类进入 21 世纪后，风险社会的提法得到了普遍流行，事实上，我们正在受到危机事件频发的困扰。在这种条件下，人类的前景是怎样的，是一个需要研究的急迫课题。本成果认为，20 世纪 80 年代开始，人类进入了全球化、后工业化进程，与之相伴的是社会呈现出了高度复杂性和高度不确定性，从而使人的共生共在的主题凸显出来。全球化、后工业化意味着人类社会的再一次历史性转型，即实现从工业社会向后工业社会的转变。在从农业社会向工业社会的转变过程中，社会建构是从抽象的、原子化的个人出发的。启蒙思想设定了人的权利，随后人文社会科学研究的兴起则发现了人是利益的追逐者，并据此而建构起了我们既已拥有的这个社会。鉴于这个社会已经陷入了风险和危机事件频发的状态，面向未来的社会建构方案必须实现出发点的根本性变革。在全球化、后工业化进程中，我们需要基于社会转型的现实去重新进行社会建构，而且，这一新的社会建构需要从人的共生共在出发。在此过程中，社会科学研究所应承担起的使命就是，探索如何从人的共生共在出发去开展社会建构。也就是说，本成果的主要目的是探讨人类走出风险社会的出路，特别是将关注点放在了危机事件频发状态下的行动原则，认为人类必须建立起一种在高度复杂性和高度不确定性条件下的合作行动模式。

* 张康之，南京大学教授，博士生导师。

本成果致力于思想和理论重构，力图开拓出学术叙事的一个新的未来。在对文献的使用方面，力求打破文献的静态阐释，对文献做出动态解读，发现文献中所包含的可以作用于实践并在人类走向未来的道路上具有指导意义的因素。因此，本成果所采用的是一种“现实阅读”的研究方法，即努力超越既存的语境而直面现实，对全球化、后工业化的现实进行直接“阅读”，从中发现对人类的生存构成威胁的因素，并提出应对威胁的解决方案。笔者对这一研究方法进行了系统论述，在思维方式的层面上，比照近代以来社会科学中的“分析性思维”，从思维方式的角度对自己的研究方法做出阐释，指出这是一种“相似性思维”。

二、成果的主要内容和重要观点

本成果正文共10章20节，另有“导论”和“主要参考文献”。通过历史描述揭示了人类社会在近代以来的演进过程，开拓了学术叙事的一个新的线索，即从资本主义世界化到全球化的演进过程，从而对我们所处的时代做出了准确定位，那就是处在全球化、后工业化进程之中。在将全球化、后工业化时代展现于我们的面前后，对这个时代的基本特征做出了描述，揭示出其中存在的根本性问题，指出社会科学当前的任务，并提出了在全球化、后工业化时代开展社会建构的基本构想。

本成果的主要观点可以概括如下：

(1) 指出人的共生共在是时代主题。在全球化、后工业化进程中，我们的社会呈现出了高度复杂性和高度不确定性，从而产生人的共生共在的主题。也就是说，人类社会已经走到了这样一个不得已的时代，以往人类社会发展中曾经存在过的，无论是以个人的形式还是以群体的形式出现的那种为了自我的利益实现去剥夺他人利益的做法都会导致人类无法承受的后果。而且，任何为了自我利益实现而把他人当作工具的做法，也不再可行了，而是需要把人的共生共在放在首位。也就是说，在高度复杂性和高度不确定性的条件下，一切存在都应不以消灭其他存在为行动目标，需要在“他存在”中获得自我存在的支持因素。事实上，人的共生共在已经成了人们自我存在和开展行动时无可选择的现实，社会的高度复杂性和高度不确定性要求人们必须把人的共生共在作为一种基础性的理念建立起来。唯有确立起了这一理念，才能使人立足于这个多样性的世界，在行动中找到自己合适的位置和行动方式。

（2）为全球化、后工业化做出历史定位。始于20世纪后期的全球化运动正在把人类引向后工业社会，它是人类历史上的一场全新的社会变革运动。也许从形式上看，全球化与近代社会早期的资本主义世界化有某些相似的特征，实际上它们是完全不同的社会变革运动。资本主义世界化是一场民族国家对世界征服的运动，其结果是导致了民族国家的普遍建立，而全球化的使命恰恰是要终结民族国家。在全球化进程中，我们已经可以看到许多明显的迹象，那就是与民族国家关联在一起的几乎所有社会设置都受到了挑战和冲击。在全球化、后工业化进程中，由于既有的生活方式和行为模式受到了社会高度复杂性和高度不确定性的冲击，使人们陷入了深深的焦虑之中。其实，在20世纪80年代以来世界范围的改革中，是包含着解除焦虑的追求的。可是，由于人们囿于工业社会的思路去开展社会建构，不仅未能开拓出创造幸福生活的道路，反而使人们的社会生活陷入更为紧张的状态，加深了人们的焦虑感。在这一条件下，我们需要在为了人的共生共在的合作行动中消除人们的焦虑感。

（3）指出社会治理变革的必要性，并认为社会治理变革的方向是走向合作治理。全球化、后工业化是一次新的机遇，对于社会治理而言，我们必须接受的是一次开拓未来之旅。曾经引人骄傲的和至今令人景仰的制度、治理方式等古代的和近代的造物，都必须经历全新的洗礼，在改革的重创之下去获得新生。合作治理的观念在某种程度上可以看作一种利益冲突解决路径的探寻思路，因为，这一路径将展示出的图景是：要求通过合作去增进利益冲突各方的利益，而不是通过削弱他人的利益实现能力而去增进自我利益的实现。如果合作所反映出的是这样一种基本精神的话，那么，就可以认为，在全球化、后工业化背景下，在社会的高度复杂性和高度不确定性条件下，首先需要改变的是我们的思维方式。如果不希望在高度复杂性和高度不确定性条件下去继续承受风险以及危机事件带来的困扰，就应当努力去探索该条件下的行动方案，以求能够应对风险和危机事件。而这一探索进程的顺利开展，又取决于思维的变革，即需要建立一种新的思维方式。有了这种新的思维方式，才可能在认识世界的时候获得全新的视角，并在这个全新的视角中有着全新的发现，继而，成为积极的行动者。在这一思路中，我们形成了合作治理的构想，或者说，必须去表达对合作治理的追求。可以断定，在全球化、后工业化的历史进程中，合作治理理论就是新的思维工具库中的一种最有必要试着使用的思维工具。有了这种思维工具，也就会使合作治理的实践成为可能。

（4）提出人的共生共在是社会建构以及社会治理模式建构的新的出发点。近代以来的社会建构是在“权利”的基石上展开的。对于这个社会的建构而言，早期启蒙思想家们关于“权利”的发明有着无比重要的意义。但是，在20世纪后期以来，权利已经显现出了走向死亡的窘态。在权利遭遇自我否定的情况下，也要求我们去对基于权利的社会建构进行新的审视。如果说全球化、后工业化意味着人类一个新的历史阶段的开启，那么，社会建构肯定不会在权利的基石上展开。如果说权利代表了一种范式，或者说，权利是一种范式的标志，那么，在这个范式之中形成的各种各样的社会治理理论一直在不断地把新的内容灌注到权利的概念之中去，而这些新的内容又总是在逻辑上相互冲突，以至于出现并积聚起了导致解构这一范式的力量。实际上，人们已经对启蒙思想家所设定的权利做出了过度消费，将它所包含的所有营养都吮吸完了。权利的所有内容都正在消失，仅剩下了一层薄薄的且脆弱的外壳。现在，当我们站在一个告别工业社会的新起点上，需要在对权利的扬弃中卸下一切可能因为权利概念而加予我们的包袱。只有抛弃了权利的概念，只有敢于将权利从我们的思想深处清理掉，才有可能发现新的社会建构起点——人的共生共在。

（5）在社会演进的历史中证明社会治理模式建构的现实基础。从农业社会向工业社会的转变是一个“脱域化”的过程，人们打破了地域界限而流动了起来，走出了熟人社会并进入了陌生人社会。但是，工业社会在地域边界消失的地方确立起了领域界限，整个社会分化成许许多多不同的领域。其中，公共领域、私人领域和日常生活领域是三个最为基本的领域，社会治理也是建立在领域分化的基础上的。20世纪后期以来，在全球化、后工业化进程出现了领域分化逆转的迹象，即出现了领域融合的趋势。如果说工业社会的社会治理模式是建立在领域分化的基础上的，那么，领域融合的趋势将会提出新的社会治理模式建构的要求。也就是说，需要根据领域融合的趋势去重建社会治理模式。事实上，全球化、后工业化已经使我们的社会发生了巨大变化，单就技术进步而言，就已经改变了我们的生活，甚至使社会结构发生了变化。20世纪后期以来，随着互联网进入了人们的生活，随着互联网成为人们社会生活的一个基础性平台，一个匿名社会似乎正在形成。随着人们走出自己的领域而进入无限广阔的社会空间后，社会展现出了匿名的特征。如果说这是社会发展的一个必然趋势的话，那么，在今天，社会治理的重建就需要充分考虑人的匿名化的问题，需要思考如何建构起适应于匿名社会治理要求的社会治理体系。

（6）对合作治理做出系统化的理论论证。合作治理是合作社会中的治理，不仅合作治理的生成过程促进了社会合作化，而且，合作已经成为一种普遍性的社会行为模式，整个社会的运行都包含在人的合作行动中。在合作的社会中，人们是相互承认的，在相互承认中开展合作行动，也通过合作行动去证明人们之间的相互承认。而且，一切承认都将表现为直接地对人的承认，是因为人的才智和对社会以及群体的贡献而赢得了承认。事实上，在合作的社会中，社会的开放性和流动性决定了人不可能与某种稳定的社会地位联系在一起。所谓“社会地位”，将成为一个失去了意义的词语。因而，也就不再会出现因为人的社会地位而对人的承认，更不会仅仅承认人的社会地位。合作社会中的合作体系将在利益上做出非排他性的安排，每一个行动体系在边界上都具有充分的开放性。正是因为开放性，决定了合作行动体系能够始终做到位得其人和人适其位。在合作社会中，每一个人都能够找到其能力和才华得以施展的群体，并在合作行动中证明自己和实现自我。在合作行动过程中，人们之间既是相互信任的也是相互承认的，或者说，因相互承认而变得相互信任。在承认他人中表达了对他人的尊重，也在尊重他人中实现了自尊。其实，一个人只有自尊，才会理解他人和尊重他人，才会在合作行动之中表现出一种积极的心态，才会为了合作行动目标的实现而包容他人。这样一来，就获得了一幅为了人的共生共在而开展合作行动的图景。

（7）论证合作治理中的道德维度。在工业社会的行进中，无论是科学知识、制度安排还是社会治理实践，都建立在人的自利追求的前提下。由于假设人是自私自利的，往往通过诱导人的自利追求而去为社会发展增添活力。同时，为了防止人的自私自利追求产生不利于社会的后果，也通过制度安排和社会治理的规则去规范和控制人的自利追求，却不愿意去让人自身本已存在的良心以及其他道德因素发挥作用。这样一来，彻底地把人的良心从人体中驱逐了出去。即便是正义问题的研究和探讨，也把注意力集中在了人的利益实现方面的公平、公正之上，在这样一个角度或层面上去考虑各种各样的利益分配或平衡方案。总之，一切社会安排和社会治理行动都围绕着人的利益实现去思考问题，而人的自利性则作为一个公认的假设而成为一切研究和行动的默认前提而存在，从来没有人去对它表达疑问。或者说，从来也不准许人去对它表达疑问。在全球化、后工业化进程中，我们发现，工业社会对人的意识加以干预的做法变得很成问题。首先，经历了工业社会的科学以及实践的思维训练和知识积累的支持，人的意识的自觉性水平不断地得到大幅提升。这种意识的自觉性更倾向于要求来自人的内在规范力量去加以调控和规范，而外在性的规范、调控和意识形态控制，则采取了拒绝或不配合的态度。其次，全球化、后工业化所呈现给我们的现实是社会的高度复杂性和高度不确定性。在这种条件下，对人的行为的自主性、积极性和创造性提出了空前的要求，也要求人的行为具有个性。只有个性化的行为才能最大可能地增益于高度复杂性和高度不确定性条件下的群体活动效应。因而，一切旨在造就模式化行为的社会设置都会带来消极后果。第三，全球化、后工业化进程中的群体活动在灵活性和随机性方面都得到了大幅增强。与高度复杂性和高度不确定性相适应的每一项活动都必须具有充分的灵活性、随机性行为选择和快速反应的特征。所有这些都决定了科学研究不再可能从利益的角度去思考问题。

（8）指出合作治理的组织形式是合作制组织。在全球化、后工业化进程中，面对着社会的高度复杂性和高度不确定性，合作行动将以什么样的形式出现呢？答案就是合作制组织。所以，在走向后工业社会的征程中，需要把重心放置在对合作制组织的建构上来。实际上，解决当前所遇到的几乎所有问题，都需要在合作制组织的建构中去寻求破解症结的出路。比如，在反恐的问题上，官僚制组织的僵化及其行动上的蠢笨已经证明了，它是很难收取任何一项所期望的效果的。然而，在合作制组织建构的思路上，不仅是一个直接应对恐怖威胁的问题，而且是能够发现从根本上解决恐怖主义的路径。其实，在高度复杂性和高度不确定性条件下的合作行动必须以合作制组织的形式出现，即便在这一个社会中还可以看到官僚制组织发挥作用的情况，那必然是因为这个社会中还存在着某些低度复杂性和低度不确定性的领域或事项，一旦超出这些领域或事项，官僚制组织就不再能够成为有效的行动体系。合作制组织是一种具体的行动体系，尽管它有着与既有组织相同的各构成要素按照一定的结构重新组合起来的特征，但是，与常见的集合体还是有着本质性区别的。它的去结构化只是意味着它的结构不是一种一经生成就相对稳定的结构，而是一种具有充分灵活性的结构。合作制组织的各构成要素的相互依存度也非常高。在某种意义上，恰恰是这种高依存度而使稳定的结构失去意义。或者说，这种高依存度使合作制组织在没有稳定的结构的情况下依然可以以一个整体的形式存在。其实，当一个系统需要依靠其结构的支持而成为一个整体的时候，这个系统是一种拥有弱整合力量的系统。如果一个系统不需要以稳定的结构来加以支撑的话，反而是具有强整合力量的系统。合作制组织正是因为拥有非结构性的整合力量，所以，才是一种有机性更强的行动系统。

(9) 认为合作行动是建立在经验理性的基础上的。理性是在工业化、城市化进程中所取得的一项伟大成就，特别是经历了启蒙运动后，工业社会走上了理性建构的进程。但是，在随后的理性进化进程中，却走上了工具理性、技术理性片面发展的方向，以至于价值理性和经验理性衰落了。正是因为工业社会的制度以及人的行为模式中所包含着的是工具理性和技术理性，也引发了诸多消极后果。在人类社会呈现出高度复杂性和高度不确定性特征时，工具理性和技术理性在人的行动中将发挥着消极的而不是积极的作用，从而提出了重建价值理性和经验理性的要求。特别是经验理性，不仅广泛地存在于日常生活领域中，而且在私人领域和公共领域中也发挥着巨大作用。比如，中国的“政策试点”这样一种政策生成模式就是经验理性的应用。现在，人们不得不在高度复杂性和高度不确定性条件下开展行动，工具理性和技术理性已经不再能够在人的行动中发挥作用。在这种情况下，人的行为选择以及一切行动如果是理性的话，就只能是经验理性的。人的经验理性与人的情感和道德具有相容性，能够使人的情感和道德的重要性显现出来。所以，在高度复杂性和高度不确定性条件下，合作行动需要拥有经验理性。价值理性、经验理性是人的直觉能力的源泉，人们因为拥有价值理性和经验理性而在日常生活中不去进行精密的计算和谋划而开展行动，并使行动具有道德的内涵和能够增进人际关系的和谐。在社会呈现出高度复杂性和高度不确定性状态后，人在行动之先而进行精心计算和谋划已经变得不再可能，在面对各种各样的问题时又不得不开展行动，而且绝大多数行动都是随机性的，是一种即时反应的行动。尽管这种行动得不到工具理性、技术理性的支持，但是，又必须是理性的行动，是属于价值理性和经验理性的。总之，人在高度复杂性和高度不确定性条件下的行动恰恰需要建立在人的直觉能力之上，而人的直觉能力则来自人所拥有的价值理性和经验理性。

（10）探讨社会科学研究在社会建构中的新使命。工业社会的科学是从分类学开始举步前行的。有了分类学，纷繁万千的世界可以被分门别类地加以整理，变动不居的万物可以被静态地观察，每一件事物都被放置到了一个合适的位置，从而形成了一幅有序的图景。也就是说，世界变得可以理解了，而且可以通过这种理解去重建世界。就我们的社会而言，也是得益于对自然界的理解而实现了的重建。但是，必须指出的是，从分类学开始而发展起来的这一整个科学体系所理解的都一直是可以理解的世界，至于那些不可理解的也同样是作为世界构成部分的因素，则受到了有意识的忽视、排斥，或者交给了宗教以及其他的神秘主义理论。特别是分类学所包含的机械论思维方式、静态的观察视角等，已经把科学带入了偏离它所理解的那个世界的方向了。虽然工业社会的科学建构是成功的，知识体系也是系统的和自洽的，但与科学所宣称的那个作为认识对象的世界并不一致，它在很大程度上是自我建构的产物。正是科学理论及其知识体系与客观世界的不一致性，而且这种不一致性在作用于世界的实践中得到了进一步放大，才使人与世界的关系变得越来越紧张。

（11）认为全球化、后工业化是一次话语重构的机遇，而中国的社会科学研究恰恰应当把握住这一机遇而建构起新的话语体系。全球化、后工业化对社会科学研究提出了严峻的挑战。我们现在所拥有的是在工业社会的历史阶段建立起来的社会科学体系，显然不能够有效解决全球化、后工业化中出现的新的社会问题，以至于我们必须从现实出发致力于社会科学的重建。中国在改革开放的时代所承担的是工业化和后工业化双重历史性的转型任务，这是人类历史上从未有过的，它要求中国的社会科学研究必须承担起建构中国话语的任务。如果中国的社会科学研究从全球化、后工业化的现实出发去致力于理论探索，那么，所建立起来的中国话语也是具有世界性的，将会成为中国社会科学研究者为人类做出的一项贡献。在全球化、后工业化运动中，每一个民族、每一个国家甚至每一个人都是站在同一个起跑线上的，在探索走向未来的道路方面，是平等的。同时，在高度复杂性和高度不确定性条件下，人们被空前地捆绑在了一起，社会科学研究所要提供的应当是关于人的共生共在的方案，而个人主义的原则以及人是自私自利的看法都妨碍了社会科学研究者去探索人的共生共在的可能性。一般而言，对既有的社会现象进行研究，需要考虑各个学派关于这一社会现象的各种观点，需要对各个学派所使用的独特方法和理论视角进行审查，然后再去确立自己的学术立场。然而，当我们的研究工作所关注的是一项前人尚未研究过的全新的社会现象的时候，上述研究路径就是不适用的。面对生成中的新的社会现象，需要研究者拥有开放性的想象力，需要展开积极活跃的想象，并尽可能对想象做出充分的描述。

三、成果的学术创新

20 世纪后期以来，人类实际上已经进入了高度复杂性和高度不确定性的状态，而分析性思维却牢牢地禁锢着人们的头脑。特别是在分析性思维结构化为社会科学的稳定范式时，不仅妨碍了人们的科学探索，而且也对人的社会——特别是社会治理——实践造成了极大的约束。束缚住了人们的手脚，放任人类社会陷入风险社会，无奈地面对危机事件的频繁发生。在这种条件下，出于走出风险社会的需要，我们也应当尝试一种基于表象的主观世界建构方式。也就是说，需要发展出一种新型的科学，并用于我们的生产和生活实践。显而易见，这是一条必须探索的道路，而且也是我们在高度复杂性和高度不确定性这样一个无可选择的条件下必须做出的选择。沿着这一思路，本成果试图在理论体系的层面上做出系统化的创新性构想，通过对近代以来的哲学和社会科学的批判性梳理，特别是对社会建构的各种方案进行分析，提出了一整套面向后工业社会的社会建构思路，特别是在对社会治理体系的建构方面，提出了合作治理的构想。

在对社会建构和社会治理体系建构实践的思考中，笔者认为，全球化意味着一个合作社会的生成，意味着一种新的社会治理模式的建立，也意味着一切在工业社会对人做出先验性规定的制度等的废止。在合作的社会中，每一个人都可以通过自己的行动去选择自己的身份和角色。因而，也就不会产生焦虑。合作的社会将重视人的行为和行动在确证人的身份和社会角色方面的价值，不再有任何对人做出先验性规定的因素存在，每一个人都可以根据自己的行为和行动去理解和认识人们的身份和社会角色，每一个人都可以通过自己的行为和行动去获得自己的身份和社会角色。要实现这一点，则需要做出新的社会建构。而新的社会重建应当把重心放在行动上来，确立起行动优先的原则，让制度不再成为行动的先验性框架，而是成为从属于行动和支持行动的因素。

本成果的全部理论创新都是建立在社会的高度复杂性和高度不确定性的现实基础上的，认为这一新的历史条件决定了社会建构以及社会治理体系建构的原则完全不同于工业社会。在出发点上，不是从原子化的个人出发，而是从人的共生共在出发；在社会治理上，不是片面地强调外在性的规则，而是需要谋求人的内在性的规范；在集体行动中，不再以协作行动的模式出现，而是建构起合作行动模式；在合作行动中，将努力去除工具理性、技术理性，代之以价值理性和经验理性，特别是要突出经验理性的功能。本成果在关于集体行动体系的构想中提出了合作制组织的概念，试图用以取代官僚制组织在集体行动中的基础性地位。笔者认为，合作社会是存在于合作行动之中的，合作行动体系则是以合作制组织的形式出现的。如果说工业社会是通过官僚制组织去开展社会生产和社会生活的，那么，在后工业社会中，合作制组织将取代官僚制组织的地位，成为合作社会中的基础性的行动体系。

本成果对全球化、后工业化进程中社会科学的使命做出了创新性规划，认为社会科学的研究应当把全部着力点放在基于现实的创新之上。认为社会科学研究的创新应集中在两个方面：其一，应实现思维方式的创新，即从近代以来的静态观察和确定性研究转向动态分析和对对象的非平衡态把握；其二，应致力于全球化、后工业化条件下的话语重构，即建立起后工业社会的话语体系，用以指导我们走出风险社会，特别是为当下应对危机事件提供思想和理论指导。

《公共服务标准化的创新机制》概要

卓 越*

一、研究的目的、意义及方法

1. 研究的目的和意义

本成果在研究导向方面，体现价值理性和工具理性相结合，既期望在理论上建构一个公共服务标准化较为完整的体系，又要突出标准化在推进服务型政府建设中的工具作用，推进服务型政府建设从理念倡导到方法技术的转变。本成果突出绩效管理的发展导向，凸显职能管理、目标管理、绩效管理的发展战略，实现流程管理与结果管理相结合，目标管理与绩效管理相结合。以投入、过程、产出、结果作为基本的标准元素，以公共服务的提供资源、提供机制、提供结果作为基本的标准维度。本成果重在创新提升，实现借鉴企业经验与体现公共精神相结合；重在实践探索，实现架构通用框架与选择试点相结合；重在推广运用，实现通用标准与个别标准相结合。

本成果在研究目标方面，努力通过理论与实务相结合的方式，体现双重创新。在理论层面：第一，在对公共服务标准化内涵辨识、特点把握、意义解读、轨迹追述的基础上，建立一套较为完整的公共服务标准化建设理论体系。在推进服务型政府建设中，形成一个与公共服务市场化、公共服务均等化、公共服务提供机制等相对应的标志性主题。第二，从企业管理标准与政

* 卓越，厦门大学教授，博士生导师。

府管理标准、服务标准与公共服务标准、国家标准与地方标准、规范化和标准化的比较分析中，提炼公共服务标准的特点，形成公共服务标准的边界。第三，不仅从公共服务的供给机制，而且从公共服务的需求机制入手，在研究视角方面推进了服务型政府建设的深入发展。在实务方面：通过规范的模板设定，运用文字、表格、图形等方式，完整描述和明确定位，制定通用型的公共服务标准，形成深化服务型政府建设的操作平台，为较大规模的公共服务标准化建设推广工作奠定基础。按照不同类型、不同层级设计若干套模板，建构一套通用型的公共服务标准，在技术和工具层面形成了公共服务的创新机制。制定标准是一个理论指导的过程，也是实践推动的过程。或者说，制定标准可以通过由下而上和由上而下两种渠道进行。目前，公共服务标准化建设基本上是通过由下而上的渠道，一些地方政府在积极地实践，但是，各自为政的试点探索缺乏统一标准，容易产生歧义。由下而上的发展进程急需由上而下的积极回应，急需出台一个在格式要素和内容标准上的通则性操作指南。同时，通过标准化建设，通过规范的模板设定，与电子政务相衔接，为开发公共服务标准化管理系统软件预留空间。

2. 研究方法

（1）可执行性、可持续性、可扩散性模型构建方法：模型构建法是指运用模型方法把抽象、不可测的事实或过程借助身边的材料、用具或者应用数学方法、图像、方程式等加以描述、概括总结的一种活动。作为一种以研究模型来揭示原型的形态、特征和本质的方法，模型构建法的主要特点在于以简化和直观的形式来显示复杂事物或过程。“模型构建”是标准化研究的理论基础，可执行性、可持续性、可扩散性模型是创新与公共服务标准化结合效果的逻辑体现。每个标准化成果都伴随一定的发展轨迹，受到多种因素的共同影响，产生可执行性、可持续性、可扩散性的不同效果。因此，模型是论证标准化成果的发展持续情况的理论框架。评估体系建立在可执行性、可持续性、可扩散性模型基础上，是分析标准化论证实施的效果和媒介。本成果基于基本公共服务标准化成果开展的过程，尝试从标准的工作机制、标准内容以及标准的监督评价机制等层面设计评估指标，以实现对标准化创新的全方位评估。

（2）通用框架设计中的情景模拟法：情景模拟法具有针对性强、动态性强的特点。在地方实务部门，推进基本公共服务标准化的工作由标准委系统负责。一般情况下，在地方实践的基础上，国标委必须进行顶层设计，制定基本公共服务标准的通用框架，作为标准的标准，以指导和推进各地、各部门的基本公共服务标准化工作。在这个过程中，为应对公共服务标准化这个新生事物，公共管理领域的理论工作者可以运用自身的学科和理论优势，尝试性地进行基本公共服务标准通用框架的预演设计。实际上这就是一种情景模拟法，针对地方实务部门的实际，模拟权威部门，从一个特定的角度，帮助地方推进基本公共服务标准化的工作，为社会提供决策服务。

（3）模型验证中的案例研究方法：案例研究方法是一种行之有效的实证研究方法。美国案例研究学者罗伯特·K·殷指出，案例研究既不是资料收集技术，也不仅限于设计研究方案本身，而是一种综合性的研究思路。它是一种包括所有方法的研究战略，涵盖设计的逻辑、收集整合资料以及对资料的多重分析。本成果在创新模型构构建与验证的子成果中，针对已构建的创新模型，依照可执行性、可持续性、可扩散性的分析思路，有针对性地选择近年来基本公共服务标准化实践已经发生的若干典型性案例进行创新模型验证。案例研究按照案例个数分为单案例研究与多案例研究；按照研究目的分为描述性、解释性、探索性案例研究。在研究思路方面，本成果遵循案例研究“提出问题—理论构建—个案研究—讨论与启示”的严谨分析架构。在案例选择方面，为了公共服务标准化可执行性、可持续性、可扩散性研究的充分性、透彻性以及代表性，个案选择遵循普遍代表性、体系完整性、第一手资料健全的原则。

（4）比较分析法：比较分析法是对两个或几个有关的可比对象进行比较，揭示其共同点或差异的研究方法。本成果运用横向比较和纵向比较，横向比较即对空间上同时并存的事物的既定形态进行比较，了解同类事物的大小、多少和优劣等；纵向比较即将单个事物与过去某个时间的状态进行比较，认识事物的发展变化过程，揭示事物发展规律。本成果通过公共服务标准化与 ISO 9000 质量管理、基本公共服务标准化与其他基本公共服务标准化、基本公共服务标准化的已有实践与理论应然等的比较分析，探索共性与特性，发现问题，找到差距，明确发展目标。

二、成果的主要内容和重要观点

1. 主要内容

本成果围绕一个主题串联式发展，各个环节纵向依次衔接，理论分析、模型建构、模板设计和推广实施等各个环节逻辑性强，关联度高。本成果在导论之后，构建现状分析模块（第二至三章）、模型的构建与验证模块（第四至六章）和实务操作模块（第七至九章）等几个相互联系的板块。

在现状分析模块，本成果从综合考量的视角梳理了公共服务标准化的发展进程。标准化建设、服务型政府建设和规范化建设这三条并联的线索几乎同时汇聚而来。第一条主线以管理标准化作为基点，按照标准化—服务标准化—公共服务标准化的发展路径，确定公共服务标准化的时代特征。第二条主线以推进服务型政府建设作为背景，把公共服务标准化作为一个与公共服务市场化、公共服务提供机制、公共服务均等化相对应的全新主题，作为推进服务型政府深入发展的内在逻辑延伸。第三条主线以规范化作为基点，在阐述规范化建设现状的基础上，分析规范化与公共服务标准化的异同，说明规范化发展的必由之路。本成果意在梳理之后，寻求三条主线之间的交点，逻辑地推出公共服务标准化。与纵向发展进程分析相呼应，本成果从横向比较的角度，对公共服务标准化的结构进行类型划分，对公共服务标准化与ISO 9000政府质量管理进行功能上的比较分析。本成果从更好地了解什么是公共服务标准化，从更深层次上理解公共服务标准化内涵的角度，在公共服务标准化现状分析中专门进行了类型划分。在分类标准方面，设计了多视角的公共服务标准化分类和阶段分类、内容分类、环境分类等，并对综合性服务窗口、单项性服务窗口、市政设施、城市公共信息、公共企业、基本公共服务、专门领域的公共服务标准化进行了归类和特征描述。本成果通过分析公共服务标准化与ISO 9000政府质量管理的异同，说明公共服务标准化对于ISO 9000政府质量管理的比较优势。在分析方法上，按照文本分析的一般方法，遵循特点分析、问题分析和发展路径分析的基本框架，重心落在公共服务标准化对ISO 9000政府质量管理的积极促进作用上面。

在模型的构建与验证模块，本成果按照创新研究的规范路径，以问题为导向，以假设为前提，依次建构和验证公共服务标准化可执行、可持续、可扩散模型。在创新可执行性模型的构建与验证方面，本成果分析了可执行性在政府创新体系中的作用，选择构建评估体系作为检验政府创新可执行性的分析工具，选择公共服务标准化作为政府创新实践的分析对象。以实践过程认识世界和改造世界两项基本活动为界标，分析创新接受和创新实施两个阶段的影响因素，形成政府创新可执行性的评估模型。在创新接受阶段，明确接受的价值与挑战，提炼接受阶段的评估指标思路；将实施阶段分解为创新的实施客体和实施主体两个主要影响因素，经过优化整合，将公共服务标准化创新可执行性评估的评估维度确定为创新接受、实施客体和实施主体三个一级指标，依次形成各个二级指标、三级评估体系；选择L市J区C局作为典型案例，对已构建的公共服务标准化创新执行性评估指标体系进行验证。通过案例分析，认为公共服务标准化作为一种政府创新总体上具有较强的可执行性，但在公共服务标准化的理论准备和成本观等方面依然有待改进。在创新可持续性模型的构建与验证方面，本成果认为，标准化可持续性的形成轨迹取决于不同发展路径下标准化影响因素作用力的大小，包括动力机制、组织力度、操作运载途径、发展路径的依赖、论证机制、标准的广度与深度、标准的信度与效度以及监督机制的健全程度等8个方面的要素。本成果采用针对给定评价因子做出的书面描述评估方法，建立公共服务标准化可持续模型的评估体系，由工作机制、标准质量、监督机制三个维度组成。在此基础上，选择比较典型的案例进行分析，证明公共服务标准化的可持续性。在创新可扩散性模型的构建与验证方面，本成果分析了政府创新扩散在创新流程中的作用，认为政府创新扩散是政府创新的着力点和落脚点，鉴于行政服务中心标准化的特质和较好的实践基础，选择行政服务中心标准化作为公共服务标准化创新扩散的实践样本。在政府创新扩散的理论选择方面，筛选了邻近效应、等级效应、产品生命周期理论，选择了梯度理论作为研究路径，按创新采纳的先后顺序划分区域的创新梯度；跟踪创新扩散的全过程，还原创新和扩散两种力量相互作用下的区域趋同。本成果以各区域存在创新的区域梯度差异，这种差异具有一定的稳定性作为基本假设，通过对行政服务中心的数据进行收集和样本分析统计，提出政府创新扩散的“反梯度”现象，引入“行政服务中心标准化”作为对照组，揭示行政服务中心标准化扩散的梯度特征，提出标准化是行政服务中心发展的必然结果、标准化是跳跃模式下的区域趋同、反梯度理论是创新扩散视角下的政策选择的战略性思考。

在实务操作模块，本成果通过国外管理的经验借鉴和国内相关政策的佐证，从战略角度分析了公共服务标准化的顶层设计。本成果认为，理论上，公共服务标准化应该有自身明确的界点，但在实践中，公共服务标准化界点勘探存在困惑。本成果认为，公共服务标准化顶层设计必须面对公共性问题和政府主导性问题的挑战。构建通用型模板设计需要进行理论预设，通用型公共服务标准必须凸显公共服务标准模板的菜单式特性、力求公共服务的过程控制与结果导向、实现公共服务标准体系的相容、贯穿从标准设定到实施的诉求和展现公共服务提供的工具效应。通用型公共服务标准模板可以分为公共服务基础标准、公共服务资源供给与管理标准、公共服务提供要素标准和公共服务绩效标准四个基本维度。本成果认为，公共服务标准化的组织实施的基础是组织分析，包括公共部门组织实施文化服务标准化的程序，以及标准化实施中的制度和组织建设，其中制度和组织建设是文化服务标准化实施的基础和保证。组织实施是公共服务标准化的一个基本环节和重要步骤，可以对标准化工作的其他方面进行检验，对公共部门管理、目标和战略加以改进。本成果认为，公共服务标准化建设总是在一定的环境中进行，环境是影响公共服务标准化建设可持续发展的双刃剑。环境建设包括宏观环境与内部环境。前者是相对比较普遍的外部影响因素的集合，对公共服务标准化产生外生性的作用力；后者则是相对特殊的内部影响因素的集合，对公共服务标准化产生内生性的作用力。也就是说，环境对于公共服务标准化的影响包括宏观环境的外生性影响与微观环境的内生性影响。内外部环境分别由不同的影响因素构成，产生不同的影响力与影响方式。同时，这两股不同的影响力将合成对公共服务标准化的综合作用力，形成影响公共服务标准化建设的不同环境类型。为此，可以按照“外—内—总”的逻辑对公共服务标准化建设环境进行具体分析，寻求有效的促进机制。

2. 重要观点

本成果在第一章第一节第三目中提出公共服务标准化是政府公共服务创新的新成果，本成果可以在操作层面推进建设服务型政府的深入发展，加强建设服务型政府的工具理性作用，凸显服务型政府的应用特征，有助于更好地满足公共服务需求，提升公共服务质量，体现公共服务精神，推进公共服务体制和机制创新，实现基本公共服务均等化，丰富我国标准化研究的主题，帮助解决公共服务标准化实践的创新问题。

本成果在第二章第一节第二目中分别从国际标准产业分类（ISIC）中的服务业分类、质量管理关于质量体系认证机构认证业务范围分类表中服务业分类和我国通用的国民经济行业分类标准 GB/T 4754—2011《国民经济行业划分》中的服务业分类等视角论证了公共服务标准化是服务标准化的有机构成。本成果在第二章第一节第二目中提出，公共服务标准化可以帮助实现服务型政府由"效率优先"向"效率与公平兼顾，更加注重公平"的转变，帮助实现从"人治"向"法治"的转变，促进由"行政本位"向"公民本位"的转变。公共服务标准化有效促进公共服务市场化作用的发挥，公共服务的监管标准保证政府责任的履行，公共服务的合同标准保障服务质量，公共服务的项目标准有助于细分市场。公共服务标准化可以提高公共服务绩效评估的科学性，公共服务绩效评估的价值追求必须通过指标设计来实现，指标本身就是一种标准，公共服务绩效评估整个过程也就是公共服务标准化的过程。公共服务标准化保障公共服务均等化的实现，标准是公共服务均等化的实现基础，标准贯穿于公共服务均等化整个过程，标准落实在公共服务均等化的结果评估。

本成果在第三章第三节第五、六目中分析了政府部门导入 ISO 9000 质量管理体系的发展瓶颈，认为 ISO 9000 质量管理体系的认证过程缺乏公共管理专业技术人才的介入是一个较为直接、较为重要的原因；提出了公共服务标准化为 ISO 9000 持续改进提供操作平台，公共服务标准化重在形成灵活设计模板的观点。

本成果在第四章中以实践过程的接受阶段和实施阶段为分析路径，经过优化整合，将公共服务标准化创新可执行性评估的评估维度确定为创新接受、实施客体和实施主体三个一级指标。将创新接受评估维度的二级指标确定为知识累积和宣传活动；实施客体评估维度的二级指标确定为目标要素、操作要素和价值要素；实施主体评估维度的二级指标确定为组织设置、组织资源和组织文化。依次进一步分析各个二级指标中的基本要素（三级指标），形成公共服务标准化创新可执行性三级评估体系。

本成果在第五章第一节第四目中提出标准化可持续性的形成轨迹取决于不同发展路径下标准化影响因素作用力的大小。只有具备动力机制、组织力度、操作运载途径、发展路径的依赖、论证机制、标准的广度与深度、标准的信度与效度以及监督机制的健全程度等 8 个方面要素的工作机制，与标准内容及监督机制组成的标准化实施体系形成合力，标准化的“优良因子”才会被保留，从而在公共服务应用领域持续存在。

本成果在第六章第一节中提出，通过收集各不同地区行政服务中心标准化的采纳时间，将获得各地方政府创新性的梯度序列。如果该梯度序列具有稳定性，意味着政府创新和技术创新扩散一般无异，技术环境在其中占据主导；反之，意味着政府创新扩散呈现反梯度推移特征，制度环境在创新扩散中更为重要，政府创新采纳的动力源于组织合法性的需求，并提出各区域存在创新的区域梯度差异，这种差异具有一定的稳定性的基本假设。

本成果在第七章第一节中提出公共服务标准化应该有自身明确的界点，顶层设计至少要在理念上解决公共性和政府主导性这两个基本问题，在规范上要考虑因此而引发的诸多操作性问题。在第二节中，通过凸显公共服务标准模板的菜单式特性、力求公共服务的过程控制与结果导向、实现公共服务标准体系的相容、贯穿从标准设定到实施的诉求、展现公共服务提供的工具效应等设计思路，将通用型公共服务标准模板分为公共服务基础标准、公共服务资源供给与管理标准、公共服务提供要素标准和公共服务绩效标准等四个基本维度，试图构建出体现公共服务标准的公共性、回应性、绩效导向性、规范化及普适性等共性要素的通用型公共服务标准。

三、成果的学术创新、应用价值以及社会影响和效益

1. 学术创新

（1）学术观点的突破、创新或推进之处。

本成果将创新与基本公共服务标准化结合起来研究，运用创新的分析框架研究时代主题。本成果在多年学术积累的基础上，形成一个能够自圆其说、较具说服力的分析模型。提炼创新的可鉴别、可执行、可持续和可扩散元素，完整连接创新元素之间的逻辑关系，是创新理论研究的生长点。本成

果运用多年的公共服务标准化实证成果的实践感悟，在具体的模板设计、运作机制方面寻求突破，构建了一套能够体现基本公共服务标准化本质内涵和个性特征的通用框架。通过对公共性问题和政府主导性问题的分析，尝试明确公共服务标准化的界点，解析公共服务标准化界点勘探的困惑，提出公共服务基础标准、资源供给与管理标准、提供要素标准、绩效标准等基本维度的思路，推进了基本公共服务标准化通用框架的形成。

(2) 研究方法和分析工具的突破、创新或推进之处。

本成果除了有效运用模型构建方法、案例研究方法、比较研究方法、文献资料研究方法、结构方程等新一代统计方法以外，尝试性地运用类情景模拟方法是一个突破。

相对于案头调研而言的实地调研以拥有第一手资料为特征，主要包括访谈法、观察法和实验法。本成果首席专家率领的团队多年来研究公共服务标准化创新理论，与地方政府进行成果合作，有一批彼此信任的合作伙伴，有诸多成熟稳定的调研基地。在多年的实证研究过程中，形成一整套完整的实地调研经验。作为一种可生成的创新，需要组织结构的环境支持，诸如领导重视、团队合作、政策导引等等，本成果最大的优势在于多年来在公共服务标准化领域的专心研究，与地方政府部门的多项合作，在理论设计与实践操作方面的独特感悟和经验。

(3) 文献资料的突破、创新或推进之处。

公共服务标准化是一个崭新的成果，在公共管理领域研究者不多，学者中能够直接拥有实务经验的更少。本成果最大的特色在于除了常规性的掌握国内外理论界和公共实务部门的文献资料以外，本成果首席专家带领的团队通过和地方公共部门的多项合作成果，在历时五年的公共服务标准化实践中，拥有的大量第一手资料，包括各类公共服务部门的岗位职责、三定方案、工作总结、经验材料、年度考核，各类座谈会、访谈的原始记录，形成了非常明显的比较优势。

2. 应用价值以及社会影响和效益

近年来，本成果负责人作为特邀嘉宾，出席多个地方政府召开的有关公共服务标准化研讨会，并在会上做了以公共服务标准化创新机制为题的大会主题演讲或专题讲座；作为评估专家，多次应邀出席相关省质量技术监督局标准化处举办的地方标准审定会、国家级服务业标准化试点成果评估验收会，并担任会议专家组组长；作为特邀嘉宾，出席多所大学公共管理学院举办的学术研讨会，在会上做了以公共服务标准化为题的大会主题演讲。

2013 年 10 月，本成果负责人入选国家标准委的全国社会管理和公共服务标准化专家库。

《中国农产品流通现代化研究》概要

李崇光*

一、研究的目的、意义及方法

中国特色农产品流通现代化是中国特色农业现代化的主要内容，是推动中国特色农业现代化发展的关键。但由于历史原因和资源条件所限，我国农产品流通现代化水平与发达国家相比还有较大差距，农产品流通现代化已经成为制约我国农业现代化的一块短板。因此，结合我国现阶段基本国情和发展阶段特点，探索中国特色的农产品流通现代化道路就显得尤为迫切和重要。

本成果旨在科学发展观指导下，立足中国国情，运用马克思政治经济学、农业经济学、新制度经济学等理论，采用归纳与演绎、规范与实证、纵向与横向比较等研究方法，梳理和借鉴典型国家（或地区）农产品流通现代化发展的一般经验，提出和界定中国特色农产品流通现代化的内涵并构建其研究框架，分析制约我国农产品流通现代化发展的现实问题，建立适合中国国情的测评指标体系并对我国农产品流通现代化水平进行评价和流通产业绩效进行分析，在此基础上提出推进中国特色农产品流通现代化的发展路径、发展模式、关键环节和政策建议。本成果对于丰富和完善中国特色农产品流通现代化理论，推进我国农产品流通现代化建设实践以及新时期政府相关政策的制定具有重要的理论和应用价值。

* 李崇光，华中农业大学教授，博士生导师。

二、成果的主要内容和重要观点

1. 主要内容

本成果主要研究了八个方面的内容：第一，梳理和总结了国外典型国家和地区农产品流通现代化的经验和主要做法，为推进我国农产品流通现代化提供了经验借鉴。第二，界定了中国特色的农产品流通现代化的科学内涵与特征，并在此基础上构造了一个中国特色农产品流通现代化的理论分析框架。第三，构建了农产品流通现代化评价体系和效率模型，对当前我国农产品流通现代化水平进行了测评，并对流通产业绩效进行了分析，客观描述了我国农产品流通现代化水平和流通产业绩效的现状、特征与问题。第四，从当前制约我国农产品流通现代化的现实问题出发，从内生路径、外引路径、内生与外引相结合三方面探讨了中国特色农产品流通现代化的发展路径。第五，从“小农户”与“大市场”对接和构建流通联盟两方面，探讨了中国特色农产品流通现代化的发展模式。第六，基于“互联网＋”的快速发展和农业信息化的要求，从发展农产品电子商务，推进批发市场升级转型、期货市场建设等方面，探讨了中国特色农产品流通现代化建设的关键环节。第七，结合农产品流通现代化的一般规律和我国农产品流通现代化的客观实际，构建了中国特色农产品现代流通体系建设的基本框架和运行机制。第八，综合上述研究，提出了完善我国农产品流通现代化建设的对策措施和政策建议，为相关部门提供决策参考。

2. 重要观点

一是首次提出和界定了中国特色农产品流通现代化的内涵与特征，认为中国特色农产品流通现代化是指在中国特色市场经济和具体时代背景（国情）条件下，以科学发展观等思想为指导，以提升农产品流通效率和满足经济社会整体和谐发展为目的，以流通体制与管理现代化、流通方式与模式现代化、农产品流通组织现代化、流通设施与技术现代化为主要内容，进而促进农产品流通先进性的动态发展过程。具体特征体现为：第一，中国特色的市场经济体制决定了中国农产品流通现代化的特色性。特别是企业或组织在农产品流通体系中的竞争机制，农民在流通体系中的地位和利益保障机制，政府、企业、农民在农业流通现代化进程中的互动关系和利益分配机制。第二，中国的特殊国情决定了中国农产品流通现代化要走中国特色的现代化道路。这些特色体现在由于受中国传统农商业文化“基因”的二重性（“重商”和“轻商”）以及农产品流通制度与体制独特性的影响，中国农产品流通现代化路径只能走“后发优势”基础上的追赶型道路，同时在区域上采取因地制宜的发展策略。第三，中国特色农产品流通现代化任务复杂而艰巨。“小农户”与“大市场”的矛盾以及农产品流通现代化本身的内容、目标与过程的复杂性决定了中国农产品流通现代化之路是漫长的，特别是中国面临着农业基础薄弱、资源短缺，农业科技与教育发展滞后，实现农产品流通现代化面临的困难是世界上其他国家所不能比拟的。第四，中国特色农产品流通现代化的目的的独特性。中国特色农产品流通现代化的主要目的是构建现代化的农产品流通体系，达到城乡之间、工农产业之间和区域之间农产品流通一体化，推进整个经济与社会和谐发展。第五，中国特色农产品流通现代化的内容和手段的独特性。它包括作为农产品流通实际参与者的主体（组织）的现代化、整个农产品流通体系运行的现代化（包括流通方式、流通关系现代化等）和农产品流通支撑系统的现代化（包含流通体制（制度）、流通设施、流通技术现代化）。

二是通过对我国农产品流通现代化水平的评价和流通产业绩效的分析认为：第一，我国农产品流通现代化水平与发达国家（美国、日本、法国）存在较大差距，我国农产品流通现代化的水平大致相当于世界中等发达国家55%的水平，与西方发达国家水平大约相差 80 年。农产品流通现代化建设整体上存在着流通主体组织化程度低和流通信息化水平低，流通设施、流通技术和流通方式落后，流通管理效率低，流通人才缺乏等问题。第二，我国各地区农产品流通现代化水平极不平衡，东部地区实现现代化的程度为70%，整体上已进入农产品流通现代化的成熟期，中部地区六省农产品流通现代化实现程度接近 60%，农产品流通现代化水平出现 3 个梯次化差序，而西部地区只完成现代化进程的 44%。浙江省实现现代化程度为 84.80%，近于全面实现现代化，而贵州省现代化程度只有 33.79%，两者相差 51.01 个百分点。第三，农产品流通业现代化水平与整个流通产业现代化水平相比存在较大的差距，但地区农产品流通现代化进程与整个流通产业现代化进程具有一致性。我国 27 个省农产品流通现代化的水平与其在国家现代化进程中所处的位次基本一致。第四，改革开放以来，我国农产品流通业经历了国有农产品流通商处于主导地位（1980—1990 年）、私人资本开始大量参与农产品流通（1991—2000 年）和农产品流通产业的联合兼并与重组（2001—2013 年）三个明显的发展阶段，分别表现出明显的阶段性特征。第一阶段，在计划和市场相互作用下，农产品流通渠道的长度开始变长，密度开始变大，但行业的集中度仍较低。农产品流通商仍以传统的经营方式为主，并开始进行有限度的扩张，农产品流通技术和现代物流方式还处于起步阶段。农产品流通对 GDP 的贡献逐渐明显。第二阶段，市场机制成为农产品流通产业发展的主要动力。农产品供应短缺问题得到改善，农产品流通渠道的长度继续变长，密度继续变大，农产品流通业的集中度持续增加，但是仍然处于一个相对低的水平上。农产品流通业态开始丰富，农产品流通技术和现代物流方式应用越来越多。农产品流通对 GDP 的贡献率维持在相对稳定的水平上。第三阶段，显著的特征是农产品流通产业的联合兼并与重组。农产品流通业集中度水平不断提高，竞争更加激烈。农产品流通渠道结构更加扁平化，流通渠道组织更加多元化，流通渠道的职能更加扩大化。农产品流通业者之间的兼并和联合明显增多，开始逐步形成有市场影响力的寡头。现代化的农产品流通方式和现代物流普遍应用。农产品流通对 GDP 的贡献率稳中有升。第五，我国农产品流通效率总体呈现上升趋势，由无序状态向有序状态演化。1998—2013 年间我国农产品流通效率总体呈现上升趋势，其中，1998—2002 年，农产品流通效率大幅度下降，2002—2007 年，农产品流通效率小幅度上升，但仍然处于无序状态，2007—2013 年，农产品流通效率呈现较大幅度上升，进入有序发展状态。

三是完善“小农户”与“大市场”的对接和构建流通联盟模式是现阶段推进中国特色农产品流通现代化的重要发展模式。本成果认为，农户与市场交易特征是“小农户”与“大市场”对接的前提因素，“小农户”与“大市场”对接存在水平合作交易、垂直一体化交易和网络虚拟化交易三种对接模式，“小农户”与“大市场”对接机制的最终落脚点是提高农户的交易绩效，使农户更好地参与市场。构建农产品流通联盟，对于解决我国农产品渠道中存在的各自为政、缺乏整合、成本居高、信息不畅等问题，弱化“小农户”与“大市场”之间的矛盾，进而促进中国特色农产品流通现代化建设具有重要现实意义。农产品流通主体间通过同业或异业合作以多种方式组建农产品流通联盟，可以使农户、企业、分销商以及其他流通主体找到一个可以长期分工合作的伙伴，以达到降低交易成本、共享市场信息、保证成员收益、稳定合作关系的目的，进而打造具有“大流通、大市场、大集团”特征的农产品流通格局。

四是推进中国特色农产品流通现代化，必须立足我国农业现实和农产品流通的阶段性特征，在路径选择上走内生和外引相结合的双驱型发展道路，通过联合发挥市场和政府的力量来协同推进，这些路径具体体现为资源要素组合整体提升路径、政策制度推动路径和因地制宜相机选择路径。其中，资源要素组合整体提升是指在流通产业内部通过对流通组织与主体、流通设施、流通（交易）方式和流通技术的创新来提升现代化水平；政策制度推动路径是指通过进一步完善和创新政策，提升农产品流通业的先导产业地位，整体提高农产品流通现代化水平的效益和质量；因地制宜相机选择路径是指由于我国各地区农产品流通现代化水平不同而选择的补足现代化发展短板的路径。

五是发展农产品电子商务、推进农产品批发市场升级转型和农产品期货市场建设是新时期推进中国特色农产品流通现代化的重要环节。发展农产品电子商务对于提升消费者福利、降低企业流通成本、促进农民增收、解决“小农户”与“大市场”的矛盾具有重要作用，但由于受到农产品本身的属性及外部环境因素等多方面的影响，我国农产品电商发展目前还面临着消费习惯、冷链物流、流通成本、产品和客户群等方面的制约，发展我国农产品电商必须积极借鉴发达国家的经验，同时结合我国的国情，充分发挥政府主导、企业主体作用。一方面，企业要积极创新电商模式，明确细分市场，找准市场定位，从本地化的高端市场入手，通过经营中高端，拉动中低端，从“小而美”的市场起步，通过提升消费者体验，逐渐培育起消费者的消费习惯，不断壮大市场规模；另一方面，政府要在冷链物流体系建设、农产品质量和安全标准化体系建设等方面加大政策和资金支持力度，为农产品电商的发展提供良好的外部条件。推进批发市场升级转型的关键是增强规划的整体性和科学性，引导批发市场良性发展，创新批发市场的经营模式，提高组织化水平，积极探索建立农产品虚拟批发市场，努力提高其信息化水平，实现协同商务，同时，还应加强制度化建设，为批发市场升级转型营造良好的经营环境。农产品期货市场建设对于推进我国农产品流通现代化建设具有重要作用，它有助于克服现货农产品市场中价格机制的缺陷，完善农产品流通的价格体系和定价权机制，有助于提高农产品流通的规范化水平，降低生产者市场风险，推动全国统一大市场的形成。当前，我国农产品期货市场存在的主要问题是农产品期货市场规模过小，农产品品种有限，交易主体组织化程度低，结构不合理，流动性不足，套期保值主体缺位，交易交割制度不完善，风险监控能力不足等。因此，推进我国农产品期货市场建设的关键是尽快研究增加农产品期货上市品种，扩大农产品期货市场规模；进一步优化农产品期货市场投资主体结构；完善交易交割制度，进一步规范农产品期货市场的发展，并为农产品期货市场发展营造良好的政策环境。

六是建设中国特色农产品现代流通体系是实现农产品流通现代化的重要保障。经济、社会、法律环境的变化，新技术的应用，消费者购买模式的创新，以及流通权力变迁和价值链利益调整是推动农产品流通体系变革进而建设农产品现代流通体系的主要动因，但它需要具备相应的资源禀赋、需求拉动、政策支持等条件。建设中国特色的农产品现代流通体系意味着对当前农产品流通体系的变革和创新，它必须综合考虑农产品流通的现实因素，从体制、机制、体系、技术、管理等方面寻求突破，其目的是通过完善农产品流通格局，达到降低流通成本、提高流通各环节效率，进而实现行业增效、农民增收、消费者满意的目标。

七是中国特色农产品流通现代化必须从流通管理体制、流通布局规划、流通格局、流通主体组织化建设、流通方式、流通基础设施建设、流通标准化建设、流通信息化建设、流通法律法规以及政府政策扶持等多方面整体推进。

第一，理顺农产品流通管理体制。关键是打破在流通管理上的“条块分割”“各自为政”“多头管理”局面，建立“政府引导、部门协调、企业主导、市场化运作”的流通管理体制，政府应把主要工作放在不断完善农产品流通法律法规，加大基础设施建设力度，搭建产业信息平台等方面。

第二，做好农产品流通布局规划，降低农产品流通成本。在考虑农产品的生产集中性与需求的不平衡性的基础上，根据农产品的品质、地理区位、流通成本等因素来合理规划各类农产品的流通布局，减少流通的运输距离，加快产销地之间的农产品流通速度，降低流通过程中的成本，有效连接农产品供需，提高农产品的流通效率，同时应根据农产品供需之间的变化合理调整农产品的流通布局，合理应对自然灾害等因素对农产品流通布局的冲击。

第三，打造以“大流通、大市场、大集团”为特征的现代农产品流通新格局。所谓“大流通”主要是指通过联盟形成生产、流通、消费之间有效的互动传导机制，使流通真正成为融商流、物流、信息流、资金流于一体的有机体系，它主要通过流通功能联盟来实现。所谓“大市场”主要是指通过建立区域市场间的联盟，打破地区封锁，消除各种形式的地方保护主义和区域贸易壁垒，以形成全国统一市场，它主要通过流通市场联盟来实现。所谓“大集团”主要指通过联盟形成一批资本雄厚、管理先进、市场开拓能力强的全国性农产品加工、流通集团，并以它们来主导农产品生产、流通，它主要通过构建企业联盟，即通过构建“企业航母或企业集团”来实现。

第四，提高农产品流通主体组织化程度，培育企业核心竞争力。其一，大力发展农民合作社，提高农民在市场竞争中的地位与谈判能力。应加快对传统合作经济组织的改造与升级，不断提高其综合功能，在改造与升级合作经济组织时，坚持“民办、民管、民受益”的原则，切实让合作社代表弱势小生产者的利益，鼓励合作社拓展功能，为农民提供产前、产中及产后服务。其二，培育壮大农产品流通企业核心竞争力。通过市场机制和政策引导，推进龙头企业跨地区、跨行业、跨所有制联合重组，实现规模扩张，鼓励农产品批发市场和物流配送企业跨地区兼并重组和投资合作，培育发展带动力强、辐射面广的全国性、区域性大型农产品批发市场或农产品物流配送中心，大力发展销售型的农产品经营公司，提升流通的专业化职能，使其逐步向专业化、规模化方向发展，提高其核心竞争力。其三，积极组建旗舰型批发商群，扩大农产品批发市场规模。当前迫切的任务就是积极引进大批发商、大代理商入场经营，通过这些企业的规范化经营，带动批发市场组织重组，使资源向少数优秀大批发商集中，组建旗舰型批发商群，用现代企业制度的要求促使批发企业向法人化、集中化与规模化的方向发展。批发商群建设可以按照股份制形式集资组建，也可按照“卫星式”由核心企业采用股份制的方式组建，在经营上可采取“企业办市场、企业管市场”的方式进行管理，实行企业化运作，建立规范而富有活力的以产权明晰、权责明确、政企分开、管理科学为特征的现代企业制度。

第五，创新农产品流通方式，打造农产品流通一体化链条。其一，大力推进农产品连锁经营，继续做好农超对接的试点和推广工作，支持农产品“直销市场”的发展。当前的主要任务之一是大力发展以流通合作社、连锁经营、自助会为代表的现代化的流通方式与服务方式，并继续完善农超对接的试点和推广工作，使其成为推动农产品“直销市场”发展的重要先导力量。其二，创新农产品的交易方式，鼓励农产品电子商务、农产品拍卖与期货交易等新型交易方式的发展。在具备基本条件的地方，如产销地批发市场，可尝试拍卖交易与合约交易等新型交易方式；拍卖设施不完备的农产品批发市场，可暂时采取手势等传统的叫价方式；档次较高、规格化与标准化程度较高的农产品批发市场，可进行电脑拍卖的试点；在农村还可推广农产品电子商务的建设，构建在线农超对接平台，鼓励上网卖（买）农产品等新型消费模式的发展；扩大农产品期货交易品种。

第六，加强农产品流通基础设施建设，提高保障水平。农产品流通基础设施建设是发展现代农业的重要内容之一，应把农产品流通基础设施的投资纳入公共投资的范畴。其一，加大农产品流通基础设施的投入。借鉴其他国家与地区的经验，政府要加大对农村道路特别是农产品生产基地的道路建设资金投入，保证农村道路的畅通；重点扶持农产品市场的供电、供水、场地硬化、交易与冷藏设施、通信与信息系统、电子结算系统、质量检验检测系统等基础设施建设；在资金、信贷与税收等方面大力扶持重要农产品储备设施、农村地区物流配送中心、大型农产品流通设施、市场信息网络与电子商务平台等流通基础设施建设；进一步完善“双百市场工程”“万村千乡工程”“新网工程”和“农村商务信息服务工程”，把农产品市场基础建设作为公益性事业，加大政府扶持力度。其二，加强现代化冷藏储运基础设施建设。优先建设农产品配送中心、农产品批发市场等关键流通载体的冷藏储运设施，也可优先考虑在大中城市的周边规划一批蔬菜低温配送与冷藏中心。经营仓储冷冻初期要求大的投入成本，且农产品仓储冷冻设施的专业性较强，投资回收期也相当长，在市场需求旺盛的农产品生产基地和产销地批发市场，初期的政策扶持十分重要，这包括低息多渠道的贷款措施、必要的专业知识培训、农产品仓储冷冻业合理的布局规划等。尤其是要支持农民专业合作社建设冷藏保鲜设施、配置冷藏运输工具等，减少流通环节，降低流通成本，充分发挥其保障市场供应、稳定市场价格方面的作用。其三，加强农产品现代物流建设。扶持与发展一批专业从事农产品流通的物流公司，加强专业物流人才的引进与培养，在物流标准化方面进行试点，各种运输方式间推行标准统一的装备、物流器具与托盘，使包装标准与物流设施能进行有效衔接，根据生鲜农产品的特点开发包装技术、改装运输车辆与装卸及搬运设备。

第七，提高农产品流通技术水平和标准化程度。其一，提高农产品流通、加工技术水平。要积极鼓励农产品加工企业和大专院校及科研单位联合进行新产品研发，应用新技术、新工艺与新设备就我国农产品精深加工技术与保鲜技术等进行科研攻关，各级财政应加大对农产品流通加工技术推广经费的扶持力度，以便实现流通加工技术现代化。其二，大力提高农产品流通的信息化水平。当前的主要任务是加快农业数字化工程与网络体系建设，充分运用互联网、物联网及社会媒体等现代科技手段，以信息化为重点，搭建一个以市场为中心、各流通主体广泛参与的信息平台，以提高农产品流通的信息化水平。其三，提高农产品流通标准化程度，完善农产品质量安全体系。当前的重点是大力推动产品生产的标准化建设，并在其基础上建立质量安全追溯体系及标准规范。关键是要将农产品流通、仓储、销售等各个环节相关信息通过电子签名写入“无源电子安全标签”（这样电子标签里包含有不可更改的产品相关责任信息），并通过物联网技术，对农产品的各项关键数据进行采集，实现数据分析和智能处理，形成完整的知识库，并提供一致、高效的数据查询、追溯机制，将以往“重结果、轻过程”的监管拓展到运输、批发、零售各个环节，建立起农产品现代流通质量安全追溯体系。

第八，加快推进农产品流通信息化建设。首先，要加快现代农产品流通公共信息平台的建设，通过公共信息平台彻底改造传统的、落后的信息系统，逐步形成全国统一的流通公共信息平台，实现信息资源共享。其次，要建立健全农产品流通信息收集发布制度，及时、高效、有针对性地指导农产品的生产、流通。再次，加快建立以农业部门为主体、以农业信息服务体系为支撑、以农产品信息收集发布制度为基础、以农产品电子商务平台为载体的农产品现代流通信息体系和交易网络。最后，要加快信息化管理人才的培养，为推进农产品流通信息化建设提供强有力的人才保障。

第九，健全法律法规，优化流通环境。首先，政府应在市场准入、市场行为（如限制恶性竞争和不正当竞争）、市场价格等方面加强立法。其次，政府应清理和废除各类不符合国家法律、法规规定的由部门或各地制定的地区封锁、行业垄断、市场分割的规定。再次，政府应全面建立农产品质量安全检测网络和农产品市场准入制度，积极实施农产品质量安全检测信息公开发布制度和不合格农产品就地销毁制度，以保证农产品安全流通。

第十，进一步完善农产品流通扶持政策。其一，设立农产品现代流通体系发展专项扶持资金，积极落实工商业用水、电、气、热基本同价，严格执行鲜活农产品运输“绿色通道”政策。其二，加强金融支持。鼓励和引导金融机构积极支持流通企业参与农产品流通体系建设，进一步扩大授信额度，加大信贷支持力度。其三，做好重点项目扶持。对符合区域农产品流通布局的大型农产品流通企业在用地、用水、用电、税收上予以支持，并在资质认证、项目审批、技术指导等方面提供支持。其四，加大税费政策扶持力度，对企业建设配送中心所需用地，要优先安排计划、优先组织供地，并减免相关收费，降低合作社鲜活农产品进入超市的门槛，稳定对接关系。

三、成果的学术创新和应用价值

本成果在以下几个方面体现了较好的创新性：第一，首次界定了中国特色的农产品流通现代化的内涵。第二，率先建立了农产品流通现代化评价体系和效率分析模型，对当前农产品流通现代化水平进行了测评并对流通绩效进行了分析，客观描述了农产品流通现代化水平和农产品流通效率的演进特征。第三，结合我国农业现代化战略，从当前制约农产品流通现代化的现实问题出发，探讨了中国特色农产品流通现代化的发展路径、发展模式和关键环节。第四，构建了一个包含支撑体系、运行机制、实现路径等内容的中国特色农产品现代流通体系建设基本框架，并提出了推进该体系建设的公共政策建议。

本成果是国家社科基金重点项目的研究成果，由李崇光、赵晓飞、孙剑、涂红波、郑鹏、乐永海等共同完成。相关研究成果已在《管理世界》《中国农村观察》《农业经济问题》等权威和重要期刊上发表，其中1篇被

《新华文摘》全文转载，3 篇被中国人民大学复印报刊资料全文转载，16 篇被 CSSCI 收录，3 篇在国外杂志上发表，5 篇被 EI 或 ISTP 收录；获得商务部发展研究奖和优秀论文奖各 1 项，湖北省和武汉市社科优秀成果奖 3 项；参加国际会议交流 4 次，提交会议交流论文 4 篇；被引用累计达 150 次（中国知网）；部分研究成果和建议被湖北省委、省政府主要领导批示，并被农业部相关司局和湖北省政府相关职能部门采纳。

艺术学

《中国古代戏曲理论史通论》概要

俞为民*

一、研究的目的和意义

中国戏曲艺术在其漫长的发展过程中，不仅产生了众多的戏曲作品，而且伴随着戏曲的创作与演出实践的发展，也积累了丰厚的戏曲理论。与西方戏剧理论相比，中国古代戏曲理论具有鲜明的民族特色，同时，有着传统诗文理论所没有的内容与特色，在整个古代文学理论与艺术理论中占有十分重要的地位。因此，系统地总结和梳理古代戏曲理论，探寻古代戏曲理论的发展轨迹，对于弘扬民族文化、促进戏曲艺术的发展具有重要意义。

为了系统地总结和梳理古代戏曲理论，我们做了两方面的工作：首先，对历代戏曲理论资料做了汇总和梳理，编辑了《历代曲话汇编》十五卷，为从理论上对古代戏曲理论加以总结提供了资料基础。其次，对历代戏曲理论做深入细致的研究，从理论上对古代戏曲理论加以总结。这也就是本成果所做的工作。我们以史为线索，对戏曲理论上的一些重要理论家和论著加以深入的研究和论述，力求广度与深度的结合，既有史的线索，对每一时期的戏曲理论有总体的研究和论述，又突出每一时期的重要理论家及其论著，对其加以专题研究与论述，并结合宏观研究与个案研究，以增强研究的理论广度和深度。

本成果首先从宏观的角度对中国古代戏曲理论做了总结与研究，总结了

* 俞为民，温州大学特聘教授，博士生导师。

中国古代戏曲的理论形态、理论内涵、美学特征以及演进规律。

中国古代戏曲的理论形态大致可分为以下几种类型：记载戏曲作家的生平事迹，品评其创作特色；记载戏曲演员的生平事迹，品评其演唱技艺；记载戏曲史料，论述戏曲的形成及发展；记载曲目，评述、论述戏曲的创作方法和技巧；论述戏曲的演唱方法和技巧；融考辨史料、品评剧作、论述创作方法为一体的各种曲话、戏曲格律谱和戏曲韵谱分析等。

中国古代戏曲的理论内涵，可分为戏曲史论、戏曲创作论、戏曲表演论等三大理论体系。第一，戏曲史论。在这一理论体系中，包含两个方面的内容：一是探索戏曲的起源与形成，论述戏曲史上各种戏曲形式、戏曲声腔的艺术特征及其沿革与流变，总结各历史时期戏曲的兴衰及其原因；二是记载戏曲史料，或记载戏曲作家和演员的生平事迹，或记载剧目，或记载曲坛掌故。第二，戏曲创作论。这一理论体系也包括两个方面的内容：一是对戏曲创作中的一些规律性问题的探讨，如戏曲功能问题、内容与形式的关系问题等；二是对戏曲创作技巧的探讨，曲论家们围绕音律、语言、情节、结构、人物塑造等戏曲创作技巧进行探讨与论述，并由此形成一个个理论分支，如音律论、语言论、本色论、当行论、情节论、结构论、人物论等。第三，戏曲表演论。围绕着戏曲表演中的唱、念、做、打等基本技巧加以总结与论述。

中国古代戏曲理论，有着与西方戏剧理论不同的美学特征，主要表现为理论内涵上的写意性与表现方法上的形象性。中国古代戏曲理论无论在创作理论中，还是在表演理论中，都具有写意性的特征。在创作理论上，重视情感的表达，强调作家的主体意识；在表演理论上，曲论家们提出了“传神说”，要求演员在扮演角色时，必须演出人物的真情。在表现方法上，中国古代戏曲理论具有形象性的美学特征，古代曲论家们在品评作家与作品、表达自己的戏曲主张时，常将自己的理性评判和抽象的理论蕴含在生动的艺术形象之中。

二、成果的主要内容和重要观点

本成果主要从纵向的角度对古代戏曲理论的发展做了较系统深入的研究。按中国古代戏曲理论的发展过程，将古代戏曲理论的发展划分为九个时期：萌芽时期、雏形时期、成熟时期、发展时期、繁荣时期、深入时期、集成时期、转折时期、总结与创新时期。通过对每一时期主要理论家与曲论著作及重要理论问题的分析研究，梳理和总结了中国古代戏曲理论的发展线索，寻绎出古代戏曲理论逻辑演进的规律。

先秦至唐代，是古典戏曲的萌芽时期，也是古代戏曲理论的萌芽时期。本成果分别对先秦至唐代与戏曲有关的论著和理论做了梳理与论述。

先秦典籍中有关歌舞的史料虽然同戏曲理论并没有直接的关系，但是这些史料中所体现出来的理论思想和艺术精神却对后来戏曲理论的发展有着深远的影响。汉代《毛诗序》提出了情志统一、讽喻教化等论说，后世戏曲家们提出的以曲载道、以曲风世的主张，便是直接源于《毛诗序》提出的讽喻教化说。

齐梁时期的“声律论”，对后世戏曲声律理论中的曲韵论有着重要的影响，元代周德清的《中原音韵》所提出的曲韵论、明代沈宠绥《度曲须知》中的度曲理论，都是对齐梁时期“声律论”的继承和发展。

唐代《教坊记》记载了唐代开元、天宝年间有关俗乐的史料，为后人研究唐代的歌舞演出提供了第一手的原始材料，成为研究古代戏曲形成和发展的重要史料；《乐府杂录》有关二十八宫调的构成形式及其调名的记载，对后世戏曲理论中的戏曲宫调论有着直接的影响；唐代乐舞诗论中“乐与时政通”的理论，也对后世的曲论产生了影响，后世曲论家们强调戏曲与政治的联系、主张以曲反映现实，这些理论都是与唐代乐舞诗论中“乐与时政通”的理论相联系的。

宋代各种技艺的发展趋于综合，由此而产生的杂剧是古代戏曲的雏形。随着宋杂剧的产生，宋人对宋杂剧做了记载和评论，开启了古代戏曲史研究的先河。本成果分别对宋人笔记著作中有关宋杂剧的记载与评论做了研究。

宋代《梦粱录》《东京梦华录》《武林旧事》等笔记著作对宋杂剧演出情形所做的记载和评论，为后来的曲论家在研究戏曲的产生与形成问题时提供了翔实的资料。在宋代的笔记著作中，对宋杂剧的体制、脚色和语言风格等宋杂剧的艺术特征做了记载与探讨，这些记载与探讨具有一定的理论色彩。宋代朱熹、陈淳等封建理学家提出的禁戏主张，特别是陈淳所列出的“作淫戏”的八条罪状，为当时以及后来的封建统治者禁戏提供了理论依据。

元代随着戏曲的正式形成，也促进了戏曲理论的成熟。这一时期的曲论家在戏曲史、戏曲创作、戏曲表演、戏曲音律等方面都提出了研究的课题，在史料、课题上都为后世的戏曲理论奠定了基础，而这也正是我国古典戏曲理论成熟的重要标志。本成果主要对《录鬼簿》《青楼集》《唱论》《中原音韵》《太和正音谱》等戏曲论著做了论述。

《录鬼簿》是我国古代戏曲理论史上第一部以记载作家与剧目为主的理论专著。《录鬼簿》通过对元代杂剧作家的分类和排列，将元杂剧分为三个发展时期，《录鬼簿》对作家的这一分类和排列，为后世的戏曲史家们所采用和借鉴。

夏庭芝的《青楼集》记载了元代100多位杂剧艺人，在为这些艺人所作的小传中，一方面较真实地记载了元代杂剧艺人的生平与生态，另一方面也通过对杂剧艺人的表演技艺的评论，提出了自己的表演理论。

燕南芝庵的《唱论》是古代戏曲理论史上第一部论述曲唱技艺的专著，对元曲的宫调、曲体与曲唱的咬字吐字、节奏、运气、乐器伴奏等问题都做了论述。《唱论》提出了“宫调声情说”，将北曲所用的17个宫调的声情，分别用四个字做了概括，指示演唱者在演唱不同宫调的曲调时，须唱出各宫调所蕴含的声情。《唱论》的“宫调声情说”，对当时及后世的戏曲理论产生了很大的影响，后来曲论家们在论述南北曲的宫调时，一再引用《唱论》的“宫调声情说”。

周德清的《中原音韵》是第一部曲韵韵书，确立了中原语音为标准曲韵，分列19个韵部，平声分阴阳，入派三声。《中原音韵》所确立的中原音韵成为后世曲论家们规范南北曲语音的依据。

明初朱权的《太和正音谱》是第一部完备的北曲曲谱，制定了平仄、句式等具体的格律。另外，《太和正音谱》还对杂剧的题材做了论述，将杂剧的题材分为“十二科”。戏曲风格论是《太和正音谱》所论述的一个重要问题，一是在《新定乐府体式》中，对戏曲风格加以分类，二是在《古今群英乐府格势》中，对元代与明初的98位杂剧作家和散曲作家的创作风格做了品评。

明代嘉靖、隆庆年间，是古代戏曲理论的发展时期。在这一时期，不仅戏曲论著增多，而且理论成分大为增强，曲论家们提出了一些重要的理论观点。同时，曲论家们在研究中，形成了一些热点问题，并围绕着这些热点问题展开了争论。本成果论述的重点是《南词引正》《南词叙录》以及何良俊与王世贞两人围绕元曲四大家及《西厢记》《琵琶记》《拜月亭》三部剧作成就高低问题所产生的争论。

魏良辅的《南词引正》是对改革昆山腔的实践经验的总结，对字声、腔格、节奏（板式）等曲唱技巧和方法提出了一些原则和要求，这些论述不仅在当时对昆山腔的演唱技艺的发展和提升起了十分重要的作用，即使在今天仍有借鉴意义。

徐渭的《南词叙录》是古代戏曲理论史上第一部南戏论著。全书分为两大部分，一是探讨了南戏的起源与流变，对南戏的音律、语言、唱腔、脚色、术语等做了介绍，对南戏昆山、弋阳、海盐、余姚四大唱腔的起源、流行范围及其风格做了论述；二是在“宋元旧篇”与“本朝”两类中，记载了113种南戏的剧目。

在这一时期，何良俊与王世贞两人围绕元曲四大家及《西厢记》《琵琶记》《拜月亭》三部剧作成就高低问题产生了一场争论。何良俊推崇既质朴自然又清丽隽永的“本色语”，因此，他认为元曲四大家中，当以郑光祖为第一；同样，他也以所推崇的“本色语”为标准来衡量《西厢记》《琵琶记》《拜月亭》三剧，认为《拜月亭》的艺术成就与地位胜过《西厢记》《琵琶记》。而王世贞由于推崇绮丽典雅的语言，故不满意何良俊对《拜月亭》的推崇，认为《西厢记》与《琵琶记》的艺术成就胜过《拜月亭》。由此两人围绕《拜月亭》《西厢记》《琵琶记》三剧的成就高低展开了一场争论，这一争论也引起了当时以及后来的戏曲理论家们的重视，纷纷对此表达了自己的见解。

明代万历年间是戏曲理论的繁荣时期。在这一时期，曲论著作不仅数量多，而且理论性强，对于前一时期曲论家们提出的一些理论观点，曲论家们又做了深入的论述，大大丰富了其理论内涵。另外，这一时期曲论家们的研究范围比前一时期有了新的开拓，理论的涵盖面更为广泛。本成果分别对沈璟、汤显祖、王骥德、胡应麟、臧懋循、徐奋鹏、徐复祚、潘之恒、王骥德、吕天成、沈德符等曲论家们的曲论著作做了研究。

沈璟在《商调·二郎神·论曲》中，提出了严守曲律的主张，并且编撰

《南九宫十三调曲谱》《南词韵选》《北词韵选》以及《正吴编》等曲律著作，制定具体的曲律规范，使得曲家填词作曲有了具体的依据与借鉴。当然，沈璟在强调和推崇音律在戏曲创作中的地位时，过分地夸大了戏曲音律的重要性，提出“宁使时人不鉴赏，无使人挠喉捩嗓”这一偏激的说法，把音律的重要性强调得太过分，也给当时的戏曲创作带来不良的影响，即出现了绌词就律、因律害义的倾向。

汤显祖虽以他所创作的《牡丹亭》等“四梦”著称，但在戏曲理论上，同样也有着建树。汤显祖受王学左派思想的影响，提出了戏曲写情论。他把剧作家创作戏曲看作是表达“情”的过程，认为情感是戏曲创作的动力，戏曲作家是在情感的驱使下来创作戏曲的，因此，在戏曲作品中要描写真情。汤显祖重视曲意，反对绌词就律，他认为过分讲求音律，恪守音律的陈规，必然会限制剧作家“情”的表达，为了能把曲意充分表达出来，“不妨拗折天下人嗓子”，即违腔连律。

汤显祖重戏曲的内容而轻音律，而沈璟重戏曲的音律而轻内容，两人的戏曲主张截然相反，因此，在当时的曲坛上，引起了一场争论，对当时及后来的戏曲创作产生了很大的影响，使戏曲家们看清了两人的长短，从而在创作实践中能融合两家之长，即以临川之才，合吴江之律。

在这一时期的曲论著作中，王骥德的《曲律》对戏曲创作艺术规律的探讨和论述最为全面，提出了较为系统的戏曲创作理论。戏曲音律是王骥德在《曲律》中论述的重点。其中有 19 章皆是有关曲律的论述，对宫调、平仄、阴阳、韵律、闭口字、务头、腔调、板眼、句法、字法、衬字、对偶及曲调组合等曲律做了较系统全面的论述。周德清在《中原音韵》中只有平声分阴阳，上、去皆不分阴阳。王骥德则根据南方语音的特征，提出上、去也应分阴阳，又指出南曲的平声字分阴阳，其字声的走向与北曲正好相反，北曲凡揭起字皆曰阳，抑下字皆曰阴，南曲则凡清声字皆揭而起，凡浊声字皆抑而下。王骥德的这些论述也正指出了南方语音的特征。魏良辅对南戏昆山腔做了改革，将北曲的中原韵作为南曲的标准韵，而王骥德提出南曲应用南韵，不能完全采用北曲的中原韵。另外，《曲律》也对戏曲的结构、情节、语言、风格等问题做了论述。

晚明是古代戏曲理论的深入时期。这一时期虽然从总体上来说，戏曲理论家和戏曲论著不似前一时期多，但曲论家们所探讨的问题有了新的开拓与深化，这为清初戏曲理论史上的另一个高峰的到来，打下了坚实的基础。本成果论述的重点是冯梦龙、凌濛初、祁彪佳、沈自晋、孟称舜等人的戏曲理论。

冯梦龙的戏曲理论包括两个方面：一是在一些剧作的序言、总评、小引以及批语中，对戏曲创作上的一些重要问题提出了独到的见解；二是结合对前人或同时的剧作家的一些剧作的改编和评点，对戏曲的结构、语言、表演问题等提出了具体的见解。

凌濛初在《南音三籁》中提出了天、地、人“三籁”之说。在“三籁”之中，他推崇“天籁”，即完全是自然的，不受任何约束。他认为，曲本自然天成，因此，在戏曲语言上崇尚本色，通俗易懂，在戏曲音律上崇尚自然，不假人为。

祁彪佳的两“品”在吕天成的《曲品》基础上有了较大的发展，所提出的理论也更为丰富。两“品”所著录的传奇与杂剧剧目多达708种，如传奇一类，就比吕“品”所著录的多出一倍以上，其中有215种今已失传，仅见于《远山堂曲品》所载。通过两“品”对所著录的剧目的简略评述，还可窥见失传剧目内容与艺术上的一些情况，同时两“品”也订正了前人著录中的一些失误，因此，两“品”也有着较高的文献价值。

沈自晋对沈璟的《南九宫十三调曲谱》做了修订。在卷首的《重定南词全谱·凡例》中，沈自晋提出了“遵旧式”“禀先程”“重原词”“参增注”“严律韵”“慎更删”“采新声”“稽作手”“从诠次”“俟补遗”等编撰和修订曲谱的十项原则，这十项原则既是指编撰和修订曲谱的指导思想、具体方法，也表明了他的戏曲主张。沈自晋虽“遵旧式”“秉先程”“重原词”，推崇沈璟的严守曲律的主张，但他不像沈璟那样死守曲律，提出在遵守曲律的前提下，要从时通变。

孟称舜继承了汤显祖的“写情说”，也提出了戏曲传情的主张。他认为，诗词皆以言情胜，而曲自诗词演变而来，因此也具有“言情”这一最基本的特征。在《古今名剧合选》的序言及批语中，孟称舜还提出了戏曲人物论、戏曲风格论。他认为，人物形象是戏曲的主体，这是戏曲与诗、词最大的区别，而戏曲的作法比诗、词更难，难就难在塑造人物形象这一点上。关于戏曲的风格，孟称舜认为，不能简单地以地域来区别，应根据具体作品来划分戏曲风格，为此，他从整体上将戏曲风格分为“婉丽”和“雄爽”两类。

清初是我国古典戏曲理论的集成时期。我国的古典戏曲经过元、明两代的发展和繁荣，在艺术上已臻完善，无论是编剧还是表演，戏曲家们都已积累了许多丰富的经验，这就为全面总结和完善古典戏曲理论创造了条件，提供了丰富的理论资料和借鉴。这一时期的戏曲理论具有系统与精深的特征，这两个特征在李渔的《闲情偶寄》与金圣叹的《西厢记》评点中表现得最为明显。本成果重点研究金圣叹的《西厢记》评点与李渔《闲情偶寄》中的戏曲理论。

金圣叹的《西厢记》评点在理论形态上具有整体性与系统性的特征。卷首有序文与《读法》两篇，首先对全剧做了宏观的分析与评论；每折前有总批，对该折的内容加以总论，而曲白间的夹批，则是具体评点剧作的某些曲白、情节或人物形象。整体与局部，宏观与具体，相互呼应，形成了一个完整的理论体系。

在具体评点中，金圣叹首先对封建道学家们指斥《西厢记》为“淫书说”做了辨析和论争，肯定了《西厢记》所描写的男女爱情，澄清了卫道者的诬蔑不实之词。当然，金圣叹为《西厢记》的内容所做的辩解是有限度的，一方面他认为张生与莺莺的这一种情爱是天地之性，合情合理，同时他又认为不能违反礼教。

分析与评论人物形象，是金圣叹评点《西厢记》的一个重要内容。他不仅分析了作者在塑造人物形象上的得失，而且结合对剧中人物形象的评点，提出了一些塑造人物形象的方法和见解。首先，提出了确立中心人物的主张，一部戏曲只能有一个主要人物；其次，还提出了性格刻画和为人物设计性格化的语言等一些塑造人物形象的具体方法。

金圣叹在《西厢记》评点中，对戏曲的结构艺术也提出了许多独到的见解。首先，他认为《西厢记》的结构严密完整，全剧人物与情节是一个有机的统一体。其次，详细分析了《西厢记》的具体结构，对戏曲的开端、发展、高潮、结局等不同阶段的情节安排提出了自己的见解。另外，金圣叹还结合对《西厢记》的评点，提出了“移堂就树法”“月度回廊法”“羯鼓解秽法”等一些安排情节的具体方法。

李渔的戏曲理论包括戏曲创作理论与戏曲表演理论，两者构成了较为完整的戏曲理论体系。

李渔在《闲情偶寄》中把戏曲结构问题作为重点加以论述，提出了“结构第一”的主张，把结构问题提高到戏曲创作的首要地位。李渔论戏曲结构又首重戏曲的结构中心，他把结构中心称为“主脑”，并把“立主脑”，即确立剧作的结构中心放在“结构第一”这一章的第一款加以论述。对戏曲格局的论述，也是《闲情偶寄》戏曲结构论中的重要内容。在“格局第六”这一章中，分列了家门、冲场、出脚色、小收煞、大收煞等五个部分，结合这五个部分的不同特点来论述情节的安排。

戏曲情节，也是李渔在《闲情偶寄》中论述的一个重要问题。首先，李渔提出戏曲情节必须以现实生活为依据，从现实生活中撷取素材，但在组织情节时又离不开艺术虚构。关于戏曲情节奇与常的关系，李渔一方面主张戏曲的情节须新奇，提出了“脱窠臼”的主张；另一方面又提出，戏曲情节的新奇不是怪诞，而是平中之新，常中之奇。

李渔在《闲情偶寄·词曲部》中用了相当多的篇幅对戏曲语言做了十分详尽的论述。李渔在论述戏曲语言问题时，首先论及了戏曲语言的一些特点，并结合这些特点，提出了一些具体的要求。一是“贵显浅”，二是“重机趣”“戒板腐”，三是个性化。

李渔在《闲情偶寄》中也对戏曲音律做了论述。李渔认为，“凛遵曲谱”，不是死守曲律，剧作家虽要遵守曲律，依谱填词，但又不能为曲谱所束缚。他对曲律中比较难处理的拗句和上声字问题提出了一些具体的方法，对曲韵也提出了“鱼模当分”“廉监宜避”“合韵易重”“少填入韵”等具体要求。

李渔在《闲情偶寄》中，也把戏曲表演作为一个重要问题来加以论述，《演习部》及《声容部》的一部分，都是他对戏曲表演问题的论述。戏曲在表演手段上综合了许多表演技艺，其中最主要是唱、念、做、打。李渔在《闲情偶寄·演习部》中，主要对唱和念这两方面的表演技艺加以论述，提出了一些具体的方法和要求。在《闲情偶寄》的“演习”和“声容”两部中，李渔还联系自己的导演实践，对戏曲导演问题做了较系统的总结和论述。首先论及了导演对剧本的处理问题。李渔不仅提出了“首重选剧”的主张，还提出了选剧的两条具体原则：一是“别古今”，二是“剂冷热”。对剧本的处理和改编，李渔提出了“缩长为短法”“变旧成新法”“拾遗补缺法”等三种具体的改编方法。

由于李渔在长期的戏曲创作和戏曲导演的实践中，积累了极为丰富的艺术经验，他的戏曲理论也正是对自己在戏曲实践中所获得的经历的总结，故所论多有原创性和实践性。而且，李渔自己在戏曲创作和戏曲表演上有较全面的实践，故他能从总体上把握戏曲的艺术规律，把戏曲艺术从剧本编撰到舞台演出作为一个整体系统来加以研究，其理论涵盖面甚为广泛全面，所论缜密完整，自成系统。

清代中叶，随着曲坛重心由雅部向花部的转移和剧本创作向舞台表演的转移，戏曲理论也出现了转折，一是出现了众多的有关花部的戏曲论著，二是戏曲批评与研究的重心明显向表演艺术倾斜，记载演出盛况、总结表演技巧、评论演员的演技得失，成为这一时期戏曲理论的主要内容。本成果重点研究了李调元的《雨村剧话》、焦循的《花部农谭》中的花部理论与《审音鉴古录》《明心鉴》《乐府传声》论著中的戏曲表演理论。

李调元的《雨村剧话》与焦循的《花部农谭》是这一时期两部有关花部的戏曲论著。李调元虽也嗜好看戏品曲，但他并不因此而鄙视地方戏，他认为昆山腔与其他地方戏的发展流传是不矛盾的，不能为推崇昆山腔而否定和禁止地方戏。因此，他重视地方戏的价值，对当时蓬勃兴起的地方戏予以充分的肯定，认为弋阳、梆子等地方声腔只是演出风格不同而已，同昆山腔一样，在曲坛上也有一席之地。他在《雨村剧话》中，对昆山腔、海盐腔、弋阳腔及高腔、京腔、秦腔、梆子腔、吹腔、胡琴腔、女儿腔、西曲等地方戏的起源、流变及其风格等做了较详细的记载与论述。

焦循对花部也独具慧眼，他将花部与雅部做了比较，指出花部在节奏、语言、内容等三个方面胜过了雅部。在《花部农谭》中，焦循对《铁邱坟》《龙凤阁》《两狼山》《清风亭》《赛琵琶》《义儿恩》《双富贵》《紫荆树》等十种花部常演的剧目做了论述，考证其本事，探讨故事情节的流变，评述其内容与艺术上的得失，提出了自己的创作主张。

这一时期的戏曲表演论著主要有《审音鉴古录》《明心鉴》《乐府传声》等。《审音鉴古录》从舞台演出的角度，对所选的 66 出戏进行了二度创作。

一是提示角色的神情、形态的特征，帮助演员熟悉角色在特定场合下的心理状态，使演员在扮演时能掌握分寸，准确地表现出来；二是为角色设计具体的动作，为戏曲演员提供了理想的演出范本。

《明心鉴》是黄旛绰及其弟子在长期的舞台表演实践中所获得的心得与经验的结晶。作者提出，演员演戏，演的是人，而演人则是演神，即要求真实地表达出角色的神情。要真实地表演角色的神情，演员必须在演出之前，认真地体会角色所特有的神情。此书名《明心鉴》，所谓“明心”，也就是明了角色的内心世界，而此书便是提供给演员如何“明心”的借鉴。为了让演员准确表达角色的神情，作者提出要“辨八形”“分四状”和“分四色”，并在书中具体总结并列出了各种不同角色最典型的面部表情、眼神、身段、发声等要点。

《乐府传声》是徐大椿根据自己的度曲经验，针对当时戏曲演唱中存在的问题所做的部戏曲声学专著。他在《乐府传声》中所提出的声乐理论，比前人所论更为深入，也更系统细密，因此，《乐府传声》成为我国古代戏曲理论史上有关声学理论的一部总结性论著。

近代的戏曲理论呈现出这种新旧交替、传统与改良迭现的特征，一方面是对旧的、传统的戏曲理论的总结，另一方面是新的戏曲理论与研究方法的开创与建立。这两方面的工作，当时主要是由吴梅与王国维来完成的。本成果分别对吴梅、王国维的戏曲研究和戏曲改良理论做了论述。

吴梅的《中国戏曲概论》《顾曲麈谈》《曲学通论》《南北词简谱》等对中国古典戏曲理论做了较系统的总结，但他的理论框架以及研究方法，继承多于发展，所论多为对前人成说的总结，较少创见，故他的戏曲研究仍属于旧曲学的范畴。

王国维的戏曲研究则开创了新的风气，他的《宋元戏曲史》虽在某些方面如对戏曲史料的辑佚整理上，仍带有旧曲学的痕迹，但从总体上来看，无论是在研究方法上，还是在理论观点上，都具有前代曲学家们所没有的特色，开启了近代曲学的先声。

在这一时期，康有为、梁启超等人为配合资产阶级民主革命，提出了戏曲改良理论，他们不仅借鉴西方的文学理论与研究方法来评述中国古典戏曲的艺术特征，而且在内容上，明确地将戏曲与推翻清朝的封建统治联系起来。资产阶级改良派所提出的戏曲改良理论，已完全突破了旧曲学的藩篱，这样也就完成了戏曲理论从古代到近代的转接。

本成果在按史的线索对每一时期的曲论家与曲论著作加以具体研究的基础上，也对戏曲理论史上的一些重大问题和事件展开了论述，重新做了评述，提出了新的见解。如通过对元代钟嗣成的《录鬼簿》、周德清的《中原音韵》、燕南芝庵的《唱论》等曲论著作的考察，认为元代曲论家对元曲的分类并非只是杂剧与散曲之分，而是按其曲体，将元曲分为乐府和俚歌两类，乐府为律曲，俚歌为非律曲，而杂剧属于俚歌。再如通过对魏良辅《南词引正》的研究，认为魏良辅改革的昆山腔在使其成为“水磨调”的同时，也破坏了曲调原有的腔格，明清曲律家对魏良辅造成的弊端做了矫正与完善。又如指出沈璟的戏曲音律论本意并非专就汤显祖的违律提出的，而是针对当时因魏良辅改革昆山腔后曲调格律发生变异的弊端提出来的。沈璟编撰南曲谱、韵谱，都是为了恢复和保持曲调原有的腔格，而万历年间发生在曲坛上的汤沈之争，其实质是遵古守旧还是从时通变。

三、成果的学术创新、应用价值以及社会影响和效益

本成果的创新之处有二：首先，本成果是第一部通论性的中国古代戏曲理论史论著，具有填补空白的意义；其次，在理论广度和深度上超越了前人的研究，突破传统史论著作以作者与论著为线索的论述格局，采用纵向论述和横向论述、宏观考察与个案分析相结合的研究方法，增强了研究的广度和深度。

本成果的学术价值和应用价值：系统地总结和梳理古代戏曲理论，对于弘扬民族文化、促进戏曲艺术的发展具有重要意义。本成果可作为高等院校古代文学和艺术理论的教材。

本成果已有 37 篇论文作为阶段性成果在《文史》《戏曲艺术》《戏曲研究》《中华戏曲》《艺术百家》《南京大学学报》《东南大学学报》等刊物上发表，其中有 3 篇被中国人民大学复印报刊资料转载。

《中国南传佛教音乐文化研究》概要

杨民康*

一、研究的目的、意义及方法

南传佛教又称南传上座部佛教，俗称小乘佛教。作为世界性宗教——佛教的一个分支，南传佛教主要分布在亚洲南部，包括斯里兰卡、缅甸、泰国、柬埔寨、老挝和我国的傣、布朗、德昂、佤及阿昌等民族的佛教在内。上述地区位于古代西南丝绸之路和茶马古道的要冲，也是如今建设新丝绸之路经济文化的重要区域之一。同样，南传佛教音乐作为一种重要的中国传统宗教艺术品类，也在这一广袤的地域内得到久远、广泛的流传。

国内外学术界以往对佛教及佛教音乐的研究主要是在汉传佛教和藏传佛教方面，对于南传佛教及佛教音乐研究一直是一个薄弱环节。以往，许多学者认为中国和东南亚的南传上座部佛教源于古代印度的原始佛教，西方学者于近百年来大力开展了对巴利语典籍的译介和对南传佛教文化的研究。其后，日本和我国学者也相继开展了此方面的研究工作，并取得了显著的研究成果。但在具体的田野调查和相关研究工作上，由于1980年以前中国大陆和其他东南亚国家长期未执行开放的宗教政策，无论是西方或亚洲学者对于南传佛教的研究都十分薄弱，以致西方学者对南传佛教的情况多有误解之处。直到1990年以来，由于出现了较宽松的政治和宗教环境，此方面研究渐有好转，但针对南传佛教音乐的专门论述至今仍然较为鲜见，可以作为参

* 杨民康，中央音乐学院研究员，博士生导师。

考的此方面资料，除了一批有关的学术论文之外，较多是包含在综合性的社科图书或普及读物之中的文章。

近十余年来，对于南传佛教的研究，特别是关于现代南传佛教与原始佛教的关系和东南亚各国佛教的研究已经成为国内外学界追踪的热点，关于南传佛教音乐的研究也日渐增多，但由于种种条件的限制，此类研究还一直主要是局限在对一些较开放地区，如泰国的城市和少数民族地区，而对中国云南和缅甸、柬埔寨等国的南传佛教仪式和仪式音乐，至今甚少有人着手进行研究。如今，国内的上述学术局面在新的环境条件下逐渐有了改观。2013年9月和10月，习近平主席分别提出建设“新丝绸之路经济带”和“21世纪海上丝绸之路”（简称“一带一路”）的战略构想之后，有不少宗教界别委员在2015年的“两会”期间呼吁，应将宗教和宗教文化纳入“一带一路”战略构想。其中，全国政协委员、中国佛教协会副会长学诚指出：“中国佛教文化发挥着重要的社会功能。佛教寺院在历史上充当着学术机构、教育场所、慈善机构、图书馆藏和文化中心等多重角色。‘一路’覆盖的东南亚、南亚各国多以佛教为当地民众的主要信仰，与我国佛教界有着悠久良好的友好关系。”① 他还建议，国家有必要在“一带一路”范围内的亚洲国家中发起成立国际性的佛教文化遗产保护联盟，促成佛教文化遗产的区域共享与联合保护，并将其缔造成又一联系亚洲各国的文化纽带。② 在此文化大环境之下，如何从历时性角度去阐明南传佛教音乐文化的产生、发展和存在特征及其与“西南丝路”“茶马古道”等古代经济文化形态的长期性联系，便成为我们去认识该类佛教音乐文化在当今“一带一路”战略构想中所能够起到的作用及在其中所扮演的“多重文化角色”的一个重要的文化前提。

本成果作为中外学术界迄今为止第一部有关中国南传佛教仪式音乐文化系统研究的学术专著，依托笔者近30年来所做的大量田野考察资料和相关学术成果，从上述历史及现实社会文化意义出发，借助于民族音乐学（音乐人类学）、文化人类学、历史人类学、宗教学和仪式研究等学科的方法论，从“历时—共时”的不同角度，对中国境内傣族与孟高棉诸族群的南传佛教

① 转引自吴艳：《应将宗教和宗教文化纳入“一带一路”战略构想》，《中国民族报》，2015-03-10。

② 参见吴艳：《应将宗教和宗教文化纳入“一带一路”战略构想》，《中国民族报》，2015-03-10。

仪式音乐文化给予了密切的关注和讨论研究。

中国传统音乐研究领域过去也一直强调田野考察研究，但由于在研究方法上较多关注的是形态学和艺术性层面，而使有关音乐语义（文化语义学）以及文化内涵、功能和语境（文化语用学）的另外一些方面研究有所欠缺。在方法论范式及其实践方面，较注重工具性、描写性的具体分析方法，而对思维、学术、学统层面的研究和思考关注较少。在研究规模和范畴上，则一向较注重微观、具体的地域性、族群性个案研究，较少注重跨地域、跨族群、跨文化的中观或宏观比较研究。民族音乐学（或音乐人类学）和音乐民族志研究方法的引入，从方法论的角度弥补了以往该学科研究方法上的空缺，将其运用在本研究领域时，便在"小传统、大传统""小社区、大社会"以及"主文化、亚文化、交叉文化"的结合、互补性研究等方面，产生了一些突破性的成果，一定程度显现出思维和方法上的前沿性和创新性。因此，本成果主要采用了音乐民族志和仪式音乐研究等民族音乐学（或音乐人类学）方法，同时借鉴宗教学和仪式学等人文社会科学的研究思路。在具体的研究过程中，尤其提倡和实践本学科一直所强调的，结合田野考察、实录文本描写和阐释性分析的综合性方法，同时结合采用"局内—局外"和"主位—客位"双重学术视角，对中国南传佛教音乐进行整体性和功能性的研究。笔者在进行该课题之前，已经完成了《音乐民族志研究方法导论》一书，近几年来还采用上述方法观念完成了一系列有关传统仪式音乐的科研课题。若能进一步将这些研究方法在民俗音乐研究上加以运用，并进一步上升到传统音乐理论的层面，将会对学校的少数民族传统音乐的研究和教学工作起到较好的推动作用。

在此项研究中，笔者意欲对以往人类学和民族音乐学较着重于民族志（ethnography）的微观性和个别性探讨的做法有所突破，在微观的具体描写中，融入宏观的社会性和历史性视野，力图透过仪式和仪式音乐的艺术形态、表演行为过程等文化传统，及其存身的当代社会文化环境等种种文化媒介，对彼（异）文化（other culture）中的"文化人格"（cultural personality）进行整体观照。

二、成果的主要内容和重要观点

本成果分为上、中、下三篇。上篇为"南传佛教音乐文化概述"，分为

5 章，第 1 章为绪论，笔者借助傣文和汉文相关典籍史料，明确阐述了傣族南传佛教音乐所依托的“贝叶文化”与“梵呗”“呗赞”等重要概念之间的相互关系、内涵界定、宗教文化象征意义及其丰富的社会实践意义，具体描述了南传佛教文化的传入历史、社会特征、分布状况、节日与仪式及不同分类方式等方面状况。

关于“贝叶文化”，此名称缘于傣族南传佛教过去主要使用的一种“贝叶经”，它是用一种主要分布于南亚各国及中国西双版纳的棕榈树（又称贝多罗树）的阔叶制作而成。一般认为，佛教贝叶经起源于公元 1 世纪，开初在信仰巴利系南传佛教的斯里兰卡使用。为了有效地记载佛教文化历史，人们将僧伽罗文音译刻写在铜片和贝叶上。① 原文据说是巴利语。后来在信仰佛教的国家和地区，用巴利文和梵文刻写的贝叶经一度得到广泛的使用。尤其是在信仰南传佛教的云南傣族地区，整个传统民族文化都受到佛教文化的熏染，饱含佛教文化的色彩，以至于人们已习惯于把贝叶经看作是傣族佛教文化的象征，而称傣族传统文化为“贝叶文化”。贝叶经既是古代原始佛教文化时期的象征，也是包括了布朗、德昂、佤、阿昌等其他中国少数民族乃至东南亚国家的佛教在内的整个南传佛教文化的重要象征。本成果从中国傣族和孟高棉语诸族佛教音乐的考察研究入手，进而使之同在历史和现实文化生活中与其发生过联系、对之产生过影响的其他佛教民族和国家的音乐文化进行比较研究。若从文化象征的角度看，这也是缘起于一种将“呗赞”与“贝叶文化”联系起来，企图在一种广义的“贝叶文化”层面上，对巴利系南传佛教音乐文化进行系统观照和研究的、长远的学术性目的。

在绪论里，笔者还从原始佛教时期的音乐分类观念、傣族佛教音乐的传统分类观念和佛教音乐文化丛观念及其分类系统三个不同的角度，系统论述了傣族南传佛教音乐文化的分类问题。文中提出，中国南传佛教继承了早期原始佛教文化融合宗教与世俗文化（含音乐文化），并将其结为一体的特点，指出南传佛教节庆仪式音乐的分类系统，是一个以佛教信仰观念为文化核心（深层），以仪式化表演过程为基本纽带（中层），以仪式音响（音乐/非音乐音响）为外在表现形式（表层）的仪式音乐文化丛系统。可按照不同经腔及

① 参见杜继文主编：《佛教史》，中国社会科学出版社 1991 年版，第 52 页。

表演曲目与南传佛教文化核心的“远—近”关系，再具体划分出核心层次——巴利语经腔、中介层次——傣语经腔、外围层次——节庆歌舞音乐三种基本类型。此分类系统同前述原始佛教时期的佛教音乐分类状况乃一脉相承。

第 2 章里，笔者首次提出南传佛教与佛教音乐的文化圈、文化层与文化丛系统的区分问题，同时还提出了在云南与东南亚地区存在南传佛教、伊斯兰教、基督教等宗教信仰“多极文化圈”的环境条件下，南传佛教文化圈部亦存在内圈、外圈和大圈、小圈的观点及划分原则，并且从区域和地缘文化的角度，对本成果的研究对象、学术目的和基本范畴给予了进一步的论证和分析。笔者还进一步认为，若走出我国西南这个局部的文化区域，则可看出，云南傣族音乐文化系统赖以形成的诸佛教文化风格因素，其实还较广泛地存在于与我国西南部的云南省毗邻的泰国、缅甸、老挝及柬埔寨等国的传统音乐文化区域，它们都是以南传上部佛教的宗教音乐文化为基底层次，在此基础上，结合各种古代和现代、本土和外来的音乐文化因素，最终形成了今天这些国家和地区的现代区域性音乐文化风格特征。通过 1 000 多年以来的发展变迁，形成了一个较广泛而松散的东南亚—中国西南部南传佛教文化（含音乐文化）圈。它与汉传佛教和藏传佛教并列，成为当今世界三大人为宗教文化之一——佛教文化的三大基本风格要素分布区，亦可称为三大佛教文化风格圈。

第 3 至 5 章对境内信仰南传佛教不同民族的佛教经腔、吟唱音乐及佛曲，佛教节庆歌舞音乐，器乐和法器、乐器的基本特征及其社会文化内涵进行了全面、完整的概述及讨论。

在南传佛教诵经音乐中，巴利语佛教经腔和傣语佛教经腔以及节庆歌舞音乐的分类、界定和分析描述，是最基本的和最重要的工作之一。关于巴利语佛教经腔。如今，各国佛教学者均认为，中国和东南亚的南传上座部佛教直接继承了古代印度原始佛教的文化传统。小乘派佛教经斯里兰卡传播至东南亚和中国云南，至今一直沿用巴利语作为该派佛教的经典用语。目前在云南与东南亚南传佛教的各种封闭性佛教仪式里，使用着一部分纯宗教性的佛教诵经音乐，也是最为精华、实用而稳定性强的一部分诵经内容，便主要是用巴利语记载的三藏经内容，一般用巴利语唱诵，用本地文字记写。巴利语经腔由于涉及较纯粹的宗教文字——巴利文和具有较高理论素质的宗教经典，含有某些品相殊异的宗教文化介质，而居于南传佛教音乐文化丛系统的核心层次。值得注意的是，在南传佛教文化的诸传统层面里，这是迄今较少受到现代化潮流影响的一个层面。从宗教文化的传播特征而论，此类经文和曲调所用的巴利语，既是一种应用面积最广，记载经文数量最大的书面语言，也是南传佛教诸语言中唯一的一种能够跨国境、区域流传的国际性仪式用语。长期以来，各东南亚佛国和云南傣、布朗、德昂、佤等民族佛教均统一使用以巴利语为基本语言的经籍系统，以至于在仪式音乐上也形成了某些风格较统一的主要经腔旋律类型。凡在寺院内部每日举行的早课、晚课及其他佛教法会仪式（如泼水节和安居节等节庆仪式法会）里，由僧侣和安占（祭师）唱诵的全部巴利语诵经调（如请佛套曲），皆属此类。第 3 章以此为始，陆续介绍和分析涉及南传佛教音声的不同经腔类型及其表现内容。例如请佛仪式套曲。在傣族佛教仪式法会的请佛阶段，由僧侣与安占及其他信徒对诵的巴利语佛经，常常由《南无经》（阿罗汉经）、《布陀经》（三皈依）和《信哈经》（五戒）及引腔、结尾等连缀唱诵，组成一种佛经声乐套曲。

关于傣语佛教经腔。在南传佛教音乐里，除了主要使用巴利语唱诵的通用经腔之外，还有各类在节庆仪式里僧俗共享的经文和经腔，一般以傣文记写的傣语佛经或口诵经内容为基本唱词，有时也杂有一些巴利语成分。其具体内容以佛经里记载的佛教故事、传说、寓言及祝祷词、赞颂词为主。这类傣语经腔的产生，与用缅甸、泰国等国语言唱诵的南传佛教经腔一样，其产生和存在皆有特定的社会历史原因和仪式适用范围。

关于节庆歌舞音乐。在泼水节、安居节等宗教节庆期间，傣族、布朗族、德昂族等民族均会围绕各种赕佛活动而举行多种多样的民间歌舞表演。傣族节庆歌舞音乐中包含的区域性和地域性文化风格特点，具体表现为文化共性——展演模式和个性——模式变体二者的差异。从展演模式看，傣族节庆仪式歌舞音乐由器乐——打击乐音乐和声乐——舞歌两个部分组成。其中，傣族节庆仪式的器乐——打击乐有以下两方面基本特点：其一，用于仪仗和节庆歌舞的传统乐队一般仅含有各种打击乐器，在仪仗活动及舞蹈中均有伴奏及主奏。在多数群舞和独舞的情况下，打击乐队作为伴奏使用；在一部分以独舞为表现形式的象脚鼓舞中，打击乐音乐，特别是象脚鼓的鼓点节奏及其音乐表现居于突出的地位。其二，傣族打击乐队具有民族个性特点的基本构成模式，一般采用象脚鼓、铓锣和钹三大件打击乐器，其中铓锣是形式相对固定且最具区域性（云南与东南亚）特征的打击乐器，鼓类乐器可用象脚鼓、大鼓、蜂桶鼓或大军鼓替换。在舞蹈表演中，主奏的打击乐器往往作为具有较鲜明象征意义的文化标识，被人们用来区分和认知不同的歌舞体裁形式，如象脚鼓舞、蜂桶鼓舞、铓锣舞、大鼓舞等等。

中篇为“佛教法会、节庆及仪式乐舞活动”，含第 6 至 10 章，系有关佛教法会仪式音乐活动的实录。其中，第 6 至 9 章以丰富的第一手实地考察资料，采用音乐民族志的思路和方法，详尽地描述、讨论了傣、布朗、德昂、阿昌、佤等民族佛教寺院的内部佛事法会，安居节、泼水节佛事法会以及诞生日、丧葬、婚礼、烧白柴、上新房等仪式中的诵经音乐和乐舞活动现况。第 10 章对南传佛教音乐与自然宗教音乐的关系，尤其是祭勐神、寨神和祭谷神仪式中的佛教音乐因素也进行了较详尽的介绍。

按照佛教的一般观念，佛事是指佛教为庆典、说法、供佛、施僧、拜忏、祈祷、追福、荐亡等举行的仪式。法会，是指在举行这些仪式时，往往要通过一定的佛教集会，即某种法会的形式来完成。文中将南传佛教的佛事法会活动又分为两类，其中一类是在寺院内部，仅由僧侣进行的佛事活动，例如僧侣的日常拜佛、课诵、受戒、升迁时举行的仪式。从佛教的宗教特性来看，此类活动具有较明显的封闭性，在某些场合还具有一定的隐秘性。另一类是由僧侣、信徒共同参与的公众佛事活动，例如傣历年、安居节、堆沙节、烧白柴等节庆中的佛教礼仪。在宗教特性方面，此类活动较具有开放性。在此基础上，还可将各种仪式活动具体划分为三类：封闭性仪式——僧侣内部举行的崇拜仪式；开放性仪式——僧、俗共同参与的崇拜仪式和非佛教仪式场合——节庆期间的公众庆典活动。在以上这些佛事活动里，凡唱诵经、咒、白、佛号及使用法器，其发声方式、方法均与佛教音乐有关。

下篇为“中国与东南亚的佛教音乐文化交流”，含第 11 至 13 章，将上、中两篇内容纳入更为深广的“历时—共时”佛教文化“大传统”中展开进一步的比较和讨论。

第 11 章涉及了古代中原朝廷与东南亚的一系列佛乐文化交流事件。比如在宗教文化上，据史载，佛教早在公元前即传入缅甸。斯里兰卡《岛史》

中，记有阿育王在位时（公元前 272—232 年）曾派遣须那和郁多罗两位长老往“金地”传播佛教，当地民众有 6 万人皈依，还剃度了男僧 3 500 人，女僧 1 500 人。据后世多数史家认为，“金地”即位于下缅甸，特指直通，为古代孟族人建立的国家。也有人认为金地是在泰国的佛统，甚至就是中印半岛——东南亚地区从缅甸到越南的一个较大的范围。另外，从出土的文物和史料看，当时传入缅甸的即可能是上座部佛教。[①] 至公元 3 世纪，我国史藉里已经有了关于缅甸、柬埔寨等国佛教文化传播情况的确切记载，据竺芝《扶南记》：当时缅甸古国林阳国，即已经“举国事佛”[②]，成为一个印度化的国家。其近邻顿逊国（今缅甸丹那沙林南部）当时为扶南（今柬埔寨）属国，也是一个印度化色彩很浓的小国家。在这一佛教文化已在缅甸盛行的大背景下，从汉代和帝永元九年（公元 97 年）始，便有“日南徼外”的掸国和扶南国等多次向中国朝廷贡献音乐舞蹈。值得注意的是，于唐代曾向中国朝廷贡献佛乐的骠国（据考都城为今缅甸卑谬），也于这一时期开始出现在汉文史藉里。根据《旧唐书》《新唐书》所载，对唐贞元十七年（公元 801 年）至十八年间，骠国王雍羌派遣王子舒难陀率领使团（内含乐团）到达成都，与中国地方官府和中央政府通好，由乐工 35 人，使用 23 种乐器，演奏 12 支佛教乐曲的史实进行考证和分析，并通过同云南现存少数民族乐器的比较，对其在滇、缅等地的文化传播状况展开进一步研究。

第 12 章关注到距今六七百年前，周达观所撰《真腊风土记》对真腊国佛教文化景况如佛教教派、宫观特征、南传佛教仪式、仪式音乐活动以及相关民俗活动等，进行了迄今所见历史较为久远、材料较为详尽贴切的记录和梳理。本成果在对之进行阐释性分析之后，再与今天云南傣、布朗、德昂等信仰南传佛教民族的同类音乐进行了比较，以分析彼此含有的较多的共性特征。笔者认为，在浩如烟海的汉文史籍里，这是继“骠国乐”之后的又一份对仪式及仪式乐舞做出详细记载的重要史料，它同样有助于了解今天中国南传佛教乐舞文化的来龙去脉，对东南亚南传佛教文化史研究也有非常重要的参考价值。

---

① 参见净海：《南传佛教史》，宗教文化出版社 2002 年版，第 125 - 126 页；谷响：《缅甸佛教史略》，张曼涛主编：《东南亚佛教研究》，大乘文化出版社 1978 年版，第 125 - 132 页。

② 桑钦撰，郦道元注：《水经》卷 1，上海涵芬楼影印明永乐大典本，第 3 页。

从掸国傣族群与周边国家和地区的佛教音乐交流及关系史看，较早出现的有唐代以来傣族先民社会及礼乐情况的记载，其中，汉文可见于唐刘恂《岭表录异》；在傣文史籍《勐泐王族世系》一书里，含有一些对傣族“帕雅桑木底”[①] 时代上层社会庆典中使用佛教音乐的记载，其中亦包含了同邻国进行佛乐交往的内容。

关于明代西双版纳官方礼乐的情况，根据《泐史》，1569 年，缅王将其女嫁与傣族宣慰史刀应猛时，陪送的许多嫁妆里，不仅有较多的乐器种类，而且这些乐器型制精巧，性能优越，尤显弥足珍贵。元明以来，傣族与其他周边民族、国家之间以乐器作为礼品进行交往的事例往往同佛教文化活动有关。其中，汉文记载逐渐从官史地方史和野史扩展，所记载的内容更加趋向于翔实具体，且更多由朝廷与周边国家的跨地域交流，转向了对地方和本土的直接交流方面。例如明代钱古训与李思聪奉旨出使麓川（今德宏）、缅甸等地，考察了许多地方的民风习俗。其考察范围，除了傣族地区和缅甸之外，还包括了德昂族、佤族、阿昌族等民族居住区域，详尽地描绘了该地少数民族不同社会阶层和城乡之间音乐歌舞文化的不同状况。清代则有《清实录》《云南通志》等史籍中的诸多相关记载。

第 13 章“终论：佛教传播史晚期的音乐本土化”，通过对北传佛教东渡与日韩佛教音乐的本土化及其与中国南传、北传佛教音乐本土化的横向比较，将本成果所涉及的基本内容置入佛教文化的国际性传播与受容大环境中进行研讨，以期得出有关云南与东南亚南传佛教音乐文化的更为深广、全面的学术结论。笔者在文中提出，在佛教传播史晚期阶段，有几个重要的历史现象与中国傣族佛教和日本佛教有关，彼此存在共同因素：其一是在传播的方向上，两地分别为两条传播路线的末端。南传一路以中国傣族地区为终点，北传一路以日本为终点。其二是在时间上，佛教传入中国傣族地区和日本都是在公元 5—7 世纪。其三，当时两地的社会、经济和文化发展的水平状况大体相近，处于同一个起跑线。后来则差距逐渐拉开。其四，虽然有少量佛教早期传入东南亚和中国情况的文字记载，但有关仪式音乐具体的本土化过程和音乐演变状况（如梵呗、梵音的汉化过程和巴利经韵的孟族化、泰

① 据江应梁等学者推断，大约此书记述的是公元 7 世纪开始（唐代）的一段傣族历史。参见佚名编：《勐泐王族世系》，民族出版社 1987 年版，第 1 页。

化过程），已经由于年代久远而无从查考。但从傣族地区和日本这两个终端，尚可以找出呈现活态的音乐传播痕迹。

与此同时，该章还对云南南传佛教仪式音乐的当代文化转型展开了力所能及的讨论。

三、成果的学术创新、应用价值以及社会影响和效益

南传佛教音乐在10年前尚属于学术空白领域，经笔者撰写的专著《贝叶礼赞：傣族南传佛教节庆仪式音乐研究》（2003）出版后及一批学术论文发表后，这项研究在傣族南传佛教领域已经有了较明显的突破，但从中国境内包括傣族和孟高棉语诸族的整个南传佛教研究来看，目前还需要有具整合性、广泛性和更带普及性的学术成果面世。本成果在以往笔者主要针对傣族佛教音乐进行研究的基础上，将研究的触角扩展到包括傣族、布朗族、德昂族、佤族、阿昌族乃至周边东南亚邻国南传佛教及佛教音乐的比较研究领域，从研究范围、学术观念和研究方法来看，都对以往该研究领域的学术现状有所突破，对民族音乐学（音乐人类学）、音乐民族志等学科的前沿思维和研究方法也进行了挑战性的思考。

本成果写作过程中，已有部分内容在日本、中国台湾等地召开的国际学术研讨会上宣读，有多篇学术论文作为中期成果在上述地区及国内核心刊物上公开发表，相关学术成果已经受到了国际学术界的重视和推广。可以说，本成果的完成和出版，适时地填补了该学术领域的研究空缺，产生了国际性、全国性的学术影响，并因此具有明显的学术意义和社会文化价值。

军事学

《中国战术发展史》概要

马卫防*

一、研究的目的和意义

目前，我国军事理论界对军事史、战争史的研究较多，并已出版了不少专著和丛书，比较著名的有《中国军事通史》《中国军事史略》《中国历代战争概述》等；对军事思想史、军事制度史的研究也有诸多成果，比较典型的有《中国历代军事思想研究》《中国历代军事制度》等。但在军事历史研究中愈显重要地位的战术史研究尚显薄弱，尽管在许多军事史、战争史著作中均包含着一些战术的史料，但其主旨仍是用来阐述和论证战略理论，揭示战争规律，专门的战术史著作实属少见，特别是专门的中国战术发展史著作，据我们所知，无论在中国还是在世界尚属空白，这不能不说是一大遗憾。

为了弥补这一遗憾，我们决心撰写本成果，旨在总结战术的历史经验，探索战术的发展规律，以达“古为今用”之目的。一切新事物都是在旧事物的基础上发展起来的。从宏观上说，过去、现在、未来的一切都是客观世界按照自然规律演进的历史过程，都不能脱离绵延发展、亘续不断的历史长河。没有历史，没有过程，也就没有规律。军事科学的主要任务之一便是研究战斗规律，不同历史阶段的战斗，既有特殊规律，也有一般规律。过去的战斗，虽然已成历史，不会再原样重复，但认识战斗规律，却离不开对战术发展史的研究。一言以蔽之，研究战术发展史的根本目的与意义，就在于揭

* 马卫防，中国人民解放军军事科学院军事历史和百科研究部综合研究室主任，研究员。

示战斗发展规律，并用于指导我军未来作战，为党在新形势下的强军目标服务。

二、成果的主要内容和重要观点

1. 主要内容

本成果在内容上上起我国阶级社会之始的夏商时期，下迄新中国成立后至今，按照历史发展阶段，共分“中国古代战术”“中国近代战术”和“中国现代战术”三编。

第一编“中国古代战术”，主要阐述从夏商到清朝前期这段长约 4 000 年的战术历史发展过程。就社会性质而言，这段历史横贯了我国整个奴隶制、封建制两种社会形态。在这个历史时期，我们的祖先在血与火的征战中创造了以冷兵器为技术特征的辉煌的古代战术，这些战术至今对我们的国防事业仍具有现实的借鉴价值。

第二编“中国近代战术”，主要阐述从清朝后期到民国建立和北洋军阀统治时期这段长约 80 年的战术历史发展过程。就整个中国历史而言，这是一个十分短暂的历史时期。然而，就是在这个历史时期，我们的人民却进行了艰苦卓绝的保家卫国的战争，也经历了为追求和平与发展所遭遇的种种曲折和苦难。正是在这些生与死的斗争中，我国的古代战术艰难地进入了以火器为技术特征的近代战术发展阶段。

第三编“中国现代战术”，主要阐述从 1927 年至今这段长为 88 年间的战术历史发展过程。中国在这段近一个世纪的时间里，先后爆发了土地革命战争、抗日战争、解放战争、抗美援朝战争等一系列大战，并又亲历了新军事革命的洗礼，由此诞生了以机动灵活的人民战争的战术为代表的中国现代战术。

2. 重要观点

通过系统研究，本成果形成了如下重要观点：

第一，战斗队形是沿着从密集的集团式的军阵向疏散的横向的线式队形，再向前后分明的梯次队形，最后到用于全纵深作战的群队队形的轨迹发展的。在冷兵器时代，从夏商周至春秋战国，形成了以孙膑八阵（方阵、圆阵、疏阵、数阵、锥形阵、雁形阵、钩形阵、玄襄阵）为代表的战斗队形；

以后历经秦汉到唐宋，战斗中所运用的各种阵形均是“孙八阵”之变异。这些战斗队形都采用集团式的军阵，其人数少则近千，多则上万，兵力配置十分密集。

自火器出现特别是到明代得到广泛运用以后，这种旧式军阵已不能适应战斗的需要，因为队形过于密集，既彼此妨碍动作，不便于发扬火力，同时也容易造成重大伤亡。这必然要促使战斗队形向疏散的横向的便于发扬火力的线式队形发展。在我国明初年间，皇帝朱棣于 1423 年在出兵漠北过程中首先采取了“神机铳居前，马队居后”“首以铳摧其锋，继以骑冲其坚”[①] 的两线队形，来分层次杀伤敌人。明朝中后期，则又形成了以戚继光为代表的四线队形——“鸟铳、佛郎机等枪类布于最前，西洋大炮、碗口铳等炮类次之，弓弩再次之，长短冷兵器居最后”[②]。

线式队形是在 15—17 世纪火器在战场上占据统治地位而同时冷兵器又发挥着重要作用的前提下出现的。这种战斗队形的优点在于能最大限度地发挥火器之威力，且易于指挥和控制，然而其缺陷也是致命的——只能在平坦开阔的地形上作战，且不便于机动、突击。这一缺陷终于在 19 世纪末的中法战争中得到了解决，其方式就是采取梯次队形。进攻时，在前沿部署一线主力步兵为第一梯队，并以主攻与助攻相区分；第二梯队或预备队继后，炮兵布于其间。在战斗中，炮兵首先实施火力准备，步兵乘机以疏开队形接敌，到达对方步枪火力射程以内即迅速散开，一面利用地形向前跃进，一面射击杀伤敌人；在第一梯队完成突破后，第二梯队或预备队即投入战斗，扩大战果。防御时，构筑野战工事，在防御前沿部署一线主力步兵为第一梯队，并以主要防御方向和次要防御方向相区分，其后部署第二梯队或预备队，炮兵隐蔽配置在第二梯队或预备队附近。战斗中，炮兵先以火力杀伤疏开接近之敌，在敌到达我步枪火力射程之内时，第一梯队即开火射击，在敌突破第一梯队防御阵地时，第二梯队或预备队继续抗击，或适时组织反击、反冲击，直至消灭进攻之敌。梯次队形自 19 世纪末产生，至 20 世纪 90 年代一直长盛不衰，其中主要原因就是：它能在密集火力下、在各种复杂地形中进行战斗，且便于将机动、突击与火力三者紧密结合起来，同时又便于指

① 《明太宗实录》卷二百六十二，永乐二十一年八月丙寅。

② 金玉国：《中国战术史》，解放军出版社 2003 年版，第 242 页。

挥与协同，从而易于形成整体战斗合力。

然而，自海湾战争爆发后，信息技术犹如波涛汹涌的洪流，向军事领域注入了不可估量的能量，使武器装备系统战斗效能大幅跃升，以往大规模战术兵团、部队才能完成的战斗任务，现在拥有信息化武器系统的一个小规模的战斗分队就能胜任了，从而使战斗力量的编组向小型多能的、分散配置的群队队形发展。在信息化条件下，无论进攻作战还是防御作战，一般均采取群队式部署，编组前沿攻击群（或前沿防守群）、纵深攻击群（或纵深防守群）、特种战斗群（队）、空中火力突击群（队）和信息战斗群（队）等。

第二，战斗姿势由高到低。在纯冷兵器时代，每个士兵在战斗中一般都采取立姿，要求昂首挺胸，以示威武强大。而到火器大量应用的明代，这种姿势已经改变，此时为了减少敌火器射击造成的伤亡，在战斗中开始采用"低姿""跃进"的方式。早在明朝前期，据丘濬《大学衍义补》记载："凡临战陈必伏其身，俟我火发声闻之后，即冲突而来。"到万历年间，据赵士祯《神器谱》记载：在战斗中又使用了"跪射姿势"。这种跪姿，既减小了自身暴露的目标，降低了敌火力杀伤的概率，同时又便于瞄准射击，给敌以较大杀伤。到了清时，战斗姿势又较明时的"低姿跃进、跪姿射击"有了较大发展，如乾隆三十九年（公元 1774 年）七月平定大金川叛乱，在攻勒乌围碉寨时，叛军凭借地势之利，拼死抵抗，枪炮如雨。清军一面用炮猛轰，一面砍伐树木做成柴捆，用布袋装沙土，"进攻时伏于地上，头顶柴捆土袋，匍匐前进"①。这种"匍匐"姿势的产生是火力加强的必然结果。

第三，机动方式是沿着从正面开进到翼侧迂回，再到穿插分割，最后到立体机动的轨迹发展的。正面开进，源于原始社会中的原始人对猎物的正面捕杀②，并在后来步入阶级社会后首先移而用于人。正面开进，是在敌对双方均知晓战事一触即发并已充分做好交战准备的情况下发生的。这种机动方式的优点在于：行进距离最短、用时最少，且节省体力。然而，其缺陷也是十分突出的——行动缺少突然性、交锋硬碰硬。不过，这一缺陷很快在公元前 17 世纪得到了解决。夏末商初，汤利用桀惧"西方日胜"之迷信心理，

① 邱心田、孔德骐：《中国军事通史》第 16 卷，军事科学出版社 1998 年版，第 568 页。

② 李基：《被中新世晚期人科成员砸破的骨头》，《自然界》1968 年第 218 卷第 5141 号，第 528－530 页。

采取一翼迂回，从东部汤都亳出发，绕到夏都以西实施攻击，一举灭夏。翼侧迂回一经发明，便显示出了巨大威力，我国春秋时期的平阴之战、缥葛之战、笠泽之战等等，都是这一机动方式成功运用的典范。

翼侧迂回是在为避免单纯正面硬拼而从敌软肋实施攻击，并以达成战斗突然性为目的的情况下发明的。这种机动方式的优点在于：能够打乱对方作战节奏，造成敌多面受击，使其顾此失彼。然而，随着这一机动方式的广泛运用，敌对双方又都加强了翼侧防护，从而使其越来越难以奏效。鉴于此，人们在长期的战争实践中又发明了一种新的机动样式——穿插分割。在我国，这一方式约形成于战国时期，以孙膑首创锥行阵为主要标志。此阵前锋尖如锥，孙膑形象地将其称为“分人之兵”[①]。他说：“卑之若剑，末不锐则不入，刃不薄则不劓。”[②] 就是说，锥行阵就像一把利剑，前锋不尖锐，就不能穿插进去；左右不锋利，就不能分割敌人。此后，这一机动方式得到了广泛运用，西汉时期的漠南之战、漠北之战，隋唐时期的灭陈之战、柏壁之战等等，都是这一机动方式成功运用之典范。

立体机动是在飞机研制成功并已运用于作战领域的情况下出现的，这一机动方式是从民国建立和北洋军阀统治时期开始运用的。这一机动方式自诞生至今，在作战中发挥了不可替代的作用，甚至是决定性的作用。

第四，以打击有无重点为参照标准，交战方法的发展是从无重点打击到有重点打击。就目前所掌握的史料看，从原始社会末期人类间的部落战争到阶级社会的夏代，都没有发现重点打击的史实。《尚书·甘誓》所载“左不攻于左，汝不恭命；右不攻于右，汝不恭命”[③] 就是例证。它说明，当时夏启在兵力部署上还没有形成重点用兵，只是左、右齐攻，而无重点攻左或攻右的迹象。到了商代，这种无重点打击状况得到明显改观，具体可见之于康丁对羌方的战争之中。关于这段战争，卜辞有这样的记载：“其令戍舌羌方于敦，于利，征又𪊨，𢦏羌方。吉”[④]。这是关于如何部署兵力攻击敌人的甲骨文，它着重考虑在什么地形上布阵利于实施主要攻击，因而卜问“于敦”

① 思妃：《中国古代兵书通解》，吉林人民出版社 1992 年版，第 195 页。

② 转引自《中国军事史》编写组：《中国军事史·兵法卷》，解放军出版社 1988 年版，第 68 页。

③ 孔子：《尚书》，华龄出版社 2002 年版，第 254 页。

④ 郭沫若：《甲骨文合集》第 9 册第 3 期，中华书局 1981 年版，第 3449 页，27974。

“于利”。同类卜辞还有“惠入成辟立于大乙，自之𠧢羌方，不雉众。惠入成辟立于寻，自之𠧢羌方，不雉众”[①] 这是关于战前布阵的卜辞，占问阵位是部署在大乙神位处，还是在准备献俘祝捷祭祀的“寻”地，从哪里去攻击敌人较为有利，而且不再需要另外陈列兵员。上述这些卜辞所反映的内容，虽然不是具体战例，但是却真实地反映了利用“有利地形”进行布阵、从“主要方向”实施重点打击的主旨。打击，之所以从无重点向有重点发展，主要原因是当时的商人在头脑中已经形成了主与次、轻与重的朴素辩证观念，认识到了选择主要方向实施攻击，就可以击中敌之要害，迅速战胜敌人。商人不仅在实战中采取重点攻击，就是在田猎中也运用这一战法。如卜辞载：“其逐徣麋自西、东、北，亡戋。自东、西、北逐徣麋，亡戋。”“王其东逐徣麋，擒。其北逐，擒。”[②] 意思是占问从哪个方向作为突破口，可以把被包围的野兽全歼。

以打击时是单一的前进打击还是后退与前进相结合打击为参照标准，交战方法的发展是从单一的前进打击到诱敌反击。就目前所掌握的史料看，这一跃升是从西周时开始的。鸣条决战“汤乘大赞，犯逐夏众”以及牧野之战武王率兵对商军的冲杀等等，都是单一的前进攻击。但是，后退与前进相结合的诱敌反击却是发生在其后的西周昭王对楚荆的第二次南征之中。此战中，楚王鉴于周“六师”强大，便吸取了第一次强御周师失败的教训，采取了节节后退、避其锋芒的诱敌深入之计，乘周军所谓胜利班师回朝之际，发动了猛烈反击，将周“六师”全歼于波涛汹涌的江水之中。[③] 关于这一战法，《周易》也有较为详细的记述。其中有关诱敌之法的记载有：《周易·需》九三爻辞“需于泥。致寇至”，其意是两军交战前，使己方小股军队假装陷于泥潭之中，迷惑敌军，让其前来攻打；《周易·解》六三爻辞“负且乘，致寇至。贞吝”，其意是使自己的战车装成负重蹒跚而行的样子，敌人见状必认为载有重要物资，定前来偷袭。与诱敌行动相配合的便是反击，《周易·同人》九三爻辞“伏戎于莽。升其高陵，三岁不兴”，其意是设伏兵于草莽之中，并抢占制高点，对轻易深入之敌予以坚决反击，使敌损兵折

① 郭沫若：《甲骨文合集》第9册第3期，中华书局1981年版，第3316页，26895。

② 同上书，第3536页，28789；第3537页，28790。

③ 金玉国：《中国战术史》，解放军出版社2003年版，第42页。

将，其元气多年得不到恢复。由此可见，当时诱敌深入、予以反击的规模是相当大的，可以使敌数年无力还击。交战，之所以从单一的前进打击发展到后退与前进相结合的诱敌反击，其主要原因在于诱敌反击有两大优长：一是可以造成对方狂妄莽动，骄其斗志；二是己方可以把握选择战场的主动权，利于在最佳地形将敌聚歼。这一战法的影响是博大深远的，以至在以后的战争中频频得到应用，其中最著名的有春秋时期晋楚城濮之战中晋军的“退避三舍”①、战国时期齐魏马陵之战中孙膑的减灶诱伏。

以打击的次数为参照标准，交战方法的发展是从一次性打击到多次性打击。就目前史实考证，我国夏以前的人类战斗，包括原始社会后期的氏族、部落战争，大约都是经过一次交锋就结束战斗。这种经一次性交锋就结束战斗的做法，在商代开始出现变化，并逐步向多次性方向发展。甲骨文在武丁伐巴方的一次战斗中有这样的记载：“妇好其比沚戛伐巴方，王自东骚伐，戎陷于妇好位”②。其意即武丁令妇好与沚戛协同行动，预先布下埋伏，自己则从东面对敌先发动骚扰性进攻，把敌人驱赶到妇好预设的埋伏圈内，之后与妇好一起围而歼之。这是我国军事史上关于二次攻击而结束战斗的最早文字记录。在商末周初，文王攻打崇国都城的战斗中也充分体现了攻击多次性的特点。具体情况是：文王首先采取围困法，然而崇军一连被围三十日未降。在这种情况下，文王只好改变攻城方法，采取筑堙的手段，在城外堆起土山，形成登城垒道，使其士兵登上城墙。《周易·同人》卦爻辞这样记载：“九四：乘其墉，弗克攻，吉。”“九五：同人先号咷而后笑。大师克相遇。”这是记述登上城的周军遇到敌军拼死抵抗，战斗激烈到登城的将士都号啕大哭，待到后援部队赶到，战胜守军，夺取城池，此时会师的周军才纵情大笑，欢庆胜利。交战方法之所以从一次性向多次性发展，主要原因有两点：一是交战双方战斗实力增强，一次交锋不足以决出胜负；二是作战指导趋于灵活，主动计划多次打击来彻底击败对方。周灭商的牧野之战中，武王就是如此。他“先以骁勇善战的吕尚率小股兵力攻破敌阵，先声夺人，尔后自己亲率主力大军冲杀，顷刻便使敌众溃不成军”③。

① 《左传》，燕山出版社2001年版，第252页。

② 郭沫若：《甲骨文合集》第3册第1期，中华书局1978年版，第966页，6480。

③ 金玉国：《中国战术史》，解放军出版社2003年版，第42页。

第五，战斗形态是沿着从平面二维向立体三维，再到无形的电磁空间和网络空间的轨迹发展的。我国是世界上较早发展军事航空的国家之一，1909 年 9 月 21 日，旅美华侨冯如自制飞机并试飞成功，1911 年回国继续研制飞机。飞机的出现，对作战思想产生了重要影响，其中具有代表性的思想就是孙中山的航空救国思想。孙中山曾科学地预见到空军在战争中的重要作用，明确提出飞机将是未来战争决胜武器的论断；提出空军应与海军、陆军并列发展，建立独立空军的思想；提出在空军运用上飞机可实施空中机动和进行轰炸的见解，认为使用飞机轰炸有着非同寻常的震撼作用。在孙中山航空救国思想的影响下，1911 年辛亥革命后，湖北、广东、上海军政府成立了航空队；1913 年北洋政府建立了中国第一所军事航空学校；1920 年后，东北和广东、广西、四川、云南等地方政府也先后建立了航空部队。这些航空部队的建立，使战斗形态从以往的平面二维变成了立体三维。如 1926 年 8 月，刚刚组建一个月的国民革命军北伐航空队即出征，配合地面部队作战，派出多架飞机，先后在西路北伐军攻打长沙、汀泗桥、贺胜桥、汉口等作战中，担负空中侦察、轰炸敌军阵地和散发传单等任务；10 月，在北伐军占领武昌后，航空队随即调往江西战场，配合中路北伐军攻占南昌等地，继而又参加中路北伐军和东路北伐军会攻南京的作战。飞机的运用，改变了以往的作战方式，是战术发展的一座丰碑。

电磁空间的战斗（简称电子战）主要体现在第二次世界大战之中及其以后。它是为削弱、破坏敌方电子设备和系统的使用效能，保护己方电子设备和系统正常发挥效能而进行的作战。它萌芽于 20 世纪初。在 1904—1905 年的日俄战争中，出现了对无线电通信的侦察和采取无线电静默的反侦察行动。第一次世界大战中，通过无线电通信进行侦察测向和定位，并开始实施无线电干扰。第二次世界大战期间，雷达、无线电导航设备和无线电通信设备广泛应用并发挥巨大作用，为了对付这些电子设备所带来的巨大威胁，英、美、德等国相继研发了专门用于削弱或破坏电子设备的干扰技术，并组建了电子战专业部队。在 1940 年不列颠之战中，英国利用干扰发射机转发德国的无线电导航信号，使德军夜袭轰炸机受骗，轰炸效果降低了 80%。1943 年 7 月，英美联军在空袭德国汉堡时，首次投放了大量无源干扰箔条，使德军防空雷达系统受到严重干扰。1944 年 6 月，盟军在诺曼底登陆中，对德军雷达和通信联络进行了干扰压制，并使用了电子欺骗手段。70 年代以后，电子技术飞速发展，各种运用电子技术控制和制导的导弹、炸弹广泛装备部队，并在越南战争、中东战争等局部战争中应用。针对武器制导和控制系统的欺骗性干扰技术的出现，专门摧毁雷达的反辐射导弹、专用电子战飞机等数百种电子战装备器材陆续装备部队，各种抗干扰能力强的新型电子设备，如频率捷变雷达、相控阵雷达、跳频电台等不断涌现。90 年代后，电子技术进一步发展并广泛渗透到军事斗争的各个领域，成为指挥控制系统和先进武器系统的核心和支柱。电子战也由传统的保障性行动上升为一种相对独立的战斗样式，贯穿于战争始终。在海湾战争以后的历次高技术局部战争中，电子战均成为作战行动的先导，在改变敌对双方力量对比、决定作战进程乃至战争胜负上发挥了极为重要的作用。

网络战是在信息网络空间，为破坏敌方网络系统和网络信息，削弱其使用效能，保护己方网络系统和网络信息而实施的作战。20 世纪 70 年代初，以计算机技术为核心的信息技术开始迅速发展。80 年代，计算机网络在社会生活的各个领域开始普及。1983 年，计算机病毒首次试验成功。1988 年 11 月，莫里斯病毒的出现，证明了计算机网络的脆弱性和可被攻击性。计算机病毒的流行及其巨大威力引起了许多国家军方的关注，并被用于军事目的。90 年代初，美国国防部成立了一个计算机病毒的研究组织，研制具有大规模破坏作用的恶性计算机病毒，作为计算机网络战的辅助手段。在 1999 年的科索沃战争中，美军首次实施了计算机网络战，利用网络战手段打击了南斯拉夫联盟共和国的网络信息指挥控制系统，使南联盟的信息资源与作战效能受到重创，对达成空袭目的起到了重要作用。南联盟和俄罗斯“黑客”也对北大西洋条约组织的网络系统发动了连续攻击，使北约的通信控制系统、参与空袭的各作战单位的电子邮件系统都不同程度地遭到损失，部分计算机系统的软、硬件受到破坏。由于计算机网络战的巨大威力及其在未来战争中的地位愈加显著，世界发达国家纷纷开始组建计算机网络战力量，对计算机网络战技术和理论加以研究。有些国家已培养了高水平的网络战人才，并开发出许多破坏能力很强的病毒及其他网络战武器，使计算机网络战进入飞速发展时期并已成为一种全新的战斗样式。我军为肩负起保卫己方网络安全的神圣使命，也积极投入对这一全新战斗样式的研究。

三、成果的学术创新、应用价值以及社会影响

本成果是一部专门研究和阐述中国战术产生、发展过程的战术史专著，同时也是我国第一部以通史体制横跨古代、近代、现代以及未来一段时间的完整的中国战术发展史，它从我国步入阶级社会之始的夏商开始研究，逐朝逐代对战斗编组、战斗队形、攻防战法等进行了深入细致的探索，从中发现了战斗队形、机动方式、交战方法等带有规律性的发展轨迹，并在此基础上对战术发展趋势做出了科学预测。

本成果可用于当前的院校教学、部队训练和实战演习。目前在全军院校还没有一部可用于基本理论教学使用的《中国战术发展史》，这不利于学员了解作战的历史、现实和未来。习近平主席指出，“历史、现实、未来是相通的，历史是过去的现实，现实是未来的历史”[①]，只有搞清作战的历史、现实和未来，才能教会学员“打胜仗”的本领。另外，部队训练和实战演习所运用的作战编组、兵力部署、交战方法等也只有建立在历史的、逻辑的、推理的基础上，才具有说服力，而这正是本研究的主要目的，它能为部队训练和实战演习提供足够的理论依据和实战素材。

本成果的研究虽然主要限定于军事领域内的战术范畴，但与其相关的学科却很多，它不仅与哲学、历史学、考古学、文字学、民族学等紧密相联，而且与政治、经济、文化、宗教等密不可分，所以其在战术范围内所揭示的诸如战斗队形、机动方式、交战方法等演进的规律性认识，不仅会在军事领域产生广泛影响，也同样会在其他领域掀起一定的波澜。

---

① 《习近平同志关于党的历史的论述摘编》，中共中央党史研究室 2015 年版，第 226 页。

策划编辑：王宏霞
责任编辑：徐海艳　彭理文
装帧设计：肖　辉　彭莉莉

图书在版编目（CIP）数据

国家哲学社会科学成果文库概要．2015/全国哲学社会科学规划办公室编．—北京：中国人民大学出版社，2016.4
（国家哲学社会科学成果文库）
ISBN 978-7-300-22511-1

Ⅰ.①国…　Ⅱ.①全…　Ⅲ.①哲学－科学研究－成果－介绍－中国－2015②社会科学－科学研究－成果－介绍－中国－2015　Ⅳ.①C12

中国版本图书馆 CIP 数据核字（2016）第 032406 号

国家哲学社会科学成果文库概要（2015）
GUOJIA ZHEXUESHEHUIKEXUE CHENGGUOWENKU GAIYAO

全国哲学社会科学规划办公室　编

中国人民大学出版社 出版发行
（100080　北京中关村大街 31 号）

涿州市星河印刷有限公司印刷　新华书店经销

2016 年 4 月第 1 版　2016 年 4 月第 1 次印刷
开本：710 毫米×1000 毫米 1/16　印张：42.25
字数：627 千字　印数：0,001－1,000 册

ISBN 978-7-300-22511-1　定价：198.00 元

邮购地址 100080　　北京中关村大街 31 号
中国人民大学出版社读者服务部　电话（010）62515195　82501766